거시언어학 13: 담화·텍스트·화용 연구

담화와 권력

Discourse and Power (First edition)

거시언어학 13: 담화·텍스트·화용 연구

담화와 권력

Discourse and Power (First edition)

반 데이크(Teun A. van Dijk) 지음

허선익 뒤침

경진출판

일러두기

1. 이 책에서는 원문과 달리 신문 이름, 책 이름은 『 』를 써서 나타낸다.
2. 외국인 이름의 표기
   - 외국인 이름(사람, 장소 등)은 https://www.howtopronounce.com/의 발음을 참고하여 우리말로 옮긴다.
   - 참고문헌으로 늘어놓을 때 등장하는 저자들의 이름은 영어로 표기하고, 본문에서 언급될 때에만 우리말로 옮긴다(예: 반 데이크(van Dijk, 2019)). 그 사람 이름이 두 번째로 나올 때는 외국어 표기를 하지 않는다.
   - 원서와 우리말 번역서가 있을 경우 서지 정보에 있는 '/'는 원서의 출간년도와 번역서의 출간년도를 구분한다(예: 반 데이크(2014/2020)).
   - 뒤친이가 참고한 책들은 따로 모아서 '뒤친이 참고문헌'에 모아 놓았다.
3. 이 책에서 저자는 원문의 저자인 '반 데이크'를 가리킨다. 더러 we로 문장에서 표현되는 경우, 우리말 문장에서 쓰는 관례를 따라, '이 책에서는' 혹은 '여기서는'과 같이 뒤친다.
4. 원문의 이탤릭체는 밑줄을 그어 표시하고, 볼드체와 작은따옴표로 묶은 낱말이나 구절은 고딕L로 나타낸다. 괄호로 묶은 낱말들도 원문에 표기된 방식을 따른다. 그 밖의 괄호 안의 낱말은 원문에 있는 낱말을 우리말로 뒤쳤다. 각괄호([내용: 뒤친이])는 내용을 보태어 글의 흐름을 부드럽게 하기 위해 뒤친이가 덧붙였다.
5. 이 책에는 저자의 각주가 하나도 없다. 4장에 저자의 주석이 있지만 원문대로 미주로 처리한다. 따라서 각주는 우리말 독자의 이해를 돕고자 뒤친이가 모두 덧붙인 것이다.
6. 자료로서 스페인어 원문이 있기는 하지만 영어 원문만 소개하기로 한다.

감사의 글

저자와 출판사에서는 다음의 자료를 활용할 수 있도록 허락해 주신
데 감사드립니다.

John Benjamins Publishing Company, for 'Political Discourse and Political Cognition', in *Politics as Text and Talk: Analytical Approaches to Political Discourse*, ed. P. A. Chilton and C. Schäffner, pp. 204~236(2002), and 'War Rhetoric of a little Ally: Political Implicatures of Aznar's Legitimization of the War in Iraq', in *Journal of Language and Politics*, 4(1), pp. 65~92(2005).

Cengage Learning Services Ltd, for 'Discourse, Power and Access' in *Texts and Practices: Reading in Critical Discourse Analysis*, ed. C. R. Caldas-Couthard and M. Coulthard, pp. 84~104(1996).

Sage Publication, Inc., for 'Discourse and the Denial of Racism', in *Discourse & Society*, 3, pp. 87~118(1992), 'Discourse and Manipulation' in *Discourse & Society*, 17(2), pp. 359~383(2006), and 'Structures of Discourse and Structure of Power', in *Communication Yearbook* 12, ed. J. A. Anderson, pp. 18~59(1989).

Wiley-Blackwell Publishing Ltd, for 'Crtitical Discourse Analysis', in *Handbook of Discourse Analysis*, ed. Schiffrin, D. Tannen and H. Hamilton, pp. 352~371(2001), and 'Discourse and Racism', in *The Blackwell Companion to Racial and Ethnic Studies*, ed. D. Goldberg and J. Solomins, pp. 145~159.

저작권자를 찾아내기 위해 모든 노력을 하였지만, 부주의하여 놓쳤다면 저자와 출판사에서는 기회가 닿는 대로 필요한 조치를 기꺼이 할 것입니다.

저는 또한 1장을 비판적으로 읽고, 수정과 제안을 해준 캐먼 로자-캘다스Carmen Rosa-Caldas, 미쉘 러잘Michelle Lazar과 티오 밴 루원Theo van Leeuwen에게 빛을 지고 있습니다.

이 책은 사회에서 두 가지 기본 현상, 즉 담화와 권력에 대하여 있다. 이들은 또한 비판적 담화 연구CDS: Critical Discourse Studies에서 기본적인 두 가지 개념이다. 비판적 담화 분석은 비판적 언어학이라고 부르는 것을 옹호하였던 연구 모둠의 구성원들, 즉 토니 트류Tony Trew, 건터 크레스Gunter Kress, 밥 호지Bob Hodge, 로저 파울러Roger Fowler에 의해 1979년에 처음으로 『언어와 통제Language and Control』가 출간된 이래 언어학과 사회과학에서 재빠르게 퍼진 학술적인 움직임이다. 비슷한 움직임은 심리학과 사회학, 인류학과 같은 다른 학문에 영감을 주었는데 이들은 모두 사회에서 권력이 어떻게 재생산되는가, 특히 권력 남용이 어떤 방식으로 재생산되는가에 대해 기본적으로 관심을 갖고 있다. 비슷하게 인문과학과 사회과학에서 담화 분석가들은 구체적으로 이와 같은 과정에서 담화가 어떻게 관여하는지 관심을 가져왔다. 이들은 성별과 계층, 인종에 바탕을 둔 사회적 불평등의 다양한 형태들이 입말과 글말에 의해 구성되고 오래도록 지속되며, 합법화되었음을 보여주었다. 특히 상징적 선민들symbolic elites, 즉 정치가, 기자, 학자와 작가와 관료들에 의해 통제를 받는 공공의 담화public discourse1) 형태에 의해 통제되는

---

1) 공공의 담화는 대중에게 공개되어 알려진 담화의 의미를 지닌다.

공적인 담화 형식을 통해 그렇게 됨을 보여주었다.

이 책의 여러 장들에서 선민들이 지니고 있는 권력이 담화를 통해 재생산되는 이러한 형태들을 좀 더 면밀하게 검토하였다. 이 장들에서는 좀 더 일반적으로 사회에서 권력뿐만 아니라 권력 남용에 초점을 모았다. 권력 좀 더 구체적으로 사회적 불평등과 부정으로 이어지는 집단 권력과 선민 권력의 비합법적인 행사에 초점을 모았다.

맥락,[2] 지식[3]과 이념에 대해 저자가 한 조사연구와 같이 저자의 다른 연구들과 함께 권력과 권세에 대한 이 연구는 학술적인 움직임으로서 비판적 담화 연구와 그 연구의 개념적 토대를 형성하는 데 이바지하고자 한다. 비판적 담화 연구를 하는 학자들은 지난 30년 동안 서로 다른 많은 목적들을 구축하였지만 일반적으로 담화에 의해 권력 남용이 재생산되는 방법을 연구하고자 하는 목표에는 동의를 하였다. 그러나 **남용**과 같은 개념에 초점을 맞추는 순간, 먼저 비판적 조사연구를 위한 기준으로서 **합법성**과 같은 기본적인 개념들을 반영할 필요가 있다. 말하자면 권세를 쥐고 있는 선민들의 담화와 저자들, 기관들을 비판하려는 구실을 붙이려면 그와 같은 담화가 왜 그리고 어떻게 비합적인지 왜 그리고 어떻게 사회의 기본적인 가치와 규범들을 어기고 있는지 매우 분명하게 할 필요가 있다.

일반적인 논의와 개념 중심의 논의뿐만 아니라 이 책에서 각 장들은 조사연구의 구체적인 결과들이다. 비판적 담화 연구에 관련되는 저자의 다른 책들처럼 이 책의 여러 장들은 인종차별주의와 관련되는

---

2) 담화와 맥락에 대해서는 저자의 『담화와 맥락Discourse and Context』(2008, Cambridge University Press)을 참고할 수 있다.

3) 담화와 지식에 대해서는 저자의 『담화와 지식Discourse and Knowledge』(2014/2020, Cambridge University Press)을 참고할 수 있다.

기본적인 사회 문제를 다룬다. 이 문제는 **서구** 사회에서 사회적 권세와 불평등의 매우 심각한 형태 가운데 하나이다. 이런 선택에는 개인적이고 사회적이며 정치적인 많은 이유가 있다. 그러나 아마도 가장 중요한 이유는 유럽 사회와 유럽화된 사회에서 매우 적은 사회 문제들이 일관되게 인종차별주의로 치부되면서 무시되고 진정되었으며 부정되어 왔다는 점에 있다.4) 실제로 저자가 다른 연구에서 보였던 것처럼 부인이라는 특성보다 선민들의 인종차별주의 특성을 더 잘 드러내는 것은 없다. 이것이 우리5)의 국회 토론에서, 우리의 대중매체에서, 우리의 교과서나 사회 과학에서 때로 입국이민자들과 소수 민족들minority이 문제를 지니고 있거나 문제를 일으킨다고 강조하면서 오늘날 그들에 대해 관심을 갖고 있지만 우리가 지니고 있는 인종차별주의로 인해 유발되는 문제들의 분석이 이뤄지지 않고 관심이 비교적 적음을 의미한다는 것을 이 책의 독자로서 우리 모두 일상적인 삶에서 쉽게 확인할 수 있다. 이 책의 중요한 목적 가운데 하나는 소수 민족들이나 입국이민자들 사이에서는 매우 잘 알려진 어떤 주제로서 **백인**의 인종차별주의,6) 차별과 편견이 일상에서 맞닥뜨린 중요

---

4) 인종차별주의에 대한 일상적인 반응으로서, 무시-문제가 되면 진정-부정이라는 일반적인 기제를 보여준다고 생각한다. 부인은 우리말에서 '발뺌'이라는 낱말에 가까운데 6장에서 중점적으로 논의되고 있다.

5) 이 책에서 '우리'라는 대명사는 van Dijk(1998: 267)에서 제시한 이념 사각형iedological square에서 '그들'과 대립되는 대명사이다. 이 책에서 '우리'는 내집단으로서 권력관계에서 우위에 있는 '백인/남성' 중심의 집단을 가리키고, '그들'은 외집단으로서 권력관계에서 아래에 있는 '소수자/여성' 중심의 집단을 가리킨다. 허선익(2019나: 169~170)에서는 van Dijk(1998)을 바탕으로 이런 외집단과 내집단의 이념적인 맞섬 전략으로서 구체적인 자료를 통해 이런 전략이 적용되는 모습을 다음과 같이 제시한다. (ⅰ) 우리us에 대한 긍정적인 정보는 표현/강조할 것, (ⅱ) 그들them에 대한 부정적인 정보는 표현/강조할 것, (ⅲ) 그들에 대한 긍정적인 정보는 억제/경시할 것, (ⅳ) 우리에 대한 부정적인 정보는 억제/경시할 것.

6) 이 책에서는 인종차별주의 담화를 정치적 선민에 속하는 영국의 수상의 발언이나 정책에

한 문제의 하나인 그런 주제를 증거로 더 뒷받침하는 일이다. 따라서 저자는 인종차별주의가 서구 사회에서 어떻게 담화를 통해 구성되고 확실시되며, 퍼지는지 들여다보기 위해 잡지에서 뉴스, 국회 토론, 교재뿐만 아니라 그런 선민들의 담화에 영향을 받은 나날의 대화를 살필 것이다.

파울러와 그의 동료들이 이미 1979년에 보여주었듯이, 권력과 권세에 대해 이론적으로 중요한 개념은 **통제**이다. 담화에 이를 적용한다면 이는 공적인 담화에서 권력의 근본적인 원천에 누가 접속할 수 있는지, 정치 담화, 매체 담화와 교육 담화, 학술 담화에 누가 접속할 수 있는지 물어보아야 함을 의미한다. 기자 회견과 언론을 상대로 한 정부의 공식 발표, 기자와 매체에 영향을 미치는 다른 방식에서 그러한 것처럼 누가 그와 같은 담화의 산출을 통제할 수 있는가? 공적인 담화의 생산에서 일부분을 통제할 수 있기 때문에 그 내용의 일부분을 통제할 수 있고 그에 따라 간접적으로 대중의 마음을 통제할 수 있다. 아마도 정확하게 사람들이 무엇을 생각할 것인가는 아닐 테지만 적어도 그들이 대하여 생각하는 것은 통제할 수 있다. 우리가 발견하는 사실은 백인 선민들은 그와 같은 공적인 담화와 그 생산을 통제하지만 소수민과 입국이민자들은 실제적으로 그것에 접속할 수 없고 그에 따라 그들의 관점과 의견은 언론사에 닿지 못하거나 공론의 수준에 이르지 못한다는 점이다. 그들은 가난한 사람들이나 외집단이 혹은 세계의 일부분으로서 그러한 것처럼 대체로 [그것에: 뒤친이] 대하여 입말로 그리고 보통 부정적으로 지껄일 뿐이다.[7] 이는 정치 담

대한 태도를 중심으로 기술하고 있다. 그러나 이런 인종차별주의적인 태도나 담화는 일반인들의 담화에서도 발견되는데 반 데이크(2014/2020: 6장)을 참고하기 바란다.

7) 이는 가난한 사람이나 외집단의 사람들이 하는 (유럽 혹은 유럽화된 사회에서 사용되는

화, 교재와 학문의 분야에서도 마찬가지임을 우리는 보아왔다. 따라서 권력은 통제와 관련이 있고 담화의 통제는 그것의 산출에 우선적으로 접속할 수 있음을 의미하며 그에 따라 내용과 문체, 결국에는 대중들의 마음에 우선적으로 접속할 수 있음을 의미한다.

이 책의 여러 장들에 걸쳐 대중매체 담화뿐만 아니라, 특히 정치 담화에도 초점을 맞출 것이다. 저자는 좀 더 구체적으로 인종차별주의자의 정치 담화에 대한 분석을 통해 그렇게 하겠지만 다른 한편으로 저자의 조사연구의 다른 기준, 즉 <u>사회 인지적</u> 관점을 통한 탐구를 통해 좀 더 일반적인 방식으로 정치 담화에 초점을 맞출 것이다. 다른 개념들과 함께 저자는 인종차별주의가 특이한 개인들의 편견이 아니라 집단들이 사회적으로 공유하고 있는 인지적 표상, 즉 태도와 이념이며, 이들은 한쪽으로 치우친 담화와 차별의 형태와 같은 인종차별주의자의 사회적 실천관례의 토대임을 주장하였다.

저자는 비판적 담화 연구가 (적어도) 다음의 차원, 즉 담화와 인지, 사회를 결합하는 학제적 관점 안에서 수행되어야 함을 보여주었다. 그리고 여기서는 다루지는 않겠지만 가능하다면 역사적 차원과 문화적 차원까지 결합하는 여러 학문에 걸친 관점이어야 한다. 정치 권력의 재창출과 정치 제도와 정치 집단에는 다양한 갈래의 정치 담화를 필요로 하며 다시 그런 담화는 이념과 같은 다양한 종류의 정치 인지의 관점에서 산출되고 이해되어야 할 필요가 있음을 구체적 사례를 통해 보여주었다. 좀 더 일반적으로 여기서 그리고 저자의 연구 곳곳에서 되풀이하고 있는 바는 인지가 담화와 사회의 접합점이라는 것이

글말을 쓸 수 없기 때문에 표현의 수단으로 삼을 수밖에 없는) 입말로 된 표현을 낮잡아 보는 태도를 반영하고 있다.

다. 만약 우리가 어떻게 사람들이 사회적 정신 모형, 즉 맥락 모형의 관점에서 사회적 조건을 이해하고 표상하는지 이해하지 않는다면 사회적 상황이나 사회 구조가 입말과 글말에 어떻게 영향을 미치는지 이해하지 않는 것이다. 이는 사람들에게 영향을 미치는 담화의 **효과**에 대해서도 마찬가지이다. 그 영향력은 사람들의 정신 표상의 관점에서 기술되어야 한다(저자의 맥락 모형 이론에 대한 자세한 설명은 맥락에 대한 학제적인 책으로서 최근에 나온 저자의 두 권의 책8) 『맥락과 담화』(2008), 『사회와 담화: 사회적 맥락은 어떻게 입말과 글말에 영향을 미치는가』(2008)를 참고하기 바란다).

인종차별주의에 대한 경험적인 연구에 더하여 이 책에서는 담화와 인지, 사회 사이의 관계에 대한 새로운 이론을 발전시키고 적용하였다. 권력과 담화의 관계는 그와 같이 더 넓은 얼개 안에서 유기적으로 구성될 때 온전하게 이해될 수 있다. 저자는 이 점을 강조하는데 비판적 담화 연구와 오늘날 좀 더 일반적으로 사회과학 안에서 **인지적** 측면이 보편적이지 않기 때문이다.

끝으로 권력, 접속, 맥락과 인지와 같이 여기서 다룬 많은 개념들은 결국 이라크에 대한 의회 담화에 대한 비판적 연구에 적용된다. 이라크에 대한 담화는 최근의 공개적인 토론에서 가장 널리 퍼져 있는 주제 가운데 하나이다. 그와 같은 연구는 또한 비판적 담화 연구에서 다른 중요한 개념, 즉 조종manipulation에 대한 검토를 하도록 하였다. 여기에서도 관련되어 있는 것은 권력 집단과 권력 기관 그리고 공적인 담화, 특히 공적인 정치 담화와 매체 담화, 시민들의 마음을 통제하는 방법이다. 조종에 대하여 좀 더 이론적인 그와 같은 분석을 하고 난 뒤 저자는

---

8) 실제 출간된 책 제목은 『담화와 맥락Discourse and Context』임.

토니 블레어^{Tony Blair}가 이라크와의 전쟁에 참여하려는 그의 조처를 영국 의회가 받아들이도록 어떻게 조종하는지 보일 것이다.

이와 비슷하게 저자는 호세 마리아 아즈나르^{José María Aznar}가 스페인 국회에서 조지 부시 대통령과 미국 주도의 이라크 침공을 지지하는 그의 정책을 어떻게 방어하는지 보일 것이다. 선호되는 주제, 문체, 수사나 논증법에 관련되는 분석을 넘어서 저자는 어떻게 그와 같은 담화가 중요하지만 분명하지 않은 속성을 지니는지, 즉 정치적 속뜻 political implicatures을 지니는가에 초점을 맞추고 있다. 그와 같은 정치적 함의는 담화 그 자체로부터 나오지 않고 [담화: 뒤친이] 참여자들이 그것들을 이해하고 구성하는 것으로서 (일반적으로 함축적인) 맥락에 근거를 두고 있다. 이와 마찬가지로 그와 같은 **맥락 중심**의 분석은 담화에서 언제나 분명하게 나타나지는 않는 거짓말^{lies}과 같은 다른 측면에도 초점을 맞출 수 있게 해준다. 지식에 관련된 맥락 중심의 관리에 대한 분석을 통하여 그와 같은 연구가 일반적으로 정치 담화를 통찰하는 데 이바지할 수 있으며 구체적으로는 이라크와 관련된 의회 토론을 통찰하는 데 이바지할 수 있음을 독자들은 보게 될 것이다.

일반적인 수준에서 사회과학의 기본적인 몇 가지 개념에 대하여, 좀 더 구체적으로는 비판적 담화 연구의 기본적인 몇 가지 개념에 대한 이와 같은 이론적 분석을 통하여 그리고 이런 개념들이 적용되는 사례 연구들을 통하여 저자는 [그와 관련되는: 뒤친이] 장들이 좀 더 일반적인 수준에서 비판적 학문의 발전에 이바지하기를 바란다.

이 책에서 이 들머리와 마지막 장을 제외하면 그런 장들은 여러 학술지와 책들에서 앞서 나타나기도 하였다. 그러나 비판적 담화 연구의 토대에 대한 하나의 일관된 설명으로서 이들을 함께 묶기 위하여, 특히 학술지의 논문에 접속하기 쉽지 않은 사람들을 위하여 저자는 이런 연구를 한 책에 모아두는 것이 유익하다고 생각하였다. 그 논문들의 원래 모습을 지키기 위하여 어떤 장에서는 활자와 관련되는 실수와 사소한 문체상의 변화를 고치는 데 그치는 등 변화에 제약이 있었다. 비록 언제나 다른 방식으로 구축이 되겠지만 피할 수 없이 장들 사이에 이론적인 부분들이 어느 정도 겹칠 것이다. 완결된 논문을 가져오는 일의 장점은 개별적으로 그리고 어떤 차례로도 읽힐 수 있다는 것이다.

언어학, 담화 분석, 정치학, 사회학, 윤리학, 소통과 사회심리학 등 다양한 사회과학 수업에 이 책이 쓰일 수 있다.

보통 그러하듯이 비록 저자는 다소 복잡한 이론적 얼개를 전개하지만 접속이 가능한 방식으로 그렇게 하려고 최선을 다하여 왔다. 그렇기 때문에 이 책은 모든 인문과학이나 사회과학 학생들이 읽을 수 있다. 앞에서 보였듯이 접속은 기본이며, 특히 학문에서는 그러하다. 그리고 비판적 담화 연구에는 더욱 그러하다. 따라서 글은, 복잡한 사회적 쟁점에 대한 글조차 될 수 있는 한 많은 사람들에게 접속이 가능하여야 한다.

이 책은 스페인 말(바르셀로나의 게디사Gedisa 출판사에서), 포르투칼 말(상 파울로의 콩티어스토Contexto 출판사에서), 아랍 말(준비 중)으로 출간된다.

늘 그렇듯이 독자들이 비평과 비판을 전자편지로 저자에게 보내는 것을 환영한다(vandijk@discourses.org) 그리고 다른 자원들, 논문들, 참고문헌과 저자의 출간물을 보기 위해 저자의 누리집(www.discourses.org)으로 초대하고자 한다.

바르셀로나에서

테는 반 데이크(Teun. A. van Dijk)

역자 서문

1.

비판적 담화 분석은 그 동안 담화라는 사회적 실천관례와 사회, 이념, 지식, 사회 구조, 권력, 갈등의 문제를 중심으로 논의가 이뤄지고 있다. 나라밖 논의들이 2000년대 초반에 국내에 소개되었고 이제 국내에서도 비판적 담화 분석을 다루고 있는 연구자들의 폭이 넓어지고 있다. 이 책에서는 비판적 담화 분석의 핵심 주제이자 대상이라고 할 수 있는 담화와 권력의 문제를 다루고 있다.

이 책에서 다루고 있는 권력은 중립적인 의미에서 권력이 아니라 권력의 부당한 행사에 관련되기 때문에 우리말로는 권세의 의미에 가깝다. 저자가 서문에서 밝히고 있듯이 이 책은 상징적 선민들symbolic elites(정치가, 기자, 학자, 작가, 관료들)에 의해 통제를 받는 공적인 담화가 사회적 불평등과 부정으로 이어지는 집단 권력과 선민 권력의 비합법적인 행사에 초점을 모으고 있기 때문이다.

여기서는 먼저 이 책에서 비판적 담화 분석이 개입할 수 있는 배경으로 강조하고 있는 관점, 즉 비판적 담화 분석에서 사회·인지적 관점을 중심으로 이 책을 개관하고 이어서 책 내용을 각 장별로 간략히 소개하기로 한다(2.). 그리고 이 책에서 다루지 않은 담화와 권력의

문제를 좀 더 구체적으로 잇대어 논의하기로 한다(3.). 끝으로 이 책을
뒤치면서 가졌던 생각들을 간단히 곁들이기로 한다(4.).

2.

뒤친이는 2020년에 저자인 반 데이크가 2014년에 출간한『담화와
지식』(경진출판)을 뒤쳐서 출간하였다. 그런 점에서 책이 출간된 순서
를 거슬러 올라가면서 나라 안에 반 데이크의 책을 소개하는 감이
있다. 그럼에도 불구하고 이 책을 출간하는 이유는 담화 연구에서
사회·인지적 관점으로 여러 학문에 걸친 연구의 구체적인 사례를 잘
보여주기 때문이다.

그 책에서도 이 책과 마찬가지로 담화와 권력, 지식과 관련된 문제
에 사회 인지적 접근을 하고 있다. 이 책의 2장에서 담화 인지적 관점
을 주로 다루고 있지만 그 책보다는 이론적인 측면을 성글게 다룬
점이 없지 않다. 저자는 지금까지 담화와 상호작용, 인지의 거시 구조
에 관심을 가졌고, 이를 여러 학문에 걸친 연구 방법을 적용하여 van
Dijk(1980)으로 출간하였다. 그리고 담화에 작용하는 사회적 층위나
요인들로 연구 영역을 넓혀 왔다(대표적인 저작으로 van Dijk(1998)을
들 수 있다). 이후에 담화에 대한 접근은 1) 여러 학문에 걸쳐 있어야
하며 2) 사회·인지적 접근을 해야 한다는 점을 천명하고 있다.

여기서는 먼저 이 책 이후에 출간된 책인 반 데이크(2014/2020)에서
다룬 내용을 중심으로 담화에 대한 사회·인지적 접근을 간략하게 살
펴보기로 한다. 이런 맥락에서 가장 중요한 점은 왜 담화를 사회·인지
적 관점에서 다루어야 하는가 하는 점이다. 가장 근본적인 이유는

사회 구조나 계층은 권력이나 갈등과 직접적으로 매개되지 않는다는데 있다. 이들은 사회적 사건으로서 담화의 매개를 통해서 구체화되고 실현된다. 담화가 매개작용을 제대로 하기 위해서는 담화의 산출과 이해를 점검하고 통제할 수 있는 인지 구조가 필요하게 된다. 또한 담화에는 사회적 요소가 깃들어 있으며, 그에 따라 담화에 대해 사회적인 접근이 필요하다는 함의를 지닌다. 이와 같은 사회·인지적 접근의 구체적인 사례로 5장 4절에서는 담화가 사회적 관례의 형태일 뿐만 아니라 의미를 표현하고 전달하며 소수자들이나 입국이민자들에 대한 우리의 믿음에 영향을 미치고 있음을 분석해서 보여주고 있다.

담화에서 언어적 요소, 즉 음운론적으로 두드러짐(강세, 올림조 억양 등), 대명사, 어순, 증거를 대는 표현뿐만 아니라 담화의 모든 수준에 걸쳐 인식론적으로 혹은 인지적 토대를 지니고 있다. 또한 인지적 토대는 내집단이나 외집단, 성적 소수자들뿐만 인종에서 소수자들, 지배계층과 피지배 계층이라는 사회 구조적 요소에 따라 담화의 생산과 수용에 영향을 미친다. 따라서 저자는 이와 같은 논리에 따라 담화에 대한 비판적 분석은 사회·인지적 관점에서 다루어야 한다고 본다.

그렇다면 저자는 담화 분석에서 이런 사회·인지적 접근을 강조하는 것일까? 저자는 일련의 저작을 통해 담화에 대한 사회·인지적 접근을 확립하는 데 이바지한 자신의 공에 상당히 자부심을 느끼고 있는 듯다. 이런 점은 자신의 책(2014/2020: 28)에서 이런 접근법이 인문학과 사회과학을 통합하는 최초의 시도라고 하는 데서 묻어난다. 말하자면 이전의 담화 분석 연구와 달리 이런 접근법만이 온전한 연구로서 민족지학 연구, 텍스트 문법, 담화 문법, 미시사회학, 심리언어학과 인지심리학, 교육심리학, 거시사회학을 아우를 수 있다고 보기 때문이다.

이제 이 책의 내용을 간략히 소개하기로 한다. 1장에서는 비판적 담화 연구(저자는 비판적 담화 분석이라는 용어보다 선호함)에 대한 개괄적인 소개를 하고 있다. 저자가 일관되게 주장하고 있듯이 비판적 담화 연구의 방법은 여러 학문에 걸쳐 담화를 연구하는 방법이라고 하면서 주도적인 집단의 권력의 표현과 확인, 재생산과 관련된 담화의 속성들에 초점을 맞춘다고 하였다. 아울러 비판적 담화 연구는 담화를 통해 이뤄지는 권력 남용의 재생산에 대한 연구를 목표로 삼는다고 하였다. 맥락과 접속, 통제와 같이 이 책의 여러 장에 걸쳐 분석의 도구가 되는 개념을 정의하면서 이 책이 학부생들을 대상으로 한다는 점을 염두에 두고 분석의 사례를 소개하기도 한다. 동시에 비판적 담화 연구를 시민들이나 학생들에게 가르치는 일에도 관심을 보인다.

2장부터 10장은 저자가 학술지에 발표한 내용들을 모은 논문집의 성격을 지니고 있다(감사의 글에서 출처를 찾아볼 수 있다). 2장은 담화의 구조와 권력의 구조의 관계를 살피고 있는데 특정의 권력 구조가 다양한 담화 갈래와 이런 담화 갈래에서 나타나는 특징적인 구조에 미친 영향력에 초점을 맞추고 있다. 1장에서 사용한 개념인 통제와 재생산이 작동하는 모습 그리고 이런 통제와 재생산이 실제로는 상징적으로 이뤄지고 있는 모습을 사적인 대화에서 매체, 교과서 담화에 이르기까지 여러 차원에 대한 분석(2.9절)을 통해 보여주고 있다. 이 장은 무엇보다도 다양한 유형의 담화 갈래들과 특징들에 대하여 사회 구조와 권력의 관계 속에서 얼개를 잡을 수 있을 것이다.

3장은 영국의 진보적인 신문과 보수적인 신문이 난민이나 입국이민자들을 기사화하는 방식을 두고서 분석하고 있다. 이런 신문 기사들은 주제 선택과 표제, 인용 등 겉으로 드러나는 요소들뿐만 아니라 이념에서 그들(타자)과 우리가 누구인가에 따라 권력이 작용하는 모습을 구체적으로 보여준다고 분석하고 있다.

4장은 책 전체의 흐름으로 보아 2장의 자리에 있어야 할 듯하다. 새삼스러우리만치 비판적 담화 분석의 개념적 얼개와 이론적 얼개를 제시하고 1장에서 논의되었던 개념들뿐만 아니라 거시적 차원의 분석 개념, 미시적 차원의 분석 개념, 마음의 통제를 제시하고 아울러 비판적 담화 분석의 주된 대상인 매체 담화, 정치 담화의 특징들을 제시하면서 한 장에서 다루기에는 넘칠 정도로 광범위한 참고문헌을 제시하고 있다. 아마도 이렇게 참고문헌이 많은 것은 이 책 전체에서 다루는 담화의 갈래와 그에 대한 분석의 범위가 넓기 때문일 것이다.

5장과 6장은 인종차별주의에 관련되는 담화를 분석하는 사례를 제시하는 데 의의가 있다. 담화에 대한 자리매김에서부터 통사적 분석, 맥락과 선민의 자리매김과 그 역할을 이론적 배경으로 제시하고 2장에서 언급한 다양한 형태의 담화 갈래와 의회 토론자료에서 인종차별주의와 관련된 담화를 언급하고 있다. 6장은 5장에서 다루었던 담화에서 두드러지게 나타나는 표현으로서 부인 표현을 분석하고 있다. 부인의 유형, 사회문화적 기능과 정치적 기능을 논의한 다음 구체적인 담화를 분석하는 사례를 선보인다. 부인 표현에서는 긍정적인 자기 제시나 반격, 공격과 방어, 완화와 같은 기능이 두드러진다고 분석하였다. 특히 의회 담화에서 국수주의자의 우월감과 같은 기능이 부인 표현을 통해 드러난다고 분석한 점이 인상 깊다.

7장은 정치학과 인지, 담화를 관련짓기 위한 논의가 베풀어진다. 여러 학문에 걸친 연구를 근간으로 삼는 저자의 입장에서 볼 때 정치에 관한 담화도 정보 처리의 관점에서 다룰 수 있고 이를 정치 실행과 연관짓는다는 점에서 비판적 담화 분석과 궤를 같이 할 수 있다. 그에 따라 어떻게 개인의 정치적 담화가 사회적으로 공유된 정치적 표상과 집단과 기관 사이의 집단적 상호작용에 관련되어 있는가에 초점을 맞춘다. 정치 담화의 구체적인 분석으로 1989년 7월 5일에 대처 정부의 이민정책에 찬성하는 보수적인 정치가 존 스톡 경의 의회 연설을 놓고서 담화 처리, 맥락 모형, 정치적 인지, 지식, 의견과 태도, 이념이라는 사회 인지적 개념을 적용하여 논의하고 있다. 아울러 정치 담화의 구조의 세세한 요소, 즉 화제, 개념틀, 지엽적인 의미, 말투에 이르는 수준에까지 분석하고 있다는 점에서 담화 교육을 위한 자료로 활용하기에 모자람이 없으리라 생각한다.

8장에서는 참전하는 데 국민적 합의를 모으기 위해 스페인의 수상 조세 마리아 아즈나르가 의회에서 한 호전적인 연설문을 대상으로 비판적 담화 분석의 사례를 보여주고 있다. 아즈나르가 여당인 자신의 당과 공유하고 있는 태도, 규범, 가치, 이념으로서 사회인지적 표상뿐만 아니라 당시의 스페인에서 그의 연설을 사회정치적 맥락과 관련을 지으려고 하였다. 전체적인 분석의 얼개는 7장에서 사용하였던 얼개를 거의 그대로 따르고 있다. 특히 여기서는 화자들이 자신들을 긍정적인 용어로 묘사하는 긍정적인 자기 제시, 그 반대쪽에 있는 사람들에 대한 부정적인 타자 제시라는 전략을 끌어들이고 있다. 7장에 비해 훨씬 더 부정적인 비판의 어조가 강하다는 인상을 준다.

9장에서는 권력 남용에 관련되는 핵심 개념 가운데 하나인 조종 manipulation을 다루고 있다. 이 개념에 대한 개념적 분석에 이어 정치적 조종과 관련하여 밀접하게 연결되어 있는 사회, 인지, 담화를 이론적으로 다루고 있다. 사례 분석으로 이라크에 맞서는 전쟁에 대한 토니 블레어 영국 수상의 의회 연설문, 즉 정부가 내린 참전의 정당화를 비판적으로 분석하고 있다.

10장에서는 의회 토론 조각을 놓고서 맥락 모형을 제안하면서 분석하고 있다. 이 장에서 맥락 모형은, 특히 지식 장치와 관련하여 지식의 활성, 표현, 전제 회상하기와 같은 전략을 중심으로 구성되어 있다는 점을 강조한다. 또한 정당화된 믿음으로써 지식이 부당한 조종과 관련되어 어떻게 거짓말이 될 수 있는지를 이라크와의 전쟁에 대한 의회 찬반 토론을 중심으로 분석하고 있다. 그리고 결론적으로 어떻게 지식이 맥락 모형에 의해 관리되고 있는가에 기댄 화용론적 접근이 필요하다고 하였다.

3.

여기서는 담화에서 드러나는 요소와, 드러나지 않는 요소, 두루 폭넓게 적용되는 요소에 초점을 맞춰 권력이 작용하는 모습을 논의하기로 한다.[9]

담화와 사회 구조, 좀 더 넓은 의미에서 사회가 변증법적 관계에 있음을 강조하였듯이 담화와 권력의 관계도 변증법적 관계에 있다. 말하자면 담화는 권력을 반영하며(권력 → 담화), 권력은 담화를 통해 넓혀지거나 다시 만들어지기(담화 → 권력) 때문이다. 이와 같은 과정에서 비판적으로 보아야 할 점은 권력 그 자체가 아니라 담화가 어떻게 권력을 형성하고, 그것에 담화가 어떻게 이바지하는가, 즉 담화를 통해 권력을 어떻게 정당화하고, 권력이 담화를 어떻게 조작(이 책의

---

[9] 이 부분(3.)은 허선익(2019), 『비판적 담화 분석과 국어교육』(경진출판)에서 다루었던 일부 내용을 참고하였음을 밝혀둔다.

용어에 따르면 조종)하는가 하는 점에 있다. 담화는 사회정치적 관계에서 권력 관계를 반영하고 있기 때문이다.

이 책에서는 전제로 명시적으로 드러내지는 않았지만, 담화와 권력의 관계를 살펴볼 때 페어클럽(2001/2011: 97)에서 지적하였듯이 담화로 된 권력power in discourse과 담화 이면에 있는 권력power behind discourse을 살펴보아야 한다. 권력은 대체로 담화에서 곧이곧대로 드러나지 않기 때문이다. 대중매체는 숨은 권력과 담화의 관계를 가장 잘 보여주는 대표적인 사례이다. 발행자에서부터 광고주, 정보의 출처에 대한 제약 등을 통해 권력은 간접적으로 드러나는 경우도 있지만 숨어 있는 권력power behind discourse인 경우가 많은 것이다. 이와 같은 점 때문에 사회의 주도적인 담론에 대한 비판적 담화 분석이 필요하다.

담화에서 권력이 작용하는 모습은 다음과 같이 정리할 수 있다.

1) 담화 안에서 권력의 작용

(가) 담화 유형의 선택

(나) 주제의 결정

(다) 질문과 대화로 이뤄지는 인접쌍의 관리

(라) 개별 발화에 대한 평가

(마) 담화와 동시에 이뤄지는 수행의 시작과 끝, 수행 방식의 결정

1)은 담화에 초점을 맞춰 권력이 작용하는 모습을 제시하였다. 여기에 제시한 작용의 유형에서 (가)→(마)로 올수록 권력의 작용이 담화 유형에 따라 나타날 개연성에 차이가 있다. 말하자면 (가)는 대부분의 담화에서 작용하는 권력에 의해 나타나고, (마)는 특정의 담화에서 두드러지거나 나타나지 않을 수 있다.

한편 1)에서 권력이 작용하는 모습은 대체로 담화를 관찰하면 표면적으로 알아볼 수 있다. 그렇지만 다음과 같은 경우 권력을 지니고 있는 다양한 부류의 사람들(상징적 엘리트와 자본을 쥔 사람)의 의도를 고려해야 그 모습이 드러난다.

2) 담화 이면에서 권력의 작용
(가) 정보 제공자·출처의 선택
(나) 정보의 선택－정보의 양과 지면의 배치
(다) 프레임의 유지와 확산
(라) 담화 유형과 담화 실천관례의 유지
(마) 공식적인 말투(≒표준어) 사용
(바) 용어의 사용과 선택

담화 이면에서 권력이 작용하는 또 다른 측면으로 격식성을 들 수 있다. 격식성은 사회적으로 공평성을 유지하고자 하는 제도적인 틀로 작용할 수 있지만 때로 권력이 작용할 수 있는 여지가 없지 않은 담화의 속성이라고 할 수 있다.

3) 담화에서 나타나는 격식성에 따른 제약의 여러 차원들
(가) 담화 구조의 차원－화제와의 적합성, 대화 인접쌍에 대한 제약
(나) 언어 표현의 차원－말투식, 어휘(방언 및 용어), 언어딸림 요소(속도, 억양, 몸짓)에 대한 제약

4-(가)는 담화의 거시적 차원과 미시적 차원에서 작용하는 제약들인데 전체적으로 이들은 의미연결과 통사결속에 관련되어 있다. (나)

는 개인에 따라 변이가 나타날 수 있는 요소들이다. 이들은 담화에 관련되는 규범과 관련이 있다. 다만 (가)는 여러 담화 공동체에서 나타 날 수 있어서 어느 정도 보편성을 띠고 있지만, (나)는 상황과 맥락의 영향을 많이 받는 속성이 있다. (나)에서 제시한 것과 같은 제약이 오히려 담화에 작용하는 권력관계를 직접적으로 반영할 가능성이 더 높다. 따라서 담화 분석에서는 (나)에 제시한 제약들을 좀 더 눈여겨 볼 필요가 있다.

4.

이 책은 각각의 장들이 독립되어 있다. 그런 점에서 체계적이지 못하다는 비판을 받을 수 있다. 또한 여러 학술지에 실린 논문 모음이 기 때문에 군데군데 겹치는 내용들이 있다. 특히 7장과 8장은 그런 현상이 심하다. 그럼에도 불구하고 이 책은 특정의 담화를 놓고서 각 장에서 제시한 개념들을 활용하여 아주 자세하고 치밀하게 분석하 고 있는 모범사례를 제공한다고 생각한다. 단점을 상쇄할 수 있는 장점이 되리라 생각한다. 아울러 각각의 논문에 접속이 쉽지 않은 우리나라 독자들에게는 시간과 품을 아끼는 데 많은 도움이 될 것이다.

이 책이 현실적으로 지니는 함의를 하나만 지적하기로 한다. 이 책의 8장, 9장, 10장에서는 이라크와의 전쟁 참가와 관련하여 영국과 스페인 정부의 고위 관료들의 의회 연설을 다루고 있다. 정보의 접속 권한에서 제한과 편재가 소위 선진국이라고 할 수 있는 나라에서도 공공연하고 합법화되어 있다는 점을 눈 뜨고 보게 된다. 또한 이런 담화 관례들은 고급 정보의 독점이 나라 안의 문제뿐만 아니라 국제 질서에도 영향을 미칠 수 있음을 알 수 있게 해주는 사례들이다. 근래에 대한민국의 지위가 격상하고 그에 따라 국제 사회에 미칠 수 있는 영향력이 커졌음을 고려할 때, 나라 안의 비판적 담화 분석에서도 대중 매체의 권력화 내지 권력 편향과 지향에 더하여 이런 국제적인 문제에 대처하는 권력과 언론의 움직임에도 관심의 끈을 놓지 말아야 할 시점에 이른 것 같다. 아울러 난민 문제, 입국이민 문제, 굶주림과 가난, 환경과 같은 국제적인 문제에 대한 국가 권력뿐만 아니라 선민들의 대응 행태에 대해서도 감시의 눈을 돌리지 말해야 할 때인 것 같다.

이 책을 뒤치는 일을 마무리하는 시점은 새로운 정권이 출발하려고 하는 때이다. 새로운 정권이 나서려 할 때마다 총리에서부터 장관에 이르는 정치적 선민들이 추천된다. 그러나 그런 인사들의 면면을 보면 얼마나 많은 부조리와 비리가 우리 사회에 널리 퍼져 있으며, 구조적으로 깊이 박혀 있는지를 실감하게 된다. 그런 점에서 우리나라 안에서 찾을 수 있는 권세는 이 책에서 다루고 있는 권세와는 다른 면모를 보여준다. 선민의식뿐만 아니라 짙게 그늘을 드리운 개인주의, 가족주의의 부정적인 모습까지도 보여준다는 점, 그리고 이런 부정적인 권세의 카르텔이 굳건하고, 뿌리 깊어서 하루아침에 걷어낼 수 없을 정도로 계층화, 구조화하고 있다는 점은 안타까울 뿐이다. 비판적 담화 분석의 끈을 놓을 수 없는 이유가 여기에 있다. 그리고 이와 같은 책을 출간할 수밖에 없는 이유가 여기에 있다.

뒤에 역사가들이 코로나19라는 사회적 사건을 어떻게 이름 붙일지 모르겠지만 이로 인해 사람답게 사는 모습들이 다시 제자리를 잡는 데 시간이 걸릴지 모른다는 안타까움과 조바심이 든다. 그러는 동안에 함께 뜻을 나누고, 같은 길을 걸어가며 함께 해야 하는 사람들이 잊히고, 세월 속에 묻히며 세월 따라 흘러 가버렸다. 무엇으로도 메울 수 없는 아쉬움과 허전함이 오랫동안 가시지 않을 듯하다.

추천의 글을 써주시며 힘을 북돋워주신 김지홍 선생님(경상국립대학교 사범대학 국어교육과)께 고마움을 표한다. 선생님과 사제의 인연을 맺은 지 30여 년의 세월이 흘렀다. 어느덧 시간은 흘러 정년퇴임을 맞이하셨다. 축하드린다. 학자로서 굳건하게 한 길을 걸어오신 모습을 통해 학문적으로나 인간적으로 많을 걸 배울 수 있었다. 그 동안 입었던 은혜에도 깊이 감사드린다.

2022년 7월
뒤친이 허선익 씀

김지홍(경상국립대학교 국어교육과 교수)

아직 이 책의 저자 이름을 어떻게 통일하여 발음할지 공적인 담론에서 합의되지 않았지만, 화란 발음으로 '투인 아드리아누스 폰대익'(또는 이 책에서처럼 영어 발음 '테는 반 데이크') 교수의 『담화와 권력』은 오랜 기간 동안 저자가 주력해 온 '실학'(또는 실용 학문으로서의 언어학)으로의 발전과 전환을 잘 보여주는 글들을 담아 놓고 있다.

필자는 허선익 박사와 개인적으로 사제의 인연이 있다. 불모지와 다름없었던 '국어 교육' 영역의 토대를 다지고자, 더 큰 관련 분야에서 필자는 혼자서 중요하다고 판단하는 정상 지위의 책자들을 차분히 번역하면서 개인적 생각을 키워 왔다. 순전히 필자 자신의 공부 방편일 뿐이다. 허 박사 또한 우연히 같은 생각을 지녀, '비판적 담화 분석'의 책자뿐만 아니라, 또한 국어 교육에서 「읽고 쓰는 힘」(누구나 알기 쉬운 말을 학문 용어로 만들고자 하는 노력이 없이, 한자어를 선호하는 쪽에서 소위 '문식력'이나 '문해력'으로 번역됨)을 키우는 토대 업적들도 충실히 번역해 왔다.

허 박사는 같은 저자의 『담화와 지식: 사회 인지적 접근』(경진출판, 635쪽)도 2020년 출간하였는데, 필자는 대학원 학생들과 같이 읽으면서 많이 배운 바 있다. 그곳에서 서구 사회에서 여태 차별을 부추기는 인종주의와 이념의 뿌리에 대하여 더 깊은 연구를 진행하겠다는 저자의 결의를 눈여겨본 적이 있다.

오랜 기간 동안 폰대익 교수의 학문적 편력(또는 발전)은 미시 언어 영역으로부터 출발하여, 거시 언어 영역으로 확대되었고(콜로라도 대학 심리학자 킨취 교수와의 1983년 공저 『담화 이해의 여러 전략들』이 결정적 이정표가 됨), 다시 인간 정신 작동 방식을 구성하는 밑바닥 동기들을 탐색하는 여정을 지속해 오고 있다. 이를 폰대익 교수는

'언어, 담화, 지식'

등으로 이름표를 내세워 주장해 왔다. 아마 삼원 접근의 '통합주의 integrationism'로 부를 만하다. 언어는 형식과 내용 또는 껍데기와 속살이 결합해 있으므로, 자연과학에서 일부 성공을 거뒀다고 여기는 환원주의reductionism에 맞서 대립 개념으로 남아 있고, 필자는 앞으로도 여전히 그럴 것으로 본다(환원주의는 오직 형식 영역에서만 성공을 거둘 수 있음). 여기서 언어와 담화는 비언어적 정보를 담고 있는지 여부에서 서로 구별되지만(명시적 언어 정보 : 암시적 작동 정보), 크게 미시구조와 거시구조를 지니므로 애초에서부터 추론이란 장치engine가 가동되게 마련이다. 그런데 마지막의 지식이란 딱지는, 폰대익 교수의 글에서 특히

'인지, 사회적 인지, 사회, 문화, 지식 사회학, 지식 간격 조정 장치(K-device)'

등 종종 다양한 얼굴 모습으로도 등장하는데, 이것들이 모두 담화

전개 방식에서 한 가닥의 낱말 사슬을 만들어낸다. 2022년 현재 이 영역을 부르는 용어들이 무려 서른 가지도 넘는다. 인간과 관련된 학문에서 심층적으로 접근할 경우에 어느 영역에서나 관련된 핵심 본질을 다뤄 왔기 때문이다. 일부에서는 흔히 가장 큰 보따리로서 '정신 모형'이나 '세계 표상'이란 개념 또는 '고정된 믿음 체계'란 개념을 선호한다. 이 또한 비록 출처를 명확히 밝혀 놓지 않았다고 하더라도, 실질적으로 계몽주의 시대 흄과 칸트로부터 시작된 전통을 물려받고 있는 것이며, 도도한 인류 지성사의 흐름 속에 뿌리를 내리고 있다. 우리가 듣는 일상 낱말로는 '인생관'으로도 부르고, 부정적으로 '개똥철학'이라고도 폄하하기도 한다.

여기서 가장 역동적으로 담화 산출과 이해의 주체에 의해 작동하는 몫은 대상으로서 제시된 담화 및 내 자신의 머릿속에 걸고 얽어 놓은 '대상 세계의 정신 모형'과의 간격을 조정해 나가는 일이다. 이것이 우리들로 하여금 심층적 해석(언어로 드러나지 않은 실체들에 대한 탐색)을 가능하게 만들어준다. 필자는 우리말로 이를 '겹쳐 읽기'라는 말로 쓰고 있다. 사람들 사이에 생겨나는 개인별 차이는 겹쳐 읽는 힘의 너비와 깊이(또는 독서의 역량)에 따라 달라진다. 그렇다면 결국 언어 교육은 이런 힘을 키워 주도록 초점 모아져야 하는 것이다. 새 천년 이후에 이를 '비판적'이라는 꾸밈말을 얹어 '비판적 담화 분석'이라고 불러오고 있으며, 영미뿐만 아니라 대륙에서도 중요한 기여를 해 오고 있다. 귀납법이나 연역법으로 불러 물과 기름마냥 서로를 구별해 왔던 잘못된 흐름이, 이제 비판적 담화 분석에서는 봄에 눈이 녹듯이 동일한 지향점을 향해 나아가고 있는 것이다.

언어학 혁명을 일으켜 미국에서 행동주의 심리학을 인지주의 심리학으로 전환시켜 놓은 노엄 참스키 교수는 동시에 언어에 대한 관심과 사회(초기에는 미국 사회)에 대한 관심을 출간해 왔다. 그분에게 주위에서 이들 두 영역 사이의 관계를 질문하였을 적에 단지 미약한 관계만 있다고 대답한 글을 본 적이 있다. 그렇지만 오늘날 비판적 담화 분석의 시각으로 본다면, 월남전에 반대하여 시민운동을 벌였던 초기에서부터 참스키 교수도, 그리고 생성 의미론을 옹호하면서 스승과 결별하여 인지언어학을 창도해 온 레이코프 교수도 부지불식간에 모두 다 비판적 담화 분석 작업을 해 오고 있었던 것임을 잘 알 수 있다. 다만 동일한 목표를 지닌 작업의 뿌리를 명시적인 용어로 내세우지 못했을 뿐이다. 만일 더 일반적인 낱말로 바꾸어 말한다면, 언어를 통하여 얽히어 있는 밑바닥의 사회관계를 대상화하여 비판적으로 다루는 작업인 것이다. 이런 시각에서 살펴본다면, 글자를 매개로 하여 지금까지 누적되어 온 인류 지성사의 산물도 결국 같은 흐름으로 재구성될 수 있다.

다만, 여기서 사회관계의 무엇을 그리고 어떻게 위계화할 것인지를 놓고서 역사적으로 누적된 사회문화적 영향을 입게 된다. 필자에게 익숙한 한문 고전에서는 '밝은 덕明德', '부끄러움廉恥', '어짊과 의로움仁義', '스스로에게서의 간절함과 하나의 결敬義', '참된 앎良知' 따위가 관점별로 사회라는 커다란 원을 작동시키는 구심점으로 부각된다. 그렇지만 폰대익 교수의 판단에, 서구 사회에서는 '권력'이 핵심적으로 드러나는 듯싶다. 우리 문화에서는 사회관계를 나와 너 사이의 대등한 모습으로 상정하기 일쑤였고, 이는 오늘날 서로를 존중하고 받아들이는 토대가 된다. 그렇지만 민주주의라는 제도를 만든 서구 사회에서는 두 가닥 흐름을 띠어 더 중요하게 다른 측면이 강조되는 듯하다. 자기 마음대로 저울추를 달리 달아 그 숫자를 아무렇게나 뒤바꿀 수 있는 '권력'(저울질하는 힘)은, 상하 관계나 주종 관계를 전제로 생겨나며, 궁극적으로 지배와 착취와 기만과 굴종 따위 부수 개념들이 곧 뒤따라 나온다. 곧 불평등한 관계의 지속적 고착이다. 인류 지성사에서 더러 이단적인 주장이 생태학적 포장지로 꾸며져 왔다. 이른바 약육강식, 만인에 대한 만인의 투쟁, 식민주의, 우생학 따위의 살벌한 개념들이다. 이는 기껏해야 가족 단위를 벗어나지 못한 채 생활했었던 초기 구석기 시대의 인류에게서 찾아질 법한 원리이겠지만, 지금도 지구 위에서 비극적인 전쟁을 정당화시키기 위한 동기로 당연한 듯이 차용되고 있다.

영어 낱말 power(힘 또는 권력)는, 우리 낱말과 대비될 때 중의적 특성이 깃들어 있음을 잘 알 수 있다. 이 낱말이 내 자신에게 적용될 경우에는 힘(내재적 힘)이라고 말할 수 있다. 그렇지만 남에게 적용될 경우에는 멋대로 저울질할 수 있는 권력(외재적 힘)으로 바뀐다. 현대 사회에서 심각하여 부각되어야 할 문제는, 누구나 거부감 없이 쓰는 자연언어를 걸고 얽어 일관된 양 내세운 담화들에서, 다수 남을 지배하려는 동기가, 밝은 웃음의 얼굴 속에 철저히 가려져 있다는 데 있다. 가까운 일례로 우리가 휴대전화를 통해서 늘 접속하게 되는 손쉬운 정보들도, 아무런 비판 없이 진실로서 무턱대고 받아들이기 일쑤이다. 담화를 매개로 한 언어 교육은 이런 실상을 「참된 실생활 자료」(authenticity)들을 중심으로 하여 학습자들이 스스로 자각할 수 있도록 연습시킬 필요가 있다.

필자는 폰대익 교수의 학문적 발전 단계가 언어학과 인문학을 전공하는 우리에게도 가장 바람직한 모형이라고 믿는다. 그렇지만 정신 작용을 중요한 영역으로 주장하면서도 폰대익 교수는 정작 그 기반이 되는 기억 연구의 토대는 매우 취약한 채 남겨두고 말았다. 기억 연구의 아버지로 불리는 캐임브리지 대학 바아틀릿 교수가 언어를 지닌 존재는 불가피하게 모든 것을 재구성하면서 기억할 수밖에 없음을 주장한 바 있다. 기억의 역동성을 부각하여 memory(붙박이 기억)라는 낱말을 피해, 특별히 강화되거나 약화되는 측면의 remembering(역동적 기억)이란 낱말을 선택한 바 있다. 만일 비판적 담화 분석의 흐름을 필자가 올바로 이해하고 있다면, 이 책의 주요 낱말들도 모두 독자 개인이 스스로 쓰는 일상용어로 재구성되어야 하며, 그럴 경우에 지식 그물짜임 속에 탄탄히 깃들게 됨으로써 산출 과정에서도 자연스럽게 자기 목소리를 낼 수 있을 것이다. 이런 측면에서 새로운 언어 교육은 담화 교육이 되어야 마땅하며, 한 걸음 더 나아가 해당 담화가 기대고 있는 가치 체계나 세계관을 독자 자신의 것과 비교하면서, 비판적 안목을 길러주는 노력을 초등 6년, 중등 6년의 의무교육 기간 동안 힘을 쏟아야 할 것으로 본다.

평소 '비판적 담화 분석'을 공부하면서 들었던 필자의 생각을 졸가리 없이 적어 놓아, 추천사가 아주 장황하고 엉뚱하게 되고 말았다. 우리가 흔히 쓰는 낱말로서 '학문'은 배움 그 자체가 자문자답自問自答으로 이어져야 내 자신의 것이 됨을 아주 잘 드러낸다. 이것이 물을 문(問)이 배울 학(學, 이 글자 속에 敎의 일부가 들어가 있음)과 하나의 낱말로 짜여 있는 속내이다. 영어의 science(잘 짜인 지식, 통일된 인식, 학문)라는 낱말이 결코 붙들 수 없는 중요한 지점이다(옛날 일본인 서주가 선택한 '과학'이란 번역 낱말은 '분과 학문'의 줄임말로서 선두에서 물리학으로 대표되는 natural science를 가리킬 뿐임). 허 박사의 이번 번역도 또한 우리 독자들에게 곰곰 곱씹어볼 만한 여러 가지 물음들을 스스로 묻고 대답을 찾아보는 기회를 제공해준다. 이런 배경에서 독자들에게 이 책을 여러 번 읽으면서 이 책 속의 개념들을 자기 자신의 낱말로 바꿔 놓는 일을 시도해볼 수 있도록, 필자 자신이 과연 추천사를 쓸 만한지 여부도 되돌아보지도 않은 채 서슴없이 추천하는 바이다.

마음속으로
인문학이 공리공담으로부터 실학으로 바뀌기를 바라면서,
김지홍 적음

차례

제1장 들머리
: 담화와 권세

제4장 비판적 담화 분석

제5장 담화와 인종차별주의

제6장 담화와 인종차별주의의 부인

제7장 정치 담화와 정치적 인식

제8장 소동맹에 대한 전쟁의 수사학
: 이라크 전쟁에 대한 아즈나르의 정당화와 정치적 속뜻

제9장 담화와 조종

제10장 의회 담화에서 맥락화
: 아즈나르, 이라크와 거짓말의 화용론

제**1**장 들머리

: 담화와 권세

만약 비판적 담화 연구를 사회적 불평등과 권력 남용에서 담화를 통한 재생산에 대한 비판적 분석과 이론의 형성에 특별히 관심을 지니고 있는 학문적인 움직임으로 자리매김한다면 권력에 대한 개념을 자세하게 검토하는 일이 비판적 담화 연구CDS: Critical Discourse Studies의 핵심적인 과제일 것이다. 그럼에도 불구하고 사회과학의 많은 기본적인 개념들에서 그러하듯이, 권력이라는 개념은 흐릿한 만큼이나 복잡하다. 당연히 방대한 책과 논문들이 여러 학문에서 이 핵심적인 개념의 분석에 바쳐졌다. 따라서 언어 사용과 담화, 소통의 연구에 직접적으로 관련이 있는 권력의 그런 차원들에 초점을 맞추는 일이 반드시 필요하다.

그러나 이 연구의 대상, 즉 사회적 불평등과 권력 남용에 관련하여 담화를 통한 재생산은 그 자체로 문제가 되지 않은 개념이며 그에 따라 자세한 이론적 분석을 거의 필요로 하지 않는다. 예컨대 담화에서 사용되는 수많은 기호학적 속성 가운데 특정의 억양, 대명사, 표제, 주제, 어휘 항목,[1] 은유, 색채나 카메라의 각도가 사회에서 권력 관계로서 추상적이거나 일반적인 어떤 것과 어떻게 관련이 있는가? 말하자면 입말과 글말, 상호작용과 기호학적 실천관례들에서 전형적인 미시적 차원의 양상들과, 집단이나 단체 그리고 이들의 주도적인 관계와 같은 사회에 관련되는 거시적 차원의 양상들의 관계를 어느 정도 밝힐 필요가 있다.

더 나아가서 비판적 담화 연구는 어떤 갈래의 권력에 관심이 있을 뿐만 아니라 구체적으로 권력의 남용, 다른 말로 한다면 사회적 불평등과 부정을 유발하는 권세[2]의 어떤 형태에 초점을 맞춘다. 그와 같은 규범적 개념(남용은 나쁘다)은 합법성과 같은 사회과학의 다른 기준과 규범적 개념들에 따라 분석을 필요로 한다. 여기에는 응용 윤리학이

---

1) 실제 담화에서 어휘의 사용은 이념을 반영한다는 점은 반 데이크(2014/2020), 허선익(2019나)에서 폭넓게 지적되었다. 어휘들은 의미관계(유의어와 상의어, 하의어, 반의어)에 따라 사슬을 이루고 사용되며 이 과정에서 이념이나 세계관이 반영된다. Hoey(1991)에서 어휘 사슬을 이루는 모습을 자세히 분석하고 있으며 우리말에서 어휘 사슬과 그 활용 방안에 대한 연구는 허선익(2008)을 참고할 수 있다. 말뭉치 자료를 이용한다면 이음말(연어collocation)도 비판적 담화 분석의 대상이 될 수 있다. 이음말을 비판적 담화 분석의 사례로 페어클럽(2003/2012: 7장)을 참고하기 바란다.

2) 반 데이크(2014/2020), 『담화와 지식』(허선익 뒤침, 경진출판)에서는 domination을 주도 권으로 일관되게 뒤쳤는데 권력의 부정적인 측면을 담아내지 못한다고 생각하여 마뜩하지 않았다. 우리말에서 권력이 어느 정도 중립적이어서 이 책에서 분석의 대상으로 삼는 권력 남용과 같이 부정적인 낱말과 어울릴 때만 부정적인 의미를 지닌다. '권세/위세를 부린다'는 이음말을 생각해 볼 때 권력의 부정적인 측면을 나타낼 때에는 권세라는 말이 더 적절할 듯하다.
   이 책에서 저자는 권력이 부정적인 의미를 지닐 때 power보다는 domination이라는 낱말을 쓰고 있다. 저자의 용법을 존중하여 power는 권력으로 domination은 권세로 새긴다. 대신 dominate relation은 권세 관계라는 우리말 낱말이 어색하므로 '주도적인 관계'로 뒤치기로 한다.

나 도덕 철학을 전제로 한다. 그렇기 때문에 이 책에서 저자는 인종차별주의3)의 담화를 통한 재생산을 다루고 있다. 그리고 적어도 저자의 관점에서 볼 때 인종차별주의는 사회적 평등이라는 규범과 모순되기 때문에 잘못되었다는 점을 전제로 하여 담화 관례에 대한 비판적 분석을 다룬다.

담화를 통한 권력 남용을 연구하는 비판적 담화 연구의 일반적인 목적은 사회적 권력에 대한 차별적인 접속에 관련된다. 그리고 그에 따라 저자는 아래에서 사회적 권력의 원천 가운데 하나로서 공공의 담화에 대한 서로 다른 갈래의 접속에 눈길을 줄 것이다.

다른 말로 한다면 비판적 담화 연구의 많은 개념들이 사회과학에서 쓰이고 있는 매우 기본적인 개념들에 기대어 규명될 필요가 있음을 보게 된다. 이 책에서 저자는 이론적 개념을 발전시키고 이들을 비판적 분석의 구체적인 사례들에 적용함으로써 비판적 담화 연구의 토대에 관련되는 논의에 이바지하고자 한다. 들머리 부분에서는 일관된 이론적 얼개 안에서 서로 다른 기여 내용들을 제시하기로 한다.

1. 비판적 담화 연구들4)

담화를 통한 권력 남용의 재생산에 대한 연구를 위한 이론적 얼개를

---

3) 반 데이크(2014/2020)에서는 학술적인 글의 본보기로 위키피디아 항목 가운데 인종차별주의를 분석하고 있다. 그 책에서 뒤친이는 racism을 인종차별주의로 뒤쳤는데, 인종에 대한 차별과 우월의식이 복합적으로 깔려 있기 때문에 인종차별주의나 인종우월주의로 이해할 수 있다.

4) 이 책에서는 절이나 항목에 번호가 매겨져 있지 않다. 글씨의 굵기와 크기로 구분하고 있는데 다소 번잡스러울 수 있지만, 여기서는 뒤친이가 편의상 번호를 매겨 놓았다.

제시하기에 앞서 저자는 먼저 좀 더 일반적인 용어로 담화에 대한 비판적 연구를 주장할 필요가 있다.

비록 **비판적 담화 분석**CDA: Critical Discourse Analysis이라는 용어가 이제는 일반적으로 채택되고 있지만, 저자는 여러 가지 명백한 이유로 그 용어를 비판적 담화 연구CDS: Critical Discourse Studies로 바꾸기를 제안한다. 중요한 이유는 자주 가정하고 있듯이 비판적 담화 연구는, 특히 사회과학에서 담화 분석의 방법이 **아니다**. 그와 같은 방법은 없다. 비판적 담화 연구는 조사연구거리의 목적에 알맞은 어떤 방법이든 사용한다. 그리고 그러한 방법들은 대체로 담화 연구에서 일반적으로 사용되는 방법들이다.

실제적인 면에서 그리고 같은 이유에서 담화 분석 그 자체는 어떤 방법이 아니라 학문적인 실천관례의 영역이며 인문학과 사회과학 전반에 걸쳐 퍼져 있는 학제적 방법이다. 같은 이유로 저자는 그와 같은 학문에 대하여 담화 연구DS: Discourse Studies라는 이름을 사용하기를 선호한다.

1.1. (비판적) 담화 연구의 방법들

일반적인 면에서 담화 연구 안에서 그리고 구체적으로 비판적 담화 연구 안에서 이론, 관찰 방법과 기술 방법이나 분석의 방법, 그리고 그것의 적용이 상호작용하고 있음을 발견한다. 따라서 하나의 사회적 분석이나 인지적 분석만 있지 않듯이 어떤 방법으로서 하나의 담화 분석만 있지는 않다. 담화 연구와 비판적 담화 연구에는 둘 다 연구의 서로 다른 방법들이 있는데 탐구의 목적, 연구되는 자료의 성질, 조사연구자의 자질과 관심사, 조사연구 맥락에서 다른 매개변수들에 달려 있다. 따라서 두 분야에서 입말과 글말의 전략들과 구조를 연구하는 다음과 같은 방법들을 찾아낼 수 있다.

- 문법적 (음운론적, 통사적, 어휘적, 의미론적) 분석
- 발화 행위와 소통 행위에 대한 화용론적 분석
- 수사적 분석
- 문체적 분석
- 특정의 (갈래 등등) 구조의 분석: 이야기, 뉴스, 보도, 의회식 토론, 강의와 광고 등등
- 상호작용에서 입말로 이뤄지는 대화 분석
- 담화와 상호작용에서 말소리, 이미지와 다른 다매체 속성에 대한 기호학적 분석5)

---

5) 고등학교에서는 국어과 진로 선택과목으로 『언어와 매체』라는 과목을 가르치고 있다. 이 과목이 교육과정에 들어오게 된 과정이야 어떻든 매체, 특히 다매체 시대에 살고 있는 학생들에게 필요한 교과목이라는 생각이 든다. 그렇지만 가르치는 내용이 순기능 중심에 얽매여 있다. 허선익(2019나: 198)에서 다음 그림을 통해 지적하였듯이 담화의 이념과 권력의 속성을 제대로 볼 수 있는 방안을 제대로 읽어낼 수 있는 능력이 필요하다. 이는 뒤친이가 새롭게 내세우는 바가 아니라 국어과의 핵심 역량 가운데 하나인 비판 능력 가운데 담화를 비판적으로 바라볼 수 있는 비판적 담화 분석 능력인 셈이다.

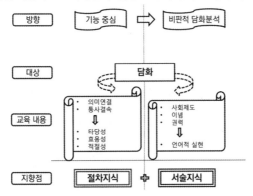

〈비판적 담화 분석의 방향과 내용 얼개〉

이런 서로 다른 분석(관찰, 기술 등등)의 유형은 여러 방식으로 묶이고 겹칠 수 있다. 따라서 어떤 탐구는 이야기전달의 의미론, 정치 담화의 수사학, 대화의 화용론이나 문체의 기호학에 초점을 맞출 수 있다. 조사연구 각각의 유형 안에서 또한 형식에 대한 분석이나 기능에 대한 분석과 같이 다른 대체 형식(때로는 '방법'이나 '접근'으로 기술됨)이 있는데 그 자체로 여러 이론이나 '유파' 혹은 각각의 학문 영역에서 학파에 따라 다를 수 있다. 대체로 그와 같은 분석은 담화 구조의 세부적인 내용에 대한 질적인 기술이지만, 비판적 담화 연구에 새로운 방법을 제공하고 있는 말뭉치 언어학corpus linguistics에서 계속 늘어나고 있는 것처럼, 그와 같은 기술은 양적으로 처리되는 자료에 달려 있다.

이런 모든 차이에도 불구하고 이런 접근법들은 담화를 **분석**하거나 **기술**하는 방법들로 부를 수 있겠다. 전통적인 의미에서 이런 경우에 방법이라고 부르는 일이 흔하지 않지만 방법의 관점에서 분석의 방법으로 이들을 기술하는 데에는 심각한 문제는 없다.

그럼에도 불구하고 담화 연구에서 서로 다른 분석적 접근과 조사연구들은 다음과 같은 사회과학의 일반적인 방법을 쓴다.6)

---

6) 담화 분석에 대한 흐름은 세 가지 정도로 잡을 수 있을 듯하다. 먼저 담화 그 자체의 분석이다. 대표적으로 대화 분석과 텍스트언어학의 흐름이 있다. 두 번째 흐름은 담화와 사회를 연결하고, 사회의 여러 현상을 담화를 중심으로 하거나 담화에 견주어 살피는 연구들이 있다. 대표적으로 여기서 언급하는 비판적 담화 분석이 있다. 세 번째 흐름은 담화 사용 주체와 관련되는 연구들이 있다. 언어심리학보다는 주로 인지심리학에서 담화에 많은 관심을 기울였고, 이를 바탕으로 언어교육에 활용하려는 흐름이 있다. 비판적 담화 분석과 담화 분석의 흐름은 허선익(2019나)에서 정리한 바를 참고하기 바란다. 미시적 차원에서 담화 그 자체에 초점을 맞추었지만 사회의 실천관례로서 다른 사회적 행위와 견주어 가며 관심의 범위를 넓혔다. 20세기 후반기에 여러 학문의 발달하고 이를 활용하려는 연구 방법이 강조되면서 사용 주체의 인지적인 측면으로 지평을 넓혀가는 흐름을 읽을 수 있다.

- 참여자 관찰
- 민족지학적 방법ethnographic methods
- 실험

담화는 말로 표현된 자율적인 대상물일 뿐만 아니라 사회적 상황, 문화적 상황, 역사적 상황과 정치적 상황에서 소통의 어떤 유형으로서 혹은 사회적 관례나 상황에 맞춘 상호작용으로서 분석된다. 이웃 사람들 사이의 대화를 분석하는 대신 이를테면 주택 지역에서 사람들이 카페나 다른 공공장소에서 어떻게 이야기를 하는지 관찰하고 시공간적 배경, 특별한 환경, 참여자들과 그들의 사회적 역할과 소통에서 역할, 한꺼번에 이뤄지는 다른 다양한 행위들과 같은 소통에 관련되는 일의 다른 많은 측면들을 기술할 수 있다.

이러한 관찰과 분석의 서로 다른 여러 형태들이 사회과학에서 매우 전형적인 모습이지만 심리학에서 여러 유형들은 특정의 가설을 검증하기 위해 통제된 실험이나 현장 실험에 관련되어 있다. 담화의 산출과 이해에 영향을 미치는 요인으로서 정신에 관련되는 매개변수들에 대한 상당한 분량의 연구들이 있다. 그리고 특별한 실험 조건(환경, 과제, 자료 등등)이 어떻게 우리가 담화를 하거나 이해하는 방식에 대한 구체적인 결과들을 지니고 있는가를 보여주는 실험에서 검토를 통해서 우리는 종종 이들[매개변수: 뒤친이]이 무엇인지, 그리고 그들이 어떻게 작동하는지 알 수 있을 뿐이다.

요약하자면 담화 연구와 비판적 담화 연구7)는 관찰8)과 분석을 위

---

7) 반 데이크(2014/2020)에서도 뒤친이가 지적하였듯이 critical discourse analysis는 영어 어순대로 하면 비판적 담화 분석이지만, 의미는 담화를 비판적으로 분석한다는 의미이다. 비판적인 담화를 분석하는 의미가 아니다. 최근 몇 년 사이에 영어가 우리말에 스며들고

한 많은 방법들과 자료를 모으고 평가하며 살피기 위한 다른 전략들과 지식을 얻고 이론을 발전시키며 가설을 검증하기 위한 다른 전략들을 사용하여 왔다.

1.2. 비판적 담화 연구에서 각별한 분석의 초점

그러나 이러한 방법론적인 다원화에도 불구하고 권력 남용의 측면들과 좀 더 일반적으로 사회적 조건과 입말과 글말의 결과에 대한 각별한 관심을 전제로 할 때, 비판적 담화 연구에서 선호도와 경향성이 있다는 점을 주목하는 것이 중요하다. 무엇보다도 비판적 담화 연구[9]에서는 일반적으로 연구하고 있는 사람들의 권리들을 해치지 않는 방법을 선호한다. 그리고 우선적으로 조사연구에 관련되어 있는 사람들의 이해에 어긋나지 않는다. 다른 말로 한다면 비판적 담화 연구는, 특히 담화와 소통의 영역에서 지배를 받는 집단의 힘을 강화하는 데 이바지하고자 선택된다.

두 번째로 비판적 담화 연구 방법들은 구체적으로 사회 구조와 담화 구조 사이의 복잡한 관계에 초점을 맞춘다. 그리고 담화 구조가

있는데 이렇게 구를 이룰 때, 영어 어순대로 옮겨서 쓰는 사례들이 많다. 그에 따라 어정쩡한 표현들이 많이 늘어나고 있어서 걱정이 앞선다.

8) 관찰은 어떤 대상을 의도를 가지고 들여다보거나 살피는 행위이다. 이런 관찰에서 연구자는 일의 바깥에 있는 사람(국외자)으로서 역할이 전형적이다. 그렇지만 때로 관찰자가 참여자로서 역할을 하기도 하는데 내부자로서 간주관성을 얻는 방법이기도 하다. 국어교육의 맥락에서 현장 조사연구의 방법을 살피고 있는 허선익(2019), 『국어교육을 위한 현장 조사연구 방법론』(휴머니스트)을 참고하기 바란다.

9) 원문에는 CDS research라는 표현이 여러 군데 나타나는데 CDS가 critical discourse study의 줄임말이므로 study의 얼안이 어떠하든 research와 겹치는 표현이라고 생각한다. 따라서 뒤칠 때에는 research의 의미는 새기지 않는다.

얼마나 다양한지 혹은 어떻게 사회 구조에 의해 영향을 받는지 초점을 맞춘다. 예컨대 문장의 어떤 통사 구조는 (영어 기삿글에서 명사가 앞서는 것처럼) 담화가 이뤄지는 사회적 상황과는 별개로 선택의 여지가 없다. 그에 따라 화자가 지니고 있는 힘의 함수에 따라 직접적으로 변하지는 않을 것이다. 좌익이든 우익이든 언어의 문법은 각자에게 같다. 다른 말로 한다면 권력 남용은 같은 사람을 폭력주의자나 자유의 투사로 부르는 것과 같이 변이나 선택의 가능성이 있을 때 언어 사용에서 그 모습을 드러낼 뿐이다. 이는 입장이나 이념에 달려 있다. 이와 비슷하게 언론에서 뉴스 보도는 언제나 표제가 있는데 윤리적 편견의 재창조에 기여하든 그렇지 않든 마찬가지이다. 따라서 사회적 상황과 관련이 있는 것은 표제 그 자체의 구조적 속성보다는 형식과 그 의미에 있다. 비록 그와 같은 관점이 올바르지만 주도권(≒권세)의 구조가 언어 사용이나 담화의 선택내용에 영향을 미칠 뿐만 아니라 전체 기호 체계나 담화 체계와 갈래, 그리고 다른 사회적 차원의 실천관례10)에 영향을 미친다.

비판적 담화 연구는 일반적으로 언어 사용에서 관련되는 사회적 조건의 함수로서 다양하거나 그것에 달려 있을 수 있는 그와 같은 담화의 체계와 구조에 초점을 맞출 것이라고 결론을 내릴 수 있다. 이런 체계와 구조는 수용자들의 사회 행위와 믿음에 미치는 영향과

---

10) 영어 practice를 뒤친 말이다. 바깥의 학문이 나라 안에 들어오면서 '이론과 실제'라는 형태로 소개될 때에 실제에 해당한다. 말하자면 이론을 구체적으로 적용한 사례를 제시한다는 의미를 담고 있다. 이를 뒤친이는 Grave & Kaplan(1996/2008), 『쓰기 이론과 실천사례』(허선익 뒤침, 박이정)에서 제목처럼 실천사례로 뒤쳤다. 실천관행이 어느 정도 부정적인 말맛이 있다면 실천관례는 어느 한쪽으로 치우치지 않았다고 생각한다. 그리고 이들의 상의어로 실천사례는 낱말을 쓸 수 있을 듯하다. 실천관례는 되풀이되면서 판에 박은 사례들로서 부정적인 말맛을 지니고 있는 낱말이라면 실천사례는 한 번뿐이든 여러 번 되풀이되든 실천의 구체적인 사례들에 적용될 수 있기 때문이다.

같이 구체적으로 담화의 사회적 결과에 이바지할 수 있다. 좀 더 구체적으로 비판적 담화 연구는 주도적인 집단의 구성원으로서 화자(들)이나 필자(들)이 지니고 있는 사회적 권력의 표현이나 확인, 재생산이나 도전과 가장 전형적으로 연관되어 있는 담화의 속성들에 초점을 맞추기를 선호한다.

그러한 속성들은 특별한 억양, 시각적 속성이나 청각적 속성(색깔, 글자장식, 이미지 배치, 음악)에서부터 한편으로는 (능동태와 수동태[11]와 같은) 통사적 구조, 어휘 선택. 전제의 의미나 사람 묘사, 수사학적 비유나 논증 구조에 이르기까지, 다른 한편으로는 특정 화행이나 공손성 전략politeness moves이나 대화 전략들에 걸쳐 있을 수 있다.

인종차별주의[12] 담화 좀 더 일반적으로 이를테면 내집단 구성원들의 이념적 담화는 일반적으로 여러 가지 담화를 통한 방법으로 **우리** 집단과 그 구성원들의 긍정적인 특징들을 강조한다. 그리고 다른 이, 외집단에 관련된 (억지로 강요된) 부정적인 특징들을 강조한다. 필자들은 특정의 주제를 선택하거나 표제의 색깔, 크기에 대한 선택을 통해서 혹은 사진이나 풍자그림의 활용을 통해서, 몸짓이나 특정의 어휘 항목이나 은유, 논증(과 오류)을 통해서, 스토리텔링[13] 등을 통해서 그렇게 할 수 있다. (예컨대 인종차별주의자나 성차별주의자의) 권세가

---

11) 수동태(우리말에서 피동 표현)에서는 의도적으로 능동문의 주어보다는 목적어(≒대상)를 부각시키는 경향이 강하다. 그렇기 때문에 사회적으로 부정적인 결과를 가져오게 한 주체를 의도적으로 감추려 할 때 사용되는 경향이 있다.

12) 인종차별주의(자)는 중립적인 용어가 아니다. 인종에 대한 편견이나 차별을 바탕에 깔고 있는 생각이나 사람을 가리키기 때문이다. 반 데이크(2014/2020: 3장)에서는 위키피디아의 인종차별주의 항목을 예로 들어 학문적인 맥락에서 세계에 대한 지식이 어떻게 습득되고 구성되는지 그리고 그것이 어떻게 재생산되고 표현되는지를 살피고 있다.

13) 최시한(2015, 『스토리텔링, 어떻게 할 것인가』, 문학과지성사)에서는 스토리텔링이 오해되고 있는 점을 지적하면서 스토리텔링의 의미를 부여하고 그 방법을 제시하고 있다.

담화를 통해 재생산되는 데 관련되는 일반적인 전략들 말하자면 내집단-외집단의 양극화(내집단 칭찬 대 외집단 헐뜯기)가 여러 가지 방식으로 그리고 담화의 여러 수준에서 실현될 수 있음을 보게 된다.

그와 같은 분석에서 양극화된 담화 구조는 사회적 불평등의 표현과 구성, 확인 그에 따라 재생산에 중요한 역할을 한다. 담화 구조와 사회 구조 사이의 그와 같은 관계는 단순한 상관 관계나 인과 관계가 아니라는 점을 주목하기 바란다. 그보다는 이를테면 참여자들의 정신 모형이나 다른 인지적 표상이 개입되어 있는 매우 복잡한 사회인지적 처리를 고려하여야 한다. 또한 이들[정신 모형이나 사회인지적 처리: 뒤친이]이 한편으로 담화 구조에 의해 어떻게 영향을 받는지 그리고 다른 한편으로 상호작용(그리고 그에 따라 앞으로의 담화)에 영향을 미치는지 고려해야 한다.

1.3. 비판적 담화 연구의 일반적인 목적

비판적 담화 연구에서 사용되는 방법들의 다양성에도 불구하고, 이들은 이 연구 분야에 몸담고 있는 대부분의 학자들이 동의하는 매우 일반적인 목적이 되어 왔다. 저자는 이미 앞에서 이런 목적 가운데 하나를 밝혀놓았는데 담화를 통해 이뤄지는 권력 남용의 재생산에 대한 연구가 그것이다. 다른 말로 한다면 비판적 담화 연구는 일반적으로 말해 사회적 논쟁거리, 사회적 문제, 사회적 불평등, 권세와 그와 관련된 현상의 (비판적) 연구에, 그리고 좀 더 구체적으로 그와 같은 현상에서 담화의 역할, 언어 사용이나 소통에 특별히 관심을 가졌다. 저자는 이를 비판적 담화 연구의 구체적인 **영역**으로 부르기로 한다. 말하자면 이는 조사연구에 관련되는 구체적인 사회적 현상, 구체적인 문젯거리이며 구체적인 주제이다.

그러나 이것이 전부는 아니다. 비판적이란 개념도 좀 더 분명하게 할 필요가 있다. 사회적 쟁점이나 문제를 연구하는 일은 사회과학의 일반적인 과제이지만 그와 같은 주류 연구들은 본질적으로 비판적이지 않다. 다른 말로 한다면 비판적 담화 연구에는 관련되어 있는 규범적인 측면과 관점, 태도, 사회적으로 관련되어 있는 조사연구를 수행하는 특별한 방법이 있다.

그와 같은 비판적 관점이나 태도의 정확한 속성들을 자리매김하는 일은 쉽지 않다. 다음에 나오는 속성들은 매우 명확하지도 매우 완전하지도 않다. 좀 더 구체적으로 담화 연구는 다음에 나오는 기준 가운데 하나 혹은 여러 기준을 충족한다면 비판적인 연구로 자리매김할수 있다. 여기서 권세(≒주도권)는 특정의 사회 집단에 의한 사회적 권력의 남용을 의미한다.

- 주도적인 관계는 권세를 가진 집단의 지배력이나 관점에서 주로 연구된다.
- 주도적인 집단(의 구성원)의 경험은 주도적인 담화를 평가하는 증거로 사용된다.
- 주도적인 집단의 담화 행위들은 비합법적인 것으로 보일 수 있다.
- 주도적인 담화에 대하여 실천 가능한 대안들은 지배를 받는 집단들의 이해 관계와 어긋나지 않은 것으로 규명될 수 있다.

이런 점들은 분명히 비판적 담화 연구에서 학자들이 중립적이지 않고 사회에서 지배를 받는 집단의 편에서 가담하고 있음을 함의한다. 그들은 입장을 지니고 있으며 명시적으로 그렇게 한다. 많은 중립적인 사회 조사연구가 암묵적으로 사회적 입장이나 정치적 입장, 이념적 입장을 취할 수 있는 반면(혹은 그런 입장을 취하고 있음을 부인하는데 이것도 분명히 입장을 취하는 것이다) 비판적 담화 연구에서 학자들은 자신들의 조사연구 가담과 사회에서 입장을 인식하고 반영한다. 그들은 학문적으로 주제의 선택, 조사연구와 이론, 방법들이나 자료에서 우선권을 자각할 뿐만 아니라 사회정치적으로도 그렇게 한다. 사회적 문제나 불평등의 형식이 연구에 흥미로운 현상이기 때문에 이들을 연구할 뿐만 아니라 주도 집단의 편에 서서 특정의 사회 변화에 이바지하고자 하는 목적을 가지고 명시적으로 그렇게 한다. 그들은 사회에서 힘을 가진 집단의 주도적인 지위에 자신들의 연구가 이로울지 자기 비판적으로 살펴본다. 지배를 받는 집단의 관점을 지니는 것에 더하여 비판적 담화 연구자들은 또한 주도적인 집단에서 벗어난 사람들이나 핵심적인 변화 주체와 협력하거나 그들에게 영향을 미치고자 한다.

사회정치적으로 연루된 학문 연구가 어쨌든 실증학문[14]인지 여부에 대한 상당할 정도의 말다툼이 있었다. 비판적 조사연구에 맞선 편견에 대한 비난은 일상적으로 나타나며 그 자체로 비판적 분석을 필요로 한다. 정치적인 이유로 관여하지 않는다면 그것도 정치적인 선택이다. 그러나 비판적인 학자로서 우리는 모든 진지한 비판을 심각하게 받아들여야 한다. 비판적인 관점과 사회적으로 연루된 관점들이 덜

---

14) 과학이란 말이 우리말에서 쓰이게 된 유래는 김지홍 선생님(경상국립대학교 국어교육과)이 지적한 바 있다. 과학이란 말 대신에 자연과학, 인문과학, 사회과학 등 학문 영역을 구체적으로 지적하는 용어를 쓸 수 있다. 이들의 상의어로 학문이란 말을 쓸 수 있으나 자연과학의 연구 방법인 실증을 쓰는 학문이란 의미에서 실증학문이란 용어가 영어의 science에 대응할 수 있다고 생각한다. 여기서는 실증학문이란 용어에 독자들에게 낯설기 때문에 구체적인 학문 영역을 일컬어 자연과학, 인문과학(늑인문학), 사회과학이라는 용어를 쓰기로 한다. 맥락상 분명하지 않을 때는 상위어인 실증학문이라는 낱말을 쓰기로 한다.

엄격한 조사연구가 아니라는 점을 강조하는 것이 핵심이다. 사회과학에서 비판적 조사연구에 대한 방금 기술한 것 어느 하나도 비판적 담화 연구가 덜 실증과학이어야 함을 함의하지 않는다.

그와 반대로 비판적 담화 연구 학자들은 지배를 받는 집단에 결과적으로 이로울 수 있고 상징적 선민 집단의 비합법적인 담화 관례들의 변화나 포기에 이바지할 수 있는 사회 문제가 일반적으로 복잡하고 학제적인 방법과 이론, 조사연구를 필요로 한다는 점을 깨닫는다. 예컨대 대명사, 논증 구조나 대화를 통한 상호작용에서 전개 방식move 등은 엄격하게 연구되어야 하는 대상이며 다른 것들도 사회에서 그와 같은 구조들이 인종차별주의나 성차별주의의 재생산에 얼마나 기여하는지 밝히기 위해 좀 더 복잡한 조사연구의 일부로서 그와 마찬가지로 엄격하게 연구된다.

앞에서 본 것처럼 이는 종종 한편으로 담화 구조와 인지 구조를 관련짓거나 다른 한편으로 담화 구조와 사회 구조를 관련지음을 의미한다. 여기에는 여러 학문에 걸친 이론과 방법을 필요로 한다.

다른 말로 한다면 비판적 담화 연구는 구체적으로 복잡한 사회적 문제를 다룬다. 이를 위해 여러 학문으로부터 나온 복잡한 이론과 방법을 계발하거나 적용할 필요가 있다. 동시에 주도적인 집단에 적합할 것과 같은, 앞에서 언급한 사회적 기준을 만족시켜야 한다. 전체적으로 이는 비판적 담화 연구의 조사연구에 맞는 기준은 종종 담화 연구의 다른 형태에서 필요로 하는 기준보다 더 많은 기준을 요구함을 의미한다.

또한 모든 담화 연구가 **비판적** 연구이어야 함을 말하고 있는 것이 **아니라** 비판적 연구들이 비판적이기 때문에 덜 실증적이어야 함을 말하지 않을 뿐이다. 비판적 연구들은 이론적으로 그리고 방법론적으로 충분하여야 하는데 그렇지 않다면 이들이 사회정치적 목표에 이바지할 수 없기 때문이다. 요약하자면 좋지 않은 담화 분석은 비판적 담화 연구에서도 매우 높은 수준의 기준을 충족하지 않는다. 말하자면 사회 변화에 이바지할 수 없다.

비판적 담화 연구 학자들은 직접적으로 적용되지 않는 이론의 계발에 관여할 수 있지만 비판적 담화 연구의 토대를 개선하는 데 이바지할 수 있다. 만약 비판적 담화 연구자가 사회에서 담화를 통해서 이뤄지는 권력 남용의 재생산이라는 일반적인 주제에 특별히 관심을 갖고 있다면 역시 일반적인 관점에서 담화와 권력 사이의 관계나 권력 남용을 비합법적이게 하는 것이 무엇인지 살펴보아야 할 수 있다.

비판적 사회 연구의 일반적인 목적과 원리에도 불구하고 여기서는 사회 운동에서 그러하듯이 비판적 담화 연구의 동향이 동질적이지 않음을 강조하여야겠다. 따라서 저자는 권력 남용, 말하자면 권세와 그 결과, 즉 사회적 불평등과 관련하여 비판적 담화 연구에 초점을 맞추었다. 말하자면 사회적 불평등이 담화에 의해 어떻게 재생산되는지 초점을 맞추도록 선택하였다. 그러나 더 넓은 목적을 위해 [그것을: 뒤친이] 선택할 수 있으며, 이 책의 여러 장들에서 그러한 것처럼 좀 더 일반적으로 담화와 권력 사이의 관계나 권력에 대한 연구를 포함할 수도 있다. 이와 비슷하게 담화와 사회의 관계에 대한 연구를 비판적 담화 연구의 목적 가운데 하나로 간주할 수 있다. 틀림없이 담화와 권력의 관계나 좀 더 일반적으로 담화와 사회의 관계에 대한 연구는 비판적 담화 연구의 기저에 있으며, 좀 더 구체적인 조사 연구거리에 전제되어 있을 수 있다. 그러나 저자는 비판적 담화 연구를 위한 좀 더 구체적인 목적을 분명하게 하고자 한다. 그렇지 않다면 비판적 담화 연구와 분명하게 관련되어 있는 사회언어학, 언어사회학, 언어

인류학, 정치학이나 관련된 (하위의) 통합학문으로 비판적 담화연구가 휩쓸려 들어가기 때문이다. 권력 **남용**과 **사회적 불평등**이라는 규범적인 개념들에 초점을 맞추기로 저자가 결정한 이유는 비판적 조사연구의 근거 안에 있다. 그와 같은 조사연구는 사회 규범과 가치에 따라 **올바르지 않다, 비합법적이다, 오도하다**나 **나쁘다**는 것을 비판적으로 분석한다. 저자는 사회에 있는 모든 사회 권력 관계나 정치 권력 관계를 연구할 수 있는 체하지 않지만 비합법적인 권력에 초점을 맞추고 그와 같은 권리가, 좀 더 구체적으로 담화적 기준이 어떻게 그리고 왜 비합법적인지를 알아내고자 한다. 저자는 담화가 남용되는 많은 방식들을 살펴보고자 한다. 예컨대 권력의 재생산과 관련하여 사람들의 행위를 비합법적으로 통제하고 마음을 마음대로 움직이고자 하는 담화를 통한 조종manipulation, 잘못된 정보 제공, 거짓말lies, 비방하는 말, 선전과 다른 형태의 담화에 대한 체계적인 연구와 (이들 사이의 구분)을 통해서 그런 방식들을 살펴보고자 한다. 저자는 이런 복잡한 목적을 **담화**와 **권세**라는 두 개의 개념으로 요약하고자 한다. 이런 연구는 이미 잴 수 없이 큰 과제인데 비판적 담화 연구의 핵심이라고 저자가 주장하는 과업이다. 아래에서 그리고 이 책의 나머지 부분에서 보게 되듯이 이는 권력, 사회 구조, 사회 집단, 이념, 맥락과 담화를 통해 나타나는 권세의 연구에 관련되는 다른 일반적인 개념들과 같은 좀 더 일반적인 특성에 관련되는 이론적인 도구들을 빌려오거나 계발해야 할 필요가 있음을 의미한다.15)

---

15) 페어클럽(1992/2017)에서 주장하고 있듯이 이 책의 저자도 사회 구조의 변화나 권력의 남용에 대한 사회학적 연구에서 담화 연구가 무시되어 왔고 그래서 언어학적 전환(페어클럽(1992/2017: 14)이 필요하다는 주장을 하고 있다. 페어클럽과 이 책의 저자는 또한 담화 연구에서는 사회학에서 나온 개념들 이를테면 사회 구조, 권력, 이념을 원용하지 않거나 분석하지 않고 있다는 점에서 비판을 하여 왔다.

2. 담화와 사회 권력의 재생산

담화와 권력 사이의 복잡한 관계에 대해 저자가 검토하는 것은 비판적 담화 연구의 토대와 목적에 관련되는 그와 같은 폭넓은 전망의 범위 안이다.

비록 철학과 사회과학에서 권력에 대한 많은 개념들이 있지만 이 책에서는 기본적으로 통제, 즉 한 집단의 다른 집단이나 그 구성원들에 대한 통제라는 관점에서 **사회** 권력을 자리매김한다. 전통적으로 통제는 다른 사람들의 행위에 대한 통제로 자리매김한다. 만약 그와 같은 통제가 그와 같은 권력을 행사하는 사람들을 위해 있을 때 그리고 통제받는 사람들을 거스를 때 권력 **남용**이라고 부를 수 있다. 관련되어 있는 행위들이 소통을 위한 행위라면, 즉 담화라면 좀 더 구체적으로 다른 이들의 담화를 누르는 통제로 다루게 되는데 이는 담화와 권력이 관련되는 분명한 방법들 가운데 하나이다. 말하자면 사람들에게는 더 이상 그들이 언제, 누구에게, 어디서 어떻게 그리고 무엇을 원하는지에 대해 말하거나 쓸 수 있는 자유가 없게 된다. 그러나 (대표적으로 비판적인) 입말과 글말에 관련되는 자유를 억누르는 데 관심이 있는 국가나 경찰, 대중매체, 혹은 기업체와 같은 권력을 지닌 다른 이들에 의해 부분적으로 혹은 전체적으로 통제를 받는다. 혹은 그 반대로 말하도록 지시를 받을 때는 쓰거나 말해야 한다.

그와 같은 통제는 사회에 널리 퍼져 있다. 몇몇 사람들만 그들이 무엇을 원하는지 어느 곳에서 언제 누구에게 그것을 원한다고 말하고 쓸 수 있는 온전한 자유를 지니고 있다. 적합성의 규범이나 (이를테면 비방이나 인종차별주의자의 선전에 맞서는) 법률적인 사회적 제약들이 있다. 그리고 대부분의 사람들은 특정의 입말이나 글말을 산출할 필요가 있는 직업을 가지고 있다. 그런 점에서 담화 통제는 예외라기보다는 법칙에 가까운 듯하다. 따라서 그와 같은 담화 통제의 남용을 탐구하기 위해 인권이나 사회적 권리의 구체적인 침범과 같이, 아래에서 논의할 특정의 조건들을 밝혀낼 필요가 있다.

통제는 사회적 관례로서 담화에 적용될 뿐만 아니라 통제를 받는 사람들의 마음, 즉 지식16)과 선택내용, 태도, 이념에 더하여 다른 개인적 표상이나 정신 표상에 적용된다. 일반적으로 마음의 통제는 간접적이고, 의도적이지만 담화에서 가능성이 있거나 개연성 있는 결과일 뿐이다. 담화를 통제하는 사람들은 사람들의 마음을 간접적으로 통제할 수 있다. 그리고 사람들의 행위가 마음(지식, 태도, 이념, 규범, 가치)에 통제를 받기 때문에 마음17)의 통제는 간접적인 행위 통제도 의미한다. 그와 같이 통제된 행위는 여기서도 담화적이며 따라서 힘 있는 담화는 권력을 지닌 사람들의 이해관계에 있을 수 있는 다른 담화에 간접적으로 영향을 미칠 수 있다. 이 요약을 통해서 담화를 통한 권력의 재생산에 관련되는 기본적인 처리 과정을 설명할 수 있다. 저자는 이 과정을 좀 더 자세히 검토해 볼 것이다.

---

16) 무엇이 참된 지식인가 하는 점에 대해서 서양의 전통적인 인식론에서는 정당성, 참, 믿음이라는 세 가지 요소를 충족하는지 여부를 두고 지식을 정당화된 참된 믿음이라고 하였다. 그러나 미국의 철학자 게티어(Edmund Lee Gettier, 1927~2021)는 이것이 지식의 필요조건일 뿐 충분조건은 아니라고 하면서 이의를 제기하였다. 이 문제를 해결하기 위해 인식론자들은 내재주의와 외재주의로 나뉘어 다루고 있으나 아직까지 결론에 이르지는 못하였다. 반 데이크는 전통적인 인식론자들의 지식에 대한 관점에 사회적인 의미를 더하여 집단 사이의 공유된 참된 믿음을 지식으로 간주하고 있다.

17) 한때 mind는 '정신'으로 뒤치기도 하였으나 그 용어가 이성적인 사고의 처리에만 초점이 맞춰지는 듯하여, 감성적인 처리도 아우를 수 있도록 '마음'으로 뒤치는 것이 올바르다고 생각한다.

2.1. 맥락 통제: 접속

담화가 마음을 통제하고 마음은 행위를 통제한다면 권력을 지니고
있는 사람들에게는 먼저 담화를 통제하는 것이 중요하다. 어떻게 그
들은 그렇게 하는가? 만약 소통이 '말로 된' 입말과 글말로 구성될
뿐만 아니라 담화에 영향을 미치는 맥락으로 구성된다면 담화 통제의
첫 번째 걸음은 그 맥락을 통제하는 것이다. 예컨대 힘이 있는 선민들
이나 조직은 어떤 소통에 누가 참여할 수 있는지 언제, 어디서 그리고
어떤 목표로 참여할 수 있는지 결정할 수 있다.

　이는 공공의 담화 가운데 가장 영향력 있는 형태의 하나, 즉 대중매
체에 대한 접속에서 일반적으로 그러하듯이 권력이 있는 사람에 의해
조정되는 담화에 **접속**하는 방법을 자세하게 살펴볼 필요가 있음을
의미한다. 즉 누가 뉴스나 기획물(의 제작)에 접속하는가, 누가 그와
같은 접속을 통제하는가, 많은 기자들이 참석하게 될 기자 회견의
구성을 누가 할 수 있는가, 어떤 신문사의 발표물이 읽히고 쓰이는가,
누구를 면담하고 인용하는가, 누구의 행위들이 뉴스거리로 규정되는
가, 어떤 신문의 사설이나 편집자에게 보낸 기고문이 출간되는가, 누
가 텔레비전 쇼에 참여할 수 있는가 하는 문제가 있다. 좀 더 일반적으
로 말한다면 사회적 상황이나 정치적 상황에 대하여 누구의 자리매김
이 받아들여지고 심각하게 고려되는가?

　이런 모든 경우에 우리는 소비자로서 다소 수동적인 접속이 아니라
능동적인 접속, 즉 매체의 내용과 형식에 대한 통제의 참여에 대해서
(선호되지 않는 해석을 통해 이런 소비자들이 매체의 전달내용에 적극적으
로 저항하는 경우에도) 이야기한다. 또한 강력한 매체에 대해 강화된
전세계적 접속은 재정적으로나 기술적으로 빈약한 작고 대안적인 매

체에 대한 말살을 의미할 수 있다는 점을 강조해야겠다. 다른 말로 한다면 접속이라는 개념이 여러 차원을 지니고 있기 때문에 더 분석 되어야 한다. 이 책에서 저자는 공공 담화의 재생산에 능동적인 참여 나 능동적인 기여의 형태로서, 예컨대 기구나 시민들이 기자들에게 접속하는 방법이나 매체 보도에 영향을 미칠 수 있는 방법으로서 접 속만을 다룰 것이다.

2.2. 담화 통제

맥락에 관련되는 그와 같은 매개변인들과 담화의 생산이 통제되는 방법들이 밝혀지고 나면 우리는 어떻게 담화의 구조 그 자체가 통제 되는지 들여다볼 수 있다. 즉 (전체적인 주제에서 지엽적인 의미에 이르기 까지) 무엇을 말할 수 있다거나 말해야 하는가, 그리고 이것이 어떻게 밝혀질 수 있는지 혹은 밝혀져야 하는가(어떤 낱말로 어느 정도로 자세 하고 정확한지, 어떤 문장이나 어순으로, 어느 정도로 초점foreground18)을 잡을 지 등)? 그리고 어떤 발화 행위나 다른 소통 행위들이 그와 같은 담화 의미나 형식에 의해 성취되어야 하는지 혹은 성취될 수 있는지 그리 고 사회적 상호작용에서 그와 같은 행위들이 구성되는가 하는 문제와 관련이 있다.

---

18) 전경foreground은 배경background과 다르게 부각되는 어떤 존재나 대상을 표현하는 방법의 의미로 뒤친다.

2.3. 마음의 통제

재생산 과정에 관련되는 각각의 국면에서 자세하고 정밀한 사회적 분석과 정치적 분석, 담화 분석이 필요하다. 앞에서 언급한 관계의 다수가 아직껏 거의 이해되지 않았다. 이제 담화가 어떻게 이해되고 있는지 이해하기 시작하였지만 그와 같은 이해가 다양한 형태의 마음의 변화, 즉 학습이나 설득, 조종이나 세뇌로 이어지는가에 대하여 그렇게 많이 이해하지 않았다. 마음의 통제에는 단순한 입말이나 글말에 대한 이해 이상이 끼어들어 있을 뿐만 아니라 사람들의 마음을 바꾸는 데 중요한 구실을 하는 여러 다른 요인들 가운데 개인적인 지식과 사회적인 지식, 이전의 경험, 개인적인 의견과 사회적 태도, 이념과 규범이나 가치가 있다.

그와 같은 복잡한 인지적 표상과 인지적 과정을 꿰뚫어볼 수 있게 된다면 이를테면 입국이민에 대한 인종차별주의자의 보도가 어떻게 편견이나 고정관념의 형성이나 확인으로 이어지는지 보여줄 수 있을 것이다. 이[편견이나 고정관념: 뒤친이]는 더 나아가 인종차별주의자들의 이념으로 이어질 수 있는데 혹은 그 이념의 형성을 통제할 수 있다. 이념은 새로운 인종차별주의자의 입말과 글말 산출로 이어져 결국 담화를 통해 인종차별주의를 재생산하는 데 기여할 수 있게 된다. 오늘날 대부분의 사람들은 매우 일반적인 표현으로 이들 가운데 다수를 이해하지만 여기서도 사람들이나 마음에 담화가 미치는 과정에 세부내용들은 거의 이해하지 못한다.

매체의 영향에 대한 연구는 마음의 통제라는 관점에서 오늘날의 (새로운) 매체 환경이 지니고 있는 복잡한 구조와 이런 매체들의 이용을 관련지으며, 최종적으로는 그런 이용이 사람들의 마음에 영향을

미칠 수 있는 그런 복잡한 방법들과 관련을 짓는 좀 더 폭넓은 사회인
지적 얼개 안에서 이뤄지도록 해야 한다. 실제의 대중 매체는 수많은
다양한 형태의 대안 매체, 특별한 틈새 매체19)에 자리를 넘겨주었는
데, 특히 누리그물, 휴대전화와 이들에서 뉴스와 즐길 거리, 다른 구성
내용contents20)들의 개인별 이용이 무한정으로 가능하다. 독자와 시청자
들은 좀 더 비판적이고 자유롭게 되었다. 그럼에도 불구하고 좀 더
많은 비판적 분석이 있어야 할 듯하고 더 많은 비판적 분석을 필요로
한다. 그 분석은 기술과 매체, 메시지와 의견의 다양성이 시민들이
정보를 잘 알게 하고 좀 더 개인을 많이 언급하는 듯하지만 여전히
많이 바뀌지 않는 주도적인 이념의 도구인 메시지에 의해 이뤄지는
정교한 조종에 저항할 수 있음을 의미하는지 여부에 관련되어 있다.
자유와 다양성에 대한 환상은 사회에서 권세를 지닌 사람들이 이해관
계에 있을 수 있는 이념적 주도권을 생산하는 가장 좋은 방법일 수
있다. 그와 같은 환상을 만들어내는 매체의 구성내용과 바로 그런
기술을 만들어내는 회사들이 적잖이 있다.

---

19) 틈새 매체의 대표적인 형태는 작은판 신문tabloid이었다. 여기에는 반 데이크(2014/2020:
1장)에서 분석하고 있는 영국의 보수적인 신문인 『데일리 텔리그랩Daily Telegraph』지가 있다.
대체로 이런 신문들은 '타블로이드'라는 영어 낱말의 의미에도 있듯이 사람들의 이성보다
는 감정을 움직이는 힘이 강하기 때문에 공신력은 약한 편이다. 요즘은 대중매체 혹은
공공 매체의 기능을 대신하여 SNS에서 다양한 정보를 제공하고 있는데 신용도에 대한
검증은 거의 이뤄지지 않은 점, 편파적인 내용을 끊임없이 연결하는 점이 안타깝다.

20) 이 영어 단어는 우리나라에서 그대로 콘텐츠로 쓰고 있다. 이 단어 자체가 교육내용,
보고 들을 내용, 보여주고 들려줄 내용 등 가리키는 대상들이 넓기 때문이다. 그렇지만
문맥에 맞게 우리말로 옮겨 써야 하는 단어라고 생각한다. 어떤 볼거리를 구성하는 내용
이라는 의미에서 구성내용이란 낱말을 제안해 본다.

3. 사회 분석으로서 담화 분석

비슷한 이론적 문제와 경험적 문제들[21]이 권력 집단과 조직에 관련된 자리매김의 특징을 보여준다. 다른 말로 한다면 그것이 담화를 통한 권력의 재생산이 순환되는 출발점이다. 사람으로 이뤄진 집단이 권력이 있다고 기술되기 위해 어떤 특징을 지녀야 하는가?

이는 정부나 의회, 경찰, 국가 기관, 매체, 군대와 큰 회사에 대해서는 직관에 따라 분명할 수 있다. 그리고 의사나 교수와 같은 전문직이나 부모와 같은 사회적 역할에 대해서도 그럴 수 있다. 그러나 조직이나 기업으로서 대중매체에 대해서는 그럴 수 있지만 개개의 기자들이 권력이 있다고 할 수 있음을 함축하는가? 기자들이 수만 명은 아닐지라도 수백 명이나 수천 명의 마음에 영향을 미칠 수 있는 힘을 지니고 있음을 깨닫고 있을지라도 그들 가운데 대부분은 그와 같이 그들에게 권력이 있다는 주장을 부인할 것이다. 이런 의미에서 권력은 어떤 개인의 권력으로 자리매김될 수 없고 오히려 사회적 지위와 어떤 단체가 지니고 있는 권력의 구성원으로서 조직되어 있음으로 자리매김된다. 따라서 우리는 누가 그리고 어떻게 공공의 담화를 통제하는지 집어내기 위해 좀 더 정교한 사회적 분석에 참여할 필요가 있다.

비슷한 사례들을 상징적 권력, 즉 교육이라는 다른 중요한 분야를 놓고서 제시할 수 있다. 교사들과 교과서가 학생들의 마음에 영향을

---

21) 여기서 비슷하다는 말은 전체에 적용되는 문제가 부분부분에 따라 다르게 나타나기 때문에 일반화할 수 없다는 문제가 있다는 의미이다. 앞 절에서는 전체적으로 틈새 매체 등을 통해 국민의 알 권리가 더 확대되는 것으로 보이지만 기술이나 매체의 구성내용을 통해서 정교하게 대중들을 조종하고 있음을 지적하고 있다. 이 절에서는 권력 혹은 권력을 가진 집단을 자리매김하는 문제도 전체에서 부분에 이르기까지 명확하지 않음을 이야기하고 있다.

미치고 있음을 알고 있으며 우리의 아이들이 무엇인가를 배우고자 원한다면 그것[교사와 교과서: 뒤친이]들이 그렇게 하기를 기대한다는 점을 거의 부인하기 힘들다. 그러나 한편으로 학생들의 현재 삶과 미래 삶에 실제로 이바지하는 배움과 사회에서 권력 집단이나 조직이 지니고 있는 이념의 세뇌, 다른 한편으로 중요한 잠재력의 계발 방해를 구분하기가 쉽지 않다. 영향력을 미치는 형태가 흩어져 있고, 복잡하며 전국적이고 모순되기도 하고 체계적이며 관련된 모든 사람들이 알아차리기 어렵기 때문에 교사나, 교재에서 편견이 담긴 어떤 단락을 비난하거나 초점을 맞추지는 않을 것이다. 실제로 교육과정을 발표하는 교육부로부터 교과서를 만드는 출판사나 저자 혹은 단체로부터 혹은 그것에 동의22)를 하는 교원 위원회로부터 끝으로 아이들을 가르치는 교사에 이르기까지 모두 이 교과서로 가르치는 것이 그들을 위해 좋다고 확신하기 때문이다.

이런 사례들은 사회의 모든 영역으로 확대된다. 예컨대 정치, 법률, 건강 관리, 관료 체제, 국가 기관, 회사에서 그리고 구석구석에서 지도부에서 정책이나 행동지침, 위에서 결정한 계획들을 실행하는 사람에 이르기까지 그러하다.

---

22) 이 문장은 전체적으로 교과서 선정의 문제를 다루고 있기 때문에 동의하는 내용은 교과서의 선정을 가리킨다. 우리나라에서 교과서 선정은 교육부 차원에서 심의를 하고 심의를 통과한 교과서를 학교 단위의 교과서 선정위원회에서 선정한다. 그리고 선정한 교과서는 학교운영위원회의 심의를 거쳐 확정하고 있다. 현장에 있으면서 교과서를 선정할 때마다 생각하는 문제는 내용이나 체제, 자료들이 거의 차이가 날 정도로 구분되지 않는다는 점이다.

3.1. 다시 보기: 권력과 접속

한 마디로 사회 분석으로서 담화 분석을 할 때 조직, 통제, 권력이라는 매우 복잡한 구조에 연루되기 시작하며 공개적인 담화는 살펴보아야 하는 많은 다른 사회적 관례 가운데 하나이다. 게다가 그와 같이 복잡하고 권력이 있는 조직에 대한 비판적인 연구는 그 자체로 방법론적인 문제 예컨대 접속에서 심각한 한계가 있다. 예컨대 공공의 뉴스 보도나 사설, 교재나 교실에서 상호작용, 어떤 정당의 선전문구나 회사의 광고물을 비판적으로 분석할 수 있지만 고위층, 즉 각료 회의, 어떤 신문의 편집 회의, 어떤 정당의 고위당직자 모임이나 사업체에서 임원들의 심의회에서 이뤄지는 담화를 통한 상호작용과 같은 갈래에는 거의 접속할 수 없다.

현지조사의 실천사례에서 일반적인 규칙은 담화가 더 영향력이 있고 지위가 더 높을수록 덜 공개적이고 비판적인 살핌에서 접속 가능성이 덜하다. 각료 회의의 경우에서 그러한 것처럼 때로 법에 따라 그렇게 한다.

예컨대 저자의 연구 분야인 인종차별주의와 언론사에 대한 연구에서 저자가 아는 한 이전의 어떤 조사연구자도 어떤 신문사의 편집 회의에 접속할 수 없었다. 그리고 현지조사를 해본 적이 있는 사람들은 선민들과의 면담이 언제나 자신이 살아가는 환경에 있는 일반인보다 상당히 더 어려움을 알고 있다. 사람들은 종종 말하기를 행복해하는데 일반적으로 어느 누구도 그들의 의견을 요청하거나 그들의 경험에 대해 이야기해주도록 요청을 받지 않기 때문이다.

이것이 정당의 대표, 편집자, 이사, 고위 관료들이 입국이민이나 소수자들에 대하여 내부적으로 어떻게 말하고 쓰는가에 대한 공개

자료가 아니라 정치적인 토론, 뉴스 보도, 교재나 정당의 강령party programme 에서 인종차별주의에 대한 공개된 자료를 갖고자 하는 이유이다.

3.2. 공공 담화의 통제로서 권력

이 책에서 저자는 비판적인 사회 분석이 맥락에 따른 담화 분석과 서로 관련되어 있음을 보인다. 전통적으로 집단(계층, 조직)이 지니고 있는 사회적 권력은 자본이나 땅과 같은 특정의 물질적 자원에 대해, 지식이나 교육, 명예나 물리적 영향력에 대한 접속이나 통제의 우선권에 기대어 자리매김되었다.

그러나 오늘날 권력의 다양한 형태들은 앞에서 대략적으로 살펴본 재생산의 논리를 따를 때 **상징적** 권력의 관점, 즉 공공의 담화에 대한 **우선적인 접속**이나 **통제**의 관점에서 자리매김되어야 한다.23) 공공의 담화에 대한 통제는 대중의 마음에 대한 통제이며 그에 따라 간접적으로 대중들이 원하는 것에 대한 통제이다. 사람들을 설득하고 속이며, 세뇌시키거나 조종할 수 있다면 아무런 구속이 필요하지 않다.

그렇다면 이런 관점에서 볼 때 오늘날 경찰, 기자, 저술가들, 교수, 교사, 법률가, 관료, 그리고 공공의 담화에 특별한 접속을 할 수 있는 모든 다른 사람들이나 그와 같은 접속을 간접적으로 통제할 수 있는 이사들 예컨대 대중 매체의 소유자들과 같은 상징적 선민들은 그와 같은 기준에 따라 권력이 있는 사람들로 자리매김되어야 한다.

상징적 권력은 다른 갈래의 권력으로부터 끌어낼 수 있다. 따라서 정치가들은 공공의 담화에 접속하는 권한을 갖는데 그것은 그들의

---

23) 이런 점은 뒤에 언급되고 있는 그람씨(1971/1999)에서도 지적된 바 있다.

정치 권력 때문이며 교수들은 그들이 지니고 있는 지식 자원 때문에 그러하다. 만약 권력을 어떤 집단이 다른 집단을 통제하는 관점에서 자리매김할 때 이와 같은 권력이 담화를 산출하는 수단에 대한 특별한 접속권을 제공한다면 그리고 그에 따라 대중의 마음을 관리할 수 있는 권한을 제공한다면 정치 권력, 학문적 권력 혹은 기업 권력과 같은 형태의 권력은 실제로 효과적이게 된다.

계급[24])과 생산을 위한 물질적 수단에 대한 통제의 관점에서 전통적으로 권력이 자리매김된 반면 오늘날 그와 같은 권력은 대체로 대중의 마음에 대한 통제로 대체되었고 그와 같은 통제에는 기호학의 모든 측면에서 공공의 담화에 대한 통제를 필요로 한다.

따라서 우리는 정치 권력이나 매체 권력에 대해 인기 있는 비판적인 문헌에서 마음 관리자mind manager라고 내거는 (대개 맞지만 너무나 단순한) 구호를 넘어서야 하며 이것이 정확하게 무엇을 의미하는지 좀 더 자세하게 살펴보아야 한다. 어떻게 사회에서 특정 집단이 공개적인 일, 일반적인 사회문화적 지식과 상식, 쟁점에 대한 태도의 자리매김(정신 모형)이나 감정을 통제하는지, 가장 근본적인 면에서 대체로 대중들의 그와 같은 사회적 표상을 통제하고 구성하는 기본적인 이념과 규범, 가치를 통제할 수 있는지 살펴보아야 한다.

3.3. 패권에 대한 재분석

사회 분석과 담화 분석이 얼마나 밀접하게 관련되어 있는지 그리고

---

24) class는 원래 생득적인 계급의 의미가 강하였으나, 오늘날에는 사회경제적인 측면에서 자리매김할 수 있는 계층의 의미가 강하다. 이 문맥에서 이 단어는 계급의 의미로 해석하였으나 다른 곳에서는 문맥에 따라 계층으로 해석하였음을 밝혀둔다.

다양한 방식으로 그와 같은 분석에 인지적 분석이 필요한지 살펴보았다. 그람씨Gramsci가 『옥중 수고』25)에서 자리매김한 바에 따라 패권hegemony26)의 고전적인 개념이, 어떻게 관련되어 있는 개념에 대한 좀더 명시적인 분석을 통해 일정한 실체가 되는지 알게 되었다. 말하자면 이념이 어떻게 재생산되며 사람들이 자신들의 자유 의지를 벗어나 권력을 가진 사람들을 위하여 어떻게 행동하게 되는가에 대한 분석이 필요하다.

사회에서 사회 권력의 재생산을 위한 담화적 수단과 인지적 수단에 관련되는 이와 같은 설명은 또한 사회학이나 정치경제학에서 이뤄지는 일반적인 거시적인 수준의 분석을 넘어서야 한다. 정치와 매체는 분명히 서로를 통제하고 상호 영향을 미친다. 둘은 결국 시장, 사업에서 기본적인 이득 그리고 재정적으로 능력이 있는 어떤 존재에 의해 통제된다. 그와 같은 거시적 분석은 계층이나 집단, 기구의 관계나 형태에 대한 분석에 의해 더 다듬어질 수 있다.

---

25) 이 책은 이상훈 역, 『옥중 수고』 1·2(거름, 1999)로 국내에 소개되었다. 이 책에서 중요한 점은 패권을 가진 집단이 물리적 힘만으로 권력이 없는 집단을 다스리지 않고, 은밀하게 사회문화적 가치를 전파하고 교육함으로써 자신들의 지배를 설득하고 동의를 구하는 방식으로 진행된다는 점을 지적한 데 있다. 우리나라에서는 여전히 보수진영의 논리를 대변하고 있는 언론들이 주류를 이루며 건재하고 있는 점, 나이가 들면서 많은 사람들이 보수적인 논리를 갖게 되는 점, 총선이나 대선에서 여전히 지역적인 대립구조를 보여주는 점 들을 통해서도 이를 확인할 수 있다. 특히 최근에 있었던 대선에서 보수진영의 매체들이 후보들을 다루는 방식은 여전히 다수의 동의를 얻기 위해 이용되는 매체의 속성을 극명하게 보여 주었다.

26) 주도권이라는 사전적 의미를 지니고 있다. 그람씨가 사용한 것처럼 긍정적인 의미로 쓰일 수도 있지만 이 책에서는 부정적인 의미를 함축하고 있기 때문에 패권의 의미로 받아들이는 것이 올바를 듯하다.

3.4. 권력에 대한 미시 분석

그러나 담화 분석은 이를테면 정치가들과 기자들이 일상적인 상호작용의 경로와 같이 어떻게 언론을 대상으로 하는 공식 발표가 만들어지고^{manufacture}[27] 배포되는지 어떻게 기자 회견이 이뤄지고 어떻게 기자들의 비판적인 질문에 전략적으로 답을 하는가 하는 문제와 같이 좀더 지엽적이고 미시적인 수준에서 이런 일반적인 관계들을 연구하는 경향이 있다.[28]

만약 권력을 가진 사람들이 매체에서 지지를 끌어모으고 대중들의 정서와 마음에 영향을 미치기 위해 자신들의 이미지를 통제할 필요가 있다면 그들은 공적인 담화의 산출과 관련하여 담화의 세부내용들과 상호작용의 세부내용들을 통제할 필요가 있다. 그런 세부내용에는 시간 맞추기, 언론을 대상으로 하는 발표의 세부적인 내용과 문체가 있으며 업무상의 보고나 광고, 기자와의 면담이나 대화가 있다. 공공 담화의 생산을 통제하고자 하는 목적을 지닌 그와 같은 기관 담화의 관례에 대한 자세한 분석을 통하여 어떻게 사회의 거시 구조가 공공의 담화 구조와 관련이 있음을 보일 수 있고 결국 이들이 어떻게 대중의 마음에 영향을 미칠 수 있는지 보일 수 있다.

---

27) 이 단어는 공장에서 물건을 만들어내는 일을 나타내는데 이 문맥에서 이 낱말이 쓰였다는 것은 이런 행위에 대한 저자의 부정적인 인식을 보여주고 있다. 공장에서 물건을 만들듯이 관례적으로 그런 일들이 일어나고 있다는 뜻으로 해석할 수 있다. 한편 페어클럽 (Fairclough, 2003/2012: 32)의 뒤친이는 meaning-shaping(의미 형성하기), meaning-making (의미 만들기), meaning-manufacturing(의미 조작하기)과 같은 의미로 의미 생성 행위들을 구분하였다. 그런 말맛에 비추어 보면 이는 뉴스를 조작한다는 의미가 강하다.

28) 페어클럽(1992/2017: 162~163)에서는 담화를 통한 사회적 관례의 실천 방식이 텍스트의 생산·유통·소비의 과정을 포함한다고 하면서 '텍스트 산출자'의 개념이 겉보기보다 복잡하다고 하면서 고프먼(1981: 144)의 개념, 즉 '연기자' '저작자', '주인공' 사이의 구분이 유용하다고 하였다.

재생산에 관련되는 그와 같은 사회적 과정이 결정론적이지 않다는 점을 강조하여야 한다. 예컨대 국가나 권력을 지닌 기관에 의한 다양한 영향력에도 불구하고 기관으로서 신문사와 개인으로서 기자들은 (어느 지점까지는) 그와 같은 압력에 저항하고 그들만의 고유한 관점과 이해관계에 따라 뉴스를 만들어낼 수 있다.

이는 뉴스 보도 기관의 독자들에게 마찬가지이다. 물론 사람들은 세계에 대한 지식을 경신하고 습득고자 할 때에만 읽거나 보는 뉴스에 의해 영향을 받는다. 그러나 뉴스에 대한 이해와 의견이나 태도를 바꾸는 방법은 이전의 태도나 (다른 구성원들과 공유한) 이념뿐만 아니라 개인적인 경험에 달려 있다. 개인들이 특정 행위를 하는 토대는 뉴스에 대한 이런 개인적인 해석, 사건에 대한 이러한 정신 모형이다.

다른 말로 한다면 한편으로 사회 구조적인 차원에서 권력의 거시 구조들과 다른 한편으로 개별 기관 사이의 연결은 우리가 여기서 검토하고 있는 담화를 통한 권력의 재생산에 대하여 매우 복잡하고 간접적이다.

3.5. 담화, 인지와 사회…

담화를 통한 권력의 재생산에 대하여 앞에서 제시한 짤막한 분석은 저자의 조사연구와 출간물을 구성하는 개념들, 즉 담화와 인지, 사회라는 개념들 사이의 기본적인 삼각관계를 굳건하게 해준다. 저자의 관점에서 볼 때 경우에 따라 이들 가운데 하나나 둘에 초점을 맞추기를 원할 수 있을 때에도 어떤 갈래의 비판적 담화 연구에서든 모두 이 세 가지 차원에 집중할 필요가 있다. 비판적 조사 연구에서 일반적인 경향은 사회 구조적 차원, 특히 권력과 권세를 지금 연구하고 있는 담화와 사회적 관례 혹은 다른 현상들과 **직접적**으로 연결하는 것이다.

저자가 내세운 이론의 얼개 안에서 그와 같은 직접적인 연결은 있지 않다. 입말과 글말에 사회 구조가 미친 직접적인 영향은 없는 것이다. 오히려 사회 구조는 사회 구성원들에 의해 관찰되고 경험되며 해석되고 표상되는데 예컨대 사회 구성원의 일상적인 상호작용이나 소통29)의 일부이다. 사람들의 담화와 다른 사회적 실천관례에 영향을 미치는 것은 이런 (주관적인) 표상이며, 특정의 사건에 대한 정신 모형이고 이런 지식과 이런 태도와 이념들이다. 다른 말로 한다면 개인적인 인지와 사회적 인지는 언제나 사회 구조적인 상황이나 사회적 상황과 담화 사이를 중재한다. 따라서 비판적 담화 연구에서는 담화–인지–사회의 삼각관계에 기대어 사회 문제를 연구할 필요가 있다. 이들 세 가지 차원 가운데 어느 하나도 다른 차원들 없이는 실제로 이해될 수 없다.30)

3.6. ⋯그리고 역사와 문화

이들 세 가지 차원들이 필요하다는 것은 이들이 충분하다는 의미는 아니다. 비판적 담화 연구에서 기본적인 두 가지 차원이 더 있다. **역사**와 **문화**가 그것이다. 비록 저자는 이 둘을 사회적 차원의 일부로 보고 있지만 말이다. 즉 이 장과 이 책에서 다루고 있는 인종차별주의, 대중

---

29) communication은 의사소통으로 번역되어 왔다. 그렇지만 소통되는 것이 의사(늑뜻)만 있지 않기 때문에 말하자면 (⋯) 소통의 의미로 이해되어야 한다. (⋯)에서는 오스틴의 화행에 관련된 세 가지 효력을 아우른다.

30) 이 책보다 뒤에 나온 반 데이크(2014/2020)에서도 이런 점은 강조되고 있다. 담화–인지–사회에 대한 거시적 차원, 혹은 미시적 차원의 연구가 이런 삼각 연구를 통해 가능하다고 주장한다.

매체나 정치학, 교육과 같은 핵심적인 문제는 현재의 사회 문제를 좀 더 완전하게 이해하는 데 이바지하게 될 중요한 역사적 차원을 지니고 있다. 인종차별주의[31]는 오늘날에 만들어진 개념이 아니라 몇 세기의 역사를 지니고 있다. 다른 말로 한다면 수십 년 동안에 계층(계급)이나 성별^{gender,}[32] 민족성^{ethnicity}에서 변화와 마찬가지로 잴 수 없이 큰 변화가 있다. 그리고 유럽, 북미와 호주는 50년 전의 사회가 어떠했는가를 비교해 볼 때 여러 차례 극적인 변화를 겪었다. 비판적 담화 연구는 이런 변화를 살펴보아야 하고 또한 권력의 담화를 통한 재생산도 살펴보아야 한다. 다른 한편으로 기본적인 권력관계가 어떻게 변하였는지 혹은 변하지 않았는지 살펴보아야 한다.

끝으로 문화의 경우도 이런 사정은 마찬가지이다. 여기서 저자가 말한 모든 것은 문화에 따라 다룰 범위를 정해야 한다. 담화와 권력을 재생산하는 방법은 서로 다른 문화에서 서로 다르다. 그와 같은 재생산 과정에 관련되는 사회 구조와 사회 인지도 그러하다. 전지구화가 증대됨으로 인해 국제 뉴스와 몇몇 오락거리의 형태들이 그러하듯이 몇몇 담화 갈래들은 매우 비슷해졌다. 그럼에도 불구하고 서로 다른 문화에 딸려 있는 구성원들은 다른 방식으로 이해할 수 있으며 자신들이 문화적으로 공유한 지식과 태도에 맞게 그와 같은 담화를 다른

---

31) 이 저자의 다른 책(2014/2020)에서 뒤친이가 지적하였듯이 racism은 백인 중심의 인종차별주의와 백인이 다른 인종보다 우월하다는 인종우월주의가 함께 들어가 있는 용어이다. 이들의 상의어로 인종차별주의를 쓰고 있다. 이들이 좀 더 구체적인 형태로 자리 잡은 용어가 오리엔탈리즘이다. 이 용어도 서구 백인들이 동양, 특히 서남아시아 사람들을 무시하고 깔보는 인종차별주의가 바탕에 깔려 있다. 여기에 대한 개괄적인 설명은 허선익(2019나)를 참고하기 바란다.

32) 영어에서는 sex와 gender를 구별하고 있다. 앞은 생물학적인 성별을 가리키고, 뒤는 문화 사회적인 성별을 가리킨다. 지난 백 년 동안 미국이나 서구 사회에서 가장 큰 변화는 이 둘이 구분된다는 점, 그리고 이런 구분을 정치나 사회적으로 인정할 것인가 하는 점에 있다.

방식으로 이용하기도 한다. 이는 담화의 산출과 그 사회적 조건의 경우도 마찬가지다. 이 또한 서로 다른 사회와 문화에서 서로 다를 수 있다. 이는 비판적 담화 연구도 참여자들의 문화적 배경을 활용하여 담화를 통한 권력의 재생산을 살펴보며 동시대의 많은 사회에서 여러 문화에 걸친 경험에 의해 어떻게 점점 더 영향을 받고 있는지 살펴본다는 점을 분명하게 하여야 함을 의미한다.

4. 권력으로부터 권력 남용에 이르기까지: 권세

권력이 본질적으로 나쁘며 담화와 권력에 대한 분석은 그 자체가 비판적 분석이라는 점은 일반적인 오해이다. 그렇다기보다는 이런 의미는 권력과 비판적 담화 연구에 관련되는 제한적인 개념이다. 부모들과 교사들이 아이들을 가르칠 때, 매체가 우리에게 정보를 제공할 때, 정치가들이 우리를 통치할 때, 경찰이 우리를 보호하고 의사가 우리를 치료할 때처럼 권력은 분명하게 그리고 일상적으로 중립적이거나 긍정적인 목적으로 사용될 수 있다. 앞에서 말한 사례들은 특별한 근거들이 있다.

이는 단순히 제한을 나타내는 **그렇지만**…을 끌어들이기를 포기하는 것이 아니다. 반대로 사회에 아무런 질서나 통제, 점검과 균형이 없다면 권력의 합법적인 많은 관계들이 없이는 사회가 기능을 하지 않을 것이다. 그런 의미에서 많은 사회 분석에는 권력과 그와 관련되는 개념들의 분석이 관련되어 있다.

비판적 담화 연구는 일반적인 수준에서 사회 구조에 그리고 좀 더 구체적인 수준에서 권력 관계에 대한 통찰을 반드시 필요로 한다.

오직 그럴 때에만 권력 남용을 살펴볼 수 있고 그와 같은 남용이 어떻게 사람들을 다치게 하고 사회적 불평등이 어떻게 일상에서 생산되고 재생산되는지 살펴볼 수 있다. 오직 그럴 때에만 권력이 어떻게 고르지 않게 사회에 배분되어 있는지 이해할 수 있다.

4.1. 권력의 비합법적인 사용

비판적 담화 연구는 권력의 합법적인 실행보다는 정치가들의 권력 남용에 대한 비판적 분석에 관심이 있으며 매체가 정보를 제공하기보다는 어떻게 잘못된 정보를 제공하는지 혹은 전문가들과 학자들이 학생들, 고객이나 다른 시민들을 가르치거나 치료하기보다는 그들을 애먹이기 위해 어떻게 지식을 남용하는지 관심이 있다. 저자는 그와 같은 권력 남용의 형태를 **권세**domination라 부른다. 이 개념은 남용의 부정적인 차원을 함의하고 있으며 불공평하고 올바르지 못하며 고르지 않는 차원을 함의한다. 말하자면 이 개념은 모든 형태의 **비합법적인** 행위와 상황을 함의하고 있다.

권세는 동시에 조종이나 세뇌, 그릇된 정보와 같이 비판적 담화 분석에서 특별히 관심을 갖고 있는 **소통을 통한 권력 남용**의 다양한 갈래들도 아우른다. 담화를 통하지 않은 다른 형태의 권세는 쉽게 떠오르는데 일상적인 경험이나 이야기, 뉴스 보도에는 이들로 가득 차 있다. 남성들에 의한 여성들의 성적 괴롭힘, 부모의 폭력, 정치적 부정부패, 경찰, 폭력주의자와 이에 맞서는 사람들, 전쟁 등이 있다. 모든 형태의 권세와 불평등 가운데 작은 (그렇지만 중요한) 부분만을 비판적 담화 연구는 연구할 수 있을 뿐이라는 점을 강조하기 위해 이들을 언급하였다.

비판적 담화 연구에서 기초가 튼튼한 실천사례들에 이바지하기 위하여 권력 남용의 자리매김을 좀 더 분명하게 하여야 할 필요가 있다. 언어, 담화나 소통의 사용과 이들의 남용을 어떻게 구분하는가? 수많은 다른 갈래들과 소통의 관례들 가운데 뉴스, 논증, 의회 토론, 법률, 학술적인 연구나 전문가의 보고서의 사용과 이들의 남용을 어떻게 구분하는가?

사람들은 대중 매체가 시민들의 불안에 대해서 알려주기를 기대할 수 있지만 그와 같은 폭동에 대한 정보가 흑인 청년이나 제3세계에 대해 정확하게 언제 편견에 빠지게 하는가, 혹은 계급 이념이 가난한 사람들에 대해 정확하게 언제 편견에 빠지게 하는가? 혹은 조사연구가 입국이민이나 소수자들의 일상적인 삶에 대해 이를테면 약물 남용이나 폭력이라는 고정관념을 굳히고 언제 빠져들게 하는가? 그리고 소수자들이 당국이나 경찰, 상징적 선민들에 의해 이뤄지는 일상적인 차별에 맞서는 방식을 언제 무시하게 하는가?

요약하자면 유사 실증학문(≒과학)이나 인종차별주의자의 선전문구에서 그러한 것처럼 담화가 남용되는 분명한 방식에 대한 연구는 선과 악이 담화에 공존할 수 있는 일상적인 관례들에 대하여 좀 더 미세한 분석으로 보완될 필요가 있다.

따라서 일상적인 담화의 실천사례들을 기술할 때 정확하게 언제 남용에 대해서 말하기 시작해야 하는가? 우리는 그와 같은 남용을 합법성의 관점에서 기술하기 시작하였다. 그에 따르면 권력의 남용은 권력의 **정당지 않은** 사용인 것이다. 그와 같은 분석은 곧장 사회 분석과 정치적 분석의 밑바탕이 되어 주었다. 따라서 권력 남용은 권력을 가지고 있는 사람들을 위해서 다른 이들의 이해관계에 반하는 기본적인 규범과 가치의 위반을 의미한다. 권력 남용은 사람들의 사회권과 시민권33)의 침해를 뜻한다. 이는 담화와 소통의 영역에서 권리를 (잘) 가르쳐야 하며 잘 알려야 한다는 점 등을 의미할 수 있다.

그러나 합법성이라는 규범적 개념은 매우 복잡하고 그것에 대한 충분한 분석은 비판적 담화 연구를 위해서도 의미가 있다. 만약 권세를 분석하고 비판하고자 한다면, 그리고 권세가 비합법적인 것으로 규정된다면 합법성의 규범이나 기준, 표준을 매우 분명하게 할 필요가 있다. 그렇다면 본질적으로 다음과 같은 질문을 해볼 수 있다. 먼저 합법적인 것을 누가 규정하는가? 자유 민주주의 사회에서 잘 알려진 답은 그와 같은 일은 의회, 시의회 등등과 같이 민주적으로 뽑힌 대표 기관의 임무라고 하는 것이다. 그러나 인종차별주의자, 성차별주의자와 계급주의자들의 법과 법규가 많았으며 일반적으로 말하듯이 그런 법은 다른 규범과 기준에 적용하자마자 합법성을 보장하지 않음을 역사를 통해 알고 있다. 이는 세계 인권 선언의 경우에도 그러하며 이것도 또한 역사적으로 변하여 왔음을 알고 있다. 다른 말로 한다면 인간의 모든 규범과 가치, 지식이 그러하듯이, 이들이 매번 **보편적**이라고 주장할 때조차 합법성에 관련되는 표준이 상대적이고 역사적으로 바뀌었으며 여러 문화에 걸쳐 다양하다.

만약 합법적인 권력의 사용과 비합법적인 권력 남용이 있다면 합법적인 방식으로 만들어지는 불평등의 합법적인 형태가 있을 수 있다는 점을 받아들여야 한다. 이는 정치 권력 사이에 있는 명백한 차이뿐만 아니라 권력 자원이 고르게 나누어지지 않은 어떤 곳에서든 그러하

---

33) 일반적으로 시민권은 공민권civil right, 정치권political right, 시민권civil right으로 구성되어 있다고 간주한다. 시민권은 자유권과 달리 국가에 대해서 사회 보편적 기준에 맞게 시민으로서 최소한의 권리를 보장받을 수 있는 권리를 뜻하는데 사회복지 등의 입법과정에 암묵적으로 작용하는 권리이다.

다. 말하자면 이런 차이는 돈과 같은 물질적인 자원에서 시작되었다. 여기에서의 논의와 관련되는 점은 지식이나 공공의 담화에 대한 접속과 같이 권력의 상징적 자원으로서 비물질적인 자원의 경우도 이런 점은 마찬가지라는 것이다.34) 따라서 학생과 교수, 전문가와 고객, 전문가와 일반인, 기자와 독자 사이에 권력의 차이로서 정상적인 불평등을 발견하게 된다. 따라서 비판적 담화 연구에서 핵심적인 질문은 다음과 같다. 그러한 권력의 차이들 가운데 어느 것이 오늘날의 정의나 평등이라는 기준에 의해 혹은 국제 인권 선언에 기초해서 합법화되는가, 그리고 어느 것이 비합법적인 권력 남용을 대표하는가? 특별한 지식과 정보뿐만 아니라 대중 매체에 직접 접속할 수 있는 것과 같은 기자의 권력 자원이 이를테면 시민들에게 알려줄 때처럼 언제 합법적으로 사용되고 언제 시민들을 조종하거나 해치기 위해 오보를 하도록 그와 같은 권력이 남용되는가?

입말과 글말의 (비)합법성에 대한 규정의 상당 부분이 담화를 통한 권세가 오보나 조종, 고정관념이나 편견, 지식의 부족과 세뇌와 같이 **정신에 부정적으로 미치는 영향**이라는 관점에서 틀이 잡혀 있다는 점 그리고 정신에 미치는 그와 같은 영향이 결국 차별과 같은 (비합법적인) 사회적 상호작용에 영향을 미칠 수 있기 때문에 이들이 어떻게 사회적 불평등을 의미할 수 있거나 사회적 불평등으로 이어질 수 있

---

34) 담화라는 사회적 상호작용 혹은 소통에서 차이는 기능적인 관점에서 원동력으로 주목을 받아왔다. 소통이 이뤄지기 위해서는 대화 참여자들 사이에 공유하는 배경과 정보 간격 (≒차이)이 있어야 한다는 의미에서 그러하다. 그러나 비판적 담화 분석의 관점에서는 이 차이가 나타나고 해소되는 모습을 눈여겨 볼 필요가 있다. 이런 차이들이 담화를 통해 날카롭게 드러나기도 하고, 암묵적이든 명시적이든 은폐되기도 하기 때문이다. 페어클럽 (Fairclough, 2003/2012: 105)에서는 차이가 나타나는 다섯 가지 각본을 제시하고, 이를 담화 분석에 활용하고 있다.

는지는 알려져 있다.

수신자들에게 부정적인 사회적 영향력이라는 관점에서 담화를 통해 이뤄지는 권세에 대한 일반적인 자리매김을 받아들일 수 있지만 그런 부정적인 영향력을 분명하게 해주는 정확한 규범과 가치를 자세히 밝히는 일은 매우 어렵고 당연히 개인의 관점에 달려 있다.

예컨대 인종차별주의자의 고정관념과 이념을 형성하고 굳건하게 하는 데 이롭기 때문에 그리고 이는 결국 인종차별주의자의 차별의 토대가 되기 때문에 왜 인종차별주의적 보도가 나쁜지 밝혀내는 일은 어렵지 않지만 왜 이것이 당연하게도 차별을 받고 있는 사람들의 최선의 이익에 반하는지 그리고 왜 이것이 그들의 기본권을 해치는가 하는 문제가 있다. 이는 또한 인종차별주의자 보도나 정치적 구호가 많은 나라에서 법으로 금지되어 있는 이유이기도 하다.

4.2. 한 가지 사례: 인종차별주의 보고서

그러나 미국이나 영국에서 여러 차례 보게 되는 것처럼 그리고 저자의 책(1991) 『인종차별주의와 언론Racism and the press』에서 분석한 것처럼 폭동이 일어나는 동안 흑인 청년에 의한 약탈을 신문이 보도한다면 어떻게 되는가? 분명히 소수자 집단의 구성원이 저지른 범죄 행위를 보도하는 일이 비록 그와 같은 보도가 많은 백인들 사이에서 인종에 대한 편견을 굳힐 수 있겠지만 일반적으로 그러하듯이 인종차별주의도 아니며 그들의 인권을 침해하지 않았다. 따라서 그와 같은 보도가 인종차별주의라고 결론을 내리는 일을 정당화하기 위해서는 맥락과 덩잇글에 대한 자세한 분석에 몰두할 필요가 있다. 예컨대 그와 같은 보도는 다음과 같은 조건이 유지된다면 어느 정도 인종차별주의적일 수 있다.

- 오직 흑인 청년의 부정적인 행위만 제시되고 다른 청년의 행위나 경찰의 행위가 제시되지 않는다면
- 흑인 청년의 부정적인 행위들이 (은유나 과장법에 의해) 강조되고 (완곡어법euphemism에 의해) 경찰들의 행위가 덜 강조되었다면
- 행위들의 범주가 젊은이, 가난한 사람, 남자나 여자와 같이 좀더 적절한 범주 대신에 민족적 혹은 인종적 용어로 구체적으로 틀이 짜인다면
- 폭동이나 약탈, 폭력이 사회적 원인 예컨대 경찰의 잦은 괴롭힘이나, 좀 더 넓게 가난이나 차별 등에 관련되는 범주의 결과와 같은 사회적 원인 없이 사건으로서만 초점을 맞출 때
- 만약 신문에서 체계적으로 이와 같은 종류의 인종차별주의 보도에 가담할 때 그리고 그에 따라 소수자들에 대한 부정적인 보도 방침을 지니고 있는 듯하게 보일 때
- 흑인 청년은 비난하고 경찰의 죄를 덜어주는 경향이 있는 백인들의 보도 자료가 주도적으로 사용될 때

여기서 어긴 규범들은 논쟁거리가 아님을 알고 있다. 반면에 그 규범들은 사건에 대하여 사회적 원인과 맥락을 설명하면서 그것에 대하여 균형을 잡고 제시할 필요가 있으며 국가 기관이나 세력의 권력 남용에 대한 감시자로서의 역할이 필요한, 충실한 보도의 전문적인 규범들의 일부이거나 규범들의 꾸러미이다. 기자는 소수자 공동체에 대한 인종차별주의적 보도가 가져올 수 있는 결과를 알고 있으며 알아야 한다. 그에 따라 전문적인 보도를 위한 일반적 규범을 반영하는 데 매우 조심스러워야 한다. 그들은 소수자들의 비행에 눈을 감을

필요가 없으며 자기검열self-censorship을 적용할 필요가 없을 뿐만 아니라 다른 이Others35)에 대해 보도할 때 자신의 전문적인 규범을 당연히 적용할 필요도 없다.

4.3. 합법적인 당파성partiality

폭동에 대한 인종차별주의적인 보도의 사례조차 여전히 비교적 간단하다. 그와 같은 보도를 비판적으로 평가하기 위하여 전문적인 보도 규범과 일반적인 가치를 적용할 수 있기 때문이다. 그러나 기존의 규범을 어기지 않고, 사회적으로 부정적인 영향을 미치지 않은 나쁘거나 당파적인 다른 사례들은 많다. 예컨대 좌파 신문이 선거에서 좌익 후보자의 긍정적인 자질과 우익 후보자의 부정적인 자질을 강조할 때가 그러하다. 그렇게 분명하게 드러나는 편견은 대부분의 언론이 보수적이고 좌익 후보자를 (좀 더) 부정적으로 기술할 때 동기를 부여받을 수 있다.

이와 비슷하게 언론사는 부패한 관리와 오염시키는 기업이나 차별적인 경영자들 등등을 부정적으로 기술하기를 원할 수 있으며 그와 같은 보도는 그런 사람들의 편에서 치우쳐 있을 수 있지만 그 결과는 분명히 공공의 이익을 위한 것이다.

따라서 각각의 담화 실천사례에 대해 적당한 실천관례를 자리매김하는 특정의 맥락, 규범과 가치를 조심스럽게 검토할 필요가 있다고

---

35) van Dijk(1998)에서는 이념의 재생산을 위해 사용하는 정보의 존재와 부재 전략으로 이념 방진(ideological square)이라고 부르는 전략을 제안하였는데, Others는 이 개념틀에 나오는 용어로 타자 혹은 외집단out group의 구성원을 가리킨다. 이에 대한 자세한 설명은 허선익(2019나)를 참고하기 바란다.

결론내릴 수 있다. 그러나 만약 그와 같은 담화나 담화의 있을 수 있는 영향력이 고의로 인권이나 시민권을 어길 때 경험에 바탕을 둔 일반적인 규칙에 따라 담화를 통한 권력의 비합법적인 사용, 즉 권세에 대해서 말할 수 있다. 좀 더 구체적으로 만약 그와 같은 담화가 권세를 지닌 집단의 지배력을 옹호하고 권세를 지니지 않은 집단의 이해관계에 맞설 때처럼 사회적 불평등의 형태를 촉진하는 사례가 해당한다. 정확하게 말한다면 그런 경우는 공공의 담화에 같은 접속권이 권세를 지니지 않는 집단에 없기 때문이다.

그렇다면 각각의 담화 갈래나 담화 실천관례에 대하여 그 특이사항을 밝혀놓을 필요가 있다. 언론에서 뉴스의 사례들이 있지만 당연히 의회 토론이나 정치적 구호, 광고, 기업 담화, 교재나 교실에서 상호작용, 법률 담화, 과학 담화나 관료들의 담화와 같은 모든 유형의 담화에 대한 기준을 계발할 필요가 있다.

4.4. 반론: 결과에 미치는 영향력을 통제할 수 없음

담화를 통한 권세에 대해 그와 같은 이론의 또 다른 복잡성은 담화 구조의 관점에서 분명하게 밝혀지지 않는다는 점이다. 구조는 필자들이 (어느 정도) 통제할 수 있고 그에 따라 (어느 정도) 설명이 가능한데, 특히 그와 같은 구조에 미치는 (정신의) 영향에 기대어 설명이 가능하다. 정치가들이나 기자들은 늘 사람들이 자신들의 담화를 어떻게 읽거나 이해하는지 아무런 통제를 할 수 없다고 말함으로써 편견이 담긴 입말이나 글말에 대한 비난을 방어하곤 한다.

그와 같은 방어는 전혀 근거가 없지 않은데 담화와 그 해석 사이에 인과적 관계가 아예 없기 때문이다. 담화 그 자체는 해석과 이해에 영향을 미치는 조건들, 즉 독자에 관련되는 읽기의 맥락과 이전의 지식, 전기적 경험과 현재의 경험, 현재의 목표와 의도, 현재의 지위와 역할 등으로 이뤄진 복잡한 묶음 가운데 오직 하나의 요인일 뿐이라는 점을 담화 이해에 관련되는 심리학으로부터 알고 있다.

개인과 맥락에 따른 다양성이 있음에도 불구하고 이는 담화 그 자체가 사회적 영향력을 미치는 과정에 아무런 관계가 없음을 뜻하지 않는다. 지식과 편견, 이념들이 습득되는 방법에 대한 일반적인 통찰이 있으며 담화를 통해서 습득되는 방법에도 그러하다. 따라서 특히 전문적인 필자들과 기관에서는 수신자들을 대상으로 하는 사회적 제시에서 자신들의 담화가 불러올 바람직한 결과나 있을 수 있는 결과를 꿰뚫어 보아야 한다.

예컨대 소수자들의 일탈이나 범죄적 특징을 반복해서 강조하고 초점을 맞추는 일은 사회 안에서 틀림없이 몇몇의 완고한 개인들의 의견에 그치지 않고, 사회적으로 공유되는 인종차별주의적 태도를 만들어내고 굳건하게 한다.

또한 대부분 우리가 지니고 있는 이념들은 담화를 통해서 형성된다는 점도 의심의 여지가 거의 없다. 이런 의미에서 수신자들의 마음에 대한 직접적인 통제가 부족하다는 주장은, 수신자들의 행위와 마음에 그와 같은 관행이 미칠 전체적인 영향력이 지니고 있는 경향과 관련된 전문적인 지식을 전제로 할 때, 담화를 통한 나쁜 관행에 대해 아무런 해명이 되지 않는다. 실제로 같은 선민 집단과 기관들은 그들이 제공하는 정보, 광고, 선전이 대중에게 미치는 효과가 무엇인지 완전히 잘 알고 있다. 그렇지 않다면 그들은 먼저 공개적인 소통에 참여하지 않을 것이다.

5. 비판적 담화 연구의 실제적인 적합성

앞에서 살펴본 내용들은 비판적 담화 연구에 우선적으로 적용된다. 그와 같은 조사연구가 권세의 재생산에서 담화가 어떤 역할을 하는가 그리고 그와 같은 권력 남용이 어떻게 사회적 불평등으로 이어지는가에 대한 유용한 통찰을 제공해 주기를 바란다. 비판적 담화 연구에서 핵심적인 사항은 그와 같은 통찰이 또한 권세를 부리는 집단에 대하여 실제적인 관련성을 지녀야 한다는 점이다. 비록 비판적 담화 연구의 실제적인 적용에 관련되는 많은 사례들이 있음에도 불구하고 이와 같은 차원의 비판적 담화 연구는 앞으로의 발전과 자기 비판적인 분석을 필요로 한다. 간단하게나마 이와 같은 의견 몇 가지를 지적해 보고자 한다.

5.1. 중재와 상담

만약 어떤 정치가, 기자나 교수가 자신들의 담화가 불러올 수 있는 부정적인 사회적 영향력을 모른다고 (혹은 몰랐다고) 주장한다면 여기에는 비판적 담화 분석가들이 할 수 있는 중재 역할이 분명히 있다. 그들은 어떻게 뉴스 담화의 주제, 표제와 기사의 머리 부분 혹은 학술 논문의 요약이나 결론, 정치 담화에서 구호가 어떻게 상황을 규정하기 위해 사용되고 남용될 수 있는지 자세하게 보일 수 있다. 즉 어떻게 이런 담화 구조가 사건의 정신 모형에서 상위 수준의 (거시) 구조를 세우는 데 이용되는지 보일 수 있는 것이다. 비판적 분석가로서 우리는 특정의 어휘 항목들이나 은유가 그와 같은 정신 모형에서 사람들의 특징이나 사건의 세부내용을 구성하기 위해 이용되는지 보일 수 있다. 혹은 실제로 정신 모형이 편견이나 일반적으로 유지되는 사회적 태도를 어떻게 일반화하는지 보일 수 있다.

비판적 담화 연구는 선민들에 의해 이뤄지는 공공의 담화가 어떻게 시민들의 마음에 어떻게 영향을 미칠 수 있는지 그리고 그러한 영향이 사회 구조의 재생산에 어떤 역할을 하는지 보이기 위해 전문가들을 대상으로 하는 담화 교육에 끼어들 수 있고 그래야 한다. 환경에 대하여 화학적 산출물의 영향력에 관련된 지식에서 그러하듯이 자신의 담화가 불러올 (그리고 어떤 공적인 행위의) 결과를 자각하는 일은 책무성의 조건 가운데 하나이다. 오염 행위에 대한 실제 사례 비판에서 그러하듯이, 그와 같은 경우에 우리는 알지 못하였습니다!(혹은 2차 대전이 끝난 뒤 사과 표현인 독일어 변이형태인 Wir haben es nicht gewusst!) 라는 변명은 타당하지 않다.

5.2. 가르침, 분명하게[36]

좀 더 일반적으로 비판적 담화 연구를 시민들에게 가르치는 일은 또한 유의미한데 선민들이 담화를 통해 이루고자 하는 목적을 좀 더 잘 깨닫도록 배울 수 있기 때문이다. 그리고 어떻게 공공의 담화가 정보를 잘못 전달하고 조정하는지 혹은 그들을 해칠 수 있는지 배울 수 있다. 말하자면 비판적 담화 연구의 중요한 사회적 목표와 실제적

---

36) 언어를 하나의 행위로 본다면 다른 행위와 마찬가지로 의도나 목적을 직접적으로 반영하기도 하고 간접적으로 표현하기도 한다. 허선익(2019나)에서 지적하였듯이 담화를 통한 권력의 작용은 직접적인 사례보다는 간접적으로 조종하는 권력의 작용이 더 은밀하고 잠재적으로 영향력을 더 크고 깊게 발휘한다. 여기서 '분명하게'라는 낱말은 그런 숨은 의도를 파악하도록 가르쳐야 한다는 의미를 담고 있다. 그리고 그 결과는 다음 절에서 분명히 드러나듯이 '저항'으로 드러날 것이다.

인 목표는 담화를 통해 저항하고 이의를 말할 수 있는 전략을 계발하는 데 있다.

5.3. 전문가의 충고, 행위의 규범

그와 같은 목표에 이르기 위해 어떤 담화 속성, 어떤 담화 갈래가 어떤 소통 맥락에서 지식과 태도, 이념의 형성에 사회인지적 영향을 미치는지 자세하게 탐구할 필요가 있다. 그와 같은 탐구에서 담화 분석가는 언어학자, 심리학자, 자연과학자와 협업을 필요로 하는데 이들은 각각 사회적 불평등의 재생산 과정에 담화에 기반을 둔 복합적인 구성요소에 대한 몇 가지를 살피게 된다.

비판적 담화 연구를 가르치는 일이 담화를 통해 드러나는 권세에 맞서는 저항의 형식으로서 본질적이지만 그것으로 충분하지 않다. 극소수의 신문만이 비판적 담화 연구에서 이뤄진 분석의 결과로 인종 차별주의 보도의 관행을 바꾸었다. 이와 같은 사정은 대부분의 비판적 연구의 경우도 마찬가지다. 그럼에도 불구하고 남녀평등주의자와 생태환경 운동의 성공을 보았듯이 저항은 가장 권력이 있는 세력들에 영향을 미칠 수 있다.

전통적으로 오래된 길은 기관으로 통하는 길이었다. 말하자면 기자들과 다른 전문가들을 연구에서 얻은 통찰력의 기본적인 결과를 가지고 교육하는 길이다. 즉 대학에서 우리의 목적은 분명하다. 학생들에게 입말과 글말을 어떻게 비판적으로 분석할 것인가 그리고 그것을 어떻게 다른 사람에게 가르치며, 그와 같은 분석을 나아지게 하기 위해 어떻게 새로운 이론을 계발할 것인가를 가르치는 일이다.

다른 영역에서 성공을 경험한 사례로서 좀 더 직접적인 저항의 형태는 비판적 담화 연구를 위해 효과적일 수 있다. 예컨대 인종차별주의자의 보도나 성차별주의자의 보도 영역에서 국제연합이나 유럽 회의와 같이 어느 정도의 힘이 있는 국제기구에 비판적이고 전문적인 증거자료를 제공함으로써 그렇게 할 수 있다. 이 두 기구는 인종차별주의에 대해 조처를 취하였다.

예컨대 그와 같은 인종차별주의가 어떻게 대중 매체에 의해 재생산되는지 보일 수 있다면 동시에 우리는 여러 분야에서 있는 것처럼 자발적인 직업 규범의 형태를 띨 수 있는 구체적인 추천내용들을 처방해 줄 수 있다. 그런 규범들은 여러 가지 추천내용 가운데 뉴스편집실, 뉴스 취재, 뉴스 정보원의 다양성에 맞추어 기준을 세워 줄 수 있다. 즉 일반적이고 직업적인 규범과 가치들의 집행이다. 특히 이들은 부정적인 (범죄 등등) 뉴스에서 행위자들의 인종적 배경에 대한 부적절한 모든 참조사항을 제거하도록 분명하게 제안할 수 있다. 성별에 관련되는 매체 보도에서 되풀이해서 제안한 것처럼 같은 방식으로 이는 이슬람이나 제3세계에 대한 보도에 대해서도 앞서 제안한 것처럼 마찬가지이다.

5.4. 인종차별주의는 사업을 위해 좋지 않다

가르침에 더하여 영향력 있는 국제기구와 관련된 조사연구와 정치적 행위뿐만 아니라 비판적 담화 연구를 통한 또 다른 중요한 저항 전략은 신자유주의적 이념과 실천관례의 핵심적인 부분, 즉 이윤의 추구에도 영향을 미친다. 인종차별주의 담화나 성차별주의자의 담화 혹은 좀 더 일반적으로 다양성의 부족이 사업을 위해서도 좋지 않음을 논의하거나 보여주어야 한다. 비유럽인들이 시민이 되거나 소비자가 되고 있는 미국이나 유럽 혹은 호주와 같이 급속하게 다원화된 사회에서 인종차별주의 정책이나 보도, 가르침 혹은 다른 담화 실천관례로 이런 잠재적인 소비자들에 반감을 사는 것은 분명히 현명하다고 보기 힘들다. 만약 그런 시민들이 신문이나 TV 볼거리, 학교나 사업을 놓고서 인종차별주의자적인 것과 비인종차별주의자적인 것 사이에서 선택을 한다면 우리는 그들 가운데 무엇을 선택할지, 특히 그들이 분명하게 인종차별주의를 자각하게 될 때 상상해 볼 수 있다.

뉴스편집실news room에서 다양성은 충분하지 않을 수 있다. 어쨌든 모집이라도 한다면 소수자에 속하는 기자들은 신문사의 사장이나 편집자의 가치가 유사하다는 이유로, 혹은 그들이 일자리를 유지하기 위해 혹은 직업 조건에서 살아남기 위해 동료들과 곧바로 맞추어나갈 것이기 때문에 뽑힐 것이다. 그런 경우 편집 정책을 바꾸도록 하는 강력한 유인책은 신문을 사는 사람들의 다양성이다. 좀 더 일반적으로 말해 사업은 자격을 갖춘 사람의 모집뿐만 아니라 고객을 만족시키기 위해 그와 같은 인종차별주의가 좋지 않다는 것을 관리자가 이해할 때 차별을 덜 하는 경향이 있을 것이다.

5.5. 연합과 협력

비판적 담화 연구는 일반적인 측면에서 모든 형태의 사회적 불평등과 싸우고 구체적인 면에서 정치와 매체, 교육과 조사연구에서 인종차별주의, 성차별주의, 계급주의와 같은 담화를 통한 차별에 맞서는 싸움에 가담하고 있는 기관이나 소수자 집단, 비정부 단체와의 전략적 협력을 통할 때 특별히 효과적이다. 이것이 비판적 담화 연구가 작동하는 전체 영역은 아니지만 사회적 조처와 협력의 형태나 조사연구거리의 상당 부분이 되기에 충분할 정도로 넓다.

6. 무엇을 해야 하는가?

요약해서 말하자면 담화를 통한 차별의 어떤 형태도 결국 사업을 위해 좋지 않음을 기업체에 보여줌으로써 미래의 전문가로서 학생들을 위해 힘이 있는 국제기구뿐만 아니라 민초들로 이뤄진 단체의 전문가로서 준비할 때 그 역할에 대한 교육에서 비판적 담화 연구의 실제적인 의미를 발견할 수 있다.

비판적 담화 연구자들은 비판적으로 교과서를 분석하고 새로운 교과서를 출판업자들과 교육 당국에 제안할 수 있다. 그들은 기자들에게 인종차별주의적이지 않은 뉴스를 쓰도록 가르칠 수 있는 강좌를 제안할 수 있다. 많은 사업 분야에서 고객들과 인종차별주의적이지 않은 상호작용에 관련되는 공동연구모임을 중재할 수 있다, 등.

비판적 담화 연구의 그와 같은 중요하고 실제적인 목적들은 사회에서, 특히 정치나 매체 교육과 조사연구에서 담화를 통해 이뤄지는 중요한 실천관례들에 대하여, 말하자면 상징적 선민들이나 담화를 주로 이용하는 선민들과 그들의 일상적인 실천관례와 산출물에 대하여 자세하고 막대한 조사연구에 근거를 둘 때 실현될 수 있다는 점을 여기서 강조하여야겠다.

제2장 담화의 구조와 권력의 구조※

이 장에서는 담화와 사회적 권력 사이의 관계 몇몇을 살펴본다. 이런 관계들을 간단하게 살핀 뒤 조사연구의 이 새로운 영역에서 최근의 연구 몇몇을 들여다보기로 한다. 비록 여러 학문분야에서 나온 권력에 대한 연구들에 기대고 있지만 저자1)가 지니고 있는 대부분의

※ [원저자 주] 이 장의 첫 번째 판본에 대한 비판적인 평가와 제안으로 저자는 Jame Anderson, Charles Berger, Norman Fairclough, Cheris Kramarae, Ruth Wodak에 빚을 지고 있다.

1) 저자의 관점과 전망을 보여주는 책 가운데 2000년 이전에 출간된 책은 그의 누리집 (http://www.discourses.org)에서 무료로 내려받기 할 수 있다. 다음은 그의 책의 일부이다.
　*Structures of International News. Report to UNESCO. (University of Amsterdam, 1984).
　*Prejudice in Discourse (Amsterdam: Benjamins, 1984)
　*Communicating Racism. Ethnic prejudice in thought and talk. (Newbury Park, CA: Sage, 1987).
　*News as Discourse (Hillsdale, NJ: Erlbaum, 1988).
　*News Analysis (Hillsdale, NJ: Erlbaum, 1988).
　*Racism and the Press (London and New York: Routledge, 1991).

전망은 사회적 맥락에서 입말과 글말에 의해 합법화되고 감추어지며 기술되고 표현되며 실행되는 방식들에서 발견된다. 저자는 사회과학과 정치학에서 이뤄지는 대부분의 연구들과는 달리 이념의 역할에 특별히 주목하고 있지만, 이런 이념적 연결고리를 사회 인지 이론의 관점에서 분명히 밝히고자 한다. 이런 규명 작업은 거시 수준의 분석에서 나타나는 계층, 집단, 기관의 사회 구조적인 권력과 미시 사회적 수준의 담화와 상호작용에서 나타나는 권력의 실행 사이에 불가피한 이론적 연결을 하게 해준다. 따라서 이 분야에서 다른 연구에 대한 살핌에서는 특정의 권력 구조가 다양한 담화 갈래와 이런 담화 갈래에서 나타나는 특징적인 구조에 미친 영향력에 초점을 맞춘다.

이 연구의 배경을 이루는 담화 분석 이론은 담화에 대한 저자의 이전 연구뿐만(이를테면 van Dijk, 1977, 1980, 1981; van Dijk and Kintsch, 1983) 아니라 현재의 담화 분석에 대한 다른 접근법(van Dijk, 1985a의 논문을 참고할 것)을 전제로 하고 그것을 확장한다. 새로운 담화에 대한 저자의 최근 연구와 여기서 간단하게 살펴보게 될 인종차별주의에 대한 연구를 이어가면서 이 장에서는 담화에 대하여 좀 더 사회적인 접근을 보여주고 사회적인 맥락에서 입말과 글말에 대한 비판적인 연구로 나아가는 발전을 생생히 보여준다.

저자의 담화 분석 얼개를 미루어 짐작해 볼 때, 단일의 한 장에서

---

*Elite Discourse and Racism (Newbury Park, CA: Sage, 1993).

*Ideology and Discourse. A Multidisciplinary Introduction. English version of an internet course for the Universitat Oberta de Catalunya (UOC). July 2000.

*Ideology: A multidiscplinary introduction. (London: Sage. 1998)

한편 이 책은 담화와 권력의 문제를 집중적으로 다루고 있으며, 담화와 맥락에 대해서는 『*Discourse and Context*』(2008, Cambridge University Press)가 있다. 비판적 담화 연구의 관점과 사회인지적 관점에서 『담화와 지식』(2014/2020)이란 책을 출간하였다.

받는 지면의 제약은 더 많은 제약을 드러낸다.[2] 첫 번째로 최근의 여러 연구(Kramarae, Schulz and O'Barr, 1984; Mey, 1985)에서 초점이 되어온, 언어와 권력 사이의 일반적인 관계에 대하여 현재의 연구를 전제로 하지만 논의하거나 평가하지 않는다. 여기서는 사회적 맥락에서 언어 사용에서 특정의 덩잇말 형태textual form로서 담화에 초점을 맞추며 언어 변이형태와 문체에서 권력이나 권세의 역할을 다룬 사회언어학 연구에만 초점을 맞춘다(Scherer and Giles, 1979). 두 번째로 저자는 개인적인 권력보다는 사회 권력 혹은 사회 구조적인 권력에 관심을 갖고 있기 때문에 사람들 사이의 소통에서 권력 연구 분야와 관련된 많은 부분을 무시하여야 한다. 그 분야는 이미 버거(Berger, 1985)에서 정확히 검토된 바 있다(또한 Seibold, Cantrill and Meyers, 1985 참고할 것). 세 번째로 여기서는 유감스럽게도 서구 문화에서 권력의 역할로 제한하여야 한다. 따라서 대화에 대한 민족지학의 몇몇 연구(Bauman and Scherzer, 1974; Saville-Troike, 1982) 혹은 여러 문화에 걸친 소통에 대한 현재의 연구로부터 얻은 권력에 대한 통찰을 고려하지 않는다. 네 번째로 담화에서 남성의 권세와 권력에 대한 남녀평등주의자들의 연구는 이미 논의되었다(Kramarae, Thorne and Henley, 1983의 폭넓은 참고문헌을 참고할 것). 따라서 여기서는 성별 권력과 담화에 초점을 맞추고 있는 조사연구를 짤막하게 검토하기로 제한한다. 또 다른 제약으로 유럽과 남미의 여러 국가들에서 언어와 담화, 권력, 이념 사이의 관계에 대하여 흥미가 있는 많은 연구들에 극소수의 참고문헌 목록만이 작성될 것이다.

---

2) 반 데이크(2014/2020)에서도 지적하고 있듯이, 단행본에서 한 개의 장 분량으로 논문을 써야 하는 학회지 논문의 단점을 지적한 부분이다. 그런 논문들이 대체로 이론적 논의를 할 수 없다는 점을 지적하고 있다.

1. 권력에 대한 분석

여러 학문에서 권력에 대한 분석은 폭넓은 참고문헌으로 이어졌다. 최근에 이뤄진 몇몇 연구에는 달(Dahl, 1957, 1961), 데브남(Debnam, 1984), 갈브레이쓰(Galbraith, 1985), 륙스(Lukes, 1974, 1986), 밀리밴드(Milliband, 1983), 밀스(Mills, 1956), 데얼본(Therborn, 1980), 화이트(White, 1976), 롱(Wrong, 1979)이 있다. 이 연구의 대부분은 사회과학이나 정치학의 경계 안에서 수행되었다. 이런 값진 전통을 요약하거나 검토하는 것이 이 장의 과제일 수 없다. 따라서 여기서는 사회 권력의 중요한 속성 몇 가지를 고르고 여기서 세우고자 하는 이론의 얼개 안에서 이들을 다시 구축하고자 한다. 그러나 저자의 의견으로는 권력의 복잡한 개념이 단일의 자리매김으로 설명될 수 없다는 점을 이해하여야 한다. 여러 학문에 걸친 온전한 이론이 가장 중요한 함축적인 의미와 적용사례를 붙들기 위하여 필요하다. 여기서의 논의와 관련되는 권력의 속성들은 다음과 같이 요약될 수 있다.

1. 사회 권력은 집단, 계층이나 다른 사회 조직들 사이의 관계 혹은 사회의 구성원으로서 사람들 사이의 관계에 관련되는 속성이다. 비록 개인적 형태의 권력을 말하지라도 이런 개인적인 권력은 사회적 상호작용으로서 담화에서 권력의 역할에 대한 체계적인 설명을 위해서 적합하지 않다.

2. 기본적이고 근본적인 수준의 분석에서 사회적 권력관계는 상호작용에서 두드러지게 드러난다. 따라서 집단 A의 실제적인 조처[action]나 잠재적인 조처가 집단 B에 대하여 사회적 통제력을 행사할 때 A가 (혹은 그

구성원들이) B를 (혹은 그 구성원들을) 누르는 권력을 가지고 있다고 말한다. 조처라는 개념 그 자체가 기관에 의한 (인지적) 통제라는 개념이 관련되어 있으며 A의 조처에 의한 B의 사회적 통제는 B의 자기 통제에 대한 제약을 유발한다. 다른 말로 한다면 A에 의한 권력의 행사는 행위에 관련되는 사회적 자유에서 제약을 가져온다.

3. 신체적인 완력force을 제외하면 B의 행위나 있을 수 있는 행위를 억누르는 A의 권력은 A가 지니고 있는 욕망이나 바람, 계획과 믿음과 같이 B의 행위와 관련된 인지적 조건을 억누르는 권력을 가지고 있어야 함을 전제로 한다. 어떤 이유로든 B는 A의 바람을 받아들이거나 그대로 하는 데 동의하거나 A의 동의를 통해 (A를 위하여) 법률이나 규칙을 따르고 행동하는 데 의견의 일치를 보일 수 있다. 다른 말로 한다면 예를 들면 사람들의 행위를 실행하고 계획하는 데 필요한 의견이나 필수적인 정보의 관리를 통하여 사회 권력은 일반적으로 간접적이고 사람들의 마음mind을 통하여 작동한다. 오늘날의 사회에서 사회적 권력의 대부분의 형태는 이런 유형의 '마음의 통제'임을 함축하는데 전형적으로 설득이나 담화를 통한 소통의 다른 형태로 행사되거나 A의 욕망에 B가 승낙하지 않은 상황에서 A의 제재에 대한 두려움으로부터 나올 수 있다. 권력의 행사나 유지, 합법화에서 담화의 역할에 대한 분석이 들어맞기 시작하는 시점은 지금부터이다. 그러나 이와 같이 권력이 마음을 통해 중재mental mediation된다는 점이 권력의 행사에 지배를 받은 사람들의, 자유와 저항의 정도가 가변적일 수 있는 여지를 남기고 있다는 점을 주목하기 바란다.

4. A의 권력에는 근거, 즉 사회적으로 권력의 행사를 가능하게 하거나 동

의가 없는 경우에 제재를 적용할 수 있는 자원들을 필요로 한다. 이런 자원들은 일반적으로 재산이나 지위position, 서열rank, 자격status, 권한authority, 지식, 전문지식expertise, 특권, 권세 집단이나 주요 집단에서의 단순한 구성원 자격membership과 같이 사회적으로 가치가 매겨지지만 불공평하게 배분된 특성이나 소유물로 구성되어 있다. 권력은 그 근거가 사회적으로 적합한 자원들로 이뤄질 때 일종의 사회적 통제 형태이다. 일반적으로 권력은 A의 권력의 토대를 드넓히거나 유지하기 위해 혹은 B가 권력을 얻는 것을 막기 위해 A에 의해 의도적으로나 부지불식간에 행사된다. 다른 말로 한다면 A에 의한 권력의 행사는 대개 A의 지배력 안에 있다.

5. 권력의 행사나 유지에서 본질은 A의 입장에서는 B에 대한 마음의 지배력을 오랫동안 행사하고자 하며 B는 A의 욕망, 희망, 선호도나 의도에 대해 알고 있어야 한다는 점이다. 직접적인 소통과는 별도로 예컨대 명령, 요청이나 협박과 같은 화행에서 이런 지식은 문화에서 나온 신념, 규범이나 가치로부터 추론될 수 있다. 그런 추론은 이념의 얼개 안에서 공유된 (혹은 논쟁을 통해서 나온) 합의를 통해서 혹은 A의 사회적 행위에 대한 해석과 관찰로부터 나온다.

6. 현재 서구 사회에서 사회의 전체적인 통제력은 권력 기관의 권력이 미치는 범위와 영역에 의해 더 제한된다. 즉 권력 기관은 오직 하나의 사회 영역 이를테면 정치나 경제 혹은 교육에만 권력이 있거나 교실이나 법정과 같이 특정의 사회적 상황에만 권력이 있다. 이와 비슷하게 권력 기관의 범위는 몇몇 사람들로 제한되거나 어떤 계층이나 집단의 전체 사람들에게로 확장되거나 특정의 조처에 걸쳐 있다. 그리고 끝으

로 권력을 가진 사람들은 권력의 행사에서 특별한 책임이 부과된다. 권력 공유의 다양한 형태들이 관련되어 있는 이런 형태의 권력 분산과 함께 이에 대한 저항resistance의 중요한 차원, 즉 권세를 지닌 집단이나 그 구성원들이 완전히 무력하게 되지는 않는다는 점이다. 특정의 사회 경제적 조건이나 역사적 상황, 문화적 조건 아래에서 그와 같은 집단은 다양한 형태의 저항에 가담할 수 있다. 즉 반대 세력의 입법 과정에서 참여할 수 있는데 혁명에서 그러한 것처럼 결과적으로 권력을 가진 집단을 권력을 덜 가지게 하거나 무력화할 수 있다. 따라서 권력의 입법 과정은 조처의 형태일 뿐만 아니라 사회적 상호작용의 형태이다.

7. 사회 권력의 행사와 유지는 이념의 틀을 전제로 한다. 사회적으로 공유되고 어떤 집단과 그 구성원들의 지배력과 관련되어 있는 기본적인 인식으로 구성되어 있는 이런 이념의 틀은 주로 소통과 담화를 통해 습득되거나 굳어지고 바뀐다.

8. 권력은 다양한 형태의 반대 세력과 권세를 지닌 집단의 (혹은 그와 같은 집단을 대표하는 행동 집단에 의한) 저항과 관련하여 분석되어야 한다는 점을 되풀이해야겠다. 그리고 이는 또한 사회적이고 역사적인 도전과 변화에 대한 분석의 조건이기도 하다.

2. 담화 통제와 담화를 통한 재생산의 방식들

담화를 통한 사회적 통제력의 행사를 위한 중요한 한 가지 조건은 담화 통제와 담화 생산 그 자체의 통제이다. 따라서 그와 관련된 중요한 질문은 다음과 같다. 누가 어떤 상황에서 누구에게 무엇을 쓰거나 말할 수 있는가? 누가 담화의 다양한 형식이나 갈래에 대한 접속권을 지니고 있는가? 혹은 그런 담화의 재생산 수단에 접근할 수 있는가? 권력을 덜 가진 사람들일수록 다양한 형태의 입말이나 글말에 대한 접속 권한을 덜 가진다. 유감스럽게도 권력을 가지지 않은 사람들은 말 그대로 '말할 수 있는 것이 없다.' 즉 아무에게도 말할 수 없거나 어린이나 죄수, 피고와 (그리고 때로는 우리의 문화를 포함하여 어떤 문화에서는) 여성이 그러한 것처럼 좀 더 권력이 있는 사람이 말할 때 침묵의 상태로 남아 있어야 한다. 일상적으로 대부분의 사람들은 화자로서 오로지 가족, 친구나 일에 대하여 동료에게만 능동적인 접속권을 지니고 있다. 때로 공식적인 대화에서 사람들은 기관의 대표나 상사에게 말할 수 있지만 그런 경우에 좀 더 수동적이고 반응을 하는 역할을 맡는다. 경찰서나 법정에서, 복지 기관에서, 교실이나 관료 체제의 다른 기관에서는 사람들에게 말하도록 요구하거나 명령을 하였을 때에만 말하거나 정보를 제공하기를 바란다. (대중 매체의 담화를 포함하여) 대부분의 공식적이거나 공공의 담화나 인쇄된 담화 유형들에서 권력을 덜 가진 사람들은 일반적으로 수신자일 뿐이다.

좀 더 권력이 있는 집단과 그 구성원들은 점점 더 넓고 다양한 담화의 역할과 갈래, 기회, 문체를 통제하거나 접속할 권한을 갖는다. 그들은 부하들과의 공식적인 대화나 의장 회의, 명령어나 법률을 통제하고 여러 유형의 보고서, 책, 지침, 이야기나 다양한 대중 매체 담화를 쓴다. 거의 대부분의 상황에서 그들은 능동적인 화자일 뿐만 아니라 공공의 담화나 면담에서 시작하는 사람으로서 역할을 맡으며 입말이나 글말의 말투를 설정하고 그 주제를 결정하며 자신들이 주관하는 담화에서 누가 참여자이며 수신자가 될지를 결정한다. 권력은 담화

안이나 전체에서 보일 뿐만 아니라 사회 세력으로서 담화의 배후에 관련되어 있다는 점을 강조할 필요가 있다. 이 시점에서 담화와 권력의 관계는 밀접하며 계층, 집단이나 기관의 권력 그리고 그 구성원의 상대적인 지위나 자격이 다소 직접적으로 나타난다(Berstien, 1971~1975; Mueller, 1973; Schatzman and Strauss, 1972).

권력은 담화의 다양한 갈래와 내용, 방식에 대한 차별적인 접속을 통해 직접적으로 행사되고 표현된다. 이런 통제는 담화 (재)생산의 형태에 기대어 말하자면 뉴스거리material의 생산, 표현과 배포, 유통influence3)과 같은 형식에 기대어 좀 더 체계적으로 분석될 수 있다. 그에 따라 대중 매체 기구와 그들의 (흔하게 국제적인) 회사 소유자들은 담화 예컨대 신문, 텔레비전과 인쇄 사업뿐만 아니라 장거리 통신과 컴퓨터 산업의 재정적 산출 조건과 기술적인 조건 둘 다를 통제한다(Becker, Hedebro, and Paldán, 1986; Mattelart, 1979; Schiller, 1973). 선택적인 투자와 예산 통제, 고용(과 해고)을 통해 그리고 때때로 직접적인 편집에 미치는 영향력이나 지휘를 통해 그들은 부분적으로 내용을 통제할 수 있거나 하다못해 대부분의 공공 담화의 형태에 대한 동의와 이의의 폭을 통제할 수 있다. 개인적으로 운영되는 광고에 의존하는 매체의 경우 이런 간접적인 통제는 대기업 고객들에 의해 행사되며 심지어 그 매체가 의존하고 있는 정보를 정기적으로 제공하는 (대체로 기관) 뉴스에서 두드러진 행위자에 의해 행사되기도 한다. 이와 같은 권력 집단은, 특히 대중 매체 담화가 배포되는 여러 방식들을 통제하고 그에 따라 공공의 입말과 글말이 유통되는 방식들을 부분적

---

3) 표현되어 있는 대로 담화의 생산과 확산을 물건의 생산과 유통과 관련지어 설명하고 있다.

으로 통제한다.4)

표현의 산출 방식은 상징적 자본5)에 토대를 두고 권력을 행사하는 기자, 작가, 필자, 감독, 학자와 다른 집단과 같은 상징적 선민이라고 부를 수 있는 사람들에 의해 통제된다(Bourdieu, 1977, 1984; Bourdieu and Passeron, 1977). 그들은 상대적인 자유를 지니고 있으며 그에 따라 자신들의 권력 영역 안에서 담화 갈래를 결정하는 데 상대적인 권력을 지니고 있다. 그들은 주제나 방식, 담화의 제시를 결정한다. 상징적 권력은 표현 그 자체에 한정되지 않을 뿐만 아니라 유통의 방식으로까지 확대된다. 그들은 공공 토론의 의제를 결정하고 주제 적합성에 영향을 미치며 정보의 양과 유형, 특히 누구를 등장시키며 어떤 방식으로 할 것인지 관리한다. 그들은 공공의 지식, 믿음, 태도, 규범, 가치와 도덕, 이념의 제조자들이다. 따라서 그들의 상징적 권력은 또한 이념을 담고 있는 권력의 형태이다. 선민elite이란 개념이 문제가 있음에도 불구하고(Domhoff and Ballard, 1968), 작은 집단에 의해 작동하는 배타적 사회 통제와 관련되어 있는 (Mills, 1956의 개념과 대조되지만) 확장된 개념을 나타내기 위해 저자는 이 용어를 고집한다. 즉 군사적 선민, 정치적 선민, 경제적 선민뿐만 아니라 상징적 선민들은 현대의 소통과 정보의 사회에서 권력의 유지와 실행을 위해 이념적으로 지지하는 얼개에서 본질적인 역할을 한다고 주장한다.

---

4) 당연한 말이겠지만 2022년 대통령 선거를 둘러싸고 보수적인 주류 언론들의 보수정당 지원은 공공연하다. 이런 언론 매체들은 진보 진영에게 불리한 정보는 과장하고 보수 진영에 불리한 정보는 축소하는 형태로 선거에 개입한다.

5) 부르디외(1977, 저자 참고문헌)에서 등장하는 중요한 개념으로 물질적 자본이 아니라 지위, 명성, 권위 등을 가리킨다. 실제로 이 문장에 등장하는 기자, 작가 등은 물질적 자본이 아니라 물질 이외의 명성이나 지위 들을 지니고 있다. 말하자면 상징적 선민들이 지니고 있는 비물질적인 요소들을 가리킨다.

그러나 이런 선민들의 대다수가 국가나 사기업에 의해 관리되기 때문에 그들은 또한 그들의 담화가 지니고 있는 다양한 속성에서 나타나는 표현의 자유에 대한 제약이 있다. 선민의 목소리는 종종 회사 고용주나 기관장의 목소리이다. 선민들의 이념과 관심사는 그들에게 지불하거나 그들을 지원하는 사람들의 그것과 근본적으로 다르지 않다. 오직 소수의 집단(이를테면 소설가들과 몇몇 학자들)에서는 대항 권력counter-power을 행사할 수 있는 잠재력을 지니고 있지만 여전히 출판의 제약 안에서 표현되어야 한다. 일반적으로 선민 의존성은 예컨대 대중 매체에서 표현의 자유와 같은 믿음이 널리 퍼져 있듯이 전문직에 따른 다양한 규범, 가치나 법률에 의해 이념적으로 감추어져 있다(Altheide, 1985; Boyd-Barrett and Braham, 1987; Davis and Walton, 1983; Downing, 1980; Fishman, 1980; Gans, 1979; Golding and Murdock, 1979; Hall, Hobson, Lowe and Willis, 1980).

3. 인지 통제의 전략과 이념의 재생산

지금의 사회에서 담화를 통한 권력 생산의 대부분의 형태가 앞서 주장한 것처럼 설득 유형이라면 (특히 대중 매체에 나타나는 담화는) 생산과 배분의 방식에 대한 근본적이고 궁극적인 통제, 사람들의 마음에 대한 결정적인 영향력은 경제적인 통제가 아니라 상징적인 통제이다. 이와 마찬가지로 사회경제적인 영역(돈, 일자리, 복지)에서 권력을 덜 가진 사람들에 대해 표현된 통제력을 생각해 볼 때 권력의 행사와 유지에서 중요한 구성요소는 이념적이며 다양한 유형의 수용, 타협, 도전과 의견일치에 바탕을 두고 있다. 따라서 이러한 형태의 사회문화적 주도권의 재생산에서 담화와 그 담당자(화자, 필자, 편집자 등)의 전략적 역할에 대한 분석은 중요하다. 상징적 선민이 공공 입말과 글말의 갈래, 주제, 논증 방식argumentation, 문체, 수사학이나 보여주기를 통해 이런 방식의 영향력에 중요한 통제력을 발휘한다고 가정한다면 그들의 상징적 권력은 일정한 묶음의 제약 안에서 행사될지라도 상당하다.

4. 이념에 대한 새로운 접근

이념이라는 개념이 권력의 합법화나 실행에서 담화의 역할에 대한 현재의 논의에 중요하기 때문에 그 주제에 대한 현재의 논의와 고전적인 제안들을 요약하는 일이 불가능하기는 하지만 그에 관련된 몇 가지를 언급할 필요가 있다(또한 Abercrombie, Hill and Turner, 1980; Barrett, Corrigan, Kuhn and Wollf, 1979; Brown, 1973; 현대 문화 연구 센터 CCCS; Centre for Contemporary Culture Studies, 1978; Donal and Hall, 1986; Kinloch, 1981; Manning, 1980도 참고할 것). 이념의 개념에 대하여 다양한 접근법이 있음에도 불구하고, 이 용어가 이념 체계 안에서 분명하게 다듬어졌든 그렇지 않든 그들(집단이나 계층)의 이익이 (원칙적으로 최적의 조건으로) 실현되는 방식으로 집단 구성원들의 사회경제적 관례와 정치적 관례, 문화적 관례를 전제로 하고 있는 집단이나 계층 의식을 가리킨다고 일반적으로 가정한다. 이념 그 자체와 그것으로부터 도출된 이념의 관례들은 국가, 매체, 기관, 교육기관이나 교회뿐만 아니라 가족과 같이 비공식적인 구성체와 같은 다양한 기관을 통해 습득되고 실행되거나 구성된다. 좀 더 구체적으로 고전적인 마르크스

주의 분석은 어떤 시기에서 주도적인 이념은 일반적으로 이념의 재생산 수단을 통제하는 사람들, 즉 지배 집단의 이념이다. 이는 어떤 주도적인 집단이나 계급이 자신들의 사회경제적 지위에 대하여 편협한 개념(허위 의식[6])false consciousness)을 발전시킬 수 있음을 의미할 수도 있다. 이는 결국 계급이나 집단의 기본적인 이익에 반하여 행동하도록 이끌 수 있다. 이와 반대로 주도적인 집단이나 계급이 그들의 이념을 숨기는 경향이 있고(그에 따라 그들의 이해관계를 숨기는 경향이 있고), 그들의 이념을 목표와 규범, 가치의 일반적이거나 자연스러운 체계로 받아들이도록 하려는 의도를 갖게 될 것이다. 그런 경우 이념을 통한 재생산은 의견일치의 형성이라는 특징을 띠고 그것으로부터 나온 권력은 주도적인 형태가 된다.

많은 세부내용과 복잡성을 무시하였지만 이념에 대한 이 책에서 분석은 전통적으로 고안된 분석과 어느 정도 다르고 그것보다 좀 더 구체적인 방향으로 나아가고 있다(van Dijk, 1998도 참고할 것). 비록 이념의 재생산이나 실행, 표현에서 중요한 역할을 하는 많은 사회적 관례들이 부인할 수 없을 정도로 있지만, 여기서는 먼저 이념 그 자체는 이런 관례들, 기관들과 같지 않다고 가정한다. 그보다는 이념은 사회적 인지의 한 형태이며 어떤 집단이나 계층, 혹은 다른 사회 조직formation의 구성원에 의해 (사회적 인지의 연구에 대한 좀 더 포괄적인 소개는 Fiske and Taylor, 1984를 참고할 것) 공유된다. 이런 가정은 이념이 단지 믿음이나 태도의 묶음임을 의미하지 않는다. 이 묶음들의 사회인지적 특성이 좀 더 근본적이다. 이런 분석에 따르면 이념은 사회의 편견을

---

6) 마르크스의 허위의식의 개념은 이데올로기의 개념으로 발전되었다(서울대학교 교육연구소(1995), 『교육학용어사전』).

포함하여 지식과 의견, 태도, 사회적 표상의 적용과 구성, 변형을 통제하는 복잡한 인지 얼개이다. 이런 이념적 얼개 그 자체는 사회적으로 적합한 규범, 가치, 목표와 원칙으로 이뤄지는데 이들은 어떤 집단의 전체적인 이익에 포함되어 있는 사회적 관례에서 선택되고 묶이며 적용된다. 이런 방법으로 어떤 이념은 결과적으로 사회적 관례를 공동으로 결정하는 사회에 대한 태도들 사이에 일관성을 부여한다. 이념적이고 사회적인 인지는 개인적인 신념이나 의견의 체계가 아니라 근본적으로 사회적 기구나 기관의 구성원으로서 지니고 있는 신념이나 의견의 체계이다. 이와 비슷하게 이 분석에 따르면 편향된 특정의 이념들을 외현하기 위해 허위와 같은 용어를 사용하지 않는다. (학문적 이념을 포함하여) 이념은 사회적 실체7)의 이해관계에 매여 있는 (재)생산을 구체화한다(그와 같은 구성[이익에 매여 있는 (재)생산: 뒤친이]에 대한 평가를 위한 한 가지 적절한 기준은 집단의 목표나 이해관계의 실현에서 사회 조직과 그 구성원들의 사회적 관례에 대한 적합성이나 효율성이 될 것이다).

그러나 이념의 습득은 각각의 집단이나 계층의 객관적 이해관계에 의해 유도되지 않는다. 비록 많은 경우에 그리고 역사적으로 이러한 이해관계가 결국 이념의 (재)생산에 관련되는 다른 조건들을 무시하기는 하지만 말이다. 따라서 여기서는 담화와 소통은 이념의 (변형) 형성에서 핵심적인 역할을 한다고 제안한다. 그와 같은 관점에서 누가 어떤 방법을 쓰고 매체나 교육과 같은 이념의 (재)생산 기관이나 수단을 통제하는가를 살펴보는 것이 중요하다. 이념에 관련되는 기본

---

7) 사회적 실체는 여러 가지가 있을 수 있는데 이 맥락에서는 사회적 기구나 조직, 그리고 그 구성원들과 같이 이념의 형성과 재생산에 관련되는 주체들을 가리킨다.

적인 사회인지적 얼개의 형성이 비록 매우 복잡한 과정이지만 적어도 (참이거나 거짓인) 믿음이라는 토대를 필요로 한다. 이 장은 담화, 특히 힘이 있는 집단이나 기관의 담화가 이런 믿음을 관리하고 중재하는 근본적인 사회적 관례임을 보이고자 한다(Roloff and Berger, 1982). 사회 과학과 정치학에서 이념에 대한 대부분의 접근과는 반대로 여기서는 이념의 얼개에 대해 좀 더 체계적인 사회인지적 분석을 목적으로 하 며 이념의 (변형) 형성에 개입된 방법을 분석하고자 한다. 이러한 목적 은 이념이 자세하게 분석되어야 하며, 어떻게 그와 같은 집단 인식이 실체의 사회적 구성과 사회적 관례에 영향을 미치며 그에 따라 사회 구조의 (변형) 형성에 영향을 미치는지 보여주어야 함을 의미한다. 이와 비슷하게 이념의 재생산에서 담화의 처리, 구조, 전략과 그 역할 에 대해 명시적인 분석을 필요로 한다. 다른 말로 한다면 이념에 대한 고전적인 연구들이 이념이 작동하는 미시적 수준에서 그 실제적 구조 와 과정을 무시하고 사회에 대한 거시적 수준의 일반적인 분석으로부 터 갈라져 나왔다는 말이다. 이런 전국적이고 피상적인 접근법은 또 한 사회 구조적 이념이나 집단의 이념(그리고 이념들이 결정하거나 숨기 거나 합법화하는 권력 구조들)을, 이념의 (변형) 형성에서 담화의 정확한 역할을 포함하여 집단 사이의 상호작용이나 집단 안에서 상호작용의 구체적인 사회적 관례들과 연결하는 일을 막았다.

5. 담화와 이념의 재생산

사람들은 자신의 마음을 형성하고 바꾸기 위하여 사람들 사이에 관련
되는 담화를 포함하여 수많은 담화와 그것으로부터 나온 정보를 활용
한다. 그러나 덩잇글 처리의 복잡성과 태도 형성에서 복잡성 때문에
높은 수준에서 구성되는 태도와 이념을 제외하더라도 공공의 믿음과
의견의 직접적인 변형이 허용되지 않는 점을 주목하기 바란다(Petty
and Cacioppo, 1981; Roloff and Miller, 1980; van Dijk and Kintsch, 1983).
담화의 유형, 주제, 정보의 양과 유형, 논쟁의 선택과 검열, 수사적
운용을 통제하는 것은 선민들과 그들의 담화이다. 이런 조건들은 본
질적으로 공공 지식의 내용과 구성, 의견일치의 확산, 믿음의 위계구
조를 결정하는데 이는 결국 의견, 태도와 이념의 형성과 재생산에서
잠재적인 요인들이다(Burton and Carlen, 1979).[8]

  뉴스 전달 매체에서 지식에 대한 이러한 전략적 통제는 제약을 받는
주제 선택을 통해 행사되는데 좀 더 일반적으로 이는 사회적 실체와
정치적 실체에 대한 구체적인 재구성의 모습으로 나타난다(Hall et. al.,
1980; Tuchman, 1978; van Dijk, 1987b, 1987c). 이 과정은 그 자체로 뉴스로
서 가치 체계와 뉴스에 대해 전문가들이 지니고 있는 이념의 지배를
받는다. 이런 이념은 행위 주체로서 선민, 사람들, 집단, 계층, 기관,
국가나 지역의 다양한 관심을 불러일으키고 우호적인 주목을 받도록
한다. (긍정적이든 부정적이든) 선호도에 따른 접속과 보도는 뉴스[에
등장하는: 뒤친이] 행위 주체에 대하여 대중 매체를 통해 사회 권력을

---

8) 허선익(1998나: 119~131)에서 담화 안에서 권력이 작용하면서 담화를 결정하는 양상과
  담화 이면에서 권력이 작용하는 모습을 구체적인 자료와 함께 분석하면서 제시하였다.

재생산하는 하나의 요인이다(Brown, Bybeem Wearden, and Murdock, 1982). 이는 교육에서도 마찬가지이다. 교육과정, 교재, 교육 자료와 단원들은 권력이 있는 다양한 선민 집단의 이익이나 가치와 대체로 일치하는 교육의 목적, 주제, 학습 전략들에 의해 지배를 받는다(Apple, 1979; Lorimer, 1984; Young, 1971). 따라서 교육 담화와 매체의 내용과 매체의 방식을 통제하는 상징적 선민들은 유통의 방식에 대한 부분적인 통제력을 갖고 있으며 그에 따라 사회에서 이념을 통한 재생산에 대한 부분적인 통제력을 갖고 있음을 보게 된다.

　여기서 주장하고 있듯이 상징적 선민들은 다른 집단들 대체로 경제 집단, 정치 집단, 권력 집단에 독립적이지 않다(Bagdikian, 1983). 거기에는 이해관계 사이의 갈등과 모순이 있을 것이고, 따라서 각각의 권력 집단에서 이념들도 그러할 것이다. 이런 다른 집단들은 상징적인 산출물을 통제하는 직접적인 수단이나 간접적인 수단을 지니고 있을 뿐만 아니라 의견을 만들어내기 위한 자신들만의 고유한 전략도 가지고 있다. 매체의 경우 이런 전략들은 언론사를 대상으로 하는 공식 발표press releases, 기자 회견press conferences, 면담과 신문 제작자에게 선호되는 접속과 정보 유출에서 (우호적인) 정보를 제공하는 기관이나 조직의 지원에도 있다. 언론사들이 [정보를 얻는: 뒤친이] 경로는 이런 사전 공식화가 다른 형태의 정보제공 담화보다 더 재생산될 가능성이 더 높은 경로이다(Collins et. al., 1986; Gans, 1979; Tuchman, 1978; van Dijk, 1987b).

　교육에서 논쟁적인 문제를 피하라는 전반적인 제약이 주도적인 사회정치적인 이념에 맞서는 대부분의 급진적인 사회적 관점과 정치적 관점을 검열한다. 좀 더 구체적으로 국가 기관이나 기업체는 무상의 교육 자료와 교육 전문지에 광고를 제공할 수 있으며, 교사와 교과서 내용에 영향을 미칠 수 있는 다른 방법을 지니고 있다(Domhoff, 1983).

이와 비슷하게 권력을 지니고 있는 선민들은 반대와 저항을 통제하는 수단에 접속할 권한을 지니고 있다. 예컨대 여기에는 선택적인 고용과 투자, 교묘한 검열이나 좀 더 겉으로 드러나는 검열, 급진주의자와 그들의 매체를 조용하게 하는 명예 훼손 캠페인과 다른 수단들이 있다(Domhoff, 1983; Dowing, 1984; Gamble, 1986). 따라서 많은 서구의 나라에서 반대 진영의 이념을 진지하게 형성하는 주체로서 자격을 박탈하기 위해서 우리가 내세우는 자유의 유형이나 이와 비슷한 주도적인 가치의 반대 세력, 혹은 공산주의자로 낙인을 찍는 것으로 충분하다. 이는 상징적 선민이 자신들을 외부적이든 내부적이든 통제하기 위한 잠재적인 전략이다. 다른 말로 한다면 권력 집단들 사이에 갈등이나 반대가 때때로 없지 않지만 이들이 공동으로 지식과 정보를 관리하고 주도적인 목적과 가치를 전달하는 문화적이고 경제적이며 상징적인 전략들이 폭넓게 있다는 말이다. 그에 따라 이런 전략들은 주도적인 이념들의 구성요소들을 제공한다. 이런 이념들이 의견일치를 형성하는 힘은 이들 권력 집단들 사이의 공모를 불필요하게 만드는 조건을 제공한다.

6. 권력과 담화에 대한 분석

사회 권력과 담화 통제라는 일반적인 얼개 안에서 이제 좀 더 구체적으로 담화가 이런 형태의 사회적 통제와 관련될 수 있는 많은 방법들에 초점을 맞출 수 있게 되었다.

6.1. 담화 갈래와 권력

사회적 상호작용의 한 형태로서 담화에 의해 권력이 담화로 실행되는 방법들의 유형에 대한 분석으로부터 시작하기로 한다.

1. 행위의 직접적인 통제는 명령, 협박, 고소^{law}, 조정^{regulation}, 지침^{instruction}과 같은 직접적인 화용적 기능(언표에 깃든 효력)[9]과 추천이나 충고에 의해 좀 더 간접적인 화용적 기능이 있다. 화자들은 종종 기관에서 역할을 지니고 있으며 담화는 종종 기관의 권력을 배경에 깔고 있다. 승낙은 이런 경우 합법적이거나 기관 맥락의 다른 승인으로 얻을 수 있다.

2. 광고와 선전과 같은 설득 담화 유형은 수신자들의 미래 행위에 영향을 미침을 목적으로 한다. 그와 관련되는 권력은 경제적, 재정적 자원이나 일반적으로 회사나 기관의 자원에 바탕을 두고 있으며 대중 매체와 널리 퍼져 있는 공공의 주의집중에 접속할 수 있는 권한을 통하여 행사된다. 이런 경우 승낙은 수사적 수단 이를테면 반복과 논증을 통해 만들어지지만 당연히 시장 통제라는 일반적인 기제를 배경에 깔고 있다.

---

9) 오스틴(J. Austin, 1962)의 화행 이론에서 나온 개념으로 그는 발화 행위로 실현되는 층위들을 언표 행위$^{locutionary\ act}$, 언표 속에 깃든 행위$^{illocutionary\ act}$, 이행 완료 행위$^{perlocutionary\ act}$라는 세 가지로 구분하였다. 우리나라 안에서 옮기는 이들마다 용어의 차이들이 있지만 여기서는 H. Clark(1996/2009), 『언어사용 밑바닥에 깔린 원리』(경진출판)에서 뒤친이가 제안한 용어를 따른다. 그리고 이와 관련된 설명은 이 책과, 허선익(2013), 『국어교육을 위한 말하기의 기본개념』(경진출판)을 참고하기 바란다. 오스틴의 화행 이론에서 주목을 받으면서 발전된 화행의 층위는 언표 속에 깃든 행위로 클락(위의 책, 205쪽)에서는 이를 나타내는 동사가 150개 이상 있다고 하였다. 써얼(J. Searle, 1975)에서는 언표 속에 깃든 초점이라는 개념을 제안하면서 언표 속에 깃든 행위를 다섯 가지 범주로 나누고 있다(단정/주장 행위, 지시/명령 행위, 언약/약속 행위, 감정표출 행위, 선언 행위).
이 책의 원문에는 elocutionary force로 제시되어 있는데 영어 토박이 화자가 아닌 저자가 잠시 착각하여 잘못 적어놓은 것으로 보고, illocutionary force로 해석하였음을 밝혀 둔다.

3. 이러한 규정적인 담화 형태를 넘어서 미래의 행위는 또한 앞으로의 혹은 있을 수 있는 일이나 행위, 상황에 대한 기술에 영향을 받는다. 예컨대 예측과 계획, 각본, 짜여 있는 순서와 내용, 예고가 있는데 이들은 때로 서로 다른 형태의 충고와 결합한다. 여기서 관련되어 있는 권력 집단은 일반적으로 전문 직업인(전문가)이고 그들의 권력의 토대는 종종 지식과 기술에 대한 통제에 있다(Pettigrew, 1972). 수사적인 수단은 종종 행위에서 바람직하지 않은 선택 과정에 대한 기술과 논증으로 이뤄진다. 좀 더 넌지시 말한다면 사회 발전이나 경제 발전에 대한 학술 보고서는 따라서 앞으로의 행위에 영향을 미칠 수 있다.

4. 영화나 소설과 같이 널리 퍼져 있는 그에 따라 영향을 미칠 수 있는 다양한 유형의 이야기전달 유형이 미래 행위의 바람직(하지 아니)함을 기술할 수 있고 극적이거나 감정에 호소하는 수사학을 수단으로 쓰거나 주제 혹은 전달 방식에서 독창성을 수단으로 쓸 수 있다. 여기에 관련되어 있는 권력 집단은 이 책에서 부르는 상징적 선민 집단을 구성한다. 담화에서 이런 유형의 각별한 사례는 매체에서 뉴스 보도인데 현재의 일과 앞으로 있을 수 있는 결과를 기술할 뿐만 아니라 정치적 선민, 경제적 선민, 군사적 선민과 사회 권력을 지닌 선민의 의견을 제시하고 행위를 묘사한다. 권력에 대한 합의의 토대가 만들어지는 것은 주로 이와 같은 방법에 있으며 누가 권력을 지니고 있으며 권력을 지닌 사람이 원하는 것이 무엇인지 일반 대중이 알도록 하는 것도 이와 같은 방법을 통해서이다. 이것이 권력을 뒷받침하는 이념적 얼개의 발전을 위한 핵심적인 조건이지만 다양한 형태의 저항도 있다(그대의 적을 알라).

이런 첫 번째 유형론은 담화를 통한 권력의 집행이 대부분 설득적임을 보여준다. 권력 집단이나 권력 기관은 권력을 덜 가진 사람들이 무엇을 해야 하는가를 거의 규정해야 하지 않을 뿐이다. 비록 그런 규정이, 특히 국가 통치에서 그러한 것처럼, 다른 이들을 통제하는 데 결정적일 수 있지만 말이다. 오히려 그들은 경제적 근거, 정치적 근거나 도덕적 근거, 사회적 근거를 제공하면서 그리고 관련되는 정보에 대한 통제를 관리하면서 주장한다. 이런 방식으로 소통은 권력을 지닌 선민들에게 우호적인 정보의 선택적인 발표를 하거나 그들에게 비우호적인 정보의 제약을 통해 한쪽으로 치우칠 수 있다. 이런 목적의 달성은 다양한 수사적 수단이나 예술적인 수단에 의해 실행될 수 있다.

6.2. 담화의 수준과 권력

두 번째 차원은 담화 갈래와 담화 갈래의 사회적 통제력에 대한 기여에 대한 이와 같은 단순한 유형론을 넘어선다. 두 번째 차원에서는 담화 참여자들 사이의 관계나 이들이 속해 있는 집단 사이의 권력 관계를 구체적으로 분명히 드러내거나, 표현하며, 기술하고, 명시하거나 비밀에 붙이고, 정당화하는 담화의 다양한 수준을 중심으로 다룬다.

따라서 이 책에서 앞에서 본 것처럼 권력은 제한된 접속을 통해 또는 집행, 절차를 따르는 고소, 기소, 석방과 같은 발화 행위 혹은 기관 맥락의 다른 발화 행위에 대한 통제를 통해 화용적 수준에서 먼저 실행된다. 두 번째로 대화를 통한 상호작용에서 한쪽이 발언권 교체, 자기 드러내기 전략을 통제하거나 주도할 수 있으며 공식적인 대화나 자연발생적인 대화의 다른 수준을 통제할 수 있다. 세 번째로 담화 유형이나 갈래의 선택은 예컨대 교실수업에서, 법정에서 혹은 회사 안에서 좀 더 힘이 있는 화자에 의해 통제될 수 있다. 때때로 개인적 경험에 관련되는 이야기들은 허용될 수 있지만 예컨대 심문에서 대체로 업무에 관련되는 통제된 담화 갈래를 선호하여 검열되는 경향이 있다. 네 번째로 일상의 대화를 벗어나서 주제는 대부분 소통 상황에 매인 규칙에 따라 통제되지만 시작이나 변화 혹은 여러 변이 형태는 좀 더 힘이 있는 화자에 의해 통제되거나 평가를 받는다. 이는 문체(≒말투)나 수사학의 경우도 마찬가지이다.10)

7. 권력의 차원들

권력 구조에 대한 분석을 통해 관련되는 범주들, 즉 담화와 그 구조에 영향력을 지닐 수 있는 권력의 차원들을 늘어놓을 수 있다. 여기에는 권력을 지닌 다양한 기관, 이런 기관이 내부 권력 구조, 서로 다른 집단들 사이의 권련 관계와 이런 집단이나 기관(의 구성원)에 의해 행사되는 권력의 영역과 범위가 있다. 사회 권력의 차원과 구조에 대해 더 진전된 분석이 없다면 힘이 있는 담화의 다양한 구조에서 이들이 드러난다고 주장할 수 있을 뿐이다.

이 목록에서 먼저 정부나 의회, 국가 기관, 사법부, 군대, 대기업, 정당, 매체, 조합, 교회와 교육 기관과 같은 주요 권력 기관을 찾아낼 수 있다. 이들 권력 기관 각각은 특정의 담화 갈래, 소통이 이뤄지는

---

10) 고등학교 『국어』에서 가르치고 있는 대화 규범은 그라이스(Grice, 1913~1988)의 대화 규범과 브라운과 레빈슨(Brown and Levinson)의 공손성 원리이다. 개괄적인 설명은 허선익(2019나)을 참고하기 바란다.

일, 주제와 말투, 수사학과 관련되어 있다. 두 번째로 이런 기관 안에서 지위, 순위나 신분에 관련되는 일반적인 계층 구조가 있는데 이는 예컨대 권위나 통제를 나타내는 것과 같은 서로 다른 발화 행위, 갈래나 말투가 있음을 함축한다.

세 번째로 기관에 대응하여 그리고 때때로 기관과 결합하여 부자와 가난한 사람, 남성과 여성, 어른과 아이, 백인과 흑인, 내국인과 외국인, 교육을 많이 받은 사람과 적게 받은 사람, 이성연애자와 동성연애자, 신자와 비신자, 온건주의자와 급진주의자, 건강한 사람과 환자, 유명한 사람과 무명인, 일반적으로 우리Us와 그들Them과 같이 집단의 권력 관계가 있다. 기관을 통한 상호작용과 일상적인 상호작용에서 이런 권력관계는 각각의 주도적인 집단에 있는 구성원들에 의해 구조적으로 실현될 수 있다. 기관의 구성원들에서 그러한 것처럼 주도적인 집단의 구성원들은 그들이 속한 집단의 전체 권력으로부터 개인적으로 행사하는 권력을 끌어올 수 있다. 이런 경우 담화에 미치는 영향력은, 특히 한쪽으로 치우친 대화의 통제, 발언권의 교체, 화행, 주제 선택과 말투에서 분명히 드러날 것이다.

네 번째로 권력의 실행은 행위 영역이나 영향력의 범위와 유형에 따라 분석될 수 있다. 몇몇 기관이나 그곳에서 이끄는 자리에 있는 구성원들은 전체 국가나, 주, 도시, 큰 조직에 영향을 미치는 담화 행위를 이뤄낼 수 있다. 또는 그들은 삶과 죽음, 건강, 개인의 자유, 고용, 교육, 다른 사람의 사적인 삶에도 영향을 미칠 수 있다. 반면에 다른 기관이나 구성원들은 다른 사람에서 미치는 영향의 폭이 좁고 덜 심각하다.

끝으로 이런 형태의 사회적 통제 형태를 두고 다양한 갈래의 합법성을 구별할 수 있다. 한편으로 (독재국가에서 그리고 민주적인 정부의 체계의 몇몇 영역에서 그러한 것처럼) 힘에 따라 부과되거나 유지되는 전체적인 통제력의 정도에 따라 다른 한편으로 선민에 의해 혹은 다수에 의해 또는 일반적인 의견일치에 의해 승인되는 부분적인 통제력에 따라 합법성은 다양할 수 있다. 이런 (점진적인) 차이들은 권력이 있는 사람들의 있을 수 있는 승인뿐만 아니라 권력의 실행에 지배를 받는 사람들의 받아들임이나 저항을 반영한다.

합법성의 방법에서 이런 차이들은 또한 담화의 서로 다른 갈래, 주제와 말투11)에서 드러난다. 예컨대 토의와 토론, 논쟁은 독재적인 담화로서의 특징을 지니고 있지 않다. 따라서 권력 체계의 서로 다른 유형에서 담화를 통한 합법화의 특성과 합법화의 정도가 중요하다.12) 각각의 정치 체제는 권력을 기관 예컨대 주 정부에 분산한다는 관점에서 보았을 때 담화의 방식이나 고유한 특징을 지니고 있는 절차들과 연관되어 있다고 예상할 수 있다. 합법성의 원칙(규범, 가치, 규칙, 목적)은 이념에 안겨 있기 때문에 정당화의 과정도 담화를 통한 처리로 나타날 것이다.

---

11) 영어의 style은 주로 글말에 대하여 문체, 양식, 말투 등으로 번역이 되어 왔으며, 입말에 대한 분석, 특히 말뭉치를 구축하고 분석하면서 register를 써왔다. 담화를 입말과 글말을 아우르는 개념으로 쓴다면 이들의 구별은 중요하지 않을 것이다. 따라서 여기서는 이 둘을 엄격하게 구별하지 않을 것이다. style이나 register는 언어의 변이형태가 생겨나게 하는 요소로서 말하는 이의 정체성(대화 참여자로서의 지위, 신분, 역할 등)을 반영하는 요소이기도 하다. 담화의 갈래에 따른 특성도 보여주지만 본문의 맥락을 고려할 때 화자의 정체성과 밀접한 관련되어 있다고 할 수 있다. 따라서 페어클럽(2003/2012: 70)에서 김지홍 선생님처럼 '정체성 모습'이라고 뒤칠 수 있지만 기존의 번역과 너무 간격이 크기 때문에 말투로 뒤치기로 한다. 화자 자신의 정체성에 따라 담화에서 말투가 달라질 수밖에 없기 때문이다.

12) 원문에는 여기에 서술어가 없다. 따라서 'the importance of~'를 서술어로 바꾸어 뒤친다.

8. 다른 접근법

권력에 관련되는 이와 같은 다양한 차원들을 염두에 두면서 다음 단계로 나아가서 이런 수준들과 담화의 다양한 구조적 차원들 사이에 체계적인 연결 관계를 세울 수 있어야 한다. 그러나 이는 다른 방법과 다른 관점, 즉 보완적 관점에서 이뤄질 수 있다. 따라서 사회과학자들은 앞에서 언급한 사회 권력이라는 차원에 대한 분석으로 시작할 수 있고 그 다음에 담화의 어떤 속성이나 어떤 담화를 통해 이런 권력 구조가 표현되거나 실행되고 합법화되는지 살펴볼 수 있다. 이런 (거시적) 접근법은 어떤 계층이나 기관, 집단(예컨대 법률 체계의 담화 혹은 여성에 대한 남성의 가부장적 권력)과 관련된 다양한 담화 갈래와 속성들에 대해 좀 더 통합되고 일반적인 분석을 선호한다. 한편으로 사회언어학자는 일반적으로 담화나 언어 사용의 특정한 속성에 대한 분석으로 시작할 것이다. 그리고 이들이 서로 다른 사회적 지위와 관계, 혹은 차원, 예컨대 계층이나 성별, 인종 집단이나 상황에 따라 얼마나 다양할 수 있는지 혹은 그것에 달려 있는지 보이고자 할 것이다. 이런 관점에서는 보통 입말과 글말의 언어적 속성에 좀 더 세밀하게 관심을 기울일 것이고 그런 속성들에 관련되는 다양한 사회적 상황에 대해 좀 더 일반적인 관점을 취할 것이다.

여기서는 이 두 가지 방법들의 장점을 묶을 수 있는 접근, 즉 사회적 상황에서 소통하는 일13)과 담화 (하위)갈래들의 분석을 묶을 수 있는

---

13) 원문에 communicative event로 되어 있는데 event라는 낱말 때문에 우리말로 뒤치기 쉽지 않은 구적 명사이다. 여기서는 소통하는 일 혹은 소통으로 뒤치기로 한다. event라는 낱말이 happening(우연하게 일어난 일)이 아니라 의도를 가지고 어떤 일에 참여함을 뜻한다는 점만 지적하기로 한다.

접근법 선택하기로 한다(Brown and Fraser, 1979). 그러한 상황 분석에서는 담화 분석과 사회 분석의 통합이 필요하다. 많은 다른 소통하는 일 가운데 일상의 대화와 수업 대화, 취업 면담, 의회 토론, 뉴스 보도, 광고, 입법, 고객과의 만남service encounters, 의사의 진찰, 재판, 이사회에 대한 여러 학문에 걸친 연구를 통하여 사회적 맥락에서 관련되는 담화 구조와, 주도권과 통제에 관련되는 구조를 평가할 수 있다. 즉 이런 소통 갈래에 대한 이해에는 참여자의 표상, 상호작용 전략, 발언권 교체, 주제 선택과 규칙 선택, 말투, 수사적 기술에 대한 분석이 필요하며 역할, 관계, 규칙이나 규범 혹은 다른 사회적 제약들에 대한 분석이 필요한데 이들은 사회 집단의 구성원으로서 참여자들의 상호작용을 지배한다. 이런 방식으로 입말과 글말에 관련되는 처리와 속성, 사회적 상호작용과 사회 구조적 차원의 구조에 관련되는 미시적인 작동방식을 붙들 수 있다. 이러한 분석이 이뤄지는 수준과 분석의 적용 범위는 또한 지식, 의견, 태도, 이념과 이런 상황에서 행위를 하는 주체들의 인지적 통제를 수행하는 다른 사회적 표상에 대하여 사회인지적 평가를 할 수 있도록 해준다. 끝으로 이런 사회적 미시구조(수업 단원)는 이를테면 수업이 기관(학교, 교육 제도와 거기에 담긴 이념)과 전체에 걸친 사회적 관계(흑인에 대한 백인의 주도권)와 같이 관련되는 사회적 거시 구조와 관련을 맺고 있듯이(Knorr-Cetina and Cicourel, 1981) (비교나 일반화를 통해) 결국 관련되는 거시 사회 구조와 관련될 수 있다.

9. 담화에서 권력: 개관

앞 절에서 저자는 권력의 개념과 담화, 소통과 그것과의 연결에 대해 짤막한 이론적 분석을 하였다. 권력을 가진 사람이 어떻게 그들이 담화의 자료와 상징적 생산을 통제하고 그에 따라 권력을 덜 가진 사람으로부터 인지적으로 동의를 얻고 관리하는 데 기초가 되는 인지적 처리의 일부를 통제하도록 해주는 많은 전략들에 기대고 있는지 목격하였다. 여러 차례에 걸쳐 이런 논의를 통해 (재)생산의 통제 과정 예컨대 대화에서 발언권 교체, 주제와 방식에 의해 영향을 받는 담화의 속성들 몇 가지를 언급하였다. 이 장의 나머지 부분에서는 어떻게 권력이 입말과 글말의 다양한 구조에서 실제로 표현되며, 알려지고 재생산되거나 합법화되는지 좀 더 자세히 분석한다. 앞 절에서 담화 통제와 소통 통제의 다양한 사회적 전략에 초점을 맞추었지만 이제는 그와 같은 (상호)작용을 수행하는 담화의 전략을 체계적으로 살피기로 한다. 그리고 입말과 글말에서 작동하고 있는 권력을 보여주는 경험적인 연구들을 검토할 것이다. 여기서는 논의를 몇 가지 선택된 담화 갈래, 즉 하위 갈래들이나 소통이 이뤄지는 일을 중심으로 구성할 것인데 담화 갈래들은 구체적으로 권력관계를 포함하여 사회적 차원의 전형적인 관계들을 유형화한다. 이런 논의에서 조사연구 예컨대 권력이란 개념이 이와 같이 사용되지 않은 사례에 대한 재해석이 때로 필요하다. 여기서는 다양한 종류의 입말의 대화로 이뤄진 담화로 시작하고 그 다음에 글말 형태의 담화를 논의한다.[14] 저자는 사람들

---

14) 저자는 자주 그렇게 하지는 않지만 text와 discourse를 때로 구분하기도 한다. 넓은 의미에서는 discourse가 입말과 글말을 아우르도록 쓰이고 있지만 때로 talk and text로 표현하기도 하고, 좁게는 글말로 이뤄진 담화를 text로, 입말로 이뤄진 담화를 discourse로 가리키기

사이의 소통에서 사회적 차원의 권력에 초점을 맞추고 개인적 차원의 권력이나 영향력, 지위는 무시할 것이다(이런 연구에 대한 비평은 Berger, 1985를 참고하기 바란다. 그리고 사람들 사이의 상호작용을 통한 영향력은 Brooke and Ng, 1986; Falba and Pepl며, 1980을 참고하기 바란다).

9.1. 대화conversation15)

비록 대화에 대한 분석이 일반적으로 화자들이 동일한 사회적 역할을 지니고 있다고 전제하지만(Sacks, Schegloff and Jefferson, 1974; Atkinson and Heritage, 1984; McLaughlin, 1984), 집단과 기관 구성원 화자들은 일반적으로 사회적 불평등의 상태에 있으며 진행되는 담화에서 차이들을 받아들이는 것이 분명해 보인다. 이런 차이들은 이를테면 남성과 여성, 어른들과 아이들, 백인과 흑인, 부자와 가난한 사람, 교육을 더 받은 사람과 덜 받은 사람 사이에 나타난다. 좀 더 권력이 있는 화자들에 의한 그와 같은 통제는 화행의 선택, 주제 선택과 변경, 문제, 역할 할당이나 배당으로 확대될 수 있다고 가정한다. 그러나 이런 통제의 실행은 정적일 필요는 없으며 권력을 덜 가진 사람들에 의해 극적으로 타개되거나 도전을 받을 수 있다. 다른 말로 한다면 대화는 일반적인 수준에서 사회적 상황의 제약이나 선호되는 다양한 조건에 의해

도 한다. 이런 혼란은 국내의 담화 연구나 텍스트 연구에서도 나타나는데 여기에 대해 허선익(2019나)에서는 덧잇말로 이들을 아우를 필요가 있다고 하였다.

15) 이 작은 절은 아래에 나오는 소절들의 내용을 아우르고 있지만 원서의 편집에서 아무런 구별이 없기 때문에 원서의 절 구분 방식에 따라 이렇게 구분하기로 한다. 또한 '9.5. 기관에서 대화'는 그 다음에 나오는 '취업 면담'이나 '의사─환자 담화', '법정에서 대화' '정치적 담화'를 아우르고 있다. 원문대로 작은 절을 나누면 세부갈래들을 한눈에 볼 수 있다고 생각하고 이를 따르기로 한다.

그리고 구체적인 수준에서 발화 참여자들 사이의 사회적 관계에 의해 계속해서 맥락에 맞춰진다. 한편으로 일상의 대화나 개인적인 대화 혹은 비격식적 대화, 다른 한편으로 공식적 대화 혹은 기관 맥락의 담화를 구별하는 것이 타당하지만 비격식적 대화나 사적인 대화가 격식적이고 기관 맥락의 제약에 감염되어 있다는 점을 강조해야 한다. 반대로 기관 맥락의 담화도 비격식적일 수 있고 다른 사회적 관례들 사이에서 일상적인 업무수행일 수 있다.

9.2. 부모와 아이의 대화

많은 문화에서 분명하게 나타나는 권력[16]의 차이 가운데 하나는 부모와 아이 사이에 있다. 비록 중요한 문화적 차이가 있고(Snow and Ferguson, 1977), 그런 차이가 어머니와 아버지 사이에도 있지만(Gleason and Geif, 1986), 부모의 통제는 일반적으로 여러 가지 면에서 부모-아이의 대화에서 실행된다. 즉 계층화된 사회에서 아이들의 낮은 지위는 그들로 하여금 침묵하게 하며 어떤 주제를 시작하거나 토론하는 것을 금지하고, 방해를 막거나 그들이 특별히 차별적인 발화의 변이형태를 쓰도록 요구한다(Ervin-Tripp and Strage, 1985: 68).

이들과 다른 연구자들이 자세하게 보여준 것처럼 부모들은 또한 아이의 행동을 직접적으로 예컨대 나무람, 위협하기, 명령하기나 대화에서 고쳐주기로 통제한다. 부모-아이의 대화에서 좀 더 간접적인

---

16) power는 문맥에 따라 다양하게 해석될 수 있는데 부모와 아이들 사이에 있는 힘의 차이를 권력으로 해석하기에는 어색해 보인다. 그렇지만 여러 가지 대화 유형에 걸쳐 나타나는 힘의 차이는 권력의 차이로 보아도 문제가 없어 보이며 이 글 전체의 주제도 힘보다는 권력에 초점을 맞추고 있으므로 권력으로 해석한다.

형태의 통제는 충고, 요청이나 약속을 통한 북돋워주기가 될 수 있다. 부모 통제에서 이런 차이들은 종종 계층에서 차이와 관련을 맺어 왔다(Cook-Gumperz, 1973). 사회 권력, 권력의 사회적 표상이라는 논의의 주제와 관련되는 것은 담화에서 나타나는 공손함과 복종이라는 다른 형식을 통해서 혹은 언어를 통한 권력 행사와 의례를 통해서 다소 이른 시기에 습득되고 드러나는 것들이다(Bavelas Rogers and Millar, 1985; Ervin-Tripp, O'Connor and Rosengerg, 1984; Labov, 1972; Lein and Brenneis, 1978).

9.3. 남성과 여성 사이의 대화

남성과 여성 사이의 권력의 차이와 이들의 언어 표현에서 나타나는 모습은 지나칠 정도로 주목을 받았고, 특히 지난 세기 동안 남녀평등주의자[17]들의 조사연구에서 그러하였다(Eakins and Eakins, 1978; Kramarae, 1980, 1983; Spender, 1980; Thorne and Henley, 1975; Throne, Kramarae and Henly, 1983에서는 폭넓게 참고문헌을 제공하고 있음). 따라서 여기서는 오로지 이런 중요한 연구들의 일반적인 결론 몇 가지만을 언급하는데 이는 여러 가지 면에서 언어 표현과 소통에서 권력의 분석을 위해 실용적이다. 그리고 담화에서 성별에 따른 권력에 대해 최근 연구에만 초점을 모은다(짤막한 검토를 위해서는 West and Zimmerman, 1985).

비록 차이들이 미묘하고 상황에(Leet-Pellegrini, 1980) 그리고 사회적 지위에(Werner, 1983) 매여 있지만 여성들이 좀 더 주제를 지지함으로

---

17) feminist는 한때 여권신장을 목적으로 사회운동을 하는 사람을 가리켰으나, 여권의 신장이 결국 남성의 권력을 빼앗는 것이 아니라 남녀가 권리를 고르게 갖는 것에 초점을 맞추고 있기 때문에 오늘날에는 남녀평등주의자로 받아들이는 것이 온당하다.

써, 혹은 좀 더 많은 관심을 보이거나 갈등의 상황에서 물러섬으로써 대화에서 남성이 하는 것보다 더 많은 일을 하는 것으로 알려져 왔다 (Falbo and Peplau, 1980; Fishman, 1983). 여러 연구들은 남성은 여성을 좀 더 많이 가로막는데, 특히 불규칙적으로 발언권이 이동하는 자리에서 그러하다는 점을 보고하였다(Eakins and Eakins, 1978; Natale, Entin and Jaffe, 1979; West and Zimmerman, 1983).

트뢰멜-플랏츠(Trömel-Plötz, 1984)가 수집한 몇몇 연구들은 남성 주도권이 가정에서와 같이 비격식적 상황에만 국한되지 않을 뿐만 아니라 남성에게 사회를 맡기는 텔레비전 대담과 같이 공개된 맥락에서도 나타남을 보여준다(Owsley and Scotton, 1984). 예컨대 여성은 남성이 가지는 발언권보다 덜 발언권을 가지며 남성은 좀 더 길게, 자주 말하고 긴 문장과 복잡한 문장, 담화 기여에서 다양한 유형의 유사구조화pseudostructuring 표현을 사용한다.

대화에서 나타나는 성별 차이들은 좀 더 힘 있는 발화와 힘이 없는 발화의 사례로서 좀 더 일반적인 관점에서도 연구될 수 있는데 이는 다른 사회적 상황에서도 발견될 수 있다(Bradac and Street, 1986; Erickson, Lind, Johnson and O'Barr, 1978). 이 주제는 다음에서 다뤄볼 주제이다.

9.4. 인종차별주의자의 대화

대화에서 여성들의 종속에 대해 진실한 것은18) 많은 서구 국가에서

---

18) R. T. Lakoff(2004; 인지언어학자로 알려진 G. Lakoff와는 다른 사람이며, 참고문헌에는 R. T. Lakoff(1990)이 소개되어 있음)는 *Language and Women's Place*(Oxford University Press)에서 백인 중산층 여성의 언어 특징으로 아홉 가지를 들고 있는데, 특히 자신의 발화를 약화시키는 언어 형태나 기제의 빈번한 사용, 다양한 억양 및 평서문을 의문문의 억양으로 말하는 경향, 지나칠 정도로 문법적인 문장의 사용, 지나치게 공손한 언어 사용

흑인과 다른 소수자들에게 전달되는 담화, 그리고 그들에 대한 담화에서도 유효하다(Smitherman-Donaldson and van Dijk, 1987). 백인 집단의 권력은 언어 남용과 소수자 집단에 대한 폄하derogation를 통해 행사될 수 있다(Allport, 1954). 인종에 대한 비방slur이 널리 퍼져 있음을 보고하는 문헌 자료들과 역사적 자료들이 많지만 이들의 기능과 사용에 대한 체계적인 연구는 거의 없다. 케네시(Kennesy, 1959)는 미국에서 짐 크로우(흑인 차별정책) 시절에 흑인과 백인이 서로를 말하는 방법에 대하여 '예법etiquette rule'의 간단한 목록을 제안하였다. 이 예법 가운데 하나는 흑인들은 씨, 부인, 님이나 부인으로 불리면 안 되고 오직 이름으로만 불려야 하는 반면 백인은 언제나 공손한 형태로 불려야 한다는 것이다. 비록 지난 수십 년 동안 이렇게 언어로 표현되는 인종차별주의는 공식적인 규범이나 법률을 바꾸었기 때문에 많이 완화되었지만 인종에 따른 비방은 여전히 백인들의 일상적인 대화에 남아 있다. 미국에서 중국인, 이탈리아인, 멕시코인, 푸에르토리코계 미국인에 대한 언어를 통한 폄하와 터키인, 모로코인, 남아시아인, 카리브해인, 그리고 다른 소수민들과 입국이민자들에 대해 서유럽에서 언어를 통한 폄하는 일상적이다(Helmreich, 1984).

인종 갈등도 또한 오해와 고정관념으로 이어지는 서로 다른 말하기 방식에서 나타날 수 있다(Kochman, 1981). 입국이민 노동자들에서 이뤄지는 언어 습득에 대한 연구 안에서 초점은 단순하게 인식된 외국인인 독일사람이라는 관점에서 외국인 노동자Gastarbeiter가 언급되는 방식에 있었다(Dittmar and von Stutterheim, 1985; Klein and Dittmar, 1979). 때때로

이 남성의 지위와 여성의 지위에 따른 차이가 반영된 것으로 볼 수 있다. 이 글에서 필자는 성별에 따른 언어 차이가 지배 혹은 권력관계를 반영한다는 입장을 취하고 있다.

그러한 대화 그 자체는 화자들과 그 집단들의 우월성을 나타낼 수 있다. 이는 인종들 사이의 소통에서 언어적 갈등과 수용의 기능을 보여주는 흥미로운 특별한 경우이다(Giles and Powesland, 1975; Giles and Smith, 1979; Gumperz, 1982a, 1982b).

편견과 인종차별주의에 대한 최근의 조사연구에서는 인종차별주의자들의 의견이나 대화와 행위가 어떤 맥락에서는 좀 더 간접적이고 미미하지만 기본적인 태도는 그렇게 많이 바뀌지 않았음을 주장하였다(Barker, 1981; Dovidio and Gaertner, 1986; Essed, 1984). 그린버그와 컬클랜드와 피스진스키(Greenberg, Kirkland and Pyszczynski, 1987)는 흑인 실험참여자들에 대한 비난 표현의 사용을 실험에서 공모하였을 때 백인 참여자들 사이에 그러한 기본적인 태도가 활성화되고 흑인 참여자들에 대한 부정적인 평가로 이어짐을 보여주었다. 보수적인 선민들 사이에 인종차별주의 담화는 지난 십 년 동안 '문화에서' 방향을 잡도록 하였다. 그와 같은 담화는 내집단19)과 외집단 사이의 문화적 차이를 가정하게 하였고 때로 주도적인 백인 집단의 국가주의20)적 문화의 자율성을 미미하게나마 옹호하였다(Seidel, 1987a, 1987b).

일상적인 대화에서 인종에 관련되는 의견과 편견의 표현에 관련되는 저자의 연구에서 그와 같이 분명한 인종 혐오는 네덜란드와 캘리포니아에서 드물었다(van Dijk, 1984a, 1987a). 그러나 저자의 조사연구

---

19) 이념, 편견과 고정관념 등은 부정적/긍정적으로 양극화되는 경향을 보이는데 이를 유용하게 기술할 수 있는 개념이 내집단ingroup과 외집단outgroup이다. 이는 반 데이크(2014/2020)의 이념 방진의 상수항으로 나타나는데 이 책의 곳곳에서 진술되고 있다.

20) 국가주의는 현재 교과목의 하나로 들어와 있는 '국어'라는 명칭과도 관련되어 있다. 일본이 군국주의를 앞세우며, 국가를 모든 이념과 목표, 행위, 교육에 앞세우면서 내세웠던 용어들이 거의 대부분 '국−'이라는 낱말에 스며들어 있다. 국어라는 용어의 부당성에 대해서는 부분적으로 허선익(2014), "Positioning of Discourse in Korean Education"(『국어교육학연구』, 49(4), 59~85쪽)의 논의를 참고하기 바란다.

가 토대를 두고 있는 비격식적인 면담은 어떤 면에서 낯선 사람(대학생)과의 대화 사례이고 따라서 그와 같은 대화는 비차별이라는 공식적인 규범에 의해 조정될 가능성이 높다. 따라서 백인들은 일상적으로 그와 같은 규범에 대한 자신의 지식을 표현하였고 그들이 이방인에 대해서 무엇을 말하든 자신들은 인종차별주의자가 아니라는 점을 조심스럽게 확인하였다.

따라서 소수자들에 대한 대화의 전체적인 전략은 이중적이다. 한편으로 많은 백인들은 인종적으로 소수 집단에 대하여 부정적인 경험과 의견을 표현한다. 그러나 다른 한편으로 이런 부정적인 타자-제시other-presentation는 긍정적인 자기-제시self-presentation, 즉 너그럽고, 인종차별주의자가 아니며, 이해심 많은 시민이라는 제시를 통해 체계적으로 균형을 잡고 있다. 이런 전체에 걸친 전략은 많은 지엽적인 전략들과 명백한 부인과 양보(그들에게 적대적인 건 전혀 없지만, 그러나 …, 그들에게 좋은 점도 있지만, 그러나 … 등), 집단 사이의 차이에 대한 강조, 경쟁심, 우리/그들의 대립(우리는 열심히 일하지만 그들은 무엇인가 열심히 해야 할 게 없어요.), 떠넘기기(저는 신경쓰지 않지만 나라, 도시, 거리, 혹은 단독세대 거주지에 있는 다른 사람들은 꺼려해요.)와 같은 세부적인 전술에 의해 수행된다. 이와 같은 긍정적인 자기-제시의 의미론적 전략과 수사적 전략에 더하여 부정적인 타자-제시는 논쟁과 구체적인 이야기전달에서 주로 수행된다. 이야기들은 개인적인 경험에 바탕을 두고 있고 그에 따라 부정적인 결론을 위한 참된 증거와 훌륭한 증거가 된다. 대부분의 이런 이야기들은 주도적인 (백인의) 규범, 가치, 목표나 권익을 침해하는 것으로 인식되는 소수자 집단의 행위나 사건을 중심으로 한다. 그러나 이는 현재의 편견과 고정관념을 입증하기도 한다. 예컨대 매일 당신이 신문에서 읽고 있는 소수자의 범죄를 언급하면서 때로 뉴스 매체들은 그와 같은 이야기와 의견을 정당화하기도 한다. 좀 더 미세하게 망설임, 고치기와 수정과 같은 대화에 딸린 속성들은 그와 같은 대화에서 기저에 있는 인지 처리과정과 점검의 과정에 대한 통찰을 제공한다. 어휘 선택과 정체성을 밝히는 대명사와 지시대명사demonstratives의 사용도 사회적 거리를 나타내기도 한다. 여기에는 그들을them, 그런 사람들those people, 그런 터키 사람들(멕시코 사람들 등)이 있다. 이런 식으로 다수를 차지하는 백인 집단 사이의 일상적인 대화는 내 집단 안에서 그와 같은 편견을 재생산하는 반면, 동시에 언어 표현으로 집단의 구성원다움, 집단의 규범과 목표를 확인하고 결과적으로 백인 집단의 권력을 유지하는 데 관련되어 있다.

9.5. 기관에서 대화

기관이나 조직 사이에 혹은 그 내부에 대화는 기관 맥락의 상호작용 형태를 띤다. 그에 따라 여러 권력 관계를 집행하고, 보여주며, 알려주거나 합법화한다(Pettigrew, 1973; Pfeffer, 1981). 그와 같은 상호작용에서 참여자들은 상호작용에 관련되는 맥락 의존적인 규칙과 규범을 따를 수 있지만 자격, 계급 체계, 전문적인 기술과 지식을 포함하여 서로 다른 역할과 지위를 타개해 나갈 수 있다. 일상적인 대화, 비격식적인 대화와 또 다른 차이는 기관의 구성원들이 대부분 활동하고 있는 전문 직업인이고 전문가라는 점이다(Coleman, 1984, 1985b). 기관 맥락의 대화에서 좀 더 두드러진 하위갈래들을 보기로 한다.

9.6. 취업 면담

레이건(Ragan, 1983)에서는 취업 면담에서 해명[accounts], 상위발화[metatalk], 21) 지엽으로 흐름[digression], 부차 연결체[side sequence], 22) 한정 표현23)[qualifier]과 같이 조정 행위라고 부르는 것에서 권력의 차이가 나타난다. 면담 진행자는 자주 대화의 속도와 진행 정도를 통제하기 위해 공식화하기, 상위발화와 상위소통을 위한 지엽으로 흐름[metacommunicative digression]과 같은 전략들을 수단으로 쓴다. 반면에 지원자는 자신들의 행위를 설명하거나 정당화하는 데 더 몰두하는데 이를테면 해명, 한정 표현, <u>아시다시피</u>와 같은 표현을 쓰는데 이들은 불필요한 경우에도 쓰인다. 이 연구는 외국어 억양 때문에 고급 직업을 얻는 데에는 낮은 평가를 받고, 하급 직업을 얻는 데는 높은 평가를 받음으로써 같은 지원자가 차별을 다른 식으로 받을 수 있음을 보여주는 이전의 사회 심리적 연구(Kalin and Rayko, 1980), 즉 취업 면담에서 언어 태도의 효과(력)에 대한 연구를 보완해 준다.

일련의 실험 연구에서 브라닥과 그의 동료들은 취업 면담에서 효

---

21) meta-는 우리말에서 '상위-'를 나타내는 접두사로 많이 쓰인다. 여기서도 그에 따르면 마땅히 상위대화로 해석할 수 있는데 반드시 대화 형태로 나타나지 않기 때문에 곧이곧대로 그렇게 옮길 수 없을 듯하다. 면담이라는 상황이라는 점을 고려한다면 말한 내용에 대한 확인이나 부연이 포함될 듯하다. 그런 점에서 클락(H. Clark, 1996/2009, 372쪽)에서 사용한 metadiscourse와 짝이 될 만한 용어라고 생각한다. 영어에서 유의어로 meta-communicative action을 쓰기도 하는데 이 낱말은 문장부사로서 말하는 내용에 대한 태도나 평가를 표현하고 있어서 여기서 말하는 metatalk과는 구별된다.

22) 이 용어는 면접 상황에서 질문을 위한 질문으로 쓰이는 경우를 통해 설명할 수 있다. 면담 진행자가 면담 참여자의 발화를 실마리로 하여 질문을 하고 이를 바탕으로 면담이 진행되는 경우이다. 물론 원래의 주제로 다시 돌아와야 한다는 점에서 면담의 전체적인 주제는 아니다.

23) 이와 같은 한정 표현에는 형용사나 부사가 있다. 뒤에 나오는 꾸밈을 받는 말을 한정해준다는 뜻이다.

력24)이 있는 말투와 효력이 없는 말투를 살펴보았다(Bradac and Mulac, 1984). 이전의 연구에서와 마찬가지로 여성들의 언어 표현,25) 머뭇거림, 부가 의문문은 힘이 없는 말투의 특징을 지니고 있음을 보여주었다(Bradac and Street, 1986도 참고할 것). 여기서는 비슷한 결과가 법정에서 이뤄지는 대화에서도 발견됨을 보게 될 것이다.

9.7. 의사-환자 담화

의사-환자 담화는 일반적으로 진료 담화에서 하나의 구체적인 사례일 뿐이다(Fisher and Todd, 1983, 1986; Freeman and Heller, 1987). 진료 담화는 의료 실행자들에 의한 권력 남용을 포함하여 다양한 이유로 비난을 받아왔다. 비판적인 논문에서 에덜먼(Edelman, 1974)은 일반적으로 정신 의학에서 남을 돕는 직업에 있는 사람들의 언어 표현이 여러 가지 면에서 환자들의 통제를 위하여 맞추어진 행위와 의도의 실제적인 속성을 어떻게 감추고 있는지 보여주었다. 이런 방식으로 직접적인 권력은 도와주기라는 담화에 가려질 수 있는데 화를 낼 만한 충분한 근거를 지니고 있는 환자들은 공격적이라고 범주화될 수 있다. 그와 같은 환자들은 독방 감금이라고 부르지 않고 조용한 방이라고 완곡하게 부르는 곳에 배치될 것이다. 이와 비슷하게 비행직전의 청소년predelinquent이라는 용어도 일탈의 아무런 신호도 보이지 않는 (대체로

---

24) powerful은 힘이 있다는 의미인데 여기서는 면담 진행자들을 설득하는 힘의 의미로 해석이 된다. 설득력이라고 바로 뒤치기에는 비약이 있어서 효력으로 해석한다.

25) 여성들의 언어 표현에 대한 논의는 앞의 레이코프(R. T. Lakoff, 2004)의 책에서 널리 지적되었는데, 울타리친 표현hedge expression, 비단정적이지 않은 표현, 지나친 수동태 표현 (우리말에서는 이중 피동 표현이 해당될 수 있음)이 있다.

힘이 없는 젊거나 가난한) 사람에 대한 처치에 백지 위임장을 전문가에게 주는 것을 의미할 수 있다. 전문직업에 따른 권력은 여기서 계층과 나이에 따른 권력과 묶인다. 실제로 다음에 보게 되듯이 권력은 거의 홀로 나타나지 않는다. 이를테면 기관의 권력은 종종 성별, 계층, 인종, 나이, 세부문화, 국적으로부터 나온 집단 권력으로서 동시에 실행된다(Sabsay and Platt, 1985도 참고할 것).

웨스트(West, 1984)는 의사-환자의 관계에서 내재되어 있는 사회적 비대칭성도 그들의 대화에서 나타나며 성별과 인종이 여기서 어떤 역할을 한다. 어떤 의료적 기능이나 적합성을 지니지 않고 남성 의사는 여성 의사보다 (특히 흑인) 환자들[의 말: 뒤친이]을 훨씬 자주 가로막는다. 반대로 이런 방해가 오히려 중요한 정보를 놓치게 한다. 그러나 여성 의사는 종종 (남성) 환자에 의해 훨씬 자주 방해를 받는다. 일반적으로 말해 의사-환자 대화에서 정보 교환의 불균형이 있다. 의사는 대부분의 질문을 시작하며 환자는 조건을 달고 있는 질문을 제외하면, 얼마 되지 않은 질문을 할 때 더듬거린다. 웨스트는 질적 증거와 양적 증거는 의사들이 자신들의 환자에 대하여 질문을 받지 않는 존재로서 거의 신과 같은 지위를 지니고 있음을 보여준다고 결론을 내렸다(West, 1984: 51). 공식적인 표현이 의사를 가리키기 위해 사용되지만, 특히 의사들은 환자가 흑인일 때 환자의 성[姓]을 사용하는 경향이 있다. 피셔와 타드(Fisher and Todd, 1983)는 의사가 지니는 권력과 성별에 따른 권력의 상호작용을 발견하였다. 그들은 여성 환자들은 경구 피임약의 사용에서 (남성) 의사들에 의한 우호적인 설득을 쉽게 받아들이지만 그 피임약의 복용으로 인해 있을 수 있는 부작용이나 피임을 위한 다른 대안들에 대하여 정보를 제공받지 못하고 있음을 보여준다.

진료 면담에 대한 중요한 분석에서 미쉴러(Mishler, 1984)는 그가 의사의 생체 음성^{biomedical voice}이라고 부르는 것의 주도권에 대해 담화를 통해서 나타나는 증거를 발견하고 다음과 같은 결론을 내렸다. 전형적으로 생활세계의 목소리는 억압을 받으며 생활세계의 상황이라는 맥락 안에서 자신들의 문제에 대한 설명을 제공하려는 환자들의 노력은 방해를 받으며 조각나버린다(190쪽). 트뤼이커 외(Treichler, 1984)는 생체와 관련되는 측면에 대한 의사의 주의집중은 환자의 근심거리에 대한 온전한 표현을 방해한다고 주장한다. 따라서 의대생에게 쉽게 표현되는 근심거리는 의사의 진료 기록에는 포함되지 않는다. 의사들은 환자의 불평을 거절할 때 반어를 사용하고 있음이 관찰된다. 취업면담에서와 마찬가지로 언어 태도에 대한 사회심리학 연구에서는 의사들이 방언이나 사회방언에 따른 억양이 있는지 여부에 따라 환자들을 다르게 평가하고 있음을 보여준다(Fielding and Evered, 1980).

일반의를 대상으로 발견된 사실은 전문의의 경우에도 마찬가지일 것이라고 예상할 수 있다. 콜먼과 버튼(Coleman and Burton, 1985)은 영국에서 치과의사와 환자의 상담에서 통제력을 연구하였는데 치과의사는 언어적 행위와 비언어적 행위 둘 다 통제하고 있음을 발견하였다. 치과의사는 71%, 환자는 26%(도우미 3%)를 말하였다. 치과의사는 더 많은 발언기회를 가졌으며 길었다(4.6초 대 2.1초). 이런 사례에서 통제는 분명히 있는 그대로이다. 환자들은 일반적으로 입이 열려진 채로 있어서 그와 같은 상황에서는 말하기가 방해를 받는다. 그에 따라 말할 기회가 거의 없다. 치과 의사의 힘에 순종하는 일은 아픔의 공포에 달려 있을 수 있다. 그에 따라 치과 의사들은 환자가 알려주는 내용을 인정하지 않음으로써 혹은 그것을 부적절한 것으로 최소화하거나 부정확한 것으로 무시함으로써 일정하게 반응한다는 것을 연구자들은 발견하였다. 전문 직업에서 권력에 관련된 대부분의 형태에서 그러한 것처럼 치과 의사가 쥐고 있는 주도권의 중요한 원천은 전문적인 지식과 기술에 있다(Candlin, Burton and Coleman, 1980도 참고할 것).26) 앞서 본 것처럼 권력은 기관의 조직과 관례화로부터 나올 수 있다. 의료 권력은 특징을 보이는 사례이다. 방금 살펴본 이 연구의 결과는 그와 같은 관점에서 해석되어야 한다. 스트롱(Strong, 1979)은 진찰 담화에서 환자의 자유를 제약하는 다른 요인들 몇 가지를 구체적으로 밝혀 놓았다. 그 가운데 하나는 의사가 전문 용어를 쓰며(Coleman, 1985a도 참고할 것), 의사는 적고 환자는 많고, 의사는 조직되어 있지만 환자는 대개 그렇지 않고, 의사는 높은 지위를 지니고 있다. 몇몇 나라에서는 의사에 의해 제공되는 공공 의료 혜택의 (감당할 수 있는) 대안이 없거나 거의 없고 그에 따라 의료에서 경쟁 상대가 거의 없으며 다른 의사의 의견이 있을 가능성도 줄어든다. 의사-환자의 대화에서 권력의 지엽적인 실행과 구성은 좀 더 일반적이고 기관 맥락에 따른 통제 형태와 복잡하게 얽혀 있음을 보게 된다.

이러한 발견사실들은 또한 상담에서 이뤄지는 면담이나 입장(입회) 허가 면담에서도 관련이 있다. 이런 면담에서는 전문가들이 기관의 문지기로서 행동을 하며 소수자 고객이나 지원자를 다루는 서로 다른 대화에서 관련되는 집단의 권력을 행사할 수 있다(Erickson and Schultz, 1982; Mehan, 1986). 이와 비슷하게 교실수업 대화에서 교사들은 일련의 전략들을 통해 학생들에 걸쳐 통제력을 행사하고자 할 것임을 예상할 수 있다.27) 그들은 담화의 유형을 결정하고 주제와 질문-답의 연쇄를

---

26) 한편 허선익(2019나: 131~133)에서는 환자-의사 사이에 담화에서 나타나는 갈등이 드물기는 하지만 그런 갈등이 나타나는 경우 그 원인이 사회 구조적 차원, 제도적 차원, 개인적 상황의 차원 가운데 환자가 사회 구조적 차원에서 차지하는 지위에 의해서도 나타날 수 있음을 보여주고 있다.

시작하며 평가하고 학생들의 말하기 방식을 점검하며 일반적으로 학생들의 입말과 글말을 둘 다 통제한다. 유감스럽게도 교실수업 담화에 대한 많은 연구들이 있지만(Sinclair and Brazil, 1982; Stoll, 1983; Wilkinson, 1982), 기관의 권력에 관련되는 일상적인 실행에 대해 특별한 관심을 거의 기울이지 않았다.

9.8. 법정에서 담화

기관의 다른 맥락 대부분에서 나타나는 것 이상으로 법정에서 권력의 실행은 판사, 검찰, 변호인과 피고들 사이의 대화를 통한 상호작용 절차와 명시적으로 공식화된 규칙에 의해 체계적으로 지배를 받는다. 대화 분석의 전통에서 법정의 대화에 대한 연구가 이뤄졌지만 여기서도 권력과 통제 혹은 주도권으로서 그와 같은 사회적 차원에 대하여 관심을 기울인 연구는 거의 없었다(Atkinson and Drew, 1979). 참여하고 있는 법정 대리인들이 공유하는 높은 수준의 전문 용어가 지니고 있는 말투의 힘stylistic power은 이런 전문가들 사이에 내부적인 균형이 잡혀 있을 수 있지만 궁극적으로 피고인을 복속시킨다. 검찰에 의한 기소, 사법부의 통제와 최종 판결이 뭉쳐진 권력은 법원 관료들이 말한 것에 나타나며 피고인에 대한 주도권, 변호인과 증인에 대한 주도권을 함의할 것이라고 예상할 수 있다. 그와 반대로 복속이라는 내재된 지위에서 피고인측은 무엇이든 말할 수 있지만 그것은 그들에게 불리

---

27) 허선익(2013: 186~197)에서는 클락(1996/2009: 530)에서 제시한 담화 전개의 다섯 가지 유형에 따라 사적인 대화와 교실수업 담화를 분석하고 있다. 특히 뒤의 분석을 통해 교실수업 담화에서 교사는 평가자의 역할도 하기 때문에 수업에 관련되는 수업 참여자, 주제나 화제, 시간, 발언권 교체 등에 광범위한 영향력을 행사할 수 있음을 보여주고 있다.

하게 사용될 수 있고 이는 그들의 대화에서 각별한 짐을 지우게 된다.

법정에서 발언권과 화행의 배분은 엄격하게 규정되어 있다. 대화를 통한 상호작용에서 대부분의 상황과는 달리 피고인측은 말하도록 요구를 받을 때는 말해야 하는 의무가 있으며 단순히 예와 아니오와 같이 특별한 진술로 질문28)에 답해야 하는 의무가 있다(Walker, 1982). 말하지 않거나 질문에 답변을 거부하는 일은 법정 모욕으로 제재를 받는다. 해리스(Harris, 1984)는 법정에서 질문들이 증인이나 피고인들을 통제하기 위해 어떻게 쓰이는지 살펴보고 질문의 통사 구조가 적절한 응답으로 간주하게 될 것에 중요한 듯하다는 점을 발견하였다. 그는 정보 통제가 긴 설명보다는 질문의 연쇄에 의해 행사되는데 이는 또한 질문자의 통제를 확고하게 한다는 점도 발견하였다. 대부분의 질문은 예/아니오라는 답을 위한 것이고 이런 질문은 이미 완결된 명제이기 때문에 있을 수 있는 답변을 통제한다. 따라서 질문하기 규칙과 전략들은 합법적인 권력과 함께 제한된 일련의 화행들의 선택을 규정한다. 즉 대부분의 질문들은 정보를 확인하거나 고소하기 위해서이다 (Mead, 1985; Shuy, 1986도 참고할 것). 분명히 법정에서 이런 통제와 관련하여 담화를 이용하는 방법은 직접적인 심문이나 교차 심문이라는 절차에 따라 다양할 수 있다(Adelswäde et. al., 1987도 참고할 것).

발언권 교체의 연쇄에 더하여 화행과 주제 통제, 말투는 언제나 법정의 속기록에 보존되지는 않지만 이들은 증인과 피고인의 자기－제시와 설득의 중요한 특징을 보여준다(Walker, 1986; Parkinson, Geisler and Pelias, 1983도 참고할 것). 법정에서 이러한 상호작용 전략과 인상

---

28) 폐쇄형 질문과 개방형 질문으로 나눌 때 폐쇄형 질문은 상대방에게 유리한 진술 이를테면 자신의 입장이나 주장에 대한 근거를 추가로 제시할 수 있는 기회를 막는다는 점에서 질문을 던지는 쪽에 유리하다.

형성 전략은 힘 있는 말투와 그렇지 않은 말투에 대한 영향력 있는 연구에서 에릭슨, 린드, 존슨과 오바(Erickson, Lind, Johnson and O'Barr, 1978)에 의해 검토되었다. 이런 연구자들은 권력이 없는 자들의 말투가 울타리친 표현,[29) 강의어intensifier, 머뭇거림 형태, 질문하는 억양을 보이는 반면 권력이 있는 자들의 말투는 이런 특징을 보이는 표현들의 사용이 덜 하다는 점을 발견하였다. 실험에서는 힘 있는 말투가 증인이나 실험참여자들의 성별에 관계없이 더 많은 주의를 끄는 결과로 이어지지만 같은 성별의 증인이나 실험참여자들일 때에만 힘 있는 말투는 인식의 신용도credibility[30)를 드높이는 결과로 이어짐을 보였다 (Bradac, Hemphill and Tardy, 1981도 참고할 것). 실험에 바탕을 둔 연구로 그 뒤에 나온 연구에서 이들은 증인이나 피고인에 대한 평가가 변호인이 그들로 하여금 자신의 이야기를 하게 함으로써 통제력을 포기하였는지 여부에 달려 있음을 보여준다(Lind and O'Barr, 1979).

앞에서 언급한 모든 사례들에서 그러한 것처럼 계급, 성별과 인종과 관련된 요인들은 어떤 역할을 하고 피고의 복종을 강화하거나 완화할 수 있다. 그에 따라 보댁(Wodak, 1984, 1985)은 중산층의 피고인들이

---

29) Conly, M., O'Barr and Lind(1978: 1375), "The Power of Language: Presentational Style in the Courtroom", *Duke Law Journal 1978*에서는 여기에 제시되는 말투들의 몇 가지 구체적인 사례를 소개하고 있다. 이를 바탕으로 간단한 사례들을 소개하면 다음과 같다.

　가. 울타리친 표현: 이는 학술용어에서도 흔히 자주 나타나는데 '-인 듯하다, 아시다시피, 일종의'와 같은 표현
　나. 강의어: 느낌이 크거나 강한 낱말을 가리키는데 '매우, 확실히'와 같은 표현
　다. 머뭇거림 형태: 실제적인 의미는 없이 오로지 있을 수 있는 발화 중지에서 '어, 음, 있잖아요.'와 같은 표현
　라. 질문하는 억양: 불확실성을 전달하기 위해 평서문에 의문문처럼 말끝을 올림.
　본문에는 나와 있지 않지만 공손한 형태의 사용도 지적하고 있다.

30) 반 데이크(2014/2020)에서도 지식이 믿음으로 인정을 받기 위해 여러 가지 속성을 제안하였는데 비슷한 의미로 신뢰도와 신용도가 자주 언급되었다. 신뢰도는 말 그대로 믿을 수 있는 정도이며, 신용도는 믿고 쓸 수 있는 정도를 가리키는 것으로 해석하였다.

법정에서 처리 과정에 긍정적인 이미지를 더 잘 형성함을 보여주었다. 그들은 법정에서 이뤄지는 상호작용의 전략들을 알고 있으며 의미연결된 이야기를 말하고 납득할 만한 사실들을 언급한다. 그러나 노동자 계층의 피고인들은 이런 중요한 과업을 덜 성공적으로 수행하는 듯하다. 그런 계층에 따른 차이들은 판사가 피고인에게 말을 건네는 방식에서도 나타난다. 이를테면 공손성의 형태를 통해 참을성과 중산층 전문직의 직업에 대한 관심과 이해를 통해서 그런 점이 나타난다. 유죄협상제plea bargaining31)에 대한 연구에서 메이너드(Maynard, 1985)는 특정 범주(늙음, 여성, 소수자)에 따라 피고인들의 담화에서 나타나는 특징은 때로 소송을 각하하는 논변으로 받아들여질 수 있다고 주장하였다. 차별의 사례와 달리 나이, 계층이나 인종은 때로 피고인의 책임을 줄이기 위해 사용될 수 있다는 것이다. 메이너드는 (사법부의) 사회적 상호작용에 대한 지식이 실제로 차별에 대한 결론을 내리는 데 필요하며 법정에서 권력을 덜 가진 사람들의 부당한 처리에 대한 일반적인 가정이 언제나 정당화되지는 않는다고 주장한다.

합법적인 권력의 실행과 재생산은 법정 상호작용에서 매우 구체적으로 표면화되지만 법률, 계약, 조정과 다른 많은 문서들과 같이 법률 담화와 관료적인 담화에서 나타나는 다른 유형의 특징이기도 하다. 법률적인 지침의 화용적 기능에 구체화되는 권력에 더하여 그와 같은 덩잇글은 배타적인 어려운 법률용어legalese로 간접적으로 권력을 드러낸다. 이런 예스러운 어휘, 통사 구조와 수사적 말투는 어떤 법률적인 전통을 상징화하고 재생산할 뿐만 아니라 그에 따라 법률에 관

---

31) 법률 용어로서 유죄를 인정하는 범인에게 일정한 정도의 형량을 줄여주는 제도로서 미국에서 90%의 형사 사건이 이런 방식으로 기소가 이뤄진다고 한다.

런되는 전문직들 사이에 소통을 활성화한다. 그러나 보통 사람들의 효율적인 이해와 소통의 여지를 주지 않으며 그에 따라 저항도 차단한다(Charrow, 1982; Di Pietro, 1982; Danet, 1980, 1984; Radtke, 1981).

9.9. 조직에서 담화

사업체에서 담화는 유감스럽게도 대화를 통한 상호작용에 대한 세부적인 내용에 대한 연구로 거의 이어지지 않았다. 특히 우두머리와 부하들 사이의 '수직적인' 소통에서 그와 같은 대화는 분명히 위계를 이루고 있는 권력의 실행과 표현이다(McPhee and Tompkins, 1985). 조직에서 소통에 대한 연구에서 블레어와 로버츠, 맥케츠니(Blair, Roberts and McKechnie, 1985)는 입말 소통에서 관리자는 소통의 78%를 입말 소통을 하는데 관리자－부하 소통에서 관리자가 주도할 경우 부하들은 양보하는 반응을 보인다는 점을 발견하였다. 그리고 조직에서 아래쪽을 향하는 자진폭로自進暴露, self-disclosure보다는 위쪽을 향하는 자진폭로가 더 많다. 그와 같은 대화의 내용에 더 많이 집중하면서 라일리(Riley, 1983)는 면담에 대한 분석에서 조직에서 권력은 상징으로 나타냄signification, 정당화와 주도하기를 통해 표현됨을 찾아내었다. (군대) 은유, 신화, 우스개와 전설과 같은 언어로 표현된 상징은 토론을 주도하는 반면 놀이 은유는 있을 수 있는 제재를 표현함으로써 합법화의 근거를 제공한다.[32]

사업에서 권력의 차별화는 공손함이나 복종의 서로 다른 형태 그리

---

32) G. 레이코프, M. 존슨(1980/1995: 171)에서 지적하고 있듯이 대부분의 개념이 기본적으로 상호작용이라는 속성의 관점에서 정의될 수 있다. 여기서 제시한 은유, 신화, 놀이 등도 사회적 상호작용의 과정에서 개념의 적용 가능성의 범위가 변화할 수 있는 것이다.

고 그에 따라 호칭의 형태에서 나타나리라 예상할 수 있다(Brown and Levinson, 1978).33) 슬로빈, 밀러, 포터(Slobin, Miller, and Porter, 1972)에서는 회사에서 부르는 말의 형태를 연구하였는데 상사에 의해 부하 직원들이 언급될 때 이름(first name)이 주로 사용된다는 점을 발견하였다. 그와 반대로 직책 이름과 성(姓, last name)은 상위 관리자와 이야기할 때 부르는 말로 쓰인다. 그렇지만 상위 관리자들 사이에서는 대부분 이름에 기반을 두고 소통한다. 이와 같이 부르는 말의 서로 다른 형태는 나이 차이에 상관없이 나타나고 있는 듯하다. 그 연구자들은 예상한 것처럼 동료 노동자들 사이에서 좀 더 자기를 드러낸다는 점을 발견하였을 뿐만 아니라, (이름이 전혀 사용되지 않은 경우조차도) 직속상관에게도 상호작용의 관계를 나타내지 않는 상태에서 자기 개방이 이뤄짐을 발견하였다. 이런 결과들은 브라운과 그의 동료들(Brown and Gilman, 1960; Brown and Ford, 1972)에 의해 만들어진 규칙을 굳건하게 해준다. 즉 지위의 차이가 클수록 상호작용의 관계를 나타내지 않는 부름말이 사용되는 경향이 더 커진다. 그러나 브라운 외의 연구에서 발견사실과 달리 부하직원들은 상관들이 부하직원들에게 하는 것보다 상관에게 더 많이 자기 개방을 하고 있음을 보여준다. 말하자면 기업 맥락에서 이름의 사용은 언제나 더 높은 수준의 친숙성과 연관이 있는 것은 아니며 그 반대의 경우도 마찬가지이다.

---

33) 이 연구는 비교언어학적 관점에서 화자가 어떻게 공손성의 표현을 구성하는가 하는 문제를 두고 여러 언어에 걸쳐 대응되는 표현이 널려 있음을 보여주는 논의이다. 대응되는 표현들의 짝은 연속을 이루지는 않지만 공손성을 나타내는 용법의 밑바탕에 있는 원리의 얼개를 제공한다는 점에서 의의가 있다. 논의의 결론으로 공손성 모형이 사회적 관계의 품질을 분석하는 도구가 될 수 있음을 제안하였다. 이를 좀 더 발전시킨 논의가 Brown and Levinson(1987)인데. 이 책에서 이뤄진 논의에 대해서는 허선익(2019나)를 참고하기 바란다.

조직에서 위계 구조와 권력이 명령이나 주문, 지침 혹은 다른 형태의 지시에서 직접적으로 행사될 수 있지만 권력은 또한 표상을 통해서 표현될 수 있다. 조직에서 구성원들은 일상에서 일어나는 일에 대해서 말할 것이라 예상할 수 있으며 그에 따라 그들의 삶을 이해하려고 할 수 있다. 그와 같은 경험은 전형적으로 이야기전달의 형태로 표현된다. 이런 갈래에 대해 많지 않은 연구들 가운데 하나인 켈리(Kelly, 1985)에서는 첨단 기술의 여러 수준에 있는 서로 다른 조직에서 사람들이 이야기하는 이야기의 각본이나 개념틀을 분석하였다. 그는 이들 가운데 다수가 긍정적이든 부정적이든 상관에 초점을 맞추고 있으며, 권력의 구조를 강조하고 동시에 그것을 합법으로 인정하였다.

9.10. 정치 담화

그리스와 로마의 고전적인 담화에 대한 수사학적 관점의 논문들이 발표된 이래로, 정치 담화와 그 설득력은 특별한 연구 대상으로서 많은 주목을 받아왔다(Chafee, 1975; Nimmo and Sanders, 1981; Seidel, 1985). 대부분의 담화 형태와 달리 정치 담화는 모든 시민들이 관련될 수 있다. 그 영향력은 이러한 파급의 범위로부터 나오며 다양한 수준의 정당화로부터 나온다. 몇몇 입말 담화 형태들이 잘 알려져 있고 일상적으로 인용되거나 대통령이나 수상과 같은 상위에 있는 정치가들의 입말 담화로서 대중 매체를 통해 널리 확산된다. 특히 미국에서는 대통령의 발언과 매체 출연은 두드러진 정치적 사건이나 사회적 사건[34]이며 연구에서 선호되는 대상이다(Hart, 1984; Lindegren-Lerman,

---

34) 정치 담화가 사회적 사건이라는 것은 텍스트(담화)의 일반적인 속성상 언어 구조 및 담화

1983). 매체에서 두드러진 존재감이나 매체에서 선호되는 접속은 정치 권력을 분명하게 드러내는 표시로 해석될 수 있다.

방금 가정한 바에 따라 많은 연구들에서 정치 담화를 다루어 왔으리라 예상할 수 있다. 실제로 그러하지만 이들 연구의 다수가 정치 언어라고 일반적으로 부르는 것, 즉 대체로 특정의 어휘 사용에서 두드러진 말투에 초점을 맞추었다(Bergsdorf, 1983; Edelman, 1964; Guespin, 1976; Hudson, 1978; Shapiro, 1984도 참고할 것). 그에 따라 이념은 특정의 낱말이나 개념에 대해 선호되는 사용의 분석을 통해 연구되어 왔다. 일반적으로 좌익이나 우익의 극단적인 정치가(파시스트나 공산주의자)에 대한 분석에서 그러하였다. 그러나 단일의 낱말들에 대한 연구를 넘어서 다른 담화를 들여다보는 것이 흥미롭다. 이런 담화 구조들 가운데는 이런 낱말들 몇몇이 화자의 통제를 통해서 거의 나타나지 않지만 그렇기 때문에 태도와 이념을 종종 드러내기도 한다(Guespin, 1976; Pêcheux, 1975도 참고할 것). 권력의 분석에 간접적으로 흥미를 보였지만 앳킨슨(Atkinson, 1984)은 정치 연설의 다양한 속성들을 탐구하였는데 여기에는 정치 연설에서 변사가 하는 박수갈채의 관리, 전문가(예컨대 연설 교습)에 의해 그와 같은 수행을 신중하게 준비하기 등이 있다. 성별, 특히 인종에 따른 권력에 대해 저자가 언급한 내용을 배경으로 할 때 박수갈채가 서로 다른 외집단이 부정적으로 토론을 한 다음에 나온다고 한 앳킨슨의 말은 흥미롭다.

질서의 결과일 뿐만 아니라, 사회 구조의 결과이며, 사회적 실천사례의 결과(페어클럽, 2003/2012: 67)이기 때문이다. 그리고 이를 매개로 담화 사용자, 즉 담화 산출 주체뿐만 아니라 담화 수용 주체가 진리에 대한 탐색의 과정에 참여하도록 하기 때문이다. 아울러 정치 담화는 본문에서 지적한 것처럼 모든 사람들의 삶에 영향을 미치기 때문이다.

9.11. 기관 맥락에서 글말

얼굴을 맞댄 담화에서 지도자, 상위 정치인, 기업의 이사, 교수, 판사나 의사가 지니고 있는 권력이 무엇이든 그들이 실제로 가지고 있는 권력은 인쇄물에서 어떤 식으로든 정해질 때에만 공시적인 효력을 지닌다. 따라서 모임, 면담이나 토론과 같은 공식적인 대화의 많은 유형들은 의사議事기록, 실시간 응답 기록이나 다른 공식적인 전사기록이 있는데 이들은 만남의 기록을 자리매김하고 한 걸음 더 나아간 조처나 의사결정에 관련된 기관 맥락의 토대나 법률적인 토대가 된다.

기관 맥락의 대화는 종종 다양한 갈래의 덩잇글이 동반되는데 이는 입말 담화의 결과들과 관련하여 참고자료나 지침으로서 기능을 한다. 따라서 대부분의 공식적인 모임에는 다양한 갈래의 보고 문서뿐만 아니라 글말로 정리된 의제가 관련되어 있다. 법정에서 대화는 법률, 공식적인 고발장, 기록된 진술, 목격자 보고와 최종 판결문과 같은 많은 글말 담화들이 관련되어 있다. 입말로 이뤄진 상담조차 의사는 의료 지침서에 의지하며 기록을 하고 만남은 처방전을 쓰거나 전문의에게 환자를 보내기와 같은 조처가 있은 뒤에 마감된다. 의료 기관에서 기록은 매우 중요한 역할을 한다. 초중등 학교 수업이나 대학교 수업은 교재나 상당히 많은 글말(혹은 적어놓을) 자료 없이 생각할 수 없다. 다른 말로 한다면 입말로 이뤄지는 경우에도 대부분의 공식적인 업무들은 그 근거나 결과로서 글말 담화를 필요로 한다. 따라서 담화는 축자적으로 대부분의 기관 맥락에서 소통의 영향력을 강화하는 수단이다.

대부분의 경우 글말 담화35)는 명시적으로 계획되고 짜여 있다. 그에 따라 더 잘 통제된다. 복잡한 방식에서 이런 속성이 권력에 행사에

대해 지니는 함의가 있다. 덜 조정되고 얼굴을 맞댄 만남 예컨대 여성
이나 소수민족에 대한 고객 만남, 취업 면담 혹은 상담 담화에서는
비합법적인 권세를 허용하는 반면, 원칙적으로 글말 담화는 종종 공
개적이고 그에 따라 그 필자에게는 책임이 있는 것으로 생각한다.
이런 공공성은 글말 담화에서 권력이 좀 더 간접적이며 감추어지고
승인을 받는 방식으로 행사되고 공식화될 필요가 있음을 함축할 수
있다. 특히 그와 같은 권력이 합법적이지 않거나 조직의 목적에 맞춰
질 경우에 그러하다. 글말을 이용한 소통을 통해 덜 직접적으로 권력
을 행사하게 만드는 또 다른 요인은 그와 같은 담화의 원천이나 공개
된 발신자 혹은 화자와 기관 맥락에서 만든 글말 담화의 저자가 종종
같지 않다는 데 있다. 따라서 공공의 담화는 권력이 행사되는 것으로
서 종종 집단적이며 기관 맥락을 따르는 담화이다.

9.12. 매체 담화: 뉴스 보도와 뉴스 생산

모든 인쇄된 글말 담화 가운데 대중 매체의 담화는 수용자의 범위라
는 파급력의 기준에 따라 판단할 때 가장 영향력이 있다고 할 수는
없지만 가장 널리 퍼져 있다는 점을 거의 의심할 수 없다. 텔레비전을
통해 전달되는 입말 담화와 시각 담화에 더하여 신문에 있는 담화는
공개적인 소통에서 중요한 역할을 한다. 대중적인 믿음과 학자들의
믿음과는 달리 언론사의 뉴스는 일반적으로 텔레비전을 통해 전달되

---

35) 이 책에서 저자는 담화와 관련된 여러 가지 표현을 쓴다. discourse가 기본적으로 쓰이지만
입말에 대해서는 spoken discourse가 쓰이기도 하며 글말에 대해서는 written discourse나
text로 표현하고 있다. 뒤치면서 이들의 갈래 구분이 중요하다고 판단할 때에는 이들을
구별하여 해석하고, 그렇지 않은 경우에는 담화로 해석하기로 한다.

는 뉴스보다 회상이 잘 된다(Robinson and Levy, 1986). 그리고 질적으로 더 낮다고 인식된다(Bruhn Jensen, 1986). 이런 점은 설득을 통한 영향력과 그 파급력을 더 높여준다.

권력을 지니고 있는 사람(그리고 그들의 말)은 뉴스를 전달하는 매체의 일상적인 보도거리가 된다. 그리고 그에 따라 그들의 권력은 더 굳건해지고 정당화된다. 매체의 영향력이 권력을 중재하는 형태를 띨 경우에도 사회적 권력 구조의 창출과 재창출에서 고유한 자율적인 역할을 지니고 있다. 원천 자료의 선택적인 이용과 일상을 뒤지며 찾아낸 뉴스, 이야기 주제 선택을 통해 뉴스 매체는 어떤 뉴스 행위 주체를 공개적으로 제시할 것인지 무엇이 그들에 대하여 이야기되고 있는지, 특히 그 뉴스가 어떻게 이야기되고 있는지 결정한다. 뉴스 산출에 대한 매우 최근의 연구는 이런 과정들이 임의적이지 않으며 직관적이지 않고 흥밋거리에 대한 기자의 생각에 의해 단순히 결정되지 않음을 보여준다. 기자들은 타자의 권력을 어떻게 극적으로 제시하는지를 배우며 동시에 예컨대 다른 조직과 자신의 조직이 지니고 있는 권력을 별개로 다룸으로써 자신의 조직이 지니고 있는 권력에 어떻게 이바지할지 배운다(Turow, 1983). 뉴스로서의 값어치는 선민과 조직, 국가 그리고 이들의 권력을 인정하고 정당화하는 수단으로서 선호되는 매체의 접속을 용인하는 이념적 기준과 전문가적인 기준에 바탕을 두고 있다(Galtung and Ruge, 1965; Gans, 1979). 이와 비슷하게 뉴스를 만드는 일반적인 조직에서는 기관 맥락에서 뉴스거리를 모으는 방법으로서 국가의 중요한 정치 단체, 경찰, 법원, 대기업과 같은 뉴스의 항구적인 원천을 보장하는 방법을 선호한다(Fishman, 1980; Tuchman, 1978). 요약하자면 대부분의 서구 매체를 포함하여 [뉴스 산출: 뒤친이] 기업, 특히 신문사와 뉴스 생산을 위한 일반적인 조직에서는 기존의 이용 가능하고 신용할 만한 원천에 대한 의존성, 뉴스 가치에 대한 보편적인 전문전인 측면과 이념적인 측면 모두 사회에서 권력을 가진 사람, 집단이나 기관에 대한 이야기를 선호하는 사회적 인식과 담화 산출 [방법: 뒤친이]에 일치를 보인다(van Dijk, 1987b). 이런 방식으로 선민의 단순한 대변인이 되는 대신 매체는 사회 구조에서 나온 권력 구조 그리고 상징적 차원에서 그들이 관리하는 권력 구조의 본질적인 일부분임을 보여준다.

물론 그와 같은 권력은 매체의 전문가들에 의해 지엽적으로 구체화되어 나타나고 행사된다. 그렇다면 다음과 같은 의문이 떠오른다. 말하자면 기자들은 그들이 마주하고 있는 이념에 도전하고 이념을 재생산하는가? 매체 비판적인 학자들은 기자들의 사회화 과정과 계층 구성원으로서 자격 때문에 선민들의 주도적인 이념을 재생산하는 경향이 있다고 강조하여 왔다(Hall et. al., 1980). 그러나 기자들이 주도적인 정치학이나 사업에 비판적이기 때문에 언제나 이런 선민들의 이념을 공유하지는 않는다는 점도 주장하여 왔다(이런 입장에 대한 비판적 검토는 Altheide, 1985). 이런 반박에도 불구하고 비판적인 이론가들과 함께 매체에서 관례들은, 심지어는 일시적인 비판과 불일치가 있을 때조차 일반적으로 유연하지만 주도적이고 권위 있는 사람들에 의한 동의의 경계 안에 남아 있다고 주장할 수 있다. 기본적인 규범과 가치, 권력 배치는 주도적인 신문 매체에서는 거의 명시적으로 도전을 받지 않는다. 실제로 이런 불일치의 범위는 그 자체로 정리가 되며 통제를 받는다. 매체에 의한 반대도 또한 권력을 가진 기관에 의해 설정된 한계의 범위 안에 있으며 따라서 관례화된다.

권력 (재)생산의 과정에 관련된 중요한 측면 가운데 하나는 기자들의 일상적인 관례를 안내하는 이념적 얼개와 전문가적인 얼개를 기자들이 어떻게 습득하는가 하는 점이다. 투로우(Turow, 1983)에서는 기자들이 기관의 권력을 표현하는 방법을 배우는 과정을 살펴보았다. 그는 다른 조직과 마찬가지로 매체에서는 다른 조직에 대한 의존도를 줄이고자 한다고 주장하였다. 관례를 통해 환경에서 오는 위험에 고군분투한다. 기자들과 필자들, 감독들은 창의적인 산출물을 만들어내야 하지만 이들은 성공적이어야 한다. 이는 예컨대 소설(이야기 줄기(≒플롯), 인물과 배경)과 뉴스 보도에서 정해진 방식formula을 통해 일어난다. 조직의 관점으로부터 나온 이런 분석은 부분적으로 타크먼(Tuchman, 1978)에서 이뤄진 분석으로서 뉴스 산출의 관례에 대한 미시사회학적 분석과 부분적으로 일치한다.

언론사에서 나온 뉴스에 대한 일련의 담화 분석적 사례 연구에서 저자는 종속적인 사회 집단이 어떻게 뉴스 보도에서 제시되는지 검토하였다(van Dijk, 1987c; van Dijk, 1985b도 참고할 것). 소수자들과 난민, 불법 거주자squaters와 제3세계 국가와 사람들은 권력을 가진 집단과 국가들에 대한 묘사와 대조하여 다소 비슷한 방식으로 제시되는 듯하다. 이들 연구로부터 나온 일반적인 결론은 이들 집단과 다른 집단은 (a) 주도적인 대중 매체에 덜 접속하는 경향이 있으며, (b) 신용할 만하고 관례적인 원천으로서 덜 사용되며, (c) 부정적이지 않으면 편견에 따라 기술되고, (d) 우리36)의 규범, 목표, 전문기술, 문화와 비교할 때 여러 가지 면에서 모자라거나 결함이 있으며, 그에 따라 (e) 그들이 우리의 사회적 규범과 정치적 규범, 이념에 적응한다는 점을 가정하고 우리의 (이타적인) 도움, 이해나 지원을 필요로 한다는 것이다. 이런

---

36) van Dijk가 제시한 이념 방진ideological square과 관련된 대명사이다. 외집단(그들)과 내집단 (우리)과 관련된 개념이다.

일반적인 함의들은 뉴스 산출의 관례, 양이나 규모, 제시 형태의 두드러짐, 주도적인 주제뿐만 아니라 뉴스 보도의 말투에 대한 분석으로부터 나올 수 있다(이와 비슷한 결론을 내리고 있는 연구들에 대해서는 Cohen and Young, 1981을 참고할 것).

새로운 국제 정보 질서new international information order; NWIO37)의 얼개 안에서 저자는 중요한 매체 관련 사건의 국제적인 보도 형태를 살펴보았는데 그 사건은 1982년 9월 레바논의 대통령 당선자 비철 개메열Bechir Gamayel의 암살에 관련되어 있었다(van Dijk, 1984b, 1987c). (수백 국의) 신문에 있는 이 보도의 내용에 대한 일반적인 분석에 더하여, 신문 담화에 대하여 좀 더 질적인 분석을 하였다. 정치적 차이, 이념의 차이나 문화의 차이, 종교의 차이가 혼란스럽고 논쟁 중인 중동의 갈등 상황에서 일어난 이 사건에 대한 인식과 기술, 해석에 영향을 미칠 것이라 예상할 수 있다. 저자는 규모에서 차이, 특히 사설에서 평가의 차이가 있었지만 뉴스 보도 그 자체는 틀과 관례를 따르는 형식, 주제에 관련되는 내용이 놀랍게도 비슷하다는 점을 발견하였다. 예상하지 못한 바로서 제3세계 신문과 부유한 선진국들의 신문 사이에 특파원의 이용과 관련된 중요한 차이가 발견되었다. 말하자면 대부분의 제3세계 신문사에서는 서구의 통신사의 표현을 그대로 사용하고 있었다. 이런 발견

---

37) 혹은 새로운 국제 정보 소통 질서(NWICO)라고도 함. 이 조직은 국제적인 매체의 정보 소통이 공평하게 이뤄지기를 꾀하는 일종의 협의기구로서 1980년에 맥브라이드 보고서 McBride report에서 좀 더 구체화되었는데 저자가 사용한 얼개를 이해하기 위해 이 보고서에 채택된 내용을 간략히 소개하면 다음과 같다. 정보가 미래 사회의 핵심 자원이자 기본 권리라는 전제 아래에 1) 뉴스 구조의 불균형 완화, 2) 문화적 정체성과 개인의 권리를 존중하면서 소통하기 위한 국제적 차원의 전략 강화. 3) 개발 과정에서 일관성 있고 지속될 수 있도록 국가 수준의 소통 정책 수립 장려, 4) NWICO를 사용하여 새로운 국제 경제 질서(NIEO)에 도움을 줄 수 있는 방법의 모색. 이 책에서는 주로 1)에 초점을 맞추고 있다.

사실들에 대한 저자의 해석은 한편으로 언론사에 대해 국제적으로 널리 퍼져 있는 뉴스의 틀을 부여하는 역사적 조건과 전문직업에 관련되는 조건이 있을 수 있지만, 다른 한편으로 여러 가지 복잡한 방식으로 서구의 주도권과 권력이 보도에서 서구 양식을 확산한 데에 원인이었다. 시간 제약, 자금의 부족과 기자의 부족, 서구의 영향을 받은 전문직의 사회화와 다른 요인들38)이 서구 국가와 비서구 국가에서 어느 정도 비슷한 이야기 유형들을 선호하게 할 것이다. 제3세계로부터 나온 이야기 그리고 제3세계에 대한 이야기들은 서구의 기자들이 쓰거나 국제적인 (즉 서구적인) 통신사의 양식에 맞추어지는데 이는 이런 통신사와 이들의 (풍부한) 서구 고객들이 이용하거나 그들의 마음을 움직이기 위해서이다.

이런 결론들은 부분적으로 유럽의 매체 조직과 미국의 매체 조직이 지니고 있는 정보의 주도권에 맞서 제3세계의 많은 국가들에 의해 수위가 높아진 비판들을 확고하게 해주었다(Mankekar, 1978; UNESCO, 1980; 또한 Richstad and Anderson, 1981과 Atwood, Bullion and Murphy, 1982에 있는 논문들도 참고할 것). 예상할 수 있는 것처럼 서구의 뉴스 매체와 정치가들은 이러한 주장들을 단호하게 거부하여 왔고 이들을 뒷받침하는 학술적인 조사연구를 일반적으로 무시하였다(Fascell, 1979). 권력과 담화에 대한 연구를 위해 그와 같은 거부가 언론의 자유에 대한 공격이라는 프레임(frame39))에 일반적으로 맞추어져 있다는 점을 주목하는

---

38) 이 맥락에서 설명으로서 다소 미흡한 부분은 물리적 조건 혹은 물질적 조건과 다른 사회문화적 요인들을 구분하지 않고 비슷한 정도로 영향을 미치고 있다고 기술하고 있다는 점이다. 제3세계에서 물리적 조건의 열악함은 어쩔 수 없는 상황이라고 하더라도 그런 점과 다른 조건을 평면에 나열함으로써 비판의 강도가 무디어졌다는 생각이 든다.

39) 요즘 사회정치적으로 널리 쓰이는 용어가 되어 버렸는데 페어클럽(2003/2012: 130)에서 김지홍 선생님은 framing을 '틀 짓는 일' 혹은 '얼개를 마련하는 일'이라고 해석하였다.

것도 흥미롭다. 그와 같은 경우에서 권력에 대한 저자의 분석에서는 자유라는 개념이 우리의 권력이나 통제로 간단하게 옮길 수 있다고 주장하였다. 세상에 일어나고 있는 대부분의 사건에 대한 지식 습득과 의견 형성은 언론사와 텔레비전에 나오는 뉴스 담화에 대체로 근거를 두고 있는 듯하다. 그리고 이런 뉴스 담화는 수백만의 다른 사람들에 의해 공유된다. 아마도 어떤 담화 유형도 그렇게 많은 사람에 의해 거의 동시에 그렇게 확산되고 그렇게 공유되고 읽히지 않는다. 따라서 그 잠재적 영향력은 막대하며 뉴스 보도의 말투나 주제, 틀에 대한 세밀한 관찰은 그에 따라 문화 권력과 사회 권력, 경제 권력, 정치 권력의 행사 그리고 그러한 것을 뒷받침하는 이념들의 소통과 습득에 대한 이해를 위해 본질적이다.

이런 잠재적 영향력은 매체 권력이 단순히 간단하고 직접적인 영향력의 관점에서 이해될 수 있음을 의미하지 않는다. 사회경제적 차이와 사회문화적 차이에 기대어 사람들은 매우 다른 수준에서 뉴스 보도와 뉴스거리를 분명하게 해석하고 표상하며 평가한다. 그에 따라 서로 다른 의견과 태도, 이념을 형성한다. 비록 몇몇 특별한 경우, 특히 다른 정보 원천이 없고 반대되는 정보를 구할 수 없거나 적절하지 않은 경우 영향력의 직접적인 형태가 실제로 존재하지만 우리는 좀 더 구조적인 관점에서 뉴스 매체의 담화에 있는 권력을 보아야 한다. 구조적인 영향력은 사회적으로 공유되고 선택적인 지식의 근거, 목표, 규범, 가치와 그것들에 근거를 두고 있는 해석의 얼개의 발전을 함의한다. 따라서 매체 권력은 세계에 일어나고 있는 일들의 기술에

대체로 이 말은 부정적인 의미로 쓰이기 때문에 '틀에 가두기'라는 용어가 더 알맞을 듯하다. 레이코프의 책이 나라 안에 소개되면서 널리 쓰였는데 적절한 우리말 용어가 없이 그대로 쓰이고 있다.

서 대안의 정보원, 대안의 정보와 다른 적합성relevance을 배제함을 함의한다. 정부와/혹은40) 매체를 보유하고 있는 회사들은 그와 같은 대안 목소리들의 출간이나 방송을 효과적으로 통제할 수 있고 그에 따라 시민들의 정보 자유 예컨대 진보적인 매체를 금지하거나 방해를 하거나 주변화함으로써 이를 제한할 수 있다(Downing, 1984).41)

서구의 뉴스 매체에서 발견되고 있는 또 다른 특징은 제3세계 국가와 사람들에 대한 자민족중심의 묘사와 고정관념에 사로잡힌 묘사이다. 비록 언제나 제3세계에 대한 뉴스가 쿠데타와 지진이라는 낙인이 찍히지는 않지만(Rosenblum, 1981; Schramm and Atwood, 1981), 가난, (우리 유형의) 민주성의 결핍, 독재와 폭력, 시민전쟁, 기술적 결함과 문화적 결함(현재 이슬람과 매우 관련성이 높은 보도에 대해서는 Said, 1981을 참고할 것)과 같이 부정적이지 않으면 일반적으로 고정관념에 들어 있는 사건이나 행위 주체들 몇몇에만 분명하게 초점을 맞추고 있다. 다우닝(Downing, 1980)은 제3세계 지도자들은 잘난 체하는 방식으로 묘사되며, 혼자 힘으로 말할 수 있도록 허용되지 않는다는 점을 발견하였다.

이는 소수민이나 소수 인종, 그리고 서구의 나라와 그 나라의 매체에서 그들이 제시되는 경우에도 마찬가지이다. 하트만과 하즈번드(Hartmann and Husband, 1974)는 인종차별주의와 언론에 대한 그들의 고전적인 연구에서 영국 언론에 나오는 내용에 대한 분석을 통해,

---

40) 이 표현은 영어에서만 나타나는데 and/or 선택과 포함을 동시에 나타낸다. 이 글의 문맥에서 1 and/or 2는 '1과 2 또는 1 혹은 2'를 동시에 나타낸다.

41) 정부나 정권에 의한 언론 자유의 제한이나 언론 통폐합은 우리나라에서 낯설지 않다. 이승만 정권에서부터 시작하여 박정희 정권, 전두환 정권을 거치면서 이런 모습들이 되풀이되었다.

(제3세계) 입국이민자들이 단순하게 복지 부정행위를 하는 사람이나 범죄자가 아니면 문제적인 인종, 우리가 가치를 부여한 자원들(공간, 일터, 집, 교육)을 위협하는 사람으로 주로 묘사되고 있다는 결론을 내렸다. 네덜란드 언론에 대한 질적인 연구에서 저자[42]는 이와 비슷한 증거를 발견하였다(van Dijk, 1987c). 네덜란드에서 소수민 집단(인도네시아와 수리남과 같은 이전의 식민지에서 온 사람들, 지중해 연안 나라로부터 온 입국이민 노동자들)은 신문의 칼럼이나 뉴스 취재 구역에 일상적으로 접속하거나 접근하지 않으며 매체를 보유한 회사에 거의 고용되지 않는다. 그들이 어떻게든 묘사된다면 화제는 고정관념에 사로잡혀 있거나 부정적이며 입국이민으로 인한 어려움이나 불법성에 초점을 맞추고 인식되어 있는 문화적 차이를 강조하고 그것들에 엮이어 결과로 나타나는 문제들, 언어 문제와 교육의 문제, 집을 얻고 일자리를 얻기 위한 그들의 경쟁,[43] 비합법적이거나 범죄에 가까운 행위들 침범, 폭력, 약물 남용과 같은 주도적인 개념을 중심으로 하는 경향이 있다(Hall et. al., 1978도 참고할 것). 편견에 빠져 있지 않고 인종차별주

---

[42] 반 데이크(2014/2020: 345~361)에서는 입국이민자와 소수인종에 대한 지식을 어떻게 다수의 인종을 차지하는 선주민들이 습득하는가를 보기 위해 네덜란드 사람, 캘리포니아 사람들의 입국이민자에 대한 인식을 보여주는 자료들을 질적으로 분석하고 있다. 그리고 라틴계 미국인이 주도적인 담화에 맞서는 인식을 보여주는 자료도 제시하고 있다.

[43] 이민을 둘러싼 갈등의 주된 이유는 표면적으로 내세우는 사회문화적 요인이 아니라 경제적 요인, 특히 일자리와 관련된 이유가 큰 비중을 차지한다고 사회학자들은 지적한다. 즉 이민자들이 노동 시장에서 노동 공급을 늘리면 그 결과 임금이 하락하여 기존에 거주하고 있던 사람들의 경제적 상황이 악화될 것이라는 단순한 추론에 바탕을 두고 있다. 피상적으로 보면 그렇기도 하지만 반드시 그런 것은 아니다. 이민자 유입이 임금을 하락시키는지의 인과 관계는 이민자 유입 정도와 임금 추세에 상관관계가 나타나는지 보는 것만으로는 밝혀낼 수 없다고 보는 것이 일반적이다. 2021년 노벨 경제학상을 수상한 데이비드 카드 등이 쿠바의 정치 변혁에 따른 미국으로의 대규모 이민에 대해 수행한 연구에 따르면 이민자 유입이 현지인의 임금에 미치는 영향은 전반적으로 매우 작았다고 지적하였다.

의자가 아니더라도 이와 같은 자민족중심의 묘사는 담화 구조의 모든 수준에서, 즉 표제, 뉴스 보도에서 관련되는 위계구조44)를 포함하여 말투와 수사에서 찾아낼 수 있다. 집단의 권력에 관련되는 이와 같은 표현들은 고급 언론과 텔레비전에서 매우 미세하며 간접적일 수 있다는 점에 주목할 필요가 있다. 공공연하게 인종차별주의를 남용하는 사례는 예외적이다. 오히려 인종에 관련되는 속성과 상황은 인종에 관련되는 편견이 자라는 과정에서 독자들에게 그 구성요소나 논거로서 사용될 수 있는 방식으로 기술된다. 이런 결과들은 다른 서구의 나라에서 매체에 나타나는 인종차별주의에 관련되는 대부분의 연구에서 발견되는 일반적인 결론들과 일치한다(Ebel and Fiala, 1983; Hartmann and Husband, 1974; Merten, 1986; Troyna, 1981; Wilson and Gutiérrez, 1985; 또한 Smitherman-Donaldson and van Dijk, 1987에 있는 논문들도 참고할 것).

다양한 종류의 외집단에 대한 보도에서 통사 구조와 관련되는 말투의 중요한 특징은 의미역45)과 사회적 역할의 표현에 대한 여러 연구에서 나타난다. 파울러 외(Fowler, 1979)는 런던에서 일어난 인종 소요racial disturbance에 대한 영국 신문의 보도를 연구하였다. 그들은 다양한 세력들

---

44) 잘 알려있듯이 우리나라에서 기사는 기본적으로 표제, 부제, 전문으로 이뤄진다. 이런 구조는 여기서 언급하고 있듯이 기자로서 전문직을 배울 때 또는 중·고등학교 학교교육을 통해 배울 때 습득된다. 또한 이런 구조는 서구 중심의 관례이다. 한편 텔레비전 뉴스는 '주요 뉴스 제목-간추린 내용-세부 내용'으로 제시되는데 주요 내용은 보통 자막과 함께 보도되는 관례를 따르고 있다.

45) 의미역은 서술어와 관련된 문장 성분들의 의미역 관계와 관련된 개념인데 행위주역, 대상역과 같은 필수논항에 관련되는 의미역과 도구역과 같은 수의적 논항을 구분하고 이를 통해 문장 성분의 의미역할을 밝혀내기 위해 등장한 개념이다. 이는 통사이론과 의미이론을 연결하는 관점으로서 의미가 있다. 비판적 담화 연구에서는 행위나 대상역theme이 분명히 통사 구조를 통해 실현되어야 하지만 의도적으로 이들을 감추고 있거나 부각시키고자 하는 점을 밝혀내는 데 이용할 수 있다.

로 이뤄진 참여자들을 보여주는 신문의 이념이 이 문장 구조에서 제시 되는 방식에 있음을 발견하였다. 그런 제시 방식에서 능동적인 행위 주체로서 주어 위치에 나타나거나 혹은 수동태 문장에서 뒤에 나타나 거나 함축된 행위 주체이지만 행위주 생략으로 나타난다.[46] 그들은 정부 당국이 부정적인 행위와 관련될 때 뒤의 자리에 놓이거나 간단하 게 생략되는 경향이 있음을 발견하였다. 그와 반대로 뒤의 자리에 일반적으로 놓이는 소수자들은 의존적인 통사 위치에 나타나는데 일 반적으로 부정적인 행위주가 되자마자 첫 번째 주어 자리를 차지한다 (또한 Fowler, 1985; Kress, 1985; Kress and Hodge, 1979도 참고할 것). 이런 방식으로 내집단이나 선민들의 부정적인 특징들은 약화시키고 외집 단의 부정적인 특징들은 강조한다. 이런 행위는 편견과 집단 상호작용 인식에 대한 사회심리학 이론과 일치한다(Hamilton, 1981; Tajfel, 1981; van Dijk, 1987a).

저자는 네덜란드 언론에서 인종 집단에 대한 뉴스 보도에 나오는 표제들의 분석에서 그리고 네덜란드로 난민으로 입국한 사람들에 대 한 저자의 연구에서 그러한 결론에 이르렀다(van Dijk, 1987e). 내집단 의 관점, 자민족 중심주의와 집단 권력은 결과적으로 밑바탕에 있는 의미론적 표상에 대한 통사적 형식(≒구조)에 영향을 미친다. 더 나아 가 다우닝(1980)은 그런 한쪽으로 치우친 표상은 제3세계 사람들에 대하여 그러한 것처럼, 서구 국가에서 소수자에 대해서도 마찬가지이 다.[47] 사익스(Sykes, 1985, 1987)는 영국에서 소수민에 공식적인 (복지)

---

46) 이런 경향은 페어클럽(Fairclough, 2001/2011; 2003/2012)에서 여러 차례 지적된 내용이 다. 특히 가장 전달력이 높은 표제에서 두드러진다.

47) 반 데이크(2014/2020: 355~359)에서는 서구 유럽뿐만 아니라 라틴아메리카와 같은 곳에 서도 백인 중심의 사회로서 소수자에 대한 차별과 멸시가 널리 퍼져 있음을 보여준다.

담화에 대한 연구에서 비슷한 결론에 이르렀다. 문장의 통사 구조는 흑인 청년의 의존성과 수동성을 암시하며 그들의 능동적인 주도 능력의 품질을 떨어뜨린다는 것이다.

대중 매체에서 나타나는 인종차별주의와 관련된 다양한 연구의 중요성은 집단 권력과 조직 권력 사이의 흥미로운 상호작용을 보여준다는 데 있다. (대부분 남성인) 백인 기자들은 매체 기관의 전문가 대표로서 그리고 동시에 주도적인 집단, 백인 집단, 서구인 집단의 구성원으로서 쓰게 된다. 이런 입장은 그들의 사회적 인식을 형성하고 그에 따라 외집단에 대한 그들의 정보를 처리한다. 사회적 지위와 사회적 인식은 그들로 하여금 많은 저항과 연구들이 있음에도 불구하고 비교적 힘이 적은 소수민 집단과 인종 집단에 대하여 고정관념에 치우친 방식이나 심지어 부정적인 방식으로 쓰기를 통해서 그리고 계속해서 쓰기를 통해 그들의 권력을 행사할 수 있도록 해준다. 그들은 인종차별주의자가 아니라면 일반적으로 자기도 모르는 사이에 그렇게 할 수 있으며 그와 같은 보도가 인종중심주의라는 흑인 연구자나 백인 연구자와 인종 집단에 의해 끌어낸 결론을 거의 대부분 강하게 거부할 것이다.

매체 권력의 영향력은 또한 인종 집단에 대한 태도 형성과 지식을 위해 사람들이 사용하는 정보의 원천에서도 나타난다(Hartmann and Husband, 1974). 암스테르담에서 '외국인' 이웃에 대한 의견과 같이 지낸 경험에 대하여 저자가 모은 면담 자료에서 이들은 종종 인종 집단에 대한 편견을 정당화하기 위해 사용하는 것으로 보인다(van Dijk, 1987a). 고정관념을 담고 있는 매체 주제들은 또한 일상의 대화에서 주도적인 주제가 되는 듯하다. 매체가 다루고 있는 다양한 담화에서 [그 정보가: 뒤친이] 흐릿할 때에도 그들이 소통하는 정보는 그럼에도 불구하고 현존하는 인종차별주의적 태도를 굳건하게 하고 발전시키는 데 사용된다. 이와 같은 점은 다른 선민들이나 권력 집단 이를테면 국가 조직에 의해서 이뤄지는 인종차별주의 담화의 경우에도 일반적으로 마찬가지이다(Reeves, 1983).

이와 같은 결론은 노동자 계급, 여성(특히 남녀평등주의자), 젊은이, 시위하는 사람들, 불법거주자들, 펑크족과 차별을 받고, 주변화되며, 종속되어 있고, 고정관념의 피해를 받지만 반대 세력을 위한 것으로 보일 수 있는 여러 형태의 저항에 참여하기도 하는 모든 사회 집단에도 유효하다(Cohen and Young, 1918; Halloran, Elliott and Murdock, 1970; Tuchman, Daniels and Benet, 1978; van Dijk, 1987c도 참고할 것).

영국의 노사 갈등에 관련된 텔레비전 뉴스에 대한 일련의 연구에서 글래스고우 대학의 매체 연구소Glasgow University Mass Group(1976, 1980, 1982)는 이 갈등에서 중요한 참여자들의 제시가 고용주를 미세하게나마 옹호하고 있으며 그에 따라 파업 노동자들에게는 부정적인 경향이 있다는 결론을 내렸다. 이와 같은 편견은 시간에 흐름에 따라 그리고 면담의 유형을 통해 만들어졌다. 즉 고용주들은 조용한 배경에서 그리고 주도적인 자리에서 이를테면 그들의 사무실에서 이뤄지는 경향이 있는 반면, 파업 노동자들에게 어떻게든 면담이 이뤄진다면 파업 노동자들이 늘어선 줄picket line에서 시위 소음이 가득한 상태에서 질문을 던졌다. 사진기의 각도와 위치, 시민들이 파업에 대하여 문젯거리와 연관시킨 주제 또한 매체가 지니고 있는, 파업에 대한 반대 관점을 드러낸다. 어휘 선택은 파업 노동자들을 요구하는 존재로 제시하는 반면 정부나 고용주들은 제안하거나 혹은 통제를 하는 존재로서 좀 더 긍정적으로 제시된다. 노동자들은 좀 더 자세하게 특정의 조건에서 그들의 노동을 바친다고 언급되지 않는다. 뉴스 산출과 정보원 접촉, 면담, 제시하기, 인용, 주도적인 화제, 연상과 말투에 관련된 이와 같은 특징들과 많은 다른 특징들은 매체 자체의 이념을 포함하여 관련된 사회적 지위와 이념적 자리를 미묘하게 전달한다.

뉴스에 관련되는 결론은 광고와 같은 다른 매체에도 유효하다. 여기서 회사와 광고 대행사는 공공의 소비를 위해 설득적인 담화의 생산에서 권력을 결합한다. 뉴스에서 회사에서 제시하는 것과 달리 광고에서 이들의 대중에게 보여주기는 있을 수 있는 영향력으로 구매된다. 대중들에 의한 저항의 힘은 많은 능수능란한 수단에 의해 줄어들 수 있다(Percy and Rossiter, 1980). 그러나 뉴스 보도와 마찬가지로 광고는 사회적 권력 구조와 이를테면 여성이나 흑인에 대한 고정관념을 재생산하는 경향이 있다(Culley and Bennet, 1976; Dyer, 1982; Greenberg and Mazingo, 1976; Goffman, 1979; King and Stott, 1977; Manstead and McCullogh, 1981; Tuchman, Daniels and Bent, 1978; Wilson and Gutiérrez, 1985). 이런 얼개 안에서 고프만(Goffman, 1979)은 종속의 의례화ritualization of subordination를 언급하였다. 광고는 노출과 의견을 통제하는 동안 대중의 주의를 끌며 동시에 비완결성, 새로움, 흐릿함, 반복과 긍정적인 자기 제시라는 복잡한 전략들을 통해 권력을 숨긴다.

9.13. 교과서

대중 매체와 마찬가지로 교육 담화는 다양한 영역으로부터 권력을 끌어낸다. 대부분의 글말 유형과 달리 교과서들은 의무적으로 많은 사람들에게 읽히는데 이는 그들의 권력에 관련되는 중요한 두 번째 조건이다. 지침을 전달하는 대화와 함께 교과서는 정규 교육을 받는 동안 모든 시민들에게 폭넓게 사용된다. 그런 배움 자료에 의해 표현되고 전달되는 지식과 태도는 가장 영향력 있는 집단과 사회 구조를 이루는 기관의 이익이 아니라면 여기서도 주도적인 여론을 반영한다. 실현되어야 하는 교과서와 교육거리들이 원칙적으로 공공의 이익에 이바지해야 하기 때문에 '논쟁적일' 수 없다. 다른 말로 한다면 대안을 제시하거나 비판적이거나 급진적인 목소리들은 일반적으로 검열을 받거나 순화된다(McHoul, 1986).

많은 연구들은 대부분의 교과서들이 세계에 대하여 그리고 다른48) 사람들뿐만 아니라 소수민 집단에 대하여 국가주의적 관점, 자민족 중심주의적 관점, 인종차별주의적 관점을 재생산하고 있음을 보여준다(Ferro, 1981; Klein, 1986; Milner, 1983; Preiswerk, 1980; van Dijk, 1987d). 이러한 관찰은 뉴스 매체 분석으로부터 나온 관찰과 낯이 익다. 이들 [다른 사람들뿐만 아니라 소수민: 뒤친이]은 지나치게 적게 소개되고, 침묵을 지키며, 고정관념에 매여 있다. 소수자 집단과 그들의 역사와 문화는 무시되는 경향이 있으며, 소수의 고정관념에 매인 문화적 차이들이 강조되고 때로 우리의 집단, 국가, 문화가 지니고 있는 속성과 부정적으로 대비된다. 비록 문화적 차별과 자부심이 모든 혹은 대부분의 집단이나 문화, 나라들의 특징일 수 있지만, 서구의 주도권이나 백인의 주도권은 우리의 우위에 있는 기술, 문화와 정치 제도에 대해 특별하게 주목함으로써 제시된다. 제3세계 국가들과 (흑인) 소수자들은 원시적이고, 게으르며, 멍청하지 않다면 우리의 위치나 발전과 비교할 때 결함을 지닌 존재로 묘사된다. 동시에 주도적인 백인 집단이나 서구 세계는 구호나 복지나 기술적인 조언을 통해 이런 사람을 도와주는 부담을 지고 있다. 교과서들 사이에 변이가 있지만 (그리고 몇몇

---

48) 이념과 관련하여 '우리(we, our, us)'와 대비되는 '타자(they, others, their)'를 가리킨다.

나라에서 어린이용 도서의 이런 속성들이 천천히 바뀌고 있는 듯하지만)
이런 메시지가 서구 세계의 여러 나라들(과 일본)에서 역사 교과서와
지리 교과서, 사회 교과서와 언어 교과서를 주도하고 있다. 교사에
의한 반대를 위해서는 정보의 다른 원천에 대한 접속이나 폭넓은 지
식을 필요로 한다. 그리고 이미 있는 교육과정이나 전통으로부터 벗
어날 수 있는 자유도 (일반적으로 제약을 받지만) 필요하다. 따라서 매체
와 함께 교과서와 다른 교육 자료들은 사회에서 상징적인 권력과 교
과서의 재생산, 권력의 정당화와 관련된 핵심을 이룬다(Bourideu, 1984;
Bourdieu and Passeron, 1977).

10. 마무리

이 장에서는 사회 권력과 담화 사이의 관계 몇몇을 살펴보았다. 일반
적으로 권력을 지닌 사람들을 위해서 이뤄지는, 다른 집단이나 사람
의 인지와 행위에 대한 집단 중심의 통제 혹은 기관 중심의 통제라는
관점에서 사회 권력에 대한 일반적인 분석으로 시작하였다. 일반적으
로 권력이 커짐에 따라 이 권력에 지배를 받는 사람들의 자유는 줄어
든다. 이런 상호작용은 특정의 사회 영역으로 제한되며 권력을 지니
고 있는 사람에게도 영향을 미친다. 동시에 권력의 행사는 저항으로
이어지며 반대되는 세력의 실력행사로 이어진다. 사회 권력을 집단이
나 기관의 기반, 주도권, 영향력의 범위와 정당화의 관점에서 더 분석
하였다. 이 장에서 분석되지 않는 개인적인 권력은 때로 이런 형태의
사회 권력을 강조하고 고려할 수도 있다. 실제로 몇몇 여성들은 그들
의 남편을 지배하고 몇몇 학생들은 그들의 교사를 주도하고, 몇몇

어린이들은 그들의 부모들을 주도한다. 그리고 그 반대로 모든 의사나 남성이 의사나 남성 우월자인 것은 아니다. 이런 개인적인 차이가 있음에도 불구하고, 사회에서 담화와 권력 관계에 관련되는 좀 더 일반적이고 구조적인 속성들에 초점을 맞추었다.

입말과 글말은 권력의 행사에서 핵심적인 역할을 하는 듯하다. 따라서 담화는 명령을 내리는 화행을 통해 그리고 법률이나 규정, 지침과 같은 유형의 글말을 통해서 권력을 직접적으로 그리고 강압적으로 규정한다. 권력은 또한 권력을 지닌 주체나 그들의 행위와 이념에 대한 표현, 기술, 정당화의 형태에서 그러한 것처럼 담화에서 좀 더 간접적으로 드러날 수도 있다. 담화를 통해 권력은 종종 직접적이거나 간접적으로 설득력을 지니며 그에 따라 이유나 논거, 전제[49]나 본보기 혹은 수신자가 바람직한 정신 표상을 수립할 가능성을 끌어올릴 수 있는 다른 수사적 수단을 중요한 특징으로 한다. 권력을 숨기는 한 가지 중요한 전략은 권력을 가지지 않는 사람들의 이익을 위하는 행위를 원하고 있다고 그들을 설득하는 것이다.

담화를 통해 권력은 담화 그 자체의 통제에도 개입한다. 그런 통제는 누가 어떤 맥락에서 말하는가, 소통의 수단과 다양한 유형의 소통에 누가 접속하는가, 그리고 어떤 수신자에게 전달할 것인가 하는 점에 관련된다. 저자는 담화가 미치는 범위와 권력이 미치는 범위 사이에 직접적인 상관관계를 찾아내었다. 권력을 가지지 않는 사람들은 일반적으로 오로지 일상의 대화에 대해서만 통제력을 지닐 수 있으며 공식적인 담화와 매체 담화의 수동적인 수신자에 지나지 않을

---

49) 페어클럽(2014/2020: 462~470)에서 전제를 다루면서 담화의 실제 해석이 담화와 공동 맥락에 달려 있고 그에 따라 담화를 통한 상호작용과 공동 배경의 역동적인 전개에 딸려 있다고 하였다.

뿐이다. 권력을 지닌 사람들은 다양한 대화, 특히 인쇄된 담화의 공식적인 형태를 수단으로 쓰며 원칙적으로 이들은 대규모 집단에 전달될 수 있다. 그렇다면 권력의 행사에서 중요한 점은 지식과 믿음에 대한 교묘한 관리, 믿음에 대한 한 발 앞선 공식화preformulation, 반대 이념에 대한 검열을 통하여 사회적 인지의 형성을 통제하는 일이다. 이런 표상들은 권력에 대한 규정에서 사회 권력 그 자체와 담화의 이해와 생산, 담화의 사회적 기능 사이에 인지적인 연결을 형성하는 데 본질적이다.

권력과 담화 사이의 연결에 대한 좀 더 일반적인 분석을 배경으로 이 책에서는 담화와 권력의 핵심적인 미시 단위, 즉 일상적인 대화, 법정의 재판, 교실수업 대화와 같은 소통에 대한 분석에 초점을 맞추었다. 최근의 연구를 검토하면서 저자는 권력이 다양한 갈래의 입말과 글말에서 화행, 발언권 교체, 주제 선택, 말투와 수사법과 같은 다양한 차원에서 어떻게 표현되고 기술되며, 보여지고, 정당화되는지 들여다보았다. 기관 맥락의 권력이 전문가나 전문직에 의해 고객에게 행사되는 다양한 방식에 특별히 관심을 기울였다. 그리고 여성과 소수자들이 뉴스 보도, 교과서와 광고와 같은 기관 맥락의 대화와 매체에 등장하는 덩잇글에서 권력의 전략에 의해 지배되는 방식에 관심을 기울였다. 이런 방식으로 소통은 권력이 행사되는 여러 차원에서 구조화되며 동시에 기관의 권력뿐만 아니라 성별, 인종, 계층의 권력도 그렇게 구조화될 수 있음을 발견하였다.

여기서 이뤄진 이론적 분석과 관점을 통해 권력의 직접적인 형태이든 간접적인 형태이든 권력은 담화 안에서 그리고 담화에 의해서 행사되고 재생산된다는 점을 보여준다. 입말과 글말, 즉 소통 없이 사회에서 권력은 행사되고 정당화되기 힘들다. 권력은 그것을 유지하고 재생산하는 지식과 믿음, 이념을 전제로 한다. 담화는 구조적으로 모든 사회 구조적 수준, 차원, 맥락에서 재생산을 위한 이런 본질적인 조건들을 보여주고 소통한다. 이 장은 이런 과정의 얼개를 제시하였다. 더 많은 이론적 연구와 경험적 연구가 담화를 통한 권력의 재생산과 행사에 관련되는 세부적인 내용을 채우기 위해 필요할 것이다.

제3장 담화, 권력과 접속

1. 권세의 차원

비판적 담화 분석CDA: critical discourse analysis에서 중요한 과업 가운데 하나는 담화와 사회 권력 사이의 관계를 설명하는 일이다. 좀 더 구체적으로 말한다면 그와 같은 분석은 어떻게 권력 남용이 자행되며 주도적인 집단이나 기관의 입말과 글말에 의해 재생산되고 합법화되는지를 설명하고 기술하여야 한다. 담화를 통한 주도권과 불평등에 대하여 그와 같은 설명의 얼개 안에서 이 장은 그와 같은 권세의 중요한 차원, 즉 담화에 대한 **접속**의 유형에 초점을 맞춘다.

공공 담화의 접속과 소통수단의 접속에 관련되는 속성에 대한 비판적 분석은 권세에 관련되는 정치적 측면, 경제적 측면, 정치적 측면과 같은 좀 더 일반적인 측면들에 대한 통찰을 전제로 한다. 이 장은 단지 이 폭넓은 개념 얼개의 간명한 얼개만을 제시할 뿐이다. 다수의 철학적이고 이론적인 복잡성에 대한 자세한 논의는 접어둔다면 이 얼개의 중요한 가정들은 다음과 같다(Clegg, 1989; Lukes, 1974, 1986; Wrong, 1979를 참고하기 바란다).

1. 권력은 사회 집단이나 기관, 조직들 사이에 있는 관계의 속성을 지닌다. 따라서 여기서는 개인 사이의 권력이 아니라 사회적 권력만을 고려한다.
2. 사회 권력은 다른 집단(의 구성원)의 행위나/와 마음에 대한 어떤 집단이나 조직(의 구성원들)에 의해 행사되는 통제의 관점에서 자리매김된다. 따라서 타자의 행위의 자유를 제한하거나 지식이나 태도, 이념에 영향을 미친다.
3. 어떤 특정 집단이나 기관의 권력은 분산될 수 있고, 경찰, 매체, 법이나 명령, 교육이나 사업과 같이 특정의 영역이나 범위로 제한될 수 있다. 그에 따라 권력의 서로 다른 핵심부가 있게 되고 그와 같은 핵심부를 통제하는 선민 집단들이 있게 된다.
4. 권세는 여기서 사회 권력의 남용이라는 형태로 이해한다. 즉 자신의 이익을 위하여 법적으로나 도덕적으로 타자에 대한 통제력을 불합리하게 행사하는 것으로서 사회적 불평등을 가져온다.
5. 권력은 부나, 일, 지위와 같은 사회적으로 가치가 매겨진 자원들에 대한 특권을 부여받은 접속에 근거를 두고 있다. 아니면 공공의 담화와 소통 도구의 접속에서 우선적으로 접속할 수 있는 권리에 근거를 두고 있다.
6. 사회 권력과 권세는 좀 더 효과적으로 통제하고 권력 재생산 방식이 일상화되도록 조직화되고 제도화되기도 한다.
7. 권세는 거의 절대화되지 않는다. 때로 점진적이고 지배를 받는 집단의

저항에 맞닥뜨릴 수도 있고 반대 세력을 만날 수도 있다.

이 장에서 논의를 위해 권세와 권력에 대한 이런 짤막한 자리매김에서 한 가지 요소를 강조하는 것이 중요하다. 그것은 말하자면 통제의 **인지적** 차원과의 관련성이다. 권력은 이를테면 흑인 청년에 대한 경찰의 폭력에서 그러한 것처럼 힘의 남용이 관련되어 있고 특정 집단의 행위의 자유를 제한하는 데 그치지 않을 뿐만 아니라 좀 더 중요한 것은 사람들의 마음에 영향을 미칠 수 있다는 것이다. 말하자면 공공의 담화와 소통의 수단에 대한 통제와 특별한 접속을 통해 주도적인 집단이나 기관은 이러저런 방식으로 입말과 글말의 구조에 영향을 미칠 수 있고 그 결과 수신자들의 지식과 태도, 규범, 가치와 이념은, 다소 간접적으로 영향을 받기는 하지만, 주도적인 집단의 이익 안에 있다.

민주주의 사회에서 현대의 많은 권력들은 지휘나 명령, 협박이나 경제적 제재와 같은 명시적인 발표를 하는 것과 같이 (힘의 행사를 통해) 강제적이거나 자극적이기보다는 설득적이고 교묘하게 행사된다. 분명히 담화는 타자에 대한 동의의 제조[1]를 하는 데 핵심적인 역할을 한다(Herman and Chomsky, 1988). 그에 따라 비판적 담화 분석의 중요한 임무는 집단의 **사회적 인지**에 영향을 미치는 이런 과정에 관련되어 있는 정확한 인지 구조와 전략들을 연구하는 일이다(사회적 인지에 대한 세부내용들은 예컨대 Fiske and Taylor, 1991을 참고할 것). 일반적으로 말해서, 여기서 관련되어 있는 것은 주제 구조, 표제, 말투, 수사학적 비유, 의미론적 전략 등의 사용을 통해 사회에서 일어나는 일에

---

1) 1988년에 나온 헤르만과 촘스키의 책 제목이기도 하다.

대한 **정신 모형**mental model의 조종이다(자세한 내용들은 van Dijk and Kintsch, 1983; van Dijk, 1990을 참고할 것). 독자나 청자가 그러한 설득적인 메시지에 반대하기 위해 대안이 되는 정보 혹은 정신 자원에 접속할 수 없다면 그와 같은 조종의 결과는 특정의 상황에 대하여 **선호되는 모형**preferred model의 형성(예컨대 인종 폭동)으로 이어질 수 있다. 이는 결국 (흑인이나 젊은이에 대하여) 좀 더 일반화되고 선호되는 지식과 태도나 이념으로 일반화될 것이다.

2. 담화와 접속

담화를 통한 권력과 권세의 재생산에서 중요한 한 가지 요소는 담화와 소통에 관련되는 일에 대한 접속 권한 바로 그것이다. 이런 관점에서 볼 때 담화는 권력의 토대를 형성하며 불평등하게 배분된 접속 권한이 있고 가치가 매겨진 다른 사회적 자원과 비슷하다. 예컨대 모든 사람들이 평등하게 매체나 의료 담화, 법률 담화, 정치 담화, 행정 담화나 학술 담화에 접속할 수 있지는 않다. 즉 다음과 같은 복잡한 질문에 내포되어 있는 의미를 탐구할 필요가 있다. 누가 어떤 사람에게 무엇을 언제, 그리고 어떤 맥락에서 말할 수 있거나 쓸 수 있는가 혹은 누가 다양한 수신자 예컨대 전달을 받는 사람, 청중, 구경꾼, 엿듣는 이로서의 **역할**2)을 지니고 그와 같은 소통에 참여할 수 있는가 하는

---

2) 듣는 이의 역할에 대한 구분을 위한 기준을 이 책에서는 제시하지 않고 있다. 듣는 이의 역할은 청자와 협력적인 관계에 있는가 그렇지 않은가에 따라 구분될 수 있다. 이와 관련되는 개괄적인 설명은 반 데이크(2014/2020)의 15쪽에 있는 뒤친이 각주 15)를 참고하기 바란다.

문제 말이다. 접속 권한은 담화의 주제나 언급 대상으로서, 즉 누구에 대해서 쓰거나 말하는가 하는 관점에서도 분석될 수 있다. 사회적 자원으로서 이런 여러 참여자들의 역할에 따라 더 많은 접속을 할수록, 더 많은 사회 권력과 대응한다. 다른 말로 한다면 담화의 접속 권한에 대한 측정은 사회 집단과 그 구성원들의 권력에 대한 충실한 지표들이 될 수 있다.

담화에 대한 접속의 유형과 전략들은 모든 사회 영역과 기관, 직업, 상황과 갈래에 대하여 실질적으로 분명하게 해석이 가능하다. 그에 따라 정치 영역에서 오직 장관들만이 국무 회의[3]에 능동적으로 접속할 수 있고 의원들만이 국회 토론에 그렇게 할 수 있다. 비서관이나 사무관은 국무 회의에 수동적으로 접속할 수 있는데 말하자면 받아 적거나 명령을 수행하는 사람으로서 그들의 역할 안에서 그렇게 할 수 있다. 국회가 공개된 기간에 대중들은 수동적으로 접속할 수 있지만, 오직 청자로서만 (혹은 엿듣는 이로서) 그렇게 할 수 있다. 접속의 비슷한 유형이 사업체에서 있는데 이사회나 고용인과 피고용인 사이의 상호작용에서 그러하다.

교육에서 교사들은 일반적으로 소통에 관련되는 일들을 통제하고 말할 차례를 배분하며, 그렇지 않다면 교육 담화에 특별한 접속권을 갖게 되고 그에 따라 교육 담화를 통제할 수 있게 된다. 반면에 학생들은 원칙적으로 교실수업에서 말하도록 요청을 받거나 말을 할 때에만 발화에 접속할 수 있다. 어떤 경우에는 역시 다른 영역에서 그와 같이 제한된 접속은 자발적일 수 있고 다른 경우에는 의무적일 수 있다.

---

3) 정치 체제에 관련되는 용어들이 나라마다 조금씩 다르다. 여기서는 cabinet meeting을 우리나라의 실정에 맞추어 각료 회의라고 뒤치지 않고 국무 회의로 뒤친다. parliaments도 영국 등의 나라에서는 의회이겠지만, 우리나라의 입장에서는 국회가 알맞을 것이다.

예컨대 학생들이 시험을 칠 때 시험 질문에 답을 해야 하며, 시민들이 청문회에서 말하도록 주문을 받을 때 경찰의 심문에서 피고인이 말하도록 주문을 받거나 법정에서 그렇게 할 때 그러하다. 이와 비슷하게 **진료**를 할 때 의사들은 환경(시간, 장소, 환경 등 오직 예약일 때에만 가능)과 화제(진료 관련 문제만 가능), 말투와 같이 대화의 많은 부분들을 통제할 수 있다.

가장 중요하고 명백한 것은 대중 **매체**에 접속하는 유형들이다. 누가 기자들에 우선적인 접속권을 지니고 있는가, 뉴스 보도에 누가 면담을 하고 인용되며 기술될 것인가, 그에 따라 누구의 의견이 대중에게 영향을 미칠 수 있는가? 말하자면 대중 매체에 대한 접속을 통하여 주도적인 집단은 대중에 접속하고 그에 따라 부분적으로 통제할 수 있다. 편집자에게 보내는 편지를 제외한다면 대중은 일반적으로 독자나 시청자로서 수동적으로 매체에 접속한다.

끝으로 일상적인 **대화**에서 나이, 성별, 계층, 교육이나 권세와 차별을 규정하는 다른 기준에 바탕을 둔 접속의 서로 다른 문화적 유형들이 있을 수 있다. 여성들은 남성들보다, 흑인들은 백인들보다, 젊은이는 어른들보다 접속권을 덜 가질 수 있는 것이다.

따라서 각각의 사회 영역과 직업, 조직과 기관의 경우 관련되어 있는 다양한 사회 집단에 대하여 담화와 소통을 위한 **접속의 전략과 조건**의 틀이 있고 이들에 대한 얼개들을 그려볼 수 있다. 어떤 환경에서 누가 무엇을 어떻게 누구에게 말하거나 쓸 수 있는가 하는 문제 말이다.

3. 접속의 유형 분석

여기서 형식을 갖추지 않고 논의한 사례들은 다양한 사회적 역할이나 기관 맥락의 역할, 성별, 나이, 지위, 맥락이나 주제의 속성에 따라 서로 다른 접속의 유형을 보여준다. 접속에 관련되는 그와 같은 조건들과 전략들을 좀 더 명시적으로 살펴보기 위해 어느 정도 분석을 위한 구분을 할 필요가 있다. 비록 담화와 권력의 연구에서 알맞은 개념이지만 접속은 다소 흐릿한 개념이고 그에 따라 좀 더 구체화가 필요하다. 이 개념은 소통을 주도하는 방법, 참여의 방법뿐만 아니라 담화에서 발언권 교체, 말하는 차례, 주제나 지시대상이나 화제로서 참여자들을 제시하는 방법과 관련이 있다. 접속의 이런 차원들에 대해 짤막하게 논의하기로 한다.

3.1. 계획하기

담화에 대한 접속 계획하기는 이미 주도하면서, 즉 소통을 준비하거나 계획하면서 시작된다. 의장은 모임을 소집할 수 있으며, 판사는 법정에 나오라는 영장을 발부할 수 있고, 교수는 시험을 치기로 결정할 수 있다. 그와 같은 계획은 일반적으로 배경(시간, 장소)에 대하여 그리고 발화의 안건뿐만 아니라 초대되는 참여자들이나 나오라는 지시를 받을 사람들에 대한 결정을 함의한다. 진료나 교육을 위한 만남에서 환자나 학생들은 주도를 할 수 있지만 의사와 교수들이 일반적으로 그 배경을 결정한다. 그와 같은 점은 대부분의 고객과의 만남이나 정부 부처의 담당자와 접촉에서도 그러하다. 매체와의 접촉에는 뉴스 행위주체의 상대적인 지위와 권력, 기자들이 일반적으로 누가 누구를 접속할지 그리고 누가 기자 회견에 접속하거나 누가 면담을 할지 결정한다.

3.2. 배경 맞추기

서로 다른 참여자들에 의해 통제될 수 있는 소통에는 배경에 관련되는 많은 요인들이 있다. 먼저 누구를 참석하도록 하거나 의무적으로 참석하게 하는지 어떤 역할을 맡게 할지를 의장이나 상호작용을 통제하는 다른 힘 있는 참여자들이 결정할 수 있다. 이미 입말과 글말의 시간, 장소와 환경이 이와 비슷하게 힘 있는 행위주체에 의해 통제될 수 있음을 알고 있다. 또한 거리나 자리, 권력을 보여주는 소품의 출현(긴 의자와 판사의 복장, 경찰 관리의 제복, 의장을 위한 책상의 상석)과 같은 다른 환경들도 서로 다른 참여자들에 대한 다른 유형들과 관련될 수 있다.

3.3. 소통 통제하기

접속과 관련된 핵심적인 형태는 발화와 입말의 다양한 차원들을 통제하기 위한 권력으로 이뤄진다. 어떤 방식(입말, 글말)의 소통이 사용될 수 있는가/사용되어야 하는가, 누구에 의해서 어떤 말(주도 집단의 언어나 표준어 혹은 방언 등)이 사용될 수 있는가/사용되어야 하는가, 어떤 담화 갈래가 허용되는가, 어떤 유형의 화행이 허용되는가, 말할 차례에서 누가 시작하거나 중단시킬 수 있는가 하는 문제들이 있다. 따라서 법정에서 피고인은 표준어를 사용하여야 하며, 질문에 (그리고 오직 말하도록 요청을 받을 때에만) 답하여야 하고 논의되고 있는 주제에 대하여 말하여야 한다. 그리고 공손하고 경의를 표하는 말투를 써야 한다. 비슷한 제약들이 회사에서 부하들이나 학교에서 학생들에게 남아 있다. 말하자면 입말과 글말의 모든 수준과 차원에서 서로 다른 기관에서 참여자들이 지닌 권력이나 사회적 권력의 함수 관계에 따라 의무적이거나 선택적인 접속이나 우선적인 접속권이 있을 수 있다. 혹은 그와 같은 권력이나 권세는 서로 다른 사회적 상황에 관련되는 다양한 형태에 따라 서로 다른 유형의 접속을 통해 실행되고 굳건해지며 재생산될 수 있다. 따라서 명령이라는 화행에 대한 접속권을 지니고 있다는 것은 화자의 사회적 권력을 전제로 할 뿐만 아니라 그것을 실행하고 굳건하게 해준다.

3.4. 작용의 범위 통제와 청중 통제

공식적인 모임, 회의나 토론과 같은 대화에서 개최자나 참여자들은 특정의 참여자들을 참석하도록(혹은 참석하지 않도록) 허용하거나 요구할 수 있고 듣고/듣거나 말하도록 요구할 수 있다. 내용이나 말투에 대한 통제를 넘어 화자들은 청중들을 통제할 수 있다. 말하자면 담화 접속권은, 특히 공공의 담화 형태에서 대부분은 청중의 접속을 함의한다. 공적인 모임이나 대중 매체를 통한 모임에서 담화와 참여자 혹은 청중에게는 다소간의 권력이 작용하는 범위가 있다.[4] 중요한 신문이나 텔레비전 연결망에 대한 온전한 접속은 또한 대규모의 청중을 함의하는데 분명히 『뉴욕타임즈』나 CBS으로의 접속은 지역의 신

---

4) 페어클럽(2003/2012: 39)에서는 이를 제도적 위상institutional position이라고 불렀다. 듣는 사람이든 말하는 사람이든 사회적 지위나 신분을 갖고 있으며 이것이 담화의 생산과 수용에 영향을 미치기 때문에 이를 언급하고 있다.

문이나 지역 라디오 방송에 대한 접속보다 더 많은 권력이 있음을 알려준다. 이는 작가, 교사, 교수나 정치가들에 대해서도 청중의 상대적인 크기에 관련하여 해당된다.

담화에 관여하는 청중들의 규모에 따른 접속의 범위가 권력에 관련되는 중요한 기준이기는 하지만 청중들의 마음이 성공적으로 접속된다면 통제가 좀 더 효력이 있다.

화자가 정신 모형과 지식, 태도에 영향을 미칠 수 있고 결국 수신자들의 이념에 영향을 미칠 수 있을 때 그들은 간접적으로 미래의 행위도 통제할 수 있다. 말하자면 다른 사람의 행위에 대하여 정신을 통해 이뤄지는 통제는 권력의 궁극적인 형태인데, 특히 조종의 경우에서 그러한 것처럼 청중들이 거의 깨닫지 못할 때 그러하다. 실제로 앞에서 논의한 배경, 상호작용이나 화제와 말투와 같은, 대부분의 담화에 대한 접속과 소통에 대한 접속의 형태는 결과로 형성되는 마음의 변화가 권력을 지닌 사람들이 선호하는 쪽으로 좀 더 일반적으로는 그들의 이익을 위해 참여자들, 수신자들 좀 더 넓게 청중들의 마음에 대한 통제를 위해 맞추어질 것이다.

3.5. 접속의 기준을 아우르기

다양한 갈래의 접속에 대한 논의에 이어 이제 담화나 소통에 관련되는 각각의 갈래에 대하여 그리고 사회 집단이나 기관에 대하여 담화와 사회 권력 사이의 관계를 설정하는 다양한 접속 유형을 밝혀낼 수 있게 되었다. 법정 재판에 대해서 다음과 같은 접속의 개념틀을 상세하게 밝힐 수 있는데 앞에서 격식을 갖추지 않고 논의한 것처럼 그와 같은 재판에서 어떤 측면을 누가 통제하는가에 기대고 있다(이 개념틀은 온전하지는 않은데 대화의 세부내용들에 대해서는 Atkinson and Drew, 1979; 말투에 대해서는 Erickson et. al., 1978; O'Barr, 1982; 특정의 갈래5)에 대해서는 Wodak, 1985를 참고할 것. 모든 변이형태와 통제는 발화 상황과 법적 맥락에 관련되는 사회문화적 제약에 의해 전체적으로 제약을 받고 있다는 점을 주목하기 바람).

시작: 재판관

배경(시간, 장소, 참여자들): 재판관, 검사, 변호사

소통

참여자들: 재판관(이를테면 재판관은 검찰측의 증인을 배제할 수 있음)

발언권 할당과 배분: 재판관

말하는 순서(개정 선언과 폐정 선언): 재판관

발화 행위

    판결, 선고, 명령, 요청, 질문, 선언: 재판관

    판결: 배심원(특히 영국과 미국의 법 체제 안에서)

    기소, 고소, 질문, 선언: 검사

    변호, 요청, 질문, 선언: 피고측 변호인

    선언(질문에 대한 답으로서): 변호인, 증인

화제(들): 재판관, 검사, 피고측 변호인

말투: 재판관

기록: 서기

청중/범위: 직접적인 경우는 일반적으로 작고, 매체에 의해 중계될 때는 큼.

결과: 피고인에게는 심각할 수 있음(재산, 자유, 생명을 잃음).

---

5) 원문에 gene으로 나오는데 genre가 잘못 인쇄된 듯하다. 유전자가 아니라 갈래일 듯하다.

이와 반대로 (판사로서) 접속의 범위와 유형을 분석함으로써 판사와 같은 전문 직업인이나 사회 집단의 권력을 검토해 볼 수 있다. 그리고 그들이 법정 재판에 관련되는 거의 대부분의 속성들을 통제한다는 것을 알게 된다. 그러나 (중요한) 재판은 일반적으로 매체에 의해 보도가 되고, 비록 그와 같은 접속이 전체적이지는 않더라도 판사들 또한 앞에서 기술한 것처럼 비교적 쉽게 매체에 접속할 수 있다. 판사들은 재판에 대하여 말하거나 쓴 것을 정확하게 통제하지 않을 수도 있는 것이다(Anderson et. al., 1988; Chibnall, 1977; Graber, 1980; Hariman, 1990). 비록 판사의 일반적인 접속 범위와 영역이 오직 법률 영역일 뿐이고 (예컨대 판결문을 쓸 때) 일반적으로 법률 담화이며 좀 더 구체적으로 재판에 관련되지만, 판사들이 강의를 하거나 교재를 쓸 때 교육이나 조사연구에 접속할 수 있는 권한이 있다. 혹은 그들이 지니고 있는 법률적인 전문성이나 영향력 때문에 위원회나 평의회의 구성원으로 임명될 때 정치학이나 재정학에 접속할 권한이 있다. 요약하자면 판사들은 그들이 지니고 있는 상대적 권력에 대응하여 중간 정도의 접속 권한을 지니고 있는 듯하다. 그러나 원칙적으로 그들은 자유, 심지어 삶과 죽음에 대하여 결정을 하는 유일한 사람들이기 때문에 다른 모든 면에서는 보통인 그들의 권력의 결과는 막대할 수 있다. 말하자면 상고심에서 대한 판사와 대법원 판사의 경우, 특히 낙태나 시민의 권리와 같은 국가 전체에 영향을 미치는 중요한 사회 정치적 문제를 결정하는 마지막 표현일 수 있다. 실제로 법적인 영역에서 그들의 담화는 법일 수 있다.

어느 정도 강력한 대통령이나 장관, 의회나 국회 구성원들, 주교나 사제들, 최고 경영자, 교수, 신문사 편집자, 노동조합 지도부뿐만 아니라 권력 계층의 더 낮은 수준에 있는 사람들, 즉 보통의 시민들, 관료들,

경찰들, 교사나 가게 주인들이 지니고 있는 권력의 영역 각각에 대하여 비슷한 분석을 할 수 있다. 한편으로 권력(그에 따라 사회적으로 가치가 있는 자원에 대한 접속) 사이에는 일반적으로 밀접한 상호의존성이 있어야 하며 다른 한편으로 조건과 구조적 속성, 담화의 결과의 접속, 그리고 통제 사이에도 그러해야 한다는 것이 여기서의 주장이다. 다른 말로 한다면 만약 담화 접속이 권력을 재는 도구라면 비판적 담화 분석은 사회적 권세와 정치적 권세를 평가하는 중요한 진단 도구가 된다.

4. 담화, 권력과 인종차별주의

앞에서 제시한 것으로서 담화를 통한 사회 권력의 유형과 접속의 유형에 관련되는 분석을 더 선보이기 위해 끝으로 사회 권력이 주도권의 중요한 한 영역, 즉 백인(유럽인) 집단에 의해 소수 인종이나 난민, 혹은 다른 입국이민자들에 대해서 실행되고 합법화되며 재생산되는 방식을 어느 정도 자세하게 살펴보기로 한다.

이 논의의 배경을 구성하는 실증적인 자료들은 1980년 이후 암스테르담 대학에서 수행된 저자의 연구로부터 나왔는데 그 연구는 인종차별주의와 담화에 대한 포괄적인 연구거리였다(van Dijk, 1984a, 1987a, 1991, 1993a). 이 조사연구에 연구된 다양한 담화들은 일상의 대화, 고등학교 교과서, 언론사의 신문, 의회 토론, 자연과학 담화와 기업체 담화들이었다.

여기서 논의의 주제는 인종-민족적 권세, 즉 인종차별주의가 어떻게 다수 집단과 소수 집단에서 거주와 일자리, 주거, 교육이나 복지에 대한 차별적인 접속만이 아니라 담화 접속의 차별적인 유형을 통해 재생산되는가를 보이는 것이다. 이런 권세는 두 가지 형태를 취한다. 한편으로 주도적인 백인 집단의 영역 안에서 인종차별주의와 인종에 대한 편견이 담화를 통해 재생산되는 형태로 나타나고 다른 한편으로 소수자와 다수인 집단 사이의 대화에서 일상적인 인종차별주의의 형태(이를테면 비방, 무례함, 근거 없는 규탄)로 나타난다(Essed, 1991).

그와 같은 주도적인 담화에서 전략의 하나는 이를테면 인종차별주의나 차별에 대한 부정을 통하여 혹은 계층, 문화적 차이나 입국이민자들의 지위에 대한 특별한(독특한, 일시적인) 결론에 기댄 재정의를 통하여 혹은 인종에 상관없는 불평등 때문에 현재의 상태를 자연스럽다거나, 공정하며, 불가피하다, 심지어는 민주적이라고 설득력 있게 자리매김하는 것이다. 그런 주도적인 담화가 설득에 성공하거나 속임수로 성공하는 것은 부분적으로 그런 담화의 접속에서 반복 유형 때문이다. 말하자면 권력을 지닌 대부분의 선민들은 백인이고 그들의 권력은 대중매체, 정치적 의사결정 담화, 관료들의 담화와 입법 체계라는 매체에 대한 접속에서 우선권을 갖는다. 즉 소수자 집단과는 대조적으로 주도권은 이들에게서 겹쳐 있다. 소통 수단과 같은 상징적 자원을 포함하여 사회적 자원에 특권을 가지고 있으며 접속 권한을 가지고 있는 집단은 백인이다. 다른 한편으로 권력을 가진 백인 선민들은 백인 집단 구성원들의 차별적인 관례들에 관련되는 정신 조건들(편견, 고정관념, 이념들)에 설득력 있는 영향력을 통해 추가적으로 백인 집단을 대체로 통제한다.

반대 상황이 소수 인종 집단에 대해서 성립한다. 이들의 예속은 (일반적으로) 더 낮은 계층적 지위로 악화된다. 말하자면 그들의 접속 부족은 인종이나 민족에 따른 배제에 의해 한정될 뿐만 아니라 가난한 백인과 공유하고 있는 훌륭한 교육, 지위, 고용이나 자본에 대해 계층에 따른 접속도 부족하다. 제한된 사회경제적 접속과 상징적(담화를 통한, 소통을 통한) 접속으로부터 비롯되는 배제와 주변화는 상세한 설명이 거의 필요 없다(자세한 설명은 Essed, 1991; Jaynes and Williams, 1989 참고할 것). 따라서 소수자들이나 입국이민자들은 위에서 분석한 것처럼 일반적으로 다음에 있는 중요한 소통 맥락에 거의 접속할 수 없다.

- 특히 국가 차원의 의사결정, 정보, 설득, 입법에 관련되는 정부의 담화와 입법 담화
- 높은 수준의 정책 결정과 정책 수행에 관련되는 관료들의 담화
- 중요 뉴스 매체의 대중 매체 담화
- 학술적 담화 혹은 자연과학적 담화
- 회사 담화

4.1. 정치학

특히 유럽에서 실제로 어떤 소수자 집단 구성원도 정부의 일원이 아니며 오직 극소수의 사람만이 입법부의 일원일 뿐이다(영국의 사례는 Solomos, 1989를 볼 것). 네덜란드와 같은 몇몇 나라에서 소수자들은 네덜란드 국적을 갖지 못하지만 5년 동안 살면서 지역 선거에 능동적이거나 수동적으로 접근할 수 있다. 따라서 이를테면 프랑스나 독일에서는 소수자들의 (최소한의) 목소리는 시 의회에나 들을 수 있으며 작은 특권이 철저하게 차단되어 있다. 소수 인종자들의 규모 때문에 미국에서는 소수자들의 정치적 대표자가 있으며, 그에 따라, 이를테

면 소수자의 인구가 많은 시에서는, 특히 지역 수준에서 정치적 의사 결정에 접속할 수 있다(Ben-Tovim et. al., 1986; Jaynes and Williams, 1989; Marable, 1985). 그러나 대부분의 인종 정책들이 국가 수준이거나 연방 수준이기 때문에 자신들의 지위에 관련되는 좀 더 영향력 있는 담화에 사실상 배제된다. 다른 한편으로 소수자들은 정치 담화의 빈번한 화제이지만 이런 수동적인 형태의 접속은 그들에 의해서는 거의 통제되지 않는다. 그들은 실질적으로 정치 담화에서 이런 표상에 아무런 영향을 미치지 못하는 셈이다.

4.2. 매체

대중 매체에 대한 소수자들의 접속은 자신들의 상황에 대한 공개적인 자리매김에 참여하기 위한 결정적인 조건이다. 일반적으로 많은 기자들이 자유롭게 자기를 규정함에도 불구하고 소수자들이 접속할 수 있는 매체의 부족은 백인 선민들의 상징적 주도권이 지니고 있는 공공연한 속성들 가운데 하나이다(Hujanen, 1984; Mazingo, 1988; 소수자의 매체 참여, 1983; Wilson and Gutiérrez, 1985). 유럽에서 실제로 소수민 출신 기자는 없으며 통제를 할 수 있는 편집자는 아예 없다. 주요 신문사들은 형식적으로 한두 명의 소수민 출신 기자가 있지만 경신이 안 되는 계약직이거나 자유 계약직이다. 미국조차 51퍼센트의 신문사에는 소수자 출신의 기자가 없으며 고위직으로 승진은 악명높게도 불확실하다. 텔레비전 방송국에는 오직 형식적으로 몇몇의 (매우 온건한) 소수자가 접근할 뿐이다. 그 결과 보도국 운영진은 실제로는 거의 백인이며 이는 당연히 뉴스 생산, 문체, 정보원 접근과, 뉴스 담화나 텔레비전 볼거리에 대한 보편적인 관점에서 심각한 결과를 초래한다

(Hartman and Husband, 1974; Martindale, 1986; Smithermand-Donaldson and van Dijk, 1988; van Dijk, 1991).

게다가 제한적인 경제력과 사회 권력 때문에 소수자 집단과 기구들은 기자 회견, 보도 자료, 대외 홍보 부서와 같은 조직화된 매체 접속을 위한 일반적인 조직이 없다(Fedler, 1973). 이와는 반대로 대부분의 백인 기자들은 관례적으로 선호하는 (백인) 기관들에 알려져 있다(Tuchman, 1978). 그리고 일반적으로 백인 기자들은, 특히 소수자들이 주도적인 백인 선민들을 비판할 때 소수자들이 덜 믿을 만하다고 인식하게 된다. 백인 기자와 소수자들의 정보원 사이에 소통 문제와 문체에서 차이가 소수자들의 매체에 대한 접근을 더 제한할 수 있다(Kochman, 1981).

매체에 대하여 다수의 선민과 소수자들 사이의 차별적인 접속은 뉴스 보도의 구조에 대한 차별적인 접속도 초래한다. 뉴스의 주제와 쟁점에 대한 선택과 드러냄은 백인 가운데 정치적 선민, 기업의 선민, 사회적 선민이나 학문적 선민들과 그들이 몸담고 있는 기관에서 선호하는 고정관념에서 나온 것과 부정적인 것들이다. 따라서 입국이민이라는 문제는 종종 침해로 규정되고 근본적으로 문젯거리로 규정된다. 드물게 그 나라의 경제와 문화에 기여로 환영받을 뿐이다. 범죄와 마약, 폭력과 문화적 일탈이 인종에 관련되는 뉴스 보도에서 선호되는 또 다른 화제이다. 그와 반대로 상황의 규정에 소수자들의 제한된 접근으로 인해 소수자들과 직업적으로 관련되는 화제와 주제는 덜 취재되거나 덜 도드라진다. 차별과 인종차별주의, 경찰의 무자비함, 일자리 부족, 소수자들 교육의 실패, 비참한 작업 환경 등과 같은 사례로, 특히 백인 선민들이 이런 상황을 비난할 때 더욱 그러하다. 다른 한편으로 소수자들을 위해 긍정적인 행위로 규정되는 백인 선민들의 행위들은 일반적으로 도드라지게 취재된다. 남-북 관계의 보도처럼 그들에 대한 우리의 도움이 매우 보도 가치가 높은 주제이다. 따라서 뉴스의 선택과 드러냄은 다수인 뉴스 행위자와 소수인 뉴스 행위자 사이의 차별적인 접속과 관심, 관점과 직접적인 함수인 셈이다.

이와 비슷하게 기자에 대한 접근의 부족으로 인해 실제로 그러한 것처럼(van Dijk, 1991), 소수민 화자가 다수자인 백인 화자보다 덜 인용된다. 어떻게든 그들이 인용된다면 그때에는 다수의 관점이나 의견을 공유한 온건한 대변인이 인용되거나 혹은 조롱이나 공격을 불러일으키기 위해 극단주의자가 인용될 것이다(Dowing, 1980). 좀 더 일반적으로 종교나 예술, 민속, 문화와 같은 부드러운 주제나 덜 위험한 주제에 대해 특별히 소수자들이 인용된다. 또한 다수 집단의 화자와 달리 소수자들은 혼자 말하는 일이 거의 허용되지 않는다. 주류 사회와 그 선민들에 대한 소수자들의 고발은 어떻게든 인용이 된다면 결코 그냥 넘어가지 않는다.

뉴스 보도의 모든 차원과 속성에서도 비슷한 내용을 관찰할 수 있다. 표제 내용과 통사 구조는 고의적으로 우리를 옹호하고 그들을 문제시한다. 이는 또한 어휘 선택 방식(이를테면 소동 대신에 폭동), 수사적 차원에서 부인과 다른 의미론적 조처(우리는 터키에 대해서 거스르지 않았지만, 그러나 …이나 우리 사회는 관용적이지만, 그러나 …)뿐만 아니라 다른 담화 속성들도 마찬가지이다. 그에 따라 전체적으로 그들의 부정적인 행동은 좀 더 도드라지게 되는 반면(이를테면 주제화나, 일면 보도, 표제, 수사적 강조) 우리의 부정적 행위들은 부인, 완곡어법, 완화된 표현이 부정적인 자기 표현을 회피하는 전략으로 덜 강조한다(van Dijk, 1991; 1992). 인종 사이의 관계에 대한 대안적인 정보 원천이 부족하기 때문에 많은 백인 독자들의 태도와 모델에 대한 그와 같은 일상적인 보도의 효과는 예측 가능하다. 널리 퍼진 편견과 외국인 혐오증이 그것이다. 따라서 소수자들과 그들의 대표자들은 널리 퍼져 있는 편견과 고정관념의 확인으로 정확하게 규정되는 항의와 파괴적인 행동에 의하지 않는다면 일반 대중에게 접속할 권한이 거의 없다.

4.3. 학계|academia

교육에 대한 접속과 학문 담화에 대한 접속에서도 비슷한 반복 유형을 언급할 수 있다(자세한 내용은 van Dijk, 1993a 참고할 것). 소수자들은, 특히 유럽에서 일반적으로 대학에 거의 접근할 수 없다. 자신들에 대한 인종 관련 연구에서조차 학문 담화에 대한 능동적인 통제에 훨씬 덜 접근한다. 예컨대 네덜란드에서 모든 인종 연구 가운데 95퍼센트 이상이 백인인 네덜란드 연구자들에 의해 수행된다. 그리고 훨씬 더 많이 네덜란드 사람의 지도 아래 있다. 인종 관련 학부는 대체로 백인들로 구성되어 있다. 그런 인종 관련 연구는 놀랍게도 대중 매체의 주제와 비슷하다. 문화적 차이, 일탈, 범죄, 교육 문제 등이 그런 주제이다. 일반적으로 늦게 나타나지만 고등학교 교과서는 소수자들에 대해 널리 퍼져 있는 학문의 고정관념을 재생산하고 있다. 당연히 매체는 그 다음에 청소년 범죄조직, 마약, 범죄나 젊은 입국이민 여성들의 문화적인 문제와 같이 널리 퍼져 있는 고정관념에 딱 들어맞는 조사연구 결과들에 특별히 관심을 기울일 것이다.

차별과, 특히 인종차별주의와 같은 비판적인 쟁점들은 언론에서 파헤치는 동안 거의 연구되지 않는다. 게다가 이런 문제에 대한 소수의 연구들은 무시되고 부인되며 주변화되고 비실증학문이라거나 정치적 학문으로 공격을 받는 경향이 있다(Essed, 1987).

따라서 인종 집단 그리고 그들의 학문적 엘리트조차 사회과학에서 인종에 관련되는 상황을 자리매김하는 방식에 접근하지 않거나 통제에서 벗어나도록 하고 있다. 이런 연구의 상당 부분이 국가 정책을(그리고 매체 계정을) 위한 원천 자료로 사용되기 때문에 주도적인 백인 선민들이 권력의 지배적 토대와 지식과 믿음, 합의의 공정에 대한 접근을 막는 데 공동으로 공모하는지 살펴보아야 한다. 사회과학 전반에 실제로 아무런 영향을 미치지 않는 흑인 학술지의 작은 분야를 제외한다면 교육과정이나 학술지, 모임과 학문적 담화의 다른 수단들이 일반적으로 백인 학자들에 의해 주도된다는 데 더 이상의 논의가 필요하지 않다. 학문에서 정치적 정당성으로 규정되는 것에 대한 과장은 널리 퍼져 있는 학술 담화와 접속의 반복 유형에서 변화라기보다는, 특히 미국에서 소수자와 지역의 문화적 변화와 소수자의 저항에 대한 주도적인 백인 선민들의 지나친 반응을 반영한다(Aufderheide, 1992; Berman, 1992).[6]

4.4. 사업계

기업의 담화는 일반적으로 덜 공개되어 있으며 그에 따라 간접적으로 동의의 제조manufacturing consent[7]와 관련되어 있다. 그러나 결국 인종의 지

---

6) 학술 쪽의 연구에서 백인들의 기반 그리고 그들이 선택한 주제와 연구 영역에 대한 비판적인 접근이 이 책의 주된 방법이기 때문에 지나치게 부정적인 면이 도드라져 보인다. 그렇지만 잔혹한 군국주의 역사를 지닌 일본에서조차 그러하듯이 양심이 있는 지식인은 언제나 존재한다. 스티븐 핑커(S. Pinker, 2014/2014)의 표현대로 『우리 본성의 선한 천사』 (김명남 옮김, 사이언스북스)가 작동하는 현실은 있는 그대로 보아야 한다고 생각한다.

7) 원래 W. Lippmann(1922)의 책에서 유래된 용어로 Chomsky and Herman(1988)의 책 이름이기도 하다. 미국에서 대중 매체가 영향력 있고 강력한 기관으로 행세하는 현상을 꼬집는 말이다.

위와 관련하여 일정 부분 사회경제적 함의에 미치는 영향력을 통해 막대한 영향을 미친다. 만약 기업의 담화가 소수자의 높은 실업율을 피해자를 나무라는 투로 설명한다면(언어 결핍, 기술 부족, 낮은 교육수준, 근면하지 않음 등) 이 담화는 언론에 접속하고 정치적 의사결정에 쉽게 접속할 것이다(Fernandez, 1981; Jenkins, 1986; van Dijk, 1993a). 긍정적인 행위와 다른 형태의 사회적 책임에 대한 관리자의 담화는 경쟁에서 패배나 사회적 불공정 등과 같은 부정적인 속성들과 연관될 수 있다. 또한 기업의 주도적인 담화가 지니고 있는 이런 특징들은, 특히 유럽에서 이들의 관점을 강조하거나 되풀이하는 학술지나 정치가들을 통해 간접적으로 공개적일 수 있다.

극소수의 소수민자들이 지도적인 관리자의 입장에 있으며 그렇게 되었을 때 일자리를 잃고자 하지 않는다면 그들은 자신들이 속한 집단의 불평이나 주장에 대하여 지나치게 과격하게 말하지 않도록 다짐을 받는다. 따라서 소수자들은 기업의 주도적인 담화에 영향력이 거의 없다. 말하자면 먼저 고용과 사업과 재정에서 소수자들의 차별과 주변화의 기초가 되는 이념들에 용케 도전할 수 없는 것이다. 반면에 피해자를 나무라는 일은 백인 선민들에게 중요한 지배 전략이며 기업 담화에서도 그러하다. 차별의 부담은 앞에서 지적한 것처럼 곤경을 불러온 소수자를 (특히 흑인들을) 비난함으로써 뒤집어진다.

5. 몇 가지 사례

담화와 권력, 접속 사이의 관계에 대한 좀 더 이론적인 분석을 하고 인종과 관련한 담화에서 접속의 반복 유형들을 검토한 다음에 좀 더 구체적인 사례들을 끝으로 논의해 보기로 한다. 이런 사례들은 1986년 상반기 동안 영국의 신문에서 인종과 관련된 사태에 대한 보도에서 가져왔다. 이 기간 동안 많은 보도에서 새먼 라시디[Salman Rushdie8)]의 사태에 대해서 언론에서 일반적인 것처럼 불법적인 입국이민 사태를 다루었다.

5.1. 사례 1

『선[The Sun]』지는 입국이민에 대한 기사들 가운데 하나(1989년 1월 23일)를 다음과 같이 시작한다.

길을 잃다, 기식자들

Victor Chapple 기자

불법적인 이민에 대한 **기습적인 공격**을 정부에서 시작하였다. 외국인 기식자들을 대상으로 하는 직원들의 수가 **두 배** 이상이 될 것이며 가짜 유학생

---

8) Salman Rushdie. 1947년 인도 뭄바이의 무슬림 가정에서 태어난 살만 라시디는 영국으로 이주하여 케임브리지 대학 킹스칼리지에서 역사를 공부했다. 학교를 졸업한 뒤 1964년 파키스탄으로 가 짧은 기간 동안 텔레비전 방송국에서 일했다. 다시 영국으로 돌아온 라시디는 광고회사에서 카피라이터로 일하다가, 1975년 소설 『그리머스』로 문단에 첫발을 내디뎠다. 이후 두 번째 작품 『한밤의 아이들』(1981)로 세계 문학계의 주목을 받았다. 라시디 최고의 작품으로 꼽히는 이 소설은 그해 부커 상과 제임스 테이트 블랙 메모리얼 프라이즈를 수상하고, 1993년에는 지난 이십오 년간 부커 상 수상작 중 최고의 작품을 뽑는 '부커 오브 부커스'에 선정되었다. 1988년 출간한 『악마의 시』에서 이슬람교의 창시자인 무함마드를 부정적으로 묘사하고 그의 열두 명의 아내를 창녀에 비유한데다, 코란의 일부를 '악마의 시'라고 언급해 격렬한 논란을 불러일으켰다. 이 소설로 라시디는 세계적인 거장의 반열에 오르나, 무함마드를 모독하였다 하여 이 소설을 출간한 이듬해 이란의 이슬람 최고 지도자로부터 사형선고를 받았다. 이 사건으로 영국은 이란과 단교하고, 시디는 오랜 세월 암살 위협에 시달려야 했다. [네이버 지식백과] [Salman Rushdie](해외저자사전, 2014.5.)

들에 대한 **강경하고** 새로운 금지 조치가 계획되어 있다. 주된 표적은 젊은 이들을 등록시켜 주고 있지만 강좌는 제공하지 않는 허위 대학이다. 입국 이민 관리들이 지난 해 런던 동부에 있는 대학을 급습하였을 때 1,000명의 학생 가운데 990명이 영국에 있을 수 있는 자격이 없었다. 더글라스 허드(Douglas Hurd) 내무 장관은 영국에 머무는 동안 외국 방문자들이 학생 신분으로 바꾸는 일을 멈추는 법 개정을 고려하고 있다.

GET LOST, SPONERS

By Victor Chapple

A BLITZ on illegal immigration is being launched by the Government. The number of staff dealing with foreign spongers will be more than DOUBLED and TOUCH new curbs are planned against bogus overseas students. Key targets will be phoney colleges which enrol youngsters, but provide no courses. When immigration officers raided one in East London last year, they found that 990 of 1000 'student' had no right to be in Britain. Home secretary Douglas Hurd is considering law changes to stop foreign visitors switching to student status while here.

이 기사에 대한 큰 표제(23×3cm) 아래 정부의 계획에 대한 『선The Sun』지의 비평을 보여주고 있다. 이런 점은 대학과 학생들을 기술할 때 가짜bogus와 허위라는 낱말의 사용에도 나타난다. 이렇게 평가를 나타내는 용어들은 영국 정부나 더글라스 허드 내무 장관이 사용함 직하지 않다. 권력과 조직의 자율성 그리고 그에 따라 신문사들의 책임이 분명한 지점이 이런 곳이다. 그들은 독자에 영향을 미치기 위해 사용한 인종차별주의적 언어 표현으로 정치가들을 거의 비난하지 않는다. 접속에 대한 반복 유형으로 여기서 제시한 분석에서 보도 문체는 기자(Victor Chapple)나 『선The Sun』지의 편집자에게만 접근 가능하며 그에 따라 부정적인 다른 사람을 표현할 때 설득력을 가진다. 잘 알려진 인종 편견을 확인하는 데 직접적으로 이바지하는 표현은 입국이민자들을 영국의 기숙자라는 표현에 있으며 따라서 이 작은 판 신문tabloid의 책임의 범위 안에 있다.

그러나 동시에 한편에서는 언론 엘리트들 사이의 공모와 다른 한편으로는 정치적 선민들 사이의 공모를 강조할 필요가 있다. 결국 쓰여 있는 정책과 정치적 행위는 영국 당국에 대하여 있다. 그들이 불법적인 입국이민으로 규정한 것을 줄이려는 무엇인가를 할 것이라는 점이다. 그러나 이 작은판 신문은 그와 같은 행위를 보도할 뿐만 아니라 그것들을 지지한다. 그리고 그 근거들을 만들어내고 있다(학생들은 기식자들이기 때문에 추방될 것이다). 따라서 여러 가지 면에서 우익 언론들은 보수적인 입국이민 정책을 지지하는 한편 동시에 대중적인 수사(길을 잃다, 기식자, 허위 등)로 그것들을 틀에 가둬놓는다framing. 이런 수사는 그런 정책들이 대중의 요구에 부응하며 입국이민에 대한 분노를 불러일으키고 그에 따라 그것들을 합법화한다.

뉴스 생산자들이 사용한 표제의 문체(크기, 어휘화 등)와 기사의 나머지 부분의 문체에 대한 직접적인 접근 이외에 내무 장관이라는 주도적인 정치가에 대해 어느 정도 접근할 필요가 있다. 그의 행위들은 (긍정적으로) 취재되고 앞으로의 정책이 언급되고 있다. 여기서 인용되지는 않았지만 기사의 나머지 부분에서 스리랑카 출신의 난민 비라지 멘디스Viraj Mendis(활동가로 기술됨)에 대하여 인용하고 있다. 그는 어떤 교회에서 피난처를 구하였으나 경찰의 일시 검거에 걸려 체포되었고 영국에서 몇 년 동안의 저항 운동을 한 뒤에 추방되었다. 토리 당원의 일원으로서 더글라스 허드가 인용되고 있다. 이들은 모두 은신처인 교회의 조처에 대해 항의하였다. 그 교회는 여기서 언론에 아무런 접속도 하지 않는다. 말하자면 어떤 대변인도 인용되지 않고 있다. 비라지 멘디스는 별도의 작은 기사에서 영국 정부의 인종차별주의를 폭로하기를 원하는 사람으로 인용되고 그의 사진도 볼 수 있다. 그러나 그가 사용한 낱말은 허드의 낱말과 매우 다르다. 그 기사에서 그는 콜롬보의 상류 사교 모임에서 광천수나 홀짝거리는 사람으로 묘사되고 있다. 이는 그와 같은 상황에 있는 사람은 진짜 난민이 될 수 없고 따라서 그는 믿을 만한 화자가 아님을 함축한다. 이 작은판 신문이 멘디스 사건 동안 했던 것처럼 『선The Sun』지의 입장에서 영국 정부를 인종차별주의로 비난하는 바로 그 사실은 너무나 엉터리이기 때문에 그런 비난은 멘디스를 더 이상 믿고 말고 할 일 아니라는 것이다(비라지 멘디스 사례에 대하여 영국에서 우익의 보도 내용에 대한 좀 더 자세한 분석은 van Dijk, 1993b를 참고할 것).

요약하자면 여기서 여러 가지 접속 방식을 찾아낼 수 있다. 첫 번째로 매체 선민들의 접속이다. 작은판 신문의 기자와 편집자들의 접근으로 그들은 뉴스로서 가치가 있는 주제를 선택하고 문체와 수사, 전체 배열, 사진을 통제한다. 그에 따라 그들은 독자의 마음에 직접적으로 호소력 있게 접근한다.

두 번째로 정치적 선민으로서 그 주제에 접근하는 중심 인물로서 허드 씨의 접속이다. 인용과 작은판 신문의 시각적 형상을 통해 대략 5만 명의 영국인 독자들에게 읽힌다.

세 번째로 다른 정치가들의 접속이 있다. 허드 씨를 지지하면서(혹은 충분히 재빠르게 조처를 취하지 않은 그에게 다소 비판적일 수 있음) 토리 당원의 접근을 보여준다. 그에 따라 『선The Sun』지의 부정적 평가를 떠받치고 있다.

네 번째로 난민의 접속이 있다. 이 기사의 부차적인 주제에서 (그리고 관련되는 짧은 이야기의 중심 주제에 대한) 사진과 인용에 비라지 멘디스의 피동적인 접속이 있다. 그러나 그의 신뢰성을 무효로 하기 위해 부정적인 얼개에 묻어 버렸다.

5.2. 사례 2

다음의 사례도 『선The Sun』지에서 가져왔는데 며칠 뒤에 나온 기사이다 (1989년 2월 2일).

영국이 불법입국자 군대의 침공을 받다

『선The Sun』지 임시 뉴스

John Kay와 Alison Bower 기자

영국이 우리의 식당과 카페, 나이트클럽에서 약간의 수입을 얻기 위해 그렇게 극성스럽게 일자리를 구하는 터무니없는 입국이민자들의 파도에 침몰하고 있다. 출입국 관리들이 업무로 압도당하고 있다. 지난 해에 2,191명의 불법입국자들을 붙잡았고 본국으로 돌려보냈다. 그러나 선술집에 노예처럼 일하고 호텔 방을 청소하며 부엌에서 일하는 수천 명 이상이 있다. … 불법입국자들은 다음의 방법으로 몰래 움직인다.

- **속임** 출입국 관리들이 공항에서 물을 때
- **사라짐** 입국 비자가 무효화된 뒤
- **위조** 취업 허가와 다른 문서들
- **도망감** 출입국 구치소에서

BRITON INVADED BY AN ARMY OF ILLEGALS

SUN News Special

By John Kay and Alison Bowyer

Briton is being swamped by a allged immigrants so desperate for a job that they will work for a pittance in our restaurant, cafes and nightclubs.

Immigrant officers are being overwhelmed with work. Last year, 2,191 'illegals' were being nabbed and sent back home. But there are tens of thousands more, slaving behind bars, cleaning hotel rooms and working in kitchens⋯. Illegals sneak in by:

- • DECEIVING immigration officers when they are quizzed at airports.
- • DISAPPEARING after their entry visas run out.
- • FORGING work permits and other documents.
- • RUNNING away from immigrants detention centres.

여기서도 상당히 큰 표제를 볼 수 있는데 일반적으로 입국이민자들과 난민들과 연관된 세 개의 부정적인 표현 침공을 받다, 군대, 불법입국자로 대서특필한다. 증거 자료가 없는 입국이민자에 대한 이런 기술 방식은 앞에서 기술한 것처럼 대중들의 마음에 대한 접속에서 있을 수 있는 영향력에 맞도록 완전히 『선The Sun』지 기자의 통제(그리고 접속) 아래에 있다. 명시적으로 입국이민을 영국에 대한 폭력과 위협과 관련시키기 위해 침략과 군대라는 낱말의 의미론적 함의와 연관성에 주목하기 바란다. 그들에게 입국이민은 전쟁인 셈이다.9)

이는 임시 뉴스special news이기 때문에 책임은 그 신문사에게 있는 듯하다. 이전의 사례에서와 같은 정치적 사건으로 다루지 않고 뉴스거리가 될 만한 사건으로 다루지 않는다. 그러나 그들은 자사 기자들의 조사를 근거로 보도 내용으로 가져왔다. 그에 따라 신문사에 의해 구성된 사실들은 은유를 사용한 문체만큼이나 낯익고 그에 의해 난민들과 다른 입국이민자들은 상투적으로 나라를 침몰시키는 파도에 비교된다. 침몰시킨다는 표현은 낯설지 않다. 이 표현은 마가랫 대처10)가 수상으로 선출되기 전에 사용하였다. 그녀는 영국이 외부 문화를 지닌 사람들에 의해 다소 정신없게 될 것이라고 두려워하였다. 따라서 은유는 기자의 통제 아래 놓여 있고 온전하게 접속된다고 하더라도 거의 새롭지 않으며 입국이민에 대한 보수적인 인종차별주의자의 대화에

---

9) 이민 문제와 관련해서 제기될 수 있는 사회적·정치적·문화적 쟁점을 여러 매체에서 흔히 언급하고 있지만 그런 쟁점의 밑바탕에는 경제적인 문제가 깔려 있다. 정부 차원의 재정적인 지출뿐만 아니라 일자리의 수요 공급과 관련하여 현지인들의 임금 문제를 제기하기도 한다. 말하자면 경제가 활력을 잃고 있는 가운데 생산에 기여도가 낮은 노동의 공급이 늘면 전체적으로 임금의 하락과 같은 문제가 일어날 수 있다고 주장한다. 그렇지만 잘 알려진 것처럼 이민자 유입이 임금을 떨어뜨리는 주된 요인인지 하는 문제는 명확한 인과관계나 상관관계를 밝혀내기 쉽지 않다. 이민자 유입과 임금 변화를 알아보기 위해 손쉽게 쓸 수 있는 이중차분법과 같은 셈법도 연구자들 사이에 일치하지 않고 있다. 쿠바인들의 대규모 이민이 미국 현지인들의 임금에 미친 연구에서 2021년 노벨경제학상 수상자인 데이비드 카드 등은 그 영향이 매우 미미했음을 밝혀내기도 하였다.

10) Margaret Hilda Thatcher(1925~2013). 옥스퍼드대학의 서머빌 칼리지를 졸업하고, 1951년 데니스 대처와 결혼하여 쌍둥이 남매를 두었다. 1953년 변호사 자격을 취득, 1959년 보수당 소속으로 하원의원에 당선되었으며, 1961~1964년 연금·국민보험부 정무차관, 1970~1974년 교육·과학장관을 지냈다. 1975년 E. 히스를 물리치고 영국 최초의 여성 당수(보수당)로 선출되었다. 1979년 노동당의 L. J. 캘러헌 내각이 의회에서 불신임결의를 당하고 해산된 직후의 총선거에서 대처가 영도하는 보수당이 승리함으로써 영국 최초의 여총리에 취임하였다.

집권 후 긴축재정을 실시하여 영국의 경제부흥을 이룩하였고, 1982년의 포클랜드전쟁에서도 뛰어난 정치적 역량을 발휘하였다. 1983·1987년 실시된 총선거에서 보수당이 승리, 3기를 연임함으로써 영국 사상 최장기 집권의 총리가 되었다. 그 후 과감한 사유화와 노조의 와해, 교육·의료 등 공공분야에 대한 대폭적인 국고지원 삭감 등 획기적인 정책 추진과 독단적인 정부 운영 등으로 '철(鐵)의 여인'이라 불리게 되었다.

[네이버 지식백과] 마거릿 대처[Margaret Hilda Thatcher](두산백과 두피디아, 두산백과)

서 재고품일 뿐이다. 분명히 침략 당하다와 적이라는 사례에서 그러한 것처럼 불법입국자라는 파도에 침몰당하는 일은 이러한 문체의 주된 독자층인 영국의 (백인)에게 위협이나 마찬가지다. 기사의 나머지 부분은 같은 문체로 되어 있는데 이를테면 경찰의 행동들은 은밀한 노동력에 대한 사냥으로 부른다. 이는 그야말로 영국의 백인들을 지키기 위한 전쟁인 셈이다.

출입국 관리들은 이 기사에서 (수동적이고 지엽적인) 접속을 한다. 그리고 업무에 시달리는 존재로서 마땅히 동정을 받아야 하는 존재이다. 출입국 관리들이 불법이민자들을 추적하는 일을 완수하는 방법에 대하여 『선The Sun』지에서는 어떤 거친 말도 발견되지 않을 것이다. <u>한 모금의 음식을 얻기 위해 노예처럼 한다</u>는 것으로부터 추론될 수 있는 것처럼 입국이민자들에 대한 동정심을 암시하는 어떤 표현이 있을 듯하다. 동시에 기사의 나머지 부분의 문제는 입국이민자들에게 우호적인 기자들의 정서는 확고하지 않은 듯하다. 오히려 한 모금의 음식을 위해 일한다는 또한 입국이민자들이 어떤 임금이든지 주면 어떤 일도 할 것임을 함의하기 때문에 영국의 백인 노동자와 경쟁함을 함의한다. 따라서 그와 같은 표현은 '그들은 우리의 일자리를 **빼앗는다**!'는 인종차별주의자들의 낯익은 결론을 뒷받침한다. 실제로 기사의 어디에도 대부분의 영국 백인들이 그와 같은 일자리를 원하지 않는다고 강조된 바는 없다.

굵은 대문자와 주의를 끄는 큰 점으로 강조된 그 다음 부분은 입국이민자들의 속성으로 돌릴 수 있는 일탈, 폭력과 범죄의 다양한 형태를 요약한다. 그들은 거짓말쟁이이며 사기꾼이라는 것이다. 기사의 나머지 부분도 비슷하다(그들은 세금을 내지 않는다는 등). 그러나 또한 경찰의 불시 단속에 걸리는 일들에 초점을 맞춘다. 그러나 불법성의 초점은 고용주나 사업에 있지 않고 수준 이하의 임금을 지불하고 입국이민자들을 착취하는 다른 사람들에게도 있지 않다. 실제로 기사의 표제는 영국이 입국이민자를 착취하는 사업 깡패들에 의해 위협받는다가 아닌 것이다. 통사 구조에서 수동태의 사용은 불법적으로 고용하는 사람들을 숨기고 있다. 그들[출입국 관리들]은 불법적으로 고용되어 있는 위협적인 흑인들을 떠나가게 하는 일을 마쳤다에서 마지막 절은 불법적으로 고용하고 있는 행위주를 숨기고 있다. 권력 관계와 관련된 접근에 대하여 무엇보다도 먼저 (불법적인 고용을 하고 소수자들을 착취하는) 다른 사람이 아니라 임시 뉴스의 주제 선택에 책임이 있으며 문체가 어떤 기준(위협하고 범죄를 저지르는 사람으로 입국이민자들)에 맞춘 초점에 책임이 있는 『선The Sun』지의 기자(그리고 가능하다면 편집자)를 밝혀내야 한다. 말하자면 매체의 선민들은 이 덩잇글의 상당 부분에서 독점적이고 능동적으로 접근할 수 있으며 통제할 수 있다. 그리고 이런 점은 독자들의 마음을 조종하는 데에도 책임이 있다. 입국이민은 (기자들이 분명하게 말할 수 있듯이) 비난받을 사실이 아니지만 그와 같은 사실을 만들고 표현하며 설득력 있게 형식화하는 기자들의 방식이 비난을 받아야 하는 것이다. 동시에 뉴스에서 다른 행위주체들이 관련되어 있으며 접근할 수 있는 다양한 도구들이 있다. 예측할 수 있듯이 긍정적으로 제시된 출입국 관리들이 있다(인종에 관련된 우익의 보도에서 경찰관들은 인종 전쟁에서 용감하게 싸우는 사람들로서 언제나 영국인의 보호자로서 긍정적으로 제시된다). 이들 가운데 한 사람은 뒤에 인용된다. 뒤에 인용되는 부분은 독자들에게 얼마나 많은 불법 체류자가 있는지 그가 모른다고 말한다. 분명히 『선The Sun』지는 그것을 모르지만 관리들이 그들을 몰아내려는 노력이 점점 늘어나고 있다는 것이다. 앞에서 본 것처럼 고용주들은 문체의 특성에 따라

드러나지 않는다. 그들의 사업체가 급습을 당했을 수도 있지만 말 그대로 한다면 그림의 바깥에 있다. 거기서는 오직 (관리자들이 아니라 입국이민자들의) 불법만이 발견된다. 그럼에도 마지막 그리고 다른 별도의 기사에서 몇몇 고용주들은 이야기할 수 있다. 그들은 (유럽 연합으로부터 온) 합법적인 입국이민자들만을 고용하고 있다고 확신한다. 이는 『선The Sun』지에서는 전혀 의심스럽지 않은 것으로 제시되는 주장이다. 입에 풀칠하기 위해서 불법 입국이민자들이 일하고 있다는 사실에도 불구하고 이 기사에는 고용주들에 대해서는 어떤 부정적인 낱말도 발견되지 않는다. 반대로 그들은 때로 허위 증명서로 속임을 당하는 피해자로 표현된다.11)

요약하자면 이 임시 기사를 통해서 우리 혹은 우리의 사람들(관리들, 사업자, 영국인)이 결과적으로 긍정적으로 제시되고 침략하는 군대나 침몰시키는 파도에서처럼 그들은 부정적으로 제시된다. 『선The Sun』지의 표현대로 한다면 이 사람들은 잡아들여야 하고 출입국 관리들에 의해 추방되어야 하는 사람들인 셈이다.

접속의 유형(누구에 대해 쓰고 있으며 누구에게 말할 기회가 주어지는가, 누가 누구를 언급할 수 있는가, 누가 어떤 문체를 사용할 수 있는가 등)들이 인종 문제에 관련된 공개 담화에서 자기—표현 방식과 타자—표현 방식에 밀접하게 관련되어 있음을 알게 된다. 기자를 통해 언론에

---

11) 대한민국 법무부 출입국·외국인정책본부가 발표한 통계자료에 따르면, 2014년 말을 기준으로 대한민국 내 불법체류자는 모두 208,778명(남성: 139,251명/ 여성: 69,527명)이다. 이는 전체 국내체류 외국인 1,797,618명 중 약 11.61%의 규모이다. 이처럼 적지 않은 불법 체류자 혹은 이민자들이 종종 나라 안의 뉴스에 등장하는데 주로 보도의 초점이 그들이 고용주나 다른 사회주체로부터 받은 부당한 대우에 있는 것이 아니라 그들의 불법성에만 초점이 맞추어져 있다. 그런 점에서 이 책에 등장하는 사례와 별로 다르지 않음을 알 수 있다.

대한 접속하는 일은 집단 구성원으로서 자격을 전제로 한다. 집단에 속해 있는 사람, 특히 선민들은 더 많이 접속하고 동시에 좀 더 긍정적으로 제시될 수 있다. 그들에 대해서는 그 반대가 가능하다. 이 임시 보도에서 단 한 명의 불법 입국이민자가 인용된 것이 아니다. 그들의 관점에서 경험이나 배경이 관련되어 있지 않다. 외국 군대, 즉 적이라는 표현을 통해 한 사람을 이야기하는 것이 아니다. 끝까지 추적해야 하는 사냥감 가운데 어떤 한 사람인 셈이다.

6. 다른 사례들

비슷한 사례들을 많이 제시할 수 있다. 작은판 신문에서 대부분의 보도는 인종 문제를 대표하는 **우리-그들**의 도식과 함께 비슷한 전체 구조와 선택, 주제, 문체, 인용 전략을 지니고 있다. 우익의 작은판 신문에서 이는 그들(입국이민자들)은 다음의 전단 표제와 덩잇글 조각에서처럼 작은판 신문의 다른 친숙한 공격 목표인 정신 나간 좌파looney left의 그들과 연관되어 있다.

좌익이 불법 이민자들에게 2만 파운드를 건네다

(1989년 2월 6일) 『선The Sun』지

영국인이 되어라, 허드가 이민자들에게 말하다

내무 장관 더글라스 허드는 오늘 직접 영국의 75만 이슬람교도들에게 직접 경고할 참이다.

그는 그들에게 영국의 법률과 관습으로 살아가는 법을, 특히 그들의 아이들을 위해서 배워야 한다고 말할 것이다. 다른 방식이 공공의 분노와 사

회적 갈등을 되풀이하게 될 것이다

(1989년 2월 24일, 『데일리 메일Daily Mail』)

토리 당에는 인종차별주의란 없다, 대처의 말

(『데일리 텔리그랩Daily Telegraph』, 1989년 6월 23일)

LEFTIES HAND £20,000 TO ILLEGAL IMMIGRANT

(Sun, 6 February 1989)

BE BRITISH, HURD TELLS IMMIGRANTS

A DIRECT warning to Britain's 750,000 Moslems will be issued by Home Secretary Douglas Hurd today.

He will tell them they must learn to live with British laws and customs-particularly for the sake of their children. The alternative would be growing public anger and resentment social conflict. (*Daily Mail*, 24 February 1989).

NO RACIALISM IN TORY PARTY, SAYS THATCHER(*Daily Telegraph*, 23 June 1989)

따라서 처음의 표제에서처럼 입국이민자들과 좌익은 작은판 신문에서 폭로한 허위라는 익숙한 비난을 공유한다. 납세자들의 돈은 종종 강조되는 것처럼 정신 나간 좌익에 의해서 혹은 그 운영 계획에 따라 허비되는 것으로 제시된다. 이는 많은 작은판 독자층에서 분명히 인기 있는 주제이다.

두 번째 사례에서 내무 장관 허드는 이민과 인종 문제에 책임자인

데 여기서는 다시 그가 하게 될 연설에 대한 설명과 함께 나타난다
(어떤 뉴스는 과거가 아니라 가까운 미래에 대하여 있다). 그리고 이는
3cm 높이의 대문자로 큰 표젯거리가 된다. 즉 라시디 사건Rushdie affair이
있은 뒤 이슬람교도들이 위협적이지 않다면 이슬람교도들은 온정주
의에 바탕을 둔 정치적 행위의 만만한 대상이며 (우익 작은판 신문사뿐
만 아니라) 자신들 사이에서 모든 이슬람교도들을 급진적인 근본주의
자로 연결하는 언론사의 만만한 대상이 되었다. 만약 문화적 자율성
이 때로 서구 정부의 공식적인 정책이었다면 『데일리 메일Daily Mail』지
에서 강조하고 허드가 말하고 있는 낱말들은 인종과 관련된 정책의
실제적이고 동화주의적인 목적에 대하여 의심의 여지가 없다. 우리
게 적응하고 그렇지 않으면 떠나라라고 말하는 셈이다. 나쁜 일은
상당수의 작은판 신문 보도와 기사에서 그러한 것처럼 입국이민자들
이나 소수자들이 (폭동에서처럼) 법률을 어기는 것으로 혹은 문화적
적응이라는 규범을 침해하는 것으로 표현되자마자 (심한 경우 파시즘
신봉자처럼) 대중적인 분노가 어떤 위험으로 비춰진다는 것이다. 냉소
적이지 않다면 반어적으로 이런 분노가 작은판 신문 그 자체에 의해
만들어지고 제공된다는 점을 깨달아야 한다. 이와 비슷하게 인종 갈등
이라는 위협은 백인 인종차별주의자가 아니라 입국이민자들에게로
돌아온다는 것이다. 이는 책임 소재를 밝힐 때 떠넘기기라는 익숙한
전개 전략이다.

　세 번째 사례는 자명하다. 영국의 수상으로서 마가렛 대처는 분명
히 매체에 가장 특권을 받은 접속 권한을 지니고 있다. 따라서 인종에
관련되는 상황을 규정할 수 있고 그에 따라 당연히 인종차별주의를
부인할 수 있다(동시에 보수적으로 완곡한 어법인 인종 구별하기racializing12)
라는 용어를 사용할 수 있음). 만약 인종차별주의에 대해 (근거를 잘 갖춘)

비난이 어떻게든 보도된다면 보수적인 언론사에서는 일반적으로 거리를 두거나 의심을 함축하는 용어 주장하다^{claim}를 사용할 것이다(자세한 내용은 van Dijk, 1991을 참고할 것). 의회 토론에서 대처가 단호하게 부인하였을 때는 그렇지 않았다. 보수정당에는 인종차별주의가 없다는 주장은 노동당 쪽의 비난을 받았을 것이다. 그러나 여기서는 대처의 말이 덜 믿을 만한 것으로 제시되어 있다. 실제로 인종차별주의에 대한 부인은 인종차별주의를 하는 선민들의 특징이다(van Dijk, 1993c를 참고할 것).

여기서도 접속에서 익숙한 반복 유형을 발견할 수 있다. 보수적인 정치가로서 허드[13]는 이슬람교도들을 질책함으로써 작은판 신문의 주제 선택과 표제, 인용에서 광범위하게 접근할 수 있고 대처도 마찬가지이다. 입국이민자들과 이슬람교도들은 (화젯거리로서) 수동적으로 접속하며 그들에 대한 묘사를 그들은 통제할 수 없다. 그리고 이슬람교도와 아랍인들에게 제기된 위험에 대하여 기자의 편견을 인정함으로써 기꺼이 복종하는 급진적 본질주의자가 아니라면 그들의 대변인은 인용되지 않는다.

---

12) racism은 중립적인 용어가 아니라 우리말로 뜻이 분명하게 옮기면 인종차별주의가 된다. 그에 반해 racialization은 저자가 완곡어법이라고 지적하고 있으므로 차별보다 중립적인 구별의 의미가 있다고 보고 인종 구별하기로 해석한다.

13) 글의 흐름으로 보아서도 판단이 가능하지만 대처(1925~2013, 71대 영국 수상으로 1979년부터 1990년까지 재임)는 오늘날 신자유주의로 불릴 수 있는 정책을 중심으로 영국의 부활을 꿈꾸던 보수진영의 수상이다. 더글라스 허드$^{D.\ Hurd}$도 대처 수상 시절(내무부 장관)과 메이저 수상 시절(그때는 외무부 장관)의 보수적인 정치가로서 이들 정권에 이바지한 사람이다. 이 수상들의 뒤를 이어 토니 블레어(노동당)가 수상의 자리를 잇는다.

7. 마무리

이 장의 결론은 짧막하다. 담화에 대한 비판적 분석 얼개 안에서 담화를 통한 권력과 권세의 재생산에 대한 연구는 중심 목표이다. 이런 재생산 과정에서 한 가지 요소는 접속의 전략과 구조이다. 소통이 일어나는 일에서 누가 준비와 참여자들, 목적과 언어 표현, 갈래, 발화 행위, 주제와 다른 덩잇글 특징들 가운데 (표제와 인용과 같은) 틀, 문체를 통제하는가 하는 문제가 관련되어 있다. 말하자면 누가 무엇을 누구에게 어떻게 어떤 환경에서 수신자들에게 무슨 효과를 기대하면서 말해야 하는가, 말할 수 있는가?

주도적인 집단의 권력 기반을 형성하는 자원들 가운데 공개적인 담화에 대한 우선적인 접속 권한은 점점 더 중요한 자산이다. 그것이 대중들의 마음 통제 기제에 대한 접속을 허용하기 때문이다. 현대 사회에서 담화 접속 권한은 동의의 제조를 위한 중요한 조건이고 따라서 권력과 권세를 행사하는 가장 효과적인 방법이다.

영국 언론으로부터 나온 몇 가지 사례의 분석을 통해 작은판 신문사, 보수적인 정치가들과 경찰이 입국이민과 소수자에 대한 공개적인 자리매김에 어떻게 우선적인 접속 권한을 지니는가에 대해서뿐만 아니라 그들을 타자로 기술하는 다른 묘사들 가운데 범죄와 허위, 침략하는 군대와 과격한 암살로서 그들을 침해하는 반면 우리를 희생자가 아니라면 얼마나 관대하고 강인하며 우수한가를 제시하는 데 어떻게 우선적인 접속 권한을 지니고 있는가를 보여주었다. 말하자면 권력에 대한 우선적인 접속 권한이 인종에 관련된 상황을 자리매김하는 데 주도적인 집단의 권력과 밀접하게 관련되어 있으며 인종차별주의 혹은 백인 집단의 권력의 재생산에 밀접하게 관련되어 있다.

제4장 비판적 담화 분석※

1. 들머리: 비판적 담화 분석이란 무엇인가?

비판적 담화 분석CDA: Critical Discourse Analysis은 사회적 맥락과 정치적 맥락에
서 입말과 글말에 의해 사회 권력 남용, 권세와 불평등이 행사되고
재생산되며 저항을 받는 방식을 주로 연구하는 담화 분석 연구의 한
유형이다. 이의를 제기하는 조사연구로서 비판적 담화 분석은 분명한
입장을 취하고 그에 따라 사회적 불평등을 이해하고 드러내며 궁극적
으로 저항하고자 한다.

　비판적 담화 분석의 근본적인 취지tenet1)는 이미 2차 세계대전 전에

※ 이 책에는 저자의 각주가 없지만, 이 장에는 각주가 있다. 원서의 구성에 따라 저자 각주는
　이 장의 말미에 모아놓았다.
1) 원래 이 단어는 교의나 교리로 사전에 풀이되어 왔지만 그렇게 해석하기에는 뜻이 너무

프랑크푸르트 학파의 비판 이론에서 발견할 수 있다(Agger, 1992b; Rasmussen, 1996). 비판적 담화 분석이 현재 초점을 맞추고 있는 언어와 담화는 1970년대 말에 (주로 영국과 오스트리아에서) 나타난 '비판적 언어학'에서 시작되었다(Fowler et. al., 1979; 또한 Mey, 1985도 참고할 것). 비판적 담화 분석은 또한 사회언어학, 심리학과 사회과학에서 '비판적'이라는 개념의 발전에서 대응 개념이 있는데 1970년대 초반으로 거슬러 올라간다(Birnbaum, 1971; Calhoun, 1995; Fay, 1987; Fox and Prilleltensy, 1997; Hymes, 1972; Ibañez and Íñiguez, 1997; Singh. 1996; Thomas, 1993; Turkel, 1996; Wodak, 1996). 이웃하고 있는 이런 학문에서 그러한 것처럼 비판적 담화 분석은 1960년대와 1970년대를 주도하고 있던 (종종 비사회적이거나 무비판적인) 형식 중심의 보는틀paradigm에 맞서는 반작용으로 보일 수 있다.

비판적 담화 분석은 담화 연구에서 다른 많은 접근법에 이어 다음에 나오는 어떤 경향이나 학파 혹은 전문분야가 아니다. 오히려 전체 분야를 관통하는 응용과 분석, 이론화를 위해 서로 다른 관점이나 서로 다른 방식을 제공하려고 한다. 저자는 화용론, 대화 분석, 이야기전달 분석, 수사학, 문체론, 사회언어학, 민족지학이나 매체 분석과 같이 다양한 분야에서 어느 정도 비판적 관점을 찾아낼 수 있을 것이다.[2]

비판적 담화 분석가들에게서 중요한 점은 사회에서 자신들의 역할에 대한 분명한 인식이다. 가치에서 자유로운 실증학문의 가능성을 거

강하다고 생각한다. 취지나 방침 정도의 의미로 받아들이는 것에 문맥에 더 알맞다고 생각한다.

2) 담화에 대한 비판적 접근과 비판의식이 결여되어 있다고 언급하는 접근법에 대한 흐름, 비판적 접근의 필요성에 대한 주장은 허선익(2019나: 3장), 페어클럽(1992/2017: 37~62)을 참고하기 바란다. 비판적 담화 연구가 하루아침에 등장한 것은 아니기 때문에 담화 연구에서 이들 두 흐름의 관계를 긍정적으로 이해할 필요가 있다고 생각한다.

부하는 어떤 전통이 유지되는 가운데 그들은 자연과학, 특히 학술 담화가 본질적으로 사회 구조의 일부이며 그것에 의해 영향을 받고 사회적 상호작용 속에서 산출된다고 주장한다. 그와 같은 학문과 사회 구조 사이의 관계를 무시하거나 부정하는 대신 그들은 그와 같은 관계가 당연히 설명되고 연구되며 학문적인 관례들은 그와 같은 통찰에 바탕을 두고 있다고 주장한다. 담화 분석에도 있는 이론 형성과 기술과 설명이 그것을 좋아하든 싫어하든 사회정치적으로 어떤 상황에 놓여 있다. 국가와 사회에서 학자의 역할에 대한 성찰은 따라서 담화 분석 과업의 내재적인 부분이 된다. 다른 무엇보다도 이는 담화 분석가들이 주도적인 집단과 연대하고 협력함을 의미한다.

담화에 대한 비판적 연구에서는 그 목적을 효과적으로 실현하기 위해서 일련의 요구사항들을 충족시켜야 한다.

- 주변적인 조사연구 전통에서 그러한 것처럼 비판적 담화 분석 연구는 받아들여지기 위해서 다른 연구보다 더 나아야 한다.
- 현재의 개념틀이나 방식보다는 주로 **사회적 문제**와 정치적 쟁점들에 주로 초점을 맞추어야 한다.
- 사회적 문제에 대하여 경험적으로 충분한 비판적 분석은 일반적으로 **학제적**이다.
- 단순하게 담화 구조를 기술하기보다는 사회적 상호작용, 특히 사회 구조의 속성이라는 관점을 고려하여 설명하려고 한다.
- 좀 더 구체적으로 비판적 담화 분석은 사회에서 담화 구조가 권력 관계와 권세를 행사하고 굳건하게 하며 합법화하고, 재생산하거나 도전하는 방법에 초점을 맞춘다.

페어클럽과 워닥(Fairclough and Wodak, 1997: 271~280)은 비판적 담화 분석의 근본적인 취지를 다음과 같이 요약하였다.

1. 비판적 담화 분석은 사회적인 문제를 언급한다.
2. 권력 관계는 담화의 속성을 띤다.
3. 담화는 사회와 문화를 구성한다.
4. 담화에는 이념이 작용한다.
5. 담화는 역사적이다.
6. 담화와 사회의 연결은 중재된다.
7. 담화 분석은 해석하고 설명을 한다.
8. 담화는 사회적 행위[social action3)]의 한 형태이다.

이런 방침 몇몇은 앞에서 논의되었지만 다른 몇몇은 좀 더 체계적인 이론적 분석을 필요로 하는데 여기서는 비판적 담화 분석의 중요한 원리에 대하여 어느 정도 일반적인 토대로서 몇몇을 제시할 것이다(비판적 담화 분석과 언어 연구의 의 몇 가지 목적에 대한 세부적인 내용들에 대해서는 Cladas-Coulthard and Coulthard, 1996; Fairclough, 1992a,[4)] 1995a; Fairclough and Wodak, 1997; Fowler et. al., 1979; van Dijk, 1993b도 참고할 것).

---

3) 저자가 한나 아렌트(Hannah Arendt, 1958/2019)의 『인간의 조건』(이진우 역, 한길사)에 나오는 노동, 작업, 행위의 개념을 염두에 두고 담화를 사회적 행위로 자리매김한 것인지는 분명하지 않다. 뒤친이의 생각에 적어도 담화 분석, 특히 비판적 담화 분석은 아렌트의 개념대로 개인의 욕망과 희망을 넘어 공동체 속에서 어떤 대의를 위한 행동으로 행위임은 분명하다고 생각한다.
4) 이 책은 김지홍 뒤침(2017), 『담화와 사회 변화』(경진출판)로 출간되었다.

2. 개념적 얼개와 이론적 얼개

비판적 담화 분석이 조사연구의 특정한 방향이 아니었기 때문에 일치를 보이는 이론적 얼개가 있지 않았다. 앞에서 언급한 취지 안에서 여러 갈래의 비판적 담화 분석이 있고 이들은 이론적으로 그리고 분석적으로 매우 다양할 수 있다. 대화에 대한 비판적 분석은 언론사의 뉴스 보도에 대한 분석이나 학교에서 수업의 분석이나 가르침의 분석과는 다르다. 그럼에도 불구하고 비판적 담화 분석의 목적과 보편적인 관점을 전제로 할 때 밀접하게 관련되어 있는 개념적 얼개와 이론적 얼개를 찾아낼 수 있다. 앞서 제시한 것처럼 대부분의 비판적 담화 분석은 대화의 일부분이거나 뉴스 보도의 일부분 혹은 다른 갈래와 맥락에 있든 특정의 담화 구조가 전개되는 방식에 대하여 질문을 할 것이다. 따라서 비판적 담화 분석에서 대부분의 연구자들이 쓰는 전형적인 어휘에는 좀 더 낯익은 담화 분석 개념에 더하여 권력, 주도권, 패권, 이념, 계층, 성별, 인종, 차별, 이익, 재생산, 기관, 사회 구조와 사회 질서와 같은 개념들이 두드러질 것이다.[1]

이 절에서 저자는 기본적인 개념들 몇몇에 초점을 모으고 담화와 인지, 사회를 비판적으로 관련을 짓는 이론적 얼개를 만들어낼 것이다.

2.1. 거시 대 미시

언어 사용, 담화, 말을 통한 상호작용과 소통은 사회 질서의 미시적 수준에 속한다. 권력, 주도권, 사회 집단 사이의 불평등은 일반적으로 분석의 거시적 수준에 속하는 용어들이다. 이는 비판적 담화 분석이 미시적 접근과 거시적 접근 사이의 틈에 이론적으로 다리를 놓아야 함을 의미한다. 미시적 접근과 거시적 접근의 구분은 물론 그 자체로 사회학적 구성물이긴 하다(Alexander et. al., 1987; Knorr-Centina and Cicourel, 1981). 일상적인 상호작용과 경험에서 미시적 수준과 거시적 수준(그리고 중간인 '틈새 수준mesolevel')은 하나의 통일된 전체를 이룬다. 이를테면 국회에서 인종차별주의자의 발화는 토론의 특정 상황에서 사회적 상호작용의 미시 수준에 있는 담화이지만 동시에 거시 수준에서는 인종차별주의의 재생산이나 정당화의 일부분이 되거나 인종차별주의를 법제화할 수 있다.

이런 수준들을 분석하고 다리를 놓을 수 있는 여러 가지 방법들이 있으며 그에 따라 통일된 비판적 분석에 이르는 방법들이 있다.

1. **구성원-집단**: 언어 사용자들은 (여러) 사회 집단, 조직이나 기관의 구성원으로서 담화에 참여한다. 그리고 그 반대로 집단은 그 집단의 구성원들에 의해 어떤 조처를 할 수 있다.
2. **행위-과정**: 개인별 행위주체들의 사회적 행위들은 그에 따라 합법화나 뉴스 만들기 혹은 인종차별주의의 재생산과 같은 집단 행위와 사회적 과정의 구성요소일 수 있다.
3. **맥락-사회 구조**: 담화를 통한 상호작용의 사회적 행위들은 마찬가지로 사회 구조의 구성요소이거나 부분이다. 예컨대 기자 회견은 조직과 매체 기관의 전형적인 관례일 수 있다. 즉 지엽적인 맥락과 좀 더 전국적인 '맥락'은 밀접하게 관련되어 있고 둘 다 담화에 대한 제약을 행사한다.
4. **개인적 인지와 사회적 인지**: 사회적 행위주체로서 언어 사용자들은 개인적인 인지와 사회적인 인지 둘 다를 지니고 있다. 즉 개인적인 기억, 지식과 의견뿐만 아니라 전체로서 문화 구성원 혹은 집단의 구성원과 공유하는 기억과 지식, 의견을 지니고 있다.

2.2. 통제로서 권력

담화에 대한 비판적인 연구에서 핵심적인 개념은 권력과 관련된 개념인데 좀 더 구체적으로 집단이나 기관의 **사회적 권력**이다. 복잡한 철학적 분석과 사회적 분석을 요약하면서 여기서는 사회적 권력을 **통제**라는 관점에서 자리매김할 것이다. 그에 따라 다른 집단 (구성원들)의 마음과 행위를 (어느 정도) 통제할 수 있다면 집단은 (어느 정도) 권력을 지닐 것이다. 이런 능력은 영향력이나 돈, 지위, 명성, 지식, 정보, 문화 혹은 실제로 다양한 형태의 공개적인 담화와 소통과 같은 사회적으로 많지 않은 자원들에 대한 접속에서 특권을 보장받은 권력의 토대를 전제로 한다(권력에 대한 방대한 연구문헌 가운데 Lukes, 1986; Wrong, 1979 참고할 것).

권력의 다른 유형들은 그와 같은 권력을 행사하기 위해 채택된 다양한 자원들에 따라 구별될 수 있다. 군대의 억제력과 폭도들의 억제력은 무력에 근거를 둘 것이며, 부자들은 그들이 지니고 있는 돈 때문에 권력을 지니고 있는 반면, 부모나 교수, 혹은 기자들이 지니고 있는 다소의 설득력은 지식, 정보와 권위에 근거를 둘 것이다. 권력은 절대적이지 않다는 점도 주목해야 한다. 집단은 얼마만큼 다른 집단을 통제하거나 혹은 오직 특정의 상황이나 사회 영역에서 통제할 수 있을 뿐이다. 게다가 지배를 받는 집단은 그와 같은 권력이 자연스럽다고 알아차릴 경우에도 얼마만큼 그것에 저항하고, 그것을 수용하며, 너그럽게 봐주거나, 수락하며 합법화할 수 있다.

주도적인 집단의 권력은 법률, 규칙, 규범, 관습에 통합될 수 있으며 심지어 매우 일반적인 합의에 이를 수 있는데 그에 따라 그람씨Gramsci가 패권hegemony이라고 부르는 형태를 취할 수 있다(Grmasci, 1971). 계급 지배class domination, 성차별주의와 인종차별주의는 그러한 패권의 특징을 드러내는 사례들이다. 권력이 언제나 주도적인 집단 구성원들의 명백한 부정행위로 행사되지 않고 일반적으로 일상의 성차별주의나 인종차별주의 다양한 형태에서 그러한 것처럼 일상에서 당연시되는 수많은 행위들에서 실행된다는 점을 주목할 필요가 있다(Essed, 1991). 이와 비슷하게 어떤 권력 집단의 모든 구성원들이 언제나 지배를 받고 있는 집단의 모든 구성원들보다 더 권력이 있지는 않다. 말하자면 권력은 전체적으로 집단에 대하여 오직 여기를 자리매김할 뿐이다.

따라서 담화와 권력 사이의 관계에 대한 이 책에서 분석을 위해 먼저 담화의 특정한 형식 이를테면 정치 담화, 매체 담화, 자연과학 담화에 대한 접속은 그 자제로 권력의 원천임을 발견하였다. 두 번째로 앞서 주장한 것처럼 행위는 우리의 마음에 의해 통제된다. 따라서 만약 사람들의 마음 예컨대 지식이나 의견에 영향을 미칠 수 있다면, 설득이나 조종으로부터 알고 있듯이, 간접적으로 그들의 행위(몇 가지)를 통제할 수 있다.

끝으로 담화-권력의 순환이 닫혀 있다면 이는 가장 영향력 있는 담화를 통제하는 그런 집단은 또한 다른 사람들의 행위와 마음을 통제할 수 있는 더 많은 기회를 갖고 있음을 뜻한다.

이 장과 관련하여 이런 복잡한 관계를 좀 더 단순화한다면 비판적 담화 분석의 조사연구를 위해 담화를 통한 권력과 관련된 쟁점을 두 개의 기본적인 질문으로 갈라볼 수 있다.

1. 어떻게 (더) 권력이 있는 집단이 공공의 담화를 통제하는가?
2. 어떻게 그와 같은 담화가 권력을 (덜) 가진 집단의 마음과 행위를 통제하는가, 그리고 사회적 불평등과 같이 그와 같은 통제의 사회적 결과는

무엇인가?

저자는 아래에서 이를 다루어 나간다.**²⁷**

2.3. 공공 담화의 통제

어떤 집단이나 기관이 지니고 있는 권력의 토대를 규정하여 주는 다른 많은 자원들 가운데 공공의 담화와 소통에 **접속**하거나 **그것을 통제**하는 것이 지식과 정보에 대해서 그러한 것처럼 중요한 상징적 자원임을 알게 되었다(van Dijk, 1996). 대부분의 사람들은 가족 구성원이나 친구, 동료들과의 일상적인 대화에서만 능동적인 통제력을 지니고 있다. 이를테면 매체 사용에 대해서는 대부분의 사람들이 수동적인 통제력을 지니고 있다.5) 많은 상황에서 보통의 사람들은 우두머리나 교사와의 입말과 글말에서 혹은 경찰관이나 판사, 복지 담당관, 세무 조사관과 같은 공공 기관 당국자와의 담화에서 어느 정도 수동적인 표적이다. 사람들은 그들에게 무엇을 믿고 있(지 않)는지 혹은 무엇을 하는지를 단순히 말할 뿐이다.

다른 한편으로 좀 더 권력이 있는 사회 집단과 사회 기관의 구성원들, 그리고 특히 이들의 우두머리들(선민들)은 하나 혹은 그 이상의 많은 공공 담화의 유형에 배타적으로 접속하고 그것을 통제할 수 있

---

5) 대부분의 매체 수용자들이 수동적인 통제력을 발휘하는 것이 맞지만, 매체의 소비자들은 일반 대중이므로 이 책의 저자가 염두에 두고 있고, 1장에서 일말의 시도에서 알 수 있는 것처럼 매체의 소비자에 대한 인식을 끌어올릴 수 있는 방안도 비판적 담화 분석의 영역으로 싸안아야 한다. 그런 의미에서 국어교육에서도 염두에 두어야 할 부분이기도 하다. 또한 그런 면에서 담화의 이면에 작용하는 권력의 이런저런 면모도 언제나 챙겨 봐야 할 부분이다.

다. 그에 따라 교수들은 학술 담화를 통제하고 교사는 교육 담화를, 기자는 매체 담화를, 법관은 법률 담화를, 정치가는 정책 담화와 다른 공공의 정치적 담화를 통제한다. 좀 더 많은 담화(와 담화 자산) 통제력을 지니는 사람들 그리고 그것에 더 많은 영향력을 지닌 사람들은 그 자체로 좀 더 많은 권력을 지니고 있다. 다른 말로 한다면 여기서 저자는 사회 권력의 핵심적인 구성요소 (실제적인 진단법의 하나로서) 가운데 하나로 담화를 이용한 자리매김을 제안하고 있다.

담화에 대한 접속과 그것에 대한 통제에 관련되는 이런 개념들은 매우 일반적이고 또한 권력으로부터 이런 형태를 분명히 읽어내는 일은 비판적 담화 분석의 과제 가운데 하나이다. 따라서 만약 담화가 소통이 이뤄지는 복잡한 일이라는 관점에서 자리매김된다면 접속과 통제는 **입말과 글말 그 자체의 구조**에 그리고 그 맥락에 의해 자리매김 될 수 있다.

맥락은 담화의 이해와 산출에 적합한 사회적 상황의 속성들에 대하여 마음에서 표상되는 구조로 자리매김된다(Duranti and Goodwin, 1992; van Dijk, 1999). 맥락은 상황, 배경(시간과 공간), (담화와 담화 갈래들을 포함하여) 계속 이어지는 행위, 소통에서 다양한 역할, 사회적 역할, 기관 맥락에서 역할을 맡고 있는 참여자들뿐만 아니라 그들의 목표, 지식, 의견과 태도, 이념을 아우르는 그들의 정신적 표상의 자리매김과 관련되는 범주들로 이뤄진다. 맥락의 통제는 이런 범주들 가운데 하나 또는 그 이상에 대한 통제와 관련된다. 이런 통제는 이를테면 소통 상황에 대한 자리매김, 소통이 일어나는 시간과 공간에 대한 결정이 포함된다. 혹은 어떤 참여자들이 있어야 하거나 있을 수 있는지 그리고 그들은 어떤 역할을 맡아야 하는지 혹은 어떤 의견이나 지식을 그들이 지니고 있어야(있지 않아) 하는지 그리고 담화를 통해서 어떤 사회적 행위가 성취될 수 있다거나 성취될 수 있는지 결정해야 한다.

집단 권력의 행사나 법제화에서 핵심적인 점은 입말과 글말의 내용에 대한 통제뿐만 아니라 그 구조에 대한 통제이다. 담화와 내용을 관련지으면서 여기서는 이미 권력을 가진 집단(의 구성원)은 어떤 기회에 관련되는 (가능한) **담화 갈래(들)**이나 **화행**을 결정할 수 있음을 보았다. 교사나 판사는 학생이나 피의자에게 각각 직접적인 답변을 요구할 수 있고 개인적인 이야기나 어떤 논증을 요구하지 않을 수도 있다(Wodak, 1984a). 좀 더 중요한 점은 그와 같은 상황, 즉 경찰관이 피의자로부터 자백을 받아내기 위해 무력을 사용하는 때 혹은 남성 편집자가 경제 뉴스를 작성할 때 여성을 배제할 수 있을 때 어떻게 권력을 가진 화자들이 그들의 권력을 남용할 수 있는가를 검토할 수 있다는 것이다(van Zoonen, 1994).

이와 비슷하게 갈래들은 일반적으로 다양한 **범주들**로 이뤄진 관례적인 **틀**schema을 지니고 있다. 이들 몇몇에 대한 접속은 금지되거나 의무적일 수 있다. 대화에서 몇몇 인사말은 특정의 사회 집단, 지위, 나이나 성별에 속하는 화자들에 의해서만 사용될 수 있다(Irvine, 1974).

또한 모든 담화와 소통에서 중요한 문제는 편집자가 어떤 뉴스 주제를 보도할 것인지 결정하거나(Gans, 1979; van Dijk, 1988a, 1988b), 교수가 어떤 주제를 수업에서 다룰지 결정하거나 혹은 여성과의 대화에서 남성이 주제나 주제 변화를 통제하는 경우처럼 누가 주제(의미 거시 구조)와 주제의 변화를 통제하는가 하는 점이다(Palmer, 1989; Fishman, 1983; Leet-Pellegrini, 1980; Lindegren-Lerman, 1983).

대부분의 담화 통제가 맥락에 매여 있고 전체에 걸쳐 있지만, **의미**나 **형식**, 말투의 지엽적인 세부내용도 통제될 수 있다. 법정이나 교실에서 답변의 세부내용, 법정이나 뉴스 편집실, 교실에서 어휘의 선택이나 전문 용어의 선택을 예로 들 수 있다(Martín Rojo, 1994). 많은 상황에서 소리의 크기는 통제될 수 있고 화자들은 목소리를 낮춰라거나 조용히 하라는 주문을 받는다. 그리고 여성들은 여러 가지 방법으로 조용히 하도록 할 수 있다(Houston and Kramarae, 1991). 그리고 어떤 문화에서는 존경의 한 형식으로 중얼거림mumble을 요구한다(Albert, 1972). 특정 낱말의 공개적인 사용은 독재 국가에서는 위협으로서 금지된다.6) 그리고 문화적으로 주도적인 집단(백인, 서구의 남성들)에 대하여 담화를 통한 도전은 매체에서 정치적으로 정당한7) 것으로 다문화 배경을 지닌 상대방에 의해 조롱을 당한다(Williams, 1995). 끝으로 담화의 행위 차원과 상호작용 차원은 특정의 화행을 규정하고 배제함으로써 혹은 선택적으로 발언권을 배분하거나 방해함으로써 통제될 수 있다(Diamond, 1996도 참고할 것). 요약하자면 실제로 맥락의 모든 수준과 구조, 입말과 글말의 모든 수준과 구조는 원칙적으로 권력을 지닌 화자들에 의해 어느 정도 통제될 수 있고 그와 같은 권력은 다른 참여자들에게 상처를 주면서 남용될 수 있다. 그러나 입말과 글말이 언제나 그리고 직접적으로 집단들 사이의 전체적인 권력 관계를 실제로 실현하지는 않다는 점을 강조할 필요가 있다. 그와 같은 관계를 방해하거나 강화하기 혹은 변형시킬 수 있는 것은 언제나 맥락이다.

---

6) 허선익(2019나)에서 지적하였듯이 남한 사회에서 오랫동안 인민이나 동무, 그리고 흔하지 않게 노동이라는 낱말의 사용이 금지되어 왔다. 그리고 백성百姓이나 백정白丁이 아무런 이념이 들어 있지 않는 중립적인 단어로 쓰이게 하였지만 낱말은 시간이 흐르면서 이념의 색채가 스며들고 그에 맞추어 사용되는 것처럼 특정의 이념을 반영하게 되어 있음을 지적하고 있다.

7) politically correct는 일반적으로 매체에서 정치적으로 지나치거나 정당하지 않음을 낮잡아 표현할 때 쓰는 용어이다. (위키페디아)

2.4. 마음의 통제

담화를 통제하는 것이 권력의 첫 번째 중요한 형태라면 사람들의 마음을 통제하는 것은 권세와 패권을 재생산하는 또 다른 기본적인 방법이다.[31] 비판적 담화 분석의 얼개 안에서 '마음의 통제'는 담화와 소통을 통해 세계에 대한 믿음을 단순히 얻는 것 이상이 관련되어 있다. 아래에 제시된 주장들은 권력과 권세가 마음의 통제에 개입하는 방법들이다.

첫 번째로 수신자들은 학자, 전문가, 전문직 혹은 믿을 만한 매체와 같은 믿을 만하고, 믿을 만한 값어치가 있으며 권위를 지니고 있고 신용할 만하다고 보는 것으로부터 나온 담화를 통해 믿음, 지식과 의견(이들이 개인적인 믿음과 경험과 모순을 일으키지 않는다면)을 받아들이는 경향이 있다(Nesler et. al., 1993). 두 번째로 어떤 상황에서는 참여자들이 이를테면 교육이나 일터에서 일어나는 상황에서 담화의 수용자가 될 수밖에 없다. 그와 같은 상황에서 단원이나 배울 거리, 작업 지침과 다른 담화 유형들은 기관에 있는 저자들이나 조직에 있는 저자들에 의해 주의를 기울이고 해석하며 배우도록 하려는 의도를 지니고 있다(Giroux, 1981). 세 번째로 많은 상황에서 다른 대안적인 믿음을 끌어낼 수 있는 정보를 제공하는 어떤 공공의 담화나 매체가 없다(Downing, 1984). 네 번째로 앞에서 지적한 내용들과 밀접하게 연관된 것으로 수신자들은 그들에게 드러나 있는 정보나 담화에 도전하는 데 필요한 지식과 믿음을 지니고 있지 않을 수도 있다(Wodak, 1987).

마음의 통제에 관련되는 이런 (소통에 참여하는 이들에 대하여 무엇인가를 언급하는) 조건들이 일반적으로 **맥락에 매여 있는** 반면 다른 조건들은 담화적이다. 즉 입말과 글말 그 자체의 구조와 전략에 관련되는 어떤 기능이다. 다른 말로 한다면 어떤 특정 맥락을 전제로 할 때 담화의 어떤 의미와 형식들은 설득이라는 개념과 2000년에 이르는 수사학의 전통에서 보여주듯이 다른 것들보다 사람들의 마음에 미치는 영향력을 더 많이 지니고 있다는 의미이다.[4]

마음의 구조에 대한 기본적인 통찰을 하게 되면 그리고 마음을 통제한다는 것이 무엇을 의미하는지 통찰하게 되면 핵심적인 질문은 담화와 그 구조가 어떻게 그와 같은 통제력을 발휘하게 되는가 하는 점이다. 앞에서 주장한 것처럼 담화를 통한 그와 같은 영향력은 **맥락**뿐만 아니라 입말과 글말의 구조 그 자체 때문일 수 있다.

맥락에 기반을 둔 통제는 사람들이 입말과 글말뿐만 아니라 전체적인 소통의 상황을 이해하고 표상한다는 사실로부터 나온다. 그에 따라 비판적 담화 분석은 일반적으로 (권력을 지닌 집단에 있는 언어 사용자들의 특성과 같은) 맥락의 자질들이 어떻게 주도적인 집단의 구성원들이 더 선호되는 맥락 모형에서 소통 상황을 자리매김하는 방법에 영향을 미치는가를 연구하여 왔다(Martín Rojo and van Dijk, 1997).

비판적 담화 분석은 또한 담화 구조가 어떻게 정신 표상에 영향을 미치는가에 초점을 맞추었다. 전국적인 수준에서 주제는 입말과 글말에서 가장 중요한 정보로 보는 것이 무엇인지에 영향을 미칠 수 있다. 그리고 그에 따라 사람들의 정신 모형에서 가장 높은 수준에 대응한다. 예컨대 뉴스에서 표제에 있는 그와 같은 주제의 표현은 선호되는 정신 모형에 기대어 어떤 사건이 규정되는 방식에 강력하게 영향을 미칠 수 있다. 이를테면 소수자들에 의해 이뤄진 범죄는 일반적으로 신문에서 주제화되고 표제로 나타난다(Duin et. al., 1988; van Dijk, 1991). 이와 비슷하게 암묵적인 전제에 감추어지고 그에 따라 수신자들에게 당연시되는 사회적 의견 때문에 논증은 설득력을 얻게 된다.[8] 예컨대 입국이민은 모든 피난민들이 불법적이라는 의회의 토론에서 전제되어 있다면 그에 따라 제한을 받을 수 있다(Wodak and van Dijk, 2000에 있는 논문들을 참고할 것). 이와 비슷하게 지엽적인 수준에서 담화 의미를 이해하고 의미연결을 하기 위해서 사람들은 담화에서 암묵적인 (전제된) 채로 남아 있는 신념을 특징으로 하는 모형을 필요로 할 수 있다. 그에 따라 조종의 전형적인 특징은 믿음을 암묵적으로, 즉 실제로 그것을 선언하지 않아도 그리고 도전을 받을 기회는 거의 없이 소통하는 것이다.

이런 매우 적은 사례들은 담화 구조의 다양한 유형들이 어떻게 사회적 표상과 정신 표상의 형성과 변화에 영향을 미칠 수 있는지 보여준다. 만약 주도적인 집단, 특히 이 집단의 선민들이 폭넓게 공공 담화와 그 구조를 통제한다면 그들은 또한 그에 따라 대중들의 마음을 대체로 더 많이 통제한다. 그러나 그와 같은 통제에는 한계도 있다. 믿음의 이해와 형성, 변화의 복잡성은 입말과 글말이 지니고 있는 특정의 특징이 특정 수신자의 마음에 어떤 영향을 미칠 것인지 언제나 예측할 수 없다는 것이다.

이런 짤막한 언급을 통해서 담화가 어떻게 권세(권력 남용)와 사회적 불평등의 생산과 재생산에 개입하는가에 관련되는 일반적인 그림을 제공한다. 이런 관계들을 좀 더 자세하게 살피는 일이 비판적 담화

---

8) 이 책에서는 양태나 양상을 나타내는 (보)조동사의 사용에 주의를 많이 기울이지 않지만, 영어뿐만 아니라 우리말에서도 인식이나 평가에 이런 (보)조동사가 영향을 미친다는 점이 설득력 있게 논증될 필요가 있다. 입말에서 나타나는 다양한 담화 표지의 용례(허선익, 2013)와 의미에 대해서도 주의를 기울일 필요가 있다. 가치를 전제로 하는 표현은 이와 같은 양태나 인식에 관련되는 어휘뿐만 아니라 담화가 누가 어떤 맥락에서 사용하는가에 따라 긍정적 가치를 전제로 할 수 있고 부정적인 가치를 전제로 할 수 있다. 이런 전제의 문제도 가치의 문제와 깊이 얽혀 있음을 이를테면 페어클럽(2003/2012: 405)을 참고하기 바란다.

분석의 목적이다. 다음 절에서 이런 연구들을 탐구하고 있는 비판적 담화 분석의 조사연구들 몇몇을 살펴보기로 한다.[51]

3. 비판적 담화 분석에서 조사연구

권력과 주도권, 사회적 불평등의 어떤 측면들을 다룬 대부분의 연구들이 비판적 담화 분석이라는 이름으로 명시적으로 수행되지 않았지만 여기서는 그럼에도 불구하고 이들 연구의 몇 가지를 아래에서 참고하기로 한다.

3.1. 성적 불평등

담화와 언어에 대한 비판적 조사연구의 폭넓은 분야이고 그에 따라 비판적 담화 분석의 관점에서 거의 수행되지 않은 분야는 성별에 관련되는 분야이다. 여러 가지 면에서 남녀평등주의자들의 연구는 담화 분석, 특히 사회적 불평등과 주도권의 문제를 다룬 많은 연구들이 있었던 이래로 하나의 패러다임을 이루었다. 여기서는 그것을 들여다보지는 않을 것이다. 이 책9)에 있는 켄덜과 태넌(Kendall and Tannen, 2001)을 참고하고, Cameron(1990, 1992); Kotthoff and Wodak(1997); Seidel (1988); Thorne 외(1983); Wodak(1997)의 저서나 엮은 책도 참고

---

9) 이 책에 있는 각각의 장들은 이미 다른 책이나 학술지에 실렸던 글이다. 이 책으로 펴내기 위해 손질을 보았지만 저자가 이 부분은 놓친 듯한데, 이 장의 논문은 더 읽을거리에 서지 정보가 있는 책에서 나왔고 본문에 '이 책'은 Schiffrin, Tannen and Hamilton 엮음 (2001)의 책을 가리킨다.

하기 바란다. 권력의 차이와 불평등보다는 문화적 차이를 강조하고 있는 접근법을 비교하고 논의하기 위해서는 태넌(1994b)를 참고하기 바란다. 일터에서 성별 차이에 대한 분석을 위해서 담화를 통한 주도권의 여러 속성들을 다루고 있는 태넌(1994a)[10]도 참고하기 바란다.

3.2. 매체 담화

매체가 지니고 있는 부인할 수 없는 권력은 여러 학문에서 많은 비판적 연구에 영감을 주었는데 그런 학문에는 언어학, 기호학과 화용론, 담화 연구들이 있다. 비판적 매체 연구에서 전통적이고 때로는 내용 중심의 분석을 하고 있는 접근법은 글말과 삽화, 사진에서 한쪽으로 치우치고 고정관념화되어 있으며 성차별적이거나 인종차별주의적 개념들images이 있음을 드러내었다. 매체 언어에 대한 이른 시기의 연구들은 우리와 그들(우리의/그들의 행위와 특징들)에 대한 기술에서, 특히 공산주의자들에 대한 표상에서 사회정치적 노선과 함께 낱말의 사용에서 당파적이거나 편파적인 것과 같이 쉽게 관찰 가능한 표면 구조에 초점을 맞추었다. 비판적인 목소리는 글래스고우 대학의 매체 연구회에서 나쁜 뉴스를 대상으로 하여 다양한 쟁점(예컨대 노동 쟁의(파업), 포클랜드(스페인어: Malvinas) 전쟁, 에이즈에 대한 매체 보도)에 대한 보도에서 나타나는 것과 같은 TV 보도의 중요한 특징에 대한 일련의 연구에서 이뤄졌다(1976, 1980, 1982, 1985, 1993).

아마도 담화 연구의 바깥에서 잘 알려진 연구는 스튜어트 홀Stuart Hall과 그의 동료들이 문화 연구의 패러다임 안에서 수행한 연구였다

---

10) 원문에는 1994로 나와 있는데 참고문헌을 보아서 1994a로 고쳐놓았다.

(Hall et. al., 1980 참고할 것; 문화 연구에 대한 개론은 Agger, 1992a를 참고할 것; Collins et. al., 1986도 참고하고 이른 시기의 매체 영상에 대한 비판적인 접근은 Davis and Walton, 1983도 참고할 것: 문화 연구에 대한 비판적 접근과 관련이 있는 매체 연구에서 그 뒤에 나온 비판적 담화 분석을 이용한 접근은 Fairclough, 1995b[11])을 참고할 것).

파울러와 그의 동료들의 이른 시기 연구 묶음(Fowler et. al., 1979)도 매체에 초점을 맞추고 있다. 이 패러다임 안에서 이뤄진 영어권과 호주권의 다른 많은 연구들과 마찬가지로 핼리데이의 기능-체계 문법의 이론적 얼개들[12]이 문장의 통사적 유형으로 보이는 '타동성'에 대한 연구를 이용하였다. 이와 같은 조사연구의 핵심내용은, 사건과 행위들이 행위 주체들이 기저에서의 개입(행위나, 책임, 관점)과 관련되는 어떤 함수인 통사적 변이형태로 기술될 수 있다는 점이다.[13] 소수자 축제가 일어나는 동안 폭동에 대한 매체의 설명을 분석한다면, 그와 같은 폭력의 행사에서 당국, 특히 경찰의 책임은 초점을 흐려놓음으로써 강조하지 않을 수 있다. 예컨대 수동태 구문과 명사화를 통해,[14] 즉 행위와 책임을 암묵적으로 남겨둠으로써 그렇게 할 수 있다.

---

11) 이 책은 이원표 역(2002), 『대중매체 담화 분석』(한국문화사)으로 출간되었다.
12) 원서의 참고문헌에 핼리데이Halliday의 저서들이 빠져 있는데 핼리데이의 체계 기능 문법은 국내에 이따금씩 소개되었다. 핼리데이의 문법 얼개에 대한 개괄적인 설명은 허선익(2019 나)를 참고하기 바란다.
13) 이를테면 '4월 들어 비산 먼지가 심해지고 있다.'는 문장은 주체가 빠진 문장이다. 먼지는 물론 바람에 흩날릴 수 있지만 먼지를 유발한 현장이 있을 터이다. 그렇기 때문에 '4월 들어 H사 아파트 공사장에는 비산 먼지(언론에서 비산 먼지는 독성이 있는 먼지가 아니라 흩날리는 먼지라는 뜻임)가 더욱 많이 발생하고 있다.'로 표현할 수 있다.
14) 이런 점은 페어클럽(2003/2012: 8장)에서도 구체적인 사례와 함께 폭넓게 분석되고 있다. 이런 명사화 구문은 과정보다는 대상화하고 그에 따라 특정의 행위에 대한 주체를 생략할 수 있도록 해준다. 페어클럽에서는 이런 점은 영어의 수동태 구문(우리말의 피동 구문)에 서도 마찬가지라는 점을 지적하고 있다.

매체에 대한 파울러의 후기 연구들은 이 전통을 이어가지만 사실의 반영으로서 뉴스가 아니라, 경찰 세력, 경제 세력과 문화 세력에 의해 형성된 어떤 산물로 뉴스를 자리매김하는 영국의 문화 연구 패러다임에 찬사를 보내기도 한다(Fowler, 1991). 매체에 대한 다른 비판적 연구 이상으로 그는 통사 구조와 어휘 구조, 양상과 화행에서 타동성의 분석과 같이 비판적 연구를 위한 언어학적 도구들에도 초점을 맞추었다. 이와 비슷하게 반 데이크(van Dijk, 1988b)는 암스테르담 언론에서 인종차별주의와 불법거주자를 다룬 국제 뉴스에 대한 비판적인 연구에서 뉴스 담화의 이론을 적용하였다(van Dijk, 1988a).

3.3. 정치 담화

권세와 주도권의 합법화, 재생산과 법제화에서 정치 담화의 역할을 전제로 한다면 정치에 관련되는 입말과 글말에 대한 많은 비판적 담화 연구를 예상해 볼 수 있다. 지금까지 대부분의 이와 관련된 연구는 담화 분석가들과 언어학자들에 의해 수행되었는데 담화에 대한 모더니즘-이후의 영향이 남아 있긴 하지만 정치학은 담화 분석이 실질적으로 잘 알려져 있지 않은 몇몇 사회과학들 가운데 하나이기 때문이다(Derian amd Shapiro, 1989; Fox and Miller, 1995). 그리고 정치적 소통과 수사학이 담화 분석 접근과 겹치기 때문이다(Nimmo and Sanders, 1981). 담화 분석에 더 가까운 분야는 정치적 담화의 분석에서 현재 이뤄지고 있는 프레임[15](정치적인 사상, 정책과 담화를 조직하는 일련의 믿음이나

---

15) 여기에 대해서는 미국의 인지언어학자 레이코프Lakoff, G.의 일련의 저서들이 있으며 국내에서도 많은 책들이 번역되었는데 원서에서는 언급하고 있지 않다. 반 데이크(2014/2020)에서는 네 권의 책을 언급하고 있는데 이 책의 원문이 출간된 2008년도까지는 레이코프의

개념 구조)에 대한 접근법이다(Gamson, 1992).

언어학과 화용론, 담화 연구에서 정치 담화는 좀 더 이론적인 흐름의 바깥에서 주목을 받았다. 획기적인 연구는 폴 칠턴[Paul Chilton]으로부터 나왔다. 핵무기 무장과 관련된 언어 표현에 대한 그의 논문 묶음(Chilton, 1985)뿐만 아니라 현대의 핵문제에 관련된 최근의 연구(Chilton, 1988)와 은유에 대한 연구(Chilton, 1996; Chilton and Lakoff, 1995)를 참고하기 바란다.

영어에서 정치 담화에 대한 연구는 비록 영어가 지니고 있는 주도권 때문에 국제적으로 가장 잘 알려져 있지만, 많은 연구들이 (좀 더 일찍, 좀 더 체계적이고 명시적으로) 독일어와 스페인어, 불어로 연구되었다. 이런 연구는 몇몇 영향력 있는 연구들의 이름을 부르는 것을 넘어서 이들에 대한 검토를 시작하기에는 너무나 방대하다.

독일은 서독(본의 정치가에 대해서 이뤄진 짐머만(Zimmermann, 1969)과 이전의 동독(이를테면 클로스(Klaus, 1971)의 기호 유물론자 이론)에서 정치 담화 분석의 오래된 전통을 지니고 있다(개괄적인 설명은 배첨(Bachem, 1979)을 참고할 것). 독일에서 이런 전통은 정치 담화에서 전쟁과 평화에 관련되는 언어 표현의 연구와 화행에 대한 연구가 있음을 보여준다(Holly, 1990). 또한 파시즘 신봉자의 언어 표현과 담화에 대한 연구의 굳건한 전통이 있다(예컨대 그와 관련된 어휘와 선전, 매체와 언어 정치학 연구가 있음(Ehlich, 1989도 참고하기 바람)). 프랑스에서 정치 언어에 대한 연구는 훌륭한 전통을 지니고 있으며 이는 또한 (대체로 구조주의

책이 많이 출간되거나 알려지지 않은 탓도 있겠지만 미국 쪽의 저서를 많이 참고하지 않는 저자의 성향도 반영되어 있으리라 생각한다. 나라 안에 소개된 레이코프의 책 목록은 반 데이크(2014/2020)의 뒤친이 각주 103(186쪽)을 참고하기 바란다. 아울러 레이코프의 은유와 '프레임' 이론에 대한 소개는 나익주(2017)의 『조지 레이코프』(커뮤니케이션북스)를 참고할 수 있다.

적인) 언어학 이론과 덩잇글 분석 사이의 장벽이 그렇게 두드러지지 않았기 때문이기도 하다.16) 담화 연구는 종종 말뭉치에 기반을 두고 있으며 그와 같은 큰 자료들에 대하여 형식적이고 양적이며 자동적인 (내용) 분석의 흐름이 강하다.17) 그리고 때로는 비판적인 이념 분석과 결합하기도 한다(Pêcheux, 196, 1982; Guespin, 1976). 자동적인 분석에 대한 강조는 대체로 (쉽게 양으로 표현될 수 있는) 어휘 분석에 초점을 맞추게 됨을 함의한다.

스페인과 특히 라틴아메리카에서 비판적인 정치 담화 연구는 매우 생산적이었다. 칠레에서 돌프먼과 매덜럿트(Dorfaman and Mattelart, 1972)의 도날드 덕(Donald Duck)에 대한 이른 시기의 비판 기호학적 연구(반식민주의)가 유명하다. 아르헨티나에서 러밴드라 외(Lavandra, 1986, 1987)의 연구는 정치 담화 이를테면 독재자들의 담화 유형에 대해 영향력 있는 사회언어학적 접근법을 취하고 있다. 이 연구회의 연구는 계속 되어 왔으며, 특히 팔도(Pardo, 법률 담화에 대한 그의 연구는 Pardo, 1996의 연구를 참고할 것)가 주도한 연구로서 좀 더 분명하게 비판적 담화 분석의 얼개에 의해 조직되었다. 지방정부 당국의 담화

---

16) 원서의 이 문장은 이해하기 어려울 정도로 맥락이 잡혀 있지 않다. 본문은 D. Tannen, D. Schiffrin and H. Hamilton 엮음(2001), *Handbook of Discourse Analysis*(Wiley-Blackwell) 에 실린 글이다. 원서의 두 번째 초고가 http://www.hum.uva.nl/~teun/cda.htm에 실려 있는데 그 원고를 참고하면 프랑스가 (뜬금없지만) 변형 문법의 영향을 받지 않고 구조주의 언어학과 텍스트 언어학을 튼튼하게 발전시킨 점을 지적하고 있는 듯하다.

17) 말뭉치 분석 등 컴퓨터 소프트웨어를 써서 분석하는 언어 분석 방법은 대체로 자동적인 과정이다. 이는 언어의 체계와 공기 관계를 분석함으로써 사용 사례를 제시하는 일에 이바지하였다. 그런 점에서 한국어를 외국어로 배우고 가르치는 데 중요하다. 『현대 한국어 동사 구문 사전』(홍재성 외, 1996, 두산동아), 『연세 한국어사전』(연세대학교 언어정보 연구원, 1998)을 비롯한 업적이 있었다. 그러나 비판적 담화 분석을 비롯한 담화 분석은 여러 학문 및 이론들에 걸쳐 있는 대화를 통하여 강화될 수 있는 열린 과정으로 간주되어 야 한다(페어클럽, 2003/2012: 53).

와 의사결정 담화에 대한 민족지학적 분석이 시어러(Sierra, 1992)에 의해 수행되었다. 라틴아메리카에서 이뤄진 다른 많은 비판적 담화 연구들 가운데 멕시코 의회 담화에 대한 테레사 카르보(Teresa Carbó) 의 방대한 연구를 언급해야겠는데 의회 담화에서 일어나는 중단에 대하여 영어로 이뤄진 이들 연구에서는 대의원이 아메리카 원주민에 대해 이야기하는 방식에 초점을 맞추고 있다.

3.4. 자민족 중심주의, 반유태주의, 국가주의와 인종차별주의

인종적 불평등과 민족적 불평등의 재생산과 법제화에서 담화의 역할에 대한 연구가 천천히 비판적 담화 분석에서 나타나고 있다. 전통적으로 그와 같은 연구는 대중 매체와 문학과 영화에서 자민족 중심주의와 인종차별주의적 표상에 초점을 맞추어 왔다(Hartmann and Husband, 1974; UNESCO, 1977; Wilson and Gutierrez, 1985; van Dijk, 1991; Dines and Humez, 1995). 그와 같은 표상은 선민들 담화의 여러 형태들 가운데 유럽의 여행자들, 탐험가들, 상인들과 군인, 철학자와 역사가들의 담화 에서 나타나는 표상으로 수세기에 걸쳐 타자에 대해 오래되고 주도적 인 이미지가 계속 이어진다(Barker, 1978; Lauren, 1988). 다른 한편으로 이국적인 차이에 대한 강조와 다른 한편으로 타자들의 지적 열등, 도덕적 열등과 생물학적 열등을 강조하는 [백인: 뒤친이] 지상주의자들 의 흠집 내기 사이를 오가면서 그와 같은 담화는 또한 공공의 의견에 영향을 미치고 사회적으로 폭넓게 공유되는 표상으로 이어졌다. 현대 의 담화와 매체, 영화에서 표상의 주도적인 유형들이 보이는 완고함을 부분적으로 설명하는 것은 타자에 대한 부정적인 이미지에 관련되는 이러한 사회문화적인 전통의 연속성이다(Shohat and Stam, 1994).

그 뒤에 나온 담화 연구들은 타자의 이미지에 대한 좀 더 전통적이고 내용 분석적인 분석을 넘어서며 타자로 분류되는 다른 사람들과 입국 이민자들, 소수자들에 대한 담화 그리고 그들에게 건네는 입말과 글말의 언어학적 속성, 기호학적 속성, 담화 속성들을 좀 더 깊이 파고들었다. 좀 더 일반적으로 연구되는 갈래였으며 (그리고 여전히 그러한) 대중 매체, 광고와 영화, 교재뿐만 아니라 새롭게 등장한 연구들은 또한 정치 담화, 학술 담화, 나날의 대화, 고객과의 만남, 이야기 쇼와 다른 수많은 갈래들에 초점을 맞추고 있다.

  인종적 차별과 민족적 차별에 대한 많은 연구들은 여러 담화 유형, 매체와 국경을 가로지르는 고정관념, 편견과 다른 형태의 언어적 폄하들 사이에 두드러진 유사성을 폭로하고 있다. 예컨대 1980년대 이후 암스테르담 대학에서 수행된 대규모 조사연구거리에서 저자는 수리남인, 터키인과 모로코인 그리고 좀 더 일반적으로 인종 관계가 어떻게 대화와 일상의 이야기, 뉴스 보도, 교재, 의회 토론, 회사 담화와 학술적인 입말과 글말에서 제시되는지 들여다보았다(van Dijk, 1984a, 1987a, 1987b, 1991, 1993a). 차이와 일탈, 위협과 같은 고정적인 주제에 더하여 이야기 구조와 (타자에 대한 언급에서 망설임과 고치기와 같은) 대화의 특징, (우리는 흑인에 대한 반감은 없어요, 그렇지만 … 등) 부인 표현disclaimers과 의미론적인 전개 전략semantic move, 타자에 대한 어휘 선택을 통한 기술, 그 외 다른 수많은 담화 특징들을 연구하였다. 이 연구거리의 목적은 어떻게 사회적 맥락과 정치적 맥락에서 담화가 타자에 대한 기저의 사회적 표상을 표현하고 재생산되는가를 보여주는 것이다. 떼르 왈(Ter Wal, 1997)은 이탈리아의 정치 담화와 매체 담화가 점진적으로 바뀌는 방식에 대한 연구에서 좀 더 자세하게 이 얼개를 적용하였다. 그런 변화는 반인종차별주의적 책임감과 외부인

(비유럽인)에 대한 온순한 표상에서 범죄와 일탈, 위협에 기대어 입국 이민자들에 대한 부정적이고 좀 더 고정관념화된 인상으로 바뀌었다.

저자가 관여한 연구에서 중요한 점은 (반유태주의, 외국인 공포증과 민족에 따라 혹은 인종에 따라 규정되어 있는 타자에 대한 분노와 관련되는 형태를 포함하여) 인종차별주의가 좀 더 일반적으로 담화에 의해, 좀 더 구체적으로는 선민들의 담화에 의해 재생산되는 사회적 불평등과 정치적 불평등의 복잡한 체계라는 것이다.

담화와 인종차별주의 사이의 이론적 관계에 관련되는 복잡한 세부 내용들을 다듬기에 앞서 오늘날 인종에 대한 보수적인 선민의 담화에서 원형으로 받아들여질 수 있는 어떤 책을 언급하고자 한다. 그 책은 디네시 디수자(Dinesh D'Souza, 1995)의 『인종차별주의의 끝The End of Racism』이다. 이 책은 미국에서, 특히 우익의 주도적인 이념들 다수를 구체적으로 보여주는데, 특히 미국에서 소수자 집단, 즉 아프리카계 미국인을 구체적으로 겨냥하고 있다. 지면 때문에 700쪽에 이르는 책에 대한 자세한 분석을 할 수 없다(van Dijk, 1998a를 참고할 것). 여기서는 단순히 디수자의 『인종차별주의의 끝The End of Racism』이 주도적인 (백인, 서구, 남성) 집단의 권력 행사에서 어떤 갈래의 담화 구조, 전략과 조처가 전개되고 있는지, 그리고 보수적이고 우월의식에 빠진 이들의 이념과 일치를 보이는 사회적 표상을 어떻게 형성하고 굳건하게 하는지를 어떻게 보여주고 있는지 요약할 뿐이다.

디수자의 『인종차별주의의 끝The End of Racism』에서 전체적인 전략은 덩잇글과 관련된 모든 수준에서 내집단에 대한 긍정적인 제시와 외집단에 대한 부정적인 제시가 결합된 표현이 있다. 디수자의 책에서 중요한 수사적 수단은 과장법과 은유, 즉 질병이라는 관점에서 사회적 문제를 확대하여 제시하고(병적 이상, 세균), 문명과 야만 사이의 대조를 강조한다. 의미론적으로 그리고 어휘의 면에서 그에 따라 타자들은 차이와 연관되어 있다기보다는 일탈(비합법성)과 위협(폭력, 공격)과 연관되어 있다. 흑인 문화의 악행과 관련하여 논쟁의 여지가 많은 주장들은 백인들의 결핍에 대한 부정(인종차별주의), 그들의 범죄(식민주의와 노예)에 대한 수사적인 완화 표현과 완곡한 표현, 비난 뒤집기(희생자에 대한 비난)와 묶여 있다. 따라서 사회적 갈등은 양극화에 의해 인지를 통해 표상되고 거세진다. 그리고 비난하고 악마처럼 취급하며 문명화된 미국이라는 공동체로부터 타자들을 배제함으로써 사회적 갈등은 담화를 통해 지속되고 재생산된다.

4. 집단의 권세로부터 전문직 권력과 기관의 권력

이 장에서는 사회적 불평등의 (재)생산에서 담화의 역할에 대한 비판적 연구를 들여다보았다. 그와 같은 연구들은 특정의 사회 집단에 의한 권력 남용과 권세에 대한 비판적 담화 연구를 두드러지게 구현하고 있다.[6] 비판적 담화 분석의 표제를 달든 그렇지 않든 다음 많은 연구들도 기관 맥락에서 나온 담화와 전문 직업에서 나온 담화의 다양한 갈래들 예컨대 많은 갈래들 가운데 법정 담화(Danet, 1984; O'Barr et. al., 1978; Bradac et. al., 1981; Lakoff 1990; Ng and Bradac, 1993; Wodak, 1984a; Pardo, 1996; Shuy, 1992), 관료들의 담화(Burton and Carlen, 1979; Radtke, 1981), 의료 담화(Davis, 1988; Fisher, 1995; Fisher and Todd, 1986; Mishler, 1984; West, 1984; Wodak, 1996), 교육 담화와 학술 담화(Apple, 1979; Aronowitz, 1988; Atkinson et. al., 1995; Bergvall and Remlinger, 1996; Bernstein, 1975, 1990; Bourdieu, 1984, 1989; Bourdieu et. al., 1994; Coulthard,

1994; Duszak, 1997; Ferree and Hall, 1996; Fisher and Todd, 1986; Giroux, 1981; Jaworski, 1983; Leimdorfer, 1992; Mercer, 1995; Osler, 1994; Said, 1979, Smith, 1991; Willis, 1977; Wodak, 1996; van Dijk, 1987a, 1993a), 기업 담화 (Boden, 1994a; Drew and Heritage, 1992; Ehlich, 1995; Mumby, 1988, 1993; Mumby and Clair, 1997)[18]를 비판적으로 검토하고 있다. 이런 모든 사례 에서 권력과 권세는 구체적인 사회 영역(정치, 매체, 법률, 교육, 자연과 학 등), 그들의 직업에서 선민들과 기관, 그와 같은 기관과 영역에서 담화를 통한 권력의 일상적인 재생산의 배경을 형성하는 규칙과 관례 화된 방식과 연관되어 있다. 그와 같은 권력의 희생물이 되거나 표적 이 되는 사람들은 일반적으로 말해 대체로 시민들이거나 대중이며 이들은 기관의 권력과 조직의 권력에 기대고 있는 대중, 고객, 학생, 청중. 실험 참여자들이나 다른 집단들이다.

5. 마무리

이 장에서 저자는 비판적 담화 분석이 담화와 권력의 관계를 다루고 있음을 보았다. 또한 저자는 담화와 권력을 분석하는 데 필요한 이론 적 얼개의 대략적으로 그려 보았다. 그리고 입말과 글말을 통해 권력 과 주도권이 재생산하는 많은 방법들을 수박 겉핥듯이 살펴보았다.

그럼에도 여러 가지 방법론적인 간격과 이론적인 간격들이 남아 있다. 먼저 담화 구조와 지엽적인 사회적 맥락, 전국적인 사회적 맥락

---

18) 이 부분의 참고문헌 목록들이 겹치거나 차례가 가지런하지 않아서 뒤친이가 Lakoff, 1990; Wodak, 1984a, Mumby, 1988는 삭제하고 이름의 차례에 따라 가지런하게 배열되도록 하였음을 밝혀둔다.

사이의 인지적 접합점은 매우 흐릿하며, 그런 접합점은 지식과 이념이라는 개념에만 남아 있는 듯하다(van Dijk, 1998). 따라서 담화와 권력에 대한 상당수의 경험적 연구가 있음에도 불구하고 담화와 행위를 인지와 사회와 관련을 맺어야 하는 비판적 담화 분석과 관련되는 학제적 이론은, 여전히 논의거리를 제기하는 수준에 머물러 있다. 두 번째로 언어학을 중심으로 입말과 글말을 연구하는 접근법과 사회과학에서 이뤄지는 다양한 접근법 사이에도 간격이 여전히 있다. 언어학적 접근에서는 권력 남용과 불평등에 대한 사회과학과 정치학의 개념과 이론들을 종종 무시하며 사회과학의 접근에서는 담화에 대한 자세한 분석에 참여하지 않는다. 다양한 접근법의 통합은 학제적인 비판적 담화 분석의 만족스러운 형태에 도달하기 위해서 매우 중요하다.

[저자의 주석]

저자는 이 장의 이전 원고에 대한 루스 워닥Ruth Wodak의 비평에 빚을 지고 있으며 남아메리카의 비판적 담화 분석 조사연구에 대한 좀 더 나은 정보를 로라 파르도 Laura Pardo에게 빚지고 있다.

1] 그렇다면 비판적 담화 분석에서 이런 문제들을 이론화하고 다른 기본적인 개념들을 이론화할 때 우리 시대의 선도적인 사회철학자들과 사회과학자들을 언급하게 됨은 놀랍지 않다. 그에 따라 프랑크푸르트 학파의 선도적인 학자들이나 하버마스Habermas19)에 의해 이뤄진 연구(예컨대 합법화와 민주주의와 규범에 대한 최근의 연구)는 당연히 비판적 담화 분석에서는 일반적이다. 이와 비슷하게 많은 비판적 연구들은 권력이나 주도권, 원칙 혹은 '담화의 질서'와 같은 좀 더 철학적인 개념들을 다룰 때 푸코Foucault20)를 참고할 것이다. 좀 더 최근에 부르디외Bourdieu에 의해 이뤄진 언어와 문화, 사회에 대한 많은 연구들 예컨대 그의 아비투스habitus라는 개념이 점점 영향력을 높여가고 있다. 다른 사회학적 관점으로 볼 때 기든스Giddens의 구조화 이론은 이제 이따금씩 언급되고 있다. 비록 여러 사회 철학자들과 사회학자들이 언어와 담화에 관련되는 개념들을 드넓히고 있지만 그들은 명시적이고 체계적인 담화 분석에 가담한 적이 없다는 점을 염두에 두어야 한다. 참으로 비판적 담화 분석가들이 마지막으로 해야 할 일은 동시대의 언어학과 담화 분석이 발전함에 따라 언어와 담화에 대하여 분명하게 통일된 철학적이거나 사회학적인 사고를 무비판적으로 수용하는 일이다. 좀 더 정확하게 밝힌다면 여기서 언급된 연구들은 주로 사회 질서와 비판적 담화 분석에 대한 상위이론에 대한 기본적인 개념들의 사용에 관련되어 있다.

2] 세 번째 문제, 즉 어떻게 비주도적인 집단이 담화를 통해 권력을 가진 집단에 도전하거나 통제에 저항하는가 하는 문제는 지면의 제약 때문에 다룰 수 없다.

3] '마음의 통제'는 단지 매우 복잡한 과정을 편의에 따라 요약하는 구절임을 유의하기 바란

---

19) 하버마스(1984/2006)의 의사소통 행위 구분에서 정보를 제공하고 제공받는 순수한 소통 그 자체뿐만 아니라 전략적 소통 행위 그 자체가 비판적 담화 분석의 대상이 될 수 있음을 지적한 표현이다.

20) 푸코의 잘 알려진 책인 『지식의 고고학』(1972)을 비롯한 일련의 저작들이 국내에 소개된 책만도 30여 권이 넘게 출간되었고, 같은 책도 다른 번역자에 의해 책들을 누리그물에서 찾을 수 있다. 페어클럽(1992/2017: 90)에서는 이런 일련의 "푸코의 업적은 담화와 권력의 관련성, 사회 주체와 지식을 놓고서 담화로 이뤄지는 구성체, 사회 변화에서 담화의 기능 작동 등과 같은 영역에서 담화의 사회학 이론에 중요하게 이바지한다."라고 하였다. 이는 푸코가 담화를 대상으로 담화의 가능성에 대한 조건들 가능한 대상들, 형성 규칙들과 특정한 유형의 담화에 대한 명료한 표현방식, 주체(의 위상) 형성 규칙들, 개념들의 형성 규칙, 전략들의 형성 규칙에 초점이 맞추어져 있기 때문이다. 페어클럽(같은 책)의 121쪽에는 푸코가 담화와 관련하여 언급한 내용, 즉 권력의 담화적 본성, 담화의 정치적 본성, 사회 변화에 대한 담화적 본성을 깔끔하게 정리해서 제시하고 있다.

다. 인지심리학과 매체 소통 연구는 마음에 영향을 미치는 일이 마음의 통제가 암시하는 것처럼 그렇게 간단한 과정이 아님을 보여주었다(Britton and Graesser, 1996; Graesser and Salmon, 1995; Klapper, 1960; van Dijk and Kintsch, 1983). 수신자들은 입말과 글말의 사용과 해석에서 다양할 수 있으며, 계층이나 성별, 문화와 함수 관계에 있다(Liebs and Katz, 1990). 이와 비슷하게 수신자들은 특정의 담화에서 의도한 의견을 수동적으로 받아들이는 일이 거의 없다. 그러나 세계에 대해 사람들이 지니고 있는 믿음은 담화를 통해 얻어진다는 점을 잊지 말아야 한다.

4] 사람들의 마음을 어떻게 담화가 통제할 수 있는가에 개입된 복잡한 과정을 분석하기 위해 인지 과학에서 연구된 인지의 작동과 정신 표상에 관련되는 자세한 내용을 읽어낼 필요가 있을 것이다. 충분히 요약하는 일이 이 장의 범위를 넘어서기 때문에 여기서는 담화를 통한 마음의 통제 과정을 이해하는 데 필요한 몇몇 개념들만을 간단하게 소개하기로 한다(세부적인 내용들은 Graesser and Bower, 1990; van Dijk and Kintsch, 1983; van Oostendrop and Zwaan, 1994; Weaver et. al., 1995를 참고할 것).

5] 여기서 개략적으로 그려낸 그림들은 매우 도식적이고 일반적이다. 한편으로 집단들이 지니고 있는 사회적 권력, 기관들이 지니고 있는 사회적 권력과 담화 사이의 관계와 다른 한편으로 담화와 인지 사이의 관계, 인지와 사회의 관계는 매우 복잡하다. 많은 모순들이 있다. 어떤 주도적인 집단(어떤 계층이나 기관)이 다른 집단을 억압하고 공공의 담화를 통제하며 그런 담화가 직접적으로 지배를 받는 사람들의 마음을 직접적으로 통제하는 그림이 언제나 분명하지는 않다. 공동모의와 합의, 합법화와 심지어 불평등의 형태에 관련되는 합작품의 여러 형태들이 많이 있다. 주도적인 집단의 구성원들은 의견의 일치를 보이지 않을 수도 있고 비주도적인 집단의 편을 들 수 있는데 그 반대로도 가능하다. 반대자의 담화가 주도적인 집단에 의해 채택될 수도 있다. 생태와 관련되는 담화와 이념에서 매우 분명한 것처럼, 반대자의 담화를 전략적으로 무력하게 하거나 혹은 단지 주도적인 권력과 이념을 바꾸었기 때문일 수도 있다.

6] 유감스럽게도 계층에 따른 담화의 재생산에 대한 연구는 이 관점에서는 다소 무시되어 왔다. 관련되는 접근법은 윌리스(Willis, 1977)를 참고하기 바란다.

제5장 담화와 인종차별주의

1. 들머리

대부분의 사람들에게는 그리고 아마도 이 장을 읽는 독자들에게는 인종차별주의라는 개념이 직접적으로 담화라는 개념과 연관되지 않을 것이다. 좀 더 분명한 연관성은 이 책에서 다뤄지는 인종 차별이나 민족적 차별과 불평등과 연관된 다른 많은 개념들 가운데 차별, 편견, 노예 상태나 아파르트헤이드apratheid1)일 것이다.

---

1) 남아프리카공화국에 존재했던 인종분리체제이다. 주민을 '백인', '흑인', '유색인종', 혹은 '혼혈인종' 집단으로 분리하는 것이 법에 의하여 규정되어 있으며, 이러한 분리는 주거, 결혼, 고용 분야, 학교, 병원, 공원, 해안 등과 같은 공공편의시설의 사용에 반영되고 있다. 특히 종종 비교가 되는 카스트와 같은 다른 엄격한 사회계층체제와 달리, 인종차별정책은 공유된 가치로 간직되어 있는 것이라기보다는 백인들의 세력과 국가권력에 의해 부가되는 것이다(고영복(2000), 『사회학사전』, 사회문화연구소).

비록 담화는 단순히 낱말로 표현된 것일 뿐인 듯하지만 (그리고 그에 따라 막대나 돌처럼 당신의 등뼈를 부러뜨릴 수는 없지만) 담화는 현재의 인종차별주의를 재생산하는 데 중요한 역할을 한다.

이는 특히 현재의 인종차별주의 가운데 가장 상처를 많이 입히는 형태에도 마찬가지이다. 정치적 선민, 관료 정치에서 선민, 기업의 엘리트, 교육과 학문 분야의 엘리트는 입국 허가, 거주, 노동, 주택과 교육, 복지, 건강, 지식과 정보, 문화와 같은 소수자와 입국이민자들의 일상에 대한 중요한 기준과 이에 대한 결정을 통제한다. 말하자면 그들은 대체로 입말과 글말로 그렇게 한다. 선민 담화의 많은 형식 가운데 국무 회의와 국회 토론, 입사 면담, 뉴스 보도, 광고, 수업 시간, 교재, 학술 논문, 영화와 대담 프로그램이 있다.

이는 소수자들에 맞서도록 주도하는 사회적 관례에서 그러하듯이, 담화는 무엇보다 언어로 이뤄지는 차별일 것이다. 선민 담화는 따라서 인종차별주의의 가장 중요하고 선도적인 형태를 이룬다. 이와 비슷하게 그와 같은 언어적 실천관례와 사회적 실천관례에 가로놓여 있는 인종에 관련되는 편견의 (재)생산은 대체로 담화와 소통을 통해서 일어난다.

요약하자면 특히 오늘날과 같은 정보 사회에서 담화는 인종차별주의의 중심에 있다. 이 장은 이런 일이 왜 어떻게 그러한지 설명한다.

2. 인종차별주의

담화가 인종차별주의에 어떻게 기여하는가를 조금 자세하기 이해하기 위해서 인종차별주의에 대한 저자의 이론을 먼저 요약할 필요가 있다. 인종차별주의는 때로 민족이나 인종에 바탕을 둔 주도권과 그 결과로 나타나는 불평등에 관련되는 복잡한 사회적 체계로 이해한다(자세한 내용은 van Dijk, 1993a 참고할 것).

인종차별주의 체계는 사회적 하부체계와 인지적 하부체계로 구성되어 있다. 사회적 하부체계는 지엽적(미시적) 수준에서 차별에 관련되는 사회적 관례로 이뤄지고 전국적(거시적) 수준의 분석에서 주도적인 집단과 기관, 조직에 의한 권력 남용의 관계로 이뤄진다(이런 수준에 초점을 맞춘 가장 고전적인 분석은 이를테면 Dovidio and Gaertner, 1986; Essed, 1991; Katz and Taylor, 1988; Wellman, 1993; Omi and ·Winant, 1994를 참고할 것).

앞에서 주장한 것처럼 담화는 차별적 관행에서 영향력 있는 유형일 수 있다. 그리고 상징적 선민들, 즉 말 그대로 사회뿐만 아니라 기관이나 조직에서 모든 것을 말할 수 있는 선민들은 권력 남용이나 권세에 연루된 집단의 사례들이다.

두 번째 인종차별주의의 하부체계는 인지적 속성을 띤다. 주도적인 집단과 기관 구성원들의 차별적인 관례들이 일상적인 인종차별주의의 가시적이고 명백한 형태라면 그와 같은 관례들은 또한 인종에 관련된 사건들과 상호작용에서 편향된 행동양식을 구성하는 인지적 토대를 지니고 있기도 하다. 이런 인지적 토대는 결국 인종차별주의자들의 편견과 이념에 깊이 뿌리내리고 있다(van Dijk, 1984a, 1987a, 1998). 이는 차별이 언제나 의도적임을 의미하지 않는다. 우리의 그들에 대해 사회적으로 공유되고 부정적으로 방향을 잡는 정신 표상을 전제로 함을 의미할 뿐이다. 편견에 대한 대부분의 심리학적 연구들은 인종차별주의의 이런 측면을 다룬다. 비록 이런 관점이 아니라 인종차별주의가 사회적 체계에서 하는 역할이라는 관점에서 다루기는 하지만 말이다.

편견은 대부분 개인의 특징으로 연구된다(Brown, 1995; Dovidio and Gaertner, 1986; Sinderman et. al., 1993; Zanna and Olson, 1994).

또한 담화는 인종차별주의에 관련된 인지적 차원에 대해서도 중요한 역할을 한다. 인종에 대한 편견과 이념들은 생득적이지 않고 인종과의 상호작용에서 자발적으로 자라나지 않는다. 이들은 습득되고 학습되는데 이런 일은 보통 소통을 통해, 즉 담화를 통해 일어난다. 그리고 그와 반대로 인종차별주의자들의 정신적 표상은 일반적으로 담화에서 표현되고 명확히 규정되며, 옹호되고 정당화된다. 그리고 그에 따라 재생산되고 주도적인 집단 안에서 공유된다. 인종차별주의가 사회 안에서 학습되는 기본적인 방법은 이것이다.

3. 담화

3.1. 자리매김

인종차별주의에 대한 지식 없이는 어떻게 담화가 그에 대한 일상적인 재생산에 관련되어 있는지 알지 못한다. 담화에 대해 우리가 지니고 있는 지식도 마찬가지이다. 이 개념은 너무나 유명해져서 그 개념의 구체화에 많은 연구들이 있다. 담화는 일반적으로 여기서 특정의 소통에 관련되는 일을 의미할 뿐이며 구체적으로는 언어 사용이나 언어를 통한 상호작용의 입말과 글말을 의미하는 것으로 이해한다. 때로 담화는 담화의 특정의 유형으로서 담화의 묶음이나 담화 갈래2)들 가운

---

2) 비판적 담화 분석에서는 갈래의 내부구조에도 관심을 가질 수 있다. 이는 갈래의 구분과

데 어떤 부류를 외현하는 포괄적인 의미로 사용된다. 여기에는 예컨대 의료 담화나 정치 담화 혹은 인종차별주의자의 담화가 있다(현재의 담화 분석에 대한 소개는 van Dijk 1997a에 있는 여러 장들을 볼 것).

그런 방식으로 자주 사용되지만 입말이나 글말의 모음을 실제로 가리키지 않는 한 자유주의 담화, 모더니즘에 대한 담화에서처럼 철학, 이념, 사회 운동이나 사회 체제로 이해하지 않는다.[3]

좀 더 넓은 의미론적 의미에서 담화는 회화, 사진, 몸짓, 체면 유지 face-work[4] 등과 같은 비언어적인 표현도 중요한 역할을 할 수 있다. 비록 인종차별주의자의 전달내용이 사진, 영화, 낮잡아 보는 몸짓이나 다른 비언어적 행위로 전달될 수 있지만 간소화를 위해 여기서는 무시할 것이다.

3.2. 통사적 분석

담화에는 많은 다른 구조들이 있는데 이들은 또한 일반적 접근법(언어적 접근, 화용적 접근 기호론적 접근, 수사적인 접근, 상호작용에 바탕을 둔 접근 등) 혹은 대화, 뉴스 보도, 시나 광고와 같은 갈래에 따라 분석될 수 있다. 입말과 글말은 다양한 수준이나 여러 가지 차원에서 분석될 수 있다고 가정할 것이다. 이들 각각은 소수자 집단 구성원들에 대한

관련지어 담화의 실천사례로서 특징을 드러내는 데도 중요할 뿐만 아니라 관례화나 의례화가 그런 갈래에 익숙하지 못한 사람들에게 접속의 기회를 차단하는 역할을 밝히는 데도 필요하기 때문이다. 담화 갈래의 내부 구조에 대해서는 페어클럽(2003/2012: 170~176)을 참고할 수 있다.

3) 일반적으로 담화와 담론은 구별한다. 이에 대한 구별은 허선익(2019나: 15~17)을 참고하기 바란다. 이 단락에서 이야기하는 담화는 주로 담론에 해당한다.

4) 체면과 관련된 고프만의 저작에 영향을 받은 용어인 듯하다.

차별적인 상호작용이나 그들에 대한 편향된 담화에 직접적이거나 간접적으로 관련될 수 있다. 예를 다음과 같은 것들이 있다.

- **비언어적 구조물**: 인종차별주의자의 그림, 낮잡아 보는 몸짓과 그들에 대한 부정적 의미를 강조하는 지면 배치나 표제의 크기
- **말소리**: 거들먹거리는 억양과 (지나치게) 크게 말하기5)
- **통사 구조**: 행위에 대한 책임감 강조(경시)로서 예컨대 능동태나 수동태 문장을 이용
- **어휘**: 다소 그들에 대해 다소 부정적이거나 우리에 대해 긍정적일 수 있는 낱말의 선택(이를테면 폭력주의자 대 자유 수호자)
- **지엽적인 (문장) 의미**: 예컨대 우리가 지닌 인종차별주의에 대해 흐릿하거나 간접적이며 그들의 범죄나 불량행동에 대해 자세하고 정확함.
- **전국적인 담화 의미(주제)**: 우리에 대해 긍정적인 주제(도움이나 관용)를 선택하거나 강조하기, 그들에 대해 부정적인 (범죄, 일탈이나 폭력과 같은) 주제를 선택하거나 강조하기
- **(전국적인 담화 조직의 관례적인 형식) 틀**: 그들의 나쁜 점과 우리들의 좋은 점을 강조하기 위해 표준적인 틀 범주를 제시하거나 없애기. 이를테면 이야기전달 틀에서 결말이나 논증 틀에서 결론이 있음.
- **수사적 장치들**: 은유, 환유, 과장, 완곡어법, 반어 등인데 여기서도 우리/그들에 대한 긍정적/부정적 정보에 주의의 초점을 두기 위함임.
- **발화 행위**: 그들을 낮잡아 보기 위한 비난이나 혹은 우리의 차별을 정당화하기 위한 방어

---

5) 지나치게 크게 말하는 것에는 상대방의 무지, 혹은 정보 없음을 전제로 정보를 가진 사람, 유식을 과시하려는 고압적인 태도가 들어 있을 수 있다.

• 상호작용: 직접적으로 상호작용을 통한 차별의 다른 많은 방법들 가운데 타자의 발언기회 방해하기, 타자가 말하기 전에 모임 끝내기, 타자에 반대하기, 혹은 질문에 응답하지 않기

아직 그렇게 자세하지는 않고 치밀하지 않지만 담화의 몇 가지 구조와 수준에 대한 이런 간략한 목록을 통해 먼저 담화와 담화의 다양한 구조가 인종차별주의의 여러 측면들과 어떻게 연결될 수 있는가에 대한 생각을 하게 될 것이다. 제시된 사례들은 기저에 있는 편견으로부터 알고 있는 집단 양극화를 보여준다. 이를테면 한편으로 내집단에 대한 우호주의와 긍정적인 자기-제시, 다른 한편으로 외집단에 대한 낮잡아 보기나 부정적인 타자-제시의 전체적인 경향을 보여준다.

다른 말로 한다면 미묘한 의미와 형태, 행위 구조를 지닌 채 일반적으로 인종차별주의 담화는 우리의 좋은 점과 그들의 나쁜 점을 강조하고 우리의 안 좋은 점이나 그들의 좋은 점을 (약화하고 숨기며) 가볍게 본다. 이런 일반적인 이념 방진^{ideological square}은 사회적 관례나 담화와 사고에서 인종차별주의자의 주도권에 적용될 뿐만 아니라 일반적으로 내집단-외집단의 양극화에도 적용된다.

4. 인지적 접합면

인종차별주의에 대한 적절한 이론은 이념에만 국한되거나 차별의 사회적 관례와 같은 가시적인 형태에만 국한되지 않는다는 점에서 환원되지 않는다^{non-reductive}. 이는 담화가 인종차별주의에 연루되는 방식에서도 마찬가지이다. 이는 특히 담화의 의미에 대해서 더욱 그러한데

그에 따라 믿음 말하자면 인지에 대해서도 마찬가지이다. 담화는 상호작용이나 사회적 관례의 형태일 뿐만 아니라 의미를 표현하고 전달하며 소수자들이나 입국이민자들에 대한 우리의 믿음에 영향을 미칠 수 있다.

따라서 위에서 담화 구조 분석의 핵심은 차별의 사회적 관례 가운데 한 유형의 자세한 특징을 들여다보게 할 뿐만 아니라 담화에서 우리의 마음을 표현하고 관리하는 방식에 대한 깊은 통찰을 얻게 된다. 어떻게 인종에 대한 편견과 이념들이 사회에서 표현되고 전달되며 공유되고 재생산되는가를 설명하는 것은, 특히 이런 담화—인지의 접합 부분이다. 예컨대 수동태 문장은 인종에 관련된 사건에 대하여 구성하게 되는 정신 모형에서 책임져야 하는 행위주를 흐릿하게 할 수 있다. (예컨대 난민들의 침략에서처럼) 특정의 은유 유형은 타자에 대해 지니고 있는 부정적인 의견을 더할 수 있으며 대중의 분노와 같은 환유는 인종차별주의와 같은 표현이 불러일으킬 수 있는 자신들의 부정적인 이미지를 약화시킬 수 있다. 이런 방식으로 그리고 다른 많은 방식으로 앞에서 언급한 담화 구조는 인종에 관련되는 사건에서 우리가 형성하는 특정의 정신 모형에 영향을 미칠 수 있고 좀 더 일반적으로 우리들 자신과 타자에 대해 우리가 지니고 있는 사회적 표상(믿음,6) 태도)에 영향을 미칠 수 있다. 인종차별주의자의 담화에서 의도한 방식으로 그와 같은 정신 표상이 영향을 받게 되면 그런 정신 표상은 다른 인종차별주의자의 관례에 참여하기 위해 사용될 수 있다. 인종차별주의의 순환과 그 재생산이 닫히게 되는 것은 이와 같은 방식에 있다.

---

6) 믿음에 대한 저자의 생각은 반 데이크(2014/2020: 58~62)에 있는 부분을 참고하기 바란다.

5. 사회적 맥락: 선민들

사회에서 담화를 통한 인종차별주의의 재생산은 주도적인 다수의 모든 구성원에 골고루 퍼져 있지는 않다는 점을 조사연구는 시사한다. 따라서 담화 구조에 대한 분석과 인지적 토대에 대한 분석과는 별도로 누가 말하고 쓰는가와 같은 담화의 사회적 맥락의 속성을 살펴보는 것이 중요하다. 이 장에서 저자는 이런 재생산의 과정에서 선민들이 특별한 역할을 한다는 것을 되풀이해서 제안한다(자세한 내용에 대해서는 van Dijk, 1993a를 볼 것). 이것은 선민이 아닌 사람들보다 선민들이 일반적으로 좀 더 인종차별주의자이기 때문이 아니라 그들이 공개적인 담화 가운데 영향력이 있는 양식에 특별한 접속 권한을 지니며 통제력을 지니고 있기 때문이다. 이런 공개적인 담화에는 대중매체, 정치, 교육, 조사연구와 관료제도가 있다. 선민들에 대해 여기서 제시하는 자리매김은 따라서 부와 같은 권력의 토대인 물질적인 자원에 의해서가 아니라 그리고 단순히 지도력이라는 사회 구조적인 지위에 의해서가 아니라 상징적 자본, 특히 공개적인 담화에서 대한 접속에서 우선권을 규정하는 상징적 자원에 의해서 이뤄진다. 이런 식으로 자리매김할 때 선민들은 말 그대로 사회에서 대부분을 말해야 하는 집단(들)이고 따라서 대체로 대중들의 마음에 접속할 수 있는 우선권도 지니고 있다. 사회의 이념적 지도자로서 그들은 공동의 가치와 목표, 관심거리를 내세우며 사회 구조[7]를 구성하는 주도적인 기관의 지도자로서 그리고 개인으로서 상식과 여론을 명확하게 밝힌다.

---

7) 그런 점에서 사회 구조와 담화 사이에 변증법적 관계가 성립한다. 말하자면 사회 구조는 사회적 실천 관행(≒담화)을 위한 조건이자 동시에 결과이다(페어클럽, 1992/2017: 35).

이는 주도적인 다수가 소수자들이나 입국이민자들과의 관계에서 본보기를 필요로 하는 인종에 관련되는 권력의 행사에서도 마찬가지이다. 현대 사회에서 상징적 선민들의 역할에 대한 저자의 분석을 전제로 할 때 권력을 쥐고 있는 주도적인 백인 집단을 지탱하는 인종차별주의 체계의 재생산에서도 그들은 중요한 역할을 한다고 결론을 내린다. 이는 선민들의 담화에 대한 분석이 사회에서 인종차별주의가 재생산되는 방식에 특히 알맞은 관점을 제공한다는 것을 의미한다.

그러나 동시에 더 발전된 사회적 분석과 정치적 분석에서는 상징적 선민들이 권력과 지위를 유지하는 데 가장 적합하다고 생각하는 주도적인 인종차별주의 담화라는 형식으로 대중들의 혼란이나 분노를 어떻게 통합하고 옮기는지를 포함하여 어떻게 그들이 대중과 관련되어 있는지 좀 더 자세하게 분석할 필요가 있다. 예컨대 (정치적) 선민에 맞서 실업에 대한 비판과 도시의 무너짐에 대한 비판은 입국이민자들에 대한 비난으로 비껴갈 수 있다. 정당을 구성하든 구성하지 않든 인종차별주의자가 아닌 개인의 체면을 유지하기 위해서 그리고 주류 정당에서 온건한 형태의 인종차별주의를 퍼뜨리기 위해 대중적인 인종차별주의 가장 극단적인 형태는 공개적으로 비난을 받을 수 있다. 따라서 인종차별주의를 내세우는 쪽은 유용한 바보들useful idiots8)이며 민주주의적인 가치와 관련하여 거의 금지되지 않는다는 점은 놀랍지 않다. 현대 사회에서 선민들의 담화 분석을 통해 다양한 사회적 처리와 정치적 처리가 쉽게 검색될 수 있다.

물론 선민들의 역할에 대하여 인종차별주의의 재생산에서 그들이

---

8) 이 용어의 유래가 어떠하든 지금은 다른 편에 이용을 당하는 무리들을 일컫는 용어로 쓰인다. 이 맥락에서는 인종차별주의를 내세우는 정당이 실제로는 인종차별주의를 재생산하는 선민들에 의해 이용당하고 있음을 지적한 말이라고 생각한다.

공개적인 담화를 통제한다는 단순한 논거에 바탕을 두고 있는 이런 특별한 관점은 또한 인종차별주의에 반대하는 비주류 형태에서 작은 선민 집단들의 역할을 설명한다. 만약 지도자들이 좋은 본보기를 제시하는 데 책임이 있으며 그것을 주어야 하는 것이 참이라면 이 결론은 또한 인종차별주의 반하는 정책과 변화가 전체 국민에 초점을 맞출 필요가 없음을 함의한다. 오히려 그것을 덜 필요로 하는 사람, 즉 선민들에게 초점을 맞추어야 한다. 만약 인종차별주의의 형태 가운데 가장 영향력 있는 형태가 그 중심에 있다면 변화가 시작되어야 하는 곳에 그것이 있을 테다.

6. 맥락의 역할

현재의 담화 분석에서는 사회에서 담화를 이해하기 위해 맥락의 기본적인 역할을 강조한다. 앞으로 여러 차례 보게 될 것처럼 주도적인 담화는 맥락의 밖에서 단순하게 자신들의 영향력을 행사하지 않는다. 소통으로 담화를 자리매김할 때 담화가 사용되는 전체 사회 영역(정치, 매체, 교육)을 고려할 필요가 있다. 여기에는 이들을 통해서 성취되는 사회적인 조처(입법, 교육), 이들이 규정하는 지엽적인 조처뿐만 아니라 시간과 장소, 환경이라는 현재의 배경, 연루되어 있는 참여자들과 그들의 많은 사회적 역할, 소통에서 역할과 (이를테면 인종) 집단의 구성원 자격, 그리고 사소하지 않은 이런 참여자들의 믿음과 목적이 있다. 이들과 소통에 관련된 사회적 상황의 다른 특징, 특히 어떻게 사물들이 언급되고 있는가와 관련이 있는 문체와 같이 바뀔 수 있는 속성들은 담화의 모든 속성에 실질적인 영향을 미칠 것이다. 다른 말로 한다면 비슷한 편견도 이들과 다른 맥락 구조에 따라 매우 다른 방식으로 나타날 수 있다. 예컨대 정부의 담화나 국회의 토론, 품질과 보통 크기의 신문과 작은판 신문인지, 우익인지 좌익인지 등에 따라 다르게 나타난다. 다른 말로 하면 사회에서 인종차별주의자 담화의 다양성에서 나타나는 기저의 사회적 표상에 관련되는 변수를 반영할 뿐만 아니라, 특히 산출의 서로 다른 맥락에 맞춰진다. 말하자면 누가 무엇을 언제, 어디서 그리고 어떤 목적을 달성하기 위해 말하는가에 따라 달라진다. 맥락에 대한 이론은 또한 주도적인 인종의 의견일치에도 불구하고 왜 소수자들에 대한 담화가 같지 않은가를 부분적으로 설명해 준다.9)

7. 대화

담화가 인종차별주의와 그 재생산에 개입하는 방식에 대한 이론적인 소개를 끝낸 뒤이므로 이제 인종차별주의에서 연구된 다양한 갈래의 역할을 살펴보기로 한다.

갈래는 담화를 통한 사회적 관례의 유형으로 앞에서 설명한 것처럼 일반적으로 특정의 담화 구조와 맥락 구조에 의해 자리매김된다. 예컨대 의회 토론은 특정의 말투와 시간이라는 특정의 맥락 제약과 화자 교체에 대한 통제 아래 정치 영역에서 의회라는 기관에서 이뤄지

---

9) 맥락에 대해 사회인지적 접근을 한 논의는 이 책의 출간 연도와 같은 해인 2008년에출간된 저자의 다른 책인 『담화와 맥락』(Cambridge University Press)에서 폭넓게 다루어지고 있다. 저자가 이 부분에서 지적하는 내용을 그 책의 내용과 관련지어 보면 결국 "그것은 담화에 영향을 미치는 (혹은 담화에 의해 영향을 받는) 사회적 상황이 아니라 그러한 상황을 참여자들이 자리매김하는 방식인" 맥락이 있기 때문이라고 할 수 있다.

는 언어를 통한 상호작용(입말)의 특정 형태이다. 정치적 관점을 뒷받침하는 논증 구조와 격식을 갖춘 연설 말투를 사용하는데 선거구 주민의 대표이면서 정당의 일원인 의회 의원이라는 사람들의 전체적인 입법 활동의 일부로서 (예컨대) 법안을 방어하거나 반대하려는 목적으로 참여한다. … 이는 어떤 갈래에 대한 그와 같은 자리매김의 짤막한 요약으로 일반적으로 덩잇글의 특징과 맥락의 특징을 상세화할 필요가 있다.

이와 비슷하게 일상적인 대화는 어떤 갈래인데 아마도 가장 기초적이고 널리 퍼져 있는 사람들의 상호작용이며 담화이다. 이런 대화는 의회 토론과 비교하여 일반적으로 다양한 기관에 따른 제약이 거의 없는 것으로 규정된다. 실제로 모든 사람들은 대화에는 접속할 수 있지만 오직 의원만이 의회 토론에 접속할 수 있다. 세계에 대해서 우리가 배우는 상당 부분이 가족이나 친구, 동료들과 나누는 일상적인 대화로부터 나온다. 이는 인종에 대한 편견과 이념도 마찬가지이다.

네덜란드와 캘리포니아에서 입국이민자들에 대한 백인의 대화 연구(van Dijk, 1984a, 1987a)는 여러 가지 흥미로운 점을 보여준다.[10) 일상적으로 자신들의 이웃에 대해 물었을 때 많은 화자들은 종종 부정적으로 그런 외국인들에 대해 자발적으로 이야기하기 시작한다(인종차별주의자의 대화에 대한 다음의 연구도 참고하기 바람. Jäger, 1992; Wetherell and Potter, 1992; Wodak et. al., 1990).

일상적인 대화가 종종 다른 사람에 대하여 있으며 어떤 것이든 그

---

10) 이 자료는 반 데이크(2014/2020: 344~351)에서 깊이 있게 다루고 있다. 입국이민자(외집단)에 대한 네덜란드(내집단) 사람들의 인식을 문화와 관련지어 분석하고 있다. 반 데이크 (2014/2020: 351 아래)에서는 캘리포니아에 사는 멕시코인 입국이민자, 남아메리카에서 온 입국이민자에 대한 자료, 아프리카에서 온 후손에 대한 유럽계 라틴 사람들의 인식이 담화를 통해 표현되는 모습을 구체적으로 보여주고 있다.

와 같은 대화에 올 수 있지만 소수자들이나 입국이민자들에 대한 주제는 종종 몇 가지 유형의 **화제들**로 한정된다. 즉 점점 일탈이나 위협, 차이와 같은 부정적인 주제가 있다. 따라서 인종에서 외집단들은 어떻게 보이는지 우리와 얼마나 다르게 행동하는가에 대해 이야기된다. 여기에 다른 습관, 언어, 종교나 가치가 포함된다. 그와 같은 대화는 차이들이 부정적으로 평가될 필요는 없다는 의미에서 여전히 중립적일 수 있다. 실제로 차이들은 흥미롭고 이국적이며 문화를 풍부하게 한다는 등 긍정적인 방식으로 논의될 수 있다. 그러나 종종 그렇지 않다. 다른 특징들은 내집단의 특징과 비교할 때 부정적으로 틀이 잡힌다. 다음으로 타자들은 우리의 규범이나 가치를 무너뜨리는 일탈이라는 관점에서 좀 더 부정적으로 언급되는데 유럽에서는 이슬람교도에 대해서 일반적으로 그렇게 부정적으로 언급하거나 아랍 사람들이 여성을 다루는 방식에 대해서 그렇게 한다. 끝으로 입국이민자들이나 소수자들은 위협이라는 관점에서 더 부정적으로 언급된다. 예컨대 습격이나 범죄 이야기에서 혹은 우리의 일자리, 주거, 공간을 **빼앗**는 것으로 제시될 때 그러하며 (특히 선민들의 담화에서) 우리의 주도적인 문화를 위협하는 것으로 간주된다.

화제는 대화의 상당 부분이나 전체 담화의 특징을 짓는 의미인 반면 소수자나 입국이민자들에 대한 일상적인 대화의 좀 더 지엽적인 의미 분석은 다른 흥미로운 특징들을 보여준다. 그 가운데 잘 알려진 것은 **부인 표현**disclaimers인데 다음과 같이 **우리**에 대한 긍정적인 부분에서 **그들**에 대한 부정적인 부분으로 의미가 옮겨간다.11)

---

11) 아래에서 다루고 있는 부인의 유형은 뒤에 인종차별주의에 대한 부인否認을 폭넓게 다루고 있는 6장 3절에서 이 책의 표현대로 좀 더 엄격하게more formally 다뤄지고 있다.

- **분명한 부인**: 우리는 흑인들에 대한 거부감이 없지만, 그러나 …
- **분명한 용인**: 그들 가운데 몇몇은 똑똑하지만 그러나 일반적으로 …
- **분명한 공감**: 물론 난민들에게는 문젯거리가 있지만 그러나 …
- **명백한 무시**: 잘 모르지만 그러나 …
- **명백한 사과**: 미안하지만 그러나 …
- **뒤집기(피해자를 나무람)**: 그들이 아니라 우리가 … 실제 피해자야.
- **전가**: 나는 신경 쓰지 않지만 그러나 고객들이 …

이러한 지엽적인 [화제: 뒤친이] 이동은 한 문장 안에서 긍정적인 자기 제시(내집단에 대한 우호적인 태도)와 타자에 대한 부정적인 제시(외집단에 대한 낮잡아 보기)라는 전체의 (전국적인) 전략들의 사례들임을 알게 된다. 몇 가지 부인 표현들은 여기서 분명하게 나타나지만 처음의 긍정적인 부분이 체면을 유지하고 인상을 관리하는 형태로서 기능을 주로 하고 있는 듯하기 때문이다. 덩잇글이나 문장 조각의 나머지 부분은 타자의 부정적인 특징들에 초점을 맞출 것이고 그에 따라 처음의 긍정적인 부분과 반대된다.

이와 비슷하게 소수자들에 대한 일상적인 대화에 대한 여러 가지 다른 차원들을 살펴볼 수 있다. 입국이민자들에 대한 일상의 부정적인 이야기들에 대한 이야기전달 구조에서 그런 점들이 발견된다. 이는 어떤 이야기에서 정확하게 문제 사건 범주complication category의 부정적인 측면을 더하는 구조적인 장치로 해석할 수 있다. 문제나 갈등의 (긍정적인) 해결을 지니고 있는 이야기에서 타자에 대한 불평을 담은 이야기는 덜 효과적이기 때문이다.

이와 비슷하게 이야기들은 소수자들에 대한 부정적인 결론으로 이어지는 논증에서 개인적인 경험이라는 부인할 수 없는 사실을 제시하는 전제의 역할을 하기도 한다. 그와 같은 논증이 오류로 가득하다는 점은 거의 강조할 필요가 없다. 따라서 타자에 대한 부정적인 진술은 일반적으로 사람들이 그것을 TV에서 봤다고 말하는 권위의 이동으로 뒷받침된다. 이와 비슷한 방식으로 편견이 사회의 부정적인 고정관념의 표상일 때 논쟁 그 자체는 고정관념과 관례의 속성을 지닐 것이다. 따라서 살고 있는 지역에서 더 잘 보살핌을 받을 수 있는 난민들은 우리 사회에 재정적 부담으로 기술될 것이며 그들이 오는 것을 단념하도록 혹은 그들 나라의 건설을 도와 줄 수 있도록 그 나라에 머물도록 설득하는데 그들이 여기서 공공의 분노로 고통을 받을 것이기 때문이라는 것이다.

끝으로 이를테면 발언권 교체와 같은 실제적인 대화 관리에 관련되는 표면적인 수준에서조차 백인 화자들이 소수자들의 이름이나 신분을 밝혀야 할 때 머뭇거림, 발화 중단, 수정을 지나치게 함으로써 불안이나 불편함을 보여준다는 것을 목격하게 된다.

앞에서 강조한 것처럼 타자에 대한 이런 속성들과 다른 속성들은 상호작용이 이뤄지는 사회적 조건, 기능과 결과들이 있으며 인지적인 면에서도 그러하다. 따라서 외집단에 대한 낮잡아 보기는 그 자체로 사회적 관례이며 차별의 사례이지만 동시에 대화를 통해 이를 드러내면 기저에 있는 편견을 표현하게 되는데 이는 결국 수신자들에게 그와 같은 편견을 형성하고 확신하게 하는 데 기여할 수 있다.

8. 뉴스 보도

일상적인 대화는 대중의 일상적인 인종차별주의가 일어나는 자연스러운 곳이다. 이들에게는 공개적인 선민 담화의 능동적인 통제력이 없기 때문에 보통의 사람들은 타자에 맞서 무엇인가를 말하거나 하지 않은 것처럼 그들에게 혹은 그들에 대하여 부정적으로 말하지 않는다. 물론 인종에 대한 고정관념과 편견은 우스개처럼 빠르게 퍼진다.

그러나 암시한 것처럼 소수자들에 대한 일상 대화의 상당수가 대중 매체에 의해 영감을 받는다. 화자들은 정해진 것처럼 텔레비전이나 신문을 소수인종에 대한 의견이나 지식의 원천(혹은 권위)으로 언급한다. 이는 특히 일상의 상호작용에서 관찰할 수 없는 주제들에서 그러한데, 특히 인종이 뒤섞여 있는 나라나 도시에서도 그러하다. 입국이민은 대부분의 시민들이 대중 매체에 의존하고 있는 가장 두드러진 사례이다. 이런 사례는 결국 정치가, 관료, 경찰이나 국가 기관에 의존하고 있다. 물론 소수자가 적은 도시나 지역, 국가는 타자에 대한 모든 믿음이 대중 매체의 담화나 문학, 교재, 연구나 다른 형태의 선민 담화로부터 나온다. 다른 말로 한다면 일반 시민들뿐만 아니라 선민들 자신들에서도 오늘날 대중 매체는 사회에서 인종에 관련되는 지식과 의견의 주된 원천이다.

따라서 텔레비전이나 신문, 영화와 같은 매체에서 소수자들에 대한 표현이 폭넓게 연구되어 온 것은 당연하다(Dates and Barlow, 1990; Jäger and Link, 1993; Hartmann and Husband, 1974; van Dijk, 1991). 이른 시기의 많은 연구가 내용 분석적이었는데 이는 담화에서 얼마나 자주 특정 인종 집단의 구성원들이 뉴스나 광고에서 묘사되고 어떤 역할로 묘사되는가 하는 바와 같이 관찰 가능한 특징들을 양적으로 조사연구하였다. 이런 연구들은 일반적인 통찰을 제공하지만 얼마나 정확하게 매체들이 소수자나 인종들 사이의 관계를 묘사하는지 자세하게 알려주지 않는다. 좀 더 다듬어진 담화 분석은 왜 매체 담화들이 그와 같은 구조를 띠게 되었는가 그리고 이들이 수신자들의 마음에 어떻게 영향을 미치는가에 대한 연구이고 실제로 이들을 설명할 수 있다. 인종차별주의의 재생산에서 매체의 기본적인 역할에 대한 통찰을 얻게 되는 것은 오로지 이와 같은 방식뿐이다.

만약 소수자들에 대한 믿음에 대한 대부분의 근거가 되는 매체 갈래, 즉 뉴스에 초점을 맞춘다면 대화에 대하여 제시하였던 것과 비슷한 방식으로 진행할 수 있다. 말하자면 앞에서 확인된 각각의 수준을 검토하고 타자에 대한 매체의 묘사에서 전형적인 것으로 보이는 구조나 전략을 탐색하면 된다.

예컨대 언론에서 뉴스 보도는 요약(표제+첫머리), 중심 사건, 배경(앞선 사건들, 맥락과 이력), 해설comment과 평가와 같은 범주로 짜여 있는 관례적인 개념틀 구조를 지니고 있다. 그에 따라 표제에 초점을 맞추고 뉴스 보도에 대한 일반적인 요약이 주도적인 집단의 구성원들에 대하여 있을 때와 소수자들에 대하여 있을 때 어떻게 다른지 살펴볼 수 있다. 앞에서 소개한 일반적인 이념 방진에 따라 뉴스에서 표제는 소수자들의 부정적인 특징을 강조하는 경향이 있을 것이라고 가정할 수 있다. 많은 조사연구들이 실제로 그러하다는 것을 보여주었다. 예컨대 네덜란드에서 이뤄진 연구에서 인종과 관련된 소수자들이 개입된 논쟁거리에서 1,500개의 표제들 가운데 어느 하나도 그들이 능동적이며 책임 있는 행위주로 관련되어 있을 때 어느 기사도 긍정적이지 않았음을 발견하였다. 반면에 우리들 가운데 하나가 표제에서 의미론적 행위주일 때가 훨씬 더 정상적이었다. 또한 표제의 통사 구조는 내집단에 대하여 우호적으로 치우쳐 있었다. 예를 들면 수동태 구문은 부정적인 행위에 대하여 책임을 덜어줄 때 쓴다.

표제는 뉴스 보도에서 가장 중요한 정보를 요약하고 따라서 중심화제를 표현한다. 담화의 이런 전체적인 의미에 대한 발전된 분석은 일상의 대화에서 이미 찾아낸 것을 확신하게 해준다. 이는 분명히 이런 점에서 매체를 따르고 있는 듯하다(거꾸로 이야기하면 매체는 이런 점에서 상식적인 믿음을 반영한다고 할 수 있다). 그 화제는 차이와 일탈, 위협으로 분류된다. 유럽인들이 주류를 이루는 나라나 서구 국가들에서 인종에 관련되는 뉴스에서 가장 중요한 화제의 목록을 만든다면 선호되는 주제와 관련되는 표준 목록을 언제나 다음과 같이 제안한다.

- 입국이민과 새로 오는 사람의 수용
- 사회 경제적 쟁점, (비)고용
- 문화적 차이
- 범죄, 폭력, 마약과 일탈
- 인종들 사이의 관계, 차별

다른 말로 한다면 있을 수 있는 많은 화제들 가운데 여기서도 일반적으로 부정적인 방식으로 자리매김되는 범주들로 구성되는 판에 박힌 짧은 목록을 발견한다. 그에 따라 입국이민은 언제나 재정적인 문제로 자리매김되고 나라에 이로움은 커녕 어떤 도전으로 재정적인 부담과 대체로 연관된다. 다른 중심 화제에 대해서도 이런 점은 마찬가지이다. 범죄나 범죄와 관련된 마약과 같은 화제들은 실제로 언제나 소수자에 대한 묘사에 관련되는 상위 다섯 개의 화제들 가운데 하나이다. 마약 운반이나 판매와 같은 전형적인 인종 관련 범죄로서 비춰지는 것에 초점을 맞출 때는 물론이고 (예컨대 아랍 사람들에 대한) 정치적인 폭력으로 규정되는 사례에도 그러하다. 문화적 차이는 지나치게 강조되고 문화적 유사성은 무시된다. 사회의 부정적인 측면에 대해 좀 더 균형 잡힌 시각을 제공할 수 있는 선민들의 인종차별주의에 대한 보도는 언론에서 드물다. 대신에 사람들은 입국이민에 대한 대중들의 분노와 차별에 대한 개인적인 사례, 극단적인 인종차별주의자 정당에 대해 읽는다. 다른 말로 한다면 차별과 인종차별주의가 선민들의 담화에서 논의될 때는 언제나 다른 곳에 있다.

화제들은 의심할 바 없이 가장 중요하지만 한편으로 가장 기억할 만한 뉴스의 측면이다. 이들은 인종과 관련된 쟁점에 대하여 매체들이 무엇을 보도하는지 알려주지만 어떻게 그렇게 하는지 알려주지 않는다. 인종에 대한 뉴스 보도의 수사학이나 문체 의미의 지엽적인 의미들에 대한 통찰을 많이 가지고 있지 않지만 상당히 믿을 만한 것으로 보이는 몇 가지 발견사실들이 있다.

수동태나 능동태 문장을 통해 책임 있는 행위주가 도드라지거나 배경으로 처리되는 표제를 이미 살펴보았다. 이와 비슷한 방식으로 배경이 되는 행위는 명사화 구문에서 혹은 문장들의 어순에서 나타날 수 있다. 여기서도 그러한 지엽적인 주문을 지배하는 (대체로 의도하지 않은) 전략이 긍정적인 자기 제시와 부정적인 타자 제시라는 양극화된 경향과 결합된다. 그에 따라 나라 안에서 차별이나 분노에 대한 지시대상들을 찾아낼 수 있지만 마치 차별이나 인종차별주의가 주도적인 집단 구성원들의 실천관례 대신에 자연의 현상인 것처럼 그들에 대해서 차별하고 분노를 하는 사람이 언제나 분명하지는 않다.

담화의 표면적인 형식(통사 구조)에 더하여 인종에 관련된 사건에 대한 정신 모형을 표상하거나, 좀 더 일반적으로 말해, 인종과의 관계나 인종 집단에 대하여 사회적으로 공유된 표상을 하는 기저에 있는 다수의 믿음을 통합하는 것은, 특히 풍부한 의미 체계이다. 이제는 낯익은 이념 방진에 따르면 예상할 수 있고 실제로 발견되는 것처럼 **우리**에 대한 긍정적이거나 **그들**에 대한 부정적인 일반적인 정보는 강조될 것이고, 그 반대의 경우도 마찬가지이다. 의미론적으로 이는 그러한 정보가 암묵적이라기보다는 명시적이고, 전제되기보다는 선언되며, 추상적으로 다루어지기보다는 자세하게 다루어짐을 뜻한다. 따라서 우리의 무자비함, 일상적인 인종차별주의와 차별은 매우 자세하기 보도되는 사례가 거의 없지만 **그들**의 범죄와 폭력, 일탈은 자세하기 보도될 것이다.

위에서 논의한 인지적 접합을 고려할 때 그러한 의미 구조들은 그런 식으로 인종에 대한 사건과 인종 집단을 단순히 묘사하는 기저에 있는 정신 표상들의 어떤 함수이다. 이런 표상들은 임시적이고 개인적인 의견을 담고 있는 개인의 정신 모형일 수 있지만 또한 널리 공유되고 있는 고정관념, 편견과 이념을 담고 있다. 그리고 (좀 더 미묘한 형태의 인종차별주의에서 그러한 것처럼) 이들을 덜 의식할수록 더 많은 의견 일치가 주도적인 인종의 이념들과 뒤엉키게 된다. 실제로 인종에 관련된 뉴스에 대한 자세한 분석은 현재의 사회적 인지에 대한 풍부한 원천을 제공한다.

비록 담화에서 사람들이 말하고 의미한 것이 그들의 인종에 대한 믿음에 관련되는 직접적인 함수일 뿐만 아니라 배경, 갈래, 화자/필자 등과 같은 맥락의 함수라는 점을 주목하기 바란다. 따라서 인종에 관련된 일에서 인종에 관련된 사건에 대한 기자들의 기저에 있는 정신 모형이 대략 같을지라도 일반 신문과 작은판 신문은 그러한 맥락 때문에 매우 다르다. 이런 맥락의 차이들은 문체(배열, 통사 구조, 어휘 표현,

수사적 장치)와 관련된 다양한 표면 구조를 통해 특히 잘 드러난다.

뉴스 보도에는 또한 여러 덩잇글이 뒤얽힌 차원이 있다. 다른 뉴스 보도와 면담, 기자 회견, 학술 연구 등과 마찬가지로 뉴스 제작은 대체로 다수의 원천 덩잇글에 대한 처리에 근거하고 있다. 뉴스 보도에서 여러 덩잇글에 얽힌 속성intertextuality은 다양한 형태의 인용12)과 다른 담화에 대한 참고를 통해서 나타난다. 따라서 신문이 일반적으로 선민들(이를테면 정부나, 학자, 경찰)의 원천 담화를 소수자 집단의 구성원들로부터 나온 원천 자료보다 좀 더 믿을 만하고 뉴스로서 가치가 있다고 받아들일 것이다. 실제로 소수자 집단은 매체에 거의 직접 접속하지 않는다. 만약 그들이 인용된다면 그들은 언제나 믿을 만한 다수집단의 구성원들의 발표에 동반된다. 차별과 인종차별주의에 대한 진술은 종종 주장 가운데 미심쩍은 지위로 강등될 것이다.

인종에 대한 뉴스 보도의 이런 측면과 다른 많은 측면들은 분명히 주도 세력의 인종에 대한 태도와 이념들을 표현하고 재생산한다. 그에 따라 인종차별주의에 결정적으로 영향을 미친다. 끝으로 문제화하고 주변화하는 일이 뉴스뿐만 아니라 뉴스 편집실에도 소수자에게 적용된다는 점을 주목하여야 한다. 특히 서구 유럽에서 선도적인 기자들은 언제나 백인 유럽 사람들이다. 이들이 특종을 좇으며, 자신들과 자신이 속한 집단에 들어맞는 뉴스 원천을 탐색하고 의견을 믿으며 소수자 집단의 의견들에 대해 덜 믿고 탐색하는 것이 조금도 이상

---

12) 인용의 기능과 중요성에 대해서는 그 동안 주목을 받지 못하였다. 인용은 담화 전개에서 중요한 기능을 하는 것으로 주목을 받고 있다. 특히 담화에서 주장을 뒷받침하거나 입증하는 기능은 여기서 여러 덩잇글에 얽힌 속성과 관련하여 국어교육의 맥락에서도 강조되어야 할 것이다. 입말 자료를 근거로 하여 인용의 기능에 대해 제시하고 있는 머카씨(McCarthy, 1998/2010)와 서로 얽힌 텍스트 속성의 관점에서 넓은 의미의 인용을 다루고 있는 페어클럽(2003/2012: 118~136)을 참고하기 바란다.

하지 않다. 따라서 지금까지 소수자 출신의 기자들은, 특히 지도적인 입장에서, 매체에 거의 접속하지 않았다. 여기서 보았던 것처럼, 특히 유럽에서 선민들은 언제나 백인이며 뉴스와 뉴스 제목의 내용과 형식, 문체와 목적도 통제한다. 그렇기 때문에 대중 매체, 특히 우익의 작은판 신문들은 인종차별주의와 관련하여 해결이 아니라 문젯거리라는 점이 조금도 이상하지 않다.

9. 교과서

분명히 대중 매체 다음으로 교육 담화는 사회에서 가장 영향력이 있다. 특히 일상적인 대화나 매체에서 일반적으로 전달되지 않는 믿음의 소통에 관한 한에서 그러하다. 모든 어린이들과 청소년들은 매일 많은 시간 동안 수업과 교과서와 맞닥뜨리고 있다. 네덜란드의 문화에서 오직 교과서만이 의무적으로 읽어야 할 거리이다. 즉 학교의 담화만큼 집단으로 가르쳐야 하는 것으로 이와 비교할 만한 기관과 담화가 없다.

나쁜 소식은 그들, 즉 입국이민자들, 난민들, 소수자들과 제3세계에 있는 사람들에 대한 학과에 대해서도 마찬가지라는 점이다. 그리고 그런 담화는 종종 고정관념의 속성을 많이 갖고 있으며 때로 명백하게 편견에 사로잡혀 있다. 좋은 소식은 사회에서 대안 담화가 교육에서만큼 개선될 가능성을 지닌 영역이나 기관이 없다는 점이다.

많은 연구들이 교재에서 소수자들과 제3세계 사람들에 대한 묘사에 대하여 수행되어 왔다. 단순한 내용 분석조차 적어도 최근까지 그와 같은 묘사가 편향되어 있고 고정관념을 담고 있으며, 유럽 중심적이고 이른 시기의 교재에서 분명하게 인종차별주의자의 성향을 띤다는 점을 되풀이해서 보여주고 있다(Blondin, 1990; Klein, 1985; Preiswerk, 1980; van Dijk, 1993a).

주장하는 것처럼 지금의 교과서에서는 많은 변화가 있었다. 해당 국가에서 두드러지게 존재하고 교실에서도 그러함에도 불구하고 적어도 1980년대 후반까지 교과서에서 소수자들은 실제로 무시되거나 주변화되었다면 지금의 교과서들은 사회과학뿐만 아니라 다른 분야에서 기술해야 되는 소수자들이 있다는 점을 마침내 발견한 듯하다. 미국에 대한 정보가 (식민주의와 같이) 무시하거나 경시하기 위해 부정적으로 사용되었지만 이제 어린 학생들에게 우리 사회나 역사의 영광스럽지 않은 측면에 대해 가르치고자 하는 경향이 있다.

그리고 아직도 이는 한 경향일 뿐이며 일률적이지는 않다. 많은 서구 국가에서 현재의 많은 교과서들은 기본적으로 유럽 중심적이다. 경제나 기술뿐만 아니라 우리의 관점, 가치, 사회와 정치가 변함없이 우월하다. 그들은 소수자들과 다른 비유럽 사람들에 대한 고정관념을 유지하고 있다. 제3세계는 엄청난 차이가 있음에도 같은 방식으로 다뤄지는 경향이 있다. 언론에서 그러한 것처럼 타자들은 변함없이 문제와 연관되어 있으며 그것에 대해 우리는 해결책을 제시하는 경향이 있다. 이런 나라에서 소수자들에 대해서 이런 점은 똑같은데 대체로 문화적 차이와 일탈의 관점에서 다루어지고 그들의 나날의 삶, 노동과 문화 경제에 대한 기여의 관점에서는 거의 다뤄지지 않는다. 끝으로 교과서에서 과제들은 교실 안에서 소수자들의 존재를 지나치게 무시하며 그렇지 않다면 이들은 그들로서 언급되고 우리의 일부로 언제나 언급되는 것은 아니다.

교과서에 관련되는 이런 속성과 다른 많은 속성들은 분명히 분명히 서구 유럽과 북미 그리고 유럽 사람들이 비유럽 사람들을 지배하는 어떤 다른 곳에서 현재 점점 다문화 사회화하고 다양해지는 사회에서 인종에 관한 믿음을 어린 학생들로 하여금 충분하게 습득하게 하는 이상적인 대비라고 보기는 힘들다. 매체와 어른들을 상대로 하는 사례와 마찬가지로 그것들에 바탕을 두고 있는 교과서와 수업은 담화를 통해 인종에 대해 한쪽으로 치우친 믿음과 때로 그것들에 바탕을 둔 차별적인 관례들을 일상적으로 재생산하기 위한 도가니를 형성한다. 저자는 인종차별주의가 자연스럽거나 생득적이지 않고 학습된다고 주장하여 왔다. 이런 배움의 과정은 이미 학교에서 시작된다.

10. 정치적 담화: 의회 토론

끝으로 공공 담화를 통제하고 특별한 접속 권한을 가진 사람들, 즉 사회의 상징적 선민들 가운데 정치가들을 언급해야 한다. 실제로 대중 매체보다 앞서 지도자의 자리에 있는 정치가들은 이미 인종에 관련되는 상황을 미리 규정하고 있다. 이민국과 같은 국가 기관과 경찰뿐만 아니라 이들을 유지하는 관료들은 종종 입국이민자들에게 제일 먼저 말을 건넬 뿐만 아니라 그들에 대해서 언급한다. 그와 같은 담화는 의미/내용과 문체 둘 다에 대하여 재빨리 공식화되며 담당자들과 기관을 취재한 매체에 의해 기계적으로 채택되고 그에 따라 전체 대중들 사이에 인종에 관련되는 상황에 대한 주도적인 자리매김이 널리 퍼진다. 정당과 맥락에 따라 그와 같은 담화들은 다시 고정관념화되고, 한쪽으로 치우치며 혹은 인종차별주의자의 담화가 되거나 실제로는 인권과 다문화주의, 다양성에 바탕을 두고 반체제적이거나 인종차별주의에 반대하는 입장을 취할 수 있다(이를테면 Hargreaves and

Leaman, 1995; Hurwitz and Peffley, 1998; Soloms, 1993을 참고하기 바람).

역사적으로 타자에 대한 정치 담화는 소수자들이 그 나라 안에 있든 아니면 유럽이 아닌 제3세계나 식민지에 있든 선민들의 담화 가운데 가장 뻔뻔한 인종차별주의자의 형태를 띠어 왔다(Lauren, 1988). 적어도 2차 대전에 이를 때까지 지도자의 위치에 있는 정치가들은 공공연하게 아시아 사람들이나 아프리카 원주인을 낮잡아 보고 백인과 서구인의 우월성을 주장하였다. 그리고 나치Nazis에 의해 사용됨으로써 인종차별주의자에 대한 불신의 결과 전쟁이 끝난 뒤 정치적 담화는 우익에서 점점 덜 노골화되었고 좌익에서는 반인종주의가 더 노골화되었다. 그러나 이런 발전은 진보의 안정된 형태로 봐서는 안 되는데 1990년대에 들어 난민들과 입국이민자들를 문제화하고 비난하는 담화들이 좀 더 공개적으로 출현하고 심지어 주류 정당에서도 그러하였기 때문이다.

소수자들과 입국이민자들, 난민들과 인종 문제에 대한 의회 토론 분석은 위에서 살펴본 다른 선민 담화들과 일관된 많은 특징들을 보여준다(van Dijk, 1993a). 이 갈래에서 특징은 당연히 이 담화의 맥락 의존적인 점에 있다. 정치 영역, 의회라는 기관, 입법에 따른 전면적인 사회정치적 조처, 서로 다른 많은 역할을 지닌 참여자들(정치가, 당원, 국회의원들, 대표자, 반대쪽 사람들 등), 그리고 법안의 옹호나 반대, 발언 기회 주기, 정부에 대한 비판, 상대방에 대한 공격 등의 맥락에 의존되어 있다.

입국이민과 인종 문제에 대한 의회 토론의 상당 부분이 이런 맥락 차원의 함수로 짜여 있다. 이를테면 입국이민을 제한하기 위해 사람들의 뜻을 언급하면서 대중의 뜻을 따른다는 대화의 전략은 정권을 잡거나 정당의 노선을 따르기 위해 투표해야 하는 의원들의 입장과 관련된 함수이다. 인종 정책에 대한 입장은 의회에서 취하며 옹호되므로 주로 개인의 의견이 아니라 정당에서 공유된 태도의 표현이다. 그리고 선택된 주제들은 입국이민 법률이나 보스니아나 코소보로부터 난민의 입국을 다루는 일과 같이 곧바로 입법화하는 실제적인 업무와 관련된 역할을 담고 있는 주제들이다.

정치적 맥락은 비슷하게 소수자들과 입국이민에 대한 논의에서 나타나는 국가주의(혹은 군국주의)^{nationalism}를 규정한다. 이와 비슷하게 일상의 대화에서 부인否認을 발견한 것처럼 의회에서 발화는 억압받는 사람들을 환대하거나 관대했던 오랜 전통을 국가 차원에서 기리는 형식을 통해 긍정적인 자기 표현으로 장황하게 시작할 수 있다. 그러나 당연히 우리는 그들을 모두 받아들일 수 없습니다라거나 우리에게는 돈이 없습니다 등으로 시작하지 않는다. 그와 같은 토론의 나머지 부분은 입국이민을 더 제한하는 입법이나 타자에 대한 특징을 밝히는 문제에 이르면 매우 부정적일 것이다. 적어도 그런 점이 주도적인 목소리이다. 간간이 인권과 보편 원리에 호소하는 좀 더 관대하고 반인종주의적이며 반대하는 목소리도 발견하기 때문이다.

구조에 대해 이야기하면 의회 토론은 정부와 반대 입장의 화자가 각각 차례에 따라 이뤄지는 발화의 연쇄로 구성되어 있다. 각각의 정치적 입장과 역할이 전제되어 있으므로 각각의 화자는 최근의 인종과 관련된 쟁점과 어떤 법률과 같은 특정의 쟁점에 대해 이야기하고 예컨대 인종 관련 정책이나 입국이민 정책의 측면들에 대하여 찬성하거나 반대하는 입장을 주장할 것이다. 이는 그와 같은 논쟁과 그들의 발화가 대체로 논증적이고 수사적일 것임을 뜻한다.

앞에서 언급한 국가주의, 대중의 뜻에 따르는 입장 혹은 인권에 대해 잘 알려진 수사학과 별도로 아마도 입국이민에 대한 의회의 토론에서 가장 매력적인 부분은 예컨대 입국이민 제한의 합법화를 위해 사용된 **논증적인 전개**일 테다. 이와 같은 전개에는 우리(백인 남성)의 재정적 부담, 나라 안에서 분노를 가리키는 표현이나 그들의 나라 안에서 난민을 수용할 시설의 제안, 사람들의 의지를 들을 필요성 등과 같은 표준적인 논증이나 논증을 위한 도구^{topoi}가 있다. 이와 비슷하게 그런 논증들은 다양한 갈래의 **오류**들로 가득 차 있다. 진실보다는 믿고 쓸 만함이 학자나 교회와 같은 권위 있는 정보 원천이나 의견 형성 주체로 언급함으로써 관리된다. 선택적이고 정서적으로 효과가 있는 사례들은 난민들을 위한 자유로운 이민법을 반대하거나 찬성하기 위해 위장 이민이나 외국 군대에 의한 고문이 이용되기도 한다. 이 두 가지 사례를 제시할 때에는 하나의 사례를 일반화하는 오류가 있다. 여기서도 논증 전개의 수단 선택에서 전체 전략은 긍정적인 자기 제시와 부정적인 타자 제시이다. 그와 같은 사례에서 **타자**는 입국이민자들뿐만 아니라 그들의 권리를 지키고자 하는 (반대) 정당의 구성원인데, 혹은 그 반대로 그와 같은 권리를 침해를 받은 것으로 보이는 사람들이다.

의회 토론은 기록과 공식적인 사용을 위해 공개된다. 이는 특히 기록된 발화로서 내용과 문체가 엄격히 통제됨을 뜻한다. 자연스러운 토론에서는 덜 격식적이고 나라마다 변이내용이 많다. 프랑스에서 그런 토론은 국회 토론이 격식적이고 정중한 네덜란드와 스페인과 달리 가열될 수 있고 끼어듦이 많으며 수사적인 문체를 사용한다. 이는 또한 소수자들과 입국이민에 대한 토론의 문체와 의미에도 적용된다.

자기 통제와 공개적인 노출 때문에 이를테면 낮잡아 보는 표현이나 분명하게 한쪽으로 치우친 어휘 선택은 금지된다. 이는 공식적인 담화에는 매우 인종차별주의자처럼 보이는 표현이 거의 없음을 뜻한다. 반면에 관용과 이해가 광범위하게 주제화될 수 있다. 그러나 이는 어떤 논증 전개나 좀 더 부정적인 주제를 끌어들이는 주제화에서도 그러할 수 있다. 그리고 입국이민 제한을 합법화하기 위해 화자들은 **우리**를 위해서 입국이민이나 입국이민자들이 왜 안 좋은지 분명하게 밝힐 필요가 있으며 그에 대한 전체적인 진술은 일반적인 전략을 통해 전달될 수 있을 뿐이며 담화의 모든 수준에서 타자를 부정적으로 제시하는 모든 수준에서 실행될 수 있다. 따라서 의회 토론에서는 입국이민자들에 대한 허위, 약물이나 범죄뿐만 아니라 문화적 차이와 갈등, 일자리 시장에 미치는 파국적인 영향을 가리키는 표현들이 있을 것이다.

11. 마무리

요약하자면 영향력 있는 공개 담화, 즉 선민들과 선민들의 기관으로부터 나온 담화가 다수 관련되어 있는 특징을 살펴보았다. 이들은 선민들에 의해 공유되는 기저의 사회적 표상과 정신 모형을 반영할 뿐만 아니라 비슷한 방식의 사회적 상호작용, 소통, 설득과 공개적으로 형성된 의견을 반영한다. 차이는 대부분은 맥락에 영향을 받는다. 말하자면 그런 담화에 참여하는 사람들의 목적, 기능에 달려 있는 셈이다. 그러나 비슷한 목적을 전제로 한다면 다시 말해 공개적인 의견의 관리나 입법과 의사 결정을 전제로 한다면 그와 같은 담화 유형에서 작동하고 있는 매우 비슷한 구조와 전략들을 가정할 수 있다. 고정관념에 사로잡힌 주제와 관례적인 논증 도구, 체면을 유지해

주는 부인 그리고 그에 따른 인상 형성 관리 행태에 마주칠 것이다. 그들은 비슷한 논증의 오류에 연루되어 있고 **그들**에 대해 이야기할 때 비슷한 어휘 선택을 하거나 혹은 그들의 (나쁜) 특징들을 강조하기 위해 같은 은유를 사용할 것이기 때문이다. 서로 다른 수준에서 그리고 선민들이 사용하는 다른 갈래들에서 이런 모든 서로 다른 구조는 긍정적인 자기 제시와 부정적인 타자 제시에 관련되는 전체적인 전략에 이바지한다. 정확하게 그런 구조들은 비슷한 정신 구조로부터 유도되고 비슷한 정신 구조의 구성에 맞추게 될 것이다. 그리고 선민들뿐만 아니라 대중들 사이에서 대체로 그런 주도적인 집단의 인지는 비슷한 부정적인 담화와 사회적 실천관례를 초래하기 때문에 담화, 특히 선민에 의한 공개 담화가 인종차별주의의 재생산에 본질적인 면에 관련되어 있는지 이해할 수 있게 된다.13)

---

13) 국어교과서는 검인정 제도로 바뀌었지만 출판사마다 변별력도 없고, 과녁으로 삼는 목표나 세계관 등에서도 차이가 두드러지지 않아 현장에서 교과서 선택이 쉬운 일은 아니다. 현장의 교사들이 교과서 개발 과정에 참여하는 정도나 역할이 작기 때문일 것이다. 일찍이 국어교육에서 김수업(2002, 『국어교육의 길』, 나라말, 280~281쪽)에서는 교과서가 국어교육의 도구며 매체라면 마땅히 그것은 그것을 부릴 주체인 교사들이 계발해 나가야하고, 그러려면 무엇보다도 먼저 교사들이 그만한 역량을 갖추고 있어야 한다고 강조한바 있다.

제6장 담화와 인종차별주의의 부인[1]

1. 담화와 인종차별주의

지금의 인종차별주의 중요한 속성들 가운데 하나는 부인에 있는데 다음과 같이 잘 알려진 부인 표현은 <u>저는 흑인들에 대한 아무런 거부감이 없어요. 그러나 …</u>로 예를 들 수 있다. 이 장에서는 인종과 관련된 일에 대한 담화의 서로 다른 갈래에서 이와 같은 형식이나 이런 형태의 부인 전략뿐만 아니라 사회적 기능과 인지적 기능을 들여다본다.

　이 연구의 얼개는 담화와 소통을 통해 인종차별주의 재생산을 다루는 암스테르담 대학의 학제적 조사연구 거리이다. 이 조사연구에서는

---

1) 이 장에서 다루고 있는 부인(표현)은 의도는 부인에 있지만 이를 표면적으로 인정하지 않는 표현으로 우리말에서 익은 표현인 '시치미 떼기'에 가깝다.

일상적인 대화와 교과서, 언론사의 뉴스, 국회 담화와 다른 형태의 공개적이고 기관 맥락의 소통을 분석하는 여러 개의 연구가 수행되었다(van Dijk, 1984a; 1987a; 1987b; 1991).

이 조사연구의 뒤에 있는 길잡이 역할을 하는 생각은 인종에 관련된 편견이 주로 주도적인 백인 집단에서 일상적인 대화와 기관 맥락의 담화를 통해 습득되고 공유된다는 것이다. 그러한 담화는 인종에 대한 부정적인 태도를 표현하고 전달하며 합법화하는 데 이바지한다. 게다가 이를 숨기거나 부인하는 데 이바지한다. 따라서 담화에 대한 체계적이고 자세한 분석적 접근을 통해 다른 집단에 대한 사회적 인지를 재구성할 수 있어야 한다.

나아가서 이 연구에서는 소수자들과 입국이민자나 난민 좀 더 일반적으로 말해 유색인이나 제3세계 사람들과 나라에 대한 담화가 좀 더 폭넓은 사회 구조적 기능, 정치적 기능과 문화적 기능을 지니고 있다고 가정한다. 긍정적인 자기 제시와 부정적인 타자 제시에 더하여 그런 담화는 집단 구성원 자격을 알려주며 백인 내집단에 대한 충신과 좀 더 일반적으로 말해서 백인 집단의 재생산과 모든 사회 영역, 정치 영역과 문화 영역에서 그 주도권의 재생산을 위한 다양한 조건을 알려준다.

이 조사연구를 구성하는 이론적 얼개는 복잡하고 여러 학문에 걸쳐 있다. 담화에 대한 체계적인 기술은 담화에 대한 명시적인 이론을 필요로 한다. 그와 같은 담화를 인종에 관련된 사건에 대한 모형이나, 태도와 이념들과 같은 정신 모형에 관련짓는 일은 사회적 인지에 대한 정치한 심리학을 전제로 한다. 백인 집단의 주도권 재생산에서 담화의 기능에 대한 연구는 인종차별주의에 대한 사회 이론과 문화 이론이라는 폭넓은 관점 안에서 다뤄야 한다.

인종차별주의의 재생산에서 소통과 담화의 역할에 대한 그와 같은 학제적 접근은 먼저 개인별 집단 구성원들의 사회 인지와 담화, 일상의 상황에 매인 상호작용에 대하여 사회 구조의 미시적 차원에서 작동한다. 두 번째로 인종차별주의에 대한 이런 미시적 차원의 실체는 집단의 중간 차원과 거시적 차원에서, 즉 사회 구성체와 이웃, 기관과 조직, 나라와 세계 지역 곳곳에서 패권과 불평등의 전체 구조를 구현하고 과정을 실행한다. 동시에 인종차별주의 거시적 구조와 미시적 구조의 독립성에 대한 연구는 또한 인지와 행위 사이의 관계에 대한 분석을 필요로 한다. 즉 미시적 차원에서는 집단 구성원들의 정신모형과 그들의 관례들 사이의 관계에 대한 분석을, 거시적 차원에서는 한편으로는 사회 집단의 태도와 이념 사이의 관계를 다른 한편으로는 사회 집단의 태도와 사회 구조 사이의 관계에 대한 분석을 필요로 한다.

이전의 연구로부터 나온 또 다른 중요한 가설은 정치적 선민, 매체에서 선민, 학술에서 선민, 회사의 선민들과 다른 분야의 선민들은 인종차별주의의 재생산에 중요한 역할을 한다는 점이다. 그들은 공개적인 담화의 여러 유형을 통제하고 그것에 접근할 수 있는 사람들로서 백인 집단의 주도권을 유지하는 데 가장 큰 이해관계에 있으며, 일반적으로 인종에 대한 의견을 명확히 규정하는 데에도 가장 유능하다. 인종차별주의에 대한 선민과 대중 사이에 지속적인 상호작용이 있지만 담화의 형식에 대한 많은 분석을 통해 선민들은 때로 공공연하지만 여러 가지 면에서 현재 널리 유통되고 있는 형태의 인종차별적인 믿음을 앞서서 공식화하고 있음을 알 수 있다. 아래에서 보게 되듯이 실제로 문화에서 좀 더 미묘한 인종차별주의, 현대적이고 일상적인 차별주의, 새로운 차별주의 형태는 선민 담화로부터 가져왔다(자세한 내용은 van Dijk, 1987b; 1993a를 참고할 것). 이런 가정은 (더 작고, 반대 입장에 있는) 선민 집단들이 반인종차별주의자들의 이념을 미리 공식화하는 데서 주도적인 역할을 할 가능성과 어긋나지 않는다.

이런 복잡한 이론의 얼개 안에서 이전의 담화에 대한 연구는 담화의 구조와 주도적인 화제, 이야기전달과 논증과 같은 담화에서 개념 틀뿐만 아니라 (앞서 언급하였던 부인과 같은) 의미론적 전개, 말투, 대화를 통한 상호작용에서 수사적인 특성과 특정의 속성에 대하여 살펴보았다.

이전의 연구에서 나온 결과들 가운데 하나는 소수민족에 대한 담화에서 많은 백인들이 한편으로 자신에 대해 긍정적으로 제시하고, 다른 한편으로 타자에 대해 부정적인 제시를 좀 더 미묘하고 간접적으로 혹은 때로 공공연하게 제시한다는 것인데 이를 앞에서 제안하였다.

2. 인종차별주의에 대한 부인

인종차별주의에 대한 부인은 긍정적으로 내집단을 제시하는 최근의 전략 가운데 일부분인 전개 도구의 하나이다. 언제나 그렇지는 않더라도 일반적인 규범과 가치는 인종에 대한 차별과 편견의 (공공연한) 형태를 금지한다. 그리고 대부분은 아닐지라도 다수의 백인 집단 구성원들은 그런 사회적 제약을 인식하고 어느 지점까지는 그런 제약을 공유하고 인정한다(Billig, 1988). 따라서 여기서 다루고 있는 자료에서 공공연한 인종차별주의자들의 담화조차 대부분 부인하거나 인종차별주의를 완화시키고 있다. 흥미롭게도 정확하게 말해 더 인종차별주의자 담화일수록 부인이나 다른 거부 표현을 지니고 있는 경향이 있다는 것이다. 이는 소수자들에 대하여 부정적인 것들을 말하는 언어 사용자들은 그들이 관용이나 수용과 같은 사회적 규범을 깨뜨리는 존재로 이해될 수 있다는 점을 잘 인식하고 있음을 암시한다.

인종차별주의에 대한 부인과 비슷한 형태인 긍정적인 자기 제시에는 사회적 차원과 개인적 차원이 있다. 인종차별주의자로 인식되는 것이 대해 대부분의 백인 화자들은 개인적으로 화를 낼 뿐만 아니라 좀 더 중요한 점으로 그러한 전략들은 우리는 인종차별주의자가 아니다, 혹은 우리는 인종차별주의자의 사회가 아니다라는 식으로 내집단 전체를 방어하고자 할 수 있다는 것이다.

부인의 첫 번째 형태로서 개인적인 형태는 일상적이고 비격식적인 대화의 특징인 반면, 두 번째 형태는 이를테면 정치, 매체, 교육, 회사와 다른 기관의 담화와 같이 공개된 담화에서 일반적이다. 공개적인 담화가 잠재적으로 더 많은 청자들에게 닿을 수 있기 때문에 가장 영향력이 있는 담화는 부인의 두 번째 사회적 형태이고 따라서 가장 해를 입히는 형태이다. 그것은 주도적인 백인들의 의견 일치를 설득력 있게 구성하는 데 유용한 것으로 부인과 관련된 사회적 담화이다. 소수의 백인 집단 구성원들만이 그러한 주장에 반대하는 것과는 별도로 의심할 만한 근거를 갖고 있거나 의심을 가질 만한 관심을 갖고 있을 뿐이다.

체면 유지[2]나 긍정적인 자기 제시는 사회심리학과 사회학, 소통

---

[2] 체면 유지face keeping는 두 가지 방향에서 작용한다. 하나는 내세우고자 하는 긍정적 체면이 있으며, 남한테 자신의 단점을 감춤으로써 유지하고자 하는 부정적 체면이 있게 된다. 저자가 참고문헌으로 꼽고 있는 브라운·레빈슨(Brwon and Levinson, 1978)에서는 잠재적으로 참여자들 자신의 체면이나 대화 상대방의 체면을 깎아버릴 만한 화용 행위를 누그러뜨리기 위해 정중함politeness을 제안하였고, 스탠포드 대학의 심리학자인 클락(H. Clark, 1996/2009)에서는 좀 더 구체적으로 대화 참여자들의 자율성을 이와 같은 체면

연구에서 잘 알려진 현상으로 인상 관리에 관련되는 전체 전략의 일부분이다(Brewer, 1988; Brown and Levinson, 1987; Goffman, 1959; Schlenker 1980; Tedeschi. 1981). 상호작용에서 사람들은 행동을 하고자 하며 그에 따라 대화 참여자들이 가능한 한 자신들에 대한 긍정적인 인상을 구성하는 방식으로 혹은 적어도 화자들은 부정적인 인상을 피하려고 하는 방식으로 말하고자 한다(Arkin, 1981).

이론적으로 인상impression은 사람에 대한 표상 다시 말해 일반적으로 여러 가지 기준에 따라 그리고 사회적 규범, 관심사나 기준에 따라 사람들이 판단을 받게 되는 한 묶음의 범주로 구성된 특징을 지닌 정신 개념틀이다. 그런 판단은 지엽적이거나 상황에 매여 있을 수 있고 현재의 행위나 인지에 딸려 있을 수 있지만, 어떤 개인에 대하여 좀 더 영구적이고 맥락에 독립적인 인성이라는 특성에 대한 것일 수 있다.

사람들은 어떤 상황에서 부정적인 인상을 피하고자 원할 수도 있지만 특정의 상황에서 특정의 행위에 대한 부정적인 판단을 피하려 하기보다는 그들의 인성에 대하여 보편적으로 이뤄지는 부정적인 평가에서 벗어나는 데에 사람들은 아마도 더 신경을 쓸 것이다. 인종차별주의자나 관대하지 않음으로 범주화된다는 것은 어떤 사람에게 더 지속되는 특성을 전제로 하고, 그에 따라 그런 범주화는, 특히 체면을 위협하는 판단이다. 따라서 화자가 흑인(혹은 다른 소수민 집단)에 대해 반감

유지와 체면 세워주기의 기제로 보았다. 한편 페어클럽(1992/2017: 318)에서는 부르디외(Bourdieu, 1977: 95)를 인용하면서 정중함이라는 양보가 언제나 정치적인 양보임을 해석하기도 하였다. 이 책의 저자는 인상 관리impression management에 관련되는 전체 전략의 일부로서 체면 유지를 언급하고 구체적인 방법으로 부인을 언급하고 있다. 특히 여기서는 부정적인 평가를 감춤으로써 자신의 체면을 세우고자 하는 방법을 구분해서 제시하고 있다.

을 갖고 있지 않다고 강조할 때에는 그런 선언은 특정의 외집단 구성원이나 어떤 특정 인종에 관련된 행위나 사건에 대하여 방금 표현된 특정의 (부정적인) 의견이라기보다는 어떤 영구적인 태도에 초점을 맞춘다.

그런 부인을 통해서 하고자 하는 것은 특정의 사례로부터 좀 더 일반적인 인상을 추론하는 일을 막는 것이다. 결국 특정의 인종 집단 구성원이나 특정의 행동에 대해 구체적이고 부정적인 의견은 정당화가 자주 목격되지만 소수민족에 대한 좀 더 일반적이고 부정적인 의견은 인종차별주의자들의 태도를 구성하는 것으로 볼 수 있다.

뒤의 사례에서 부정적인 태도는 어떤 집단이 어떤 특성에 관련되어 있을 때 예컨대 난민들이 종종 나라에 불법으로 들어오거나 혹은 흑인들이 훌륭한 교육을 받거나 일자리를 얻을 동기부여가 충분하지 않을 때 그럴 때에만 용인됨을 발견할 수 있다. 그런 사례에서 외집단에 대해 (주장된) 부정적 행위나 태도를 참고함으로써 정당화될 수 있다. 따라서 그런 부정적 판단이 인종차별주의자의 판단이라고 성격이 밝혀짐에 따라 인종차별주의는 단호하게 부정된다.

아래의 사례에서 책임이 뒤집어짐을 볼 것이다. 다른 사람을 인종차별주의자로 비난한 사람들이 결국에는 백인에 맞서는 사람으로 전도된 인종차별주의로 비난을 받는다. 즉 지나치게 민감하고 과장하며 너그럽지 못하다고 비난을 받으며 영국의 우익의 신문들이 표현하는 것처럼 인종차별주의가 없는 곳에서 인종차별주의를 보는 것으로 비난을 받는다(van Dijk, 1991). 그럴 때는 인종차별주의에 대한 비난은 곧바로 인종차별주의자들의 태도나 행위 등 그 자체보다 심각한 사회적 위반 행위로 비춰지는 경향이 있다. 왜냐하면 그들은 내집단의 연대감을 해치고 내집단에서 일어나는 충돌을 덮어주기 때문이다.

그들은 상호작용과 상황에서 좋은 분위기를 무너뜨린다는 느낌을 준다. 더 나아가 그러한 비난은 인종과 관련된 상황에 대한 자유로운 발언을 금기시하고 진실하고 정직한 평가를 막아버리는 듯하다. 다른 말로 한다면 인종차별주의에 대한 부인이 흔하게 관용적이지 않고 참을성 없는 반인종차별주의라는 역비난으로 바꿔버린다.

3. 부인의 유형

부인은 여러 가지 형식으로 나타나는데 이들은 고유한 인지적 기능, 정서적 기능, 사회적 기능과 정치적 기능, 문화적 기능을 지니고 있다. 여기서는 상황에 매여 있는 일반적인 부인과 개인적 부인, 집단에 기반한 부인들 다룬다. 비록 다른 집단에 대해 말하는 사람들이 일반적으로 내집단의 구성원으로서 말하지만 개인적인 의견과 내집단에 의해 공유되는 의견들 사이에는 긴장이 있을 수 있다. 자신들이 인종차별주의자가 아니라고 부인하는 사람들은 보통 인종차별주의를 금지하는 일반적이고 공식적인 집단의 규범을 준수한다는 것을 함의한다. 따라서 그들은 점잖은 시민들이다. 그런 개인적인 부인은 때로 전체 집단이 인종차별주의자가 아님을 전제로 한다.

반면에 집단 전체 혹은 적어도 몇몇이나 다른 많은 집단 구성원들이 그와 같은 관대함을 공유하지 않을 수 있음을 인정하면서 개인적으로 인종차별주의자의 의견이나 관례들을 부인하는 상황이 있을 수 있다. 그러나 그렇게 결합된 형태의 부인/용인은 드물다. 왜냐하면 내집단을 비판하는 일은 반인종차별주의자에게서 두드러진 전략일 수 있지만(Taguieff, 1988). 그에 반해 개인적인 인종차별주의에 대한 부인은 종종 인종차별주의자의 의견에서 전형적이기 때문이다. 다른 한편으로 인종차별주의에 대한 개인적인 부인은 타자 이를테면 자신의 이웃이나 고객들과의 비교를 통해 전략적으로 이뤄질 수 있다. 그때에는 전가transfer라는 전개 도구의 형태를 띤다. '나는 그들에게 적대적인 아무런 것도 없어요. 그러나 아다시피 고객들이 흑인을 응대하기를 좋아하지 않지요.'라고 할 수 있다.

따라서 부인 행위 그 자체는 다른 모습으로 나타난다. 일반적으로 부인 표현들은 방어defence라는 전략의 일부분인데 암묵적이거나 명시적인 비난을 전제로 한다. 한편으로는 그런 사례에서 사람들은 부정적인 행위와 법률이나 어떤 사회적 규범을 어기는 일에 연루되어 왔음을 부인하고 대화 참여자에 의해 실제로 비난을 받는 어떤 부정적이고 전체적인 특성을 지니고 있음을 부인한다. 다른 한편으로 부인에서는 선수를 치는 형태가 있을 수 있는데 긍정적인 자기 제시나 체면 유지가 이러한 사례이다. 여기서는 대화 참여자의 있을 수 있는 추론에 초점을 맞출 수 있다.

행위는 이론적으로 인지(의도)와 행동의 결합으로 분석된다. 사람들은 부정적으로 해석될 수 있는 행위에 연루되지만 동시에 부정적인 인지적 대응 요소를 부인할 수 있다. 이를테면 '나는 그것을 그런 식으로 의도하지 않았어.'라고 할 수 있다. 즉 방어 전략에서 부정적인 행위에 대한 책임에서 본질적인 조건은 의도이다. 좋은 의도는 좋은 태도의 실행으로 보이며 그에 따라 사회의 훌륭한 구성원이나 좋은 시민으로 보인다.

의도와 행동 사이의 이러한 구별은 또한 형법의 다양한 측면에 스며들어 있다. 예를 들면 살인murder과 살의 없는 살인manslaughter을 구분한다. 의도 특히 오랜 기간 계획하고 자발적으로 하는 범죄에 속하는 공격은 적어도 범죄를 더 악화시키는 조건이다. 다른 한편으로 우발적인 사고나 사건은 <u>순간적인 충동에서</u> 혹은 감정에 휩쓸린 행위와 마찬가지로 계획되지 않은 행위로 부분적으로 용서 가능하며 덜 심각하다. 말하자면 당연히 자연스러운 일상의 상호작용에서 그러하다.

그렇게 부르는 데서 알 수 있듯이 의도의 부인은 전략적으로 매우 효과적이라는 점을 주목할 필요가 있는데 비난하는 사람들이 부정적인 의도를 실제로 증명할 방법이 거의 없기 때문이다. 이는 특히 차별에 관련되는 소송에서 더욱 그러한데 여기에는 타자이기 때문에 부정적인 행위를 저질렀다는 수용 가능한 근거를 증명하기가 어렵다. 예를 들면 어떤 신문이 되풀이해서 두드러지게 소수자들의 범죄에 대한 보고서를 출간할 수 있지만 동시에 진실을 출간한다고 주장함으로써 그러한 관례들을 옹호할 수 있다. 그리고 그에 따라 소수자들의 범죄에 대해 편견에 사로잡힌 의견을 부인하고 따라서 인종 증오를 자극하거나 소수자들을 불신하는 의도와 함께 그런 편견의 확산을 부인할 수 있다. 이는 매체와 관련된 인종차별주의에서 가장 고전적인 사례들 가운데 하나이다(van Dijk, 1991).

다른 한편으로 비록 의도적으로 저질러진 범죄들이 일반적으로 좀 더 심각하게 평가되지만 사람들은 자신들의 행위를 통제할 수 있고 그에 따라 자신들의 의도를 통제할 수 있다고 가정한다. 이는 이를테면 사람들이 자신들의 행위에서 <u>있을 수 있는</u> 결과들에 대해 책임이 있음을 뜻하는데 심지어 그와 같은 결과가 실제 그와 같은 행위를 한 의도가 없을 때에도 그러하다. 사람들이 자신들의 행위가 부정적인 결과를 가져온다는 것을 알고 있다고 보여줄 수 있다면 사람들은 적어도 부분적으로 그와 같은 결과에 책임이 있으며, 특히 그들이 행위를 하지 않을 때에도 그러하다는 것이다. 예를 들면 시민들의 복지가 소수자들에 의해 사기를 당하고 있다는 면담을 하는 정치가는 그러한 근거 없는 주장이 출간될 것이고 그런 출판이 매체 독자들 사이에서 부정적인 편견을 확고하게 할 것임을 알고 있다. 그러한 정치가는 차별을 위한 의도나 목적을 부인할 수 있고 오로지 진실을 말하고자 했을 뿐이라고 주장할 수 있다.

다른 말로 한다면 다음과 같은 부인의 유형이 있다.

1. 행위 부인(나는 하지 않았어/나는 전혀 그런 말 하지 않았어)
2. 부인의 통제(나는 일부러 그렇게 하지 않았어/나는 일부러 그렇게 말하지 않았어, 그건 우연이야)
3. 의도 부인(그런 걸 뜻하는 게 아냐, 네가 나를 오해했어)
4. 목적의 부인(나는 …하려고 그렇게 하지 않았어/나는 …하려고 그렇게 말하지 않았어)

마지막 사례에서 책임의 소재를 부인한다. 만약 부정적인 결과가 나온다면 나는 그걸 통제하지 않을 거야라고 말이다. 특히 독자들이 그 매체의 내용을 이용하는 것에 대한 책임을 매체에서는 일상적으로 부인한다는 점을 이미 주장하였다. 이론적으로, 법적으로 그리고 도덕적으로 이들은 인종차별주의의 부정에서 가장 어려운 차원들이다. 대부분의 사례에서 부정적인 의도나 목적을 증명하기 위해 서로 다른 상황에서 같은 종류의 행위/덩잇글과, 계획, 의도나 목표에 관련되는 특별한 표현들을 반복할 필요가 있다. 따라서 차별에 관련되는 소송에서도 때로 의도가 관련이 없는 것으로 주장되기도 하고 사람들은 그 행위들의 직접적이거나 간접적인 (통계로부터 나온) 결과에 의해 판단된다는 점이 놀랍지 않다.

부인의 또 다른 형태는 다른 사람들의 부정적인 행위들을 기술할 때 목소리를 낮추거나 최소화하기 혹은 완곡어법 사용하기와 같은 완화 표현mitigation으로 묶을 수 있는 행위들 부류이다. 나는 그를 위협하지 않고 그에게 우호적인 조언을 주고자 했어요, 그녀에게 창피를 주지 않고 내 솔직한 의견을 그녀에게 말했어요 등이 있다. 완화 전략들은, 특히 관련되는 규범들이 다소 강력할 때, 사회적 상황에서 중요하다. 따라서 차별과 인종차별에 대한 규범이 엄중할수록 사람들은 부인과 그에 따른 완화 표현이라는 수단을 쓰는 경향이 더 많을 수 있다고 가정할 수 있다.

실제로 인종차별주의라는 개념 그 자체가 비난이라는 맥락에서는 그 개념이 지니고 있는 부정적인 속뜻 때문에 실제로 금기시될 수 있다. 어떻게든 그 개념이 공개적인 담화 예컨대 매체에서 사용된다면 일반적으로 따옴표로 묶이거나 이를테면 소수자 자신들에 의해서 혹은 다른 반인종차별주의자에 의해서 이뤄진 터무니없는 비난이 아니라면 정당화되기 어려움을 나타내는 표지로서 전하는 바에 의하면과 같은 거리두기 표지나 의심을 나타내는 표현이 함께 나올 것이다. 인종차별주의가 부인하기 어려운 상황에서 행위는 인종차별주의자가 아니라 차별, 편견, 고정관념, 편향, 인종차별주의적 동기로 기술되는 경향이 있다. 일반적으로 유럽이나 미국의 공개 담화에서 인종차별주의와 인종차별주의자라는 개념들은 다른 사람들 이를테면 극단주의자나 우익, 과격파 집단과 일반 여론의 바깥에 있는 정당을 위해서 유보되는 개념이다. 또한 인종차별주의라는 개념은 남아프리카에서 흑인 차별주의aprtheid나 미국에서 노예제 시대의 재건과 분리reconstruction and segregation처럼 나라 밖이나 과거의 인종차별주의를 기술하기 위해 사용된다. 서구 사회에서 인종에 대한 반대나 배제와 불평등이라는 전체 계계를 외현하는 일반적인 개념으로서 인종차별주의는 다른 소수자 집단이나 다른 반인종차별주의자에 의해서 주로 사용되었다. 다른 말로 한다면 완곡어법의 사용은 주도적인 사회나 내집단의 체계적인 인종차별주의에 대한 부인을 전제로 한다. 이는 또한 인종 사이의 관계에 대한 학문적 담화에서도 상당히 비슷하다(Essed, 1987).

인종차별주의에 대한 이런 부인은 부분적으로 (여전히) 흑인 차별주의에서 그러한 것처럼 명백하고 공인되며 기관 맥락의 관례로서 이해하거나 혹은 다른 인종이나 민족 집단을 열등한 것으로 보는 고전적이고 이념적인 의미로 인종이라는 개념을 이해하고 있다는 사실 때문이라는 점을 주목해야 한다(Miles, 1989). 좀 더 현대적이고 미묘하며 간접적인 형태의 인종이나 민족에 관련된 불평등, 특히 인종차별주의나 문화적 차이와 문화의 양립불가능성의 구성에 바탕을 두고 있는 자민족 중심주의ethnicism는, 인종차별주의로 인식되는 되는 경우는 드물고 어느 쪽이냐 하면 외국(인) 혐오나 대체로 합법적인 자문화 방어라는 특징을 드러낸다(Barker, 1981; Dovidio and Gaertner, 1986).

고유한 형태의 부인에 더하여 부인과 다소 관련되어 있는 다수의 인지적 전략과 사회적 전략들이 있다. 그 첫 번째 전략은 정당화인데 진실이나 독자의 알 권리를 언급하면서 소수자의 범죄에 대한 특별한 관심을 정당화하는 신문에서 본 것과 같다. 이와 비슷하게 일상적인 대화에서 사람들은 합법적인 방어 행위로 정당화하면서 혹은 다른 사람들이 정말로 죄가 있으며 그에 따라 부정적인 대가를 받아야 한다고 상세히 설명함으로써 소수인종에 관한 담화나 행위를 정당화할 수 있다. 다른 말로 한다면 이런 사례에서 그 행위는 부정되지 않고 그것[상세한 설명: 뒤친이]이 부정적이라는 점을 부인하며 그것이 정당하다고 명시적으로 선언하는 셈이다(자세한 내용은 Antaki, 1988; Scott and Lyman, 1968; Tedeschi and Reiss, 1981을 참고할 것).

비슷하게 부정하는 행위들은 그와 같이 용인될 수 있지만 동시에 변명이 될 수 있다(Cody and McLaughlin, 1988). 이런 사례에서 적어도 비난 부분은 특별한 상황을 혹은 더 정확하게 말하면 다른 사람들의 탓으로 돌릴 수 있다. 클럽의 소유주는 흑인에 대해 그들을 들여주지 않도록 차별을 용인할 수 있지만 클럽 안에 다른 많은 흑인들이 이미 들어와 있는 환경에 기댈 수 있다. 이는 일반적으로 입국이민에 대한 높은 수준의 토론에서도 그러할 수 있다. 도심 지역에서 인종들 사이의 긴장을 가중시키지 않도록 우리는 더 이상 입국이민자나 난민들을 허용하지 않을 것이다라고 할 수 있다. 뒤의 사례는 실제로는 변명이 아니라 정당화로 제시된다. 입국 거부 행위는 부정적인 행위로 용인되는 것이 아니라 헌법에 보장된 권리로 거부되기 때문이다.

좀 더 강력한 변명 전략은 도발이라고 주장하고 피해자를 비난하는 것이다. 그에 따라 경찰은 유럽의 많은 도시나 미국의 도시에서 그렇듯이 도발, 약물 사범이라고 추정되거나 흑인 청년들에 대해 고정관념에서 나온 부정적인 행위라고 추정하기 때문에 흑인 청년 남성을 거칠게 다루는 것이 정당하다고 느낄 수 있다. 정부의 정책에서도 유럽과 미국에서는 일반적으로 소수자들이 비난받을 존재들이기 때문이라고 주장하면서 소수자들에 대한 강압적인 조처를 정당화하거나 변명한다. 통합이 되지 않았으며, 해당 나라의 언어를 배우는 데 실패하고, 일자리를 구하려는 동기가 부족하며 문화적으로 규범에서 벗어난 행위들이 그와 같은 비난의 근거들이다. 무엇보다도 실직과 교육에서 성공하지 못함, 비참한 주거환경, 복지 의존성을 피해자들 스스로의 부정적인 속성으로 돌리기 일쑤이다. 그와 같은 강력한 전략들은 일반적으로 실패한 정책에 대해서는 부인을 함축하고 있음을 주목하기 바란다.

끝으로 가장 강력한 형태의 부인으로 **뒤집기**reversal가 있다. 우리에게 부정적인 행위의 잘못이 있는 것이 아니라 그들에게 있다와 우리가 인종차별주의자들이 아니라 그들이 진짜로 인종차별주의자들이다라고 하는 사례들이다. 비록 좀 더 온건한 반인종차별주의자들에서 덜 극단적인 변이형태가 있기는 하지만 이런 유형의 뒤집기는 우익에서 상투적이다(Murray, 1986). 나중에 보게 되듯이 영국의 작은판 신문은 반인종차별주의자들이 참견을 좋아하고 실제적인 인종차별주의자라고 비난한다. 이와 비슷하게 프랑스의 국민 전선당French Front National은 일반적으로 비유럽인들의 입국이민을 반대하지 않는 사람들을 프랑스의 반인종차별주의자에 가담하고 있다고 비난한다. 좀 더 일반적으로 반인종차별주의자는 관대하지 않은 반면 인종차별주의를 지닌 순진하고 좋은 뜻을 지닌 (우리의) 시민으로 표현되는 경향이 있다. 뒤집기 표현이 더 이상 사회적 방어의 형태가 아니라 (반)격을 위한 전략의 일부분으로 보고 있다.

4. 사회문화적 기능과 정치적 기능

비록 일반적으로 그 자체로 분명하게 드러나지만 사회 조직의 미시적 차원에서 이뤄지는 일상적인 대화와 사람들 사이의 소통에서 인종차별주의에 관련되는 부인은 개인적인 차원의 기능만을 지니지는 않는다. 사람들은 법률의 준수나 규범에 순응하고 있음을 강조하기 위하여 그리고 유능하고 품위가 있는 시민으로서 자신들의 역할을 강조하기 위하여 소수자들에 대한 부정적인 행위를 부인하고 완화하며 정당화하거나 변명하고 있음을 보았다. 말하자면 사람들 사이의 환경에서 조차 부인에 관련되는 도덕적 기준에는 사회적인 전제조건이 있다는 것이다. 어떤 집단이나 사회 전체적으로 동의하더라도 남아프리카에서 공식적인 흑인 혐오 기간 중이나 미국 역사에서 재건과 분리의 시기 동안3)에 도덕적 침해나 법률 위반으로서 인종차별주의자의 행위를 부인하는 것은 타당하지 않다. 실제로 좀 더 일반적으로 인종차별주의나 민족주의 혹은 자민족 중심주의는 공개적으로 선민들이나 사회 구조적 차원에서 주도적인 기관에 의해 옹호되거나 합법화될 때 변명을 제외하면 인종차별주의적인 행위나 담화가 덜 발견될 수도 있다고 말할 수 있다.

그러나 차별과 인종차별주의가 공식적으로 금지된 오늘날의 미국이나 유럽 사회에서 외집단에 대한 증오에 대한 공공연한 표현에 관대하지 않는 규범들이 발전하였고 부인이 인종 문제와 관련된 담화에서 상당히 중요한 역할을 맡고 있다. 이런 일들이 개인적인 차원에서만 그러하지 않다는 것이 사실이다. 또한 사회 조직의 거시적 차원이나 중간 차원에서 집단, 기관이나 조직 전체에서 그런 부인을 위한 전략들에 가담할 수 있다. 그런 경우에 부인은 인종에 관련된 상황에 대한 의견 일치로서 공유된 의견의 형태를 띨 수 있다. 예컨대 차별과 인종차별주의가 법적으로 그리고 도덕적으로 금지되어 있기 때문에 대부분의 서구 국가들은 차별과 인종차별주의가 사회나 국가의 구조

---

3) 재건과 분리의 시기the period of reconstruction and segregation는 미국의 역사에서 남북 전쟁이 1865년 4월에 끝나고 그 결과 미국의 남부에서 흑인에게 참정권을 비롯한 인권을 되돌려주려는 재건 기간(1868~1877), 그 이후 1910년까지 남부의 각주에서 흑인의 인권에 대하여 남부의 각주에서 이전의 상태로 되돌리려는 기간을 가리킨다. 특히 분리 기간 중 악명 높은 반인권법은 1883년에 제정된 짐크라우법은 백인과 흑인의 분리, 차별을 가장 높은 수준에서 제도적으로 제시한 악법으로 알려져 있다.

적 특징으로 더 이상 존재하지 않는다는 공식적인 믿음을 공유한다. 그에 따라 만약 편견이나 차별이 여전히 있다면 그에 일종의 일탈로서 우연적인 것으로서 개인적인 차원의 속성이며 개인적인 차원에서 처벌되어야 하는 것으로 간주한다.

따라서 긍정적인 자기 표현과 체면 유지는 개인적인 차원에만 국한되지 않을 뿐만 아니라 그렇게 강하게 표현되지 않는다면 기관과 조직의 좀 더 공개적인 담화의 특징이기도 하다. 일반적으로 미국의 대학에서는 균등 기회 고용주[4]임을 편지지에 인쇄하고 있는데 이는 그런 고용 관례들이 법일 뿐만 아니라 훌륭한 광고가 되기 때문이다. 개인뿐만 아니라 기관도 직원들 사이에서 혹은 고객이나 좀 더 넓혀 대중들에게 인종차별주의자로 알려지기를 원하지 않는다. 게다가 인종이나 민족과 관련된 관용 심지어 긍정적인 행위도 어떤 기관의 재화와 용역의 품질과 관련될 수 있는 사회적 진보와 근대성의 상징이다. 기관에서 늘어나고 있는 소수자 고객들을 대상으로 하는 재화와, 특히 용역의 품질을 끌어올릴 수 있는 매우 재능 있는 소수자들 출신을 채용할 때가 말 그대로 가장 그런 사례일 것이다. 이 사례에서 사리사욕이 사회 정책의 이념과 잘 맞아떨어질 듯하다.

그러나 사회 정책은 예컨대 할당제와 같은 긍정적인 조치의 결과로 조직이나 사업체의 이익, 이념과 부딪힐 수도 있다. 이런 사례에서 기업활동의 자유, 특히 경제적 경쟁력과 같은 다른 가치는, 사회 정책의 밑바탕에 있는 가치에 맞서 제시된다. 따라서 할당제의 거부는 차별이나 인종차별주의의 표현이 될 정도로 가장 명확하게 부정된다.

---

4) Equal Opportunity Employer가 원래의 표현(줄여서 EOE, 비슷한 뜻으로 MFDV도 씀)인데 우리나라에는 사람을 구할 때 이런 낱말을 써서 소수자, 여성, 장애인, 전문가 등을 이유로 차별하지 않음을 드러내지는 않는다.

왜냐하면 그것은 평등을 끌어올리는 일이 아니라 품질을 떨어뜨리고 집단의 선호도와 관련하여 받아들일 수 없는 형태로 보이기 때문이다. 따라서 궁극적으로 국가나 사업에서 긍정적인 조처의 수용은 이익과 그것을 통제하는 (백인) 선민들의 권력에 의해 자리매김되는 엄격한 경계 안에서 진행될 것이다.

기관에서 인종차별주의 부인의 기능은 분명하다. 유럽과 미국에서 자유 민주주의가 평등과 자유를 보장하거나 전제로 하는 규범이나 법률을 점진적으로 더 많이 채택하여 왔다면, 차별이나 인종차별주의에 수반된 인종과 민족에 따른 불평등을 대신하지 않는 형제애는 공식적인 이념과 맞지 않을 것이다. 그러한 불완전을 인식하는 대신에 그러한 기본적인 모순을 부정하거나 우연적인 것이나 개인적인 것으로 해명하고 그것으로 피해자들을 비난하거나 새로운 입국이민자들로 인해 일어나는 변화 가운데 일시적인 현상의 특징으로 기술하는 것이 훨씬 더 간편하다.

만약 인종차별주의가 인종이나 민족과 관련된 주도권의 체계로 규정된다면 인종차별주의에 대한 부정도 인종차별주의의 재생산에서 주도적인 역할을 지니고 있을 가능성이 높다. 이는 실제로 그러하다. 패권과 불평등은 저항을 불러일으킨다. 그러나 주도적인 여론이 아무런 인종차별이 없다고 할 때에는 소수자 집단과 그들의 항변이나 저항을 심각하게 받아들이기 매우 어려운 시기이다(Essed, 1991). 아파르트헤이드와 공식적으로 승인된 분리 체제5)에서 일이 되어가는 형편은 매우 분명하고 권력 차이가 너무나 공공연하여 적이 잘 규정되고 저항은 집중이 잘 된다.

---

5) 앞의 각주에서 지적한 것처럼 미국의 특정 역사 시기를 가리킴.

그러나 (공공연한) 편견과 차별, 인종차별주의를 반대하는 규범과 법률이 널리 퍼져 있는 사회로 점점 더 다원화되어 가는 현대 사회에서 이런 일은 드물다. 만약 관용이 국가적 차원의 신화로 장려되면 네덜란드에서 그러한 것처럼 소수자 집단이 나머지 불평등에 도전하기가 더 어려워지고 통일된 조처를 취하고 신용을 얻으며 (백인) 주도적인 집단들 사이에서 버티기가 더 어려워진다. 실제로 이는 지나치게 민감하고 과장하거나 지나치게 요구하는 것으로 비춰질 수 있다. 불평등에 대해 더 유연한 체계일수록 그것에 맞서는 일이 더 어렵다.

인종차별주의가 만연되어 있음을 부인하는 백인의 여론은, 특히 성공적인 저항에는 공개적인 주의력의 집중, 매체의 보도와 적어도 불만에 대해 당파적인 인식이 필요하기 때문에, 그에 따라 인종차별주의의 재생산에서 매우 강력한 요소이다. 만약 선도적인 정치가들과 매체가 심각한 문제가 있다는 점을 인정하기를 거부한다면 공개적인 토론도 없고 공개적인 의견에 변화가 없으며 그에 따라 권력 관계의 체계에서 아무런 변화가 없을 것이다. 그런 사례에서 변화는 시위나 심지어 폭동과 같은 더 이상 간과할 수 없는 어떤 유형의 공개적인 문제를 능동적으로 만들어냄으로써 의제를 상정할 수 있을 뿐이다. 소수자들의 높은 실직률이나 교육에서 낮은 수준의 성취와 같은 다른 심각한 문제들은 선민들이 잘 인식할 수 있지만, 그것들이 인종차별주의와 어떤 관련이 있음을 부인하는 것이 일반적이다. 일시적이고 의도하지 않은 차별은 그와 같은 사회적 문제에서 주변적인 요인들 가운데 하나로 인식된다.

인종차별주의에 대한 부인의 사회적 기능은 정치적인 기능과 밀접하게 연관되어 있다. 의사 결정, 의제 설정, 공개적인 의견의 관리는 국가적인 차원이든 지역적인 차원이든 인종차별주의 요소가 신중하게 제거된 인종이나 민족에 관련된 상황에 대한 자리매김을 선호한다. 그런 상황은 우리가 문제이지 그들이 문제이지 않다는 점을 함축하기 때문이다. 입국이민, 고용, 교육이나 사회 정책은 따라서 인본주의적 가치와 이기심이 교묘하게 결합된 이념에 근거를 둘 필요가 있다.

선택적으로 인종차별주의를 극우의 특성으로 돌림으로써 온건한 백인 시민들이라는 내집단의 특징임을 부인하고 동시에 이를테면 우익 가운데 더 명백한 극우 인종차별주의자를 수시로 고소함으로써 좀 더 잘 관리될 수 있다. 많은 미묘한 형태의 일상적인 인종차별주의가 사회 전체에 만연해 있다는 인식은 그것이 더 이상 관리 가능하지 않다는 사회정치적 분석의 어떤 형태에 신빙성을 더해 줄 것이다. 그것이 참이라면 어떻게 바뀔 수 있을까? 결국 우리에게는 차별에 맞서는 법률이 이미 있고 만약 이들이 적절하게 작동하지 않는다면 사람들의 마음 상태를 바꾸기 위해 할 수 있는 것은 무엇인가? 정치적 의사 결정에 관련되는 그러한 복잡한 기저의 구조로부터 나온 결과는 규칙에 좀 더 뻔뻔스러운 예외에 대한 일시적인 허용과 전면적인 부인을 유연하게 결부시키는 것이다.

인종차별주의에 대한 부인이 개인적인 관리나, 기관이나 사회의 인상 관리와 이념적으로 자기를 방어하는 전략의 일부일 뿐만 아니라 사회정치적 관리의 형태임을 알고 있다. 그러한 부인은 저항을 통제하고 동시에 인종이나 민족이 다양한 사회의 정치적 문제를 좀 더 관리 가능하도록 하는 데 유용하다. 결론적으로 부인은 중요한 관리 전략인 셈이다.

끝으로 인종차별주의에 대한 부인이 좀 더 구체적인 문화적 기능을 하는지 여부를 물을 수 있다. 분명히 서로 다른 집단과 각각의 문화가 관련되어 있으며 또한 인종차별주의도 문화적인 패권의 관점에서 자리매김을 필요로 하기 때문에 그에 대한 부인에도 문화적 차원이 있다. 한 가지 차원은 현재의 서구 문화의 특징으로서 관용이라는 자기 긍정과 인종차별주의나 자민족 중심주의의 결합이다. 민주주의, 기술과 기독교 정신, 서구의 가치가 교과서, 정치 담화와 매체에 다른 문화에 우위에 있는 것으로 제시되는 것과 같은 방식으로 서구의 관용이 무관용적인 문화 예컨대 이슬람의 근본주의자와 대조된다(Said, 1981).

라시디Rushdie6) 사태 동안 서구의 담화는 이 문제에 관련되는 분명한 사례이다. 그 사태가 벌어지는 동안 공개적인 토론은 예술과 발화의 자유에 초점을 맞추었을 뿐만 아니라 이슬람 문화의 광신적인 요소가 아니라 근본주의자들에 대한 고정관념에 초점을 맞추었다. 이를테면 서구적인 가치의 보편성을 주장함으로써 반아랍적인 인종차별주의가 이 토론에서 주도적인 역할을 한다는 사실은 명확하게 부인되었다. 다른 말로 한다면 백인들이 인종차별주의를 부인하면서 동시에 자신들을 관대한 시민으로 제시하는 것과 같은 방식으로 서구의 문화는 전체적으로 인종차별주의나 자기 인종 중심주의를 부인하고 관용을 강조한다.

문화에 바탕을 둔 그런 주장은 걸프 전쟁 기간에 보여준 것처럼 분명하게 설명할 필요가 거의 없을 정도로 세계 정책의 관리와 밀접하게 연관되어 있다. 좀 더 일반적으로 말해서 신식민주의나 제국주의, 국제적인 지원에서 사리사욕 추구라는 전략을 통해서 그리고 서구 세계의 선도적인 역할을 확고히 하면서 이뤄지는 남북 사이의 관계에 대한 관리에서도 이런 점은 마찬가지이다. 요약하자면 인종차별주

---

6) 인도 태생의 영국 작가(1947~)로 이슬람 세계를 풍자한 『사탄의 시』가 논란이 되면서 기독교 세계와의 갈등이 고조되기도 하였다. 이 소설의 출간과 영국으로부터 기사 작위를 받는 일이 두 종교 사이의 갈등을 부추겼다고 알려져 있다.

의와 자민족 중심주의에 대한 서구의 부인 그리고 사회적 함의와 정
치적 함의, 문화적 함의는 사람들 사이의 관계의 차원에서부터 문화
들 사이의 관계와 국제 관계라는 전국적 수준에 이르기까지 어떤 작
용을 한다. 모든 차원에서 그러한 부인은 근본적으로 저항과 이의
제기와 반대를 관리하고 그에 따라 패권의 재창출에서 어떤 전략으로
서 기능을 한다(Lauren, 1988).

5. 대화

일상 대화는 사회 생활의 핵심이다. 가족들이나 친구들과 비격식적인
상황이든 고객이나 동료들과 이뤄지는 일터에서 혹은 여러 기관들에
서 대중들 사이에서 이뤄지든 비격식적인 대화는 사회적 상호작용의
핵심적인 방식이다. 동시에 대화는 사회적으로 이뤄지는 정보 처리의
중요한 통로이며 공유된 지식과 믿음의 표현이자 설득력 있는 전달을
위한 맥락을 제공한다.

　인종이 뒤섞인 사회에서 소수자 집단과 인종과의 관계들은 일상
대화의 중요한 주제이다. 직접적으로 개인적인 경험을 통해서든 혹은
대중 매체를 통해 간접적이든 유럽과 북미에서 백인은 소수자들이나
입국이민자들에 대해 배우며 자신의 의견을 형성하고 그에 따라 비공
식적인 일상의 대화를 통해 인종에 관련된 사태에 대한 주류 여론을
비공식적으로 재생산한다. 그리고 때로 그것에 도전한다.

　저자가 한 연구로, 네덜란드와 캘리포니아에서 이뤄진 170개의 면
담 자료를 대상으로 인종에 관련된 일상적인 대화의 특성에 대한 광
범위한 담화 분석 연구는 그와 같은 비격식적인 대화에 다소 일관되

게 나타나는 여러 속성들을 보여준다(van Dijk, 1984a; 1987a).[7]

1. 주제들은 좁은 범위의 주제로부터 나오며 사회문화적 차이와 일탈, 경쟁에 초점을 맞춘다. 대부분의 주제들은 명시적이거나 암묵적으로 주도적인 백인 집단, 사회와 문화에 대한 사회적 위협, 문화적 위협, 사람들 사이의 위협을 주로 다루고 있다.

2. 보통 그러한 것과는 달리 이야기전달은 즐길거리에 초점이 맞춰져 있지 않고 논쟁을 위한 얼개 안에서 나타난다. 이야기는 개인적으로 경험한 것이지만 일반적으로 우리는 여기서 그런 것에 익숙치 않아, 그들은 언어를 배워야 해, 혹은 정부는 그것에 대해 무엇인가를 해야 해와 같은 부정적인 결론을 위한 강력한 전제로 제공된다.

3. 입국이민자들이나 소수자들에 대한 부정적 태도가 아니라면 말투, 수사적 표현과 대화를 통한 상호작용은 일반적으로 비판적인 거리를 드러낸다. 그러나 관용에 대한 현재의 규범은 (면담 대상자와 같은) 이방인과의 대화에서 일반적으로 다소 완화되는 방식으로 평가에 대한 표현을 통제한다. 강한 언어적 공격을 회피하는 경향이 있다.

4. 전체적으로 화자들은 긍정적인 자기 표현과 부정적인 타자 표현이라는 이중 전략을 따른다.

나는 아랍 사람들에 대한 반감이 없어요, 그렇지만 …과 같이 부인 표현의 특별한 기능은 이러한 후자의 전략 안에서 나타난다(Scott and Lyman, 1968). 그러한 부인 표현은 명백하다고 할 수 있는데 화자가 그들에 대한 아무런 적대감이 없다는 증거에 의해 뒷받침되지 않기

---

7) 이 자료는 반 데이크(2014/2020)에서도 자세하게 분석되고 있다.

때문이다. 그와 반대로 부인은 일반적으로 부정적인 주장을 끌어들이는 데 따른 체면 유지를 위한 조처로 제공되는데 다음의 네덜란드 여성으로부터 나온 사례에서처럼 고정표현invariable, 강세를 받은 표현이 뒤따른다.

> (1) 어…어떻게 그들이 그리고 가장 좋은 것은, 사람들이 자신의 종교를 가지고 자신의 사람을 살아가는 것, 그리고 저는 그들에게 **절대로** 적대감이 없지만, **그러나,** 만약 그들의 생활 방식이 내 방식과 …정도로 다르다면 그것은 사실이에요.
>
> uhh… how they are and that is mostly just fine, people have their own religion have their own way of life, and I have absolutely nothing against that, but, it is a fact that if their way of life begins to differ from mine to an extent that …

문화적 차이라는 중심 주제에 대해 이야기하면서 여기서 부인은 그와 같은 문화적 차이에 대한 상대적인 관용에 초점을 맞추고 있지만 분명히 제약을 받고 있다. 그런 차이가 그렇게 중대할 필요가 없다. 따라서 다른 한편으로 이 여성은 관용이라는 규범을 따르고 있지만 다른 한편으로 그녀는 너무나 다를 때 다른 사람들을 거부하는 것을 정당화할 필요를 느낀다. 다른 말로 한다면 여기서 부인은 제한된 사회적 수용이라는 형태를 전제로 하고 있다.

차별과 인종차별주의를 좀 더 인식하고 있는 화자들은 캘리포니아의 사례에서 그러한 것처럼 그들이 방해를 받을 수 있다는 점에 대하여 좀 더 분명하게 말한다.

(2) 편견에 **빠진** 듯이 들릴지 모르지만 그러나 나는 학생들이 오직 영어만
 을 사용한다면 …라고 생각해요.
 It sounds prejudiced, but I think if students only use English …

미국에서 인종과 관련된 대화에서 두드러진 주제인 영어의 사용은
실천관례에 관련되는 많은 증거들을 필요로 하지만 화자가 어떤 논리
적 근거를 지니고 있든 그렇지 않든 입국이민자들에 대한 편견의 형
태로 들어보았을 것이다. 들린다라는 구절의 사용은 당연히 화자가
실제로 편견에 **빠져** 있다고 생각하지 않음을 함의한다.
 일상의 대화에서 부인의 가장 중요한 형태는 차별에 대한 부인이
다. 실제로 우익 매체에서 나타나듯이(아래 참고할 것), 이런 사례에서
는 뒤집기 사례도 볼 수 있다. 말하자면 우리가 입국이민자들과 소수
자들의 실제 피해자라는 셈이다. 다음에 암스테르담에서 사람들이
부인을 형식화하는 몇 가지 방법들이 있다.

(3) 그래요, 그들이 그들을 착취해 왔어요. 그것이 아시다시피 적어도 그
 들이 말하는 바인데 그러나 글쎄 … 어떤 것이든 믿지 않아요.
 Yes, they have exploited them, that's what they say at least, you know,
 but well, I don't believe that …
(4) 큰 차들, 그들이 우리보다 더 나아요. 만약 누군가가 차별을 받는다면
 우리 아이들이죠. 그것이 내가 말하고자 하는 거에요.
 Big cars, they are better off than we are. If anybody is being discriminated
 against, our children are. That's what I make of it.
(5) 그리고 그녀의 입에서 나온 유일한 말은 내가 차별을 당한다는 것이구
 요, 모든 네덜란드 사람들은 좋은 집에 살아요에요. 글쎄요 그건 큰

거짓말이에요. 실제로 그렇지 않아요.

And the only thing that came from her mouth was I am being discriminated against and the Dutch all have good housing, well it is a big life, it is not true.

(6) 그리고 그들은 차– 차별 [원문 그대로임] 차별을 당한다고 말해요. 사실은 그렇지 않아요.

And they say that they are being dis … discrim … [sic] discriminated against. That is not true.

(7) 들어보세요. 그들은 언제나 외국인들이 여기서는 차별을 당한다고 말해요. 아니에요. 우리가 차별을 당하지요. 정확하게 그 반대에요.

Listen, they always say that foreigners are being discriminated against here. No, we are being discriminated against. It is exactly the reverse.

이런 모든 상황에서 화자들이 위협으로 혹은 입국이민자들의 거짓말로 보았던 것들에 대해 이야기한다. (3)에서는 살인사건에서, (4)에서는 복지에 대한 사기에서, (5)에서는 차별을 당했다고 말하는 흑인 여성이 출연하는 라디오 프로그램에서, (6)과 (7)에서는 이웃을 위한 편의 제공에서 그것을 찾았다. 대화에서 그러한 뒤집기는 일반적으로 범죄를 소수자들의 탓으로 돌리는 이웃 노동자 계층 혹은 (주택 문제에서) 터무니없는 편의를 원망하는 곳에서 들을 수 있다. 가난한 백인들은 그에 따라 당국이나 정치가들을 비난하기보다는 자신들을 불충분한 사회 정책과 도시 정책의 희생자들이라고 느끼며 그들의 눈에 비치는 변화, 즉 도심 지역에서 삶의 질 저하와 밀접하게 관련이 있는 신참자들을 비난하는 경향이 있다. 그리고 만약 그들이 그러한 현상의 책임을 져야 할 사람으로 밝혀진다면 그러한 역할은 그들이 차별을 받고 있다는 주장에 어긋난다는 것이다(Phizacklea and Miles, 1979). 이런 여론이 보편적이지는 않다는 점에 유의하기 바란다. 부정적인 행위들을 관찰할 수는 있지만 일반화되지 않았으며 네덜란드의 젊은 이들과 비교될 수 있다.

> (8) 그리고 조금 미안한데요 그들은 외국인들이고 분명히 그렇게 하는 그들은 모로코 사람들이에요. 맙소사. 모든 청년들은 공격적인데 터키 청년이건 네덜란드 청년이건 아니면 수메르 청년이건 공격적이에요. 특히 차별 때문에 어 여기서 …
>
> And that was also, well I am sorry, but they were foreigners, they were apparently Moroccans who did that. But God, all young people are aggressive, whether it is Turkish youth, or Surinamese youth, is aggressive. Particularly because of discrimination uhh that we have here …

여기서 차별은 뒤집어지지 않았고 젊은 이민자는 차별의 희생자로 표현되었다. 뒤집기는 설명을 위해 사용되었으며 그들의 공격성에 대해 변명한다. 그러나 이런 대화는 다소 예외적이다.

6. 언론

일상에서 사람들이 이야기하는 인종에 관련된 사건들 다수는 개인적인 경험으로 알려지지 않고 매체로부터 알려진다. 적어도 최근에 이르기까지 서구 유럽의 많은 지역과 북미의 몇몇 지역에서조차 대부분의 백인이 소수자 집단과 얼굴을 맞댄 거래를 거의 하지 않았다. 그에 따라 일상적인 대화에서 논증은 언론을 통해서 읽은 범죄나 문화적 차이였으며 그런 보도들은 화자들이 소수자들에 대해 지니고 있는 부정적인 태도에 관련되는 증거로 받아들여졌다.

네덜란드와 영국 언론의 보도내용에 대한 수천 가지 분석은 대체로 독자들의 상식적인 해석을 확고하게 하였다. 주제 분석을 통해 범죄와 문화적 차이, 폭력(폭동), 사회복지와 문제를 일으키는 입국이민은 인종과 관련되어 보도되는 사태에서 되풀이되는 주요 주제임을 보여준다. 다른 말로 한다면 대화의 주제와 매체에서 다루는 주제 사이에 눈에 띄는 대응관계가 있다는 것이다.

지난 10년 동안에 걸친 변화와 함께 전체적으로 소수자들과 입국이민자들의 주된 인상은 **문제들**이라는 것이다(Hartmann and Husband, 1974). 그에 따라 보수적인 우익 언론들은 소수자들과 입국이민자들이 만들어낸 문제(주택, 취학, 실직, 범죄 등)에 초점을 맞추는 경향이 있다. 반면에 좀 더 진보 진영의 언론도 소수자들에게 있는 문제(가난과 차별)에 초점을 맞추지만 (백인 진보주의자들이) 해야 하는 것에 대하여 있다. 한편으로 백인, 백인 집단이나 백인 기관의 보도에서 경제와 정치 조직, 문화에 대한 이런 주체들의 기여와 같은 일상적인 많은 주제들이 무시되는 경향이 있다. 그리고 소수자들과 이런 주체들의 일상적인 삶의 특징을 드러내는 모든 주제들, 그리고 사회 전체에서 능동적으로 그들이 기여하는 모든 주제들이 일반적으로 무시되는 경향이 있다. 그에 따라 많은 측면에서 갈등이나 문제와 관련되는 사례를 제외하면 소수자들은 언론에 의해 부인되는 경향이 있다(Boskin, 1980).

뉴스거리를 모으는 관례들뿐만 아니라 인용이 반복되는 유형도 소수자들과 이들이 속해 있는 기관에서는 말 그대로 언론에 할 수 있는 말이 거의 없다. 무엇보다도 소수자 출신의 기자들이, 특히 유럽에서,

거의 없다. 그에 따라 언론에서 중요한 정보의 원천인 정부의 담당자, 경찰이나 다른 기관에서 그러한 것처럼 전망이나 내부 지식과 경험, 널리 퍼져 있는 관점, 기자들이 필요로 하는 정보의 원천이 모두 백인처럼 되는 경향이 있다(van Dijk, 1988a, 1988b). 인종에 관련되는 사건조차도 소수자들의 대변인은 거의 인용되지 않으며 믿을 만하지 않도록 보도된다. 그리고 인용이 되더라도 그들의 의견은 종종 백인 대변인의 중립적인 촌평에 의해 종종 균형이 잡힌다. 차별과 편견, 인종차별주의와 같은 미묘한 문제에 대해서 소수자 대표나 전문가들은 신용할 만하지 않고 권위를 지닌 것으로 들리지 않는다. 어쨌든 이들이 인용된다면 그런 인용은 종종 정당하지 않거나 심지어 조롱 섞인 비난으로 제시된다.

부인에 관련되는 모든 전략들이 언론 보도 담화에서 드러나는 것은 이 시점이다. 예상할 수 있는 바와 같이 이런 점에서 진보 신문과 보수 신문, 우익의 신문에는 차이가 있다. 그러나 유럽과 북미에서 명백하게 반인종차별주의가 실제로는 없다는 점에 유의하기 바란다. 우익조차도 공식적인 규범은 우리는 모두 인종차별주의를 반대한다이며 전체적인 메시지는 따라서 인종차별주의에 대한 심각한 비난은 입국이민에 대하여 지어낸 이야기라는 것이다.

그러나 진보적인 신문들은 이를테면 (비록 자신들의 뉴스 편집실이나 뉴스 보도에서 거의 없기는 하지만) 고용에서 명시적인 차별에 관련되는 이야기에 특별히 관심을 기울인다. 반면에 우익의 극단주의는 비록 그런 보도가 폭력에 초점을 맞추거나 인종차별주의자들의 태도 그 자체를 다루기보다는 보도할 만한 가치가 있는 우연적인 사고에 초점을 맞추지만 보통 비판적인 말투로 그것을 다룬다. 그런 방법으로 인종이나 민족에 관련되는 불평등은 주변적인 것으로 말하자면 개별화되거나 여론의 바깥에 있는 것으로 재규정된다. 따라서 네덜란드의

진보 언론은 차별의 (비난) 사례들을 폭넓게 다루는데 이는 미국에서
도 마찬가지이다. 우익 언론에서 차별은 또한 보도되지만 다른 관점
으로부터 나온다. 여기서는 가급적이면 보통의 사람들에 대한 적대적
인 터무니없는 비난으로 보도되거나 혹은 해명이나 변명에 포함되어
있다(그 행위가 비난을 받는다).

차별이 언론에서 다소 폭넓은 관심을 받는 반면 인종차별주의는
그렇지 않다. 실제로 차별은 드물게 인종차별주의의 표명으로 보고
있다. 이에 대한 이유 한 가지는 인종차별주의가 여전히 백인 우월이
라는 이념으로 이해되거나 극단적인 우익의 관례의 일종으로 이해되
기 때문이다. 언론의 대다수가 극단적인 우익과 동일시되지 때문에
일상의 차별적인 관례들을 인종차별주의로 보는 일은 단호하게 거부
되고 있다.

대다수 언론의 입장에서 말하자면 오직 반인종차별주의자들만이
그들을 주변화하는 과정에서 유래한 인종차별주의만큼이나 일상적
인 인종차별주의자들을 급진적이고 비정상적인 집단으로 본다. 그에
따라 적어도 영국에서는 대다수의 언론의 입장에서 진짜 적들은 반인
종차별주의자들이다. 그들은 관대하지 않으며 반영국적이고 참견하
기 좋아한다. 그들은 모든 곳, 즉 천진난만한 어린이들의 책에서 심지어
언론에서 인종차별주의를 발견한다.

그렇기 때문에 자신이 속한 어떤 사회나 집단에서 인종차별주의의
일반적인 측면에 대한 보도가 드물며 심지어 진보적인 언론조차 그러
하다는 점은 놀랍지 않다. 반인종주의 작가, 조사연구자나 행동 단체
action group는 매체에 접속할 권한이 적으며 그들의 행위나 의견은 조롱을
받지 않지만 다소 거칠게 냉대를 받는다. 게다가 우익 언론의 입장에서
보면 그들은 다문화 사회의 탓으로 돌릴 수 있는 문제들의 실제 원천이

다. (경찰이나 정부, 기업과 같은) 받들어 모실 만한 기관을 공격할 뿐만 아니라 인종과 관련된 상황에 대해 도전하고 공존할 수 없는 자리매김을 하기 때문이다. 이는 상황의 규정에 대한 상징적인 도전이며 우익이 좌익이나 반인종차별적인 지성, 교사, 필자와 행동 단체에 대항하여 던지는 사회적 규범의 뜻매김을 향한 지적인 투쟁이다.

좀 더 자세하게 언론이 얼마나 정확하게 이런 인종차별주의의 부인에 가담하고 있는지 살펴보기로 한다. 대부분의 사례들은 영국의 언론으로부터 나왔지만 네덜란드, 독일이나 프랑스의 언론에서 비슷한 사례를 찾아내기는 어렵지 않을 것이다. 이제는 소수자들이 동등한 권리를 지니고 있지만 인종차별주의는 대체로 과거의 일이라는 생각이 널리 퍼져 있는 오늘날에도 오랫동안의 노예제도와 분리의 역사 때문에 미국에서는 백인의 인종차별주의라는 개념은 좀 더 널리 수용되었다.

6.1. 인종차별주의와 언론

언론에서 그리고 언론에 의한 인종 차별의 부인은 언론이 비난의 표적이 될 때 가장 드세다. 인종차별주의에 관련되는 저자의 연구에 대한 네덜란드 신문 편집자의 비슷한 반응을 고려하면서 선민들을 대상으로 하는 주요 주간지 『인터메디예어Intermediair』 편집장은 사회과학자와 재계에 주는 편지에 다음과 같이 썼다.

(9) 특히 소수자들에 관련되는 보도에 대해 당신이 하신 말씀은 증명되지 않았고 실체에 대해 받아들일 수 없는 풍자적인 묘사입니다. 제 생각으로는 소수인종들이 우리들에게 문제를 일으킨다는 것이 대부분의

보도 경향이라고 당신이 주제로 삼은 것은 증명되지 않았을 뿐만 아
니라 부정확할 뿐입니다(네덜란드 말을 번역함).8)

In particular, what you state about the coverage of minorities remains
unproven and an acceptable caricature of reality. Your thesis 'that the
tendency of most reports is that ethnic minorities cause problems for us'
is in my opinion not only proven, but simply incorrect. (*Translated from
the Dutch*)

이러한 반응은 언론에서 소수자들에 대한 표현에 대한 국제적인
연구가 대부분인 논문의 짤막한 요약으로부터 나왔다. 편집자의 부인
은 (다른) 조사연구가 아니라 단순히 사실이라는 언급에 근거를 두고
있다. 최근의 뉴스에 대한 그 논문은 그와 같은 글을 써 달라는 청탁을
받았음에도 불구하고 출간되지 않았다는 점이 놀랍지 않다.

네덜란드에서 대중적인 주요 보수 일간지로서 난민들과 소수자들,
입국이민자들에 대하여 편향된 보도로 잘 알려진 『텔리그랲De Telegraaf』
지9)의 편집자와 마찬가지로 다른 편집자들은 심지어 더 격렬한 입장
을 취하고 대학과 조사연구자의 학자로서의 자격에 도전하였다.

(10) 우리의 신문 기사 내용을 고려할 때 당신이 말한 바 실증적인 조사연
구는 비방 섞인 암시내용을 어떤 의미에서든 하나도 증명하지 않았
습니다. 그리고 전혀 적절하지 않으며 널리 퍼져 있는 실증학문의 규
범에 대하여 그리고 암스테르담 대학의 사회적 차원의 판단에 대한

---

8) 이 부분은 저자가 자신의 모국어인 네덜란드 말로 되어 있는 덧잇글을 영어로 번역하였다
는 뜻이다.

9) 영국의 작은판 신문으로 『텔리그랲Telegraph』이 있는데 아마도 네덜란드의 자매지인 듯하다.

의심을 낳았습니다. (네덜란드 말을 번역함)

Your so-called scientific research does not in any sense prove your slanderous insinuation regarding the contents of our newspaper, is completely irrelevant and raises doubt about the prevailing norms of scientific research and social prudence at the University of Amsterdam. (*Translated from the Dutch*)

뉴스 보도에 대한 수고로운 분석에 어떤 증거를 끌어들이든 반응은 단호하게 거부의 형태를 띠며 조사연구자를 불신함으로써 반격을 한다는 것을 알고 있다. 이와 같은 사례들은 마구잡이로 늘려나갈 수 있다. (특히) 좀 더 진보적인 신문을 포함하여 어떤 신문도 편향되어 있다는 혐의, 심지어 적절한 수준의 의심도 받아들이지 않을 것이다. 더 나아가서 인종차별주의 주장은 격렬하게 거부할 것이다. 이런 신문들은, 특히 유럽에서 소수자 출신의 기자들을 한 명도 고용하지 않거나 오직 한두 명의 이름뿐인 기자가 있다는 점을 상기하기 바란다.

인종차별주의에 대한 그와 같은 편집자의 태도와 함께 일반적으로 이야기하는 인종 관련 사건을 사회 안에서 대체로 밝히기를 꺼려한다. 이제 언론에서 그러한 부인의 주요 방식들을 들여다보기로 한다. 사례들은 1985년 인종과 관련된 사태에 대한 영국 언론의 보도로부터 가져왔다(이런 사례들의 다른 속성들에 대해서는 van Dijk, 1991을 참고할 것). 뉴스 담화 각 부분의 맥락에 대한 짤막한 요약을 괄호 안에 제시하였다.

6.1.1. 긍정적인 자기 제시

부인의 의미론적 토대는 필자가 보고 있는 것으로서 진실이다. 따라서 언론에 등장하는 부인은 기자나 특별기고가가 자신의 나라나 집단이 근본적으로 입국이민자들이나 소수자들에 관대하다고 믿고 있음을 전제로 한다. 그에 따라 긍정적인 자기 제시는 기사 담화에서 중요한 조처이며 반인종차별주의자들에 대한 비난을 논증을 통해 부인하는 것으로 보여야 한다.

(11) [핸즈워쓰] 공식 정책들에 반하는 일들이 많고 악의적이고 과격한 파시즘 신봉주의자들을 인정하더라도 이곳은 분명히 관용적인 사회이다. 그러나 법의 집행이 역차별의 원칙을 수용하는 것으로 보일 때 관용은 확장될 것이다. (『데일리 텔리그랩』, 사설, 1985년 9월 11일)

[Handsworth] Contrary to much doctrines, and acknowledging a small malevolent fascist fringes, this is a remarkably tolerant society. But tolerance would be stretched were it to be seen that enforcement of law adopted the principle of reverse discrimination. (*Daily Telegraph*, Editorial, 11 September 1985)

(12) [인종차별적 공격과 치안유지] 만약 예의와 관용에 대한 보통의 영국 사람들의 취향을 회복하려면 긍정적인 조치와 오해의 우려가 없는 조치가 필요할 것이다. (『데일리 텔리그랩』, 사설, 1985년 8월 13일)

[Racial attacks and policing] If the ordinary British taste for decency and tolerance is to come through, it will need positive and unmistakable action. (*Daily Telegraph*, Editorial, 13 August 1985)

(13) [아시아 사람들에 대한 인종차별적 공격] ⋯ 사람으로부터 다른 배경의 흔적을 조용히 그리고 관용으로 지우는 영국의 기록은 누구에게

도 지지 않는다. 아일랜드의 후손들과 유대계 입국이민자들은 그런 점을 검증할 것이다. 휘황찬란한 평판이 이제는 빛이 바랬음을 알게 되는 것은 비극이다. (『선The Sun』, 사설, 1985년 8월 14일)

[Racial attacks against Asians] ⋯ Britain's record of absorbing people from different backgrounds, peacefully and with tolerance, is second to none. The descendants of Irish and Jewish immigrants will testify to that. It would be tragic to see that splendid reputation tarnished now. (*Sun*, Editorial, 14 August 1985)

(14) [입국이민] 정의와 관용이라는 우리의 전통이 무임승차하려는 온갖 폭력주의자와 악한, 도둑에 의해 약탈당했다. ⋯ 그 다음에는 정치적인 난민으로 숨어들거나 멀리 있는 친척을 방문하는 가족으로서 숨어든 범죄자들이 있다. (『메일Mail』, 1985년 11월 28일)

[Immigration] Our traditions of fairness and tolerance are being exploited by every terrorist, crook, screwball and scrounger who want a free ride at our expense. ⋯. Then there are the criminals who sneak in as political refuges or as family members visiting a distant relative. (*Mail*, 28 November 1985)

(15) 우리에게도 인종차별주의가 있다. 그리고 그것이 이야기 줄기 뒤에 숨어 있다. 그것은 백인들의 인종차별이 아니다. 그것은 흑인들의 인종차별이다. ⋯ 그러나 누가 백인 다수를 지켜줄 사람이 있는가? ⋯ 관용은 우리의 강점이지만 그것을 우리의 약점으로 바꾸려는 어떤 사람도 허용하지 않을 것이다. (『선』, 1985년 10월 24일)

We have no racism too – and that is what is behind the plot. It is not white racism. It is black racism ··· But who is there to protect the white majority? ··· Our tolerance is our strength, but will not allow anyone to turn it into our weakness. (*Sun*, 24 October 1985)

이런 사례들은 백인 영국인들의 관용을 전제로 하거나 선언할 뿐만 아니라 동시에 그 경계(≒테두리)도 자리매김한다. 관용은 불리한 입장으로 해석될 수 있고 따라서 온갖 폭력주의자, 범죄자나 다른 입국이민자가 그것을 이용하지 않도록 너무 확장되어서는 안 된다는 것이다. 긍정적인 조치나 자유 입국이민법은 따라서 오직 역차별의 형태로만 볼 수 있고 그에 따라 백인 영국인을 스스로 무너뜨리는 형태로만 볼 수 있다. 그렇기 때문에 역설적이게도 이런 사례들은 자기 스스로를 무너뜨리는데 내적인 모순 때문이다. 목표로 한 것은 관용 그 자체가 아니라 그 지나침을 막는 제한에 있다. (15)의 사례에서 긍정적인 자기 제시는 동시에 잘 알려진 뒤집기라는 전개 전략과 결합되어 있다. <u>그들이 진짜 인종차별주의자들이다. 우리는 실제 피해자이다.</u> 그와 같은 뒤집기라는 전개 전략에 대해서 아래에 다시 살펴볼 것이다.

6.1.2 부인과 반격

영국의 백인들의 긍정적인 자기 이미지를 구축하면서 보수적이고 작은판 신문을 내는 언론에서는 악명 높은 허니포드 사태가 일어난 동안에 그러했던 것처럼, 특히 다른 관점을 지니고 있는 사람들을 공격하는 데 가담하고 동시에 자신들의 입장에 동의하는 사람들을 방어한다(허니포드는 브래드포드 학교의 교장이었는데 대부분의 학부모가 인종차별주의자임을 발견한 논문을 쓰고 난 뒤에 정직을 당한 다음 복직하였고 결국 고액의 퇴직금을 받고 물러났다). 반인종차별주의자들에 대한 공격은 인종차별주의에 대한 부인으로 구체화된다.

(16) [허니포드에 대항하는 인종 로비에 대한 반작용] 이 로비가 …한 이 사람을 괴롭히기 위해 선택된 것은 어째서 그런가? 그가 인종차별주의자여서가 아니라 정확하게 말해 그가 인종차별주의자가 아니였기 때문이다. 그럼에도 그가 감히 소수 인종 전문가들의 태도와 행동, 접근 방법에 도전하였다. (『데일리 텔리그랩』, 사설, 1985년 9월 6일)
[Racism of 'race lobby' against Honeyford] Why is it that this lobby have chosen to persecute this man. … It is not because he is a racist, it is precisely because he is not a racist, yet has dared to challenge the attitudes, behaviour and approach of the ethnic minority professionals. (*Daily Telegraph*, Editorial, 6 September 1985)

(17) [허니포드와 다른 사례] 어느 누구도 병적으로 흥분한 반인종주의자들 집단보다 진실에 직면할 수 없는 사람은 없다. 그들의 천진난만함은 그들 집단의 노선을 따르지 않는 사람을 조용하게 하고 해고하려는 그런 것이다. (『선』, John Vincent가 쓴 특별 기고문, 1985년 10월 23일)
[Honeyford and other case] Nobody is less able to face the truth than the hysterical 'anti-racist' brigade. Their intolerance is such that they try to silence or sack anyone who doesn't toe their party-line. (*Sun*, 23 October 1985, column by John Vincent)

(18) [허니포드] 상식을 말했다는 이유로 그는 모욕을 당했다. 용기를 냈

다는 이유로 그는 저주를 받았으며 패배를 시인하기를 거부했다는 이유로 그의 적들은 그를 용서할 줄 몰랐다. … 나는 그와 면담하였고 나는 그가 전체 재직 기간 동안 한 푼의 인종차별주의였던 적이 없음을 완전히 확신하였다. (『메일』, Lynda Lee-Potter가 쓴 특별 기고문, 1985년 9월 18일)

[Honeyford] For speaking commonsense he's been vilified; for being courageous he's been damned, for refusing to concede defeat his enemies can't forgive him. … I have interviewed him and I am utterly convinced that he hasn't an ounce of racism in his entire being. (*Mail*, 18 September 1985, column by Lynda Lee-Potter)

(19) [허니포드는 떠났다] 이제 우리는 누가 인종차별주의인지 알았다. (『선』, 사설, 1985년 11월 30일)

[Honeyford quits] Now we know who the true racists are. (*Sun*, Editorial, 30 November 1985)

이런 사례들은 반인종차별주의자들에 맞서는 언론의 사회 운동에서 여러 가지 전략적인 전개 방법을 선보인다. 먼저 앞에서 본 것처럼 부인은 진실이라는 전제와 밀접하게 연결되어 있다. 여기서 허니포드는 진실을 방어하는 것으로 제시된다. 말하자면 다문화의 반영국적 특징과 실패를 보여주는 사례인 셈이다. 두 번째로 필연적으로 나오는 부인은 종종 뒤집기라는 전략적인 전개 방식으로 이어진다. 우리가 인종차별주의자들이 아니라 그들이 진짜 인종차별주의자들이라는 식으로 말이다. 세 번째로 부담의 뒤집기이다. 즉 그 학교의 학생과 학부모가 아니라 허니포드와 그에 공감하는 사람들은 피해자라는 것이다.

결론적으로 말한다면 반인종차별주의자들이 그 적이다. 즉 그들은 순진하고 평범한 영국 시민들을 박해하고, 관용이 없는 사람들이다. 따라서 그들의 공격에 저항하는 희생자들은 민중의 영웅이며 반인종차별주의자들의 연대에 도전할 용기가 있는 사람들로 자리매김된다.

또한 사례 (17)에서 허니포드의 지지자들이 보는 것으로서 진실은 자명하며 상식에 바탕을 두고 있다는 점도 주목하기 바란다. 진실과 상식은 그러한 반격에서는 밀접하게 연관되어 있고 여론의 힘뿐만 아니라 보통의 (백인) 영국 사람들의 대중적인 지지를 동원할 수 있음을 반영한다. 아시아계 학부모들과 다른 반인종차별주의자들을 여론의 바깥에 둠으로써 그들을 주변화하는 것과는 별도로 상식에 대한 그런 호소는 또한 이념에서 강력한 함의를 지닌다. 즉 자명한 진실은 자연스럽게 보이며 그에 따라 타자의 지위는 부자연스럽고 심지어 광적인 함의를 지닌다는 것이다. 따라서 좌익의 반인종차별주의자는 우익의 영국 언론에서 미치거나 제정신이 아닌 사람으로 불린다.

6.1.3. 도덕적 협박moral blackmail

허니포드 사태뿐만 아니라 이와 비슷한 사례들에서 가장 두드러진 요소 가운데 하나는 검열을 가장하는 데 있다. 즉 반인종차별주의자들은 다문화 사회에 대한 진실을 무시하고 다른 사람들(우리)이 진실을 말하는 것을 가로막는다는 것이다. 따라서 되풀이한다면 토터넘에서 소요가 있은 뒤에 그러했던 것처럼 기자들과 특별 기고가들은 이런 금기사항과 이런 검열은 진실을 말할 수 있도록 깨뜨려야 한다고 주장한다.

(20) [토터넘] 위선적인 말투없이 진실을 말할 수 있는 시간이 다가왔다. 인종차별주의라고 불리는 두려움 때문에 침묵하지 않고도 사실을 마주할 수 있는 힘이 … (『메일』, Lynda Lee-Potter가 쓴 특별 기고문, 1985년 10월 9일)

[Tottenham] The time has come to state the truth without cant and without hypocrisy … the strength to face the facts without being silenced by the fear of being called racist. (*Mail*, 9 October 1985, column by Lynda Lee-Potter)

이런 사례들은 필자들이 도덕적으로 협박을 받았다고 느끼고 있음을 보여준다. 동시에 진실을 말해야 한다는 것이 소수자들에 대해 부정적인 것을 말해야 하는 의미라는 깨달음은 관용과 이해라는 널리 퍼져 있는 규범에 대한 적절한 대응일 수 있다. 진실을 위한 외침은 따라서 진퇴양난일 뿐이며 진퇴양난이 명백할 뿐이라도 그러하다. 명백한 진퇴양난은 도덕적인 반성과 어려운 의사결정의 결과가 아니라 검열이나 협박을 하는 상대방을 비난하기 위한 수사적 전략이다. 결국 같은 신문은 흑인 청년들에 대한 부정적인 일들을 광범위하게 썼으며 그들에게 진실로 보이는 것을 쓰는 데 망설이지 않았다. 어느 누구도 그들을 침묵하게 하지 않았으며 금기는 오로지 상상일 뿐이다. 반면에 영국에서 우익 언론은 수백만 명의 독자들에게 퍼진다.

부인과 뒤집기라는 이런 전략은 동시에 인종 분쟁에서 협력자와 적, 피해자와 영웅, 압제자와 같은 사회적 역할의 구성에 끼어든다. 여러 가지 면에서 그런 담화들은 중요한 역할을 단순히 뒤바꿈으로써 반인종차별주의자들의 담화를 모방한다. 피해자는 압제자가 되는데 권력의 자리에 있는 사람들이 피해자가 된다.

6.1.4. 파악하기 힘든 부인

세부적인 내용들이 언제나 분명한 것은 아니다. 다른 사람들의 비난이나 진술에 대한 의심, 거리두기나 받아들이지 않음을 표현하는 방법은 많이 있다. 1985년에 인종차별방지위원회Commission for Racial Equality, CRE가 영국에서 차별에 대한 보고서를 출간하였을 때 사실에 대한 명백한 부인은 거의 믿을 수가 없었을 것이다. 인용 부호와 같은 다른 담화 수단들과 필자의 입장에서는 의심을 전제로 하는 주장하다claim나 근거 없이 주장하다allege와 같은 낱말이 『데일리 텔리그랩』으로부터 나온 다음의 사설에서와 같이 사실에 대한 설명에 사용될 수 있다.

(21) 1976년도의 인종 관계법의 시행에 대한 면밀한 검토에 이어 나온 보고서에서 위원회는 소수 인종들이 높은 수준의 차별과 불이익으로 계속 고통을 받고 있다고 주장했다. (『데일리 텔리그랩』, 사설, 1985년 8월 1일)

In its report which follows a detailed review of the operation of the 1976 Race Relations Act, the Commission claims that ethnic minorities continue to suffer high level of discrimination and disadvantage. (*Daily Telegraph*, 1 August 1985)

당시에는 CRE의 위원장인 피터 뉴샘Peter Newsam으로부터 온 편지에서 이 구절에 대한 다음 반응에서 볼 수 있듯이 이와 같은 언어적 술책은 주목을 받지 못한다.

(22) 위원회에서 당신은 "소수 인종들이 높은 수준의 차별과 불이익으로

계속 고통을 받고 있다고 주장했다."고 말했습니다. 이는 줄리가 젖었다고 누군가가 주장했습니다라고 말하는 것과 같습니다. 그러합니다. 그리고 이는 인종을 배경으로 고용, 주택, 용역에서 당혹스럽게 높은 수준으로 차별이 있다는 별도의 조사연구로부터 나온 증거에 의해 뒷받침을 받고 있는 사실이기도 합니다. (『데일리 텔리그랩』, 사설, 1985년 8월 7일)

Of the Commission you say 'it claims that ethnic minorities continue to suffer high levels of discrimination and disadvantage.' This is like saying that someone claims that July was wet. It was. And it is also a fact supported by the weight of independent research evidence that discrimination on racial grounds, in imployment, housing and services, remains at a disconcertingly high level. (*Daily Telegraph*, 7 August 1985)

따라서 부인은 거리두기나 의심을 표현함으로써 포착하기 힘들게 표현될 수 있다. 따라서 인종차별주의라는 개념 그 자체가 인용 부호들 사이에서 보통 나타나는데, 특히 표제에서도 그러하다. 그렇게 두려움을 표하는 인용구들은 의견이나 논쟁의 관점을 보도하기 위한 신문 기자들만의 장치는 아니다. 만약 그런 사정이라면 신문에서 일치하는 의견은 인용 부호들 사이에 배치를 해야 하지만 언제나 그런 것은 아니다. 오히려 기자들의 의심과 거리감을 나타내는 것과는 별도로 인용 부호들은 근거 없는 비난을 뜻하기도 한다. 인종차별주의라는 개념을 중심으로 하여 인용 부호의 사용은 경찰이나 법정에서 인종차별주의가 특별한 사례에 개입되어 있다고 확증할 경우에도 보수적인 언론이 순전히 습관으로 인용을 한다고 주장할 정도로 상당히 일상화되어 있다.

6.1.5. 완화

부인에 대한 이전의 개념 분석에서 부인이 비난받는 사람의 책임이나 행위 그 자체를 최소화하기 위해 어조를 낮추거나 완곡어법이나 다른 에두른 표현을 사용하는 것과 같은 다양한 형태의 완화를 통해서 암시될 수 있다는 점을 보였다. 위에서 인용한 『텔리그랩』지의 같은 사설에서 다음과 같은 진술을 발견할 수 있다.

(23) [CRE 보고서][10] 어느 누구도 오늘날 영국에서 인종 관계가 무너지기 쉬운 속성을 지니고 있다거나 공동체의 부분들 사이에 불신과 오해가 있다는 점을 부인하지 않을 것이다. (『데일리 텔리그랩』, 사설, 1985년 8월 1일)

[CRE report] No one would deny the fragile nature od race relations in Britain today or that there is misunderstaning and distrust between parts of the community. (*Daily Telegraph*, Editorial, 1 August 1985)

따라서 불평등이나 인종차별주의 대신 인종 관계가 무너질 수 있다고 가정하는 반면 오해와 불신도 또한 이런 관계들의 특징이라고 가정한다. 흥미롭게도 이 단락은 또한 부인의 만연을 분명하게 부인하고 그에 따라 어떤 점에 대한 용인으로 읽힐 수 있다. 말하자면 어떤 문제가 있는 셈이다. 그러나 완화의 다양한 형태로 수사적으로 제시

---

10) 영국의 정부기관인 인종차별방지위원회Commission for Racial equality를 가리키는 듯하다.

되는 방식은 같은 사설의 나머지 부분에 관련되는 맥락에서 용인이 분명함을 암시한다. 이런 용인 표현은 똑똑한 흑인들이 있지만 그러나 ⋯나, 나는 소수자들이 때로 문제가 있다는 것을 알지만 그러나 ⋯와 같은 진술에서 이런 용인 표현이 있는 것처럼 인종 관계에 대한 담화에서 다른 중요한 부인 표현이다. 또한 『텔리그랩』지로부터 나온 사례에서 완화 표현은 완곡어법의 사용에도 나타날 뿐만 아니라 책임에 대한 재분배에서도 나타나고 그에 따라 비난의 부인에도 나타난다는 점을 주목하기 바란다. 비인칭 존재사 구절 오해가 있었습니다⋯ 에서 암시되는 것처럼 공동체 사이의 긴장에 대해 중요한 책임이 있는 사람은 우리 (백인이) 아니라 모두라는 것이다. 분명히 한 가지 효과적인 부인의 전개 전략은 행위 주체를 감추거나 책임이 있는 행위 주체와 말다툼하는 것이다.

6.1.6. 방어와 공격

다른 한편으로 반인종차별주의자에 맞서는 공격에서 우익이 언제나 포착하기 힘든 것은 아니다. 그와 반대로 그들을 공격하는 사람들을 향한 통렬한 비난에 치밀하게 가담한다.

(24) [반인종차별주의자들의 집회] 오늘날의 인종 차별과 편견에 대항하는 통렬한 비난과 함께 나치주의 발생을 감동적으로 떠오르게 하는 것들 이 그날 밤 결합하였다. (『데일리 텔리그랩』, 사설, 1985년 8월 1일)
The evening combined emotive reminders of the rise of Nazism with diatribes against racial discrimination and prejudice today. (*Daily Telegraph*, 1 October, August 1985)

(25) [흑인파black section] 그[Kinnock]11)의 당원 가운데 좀 더 이념 때문에 눈
이 먼 당원들 안에서 … 그들은 입국이민자 집단, 특히 아프리카계
카리브해인 때문에, 인종차별주의의 결과로서 경험한 모든 어려움을
확인함으로써 기쁨을 얻고 있는 듯하다. (『데일리 텔리그랩』, 사설,
1985년 9월 14일)

[Black sections] In the more ideologially-blinkered sections of his
[Kinnock's] party … they seem to gain pleasure from identifying all
difficulties experienced by immigrants groups, particularly Afro-Caribbeans,
as the result of racism … (*Daily Telegraph*, Editorial, 14 September
1985)

(26) [노동자가 인종차별주의를 고소하였음] 실제로 걱정스러운 일은 지
방 정부의 히틀러 추종자Pocket Hitlers들이 나라의 정치로 이동하고 있다
는 것이다. 우리들이 할 수 있는 동안 드러나는 그들의 터무니없는
행동을 물리적으로 공격할 때이다. 유비무환인 셈이다. (『메일』, 사
설, 1985년 10월 26일)

[Worker accused of racism] … They really alarming thing is that some
of these pocket Hitlers of local government are moving into national
politics. It's time we set about exposing their antics while we can.
Forewarned is forearmed. (Mail, Editorial, 26 October 1985).

이런 사례들은 차별과 편견, 인종차별주의에 대한 부인이 단순히

---

11) Neil Gorden Kinnock(1942~). 키녁으로 읽음. 1983년 이래 영국의 노동당 당수로 유럽
연합 집행위원이기도 함.

자기 방어 형태나 긍정적인 자기 제시 형태만이 아님을 보여준다. 오히려 부인은 다른 사례들에서 뒤집기 전개 전략에서 보았던 것처럼 이념 때문에 눈이 먼 적이라고 자기들이 규정한 사람들에 대한 공격의 한 요소이다. 반인종차별주의는 광적인 좌익과 연관되며 그것을 공격하는 일은 따라서 단순히 도덕적인 함의를 넘어서 이념적이고 정치적인 의미에서 중요한 함의를 지니고 있다.

비록 설득력 있고 자세하게 밝혀져 있지는 않지만 아프리카계 카리브해인 공동체의 어려움에 대한 그러한 전제는 정확하게 말한다면 명백한 용인의 형태를 띤다. 말하자면 다소 완곡하게 부르고 있는 것처럼 이런 어려움의 원인이 무엇이든 그것은 인종차별주의의 결과일 수 없다. 암묵적으로 흑인들의 상황에 대해 설명하는 사람들에게로 즐거움을 귀속시킴으로써 그 신문은 또한 좌익이 그와 같은 설명에 흥미를 갖고 있으며 따라서 인종차별주의를 반긴다는 암시를 하고 있다. 이런 전략은 반인종차별주의자들에 대한 다른 공격에서 익숙하게 보이는 전략이다. 아무런 인종차별주의가 없다면 그들은 그것을 만들어낼 것이라는 식으로 말이다. 그와 같은 주장을 있는 그대로 다시 쓸 필요가 없다는 것은 인종차별주의의 부인을 함의한다.

이런 공격에서 사용된 은유와 비교의 뒤섞임은 매우 흥미롭다. 즉 한 사례에서 반어적인 지시표현이 감동적으로 나치주의를 떠오르게 하는 것이라는 표현을 만들어내고, 다른 사례에서 반어적인 지시표현으로 나치주의의 반대자에게 히틀러의 추종자라는 특징을 부여하였다. 사회정치적인 이름 붙이기에서 이와 같은 모순은 매우 분명한 기능을 지니고 있다. 그들의 반대자를 히틀러의 추종자들로 언급함으로써 그 신문은 파시스트 주의자들과 자신들에게 분명한 거리두기를 하였고 우익에 대한 과격한 비난의 일부분인 그런 관례들과 거리를 두었다.

동시에 일반적인 뒤집기를 통하여 그들의 적을 그들 자신에 대한 비난의 관점에서 범주화하고 그에 따라 이 적들에게 좀 더 분명하게 증오할 만한 역할을 부여하였다.

따라서 반인종차별주의자 좌익은 파시스트의 관행과 이념에 눈먼 자들, 기괴한 행동거지와 연관된다. 그들의 반인종차별주의적인 태도와는 별도로 우익 언론을 특별하게 화나게 하는 것은 (가장 온건한) 정치적 영향력이다. 비록 국가적 차원에서 실제로는 권력이 없으며 자신들의 (노동) 당에서도 그러하지만 몇몇 반인종차별주의자들은 지방 의회에서 영향력을 행사하며 그에 따라 (어느 정도) 자본과 재정을 통제하며 다른 형태의 정치적 영향력을 통제한다. 말하자면 적어도 어느 정도의 대항 권력을 지니고 있으며 수백만의 독자들에게 제공하는 뉴스를 통제하는 언론에 의해 도전을 받는 것은 이런 권력과 이 권력의 밑바탕에 있는 이념이다. 교육과 정치에서 반인종차별주의에 맞서는 부인과 이에 수반되는 공격은 여전히 인종에 관련되는 상황에 대한 자리매김을 둘러싼 갈등에 있다. 따라서 그들의 이념적인 적과 정치적인 적들은 도덕적 영향력의 영역에서 상징적인 경쟁자들이다. 교장이나 다른 보통의 영국인들을 향해 있든 그렇지 않든 우익 언론이 특별히 관심을 갖고 있는 것은 자신들의 이미지이다. 즉 반인종차별주의자들을 공격함으로써 실제로는 자신들을 방어하는 셈이다.

7. 의회 토론

대중 매체와 밀접한 공생 관계에서 정치는 인종에 관련된 상황을 자리매김하는 데 중요한 역할을 한다. 1980년대와 1990년대 서구 유럽에서 행정부와 관료, 의회 토론에 의해 이뤄지는 의사결정에서 인종에 관련되는 일과 입국이민, 난민을 점점 더 다루어왔다. 지속적인 사회적 불평등과 실업, 우대 정책affirmative action, 교육적인 불이익, 입국이민과 남반구로부터 새로운 난민들의 유입은 정치적 의제의 중요한 주제들이었다.

선민 담화에 대한 여기서의 분석도 따라서 의회 담화에 주의를 기울일 필요가 있다. 왜냐 하면 서로 다른 이념과 의견, 관심은 소수자들과 입국이민과 같은 미묘한 문제들을 둘러싼 공개적인 갈등에 놓여 있을 수 있기 때문이다. 그에 따라 여기서는 영국, 네덜란드, 프랑스와 독일뿐만 아니라 미국 의회에서 이런 화제에 대한 중요한 논쟁들을 살펴보기로 한다.

다른 담화보다도 그런 담화들은 기록으로 남도록 되어 있다는 점을 주목하기 바란다. 몇몇 나라에서는 뒤에 짜깁기를 허용하지만 모든 발화와 자연스러운 방해도 기록되고 출간된다. 그에 따라 연설은 거의 자연발생적이지 않고 보통 신중하게 준비되고 글말로 된 진술이 낭독된다.12) 인종과 관련된 사태와 같이 미묘한 주제들에 대해서는 그와 같은 연설이 정치적인 면뿐만 아니라 도덕적으로 심하게 점검을 받을 것이다. 프랑스의 국민 전선당과 같은 극단적인 정당들을 제외한다면 공공연하게 인종차별주의적인 발화는 서구의 의회에서 오늘날 매우 드물다.

그러나 앞에서 본 것처럼 좀 더 진보적이든 좀 더 보수적이든 밑바

---

12) 그렇기 때문에 우리나라의 9시 뉴스처럼 입말도 아니고 글말도 아닌 성격을 지니게 된다. 이런 형태의 담화에서는 반언어적 표현이나 머뭇거림과 같은 비언어적 표현이 소통을 위해 이바지하는 바가 적다. 그보다는 다듬어진 표현 속에 통사 구조나 은유와 같은 수사적 표현에 집중해야 한다.

탕에 있는 의견과 태도를 표현하는 좀 더 간접적이고 미묘한 방법들이 있다. 문체와 기능에서 차이에도 불구하고 의회 담화는 긍정적인 자기 제시, 인종차별주의의 부인과 부정적인 타자 제시와 같이 소수 인종에 대한 다른 형태의 발화와 두드러진 공통점이 있다. 따라서 서구의 의회에서 인종차별주의의 부인에서 특별한 형태가 무엇인지 끝으로 살펴보기로 한다.

7.1. 국수주의자의 우월감

의회는 국수주의자들의 수사학의 토론장이다. 이는 특히 민주주의, 동등권과 관용과 같은 국제적인 규범과 가치가 개입할 때 더욱 그러하다. 그와 같은 맥락에서 인종차별주의는 국가 전체의 도덕적 폐단으로서 쉽게 들을 수 있다. 그에 따라 분노를 사기는 하지만 특정의 당파적 토론에서만 허용되는데 그럴 때에는 한쪽이 다른 한쪽의 인종차별주의를 비난한다. 결국 인종차별주의는 항상 **어디에나** 있고 언제나 **타자**에 딸린 속성인 셈이다.

이런 배경을 전제로 할 때 인종에 관련된 사태에 대한 어떤 토론이든, 특히 소수자들이나 입국이민자들의 권리가 위험에 있을 때 국수주의자들의 긍정적인 우월감은 그러한 권리를 제약하고자 의도하는 진술을 시작하는 중요한 전략이라고 예상할 수 있다. 이런 의회 자료들 몇 가지를 살펴보기로 한다. 모든 자료들은 각 나라에서 1985년에서 1990년 사이에 열린 의회의 기록 자료로부터 나왔다. 토론 맥락에 대한 구체적인 내용들은 여기서는 제시하지 않았으며 화자나 정당도 확인되지 않았다. 이 장의 목적, 즉 국가의 경계를 넘어서 그러한 발화의 동일성을 보여주고자 하는 목적에 맞게 단순히 관련되는 나라들만 밝혀놓았다.

(27) 오늘 우리의 토론은 난민들뿐만 아니라 전체 사회를 고려하고 세계
에서 기본적인 인권을 유지하기 위해 네덜란드와 유럽의 책임을 고
려하고 있습니다. 망명의 권리는 시종일관된 인권 정책에 관련되는
국가적 차원의 요소입니다. (네덜란드)
Our debate today not only regards the refugees, but our whole society,
and the responsibility of Europe and Netherlands to maintain
fundamental human rights in the world. The rights of asylum is the
national compoent of a consistent human rights policy. (*Netherlands*)

(28) 저는 우리가 놀랄 만큼 공정한 나라라고 믿습니다. 우리는 어떤 다른
외국 정부와 달리 그 규칙을 준수하고 있습니다. (영국)
I believe that we are a wonderful fair country. We stick to the rules
unlike some foreign governments. (*UK*)

(29) 우리나라는 오랫동안 외국인에게 열려 있었고 이런 점은 혁명기를
넘어서 구체제^{Ancien Regime}에까지 거슬러 올라갑니다. (프랑스)
Our country has long been open to foreigners, a tradition of hospitality
going back, beyond the Revolution, to the Ancien Régime. (*France*)

(30) 프랑스, 세계에 민주주의와 인권에 이르는 길을 보여주었던 프랑스
는 환영의 땅이며 망명자들의 땅이고 프랑스는 그것을 5대륙에 제공
하였습니다. 인종차별적인 증오에 굴하지 않을 것입니다. (프랑스)
France, which has shown the world the road to democracy and to

human rights, France land of welcome and asylum, France present on five continents, could not yield to racial hate. (*France*)

(31) 이 지구상에서 거주 외국인들에게 우리나라의 법안에서 주는 것보다 더 특권을 주는 나라를 모릅니다. (독일)

I know of no other country on this earth that give more prominence to the right of resident foreigners than does this bill in our country. (*Germany*)

(32) 우리 모두가 알고 있듯이 우리나라의 가치와 전통이 이제 세계를 흥분시키는 그런 나라입니다. 미국인의 관점, 미국인의 이상, 미국 정부, 미국의 원칙에 우리 모두는 자부심을 갖고 있다고 생각합니다. 이런 점은 자유를 위해 투쟁하는 세계 도처 수백만 명의 사람을 흥분시켰습니다. (미국)

This is a nation whose values and traditions now excite the world, as we all know. I think we all have a deep pride in American views, American ideals, American government, American principles, which excite hundreds of millions of people around the world who struggle for freedom. (*USA*)

(33) 우리나라에는 너무나 위대한 것들이 많습니다. 우리가 지니고 있는 언론과 종교의 자유, 투표할 권리와 지도자를 뽑을 수 있는 권리 그리고 당연히 우리의 위대함은 우리의 이동성에 있습니다. 출생의 환경에 상관없이 한 사람 한 사람이 서로에 닿을 수 있으며, 미국 사회에서 신분 상승을 하고 저마다의 꿈을 추구할 수 있습니다. (미국)

There are so many great things about our country, all the freedom that we have, speech, religion, the right to vote and choose our leaders and of course our greatness lies in our mobility, the ability to each and every one of us, regardless of the circumstances of our birth, to rise in American society, to pursue our individual dream. (*USA*)

비록 국수주의적 수사학이 서로 다른 나라에서 다를 수 있지만 (예컨대 프랑스와 미국이 보통 더 내용이 풍부함) 기본적으로 긍정적인 자기 제시 전략은 모든 의회 자료에서 나타난다. 즉 우리는 공정하고 인권을 존중하며 관용에 관련되는 오랜 역사를 지니고 있다는 등이 그것이다. 적어도 몇몇 대표자들은 자신의 나라가 세계에서 가장 자유로우며 자유에 우호적이고 민주적이라는 등을 듣게 되는 일이 조금도 이상하지 않다.

7.2. 공정하지만 그러나 …

그러한 우월감은, 특히 소수자들이나 입국이민에 관련되는 토론을 끌어들일 때, 의회 담화에서 특별한 기능을 한다. 입국이민이나 소수자들을 위한 입법에 맞서는 집단이나 정당에서 긍정적인 자기 제시는 종종 부인의 기능을 한다. 말하자면 특별한 제약을 옹호하는 논증에 이어 그러나를 끌어들이기 위한 기능을 한다. 이는 네덜란드의 수상 루드 러버스^{Ruud Lubbers}13)와의 라디오 면담으로부터 나온 담화 조각에서

---

13) Rudolphus Franciscus Marie Lubbers(1939~2018). 취임 당시 네덜란드는 고질적인 경제 문제(일명 네덜란드병)에 직면해 있었는데, 이때 러버스는 위기에 직면하던 네덜란드의 경제를 회생시키는 데 성공했다. 그가 취한 조치는 정부의 간섭을 최소화하고 민영화를

도 그러하다.

(34) 실제로 우리는 그들을 위한 기회와 가능성에 접근해야 합니다. 그러나 실제로는 덜 유연한 접근을 해야 합니다. 어떤 선과 같은 게 있어야 합니다. 말하자면 그들에게 책임을 물어야 합니다. [축자적으로는 그들에게 언급하다는 뜻임]

In practice, we should come to opportunities and possibilities for them, but in practice we should also come to a less soft approach. There should be a line link: we also hold them responsible. [literally: 'we address them']

곳곳에서 한편으로는 공정정과 판에 박힌 결합 표현을, 다른 한편으로는 확고함, 현실주의realism, 실용주의 등과 판에 박힌 결합 표현을 발견한다.

(35) 응급 상황에 있는 사람들에 대한 국가적인 책임과 국제적인 책임은 동의로부터 나온 의무와 결합되어 있는데 이들은 우리의 정책 원칙입니다. 이는 그대로 유지되어야 합니다. 그러나 당연히 대책을 마련해야 합니다. 특히 부도덕하고 진실되지 않으며 많은 근거 없는 난민 신청이 이뤄진다는 점이 분명할 때 그래야 합니다. 그리고 몇몇 사례에서 사람들이 경험하는 문제들이 상업적인 목적으로 이용될 때도 그래야 합니다. (네덜란드)

취하는 등 전형적인 보수주의 정책이었는데, 같은 시기 영국 수상이던 마가렛 대처와 비교되는 경향이 있었다(위키백과).

National and international responsibility for people in emergency situation, combined with obligations that follow from agreements, are our policy principles. This should remain as it is. But of course we need to take measures, especially when it is clear that many improper, not bona fide, apparently unfounded applications for asylum are being made, and that in some cases also the problems people experience are being exploited for commercial ends. (*The Netherlands*)

(36) 관련되는 나라들 사이에 서로 동의가 있는 한 비자^{visa} 통제가 이뤄지는 것이 온당합니다. 그것이 이 나라에 들어오거나 이 나라를 떠나도록 합법적으로 자격을 받은 사람들이 다른 나라에서도 그렇게 할 수 있도록 입국이민을 공정하게 통제하는 최선의 방법입니다. 그런 통제는 사람들이 여행을 하기 위한 올바른 자격을 지니고 있다는 점을 분명하게 해줍니다. (영국)

It is fair to establish visa controls as long as there is mutual agreement about them between the countries involved. They are the best way to control immigration fairly, so that those who properly qualify to come here or to leave this country to visit other countries can do so. Such controls make sure that people have the right qualification for travel. (*UK*)

(37) 우리의 도시에서 무차별과 기회의 균등, 조화를 이루기 위해 진지하게 노력을 해야 한다면 확고하고 공정한 입국이민 통제가 수반되어야 합니다. (영국)

If we are to work seriously for harmony, non-discrimination and equality of opportunity in our cities, that has to be accompanied by firm and fair immigration control. (*UK*)

(38) 우리나라가 상승하는 시기는 15년 이상 멈춰 있고, 프랑스의 중부 지역에 살고 있는 외국인들은 경기 후퇴와 실업으로 매우 화가 나 있습니다. 어떤 문제는 인간적으로 다루어야 할 뿐만 아니라 합리적으로 다루어야 합니다. 환상의 시간 다음에 반드시 실제주의가 온다고 감히 말할 수 있기 때문입니다. (프랑스)

The period of expansion of our country has been at an end for more than 15 years, and this population of foreigners lives in the midst of a French population that is deeply touched by recession and unemployment, a question we must deal with humanely but also reasonably, because I do not hesitate to say that after the time of illusions comes necessarily that of realism. (*France*)

(39) 외국인들에 대한 이 이상의 입국이민이 제한되어야 하는 데는 이런 이해의 공평한 균형에 속해 있습니다. 사회마다 통합할 수 있는 능력과 준비에는 한계가 있기 때문입니다. (독일)

It belong to this fair balance of interests that the further immigation of foreigners must be limited, because for each society there are limits to the ability and the readiness to integrate. (*Germany*)

(40) 이 대체 법안은 하원에게 공정하고 실용적인 인권 법안을 제정하는 기회를 주었습니다. (미국)

This substitute offers the House of Representatives an opportunity to enact a landmark civil rights bill that is both fair and pragmatic. (*USA*)

여러 서로 다른 나라에서 공정함에 대하여 두드러지도록 비슷한 전략(공정하지만 엄격한 등)은 또한 두 개의 상반되는 이념이나 정치적 목적, 즉 한편으로 관용이나 환대의 인도주의적 가치와 다른 한편으로 현실주의라는 상식적 수준의 가치를 결합하고자 한다. 다른 말로 한다면 인도주의적 목적은 인식하고 있지만 동시에 지나치게 이상주의가 되는 일은 거부하는 셈이며 그에 따라 일상적인 정치 운영과 의사결정에서 비현실적인 일은 거부한다. 공정함에 대한 지시표현은 균형 안에서 어떤 요소로 제공되는데 유럽 의회 토론에서 더 많은 입국이민에 대한 제약과 그리고 미국에서 (결국 부시 대통령에 의해 거부된) 1990년 인권법에서 제약과 같은 발의된 법률의 부정적인 측면을 완화하기 위해서다.

그러한 법률과 그것을 지지하는 집단이나 정당에 대한 긍정적인 제시에는 명백한 이타주의(그것은 그들의 최대 관심사입니다)와 덜 나쁜 것에 대한 선택(입국이민의 제약이 도심에서 갈등을 예방합니다), 화자나 정당이 국가적 차원의 관심을 갖고 있으며 자신들(백인)의 이익뿐만 아니라 소수자들과 난민이나 입국이민자들의 이익을 마음에 두고 있음을 강조하는 것과 같은 논쟁 전개 전략이 개입한다. 그와 같은 곤란함은 네덜란드의 외무장관인 반 덴 브록에 의해 개략적으로 진술되었다.

(41) 정부는 난민 신청자들이 불어나고 있는 데 대하여 분열된 반응을 보이는 네덜란드 사회와 맞닥뜨리고 있습니다. [어떤 사람들은 자유로운 허용 정책을 원합니다.] 다른 한편으로 외국인의 유입을 네덜란드 사회에 대한 위협으로 생각하는 다소 잠재적인 운동 조직들이 있습

니다.

The government is confronted with a Dutch society which reacts dividedly to the increasing number of asylum applications. [Some people wats a liberal admission policy]. On the other hand, there are more or less latent movements who consider the influx of aliens ad a threat to Dutch society.

흥미롭게도 지난 몇 년 동안 네덜란드에서 난민에 대한 두려움에서 그러했던 것과 같이 정부는 우선적으로 그러한 정부와 입장을 형성하는 데 도움을 주고 그런 입장에 동의하는 시민들에게만 특별히 귀를 기울이는 경향이 있다. 말하자면 실제로는 아무런 곤란함이 없고 대중의 느낌과 이해에 균형을 맞추기를 가장할 뿐이다. 입국이민 통제와 관련하여 대중에 영합하는 논증을 사용함으로써 정부는 자체적으로 형성된 지지를 사실로 주장하고 그에 따라 자신의 정책을 합법화할 수 있다. 이는 그 나라에 들어오는 난민들의 물결에 대한 공포를 조성함으로써 이뤄지는데 대중들에게 닿을 수 있도록 언론에서 대체로 채택하고 있는 상황에 대한 자리매김이다(van Dijk, 1988c).

7.3. 인종차별주의의 부인

공개적인 인상 관리에 관련되는 그와 같은 정치적 맥락에서 인종차별주의의 부인은 중요한 역할을 한다. 어떤 정치적 지향이나 정당이 관련되든 극단적인 우익을 포함하여 모든 의원들은 단호하게 편견, 차별이나 인종차별주의의 암시나 비난을 거부한다. 프랑스 국회에서 국민 전선당의 대표로부터 나온 다음의 인용에서 분명하게 드러나듯이 실제로 인종차별주의자의 의견을 더 많이 발표할수록 더 많은 주장이 인종차별주의를 부인한다.

(42) 우리는 인종차별주의자도 외국인 혐오자도 아닙니다. 우리의 목적은 매우 당연하게 계급이 있다는 것뿐입니다. 프랑스와 거래를 하고 있으며 프랑스는 프랑스 사람들의 나라이기 때문입니다.
We are neither racist nor xenophobic. Our aim is only that, quite naturally, there be a hierarchy, because we are dealing with France, and France is the country of the French.

(43) 아닙니다. 프랑스 사람들은 인종차별주의자도, 반유대주의자도, 외국인 혐오자나 수정주의자도 아닙니다. 그들은 통제를 벗어난 입국 이민에, 지중해를 건너오는 이슬람에 맞닥뜨려 걱정할 수 있습니다. 그러나 프랑스인은 관대합니다.
No, the French are neither racis, nor antisemitic, nor xenophobic, nor revisionist. They may be wonderful in the face of an immigration which is out of control, in the face of an Islam pure and hard that might cross the Mediterranean. But the French stay tolerant.

이 두 사례에서 명시적이든 암묵적이든 그 but은 부인 표현을 뒤따른다. 첫 번째 사례에서 화자(국민 전선당의 당수인 르 펜Le Pen)는 자신의 집단, 즉 프랑스인과 입국이민자들 사이에 계급이 있는 것이 자연스럽다고 주장하기조차 한다. 당연한 권리를 우월한 지위에 할당하는 것은 인종차별주의자들의 이념 한가운데 있다. 두 번째 사례는 좀 더 간접적이며 다른 문화와 다른 종교에 맞닥뜨린 보통 프랑스 사람들의 근심거리에 초점을 맞추고 있다. 이런 토론에서 매우 두드러진 전략(사람들이 그것에 분노할 수 있어요. 보통의 프랑스 사람, 영국 사람들이 … 말하는 것에 귀를 귀울여야 합니다.)으로서 대중의 인기에 영합하는 담화 전략과 정치 전략뿐만 아니라 완곡어법의 요소도 발견할 수 있다. 다음에 이런 전략에 관련되는 좀 더 정교한 사례가 있다.

(44) 프랑스 사람들은 인종차별주의가 아닙니다. 그러나 프랑스에서 외국인이 지속적으로 불어나는 현실에 맞닥뜨릴 때 어떤 도시와 어떤 지역에서 발전을 목격할 수 있습니다만 외국인 혐오에 가까운 반응을 목격합니다. 이를테면 프랑스 사람 실업자의 눈으로 볼 때 외국인은 쉽게 경쟁자가 될 수 있으며 그들을 향한 적의가 위협으로 나타날 수 있습니다.

The French are not racist. But, facing this continuous increase of the foreign population in France, one has witnessed the development, in certain cities and neighborhoods, of reactions that come close to xenophobia. In the eyes of the French unemployed man, for instance, the foreigner may easily become a rival, towards whom a sentiment of animosity may threaten to appear.

다른 부정 표현과 마찬가지로 보통의 but을 따라 나타나는 입국이민자들에 대한 부정적인 진술을 발견하는 대신에 보통 남자(여자들은 분명히 관련되어 있지 않음)의 반응에 대한 설명을 발견할 수 있다. 이런 표현이 형식화되는 방식(지속적인 증가, 경쟁)이 경제적 경쟁의 관점에서 인종차별주의를 설명하는 일반적인 설명처럼 변명이 아니라 이해를 제안한다는 점에 주목하기 바란다. 인종차별주의에 대한 부인 그 자체는 그러나 다소 복잡하다. 일반적으로 프랑스 사람들에게 유지되는 것은 어떤 부인이다. 그런 부인 표현은 부분적인 용인에 이어 대폭 완화되고 울타리친 표현으로 적절하게 제한할(외국인 혐오에 가까운, 적의가 위협으로 나타날 수) 뿐만 아니라 공간에서 제약(어떤 도시에서) 을 한다. 다른 말로 한다면 편견과 차별, 인종차별주의는 지엽적인 사건이고 지속적인 입국이민에 의해 유발될 수밖에 없으며 영국의 우익 언론에서 발견될 수 있는 논쟁이다.

제약을 가하는 조치들이 논의될 때 이들을 지지하는 사람들은 그들의 말을 듣는 대중들에게 그와 같은 정치적 결정이 편견이나 인종차별주의와 아무런 관련이 없다는 점을 상기하게 해야 한다고 생각한다.

(45) 외부의 사람들이 흑인이든 백인이든 혹은 출신이 어디이든 이런 일 [조처: 뒤친이]이 편견으로부터 나온 어떤 중요한 변화가 아님을 인식하기를 바랍니다. (영국)

I hope that people outside, whether they are black or white and wherever they-come from, will recognize that these are not major changes resulting from prejudice. (*UK*)

(46) 친구와 나는 엄격하지만 공평한 통제 체계를 계속해서 적용할 것입니다. 우리가 비인간적이거나 편견에 빠져 있어서가 아닙니다. 우리 시에 살고 있는 모든 사람들이 관용으로 그리고 더할 나위 없는 조화 속에서 살아가려면 통제가 필요하다고 믿기 때문입니다. (영국)

My Hon. Friend and I will continue to apply a strict but fair system of control, not because we are prejudiced or inhumane, but because we believe that control is needed if all the people who live in our cities are to live together in tolerance and decent harmony. (*UK*)

그와 같은 부인은 논증을 통한 뒷받침이 필요하다. 조처들이 공정하다는 것만 말한다면 논리적 근거가 빈약한 것으로 보일 수 있다. 따라서 도심에 대한 염려와 같은 이전에 발견한 전개 전략을 볼 수 있다. 그와 같은 논증은 떠넘기기라는 전개 전략을 내포한다. 우리가 인종차별주의가 아니라 도심에서 더 가난한 사람들이 인종차별주의자이며 다수의 사람들 사이에서 분노의 분위기를 악화시키지 말아야 한다는 것이다. 이런 논증은 선민들의 인종차별주의라고 부른 유형에 가깝다. 이는 자신들의 선민 집단 사이에서 인종차별주의를 일관되게 부인하고, 다른 사람들, 특히 가난한 사람들과 백인들이 관용을 베푸는데 실패한다고 인식한다.

7.4. 부인과 비난reproach

영국 언론에 대한 분석에서 인종차별주의에 대한 부인이 쉽게 반인종차별주의자들에 대한 공격으로 변형됨을 보았다. 그러한 전략은 또한 의회 담화에서도 발견할 수 있다. 따라서 보수적인 정당의 대표자들은 비난이나 입국이민이나 소수 인종에 대한 그들의 더 엄격한 정책이 다른 정치가들에 의해 인종차별주의자로 범주화된다는 함축적인 주장도 받아들이지 않을 것이다. 공식적인 규범은 우리 모두는 관대한 시민들이기 때문에 그와 같은 주장은 받아들일 수 없다고 주장한다.

(47) 좌익의 사람들에게 제가 연설할 때 저는 우리들이라고 되풀이합니다. 저는 당신들의 표현에서 오, 이런, 인종차별주의와 외국인 혐오와

같은 용어들이, 당신들의 제안을 지지하지 않는 사람들과 같은 용어로 판단을 받을 것입니다. 마지막으로 우리는 당신들의 담화와 싸우기 때문에 인종차별주의자가 아닙니다. (프랑스)

Addressing myself to the people of the left, I repeat again that we are. I have noted in your words, my God, terms such as racism and xenophobia, that those who do not support your proposals would be judged with the same terms. It should be understood once and for all: we are not racists because we combat your text. (*France*)

(48) 어떤 환경에서 이 토론이 이 자리에서 반인종차별주의자들만이 여기저기 있으며 그 반대로 우리들이 인종차별주의자일 것이라는 암시에 의해 판단을 받아서는 안 된다는 점을 말하도록 당신들이 허락할 것입니다. (프랑스)

You will allow me to tell you that in no circumstance this debate should be prejudged by insinuating that, on these benches, the only antiracists are over there, whereas we, by opposition, would be racists. (*France*)

(49) 글쎄요. 이제 법을 통해서 어느 누구도 시민권을 박탈당하거나 인종차별주의자 혹은 그와 비슷한 처지에 있지 않으면서 어떻게 시민권과 모든 사람을 위한 기회 균등을 성취할 것인가에 대하여 우리는 오늘 오후에 당신이 다른 철학을 지니고 있다는 것에 동의할 수 있습니다. (미국)

Well, now can we also agree this afternoon that you can have different philosophies about how to achieve through law civil rights and equal opportunities for everybody without somehow being anti-civil rights or being a racist or something like that. (*USA*)

새로운 외국인 법안에 대한 독일의 토론에서 한 가지 흥미로운 점을 찾을 수 있다. 녹색당의 한 대표가 그 법안의 비준에 대해 인종차별주의로 특성을 밝혔을 때 이 용어는 네덜란드만큼이나 독일의 공식적인 담화에서 정상적이지 않고 보수당의 대표자는 매우 화가 나 있다. 연방의회 대변인조차 끼어들었다.

(50) 우리의 동료가 이 법안이 관행화된 인종차별주의의 형태라고 … 말했을 때 등골이 오싹하였습니다. 우리들 가운데 나이 많은 사람들은 관행화된 인종차별주의 아래에서 열두 해를 살았습니다. 신사 숙녀 여러분, 특히 더 젊은 동료 여러분에게 간청합니다. 이런 무서운 경험에 존경을 보여주기 바라며 우리의 일상적인 정치에 그런 개념들을 끌어들이지 않기를 간청합니다.

A chill ran down my back when our colleague … said that this bill was a form of institutionalized racism. Whereas the older ones among us had to live twelve years under institutionalized racism, Ladies and Gentlemen, I beg you, and in particular our younger colleagues, to show respect for these terrible experiences, and not to introduce such concepts to our everyday political business.

다른 말로 한다면 인종차별주의에 기댄 평가는 과거의 나치주의에 국한될 뿐이며 공개적인 정치 담화에서는 금지된다.

기껏해야 Ausländerfeindlichkeit(말 그대로: 외국인에 대한 적대감)라는 용어가 사용되었을 뿐이다. 따라서 현재의 상황은 나치라는 괴물과 비교될 수 없다는 이유만이라면 인종차별주의는 너무 강하다. 비슷한 태도가 네덜란드에도 있다. 인종 우월에 빠진 우익의 이념이며 극단주의자의 용어로 이해되기 때문에 네덜란드에서 인종차별주의는 공개적인 담화에서 피하는 낱말이다.

7.5. 뒤집기

반인종차별주의 대표부를 향한 온건한 비난들은 의회 담화에서 일반적이지만 뒤집기는 다소 예외적이다. 그러나 프랑스에서 국민 전선당의 사례들과 같이 우익 대표부의 사례에서는 매우 일반적이다. 판에 박은 듯이 그리고 명시적으로 인종차별주의에 대한 비난이 있지만 단순한 부인을 넘어서며 뒤집기가 그 몫을 맡고 있다. 그들에게 이는 부당하게 많은 입국이민자들을 허용하고 동등한 권리를 인정하는 다른 사람들, 특히 사회주의자들이 반프랑스적인 인종차별주의라고 그들이 부르는 것에 과오가 있음을 의미한다.

> (51) 인종차별주의의 형태가 존재하는데 [그것은: 뒤친이] 나의 친애하는
>   동료들이 [중단됨] 조용하게 넘어갔지만 오늘날에는 지지할 수 없는
>   수준에 이르렀고 우려할 만한 범위에 이르렀습니다. 그것은 반프랑
>   스적인 인종차별주의입니다.
>
>   There exists a form of racism, my dear colleagues [interruptions] that
>   is passed over silently, but of which the manifestations nowadays reach
>   an insupportable level and a scope that should concern us: that is
>   anti-French racism.

자기 책임을 떠넘기는 다른 방식은 사람들에게 귀를 기울이지 않고 유럽인이 아닌 사람들을 그렇게 많이 그 나라에 들어오도록 허용한 것뿐이라고 한다면 반인종차별주의자들에게 인종차별주의를 만들어 냈다는 것을 물어서 비난하는 일이다.14)

(52) 글쎄요 오늘날 프랑스는 우리나라에서 난민 생활을 하고 있는 세계의 그런 존재들이 말해주는 바에 따르면 ⋯ 세계에 존재하는 최소한의 인종차별주의 국가가 아닙니다. 우리는 사람들이 프랑스가 인종차별주의자의 나라라고 말하는 것을 들을 수가 없습니다. ⋯ 이런 점에서 이 법률 제안은 이 순간에 하고 있는 토론 때문에 인종차별주의를 숨기고 날조합니다!

Well, France today, according to what those creatures of the world tell us who often have come to take refuge in our country ⋯ France is the least racist country that exists in the world. We can't tolerate hearing it said that France is a racist country. ⋯ In this respect, this law proposal, because of the debate that is taking place at this moment, secretes and fabricates racism!

서구의 여러 의회로부터 나온 이런 사례들은 우익이나 작은판 신문 혹은 일상의 대화보다 덜 극단적인 용어로 표현되어 있지만, 인종 관련 사태에 대해 언급하기 위해 다소 비슷한 전략과 전개 전략을

---

14) 이 단락은 원서에 따르면 인용문 (51)에 들어 있지만, 저자의 설명으로 볼 수 있기 때문에 인용문으로 처리하지 않고 아래 위의 인용문과 구분하였다. (52)에서 프랑스가 인종차별주의 국가라는 비난을 듣는 것을 참을 수 없다고 한 데서 결국 인종차별주의를 반대하는 사람들에 대한 비난을 읽을 수 있다.

이용하고 있다. 이런 종류의 정치적 담화가 지니고 있는 대부분의 특징은 국수주의자의 자화자찬일 뿐만 아니라 인상에 대한 전략적인 관리이다. 어떤 결정을 하든 우리는 공정하다는 식이다. 특히 유럽에서 새로운 입국이민자와 난민들은 말할 필요도 없고 소수 인종들은 실질적으로 아무런 정치 권력이 없기 때문에 정책 제시에서 확고하지만 공정한 법령으로서 균형을 맞추는 법령은 분명하게 주도적인 백인 대중에게 전달된다. 그 법령이 지나치게 너그럽지 않도록 인도주의를 자리매김할 때 정부와 정부를 지지하는 정당은 본질적으로 합리적이라고 받아들일 수 있다. 말하자면 우리는 강력한 조처를 취했지만 그러나 인종차별주의자는 아니라고 말하는 셈이다.

다른 말로 한다면 인상의 관리뿐만 아니라 그러한 정치 담화는 또한 인종에 관련되는 정책에 동의하게 함으로써 그 정당성도 관리한다. 그리고 동시에 인종에 관련된 일과 입국이민, 국제 관계를 관리한다.

8. 마무리

도심지의 거리든, 언론이나 의회에서든 주도적인 집단은 종종 소수 인종 집단, 입국이민자들이나 난민으로서 그 나라에 살기 위해 오는 그들에 대한 담화에 가담한다. 그런 담화뿐만 아니라 그런 담화의 밑바탕에 있는 사회적 인지는 복잡하고 모순으로 가득 차 있다. 그들은 관용과 수용이라는 일반적인 규범에 의해 유발되기도 하지만 동시에 때때로 이런 타자들에 대한 불신, 분노, 좌절이라는 느낌에 의해 촉발되기도 한다.

화제와 이야기, 논쟁은 따라서 소수자들이나 입국이민자들에 대한 부정적인 심상, 즉 문화적 차이나 일탈, 경쟁이라는 관점에 따라 우리의 나라와 영토, 공간, 주택, 고용, 교육, 규범, 관습이나 언어에 대한 위협이나 어떤 문제라는 이미지를 구성한다. 따라서 그와 같은 담화는 개인의 담화라는 형태가 아니라 사회적 담화, 집단의 담화라는 형태를 띠며 개인적인 의견에 그치는 것이 아니라 다소 사회적으로 공유되는 표상이다.

그러나 소수민 집단이나 입국이민자들에 대한 부정적인 담화는 편파적이고 편견에 사로잡혀 있거나 인종차별주의로 들릴 수 있고 관용이라는 일반적인 규범과 모순되게 들릴 수 있다. 이는 그와 같은 담화가 에둘러 표현되고, 완화되며 변명하거나 설명되어야 하며, 그렇지 않으면 필자나 화자에게 불리하지 않은 방식이어야 함을 뜻한다. 체면 유지, 긍정적인 자기 제시와 인상 관리는 체면 손상이 있을 수 있는 상황에서 언어 사용자들이 기댈 수 있는 일반적인 전략들이다. 말하자면 그들이 오해를 받지 않아야 함을 분명히 하며 그들이 말한 것으로부터 원하지 않은 추측을 하지 않아야 한다는 점을 분명하게 하고 싶은 것이다.

백인 화자와 필자들이 그와 같은 형태의 인상 관리에 관여하는 중요한 전략 가운데 한 가지는 인종차별주의의 부인이다. 그들은 어떤 부정적인 어떤 것도 말하지 않았다고 간단하게 말하거나 그들의 의도에 초점을 맞출 수 있다. 말하자면 부정적으로 들릴 수 있으나 그런 식으로 의도하지 않았다는 것이다. 비슷하게 완곡어법이나 함축적인 표현, 흐릿한 암시를 사용함으로써 타자에 대한 부정적인 특징 제시를 완화할 수 있다. 한편으로 분명하게 양보함으로써 다른 한편으로 논증이나 이야기, 다른 뒷받침 사실로써 부정적인 담화를 뒷받침할 수 있다.

또한 화자들과 필자들은 자신들의 긍정적인 자기 제시와 자기 방어라는 입장을 포기하고 좀 더 능동적이고 공격적인 반격을 할 수도 있다. 인종차별주의에 대한 비난의 수위를 높이는 사람들이 실제로 인종차별주의자들이 아니라면 정말로 문제로 그들은 관용이 없으며 우리 편인 사람들에게 맞서고 있다는 것이다.

서로 다른 집단에 대한 문체에 차이에도 불구하고 그와 같은 담화는 어떤 사회적 층위에서 그리고 어떤 사회적 맥락에서도 발견될 수 있다는 점을 발견한다는 점은 흥미롭다. 즉 평범한 백인 시민뿐만 아니라 백인 선민들도 자신들의 사회적 자기 이미지를 지켜야 할 뿐만 아니라 동시에 점점 더 다채로운 사회와 문화에서 관례와 해석을 관리해야 한다. 주도적인 집단의 입장에서 이는 미시적 수준과 거시적 수준에서 그리고 행위뿐만 아니라 마음에서 우위 관계가 재생산되어야 함을 의미한다.

지배를 받고 있는 집단에 대한 부정적인 표상은 그와 같은 재생산 과정에서 없어서는 안 된다. 그러나 그러한 태도와 이념들은 주도적인 민주주의 규범과 이상, 인도주의적인 규범과 이상과 모순된다. 이는 주도적인 집단이 인종차별주의와 무관용이라는 손실에 맞서 인지적으로 그리고 담화를 통해서 자신을 지켜야 함을 뜻한다. 인지적 균형은 실제로 반인종차별주의이거나 반인종차별주의자가 됨으로써 혹은 소수자들과 입국이민자들이 동등하다는 점을 받아들임으로써 혹은 그것도 아니면 인종차별주의를 부인함으로써 회복할 수 있다. 유럽과 북미에서 백인 집단이 마주하고 있는 선택은 이것이다. 지금까지 그들은 대체로 후자의 선택을 하였다.

제7장 정치 담화와 정치적 인식

1. 정치학과 인지, 담화를 관련짓기

정치 담화와 정치 인지 사이의 관계 몇 가지를 탐구하는 것이 이 장의 목적이다. 학제적인 이 두 분야는 각각 최근 점점 더 주목을 받고 있지만 유감스럽게도 이 둘 사이의 연결은 대체로 무시되어 왔다. 정치 심리학은 담화에 별다른 관심을 보이지 않았으며 그 반대도 마찬가지이다. 정치 담화에 관심을 갖고 있는 대부분의 학자들은 그와 같은 담화에서 인지적 토대를 무시하였다.

그럼에도 불구하고 관련되어 있는 관계는 관심을 끌 만큼 분명하다. 정치 인지에 대한 연구는 대체로 정치적인 행동의 주체로서 사람들이 공유하고 있는 정신 표상을 다룬다. 정치가나 정당이나 대통령에 대한 의견과 지식은 대체로 사회화 과정(Merelman, 1986), 공교육,

매체 사용과 대화라는 다양한 형태를 통해 습득되고 바뀌며 확고해진다. 따라서 정치에 대한 정보 처리는 종종 담화 처리의 형태를 띠며 또한 정치적 행위의 많은 부분과 정치 참여가 담화와 소통에 의해 이뤄진다.

한편으로 정치 담화에 대한 연구는 담화 구조가 정치 구조, 정치적 진행에 관련되는 속성에 이론적으로 그리고 경험적으로 관련이 있을 때에만 적절하다. 후자[정치적 진행]는 일반적으로 정치 분석의 거시적 수준에서 설명을 필요로 하는 반면 전자[정치 구조]는 미시적 수준의 접근에 속한다. 이렇게 잘 알려진 틈은 정치적 인지에 대한 정교한 이론만으로 연결될 수 있다. 그런 이론은 정치 담화마다 지니고 있는 독특함, 변이형태와 정치 집단과 기관에서 사회적으로 공유되는 정치적 표상과의 상호작용을 명시적으로 연결하여야 한다. 그에 따라 입국이민자들에 대한 덩잇글은 입국이민자들에 대한 개인적인 믿음으로부터 나올 수 있으며 이런 믿음은 결국 더 큰 집단에서 공유되고 있는 인종차별주의적 이념이나 태도와 관련될 수 있다.

이 장의 이론적 얼개는 복잡하고 여러 학문에 걸쳐 있다. 그리고 정치 영역의 여러 차원과 수준에 관련된다. 기본적인 수준은 개인별 정치가들뿐만 아니라 그들의 믿음, 정치 상황에서 담화와 (다른) 상호작용으로 이뤄져 있다. 중간 수준은 기본적인 수준으로 구성되지만 정치 집단과 정치 기관뿐만 아니라 그들이 공유하는 표상, 집단의 담화와 관계들, 상호작용으로 구성된다. 최상위 수준은 결국 중간 수준에 바탕을 두고 있지만 정치 체제와 그에 관련되는 추상적인 표상, 담화의 질서, 사회정치적 진행과 문화적 진행, 역사적 진행으로 구성된다.

당연히 이런 수준들은 여러 가지 방식으로 관련되어 있으므로 거시적 수준과 미시적 수준이 그 자체에서 동시에 드러날 수 있을 듯하다. 따라서 대표가 의회에서 개인으로서 연설을 할 때 그는 자신의 개인적인 정치 신념을 독특한 방식으로 독특한 맥락에서 말할 수 있다. 동시에 그 사람은 의회나 국회의 구성원으로서, 정당의 당원으로서 그리고 선거구의 대표자로서 말할 수 있는데 그에 따라 다른 정당에 대해 반대하거나 정부에 반대할 수 있고 자신이 속한 집단의 태도나 이념을 표현할 수 있다. 그리고 끝으로 그렇게 함으로써 의회 민주주의 체제를 실행하며 민주주의 관련되는 담화 질서와 민주주의의 이념을 만들어내고 역사적 맥락에서 같은 문화 집단에 의해 공유되는 문화적 지식의 가변적인 공동 배경, 규범과 가치를 전제로 한다.

이 장은 비교적 낮은 수준, 즉 처음의 두 수준 사이에서 정치 분석 몇 가지에 초점을 맞출 것이다. 즉 어떻게 개인의 정치적 담화가 사회적으로 공유된 정치적 표상과 집단과 기관 사이의 집단적 상호작용에 관련되어 있는가에 초점을 맞춘다.

개인 수준의 분석과 집단 수준의 분석 사이의 이런 복잡한 관계를 전제로 할 때 이 장은 몇 가지 주제에 제한될 수밖에 없다. 좀 더 자세하게 검토될 필요가 있는 첫 번째 주제는 담화에서 정치적 맥락의 역할과 이 맥락이 정치적 담화의 이해와 산출에서 정치가들에 의해 어떻게 인지적으로 규정되고 관리되는가 하는 점이다. 두 번째로 (정치 주제, 대명사와 은유와 같은) 정치 담화의 구조도 밑바탕에 있는 정신적 표상에 기댄 설명과 기술이 필요함을 보일 것이다. 이는 결국 정치 담화의 구조와 정치 진행에 관련될 수 있을 것이다.

앞에서 구별한 세 단계의 수준에 따른다면 이는 담화와 정치학이 근본적으로 두 가지 방법으로 관련될 수 있음을 뜻한다. (a) 기술의 사회정치적 수준에서 정치적 진행과 구조가, 상황에 매인 사건들과 정치적 맥락에서 정치가의 담화와 상호작용에 의해 구성되며 (b) 기술의 사회인지적 수준에서 공유된 정치 표상들은 이들 담화와 상호작용, 맥락에 관련된다. 다른 말로 한다면 정치적인 인지는 정치학과 정치 담화의 집단적 차원과 개인적인 차원 사이에 필수불가결한 이론적 접합 지점으로 제공된다.

1.1. 한 가지 사례

이 장에서 이론적 논의의 얼개를 선보기이기 위해 정치 담화의 구체적 사례를 가져오기로 한다. 영국의 상원에서 1989년 7월 5일에 연설한 일부분을 보기로 한다. 그 연설은 헤일즈어원과 스타워브리지[1]를 대표하는 (매우) 보수적인 하원 의원인 존 스톡 경에 의해서 이뤄졌다. 그의 연설은 입국이민과 유전자 검사에 대한 토론에 바쳐졌는데 노동당이 같은 화제의 토론에서 처음에 (로이 해터슬리Roy Hattersley가 한 연설로) 인종에 관련되는 차별이라고 불렀던 대처 정부의 입국이민에 대한 더 많은 제한을 지지한다. 대처 정부의 안에 대한 지지를 존 스톡 경Sir John Stokes(아래에서는 존 경으로 부름)이 말해야 한다.

1 지난 25년 동안 수만 명의 입국이민자들에게 이 작은 땅을 허용하여
2 수만 명의 인종 소수자들을 이제 볼 수 있으며 어떤 경우에는 우리 모두가
3 알다시피 그들의 출생률이 토착 인구의 출생률을 훨씬 넘어서고 있습니다.
4 이는 잉글랜드에 일차적인 문제인데 영국에 있는 다른 나라들은 훨씬
5 더 입국이민자들이 적기 때문입니다. 오늘 우리는 영국의 의원으로서

---

1) 위키사전에 따르면 헤일즈어원과 스타워브릿지Halesowen and Stourbridge는 영국 중서부의 선거구로 하원 의원 1명을 뽑는데 존 스톡John Stokes 경은 그 선거구의 의원이다.

6 왜 여기에 왔습니까? 저는 다른 반대당에도 같은 질문을 해봅니다. 우리들
7 은 후손을 위해 사랑하는 영국을 맡은 사람들이 아닙니까? 내일 당장
8 입국이민이 멈춘다 할지라도 우리나라의 앞으로 25년 미래가 어떠할까
9 요? 무엇이 우리의 종교와 도덕, 관례와 습관 등에 영향을 미칠까요?
10 이미 이슬람 공동체로부터 어느 정도 위험한 분출이 있었습니다. 전쟁
11 동안 이슬람교도들이 군 복무를 하였고, 저는 그들과 그들의 종교를 대단
12 히 칭찬할 수 있을 것입니다. 또한 존경하는 친구이자 내무부 장관이나
13 국무부 장관이 이슬람 지도자들에게 보낸 편지와 오늘 신문에 인쇄된
14 것과 같은 서한을 매우 좋아합니다. 우리가 대표한다고 생각하는 보통의
15 사람들 사이에서 그러한 위험한 분출이 조장하는 두려움과 문제를 무시하
16 는 것은 어리석은 일입니다. 우리는 입국이민자들의 대우에 대한 죄의식
17 이 우리의 판단을 흐리게 해서는 안 됩니다. 영국에 있는 우리들은 상냥하
18 고 친절하며 너그럽고 평화를 사랑하는 사람들입니다. 우리는 이미 새로
19 들어온 다수에게 비용을 부담하였습니다. 드문드문할 때를 **빼면** 몇몇
20 사람들이 예측하는 폭동과 유혈사태가 거의 일어나지 않았습니다. 우리의
21 도심에 새로운 사람들을 받아들이고 대처해나가야 하는 부담은 지식인들
22 이나 노동당 소속 의원과 같은 족속들이 아니라 영국의 노동자 계층의
23 사람들에게 있습니다. 분명히 그들에게는 여기서 말할 권한이 주어지지
24 않았습니다. 도시에 사는 많은 입국이민자들 때문에 많은 변화가 있었습
25 니다. 지역에 살고 있는 영국인들은 결코 이것에 대해 물어보지 않습니다.
26 그들은 그것에 대해 투표를 해보지 않았습니다. 그들은 이런 유입이 가져
27 올 미래에 대해 전망해야 합니다. 그들의 지위를 보장해주도록 그들은
28 우리에게 기대합니다. 입국이민자이든 아니든 여기에 있는 모든 사람들은
29 우리의 지위를 지키기를 원합니다. 제가 말했듯이 다행스럽게도 우리에게
30 는 유혈사태나 폭동이 일어나지 않았고, 관계는 일반적으로 좋습니다.
31 그러나 들어오는 사람들에 대한 숫자가 발표되고 점점 더 많은 사람들이
32 '이 일이 계속될 것인가, 우리가 충분하다고 말할 수 있는 것이 충분한가?'
33 라고 말하기 시작합니다. 이는 조금 더 통제하기 위한 작은 시도로서
34 매우 현명합니다. 이는 의회와 의회 밖에 있는 모두에게서 환영을 받아야
35 합니다. (『의회 의사록』, 1989년 6월 6일, 연설문 390~391).

1 In the past 25 years, we have allowed hundreds of thousands of immigrants
2 into this small island so that we now have ethnic minorities of several million
3 people and in some cases, as we all know, their birth rate far exceeds that
4 of the indigenous population. This is primarily a problem for England, as
5 the other countries in the United Kingdom have much smaller immigrant
6 populations. Why are we English Members of Parliament here today? I ask
7 that question of the Opposition, too. Are we not the trustees of this beloved
8 England for posterity? What is the future of our country to be in another
9 25 years, even if all immigration is stopped tomorrow? What will be the
10 effect on our religion, morals, customs, habits and so on? Already there have
11 been some dangerous eruptions from parts of the Muslim community. Having
12 served with the Muslims during the war, may I say that I greatly admire
13 many of them and their religion. I also very much like the letter which my
14 hon. Friend the Minister of State, Home Offffice, wrote to Muslim leaders
15 and which was published in the newspapers today. It is foolish to ignore
16 the problems and the fears that those dangerous eruptions engender among
17 the ordinary people whom we are supposed to represent. We must not allow
18 our feelings of guilt over our treatment of immigrants to cloud our judgement.
19 We in England are a gentle, kind, tolerant and peace-loving people. We
20 already absorbed large numbers of newcomers. Except occasionally, there
21 have not been the riots and bloodshed that some people prophesied. The
22 burden of receiving and coping with these newcomers in our midst has fallen
23 not on the intellectuals, Labour Members of Parliament and others of that
24 ilk but on ordinary English working-class people. Surely they are entitled
25 to a voice here. Vast changes have been made in the cities because of the
26 large numbers of immigrants living there, The local English people were never
27 asked about this. They never had to vote on it. They must have views about
28 the future of this influx. They look to us to safeguard their position. Everyone
29 here - immigrant or non-immigrant - wants to safeguard our position. As
30 I said, fortunately we have not had much bloodshed or rioting, and relations
31 generally are good, but as the figures on those who are still coming in are
32 published, more and more people are starting to say, 'Will this go on, or
33 can we say enough is enough?' This is a small attempt to have a little more
34 control, and very wise it is. It should be welcomed by everyone in the House
35 and outside. (Hansard, 5 July, 1989, columns 390~391)

이 부분을 온전하게 이해하기 위해 정치적 맥락에 대해서 몇 가지 언급을 하기로 한다. 살만 라시디^{Salman Rushdie}의 소설 『악마의 시^{The Satanic verses}』때문에 아야탈라 코메이니^{Ayatollah Komeini}에 의해 그가 파트와^{fatwah2)}에 기소되었던 해 여름에 이 연설이 있었다. 이러한 종교적 사형 선고는 또한 영국의 이슬람 공동체에 긴장을 고조시켰고 이 공동체의 구성원 가운데 몇몇은 파트와를 지지하였다. 이런 일은 시위를 하고 라시디의 책에 대한 공개적인 화형으로 이어졌다. 이들은 존 스톡경의 연설에서 위험한 분출(10행)이었다. 그는 또한 보수당의 동료와 내무부 장관인 더글라스 허드^{Dougla Hurd}가 이슬람 공동체에 쓴 편지를 언급하는데 이는 비민주적인 행위를 영국에서 참을 수 없다고 경고하는 셈이다.

이제 이론적 논의로 돌아가서 이 연설로부터 나온 사례들을 이용하기로 한다.

1.2. 정치적 인지에 대한 연구

정치적인 인지에 대한 연구는 정치적 정보 처리의 다양한 양상에 초점을 맞춘다. 여기서는 근본적으로 정치적 사건, 상황과 행위주체와 집단에 대한 정신 표상의 구조와 사용, 습득을 다룬다. 정치적 인지 조사 연구의 대표적인 주제들은 다음과 같다. 정치적 믿음의 구성, 정치 지망생들의 지각, 정치적 판단과 의사결정, 고정관념, 편견과 다른 사회정치적 태도, 정치 집단의 정체성, 공개적인 의견, 인상 형성이 있으며 기억 표상과 정치에 관련되는 이해와 상호작용에 개입된 정신

---

2) 이슬람교도의 종교 재판.

처리를 다루는 주제들이 여럿 있다(자세한 논의를 위해서는 Herman, 1986; Iyengar and McGuire, 1993; Lau and Sears, 1986; Lodge and McGraw, 1995를 참고할 것).

이들 조사연구에 대한 검토는 이 장의 범위를 벗어나기 때문에 저자의 목적은 그보다는 정치 담화와 정치적 인지 사이의 관계에 초점을 맞춰 새로운 얼개를 구성하는 일이다. 당연히 그러한 얼개의 여러 차원들은 앞에서 언급한 것처럼 정치적 인지와, 정치 구조와 정치 진행에 관련되는 다양한 다른 구성요소와의 관계에 대한 이론에 관련될 것이다(비록 체계적인 정치 담화 분석과 정치적 인지 조사연구를 결합하는 구체적인 연구는 없지만, 정치 심리학과 소통의 분석을 관련짓는 연구는 있다. 이를테면 Crigler(1996), Kraus and Perloff(1985)가 있다. 내용 분석 방법을 이용한 것이기는 하지만 정치적인 인지 연구에서 다양한 담화 유형을 연구한 학자들 가운데 Tetlock, 1981, 1983, 1984, 1985a, 1985b가 있으며 이 연구에 개괄적인 설명은 Tetlock, 1993을 참고하기 바란다).

저자가 내세운 얼개에서 정치적인 인지를 다룬 다른 조사연구에 없는 본질적인 요소는 사회적으로 공유된 정치적 인지와 정치적 믿음 사이에 필수적인 접합면을 제공하는 정신 모형들이라는 요소이다. 이들 모형은 또한 정치 담화와 정치 행위의 인지적 토대로 제공되며 그에 따라 기관과 집단에서 공유되는 표상의 정치적 거시 구조와 정치가의 행위에 관련되는 정치적 미시 구조를 관련짓는다.

2. 개념적인 얼개

정치적 인지와 정치 담화 사이의 체계적인 관계를 재구성할 수 있도록 저자는 간단하게 이런 관계들을 분석할 이론적 얼개에 관련되는 기본적인 심리적 개념들을 짤막하게 요약하기로 한다(정치에 관련되는 정보 처리를 위한 이런 얼개의 관련성에 대한 논의는 Wyer and Ottati, 1993을 참고할 것).3)

1. 인지적 처리와 표상은 기억이라고 부르는 추상적인 정신 구조와 관련하여 규정된다.

2. 단기 기억(작업 기억이라고도 부르는 STM), 장기 기억(LTM) 사이의 전통적인 구분이 있다. 정보의 실제 처리(이를테면 인식과 담화의 이해와 산출, 상호작용의 점검 등)는 단기 기억에서 일어나며 장기 기억에 저장된 정보를 활용한다.

3. 장기 기억에서 구체사례 기억과 의미 기억 사이의 구분이 더 있다. 일화 기억은 단기 기억에서 처리(이해)로부터 나오는 개인적인 경험을 저장하고 의미 기억은 언어에 대한 사람들의 지식이나 세계에 대한 지식과 같은 좀 더 일반적이고 추상적이며 사회적으로 공유되는 정보를 저장한다. 의미 기억에서 사회적으로 공유되는 속성을 전제로 할 때, 구체사례 기억에서 저장되는 개인적인 정보와 대조하여 저자는 이를 사회 기억이라 부를 것이다.

---

3) 인지적 처리를 다루는 어떤 논의이든 기억의 문제를 다룰 수밖에 없다. 아래 1~3이 주로 기억의 문제를 다루고 있는데 서구 사회를 중심으로 이뤄져 온 기억에 대한 논의는 크게 네 가닥의 이론적 정점, 즉 기억에 대한 인식의 대전환이 있었다고 알려져 있다. 1) 다중기억가설, 2) 절차지식 기억과 서술지식 기억, 3) 작업 기억, 4) 장기 작업 기억이다(김지홍, 2015: 40).

4. 장기 기억에서 정보는 다양한 유형의 정신 표상으로 짜여 있는데 각각은 고유한 개념 구조를 지니고 있다. 예컨대 관례적인 구체 사례에 대한 일반 지식은 고정된 범주로 구성된 각본으로 구성될 수 있다. 이를테면 어떤 구체 사례에 관련되는 전형적인 배경, 사건과 행위, 참여자로 구성될 수 있다. 이런 사회 지식의 일부는 또한 사람들이 지니고 있는 일반적인 정치 지식 예컨대 정치가, 의회 토론, 선거와 정치적인 선전 구호나 정치적인 시위에 대한 지식이다.

5. 여기서 지식은 어떤 집단이나 문화에서 (역사적으로 가변적인) 진실이라는 기준에 따라 검증될 수 있거나 검증된 지식으로서 그 집단이나 문화에서 공유되고 있는 사실에 관한 믿음으로 이뤄진 조직화된 정신 구조로 자리매김된다. 어떤 집단(시대나 문화)에 대한 지식이 될 수 있는 것은 다른 집단에 의해서 단순한 믿음이나 의견으로 수용될 수 있다는 점을 주목하기 바란다.

6. 지식뿐만 아니라 사람들은 사회적으로 공유된 다른 정보 말하자면 (편견을 포함하여) 집단의 태도, 이념, 규범과 가치를 지니고 있다. 지식은 문화적으로 사실적이라거나 객관적이라고 규정되지만 (어떤 집단의) 진실한 믿음, 태도는 종종 평가적이고 (간)주관적으로 자리매김되는데 이들은 근본적으로 사회에서 서로 다른 집단 사이에 바뀔 수밖에 없기 때문이다(자세한 내용은 아래를 참고할 것).[4]

7. 평가에 근거한 믿음evaluative belief에 대해서는 거의 알려져 있지 않지만 이를테면 자신이 속한 집단과 다른 집단 그리고 이들 집단 사이의 관계에 대한 태도와 이념들이 특정의 개념틀로 구성되어 있을 가능성

---

4) 여기서 4~6항목은 지식의 문제를 다루고 있는데 여기에 대한 폭넓은 논의는 반 데이크 (2014/2020)을 참고하기 바란다.

이 높다. 따라서 남성 우월주의자들male chauvinist의 여성과 성적 차별 관계는 아마도 집단으로서 남성과 여성에 대한 서로 관련되는 집단 개념틀에 저장되어 있을 것이다.

8. 사회 기억의 전체적인 얼개에 대해서는 아직 알려져 있지 않다. 그럼에도 불구하고 저자는 그 토대가 일반적으로 공유되는 (의심의 여지가 없는) 문화 지식과 의견이라는 특징을 지니고 있는 사회문화적 믿음에서 나온 공동 배경(관련되어 있지만 좀 더 지엽적이고 상호작용에 관련되는 공동 배경에 대한 자리매김은 클락(Clark, 1996)5)을 참고할 것)으로 이뤄져 있다고 가정한다. 상식과 당연하다고 여김이라는 개념을 자리매김하는 것은 이런 문화적 공동 배경이다. 비록 해당 시대나 문화에 대하여 기본적인 요소들이지만 공동 배경을 이루는 믿음도 역사적으로 변할 수 있다. 이러한 문화적 공동 배경을 토대로 하여 사회 집단은 결국 각각 기저에 있는 이념에 따라 구성되는 자기 집단의 지식과 의견을 어떤 방식으로든 발전시켜 나갈 수 있다. 때로 집단에 있는 (이를테면 하나의 행성으로서 지구에 대한 기본적인 지식처럼) 특정의 믿음(의 어떤 부분)이 공동 배경으로 편입될 것이다. 그리고 그 반대로 (기독교의 사례에서 그러한 것처럼) 어떤 시대의 공동 배경이 다음 시대에 특정 집단이나 어떤 당파의 믿음이 될 수 있다.

9. 속해 있는 집단에서 사회적으로 공유되는 믿음에 더하여 사람들은 구체사례 기억에서 표상되는 것처럼 개인적인 경험과 지식을 지닐 수 있다. 이런 개인적인 경험들은 배경, 행위, 참여자와 참여자들의 다양한 역할과 같은 고정된 여러 범주로 구성된 개념틀 구조를 지니

---

5) 이 책은 Clark, H.(1996), 김지홍 뒤침(2006), 『언어사용 밑바닥에 깔린 원리』(경진출판)로 출간되었다.

고 있는 정신 모형에서 표상된다.

10. 사회적으로 공유된 믿음과 달리 모형들은 여기서 저자가 사례로 이용하는 의회 토론에서 논의되는 사건들과 같은 특정의 사건을 표상한다. 모형들은 그와 같은 사건에 대한 개인적인 해석 (지식과 의견)이다. 말하자면 모형들은 주관적인 셈이다.

11. 모형들은 모든 개별 담화와 상호작용에 대한 인지적 토대를 형성한다. 즉 이해와 산출 둘 다에서 사람들은 행위나 사건에 대한 어떤 모형을 구성한다. 즉 어떤 덩잇글이 대하여 있는 사건이나 사람들이 인식하거나 참여하고 있는 행위에 대한 어떤 모형을 구성한다. 모형은 또한 담화에서 참조를 위한 토대를 제공하고 그에 따라 지엽적인 의미연결과 전국적인 의미연결을 규정하는 데 유익하다.

12. 모형은 (덩잇글 이해나 사건의 관찰로부터 나온) 새로운 정보를 통합하고 이전 기억의 조각(이전 모형)을 통합하며 좀 더 일반적이고 개인적인 정보(개인에 대한 지식, 인성과 자아)에 대한 구체적인 사례뿐만 아니라 사회적으로 공유된 정보의 구체적인 사례(이를테면 집단의 믿음이나 문화적 지식의 각본들)를 통합한다. 다른 말로 한다면 모형은 개인적인 정보와 사회적 정보 둘 다를 통합하고 그에 따라 사회적 정보와 개인적 정보 사이의 접합면의 중심 역할을 한다.

13. 같은 이유로 정보가 공유되고 일반화되며 추상화되고 사회적으로 규범화될 때 모형은 사회적인 학습과 정치적 학습의 토대를 구성할 수 있다. 그것이 일반적이며 사회적 기억에서 추상적인 사회적 표상은 구체적인 사례 모형에서 제시될 때 사람들의 개인적인 경험으로부터 먼저 파생되어 나온다. 사회 지식과 정치적 지식은 정치적인 논문이나 선전 문구와 같이 일반적이고 추상적인 담화로부터 좀 더 직접적으로 습득될 수 있다.

정치 담화와 정치적인 인식 사이의 관계를 연구하기 위해 사용되는 이론적 얼개의 중요한 특징에 대한 이런 요약은 세부 내용의 상당 부분을 빼놓고 있다. 오직 아래에서 상세히 설명할 몇 가지만 있을 뿐이다. 또한 이들 특징들 가운데 몇몇은 상당히 일반적으로 심리학에서 수용이 되지만, 다른 특징들은 일반적으로 덜 수용되거나 알려져 있고 심지어 몇몇은 저자의 접근법에 이질적이기도 하다. 예컨대 정치적 인지에 대한 연구 문헌에서는 지식과 이념, 태도뿐만 아니라 개념틀의 구성과 처리를 다루지만 실제로 정신 모형은 무시한다. 그러나 덩잇글 처리에 관련되는 심리학에서는 정신 모형을 상당히 일반적으로 받아들이고 있다(Garnham, 1987; Johnson-Laird, 1983; Morrow, 1994; Oakhill and Garnham, 1996; van Dijk and Kintsch, 1983; van Dijk, 1985a, 1987b; van Oostendorp and Zwaan, 1994 참고할 것).

이와는 달리 덩잇글 처리에 관련되는 심리학은 각본 이론과 지식 이론을 통합하지만 실제로 평가에 근거를 둔 믿음(의견)과 사회적으로 공유되는 태도와 이념은 무시한다. 저자는 여기서 인지심리학과 사회심리학 사이의 다소 임의적인 연구 영역 분할의 결과를 발견한다. 정치 담화와 정치 인지 사이의 관계를 규정하는 다수의 문제를 논의하게 되는 것은 이런 일반적인 얼개 안에 있다.

2.1. 담화 처리

일반적인 차원에서 언어 사용, 좀 더 구체적으로는 정치 담화의 산출과 이해는 앞에서 요약한 이론적 얼개에 기대어 인지적으로 분석될 수 있다(여러 연구들 가운데 Britton and Graesser, 1996; van Dijk and Kintsch, 1983; van Oostendorp and Zwaan, 1994; Weaver, Mannes and Fletcher, 1995를

참고할 것).

여기서의 논의와 관련되는 속성은 (a) 한편으로 공유된 믿음(정치적 표상)과 다른 한편으로 개인적인 믿음 (모형들) 사이의 관계이며 (b) 이런 사회적 표상, 개인적 표상과 담화 구조 사이의 관계들이다.

담화 산출에서 화자(나 필자)들은 어떤 상황이나 사건에 대한 개인적인 정신 모형으로부터 시작할 것이라고 저자는 가정한다. 이 모형은 그와 같은 상황에 대한 화자의 주관적인 믿음을 구성한다. 따라서 여기서 사례에서 존John 경의 연설은 영국에서 현재의 인종 문제와 입국이민 상황에 대한 그의 모형에 근거하여 산출된다. 이 모형은 (4행의) 잉글랜드의 문제라고 표현한 거시 명제에 따라 평가를 내린다. 영국에서 현재의 인종의 상황에 대한 더 폭넓은 정신 모형의 일부로 이슬람 공동체로부터 어느 정도 위험한 분출에 대한 것과 같은 특정의 사건과 그 공동체에 허드 장관이 서신을 보낸 것과 같은 특정의 사건에 대한 구체적인 모형들이 있다. 이들 둘은 이런 행위들에 대한 존 경의 해석의 특징을 드러낼 뿐만 아니라 그 의견의 특징을 드러낸다.

존 경의 모형은 공유되는 사회적 믿음과 정치적 믿음을 사례로 보여준다. 말하자면 일반적으로 모든 영국 사람들의 구체적으로는 보수주의자들의 정치적 믿음과 사회적 믿음을 구체화한다. 예컨대 수만 명의 입국이민자들이 영국에 왔다는 점은 상식이고 이런 일반적인 지식은 여기서 현재의 상황에 대한 모형으로 통합된다. 이와 비슷하게 그가 주장하고 있듯이 그뿐만 아니라 다른 사람들도 그와 같은 입국이민을 문제로 자리매김한다. 그리고 다른 사람들처럼 그는 (많은) 이슬람교도들이 위험하다는 인종차별주의자들의 사례를 구체적으로 보여준다. 반대로 그는 영국에 있는 우리는 친절하고 상냥하며 관용적이고 평화를 사랑하는 사람들임을 표현한다. 이는 **우리**와 **그들** 사이를 대조하며 그에 따라 (대체로 보수적이고 백인인) 다른 영국 사람들과 그가 공유하고 있는 태도와 이념의 특징을 드러낼 뿐만 아니라 영국에서 현재의 상황에 대해 그가 지니고 있는 현재의 개인적인 모형을 양극화하고 있다. 이런 사례들은 개인적인 지식과 의견, 그리고 사회적으로 공유되는 지식과 의견 사이의 관계, 즉 구체사례 기억에서 개인적인 모형과 사회적 기억에서 표상들 사이의 관계를 보여준다.

어떤 사건이나 상황에 대하여 그러한 개인적인 모형이 구성되고 나면 화자들은 여기서는 분석하지 않을 상당수의 담화 전략과 언어 전략을 세밀하게 사용하면서 담화에서 그러한 모형의 조각들을 표현할 수 있다. 그러나 화자들은 일반적으로 자신들이 지니고 있는 모형의 매우 적은 부분만을 표현할 뿐이라는 점, 즉 현재의 맥락에 적합한 정보만을 표현할 뿐이라는 점에 주의해야 한다. 저자는 아래에서 이런 맥락에 따른 제약에 관하여 다시 돌아볼 것이다. 다른 말로 한다면 어떤 덩잇글은 보통 화자들이 대하여 이야기하는 상황이나 사건에 대한 빙산의 일부일 뿐이다. 따라서 존 경은 틀림없이 이슬람교도들의 공동체에서 일어난 위험한 분출에 대해 더 많이 알고 있지만 이 사건에 대해 그가 지니고 있는 모형을 요약할 뿐이다. 말하자면 이 모형을 자리매김하는 평가적인 거시 명제만을 표현할 뿐이다. 이는 이슬람 공동체에 보낸 허드 장관의 편지에 대한 표현에서도 마찬가지이다.

담화의 이해 과정에 대해 요약한 내용은 담화 이해에도 적용된다. 따라서 존 경의 청중뿐만 아니라 의회 의사록을 읽는 독자들도 먼저 낱말들과 문자들을 해득하고 이해하는 복잡한 과정을 통해 그가 말하는 것을 이해하고 궁극적으로는 그가 말하는 것에 대하여 자신들의 모형을 구성하면서 이해한다. 물론 그의 의견에 동의하면 근본적으로 참이라거나 옳다고 받아들일 것이다. 만약 그렇지 않다면 여기서도 현재의 상황에 대한 자신의 개인적인 지식뿐만 아니라 사회적으로 공유된 집단의 지식과 평가에 따라 그 상황에 대한 대안 모형을 구성할 수 있다. 만약 수신자들이 정치가들로부터 많은 비슷한 담화나 대중 매체의 담화를 듣거나 읽게 되면 그리고 그에 맞서는 정보다 다른 정보가 없다면 그와 같은 모형들은 결국 이슬람교도와 소수자, 영국 사람과 입국이민자들에 대하여 사회적으로 공유된 추상적인 표상으로 이를테면 인종에 대한 편견, 국수주의자나 인종차별주의자의 이념으로 일반화된다.

담화 처리에 대한 이런 간단한 특징들은 정치적 담화와 인지 사이의 여러 관계들을 보여준다. 그에 따라 여기서 보여준 사례는 어떻게 보수의 정치적인 태도와 이념들이 현재의 상황에 대한 개인별 모형의 구성에 이용되는지 그리고 이 모형 정보의 몇 가지가 선택적으로 의회 연설에서 표현되는지를 보여준다. 여기서의 논의를 위해 중요한 것은 이런 이론적 얼개가 실제로 사회적 행위와 개인적 행위 사이, 집단 행위와 개인 행위와 담화 사이에 필수적인 접합면의 첫 번째 요소들을 제공한다는 점이다.

즉 사회정치적 수준의 분석에서 저자는 토리 당원들이 제한적인 입국이민법을 법제화하거나 옹호하는지 그리고 어떤 집단의 정치적 행위가 실제로 특별한 형태의 상호작용, 즉 의회 연설을 통해 (의원, 보수당의) 구성원에 의해 지엽적으로 그리고 맥락에 따라 실제로 실행되는지 목격하였다. 이와 비슷하게 사회적 태도, 이념과 개인적인 태도, 이념 사이의 사회적-정치적 연결에 대응하여 인지적 수준에서 사회적으로 공유된 이념과 태도를 발견한다. 그리고 이들이 어떻게 현재의 상황과 사건에 대한 사회적 행위 주체의 모형에서 그 사람의 특정 의견과 관련되는지를 발견한다.

그러나 이런 얼개는 매우 간략하다. 아직까지 공유된 정치적 표상의 구조와 개인적인 모형의 구조에 대해 거의 알려주지 않는다. 그리고 존 경의 연설과 같은 의회 연설의 많은 속성들을 설명해 주지도 않는다. 따라서 정치적 담화와 정치적 인지 사이의 관계에 대해 좀 더 자세한 통찰을 제공해 줄 수 있는 이론적 도구를 더 끌어들일 필요가 있다.

2.2. 맥락 모형6)

언어 사용자들은 특정의 상황과 사건에 대하여 그들이 지니고 있는 모형의 일부만을 표현한다는 것을 알게 되었다. 앞으로는 이 모형들은 사건 모형들(이는 앞에서는 상황 모형들이라고 불렀다. 여기에 대해서는 van Dijk and Kintsch, 1983 참고할 것)이라고 간단하게 부를 것이다. 실제로 대부분의 소통 상황에서 어떤 사건에 대해서 알고 있는 모든 것을 표현하기는 부적합하거나 (모든) 의견을 표현하기는 부적절할 것이다. 게다가 사람들이 지니고 있는 지식은 대화 참여자들에게 이미 알려져 있거나 어떤 경우에는 의견조차 공유할 수 있다.

다른 말로 한다면 화자의 모형으로부터 나온 정보가 무엇인지 알도록 하기 위해서 혹은 담화에서 사회적 표상을 포함하도록 하기 위해서 수신자들이 지니고 있으리라 가정되는 믿음을 포함하여 담화에

---

6) 맥락과 맥락 모형에 대해서는 이 책과 같은 해(2008)에 출간된 『*Discourse and Context*』 (Oxford University Press)에서 폭넓게 다루고 있다. 맥락은 객관적인 조건이나 직접적인 원인의 일종이 아니라 집단의 구성원과 공동체의 구성원으로서 참여자들에 의해 상호작용에서 지속적으로 경신되고 설계되는 (간)주관적 구성물이라고 자리매김하면서 맥락의 이론(1장), 맥락과 언어(2장), 맥락과 인지(3장), 맥락과 담화(4장)를 폭넓게 살피고 있다.

관련되는 현재의 소통 상황에 대해 무엇인가를 알게 할 필요가 있다. 또한 그들의 믿음 표현이 현재의 사회적 상황에 적절한지 평가할 수 있도록 그들은 어느 시기에 말하고 있는지 알아야 한다(Fussell and Krauss, 1992). 어떤 것들은 의회에서 말할 수 있지만 어떤 것은 말할 수 없다. 이와 비슷하게 정부의 국무위원들은 반대측 당원들에게 다른 방식으로 그렇게 할 것이다. 로이 해터슬리Roy Hattersley는 대처 정부가 제안한 안을 인종에 따른 차별이라고 언급한 반면 존 경은 그것에 대해 긍정적으로 말하고 명시적으로 그것을 환영을 받아야 한다고 하였다(34행).

이런 사례들은 담화에 대하여 모든 사람들이 알고 있는 어떤 것을 보여준다. 말하자면 우리가 말하는 것(혹은 이해하는 것)은 이를테면 배경, 사건의 유형, 갈래, 목적, 현재의 행위뿐만 아니라 참여자들과 그들의 역할, 그들의 지식을 포함하는 현재 맥락의 구조적 제약에 달려 있다(Duranti and Goodwin, 1992). 그리고 그와 반대로 사람들이 하는 방식대로 말함으로써 동시에 그와 같은 맥락을 구성하고 결국 참여자로서 사람들을 평가하고 이해하는 방식 등에 영향을 미친다. 이런 이유와 다른 이유로 언어 사용자들은 맥락의 요소들을 지니고 있는 담화에 대한 표지와 신호를 늘려 나간다. 이는 존 경이 "오늘 영국의 의원으로서 왜 여기에 왔습니까?"라고 물을 때에도 그러하다. 이 질문만으로 현재 회기에서 의회의 목적을 표지하며 그 참여자와 그들의 목적뿐만 아니라 배경(장소와 시간)을 표지한다.

덩잇글과 맥락 사이의 관계를 명확하게 규정하는 이런 방식은 표준 방식이다. 그러나 이 방식은 이론적으로 심각한 단점이 있다. 왜냐하면 직접적인 방식으로 관련을 지을 수 없는 두 유형의 개체들, 즉 사회적 상황에 관련되는 구조(참여자들, 배경, 행위)와 담화 구조를 관련을 짓기 때문이다. 게다가 만약 이들을 관련지을 수 있다면 그와 같은 사회적 상황에 있는 모든 사람들이 똑같은 방식으로 말하게 될 것이다. 여기서도 (인지적) 접합면이 필요하다.

실제로 존 경이 말하도록 만들어진 것은 사회적 상황이라기보다는 그러한 상황에 대한 그의 개인적인 해석이나 모형이다. 담화가 신호를 하거나 표지하는 것은 사회적 맥락 그 자체가 아니라 발화 참여자에 의해 구성되는 것으로서 맥락에 대한 주관적인 정신 모형이다(자세한 내용은 van Dijk 1997a; 1999를 참고할 것). 이 모형이 서로 다른 참여자들 사이의 맥락 모형에서 차이, (그런 상황에 놓여 있는 우리 자신뿐만 아니라 다른 사람을 포함하여) 현재의 소통 상황에 대한 (서로 다른) 개인 의견에서 차이가 있도록 한다. 맥락 모형은 또한 발화 참여자들 사이의 갈등도 설명하게 하는데 발화 참여자들은 현재의 소통 상황에 대하여 양립할 수 없는 모형을 지니고 있기(그리고 사용하기) 때문이다. 아마도 가장 중요한 것은 그 상황에 대한 개인적인 모형들이 모든 개별 담화가 심지어는 같은 주제에 대한 담화조차 사건과 맥락 둘 다에 대한 독특한 개인적인 모형에 근거를 두면서 언제나 독특하고 다른지 설명하게 해준다는 데 있다.

앞에서 제시한 전체적인 얼개에서 핵심적인 구성요소, 즉 소통에서 참여자들의 맥락 모형은 여전히 사건 모형과 담화 사이에 빠져 있을 것으로 추정된다. 궁극적으로 어떻게 화자와 필자가 현재의 상황에 담화를 맞추도록 할 것인가, 그리고 어떻게 발화 행위와 대화 행위가 그와 같은 상황에 (어느 정도) 적절하게 할 것인가를 통제하는 것은 이와 같은 모형에 저장되어 있는 (주관적인) 정보이다. 끝으로 맥락 모형은 또한 (화용론적) 적합성(Sperber and Wilson, 1986[7])이라는 바로 그 개념을 자리매김하게 한다. 즉 참여자들의 맥락 모형에서 그들에 의해 구성되는 맥락으로서 소통 상황의 구조에 따라 적합성이라는 개념을 자리매김하게 한다.

맥락 모형은 구체사례 기억에서 표상되는 다른 모형과 마찬가지로 구조화된다. 좀 더 구체적으로 배경(시간, 장소, 환경, 소품), 사건들, 행위자들과 이들의 다양한 사회 유형, 직업, 소통에서 역할, 참여자들이 현재 가담하고 있는 행위들뿐만 아니라 현재의 인지(목적, 지식, 의견, 감정 등)와 같은 범주를 특징으로 한다. 상당히 높은 수준에서 이들은 전체 상황에 대한 전면적인 특징을 드러낼 수 있는데 결국 특정의 사회 영역에 대한 구성으로 표상될 수 있다(사회적 상황과 구체적인 사례의 구조에 대한 이른 시기의 연구는 Argyle, Furnham and Graham, 1981 참고할 것).

따라서 지금의 사례에서 입국이민에 관련되는 의회 토론에 참석해 있는 의회 의원들은 지금의 영역(이를테면 교육의 영역이라기보다는 정치)에 대한 정보를 공유하며 지금의 상황에 대한 자리매김(회의 기간), 배경(1989년 6월 5일, 하원), 환경(내각에서 제출한 어떤 법안)과 다양한 참여자들, 선거구의 대표자이자 의회 의원으로서 그들의 역할, 계속 진행되는 전체적인 상호작용이나 (의회 토론이라는) 갈래에 대한 정보를 공유한다. 그리고 현재의 쟁점(입국이민, 소수자, 이슬람교도, 잉글랜드 등)에 대한 상당한 분량의 공유된 지식을 공유한다.

또한 일반적으로 말해서 참여자들의 모형이 다른 요소들이 있으며 구체적으로는 토론이 진행되는 순간마다 다른 요소들이 있다. 그에 따라 분명히 토리 당원과 노동당 당원 사이에 의견의 차이가 있으며

---

7) 이 책은 김태옥·이현호 공역(1994), 『인지적 화용론: 적합성 이론과 커뮤니케이션』(한신 문화사)으로 출간되었다.

토리 당원들 사이에서도 차이가 있다(존 경은 많은 다른 보수자들보다 관점이 보수적이기로 악명이 높다). 이와 마찬가지로 말할 때에는 존 경은 청자로서 역할을 하고 있는 다른 참여자들과는 다른 역할을 맡고 있으며 다른 목적을 지니고 있다. 이는 결국 점진적으로 말하고 있는 것뿐만 아니라 존 경에 대한 그들의 의견을 확신하게 하거나 바꾸게 할 것이다. 담화 도중에 가장 중요한 점에서 다르고 바뀔 수 있는 가능성은 참여자들 사이의 서로에 대한 인식인데 이는 각자에 대하여 그들이 구성하는 정신 모형이다(정치가들의 인식과 표상에 대해서는 Granber, 1993; Lodge and McGraw, 1995를 참고할 것).

이와 비슷하게 이 상황의 참여자들은 서로 다른 감정을 가질 수 있다. 존 경은 인구 과잉의 위협이나 이슬람교도들의 폭력에 대한 두려움을 표현할 수 있고 적어도 청중들 가운데 몇몇은 그의 인종차별주의적인 발언에 대해 화를 낼 수 있다. 좀 더 일반적으로 감정은 정치적 맥락 모형에서 중요한 요인이다(Roseman, Abelson and Ewing, 1986). 맥락 모형의 그와 같은 속성은 정치적 담화의 특정 속성(예컨대 억양이나 강세, 어휘화 등)들을 통제할 것이다(Just, Crigler and Neuman, 1996).

모든 것에 대해 역동적으로 변화되는 것은 순간마다 이미 말해진 것, 즉 앞선 발화에 있다. 이는 내성에 따라 직관적으로 떠오른 생각을 확신하게 준다. 말하자면 담화는 그 맥락의 일부분이다. 다른 말로 한다면 어떤 맥락 모형의 몇 가지 요소들은 모든 참여자들이 공유하지만 몇몇은 서로 다르다. 또한 전체 소통을 통해 몇몇은 고정되어 있지만 다른 몇몇은 계속 되는 상호작용과 담화의 함수로서 역동적으로 바뀐다. 다른 말로 한다면 맥락 모형, 특히 입말 상호작용에서 역동적이며 점진적으로 바뀐다.

사건들의 정신 모형을 담화의 의미나 내용의 토대로 볼 수 있지만 맥락 모형은 전형적으로 말해진 것뿐만 아니라, 특히 어떻게 말해지는가를 통제한다. 말하자면 이 모형은 담화의 말투와 화용론적 속성의 토대로 볼 수 있다. 좀 더 일반적으로, 맥락 모형의 구조는 발화 행위와 순차적인 상호작용의 적합성에 관련되는 조건을 자리매김한다. 이들은 상황중심 지시표현deictic expression이 지시하는 근거를 제공한다. 이들은 어떤 덩잇글의 의미론적 표상에서 사건 모형들에 대한 어떤 관련되는 정보를 통제한다. 그리고 이들은 그와 같은 의미들이 통사 구조, 어휘 항목과 음운론적 표현이나 그림으로 된 표현으로 다양하게 나타나는가를 조정한다. 요약하자면 맥락 모형은 다양한 담화 구조의 산출과 이해에서 중요하며 얼마나 사회적 상황과 그에 대한 해석이 담화와 소통을 위해 중요한지를 입증한다.

맥락 모형은 정치적인 담화 갈래들의 명시적인 해석을 위해서 특별히 관련되어 있다. 정치 담화 갈래에서 (아래에서 자세히 보게 되겠지만) 몇몇 구조적 속성들만은 제외될 뿐이고 나머지는 다른 담화 유형과 속성들이 공유될 수 있다. 특이한 점들은 정치 담화라는 맥락에 관련되는 요소들이다. 즉 상황과 배경, 환경, 참여자의 역할, 목적, 의견과 감정에 관련되는 전영역과 자리매김이 맥락에 관련된다. 다른 말로 한다면 정치 담화에 대한 갈래 규정이 덩잇글다움에 있다기보다는 맥락에 있다. 현재의 상황에 관련되는 요소들을 외현하는 몇몇 표현을 제외하면 입국이민과 소수자들에 대해 존 경이 말한 내용의 상당 부분은 다른 사회적 상황에서도 말할 수 있다. 뒤집어 말하면 대화, 이야기, 시, 신문 보도, 광고와 학술 논문들과 같은 다른 갈래들은 그 맥락이 아니라 그들의 특징적인 구조에 기대어 좀 더 잘 규정된다.

따라서 정치 담화 갈래는 근본적으로 정치적 진행에서 기능에 따라 정치적 맥락의 범주로 규정된다고 잠정적으로 결론을 내릴 수 있다. 말할 필요조차 없겠지만 덧붙인다면 어떤 정치가가 말하는 어떤 것도 따라서 정치적 담화이며 어떤 누구라도 (정치적 진행 이를테면 의사결정이나 정책에 영향을 미치려는) 정치적인 목적을 가지고 말한다면 정치적 담화의 한 형태이다.

사건 모형과 맥락 모형의 변화나 사용, 활성화, 구성에 개입된 인지적 처리는 전략적이다(van Dijk and Kintsch, 1983). 이들은 다양한 수준에서 동시에 정보를 처리하는 실시간 처리로 이뤄지며, 목적 지향적인 가상의 연산이다. 이런 전략들은 빠르고 효율적지만 틀리기 쉬우며 뒤에 수정을 필요로 할 수 있다. 언어 사용자들은 사회적 상황에 대한 해석에서 잘못할 수 있다. 그리고 그러한 실수들은 소통에서 대표적인 갈등으로 나타날 수 있다. 예를 들면 수신자들이 이미 알고 있는 많은 것들을 말하거나 부적절한 말투를 사용하고 공손성 표지를 잘못 사용할 경우 수신자는 약속[8])을 위협으로 해석할 수 있다. 그러한 맥락 정보의 오해를 바로잡을 수 있는 화용론적 수정의 다양한 유형들이 있다.

전략적인 처리의 효율성을 위해 종종 적절한 상황 정보의 일부분만 처리가 필요할 수 있다. 목적이나 과제 혹은 특별한 요구 조건에 따라 언어 사용자들은 다소 피상적으로 소통 상황을 해석할 수 있다. 이는 다소 상세하지 않은 맥락 모형으로 끝날 수 있다. 어떤 상황에서는

---

8) 명제의 참과 거짓을 다루는 경우 약속 화행은 약속의 이행 여부에 따라 이들을 결정하지만 '너에게 달을 따주마.'라고 약속하는 경우는 약속의 이행 여부와 상관없이 결정된다. 말하자면 약속의 이행이 불가능하기 때문이다. 대부분의 약속 화행이나 사과 화행은 적정성의 조건이란 개념을 통해 발화 효력 여부를 결정해 왔다. 여기에 대한 간단한 설명은 이성범(2013), 『소통의 화용론』(한국문화사)을 참고하기 바란다. 아울러 반 데이크(2014/2020: 69)의 뒤친이 각주 55도 참고하기 바란다.

상황에 대한 전체적인 자리매김, 전체적인 진행 행위에 대한 자리매
김과 같이 맥락 모형에서 가장 중요한 수준의 모형이 구성될 필요가
있는데 오직 몇몇의 참여자들과 그들에게 가장 적절한 역할, 사람들
만이 수신자(들)에 대한 지식과 그들의 의견에 근접한 하위 모형이
구성된다. 예컨대 여기서 다루는 사례에서 존 경의 연설에 대하여
일반적이고 다소 산만한 수신자들은 이 연설이 의회 토론에서 연설이
고 화자는 보수적인 의원이라고만 알고 있을 수 있다. 존 경의 다양한
역할(예컨대 그가 대표하는 구역)과 그의 지식에 대한 세부적인 믿음은
그의 담화를 다소 적절하게 맥락에 따라 이해하는 데 필요하지 않을
수 있다. 실제로 몇몇은 오직 존 경의 정치적인 의견 대신에 그의
나이나 겉모습 혹은 이미지에 기대어 표상할 뿐이다(Wyer et. al., 1991
참고할 것). 분명히 그의 연설에 대한 비판이나 촌평하도록 지명된
사람들은 존 경에 대한 정신 모형을 포함하여 이 상황에 대한 더 자세
한 정신 모형을 필요로 할 것이다.

3. 정치적 인지

정치적 인지의 개인적 측면, 즉 정치적 행위와 정치적 담화를 이해하
고 산출하기 위해 구체적인 사례 기억에서 정치적 행위주체가 구성한
모형에 대한 논의가 끝난 뒤에야 마침내 정치적 인지에서 사회적으로
공유되는 차원에 대하여 좀 더 말해야 할 필요가 생겼다. 사회적 기억
이 지식과 태도, 이념, 가치와 규범에 따라 구성된다고 가정하여 왔다.
더 나아가서 적어도 이런 표상들 가운데 몇몇은 개념틀에 따라 구성
되어 있다고 가정하였으며 사회적 정신social mind의 전체적인 구조에서

어떻게 구성되어 있다고 가정하였다(Kuklinski, Luskin and Bolland, 1991; Lau and Sears, 1986의 여러 논문도 참고할 것).

그러나 정치적 담화의 구조를 이해하기 위해 일반적인 정치적 표상의 구조에 대해서도 더 언급해야 한다. 그러나 어떻게 정치적 태도와 이념이 표상되며 그와 같은 표상에서 정치적 가치와 규범의 역할은 무엇인가? 또한 그런 구조가 사건 모형과 맥락 모형의 구조와 내용에 어떤 영향을 미치는지 그리고 그들이 정치 담화에 어떻게 나타나는지 알고 싶어 할 수 있다. 존 경은 입국이민자들의 출생률이 원주민의 출생률을 훨씬 앞지른다고 주장한다. 비록 그는 이 명제가 일반적인 공동 배경의 일부분이라고 주장하지만(우리가 모두 알고 있듯이) 이 주장은 인종 집단과 재생산에 대한 보수적인 태도의 직접적인 표현일 수 있다. 동시에 그는 많은 이슬람교도들에게 경의를 표한다고 명시적으로 선언한다. 그러나 그의 발언에는 이슬람교도들에 대한 존경이 거의 나타나지 않기 때문에 독자들은 이슬람교도에 대한 그의 근본적인 태도가 존경으로 뒤덮여 있는지 혹은 이 주장이 독자들이 탓할 수 있는 인종차별주의나 있을 수 있는 편견을 부인하기에 급급하여 근본적으로 인상 관리와 긍정적인 자기 제시라는 전략적인 형태인지 의문을 가질 수 있다. 다른 말로 한다면 정치적인 표상과 담화 사이의 관계가 간단하지 않다는 말이다. 그렇기 때문에 간단하게 사회−정치적 기억의 구성 요소들 몇 가지를 살펴보기로 한다.

3.1. 지식

지식에 관련되는 대부분의 철학적인 접근과 심리적인 접근과 달리 저자는 앞에서 두 유형의 지식, 즉 한편으로 특정 집단에서 공유되는 지식과 다른 한편으로 사회 전반에서 서로 다른 집단에 걸쳐 공유되는 일반적이고 문화적인 지식을 구분하였다.

후자의 지식, 즉 공동 배경이 되는 지식은 사회에서 모든 소통과 상호작용의 토대이며 담화에서 일반적으로 전제되어 있다. 이런 유형의 지식은 일반적으로 의심할 여지가 없으며 논쟁의 여지도 없고 당연하다고 받아들인다. 그리고 해당 사회의 사회화 과정과 학교에서 교육된다. 이렇게 일반적으로 공유되는 사실적인 믿음은 사회에서 지식으로 받아들이고 그렇게 부른다. 존 경의 연설에서 대부분의 그의 표현들은 이런 공유된 지식에 근거를 두고 있다. 그에 따라 독자들은 의회, 이슬람교도나 입국이민이 무엇인지 모두 알고 있다.

두 번째로 자연과학자들, 전문가들, 전문 직업인이나 특정의 종교 집단 구성원들, 어떤 정당의 당원이나 어떤 다른 종류의 집단과 같이 특정의 사회 집단에 의해서 진실로 받아들일 뿐인 사실적 믿음이 있다. 앞에서 언급한 지식(이런 지식도 일반적으로 의심할 여지가 없으며 논쟁의 여지도 없고 상식으로 비춰지며 일반적으로 전제된다)에 대하여 적용되는 기준은 여기서도 적용되지만 그 집단 수준에서만 그러할 뿐이다. 이런 유형의 집단 지식은 그 집단 안에서 지식으로 불린다. 그러나 그 집단의 밖에서 그런 지식은 전혀 지식으로 불리지 않으며 믿음이나 의견으로 불린다. 즉 일반적인 문화나 다른 집단에서 진실이라는 기준에 따라 진실이라고 판명되지 않는 믿음일 뿐이다(이는 추상적이고 보편적인 관점에서 그러한 믿음이 거짓임을 뜻하지는 않는다).

상당수의 정치적 지식은 집단 지식이며 종종 반대 집단에게는 단순한 정치적 의견으로 보일 것이다. 전형적으로 사회에서 남성의 주도권에 대한 남녀평등주의자들feminists의 지식은 많은 남성들이 거부할 수 있고 오염을 일으키는 사람들에 의해 도전을 받을 오염에 대한 환경

보호 단체의 지식도 사정은 마찬가지이다. 반대 진술도 역시 마찬가지이다. 사회에서 많은 다른 사람들이 인종차별주의자들의 지식을 논란거리이며 편견에 사로잡힌 믿음으로 간주하더라도 그 집단도 자신의 집단 지식을 지니고 있다.

존 경의 연설에서 (이슬람교도의) 출생률이 원래 주민들을 훨씬 앞지르고 있다고 우리 모두가 알고 있다고 그가 말할 때 그것이 전형적인 사례이다. 이는 존 경의 입장에서 사실이다. 반면에 다른 집단(예컨대 반인종차별주의자 집단)의 구성원들은 이를 편견에 사로잡힌 의견 혹은 적어도 과장이라거나 한쪽으로 치우친 진술이라고 평할 수 있다. 원래 인구의 출생률보다 입국이민자들의 출생률이 높을 때에도 입국이민자들의 출생률은 절대 다수의 출생률에 재빨리 맞춰질 것이라는 의미에서 그것은 불완전한 진술이기 때문이다. 존 경이 우리가 아는 것에 대하여 진술했다는 사실은 이것이 정확하게 일반적인 지식이 아님을 암시한다. 그렇지 않다면 그는 전제로 하였을 것이고 내놓고 주장하지는 않았을 것이다. 그가 그런 주장을 하였는데 의회의 다른 사람들이 의견이나 한쪽으로 치우친 믿음으로 그것을 볼 것이라고 알기 때문이다. 그리고 이런 지식을 일반적으로 공유된 지식으로 그가 제시하는 것은 따라서 그가 속한 집단의 지식의 일반적인 타당성을 청중들에게 설득하기 위해 쓰는 잘 알려진 수사적인 전략이다. 이런 점은 영국에 동화된 다수에 대한 지식과 입국이민에 대하여 보통의 영국 사람들에게 의견을 결코 묻지 않는다는 지식에 대해서도 마찬가지다.

특정 집단이나 전체 문화에서 사회적으로 공유되는 지식은 많은 상황에서 적용 가능하여야 하며 그에 따라 일반적이고 추상적일 필요가 있다. 일반적으로는 입국이민자들에 대해서 그럴 수 있지만 특정의 사건이나 특정의 입국이민자에게 그럴 필요는 없다. 여기서는 그런 구체적인 지식은 일반적으로 구체사례 기억에서 정신 (사건) 모형에 저장되어 있다고 주장하였다. 따라서 문화적 지식과 집단 지식 사이의 구별뿐만 아니라 사회적 지식과 개인적 지식을 구별하는 것이 타당하다.

끝으로 구체적인 (모형에 기반을 둔) 지식과 사회적으로 공유된 지식의 특징을 구현하는 지식의 유형이 있다. 그것은 역사적 지식이다. 그와 같은 지식은 특정의 사건 이를테면 홀로코스트나 보스니아의 시민 전쟁에 대한 것일 수 있다. 그러나 동시에 어느 정도 일반적으로 알려진 것일 수 있고 그에 따라 상호작용과 담화에서 (진실인 것으로) 전제되기도 한다. 정치적 지식의 상당 부분이 이런 종류이고 존 경의 발화도 역사—정치적인 지식을 전제로 한다.

3.2. 의견과 태도

다양한 유형의 지식으로 앞에서 기술된 믿음은 사실적이라고 할 수 있는데 개인이나 집단, 전체 문화에서 각자의 진실 기준에 따라 그것을 진실로 유지하고 있기 때문이다. 그러나 사회적 기억에서 진실이라는 기준에 따라 다뤄지는 것이 아니라 평가 기준(좋음 대 나쁨 등)이라는 근거에 따라 공유되는 일련의 믿음들이 있다. 그러나 지금까지 보았던 것처럼 어떤 집단에 대하여 사실적 믿음일 수 있는 것은 다른 집단에 대하여 평가에 바탕을 둔 의견이나 믿음일 수 있다.

지식과 마찬가지로 사회적으로 공유된 그런 의견들은 전통적인 용어로 태도라고 간주하는 더 큰 구조에 조직되어 있을 수 있다(태도에 대한 다른 개념들은 Eagly and Chaiken, 1993을 참고할 것). 따라서 낙태나 입국이민에 대하여 공유되어 있는 집단의 태도는 일반적으로 하나 이상의 의견으로 구성된다. 저자가 제시하는 얼개에서 태도는 근본적으로 사회적이고 집단과 연관되어 있다는 점을 유의하기 바란다. 개인들은 개인별로 의견을 가질 수 있지만 그러한 집단의 구성원으로서 태도를 공유할 뿐이다.

평가라는 성질 때문에 의견과 태도는 일반적으로 당연시되지 않거나 논쟁의 여지가 있으며 논쟁거리가 된다. 그에 따라 좀처럼 문화적 공동 배경의 일부가 되지 않는다. 그럼에도 불구하고 각각의 문화에는 다툼이 일어나지 않는 다수의 의견들을 지니고 있을 수 있으며 그에 따라 공동 배경이 되는 다른 믿음의 모든 속성들을 지니고 있다.

(매우) 보수적인 의원들에 의해 제시되는, 입국이민과 같은 논쟁의 여지가 있는 주제에 대한 발화에서 많은 집단의 의견을 예상할 수 있다. 이들은 직접적으로 표현되거나 논증에서 전제와 같이 추상적이고 일반적인 형태를 띠거나 개인 발표자에 의해 특별한 경우에 적용되는 것과 같이 특정의 모형에서 예시 사례를 통해서 표현될 수 있다.

따라서 존 경은 여러 사례들 가운데 다음과 같은 일반적인 집단 의견을 표현하고 있다.

(1) 이(대규모 입국이민)는 잉글랜드에 문제이다. (4행)

(2) 영국에 있는 우리들은 상냥하고 친절하며 너그럽고 평화를 사랑하는 사람들입니다. (19행)

그러나 대부분의 다른 의견들은 현재 상황에서 여기와 지금을 구체화하고 그에 따라 현재 사건에 대한 모형에 포함된다.

(3) 이슬람 공동체로부터 어느 정도 위험한 분출이 있었습니다. (10~11행)

(4) 우리가 대표한다고 생각하는 보통의 사람들 사이에서 그러한 위험한 분출이 조장하는 두려움과 문제를 무시하는 것은 어리석은 일입니다. (15~16행)

(5) 우리는 입국이민자들의 대우에 대한 죄의식이 우리의 판단을 흐리게 해서는 안 됩니다. (17~18행)

(6) 이는 조금 더 통제하기 위한 작은 시도이며 매우 현명합니다. 이는 의회와 의회 밖에 있는 모두에게서 환영을 받아야 합니다. (34~35행)

평가의 속성이 있는 믿음은 규범과 가치에 근거를 두고 있다. 따라서 이슬람교도들의 분출에 대한 평가적 기술로서 위험한이라는 낱말의 사용을 전제로 할 때 (3)은 의견이다. 이는 안전이라는 긍정적 가치에 대한 침해를 전제로 하는 평가인 셈이다. 의견(4)는 민주주의라는 가치를 침해하는 정신 행위(두려움을 무시하는 …)에 대한 평가의 속성을 지닌 기술이다. 비슷하게 (5)는 이성이라는 가치에 근거를 둔 규범에 관련되는 진술이다. 끝으로 (6)에서 현명한이라는 낱말의 사용은 슬기라는 가치에 근거를 두고 있으며 통제라는 개념에 기초하고 있다. 이는 또한 영국 문화에서 통제에 있다면 긍정적인 가치를 지닌다는 평가를 담고 있다. 이런 모든 의견들은 당연히 구체적으로는 외국인의 위협에 대해 사회적으로 공유된 정치적 태도로부터 나왔으며 좀 더 일반적으로 입국이민에 대한 보통 사람들이 생각하는 것에 대한 태도로부터 나왔다.[9]

끝으로 이 연설문은 이슬람교도와 그들의 종교에 대한 예찬과 이슬람 공동체에 보낸 더글라스 허드의 서한을 좋아하는 것과 같은 개인적인 의견들을 다수 지니고 있다는 점을 주목하기 바란다. 그러나 그러한 개인적인 의견조차 더 이상의 찬성의 논의가 없다면 틀림없이 전제된 일반적인 의견에 근거를 두고 있을 것이다. 이슬람교도에 대한 그의 긍정적인 언급은 다른 문화도 우리의 문화와 동등하다는 일반적인 의견과 가치에 근거를 두고 있다. 그리고 법률과 규칙, 조처에 대한 보수 집단으로부터 나온 의견을 편지투로 쓰는 일을 좋아하는 것은 평화를 유지하기 위해 책임감 있는 정치가가 취해야 하는 태도이다. 다른 말로 한다면 개인적인 정신 모형에서 의견들은 집단에서 공유된 사회적 태도에 근거를 두고 형성될 수 있다.

개인적인 의견과 그것을 표현하고 있는 담화는 따라서 집단의 태도와 어느 정도 부합되며 다소 일관성을 갖추고 있다. 경험적인 조사연구는 그런 태도에서 일관성은 초보자보다는 특정 분야에서 정치적 전문성을 갖추고 있는 사람들에게서 좀 더 분명하게 나타난다(Judd and Downing, 1990). 이 장의 논의에 따르면 이는 포괄적이고 잘 짜인 정치적 표상이 정치와 관련된 사태(정치가, 정치적인 쟁점, 매체에서 정치 이야기 등)에 대한 이해를 촉진한다는 것을 의미한다(Fiske, Lau and Smith, 1990).

---

9) 태도나 양태를 나타내는 표현이 화자나 필자의 정체성을 드러내는 문체와 관련이 있고 평가를 반영한다는 할 수 있다. 그런데 한 사람의 연설이나 글을 읽고 분석하다 보면 일관된 가치 판단을 읽어볼 수 있는데 페어클럽(2003/2012: 405)에서는 토니 블레어 영국 수상이 바람직함/바람직하지 않음으로 생각하는 행위나 일들의 목록을 제시하고 있다.

3.3. 이념

끝으로 어떤 집단에서 공유되는 사회적 표상(지식과 태도)은 기저에 있는 이념에 의해 구성될 수 있다고 가정할 것이다. 이념은 당연히 추상적이고 일반적인데 서로 다른 사회 영역에서 많은 다른 태도에 적용되기 때문이다.10) 따라서 인종차별주의자의 이념은 입국이민에 대한 태도를 통제할 뿐만 아니라 주택, 노동, 교육이나 입국이민자와 소수자들의 문화에 대한 통제를 통제한다(자세한 내용은 van Dijk, 1991, 1998a를 참고할 것).

사회적 인지에 대한 추상화의 수준과 복잡한 통제의 수준은 경험 (모형들)이나 직접적인 세뇌를 통한 폭넓은 사회적 학습을 필요로 한 다. 따라서 이념은 발달에서 비교적 늦게 습득되고 모든 집단 구성원 들 의해 세부적으로 같은 수준으로 습득되지 않는다. 집단의 몇몇 전문가(이념의 창도자)들은 보통의 집단 구성원보다 포괄적인 이념을 지닐 것이다(Judd and Downing, 1990; Powell, 1989; Zaller, 1990).

그러나 어떤 이념적 집단의 구성원이 되기 위하여(그리고 그와 같은 집단과 동일시되기 위하여) 몇몇의 핵심적인 이념에 대한 믿음을 받아 들이도록 요구할 것이다. 비록 정치적 이념에 대한 고전적인 연구 (Converse, 1964)뿐만 아니라 현재의 사회심리학에서 연구 방향(Billig, 1991a, 1991b)에서는 사람들이 (고정적인) 이념을 갖는다는 점을 부인하 지만, 사람들의 일상적인 삶을 구성하는 이념들과 마찬가지로 사회적

---

10) 담화가 이념을 구현하는 매개체이며 이념이 권력을 재생산하는 도구라는 점에서 이념은 담화, 권력과 변증법적 관계를 이룬다고 할 수도 있다. 그러나 이념은 담화에서 종종 가정된 어떤 가치로 볼 수 있지만 그 영향력이 폭넓기 때문에 무엇을 이념으로 볼 수 있을지 분명하지는 않다. 이 책에서도 그런 점을 명확하게 밝히고 있지는 않다. 허선익 (2019나: 98)에서는 이념의 색채가 담화마다 다를 수 있는 가능성도 언급하고 있다.

인 태도를 가지고 있는 그런 영역들에서는 이런 태도를 구성하는 이념들을 가지고 있다는 것이 개연성이 있어 보인다(Milburn, 1987). 현지조사와 담화에서 표현되는 개인적인 이념들의 변이형태들은 사건들(개인적인 경험)과 맥락에 대한 모형이 구체화되는 것으로서 그리고 개인들은 서로 다른 사회 집단의 구성원이기 때문에 각자 자신들의 태도와 이념을 지니고 있는 개인적 의견에 기대어 간단하게 설명될 수 있다(Krosknick and Milburn, 1990).

이념들은 무엇보다도 집단의 자가 개념틀self-schemata에 따라 구성되는 것으로 가정한다. 그런 개념틀에는 구성원 자격 기준, 행위들, 목적들, 가치/규범, 사회적 지위와 자원들과 같은 범주들이 있다. 이들은 자신의 집단에 대한 자기 규정뿐만 아니라 다른 집단과 관련된 관계와 같은 핵심적인 정보들이 표상되는 범주들이다. 여기는 우리가 누구인지, 어떤 목적으로 우리가 무엇을 하는지 등에 관련된다. 사회적 지위의 범주 안에는 아마도 다른 집단과의 갈등 관계도 표상될 수 있을 것이다.

여기서 제시하는 사례에서 존 경에 의해 표현되는 집단의 지식과 의견은 다양한 이념에 의해, 즉 민족주의, 자민족 중심주의ethnocentrism, 인종차별주의와 민주주의에 의해 구성된다. 따라서 어떤 인종차별주의자의 이념은 막대한 입국이민자들과 출산율, 앞으로의 입국이민에 대한 보통 사람들의 반대(이대로 둘 순 없다)에 대한 (집단의) 지식을 강조할 것이다. 또한 그 이념은 일반적인 면에서 소수자들의 범죄성과 공격에 대한 태도를 통제하고 구체적인 면에서 이슬람교도에 대한 표상을 통제한다. 민족주의자들의 이념은 (상냥하고 친절하며 관대하고 평화를 사랑하는) 우리 영국인들의 긍정적인 품성에 대하여 그리고 (너무나 사랑하는) 고국에 대하여 사회적으로 공유된 의견을 통제한다.

민주주의 이념은 입국이민을 포함하여 보통 사람들의 일상과 경험에 대한 자신들의 관점을 표현할 수 있고 투표할 수 있으며 목소리를 낼 필요성에 대한 일반적인 태도를 구성한다. 좀 더 구체적으로 존[John] 경은 (지식인 등) 선민들의 의견을 무시하는 반면 보통의 (노동자 계층) 사람의 의견에 귀를 기울여야 한다고 주장하는데 이는 민주주의에 대한 대중적인 형태를 옹호하는 셈이다. 분명히 존 경의 민주주의에 대한 신임은 자기 자신과 그가 속한 정당에 대한 긍정적인 자기 제시의 형태로 전략적으로 제시되었다. 따라서 어느 정도 전형적으로 입국이민자들의 민주주의적 권리는 무시한다.

3.4. 정치적 인지: 맺음말

앞에서 제시한 구체적인 사례에 대한 이론적 분석과 기술은 정치 담화를 이해하고 설명하기 위해 정치적 소통에서 참여자들의 기저에 있는 정치적 인지를 검토할 필요가 있음을 보여준다. 믿음과 믿음 체계에 기대어 그와 같은 인지를 단순하게 다루는 대신 매우 다른 유형의 개인적 믿음과 사회적으로 공유된 믿음을 구별하도록 복잡한 얼개를 다듬을 필요가 있다(Seliktar, 1986도 참고할 것). 그와 같은 믿음은 다양한 개념틀 형식에서 구성될 수 있고 사회 정신의 전체적인 구조에 안에서 이론적인 지점을 차지하고 무리지어 있을 수 있다. 따라서 어떤 문화의 전체 구성원에 대하여 대체로 논쟁의 여지가 없는 상식으로 이뤄진 일반적인 공동 배경을 가정하여야 한다고 상정하였다. 이와 비슷하게 각각의 집단에 대하여 기본적인 집단 이념에 의해 구성된 집단 지식과 집단 태도를 구별할 수 있다. 이런 문화적 인지와 집단 인지들은 정신 모형에 저장될 때 개인적인 지식과 의견의 근거로 제공된다. 이런 모형들은 담화 산출과 담화 이해를 포함하여 모든 사회적 관례들의 정신적 토대를 형성한다. 정치적 담화 갈래를 이해하고 기술하기 위해 마지막으로 맥락을 논의할 것이다. 혹은 고려되어야 하는 것으로 맥락의 정신 표상(맥락 모형)에 대해 논의할 것이다.

4. 정치적 담화

정치적 인지의 다양한 측면과 정치적 인지가 정치 담화의 구조를 통제하는 방식을 검토하였으므로 이제 담화와 인지 사이의 관계에 대한 분석으로 방향을 바꿔보기로 한다. 즉 많은 정치 담화 갈래의 원형적 속성들에 초점을 맞출 것이며 그 다음에 기저에 있는 정치적 인지에 기대어 그것들을 설명하고자 할 것이다. 그리고 정치적 맥락과 좀 더 일반적으로 정치학에서 이들의 기능에 기대어 간접적으로 설명하고자 한다.

정치적 담화에 대한 이전의 담화 분석 연구의 일부분조차 검토하는 일은 이 장의 범위를 넘어선다(Chilton and Schäffner, 2002에서 정치적 담화에 관련되는 많은 참고문헌들을 참고하고, Chilton and Schäffner, 1997과 van Dijk, 1997b의 들머리 부분을 참고할 것). 이는 의회 토론에 대한 좀 더 구체적인 분석에 대해서도 마찬가지이다(입국이민자들과 소수자들에 대한 의회 토론에 대해서는 Carbó, 1992; 1995; Martin and van Dijk, 1997을 참고할 것).

대신에 여기서는 좀 더 이론적으로 진행할 것이며 간단히 정치 담화의 몇 가지 구조를 논의하고 정치적 담화와 정치적 인지의 관계,

정치적 진행에서 정치적 담화의 기능들을 논의할 것이다. 정치적 담화의 자리매김을 위한 맥락화의 중요성을 고려할 때 맥락에 관련되는 (인지적) 분석에 특별히 관심을 기울일 것이다.

4.1. 맥락

정치적 담화 구조 그 자체에 대한 분석을 하기에 앞서 맥락에 대해서 간단히 살펴보기로 한다. 위에서 제안한 것처럼, 맥락은 소통에 관련되는 참여자들의 정신 맥락에 기대어 자리매김되어야 한다. 말하자면 이들은 자신과 다른 참여자들에 대한 주관적이고 평가에 바탕을 둔 표상들이며 다음과 같은 소통 상황에서 담화 관련 범주들에 대한 표상들이다(van Dijk, 1997a; 1999).

- 전체 영역(이를테면 정치학);
- 전체 사회적 행위(입법);
- 현재의 배경(시간, 공간);
- 현재의 상황(논의되어야 하는 법률);
- 현재의 상호작용(정치적 토론);
- 현재의 담화 갈래(연설);
- 참여자들 역할의 다양한 유형들(화자, 의원, 보수당의 당원, 백인, 남성, 중년 등);
- 참여자들의 인지(목적, 지식, 믿음 등).

정치적 담화의 많은 갈래들(의회 토론, 법률, 선전 활동, 선전 문구, 국제 과세 협약, 평화 협정 등)이 덩잇글의 관점보다는 맥락의 관점에서 규정되어 왔다는 점을 앞에서 주장하였다. 정치적 담화는 주로 주제나 문체에 의해 규정되지 않았다. 오히려 무엇을 어떤 시기에 어떤 목적으로 누구에게 누가 말하는가에 의해 규정되었다는 말이다. 다른 말로 한다면, 정치적 담화는 특히 정치적인데, 정치적 진행에서 하는 기능 때문이다(van Dijk, 1997b).

따라서 존 경이 말해야 하는 것은 특정의 여러 맥락 조건이 충족되었을 때에만 의회에서 하는 적절한 연설이다. 하원의장은 그러한 상황의 기준에 대한 통제에서 부분적이다. 예컨대 존 경은 오직 특정의 정해진 시간 동안 그리고 특정의 의회 회기나 토론이 있는 동안 말할 수 있도록 허용된다. 왜냐하면 그는 그의 정당을 대표하기 때문에 그리고 의장으로부터 발언권을 얻었기 때문이다. 그리고 그의 연설은 정치적 진행을 위한 정치적 기능이 있는데 (노동당의) 반대 비판에 맞서 어떤 (토리 당의) 법안을 옹호해야 하기 때문이다.

화자들이 그런 맥락 범주들을 인식하고 있다는 것은 때로 그런 범주들에 대한 명시적인 지표 표현에서 보인다. 그에 따라 존 경은 (수사적으로) '오늘 영국의 의원으로서 왜 여기에 왔습니까?'라고 물을 때 배경, 참여자의 역할과 목적을 명시적으로 언급한다. 그리고 그 다음 문장에서 그가 반대당을 명시적으로 언급할 때 반대 세력 혹은 반대당의 사회-정치적 역할이 어떤 정치적 상황에서 관련될 수 있음을 보여준다(자세한 내용에 대해서는 Wilson, 1990을 참고할 것). 존 경의 연설에서 상황중심 지시표현의 다수가 장소(이 작은 섬)와 시간(우리에게는 이제 소수민들이 있습니다)과 관련되는 다른 맥락 범주들에 대한 지식, 그리고 특히 다양한 역할에 참여하고 있는 참여자들에 대한 지식을 전제로 하고 있다(우리 모두가 알다시피, 우리나라, 우리는 대표하는 것으로 생각합니다, 잉글랜드에 있는 우리).

특히 가장 전형적인 정치적인 대명사(우리의)는 화자가 자신과 동일시하는 어떤 집단을 보여준다. 그런 집단의 구성원 자격은 객관적이지 않지만 집단의 구성원으로서 화자의 정신 모형의 일부이며 사회적 표상의 일부라는 점을 주목하기 바란다. 특히 연설을 전략적인 목적으로 사회적으로 구성되며(우리 민주주의자) 다른 사람을 배제하기 위한 목적으로 구성된다(잉글랜드에 있는 우리는 흑인보다는 백인을 가리킴)는 점도 주목하기 바란다. 우리와 그들이라는 담화에서 양극화 표현은 정치적인 담화에서 전형적이다. 이 표현은 말하고 있는 사람들(영국 사람 대 이슬람교도)에 대한 정신적인 표상을 반영할 뿐만 아니라 소통 상황에서 말하는 참여자들의 범주를 반영한다(우리 보수파들 대 노동당 반대파인 그들).

맥락은 또한 의회에서 격식적이고 기관에 맞는 상호작용의 기능으로서 지정된 표현의 격식성과 같은 말투를 조정하거나 보통 사람의 관점을 지니고 있다고 공언하는 대중에 영합하는 의원으로서 긍정적인 자기 표상에 대한 설득적 전략의 기능으로서 대중적인 표현(더 이상은 안 됩니다enough is enough)의 사용과 같은 말투(토착 인구, 유입 등)를 조정한다. (의회 기록에서 Hon으로 줄이는 존경하는이라는 표현의 사용이나 같은 당의 의원을 언급하기 위해 사용되는 동료와 같은) 이들 표현 가운데 소수만이 의회 토론에서 전형적임을 주목하기 바란다.

앞에서 본 것처럼 맥락 모형은 또한 사건 모형으로부터 관련되는 정보의 선택을 통제함으로써 의미 표상을 조정한다. 존 경은 입국이민과 이슬람교도에 대한 의견을 많이 가지고 있으며 더 많이 알고 있지만 시간 제약, 수신자들의 믿음에 대한 믿음과 긍정적인 자기 표상 전략이 몇 가지 모형 정보를 표현을 위해 선택하고 다른 정보는 암묵적으로 남겨 두거나 혹은 전제되거나 변죽만 울리도록 결정할 것이다. 그리고 그가 속한 당의 보수적인 이념이 **우리**의 훌륭한 특성과 **그들**의 나쁜 특성에 대한 믿음의 선택을 선호하는 맥락 모형에서 실제 사례로 증명될 것이다.

맥락 모형은 정치적 담화의 화용론적 기준, 즉 존 경의 연설에서 표현되는 수사적인 질문과 같은 화행의 사용을 조정한다. 그는 다른 이들이 그의 의견을 알고 있음을 알거나 그의 의견을 알기를 원하지 않고 그에 따라 그와 청중들은 그의 질문이 답을 요구하지 않는다는 것을 안다. 그리고 간접적으로 반대 노동당에 대해 그런 족속ilk이란 경멸적인 용어를 쓴 것은 만약 현재 상황에 대해 관련되는 맥락 범주를 모두 밝혀낸다면 (노동당이 입국이민에 온건하다는) 비난을 마무리했음을 함의한다.

끝으로 맥락, 맥락 모형, 담화와 인지 사이의 관계에 여러 방향이 있음을 주목하기 바란다. 그에 따라 맥락 모형은 덩잇글 산출을 제약하는데 이는 맥락에 매인 담화 구조로 귀결된다. 이는 다시 화자(배경과 현재의 상호작용뿐만 아니라 목적과 지식, 의견에 대한 그의 해석)의 맥락 모형에 관련되는 속성으로 수신자들에 의해 해석될 것이다. 말하자면 담화 구조는 결국 맥락에 대한 수신자의 모형에 영향을 미칠 수 있다는 것이다. 그들은 맥락에 대한 이런 해석을 수용한 다음 암시된 것처럼 자신들의 고유한 맥락 모형 안에서 그것을 구성할 것이다. 한편으로 그들은 현재의 상호작용과 특히 화자를 다른 방식으로 평가하고 표상할 것이다. 따라서 존 경이 자신을 포함하여 백인 영국인들을 관대하다고 표상하지만 그들은 그에 의해 전달되는 수사적인 입국이민의 문제에 동의하지 않을 수 있다.

4.2. 정치 담화의 구조

지금까지 많은 담화 구조들이 맥락 모형의 어떤 함수라는 점을 보아
왔다. 그러나 담화는 맥락 모형에 의해 제약을 받을 뿐만 아니라 사건
모형에 의해서도 영향을 받는다. 말하자면 화자가 대하여 말하고 있
는 사건을 해석하는 방식과 앞에서 보인 것처럼 집단 구성원들에 의
해 해석되는 좀 더 일반적인 사회적 표상에 의해서 해석된다. 제안한
것처럼 정치적 담화에 대한 자리매김을 위해서 중요한 것은 그런 구
조들이 정치 구조와 정치적 진행에 관련된다는 점이다. 따라서 맥락
에 따르면 존 경의 연설은 입국이민에 대한 의회의 의사결정과 입법
에 이바지한다. 결국 존 경의 연설은 영국에서 인종차별주의와 인종
관계의 재생산에 어떤 역할을 한다(Solomos and Back, 1995; Reeves, 1993;
van Dijk, 1991; 1993a). 좀 더 논리적으로 의회에서 그의 연설은 어떤
법안에 대한 방어와 반대 노동당에 대한 공격으로서 역할을 한다.

이제 간단히 몇몇 담화 구조를 고려하면서 그것이 정치적 인지뿐만
아니라 정치적 진행과 어떻게 관련되는지 보기로 한다. 여기서는 이
런 구조들은 잘 알려져 있으며 아무런 이론적인 분석이 필요하지 않
은 것으로 가정하면서, 특히 이런 구조들의 정치적 기능에 초점을
모으기로 한다. 앞으로 보게 되듯이 전체적으로 그런 구조들은 긍정
적인 자기 제시와 부정적인 타자 제시라는 전국적인 이념 전략이나
정치적 전략을 따를 것이다(이론적인 분석과 다른 사례들은 van Dijk,
1987a; 1993a를 참고할 것).

화제들: (정치나 다른) 담화에서 어떤 정보를 중요시하거나 주제화하도
록 자리매김하거나 강조하는가 하는 것은 화자가 지니고 있는 사건

모형과 맥락 모형의 함수[11]이다. 그에 따라 일반적으로 존 경의 연설에서 **우리**, 우리 집단(예컨대 영국에서 인종차별주의자)에 대한 부정적인 정보는 주제화되지 않지만 타자인 **그들**(이를테면 그들의 부당한 공격)에 대한 정보는 주제화되는 경향이 있다. 그리고 그 반대의 경우도 마찬가지이다. 즉 **우리**의 긍정적인 특징(관대함, 기꺼이 반김)은 일반적으로 주제가 되겠지만 **그들**의 긍정적인 특징은 무시되거나 경시하고 지나가는 말투로 표현된다. 따라서 존 경의 연설에서 중심 주제는 영국에서 현재의 입국이민에 관련되는 그의 정신 모형에 대한 표현이다.[12]

(T1) 대규모 입국이민은 잉글랜드에게 어떤 문젯거리입니다.

(T2) 입국이민은 우리나라와 문화에 어떤 위협입니다.

(T3) 보통의 영국 사람들은 더 이상의 입국이민을 원하지 않습니다.

(T4) 우리는 이 법안으로 입국이민에 대하여 더 많은 통제력을 행사할 수 있습니다.

이런 주제들로부터 나온 암묵적인 결론은 의회에서 이 법안에 대해 찬성해야 한다는 것이다. 인종에 대한 편견의 재생산과는 별도로 그리고 이 법안을 채택하도록 의회를 설득하는 노력과는 별도로 이 연설은 동시에 좀 더 직접적인 정치적 기능, 즉 야당인 노동당에 대하여 사람들의 목소리를 무시하지 않도록 경고하는 기능을 한다. 존 경은 이 경고를 통하여 우리(혹은 노동당)는 일반 백인들에 귀를 기울이지 않는다면 그들의 지지를 받지 못할 것이라는 점을 분명하게 함축하고

---

11) 즉 사건 모형과 맥락 모형에 따라 어떤 정보를 중요시하거나 주제화한다는 뜻이다.
12) 아래에서 T는 Topic의 줄임말이다.

있다. 경험적인 연구는 선민들에 의해 제공되는 포괄적인 주제들이나 쟁점의 정의 혹은 프레임^{frame}은 공개적인 의견과 해석에 막대한 영향을 미칠 수 있다(Gamson, 1992; Kinder and Sanders, 1990).

개념틀: 담화에서 전체적인 개념틀 구성은 관례적이고 맥락 제약 때문에 직접적으로 변화를 보이지는 않는다. 따라서 의회 연설은 보수당 의원이 관여하든 노동당 의원이 관여하든 같은 구성 범주를 지니고 있다. 변화를 보일 수 있는 것은 정보를 제시하는 차례와 강조, 종류와 정도이며 그에 따라 긍정적인 자기 제시와 부정적인 타자 제시의 함수에 따라 강조되거나 완화된다. 따라서 만약 그와 같은 연설에서 전국적인 문제 해결의 구조가 있다면 존 경은 해결 범주보다는 (입국이민자들에 의해 부당하게 유발된) 문제 범주에 더 많이 머물렀을 것이다.

의회 토론은 전형적으로 설득 담화인데 여기서 의원들은 정치적 입장을 취하고 그들의 의견을 표현하며 담화 구조에서 가장 특징적인 개념틀 가운데 하나인 논증 구조의 얼개 안에서 다른 사람들의 의견을 공격한다. 따라서 존 경의 의도는 입국이민을 제한하는 어떤 법안을 지지하는 것이다. 그런 제한이 영국을 위해 좋다는 결론으로 이끄는 그의 주장은 따라서 그런 결론을 가장 잘 뒷받침하는 방식으로 정신 모형과 그의 보수적 태도에서 선택되었다.

(a) 수만 명의 입국이민자들이 있다.
(b) 그들은 출생률이 더 높다.
(c) 잉글랜드는 좁고 이미 너무 많은 입국이민자들이 있다.
(d) 우리의 문화가 위협받고 있다.
(e) 특히 이슬람교도가 위험하다.

(f) 보통의 영국 사람들이 고통을 받을 것이다.

(g) 보통 사람들은 충분하다고 말한다.

등

전형적인 점은 또한 그가 "죄의식이라는 감정이 우리의 판단을 흐리게 해서는 안 됩니다. 그리고 이런 제한[입국이민 제한: 뒤친이]은 영국 사람들은 관대하기 때문에 인종차별주의자가 아닙니다. 그리고 저도 이슬람교도를 칭찬하기 때문에 인종차별주의자나 반이슬람주의자가 아닙니다."라고 하는 것으로 감정적인 논증을 거부할 때 발생하는 것으로 이는 반론에 대한 거부이다.

다른 말로 한다면 구체적인 사건 모형으로부터 입국이민자들에 대한 부정적인 명제의 선택은 부정적인 타자 표상이라는 전체적인 제약을 따르고 이는 결국 부정적인 결론, 즉 입국이민이 억제되어야 한다는 결론으로 이어져야 하는 모든 전제를 구성한다. 현재의 맥락 모형에 적용되는 이런 결론은 정치적 맥락에서 앞으로의 행위, 즉 입국이민자들을 더 이상 허용하지 않음에 대한 어떤 모형이기도 하다. 요약하자면 정치적 논증에 대한 분석은 정신적 표상의 다양한 유형에 대한 다양한 전략적 사용을 전제로 한다.

지엽적인 의미: 지금까지 정치적 맥락 모형이 현재 사건 모형에 관련되는 어떤 정보가 담화에서 적절하게 포함될 것인지 여부를 규정한다는 점을 보았다. 이런 점은 담화에서 표현되는 (화제에 관련되는) 전체적인 의미뿐만 아니라 지엽적인 의미에 대해서도 마찬가지이다. 이런 선택을 통제하는 중요한 맥락 범주는 지엽적인 의미의 복잡성에 영향을 미칠 수 있는 화자와 수신자들의 정치적 이념이다. 따라서 존 경의

논증에서 단순성은 종종 발견되는 것으로 (특히 보수적이며) 급진적인 정치가의 개념적인 복잡성의 결핍을 확신하게 해준다(Tetlock, 1983; 1984; 1993). 그리고 그 반대로 구성된 특정의 의미 구조가 다른 대안의 지식 원천을 가지고 있지 않는 수신자들의 선호되는 모형에 영향을 미칠 수 있다(Lau, Smith and Fiske, 1991).

따라서 존 경의 연설에서 많은 명제들이 영국의 상황에 대한 그의 정신 모형의 함수로서 설득을 위해 선택되었다. 그의 정신 모형은 결국 보수적이고 민족주의적이며 인종차별주의적인 이념에 의해 통제되고 있으며 일반적으로 그들의 부정적인 특징에 대한 세부내용에 초점을 맞추고 있다.

(S1) 우리는 수백만 명의 입국이민자들을 허용하였습니다.
(S2) 우리에게는 이제 수만 명의 소수 인종이 있습니다.
(S3) 그들의 출생률이 토착 인구의 출생률을 훨씬 넘어서고 있습니다.
(S4) 우리의 종교, 도덕, 관습 등에 어떤 영향을 미치겠습니까?
(S5) 이미 이슬람 공동체의 여러 곳으로부터 다소 위험한 분출이 있었습니다.
(S6) 그러한 위험한 분출이 만들어낸 두려움
(S7) 입국이민자들의 상당수가 거기에 살고 있습니다.

과장, 숫자들, 대조와 은유(분출), 다른 수사적인 전개 전략이 존 경의 사건 모형으로부터 부정적인 명제들을 이념적으로 치우치도록 더 부추겼다. 그런 명제들의 전체적인 함의는 그들(이슬람교도)이 우리에게 위협이 된다는 것이다. 이슬람 교도에 대해 유일하게 긍정적인 명제(12줄/13줄)는 부정적인 의미가 주도적인 위상을 차지하는 곳에서 긍정적인 자기 제시라는 전략적 기능을 지니고 있는 부인 표현^{disclaimer}으로 읽힐 수 있을 것이다(van Dijk, 1978a; 1993a). 실제로 존 경이 자신에 대해 말하는 곳은 오직 이 부분뿐이다.

다른 한편으로 이 짧은 연설은 앞에서 봐온 것처럼 영국의 백인에 대한 긍정적인 품성을 강조하고 있고 그에 따라 앞에서 분석한 바대로 보통처럼 **그들**과 **우리**를 대조한다. 비록 보통의 영국 사람에 대한 그의 긍정적인 지시표현이 보통 사람들에 대한 그의 사회적 표상의 표현일 필요는 없지만 말이다. 보수주의자의 우두머리로서 존 경이 실제로 사람들과 그들의 의지를 좋아할 것 같지는 않다. 오히려 그때에는 그의 긍정적인 기술이 긍정적인 자기 제시(우리는 민주적이고 그래서 사람들에게 귀를 기울인다)라는 인기에 영합하는 전략이며 (사람들에게 귀를 기울이지 않는) 노동당에 대한 비판을 함의한다. 말하자면 여기서는 모든 의미가 사건에 대하여 이념에 기반을 둔 모형으로부터 도출된다고 보지는 않으며 우리(보수당)와 그들에 대한 이미지와 (어떤 법률을 옹호하는) 정치적 행위의 목적에 담긴 특징을 드러내는 맥락 모형에 의해 자극을 받을 수 있다고 본다. 같은 이유로 비판적인 수용자들은 아마도 보통의 사람들에 대한 그러한 긍정적인 지시표현이 진짜 의견으로 보지 않고 단순히 전략에 바탕을 둔 정치적 상호작용의 전개로 듣게 될 것이다.

그렇다면 좀 더 일반적으로 말해 지엽적인 의미에 대해 인지에 바탕을 둔 정치적 분석에서는 담화에서 표현된 명제의 선택을 지식과 태도, 이념과 같이 사회적으로 공유된 (집단) 표상뿐만 아니라 기저에 있는 사건 모형과 맥락 모형과 관련을 지으려고 할 것이다. 그에 따라 지엽적인 의미가 암묵적이든 명시적이든 선언되든 혹은 전제되든 세부적이든 전체적이든 일반적이든 구체적이든 직접적이든 간접적이든 혹은 뻔뻔스럽든 절제되어 있든 지엽적인 의미는 일반적으로 이념적인 기반을 지닌 사건 모형의 구실을 할 것이다. 여기서 제시한 사례처럼 이는 일반적으로 타자에 대한 부정적인 의미가 선택되고 강조되며 명시적이고 자세하며 구체적이고 직접적이거나 뻔뻔스러운 경향이 있을 것이다. 반면에 완화된 표현, 부인이나 부정은 맥락 모형에 의해 조정됨에 따라 긍정적인 자기 제시(혹은 나쁜 인상에서 벗어나기)의 기능을 할 것이다.

말투와 수사학: 끝으로 의미 표상은 가변적인 표면 구조, 즉 특정의 어휘화와 통사 구조, 말소리와 인쇄물, 이미지의 특정 자질뿐만 아니라 기저에 있는 의미를 강조하거나 덜 강조하기 위하여 맞추어진 수사적 장치를 통해 표현된다.

여기서는 이미 그와 같은 인지적으로 그와 같은 변이형태는 사건 모형 안에서 부분적으로 구조와 의견의 함수라는 점을 제안하였다. 따라서 사건 모형에 저장되어 있고 정치적 태도에 담겨 있는 것으로서 외집단에 대한 부정적인 의견은 이슬람교도의 시위에 대한 기술을 놓고서 위험한 분출이라는 표현에서 보았듯이 혹은 반대 노동당에 대하여 족속이라는 표현에서 보았듯이, 일반적으로 부정적인 낱말에 의해 어휘화될 것이다. 그러한 어휘화는 단순히 부정적일 뿐만 아니라 과장으로서 기능을 한다. 이런 사례의 예를 들면 존 경이 입국이민자들의 출생률을 언급할 때 토착 주민의 출생률을 훨씬 넘어선다고 하였다. 이와는 달리 긍정적인 어휘화(상냥하고, 관대하며 평화를 사랑함)는 내집단의 긍정적인 자기 이미지를 표현하기 위해 선택될 것이다. 특정의 어휘 변이형태 사용은 정치적 태도와 이념의 활성화에 매우 다른 틀 짜기framing 효과를 지닐 수 있다. 그에 따라 사건 모형의 구성에도 매우 다른 틀 짜기 효과를 지닐 수 있다. 선민들은 대중의 의견에 영향을 미치기 위하여 정책이나 매체 담화에서 특정의 용어를 사용한다. 예를 들면 불공정한 혜택이나 역차별로서 긍정적인 조처에 대한 규정은 다수의 인지적 표상과 전략을 유발하는데, 특히 인종차별주의적인 태도와 이념을 유발한다. 이들은 긍정적인 조처에 대하여 좀 더 부정적인 의견을 유발한다(Kinder and Sanders, 1990).

그러나 말투와 수사적인 많은 속성들은 기저의 의견이나 모형 구조혹은 정치적 표상이 아니라 맥락 모형의 다양한 범주들에 의해 점검을 받는다. 어떤 용어들은 정치 영역에서 원형적이며 존 경의 연설에서 토착 주민indigenous, 유입influx과 같이 격식에 맞춘 낱말의 선택은 의회연설과 이 하원 회기의 격식성을 보여주는 표지들이다. 이를테면 의회 토론에서 참여자들의 역할과 신분은 대명사에 의해 복수로 표지되며(우리와 우리들 대 그들) 경칭(존경하는, 동료), 공손성 전략으로 표지되는반면 동시에 정치적으로 혹은 사회적으로 포함하거나 배제하는 형태로 표현된다.

이와 비슷하게 화행과 수사적인 의문문은 정치적인 정체성과 관계를 표현하거나 확실하게 하기 위해 채택된다. 예컨대 6~10행에서 노동당에 대한 존 경의 직접적인 언급은 정부와 야당으로서 그리고 나라의 미래를 돌보지 않음에 대한 비난의 수단으로서 참여자의 기본적인 정치적 역할에 의해 점검을 받는다. 이 모두는 존 경의 연설에관련되는 현재의 정치적 맥락에 대한 그의 규정의 일부분이며 그에따라 그의 맥락 모형에 나타나며 그의 연설에서 표현으로 나타난다. 이는 연설에서 전략적으로 표면에 나타나는데 염려하고 있는 사람으로서 자기를 토리 당원으로 표상함에 따라, 그리고 반대 당원들은비민주주의자가 아니라면 냉담한 사람으로 표상함에 따라, 그렇게 나타난다.

5. 마무리

정치 담화의 구조에 대한 이 짤막한 설명에서 이들은 전형적으로 모두 담화와 정신 표상이라는 서로 다른 유형을 연결하는 좀 더 정교한 인지 이론의 관점에서 설명될 수 있음을 발견하였다. 그렇다면 일반적으로 정치 담화의 의미와 형식 둘 다 사건 모형이나 지식과 태도와 이념과 같은 일반적인 정치적 표상으로부터 다양하게 나오는데 이런 경우 맥락 모형의 함수이다. 물론 이런 정신 구조가 각각 특정의 정치적 사건과 정치 세계뿐만 아니라 정치적 소통을 참여자들이 어떻게 이해하는지 깨닫게 될 때 이런 통찰은 전혀 새롭지 않다.

여기에서의 이론적 논의를 위해 정치 담화의 구조에 대한 이러한 인지적 분석은 인지심리학을 정치 담화 연구에 적용하기 위해 시험 삼아 해보는 일이 아니다. 오히려 인지적 분석은 자세하게 정치적 담화가 어떻게 표현되고 정치적 진행에서 어떤 구실을 하는지 올바르게 설명하고 기술하는 데 본질적이다. 말하자면 정치적 담화는 의회 토론에서 입국 이민에 대한 존 경의 연설이 그러한 것처럼 정치 맥락과 시의적절한 기회와 직접적인 관련이 있다. 그러나 담화와 관련이 있는 것은 맥락 그 자체가 아니라 참여자들이 상호작용이나 소통 맥락을 구성하는 모형인 듯하다. 얼마나 정확하게 왜 정치적 상황이 담화를 제약하는지 그리고 그 반대로 담화가 상황을 제약하는지 증명할 수 있는 것은 적합성이라는 사회인지적으로 규정된 개념을 통해서 가능하다.

이와 비슷하게 비록 정치적 담화가 개인적이지 않은 것도 없다는 점을 잊지 말아야 하지만 정치적 담화가 단순히 개인적인 것인 거의 없다. 말하자면 정치적 담화는 사회적이거나 정치적일 뿐만 아니라 개인적인 특징을 구체적으로 보여주는 개인적인 담화이기도 하다. 오직 인지 이론만이 사회적 측면과 개인적 측면 사이의 접합면을 밝혀낼 수 있다. 즉 한편으로 구체적인 사례에 관련되는 정신적 모형과 다른 개인적 표상 사이의 관계를 통해서 다른 한편으로 집단들 사이에 공유되는 정치적 표상 사이의 관계를 통해서 이들 사이의 접합면을 밝혀낼 수 있다. 그에 따라 정치 집단이나 기관들은 상호작용하는 주체나 집단 그리고 이들의 상호작용이라는 관점에서 사회정치적으로 자리매김될 뿐만 아니라 이들이 공유하는 지식, 태도, 이념과 규범, 가치에 의해 사회인지적으로 자리매김된다. 다른 말로 한다면 정치 담화는 정치적 행위와 진행, 체계를 통제하는 것으로서 사회적으로 공유되는 표상과 정치 담화가 관련되어 있는 사회인지적 접합면을 밝혀낼 때 충분히 기술되고 설명될 수 있을 뿐이다.

제8장 소동맹[1]에 대한 전쟁의 수사학

: 이라크 전쟁에 대한 아즈나르의 정당화와 정치적 속뜻

1. 들머리

이 장에서는 스페인의 조세 마리아 아즈나르의 호전적인 의회 수사학의 몇 가지 속성들을 들여다보기로 한다. 그의 의회 연설은 2003년 사담 후세인에 대항해 미국과 그 동맹국의 군사적인 조처를 지지하였다.[2] 의회에서 이뤄진 아즈나르José Maria Aznar의 연설에서 맥락에 관련되

---

1) 소동맹은 원문에 little ally로 표현되어 있는데 이라크와 전쟁을 하겠다는 미국, 영국과 그 우방국들의 동맹으로 국제연합보다는 작은 동맹을 가리킨다. 잘 알고 있듯이 미국은 석유 때문에 이라크와 전쟁을 불사하겠다고 밝혔고 몇몇 나라가 이에 동조함으로써 전쟁이 일어났지만 전쟁은 성공적이지 못하였다.

2) 이 시기, 즉 미국이 쿠웨이트를 침공한 이라크를 공격하기로 한 2003년 즈음에는 공교롭게도 미국의 조지 부시 대통령, 영국의 토니 블레어 수상, 스페인의 조세 마리아 아즈나르 수상이 정권을 잡았던 시절이다. 미국이 이들 나라에 이라크와 전쟁에 동참하거나 지원해 주기를 원하였고 보수적인 이들 나라의 수상들은 이에 응하여 의회에서 연설을 하였는데

는 흥미로운 특징들 가운데 하나는 그들이 대중의 막대한 다수, 즉 90퍼센트에 도전하였으며 국제연합의 지원 없이 심지어 자신의 당인 국민당Patido Popular의 지원도 없이 이라크에 대항하였다는 점이다. 아즈나르는 전체적으로 스페인에서 일어났던 가장 큰 시위(바르셀로나에서만 백만 명 이상)뿐만 아니라 자신들의 연정 상대방을 포함하여 다른 정당의 의견 모두를 무시하였다. 그에 따라 다가오는 2003년 5월에 있을 지방선거에서 많은 표를 잃어버릴 위험을 무릅써야 했다. 비록 그는 2004년에 있었던 다음의 총선에서 개인적으로 재선에 입후보하지 않았지만 왜 수상이 조지 부시 미국 대통령을 맹종하고 그에 따라 정치적 자살을 저지르게 되었을까? 현재의 미국 행정부와 공유한 보수적인 이념 때문일까? 사담 후세인이 부당하게 가지고 있는 대량 파괴 무기에 대해 진심에서 우러난 걱정 때문일까? 혹은 폭력 조직 ETA[3])에 맞서 국지적인 전투에 부시의 지원을 얻기 위한 것이었을까? 이 장에서는 이라크에 대한 전쟁을 지원하기로 한 아즈나르의 결정에 대하여 이들이나 다른 정치적 의견에 관여하지 않고 아즈나르가 공개한 이유에 대한 담화적 표현인 연설의 속성 몇 가지를 구체적으로 살펴보기로 한다. 저자는 국가 폭력과 전쟁의 합법화에 대한 광범위한 의문의 배경, 특히 2001년 9월 11일에 있었던 세계무역센터와 미국 방부에 대한 공격 뒤에, 그리고 그에 따라 국제적인 반폭력주의자들

그 연설들에 대한 분석이 반 데이크가 쓴 일련의 책들에 소개되어 있다. 아즈나르의 연설은 이곳에 분석되어 있고, 토니 블레어의 연설은 반 데이크(2014/2020)에서 여러 차례 분석과 비판의 대상이 되고 있는데, 특히 2장에서 여기서 제시하는 것과 같은 주제의 연설을 다루고 있다.

3) Euskadi Ta Askatasuna의 줄임말로 '바스크의 자유'를 뜻한다. 바스크 민족 독립을 주장하는 단체로 지금은 해체되었다. 분리주의 세력 대부분이 그렇듯 분쟁 당사자인 스페인, 미국 등 여러 나라에선 테러리스트로 취급되어왔다. 반면 현지 분리주의 성향 주민들에게는 스페인과 프랑스로부터 독립을 위해 투쟁하는 투사로 대접받았다.

의 병적인 반응을 배경으로 그렇게 할 것이다.

좀 더 구체적으로 저자는 아즈나르 연설의 정치적 함의라고 부르게 될 것, 즉 소통 상황에서 참여자들 예컨대 의회 토론에서 의원들이 이 연설과 그 맥락에 대한 (그들의 이해에) 바탕을 두고 이뤄질 수 있는 특정의 정치적 추론에 초점을 맞출 것이다.

저자가 내세우는 일반적인 개념틀은 어떤 문제에 대하여 담화적 차원, 인지적 차원, 사회적 차원이 합쳐진 연구의 관점에서 사회적 문제를 삼원화하고자 하는 비판적 담화 분석CDA: Critical Discourse Analysis이라는 학제적인 유형이다(van Dijk, 1993c; 2003a). 따라서 여기서 다루는 사례에서 정치 수사학의 어떤 흥미로운 속성들을 기술하는 데 관심이 있는 것이 아니라 아즈나르가 그가 속한 당과 공유하고 있는 태도와 규범, 가치, 이념으로서 사회인지적 표상뿐만 아니라 현재 스페인에서 그의 연설의 사회정치적 맥락과 관련을 지을 필요가 있다. 말하자면 아즈나르의 정치 담화들과 그들의 속성은 궁극적으로 덩잇글로 처리되어야 할 뿐만 아니라 당의 선전 문구와 국내 차원에서 의회의 의사결정뿐만 아니라 국제 차원에서 외교, 연합 형성, 무력 외교와 같이 정치 진행에서 정치적 인지와 정치 행위의 표현으로 다루어야 한다. 이는 담화의 구조적 특징 분석뿐만 아니라 정치 진행에서 담화의 조건과 기능에 대한 설명으로만 그쳐서는 안 되는 담화에서, 특히 그러하다.

여기서 제시하는 말뭉치는 2003년 2월 5일과 19일, 3월 5일과 29일의 의회 회기 동안 아즈나르가 한 네 개의 중재 연설로 이뤄져 있다. 그러나 저자는 처음 2월 5일에 나온 첫 번째 연설을 인용할 것이며 그의 연설문에만 초점을 맞추고 이 장에서는 다른 정치가들의 연설문과 토론에서 담화를 통한 상호작용은 무시할 것이다.

2. 이론적 얼개

2.1. 의회 토론

일반적인 수준에서 비판적 담화 분석에서 이뤄진 연구를 배경으로 하면서 구체적인 수준에서 정치적 담화에 대한 배경으로 삼아 이 연구의 이론적 얼개에서는 먼저 의회 토론의 기능과 구조에 초점을 모으기로 한다. 그런 토론은 기관에서 언어를 통한 상호작용의 형태일 뿐만 아니라 정치적 담화의 구체적인 갈래이다. 그에 따라 이런 형태의 속성들은 이런 담화 범주들에 관련되는 좀 더 폭넓은 얼개 안에서 분석될 수 있다. 정치 담화의 갈래로서 의회 토론은 입법, 통치와 정부의 통제라는 전국적인 정치 행위 가운데 지엽적인 정견 발표이다. 좀 더 구체적으로 그런 토론은 의원들과 국무 위원들의 연설이라는 특징을 지니는데 화용적으로 정부를 지지하고 야당을 참여하게 하면서 정부의 결정과 정책을 제시하고 합법화하는 기능을 한다. 따라서 의회 토론에 대한 적절한 분석은 이런 전국적인 기능에 초점을 맞추어야 하며 그에 따라 이런 토론에서 연설의 구조도 이런 전국적인 정치 기능의 전체적인 실현에서 지엽적인 전개 전략을 실현하는 것으로 기술될 수 있다고 가정하게 될 것이다. 아래에서 정치적 속뜻[4]이라는 개념을 사용하고 자리매김하게 될 지점도 이런 얼개 안일 것이다.

의회 토론은 저자의 분석에서 대체로 무시될 여러 가지 형식적인

---

4) 함의/함축과 관련된 용어의 뜻매김은 반 데이크(2014/2020) 각주 208(455쪽) 참고하기 바란다. 거기에서 속뜻=함의+맥락 모형의 의미를 지닌다고 제안하였는데 함의는 논리적, 형식적 추론에 관련되는 의미이다. 한편 이 책에서 저자는 함의implication를 의미론적으로 추론된 의미와 연결하고 속뜻 implicature을 맥락이나 화용론적으로 추론된 의미에 관련된다고 하면서 구분하고 있다.

속성들을 지니고 있다. 여기에는 화자나 대통령에 의한 발언권 교체 통제나 정부나 반대 당의 구성원 자격에 따른 화자의 순서와 말할 차례의 변화, 연설의 의례화된 형식(스페인어로 Su Señoría 각하), 준비된 연설문의 격식적인 어휘와 통사적 문체, 앞선 연설자에 대한 공식적인 응답이 있다. 또한 여기서 자료들이 공식적인 기록으로부터 나왔기 때문에 겹침, 고침, 잘못된 시작과 불완전한 문장과 같은 연설과 상호작용에서 자발적인 형태는 거의 있지 않다.

이런 사례에서 정치적으로 좀 더 흥미로운 것은 그리고 비판적 담화 분석 얼개에 좀 더 관련성이 있는 것은 아즈나르 연설의 의미론적 속성들과 수사적 속성들이다. 따라서 이라크 전쟁에 스페인의 참여를 합법화하는 연설에서 그런 참전에 대한 법적 정당화, 도덕적 정당화나 정치적 정당화와 관련되는 일상적이고 전국적인 전략의 표현들뿐만 아니라 **우리**에 대한 긍정적인 자기 표현과 **그들**에 대한 부정적인 타자 표현이라는 잘 알려진 전국적인 의미 전략을 예상해 볼 수 있다. 9·11 이후 다른 많은 정치 담화에서 그러하듯이 **우리**는 불량한 국가나 폭력주의에 맞서 싸우는 서구의 민주주의를 나타내며 **그들**은 우리를 위협하는 폭력주의자나 국가로서 여기서는 사담 후세인이다. 그런 의미론적 양극화는 보통의 방식으로 수사적으로 이를테면 우리의 선행과 그들의 악행에 대한 과장과 은유로 강조될 수 있다.

비록 의회 토론에서 일반적이고 의미론적인 제약은 거의 없고 결국 많은 화제들에 대하여 있을 수 있지만 내집단과 외집단에 대한 양극화라는 의미론적 전략과 수사적 전략은 전체적으로 매우 일반적이고 그런 토론의 정치적 기능에 달려 있다. 즉 정부와 그들을 지지하는 의원들은 일반적으로 자신들의 정책과 행위를 긍정적인 시각으로 제시할 것이며 반대 의원들은 당연히 그 반대되는 일을 할 것이다. 즉 그런 조처나 정책들을 부정적으로 기술하고, 비난하며 공격할 것이다. 저자의 분석에서는 아즈나르의 연설에서 이런 의미론적 조처와 수사적인 조처의 구체적인 형태를 요약하기만 할 것이다.

2.2. 맥락 모형

의회 토론의 다른 기본적인 측면이 있는데 맥락이 그것이다. 말하자면 의회 토론의 형식적 측면, 의미론적 측면과 수사적인 측면 가운데 많은 측면들은 다른 공식적인 충돌이나 다른 정치 담화에서 발견될 수 있다. 이는 정치 담화의 이런 갈래가 지니고 있는 독특한 특성 대부분이 맥락에 매여 있음을 뜻한다. 즉 누가 말하고 들으며 그들의 역할이 무엇인가, 어떤 행위에 가담하고자 하는가, 어떤 의도를 갖고 있는가 등. 앞에서 주장하였듯이 의원들 사이의 상호작용으로서, 특정의 정치 행위에 가담으로서 그리고 어떤 특정의 정치적 목적으로서 토론의 정치적 기능에 주목해야 하는 것은 바로 이 지점이다.

　의회 토론에 대한 맥락 차원에 대한 이런 형식화는 그러나 비격식적이다. 이론적으로 이런 정치적 상황의 관점에서 의원들과 그들의 역할, 행위와 목표로 맥락을 자리매김할 때 덩잇글과 맥락 사이에 아무런 직접적인 관계가 없다는 점이 강조되어야 한다. 오히려 맥락은 참여자가 구성할 때 주관적이라는 관점에서 누가 말하거나 이해하는가에 영향을 미칠 수 있을 뿐이다. 담화에 영향을 미치는 것은 사회적 상황이나 정치적 상황 그 자체가 아니라 개별 참여자들이 표상하고 이해하는 방식이나 그렇지 않다면 그와 같은 상황에서 지금 현재 그들에게 관련되는 속성들을 구성하는 방식에 영향을 미친다. 따라서 맥락은 객관적이거나 그곳에 있는 것이 아니라, 참여자들의 주관적인 구성물이다. 현재의 인지심리학적 관점에서 이는 맥락들이 구체사례 기억, 즉 맥락 모형에 표상된 정신 모형임을 뜻한다. 이런 맥락 모형들은 담화의 이해와 산출에 관련되는 많은 속성, 즉 화행, 문체, 어휘 선택, 양식과 수사적 전략과 의미 전략 등을 통제한다.

소통 상황에 대한 개별 참여자들의 임시적인 구성을 표상하는 동안 비록 각각의 소통 상황에서 독특하기는 하지만 맥락 모형의 일반적인 양식은 문화적으로 변이가 있을지라도 필연적으로 좀 더 일반적인 속성을 띤다. 의원들이 매번 그들이 참여하는 토론의 맥락 모형을 구성하는 구조물의 기본 범주들을 만들어낼 필요는 없다.

2.3. 정치적 속뜻political implicature

아즈나르의 연설에서 저자가 초점을 맞추고자 하는 특징은 그의 연설이 지니고 있는 정치적 속뜻이다. 이런 함의들은 앞에서 간단하게 요약한 맥락 이론의 얼개 안에서, 말하자면 참여자들의 정치적 정체성, 목적, 목표, 행위와 믿음으로 이뤄지는 맥락 모형의 관점에서에서 자리매김되어야 한다. 저자는 함의보다 속뜻implicature이라는 용어를 선택하였는데 추론이 의미보다는 화용이나 맥락에 관련되기 때문이다. 아즈나르의 연설은 예컨대 그가 사람 후세인의 '나쁜' 행위를 기술할 때 물론 의미론적 함의를 많이 지니고 있다. 여기서 대부분의 이런 의미론적 함의는 이라크와 스페인의 정책에 대하여 있다. 즉 이들은 대하여 말하고 있는 담화의 화제뿐만 아니라 스페인과 폭력주의, 국제 정책 이라크 등에 대하여 사람들이 지니고 있는 일반 지식으로부터 추론되었다. 토론에서 연설에 대한 대부분의 이해에는 이런 의미론적 추론의 산출에 관련되는데 이들 가운데 몇몇은 일반적이고 몇몇은 좀 더 개인적이고 가변적이다. 따라서 아즈나르 연설의 시작 부분에서 국제 사회가 맞닥뜨리고 있는 위기로 이라크에서의 상황을 규정한 다음 (정치적) 함의는 이라크가 우리에게 위협이 된다는 것이다.

속뜻은 다른 한편에서 약한 함의로 혹은 맥락의 관점에서 화용론적으로 보통 자리매김된다(Atlas, 2000; Gazdar, 1979; Grice, 1989; Levinson, 2000). 여기서 저자의 이 용어 사용은 맥락에 관련된 화용론으로 국한될 것이며 그에 따라 정치적 속뜻은 특별히 정치적 맥락에 근거를 둔 속뜻으로 자리매김할 것이다. 예컨대 이라크와의 전쟁에 대한 그의 지지에도 불구하고 만약 아즈나르가 그의 정책이 평화적이라는 점을 강조한다면 의미론적 관점에서 분석했을 때 그는 이라크에서 전쟁과 그의 정책에 대한 주장을 하는데 그치지 않고 그의 선언은 매우 논쟁적인 결정을 정당화하려는 정치적인 목적을 가지고 여당인 국민당PP: Partido Popular의 당수이자 정부의 수상의 정부 정책에 대한 방어로서 그리고 시민들과 반대당의 비판에 대한 응답으로 이해되어야 한다.

따라서 그의 연설 조각 각각은 현재의 정치적 상호작용에서 기능에 따라 지엽적으로는 현재의 토론에서 그리고 좀 더 거시적으로는 현재의 정치적 상황에서 다른 여러 전략들 가운데 그의 정책들을 합법화고 반대 당의 정책을 비합법화하는 것과 같은 기능에 따라 분석될 수 있다.

정치적 속뜻은 참여자들에 의해 세 가지 원천으로부터 나온 추론으로 이용된다.

1. (이라크의 상황에 대한 정신 모형과 같이) 담화와 그 의미의 구조에 대한 참여자들의 표상

2. 현재의 소통 상황에 대한 참여자들의 맥락 모형

3. 국제 정세와 국내 정세에 대한 참여자들의 일반 지식.[5]

아래에 나오는 사례들에서 저자는 그러한 속뜻들이 어떻게 도출될 수 있는지 좀 더 자세하게 보일 것이다. 다소 덜 엄격하게 하겠지만 이론적으로 좀 더 명시적인 설명에서는 참여자들인 의원들로 하여금 그러한 추론을 하게 하는 추론의 전략뿐만 아니라 맥락 모형의 내용들을 자세하게 밝혀둘 필요가 있음을 강조하여야 한다. 비판적 담화 분석에서 인지적 구성요소를 고려하지 않는 접근법과 대화 분석, 정치 담화 분석에서는 관찰 가능하지 않은 그런 속뜻을 무시할 필요가 있거나 그런 속뜻들을 담화나 규정되지 않은 맥락의 속성으로 돌릴 필요가 있다. 또한 (화용론적인) 정치적 속뜻에 대한 만족스러운 설명은 여기서 간단하게 요약한 것처럼 맥락에 관련되는 명시적인 이론을 전제로 한다.

만약 참여자들과 분석가들이 당면한 정치적 상황에 대하여 관련되는 정치적 지식을 공유하고 있을 때 그러한 속뜻이 실제로 정치 담화 분석에 관련된다는 점이 그들에게 똑같이 분명할 뿐만 아니라 좀 더 구체적으로 말한다면 앞선 연설에 대한 그들의 반응에서 그러한 점이 참여자들에게 명시적으로 알려질 수 있다. 그러나 이는 여기서 이뤄지는 분석에서 정치적 속뜻이 다른 방법이나 참여자들에 대한 사후 면담으로 간접적으로 평가될 수 있다는 점에서 필요 조건은 아니며 참여자들에 의해 명시적으로 알려질 필요도 없다. 실제로 사후 담화

---

5) 원문에 다음 단락은 이 단락에 잇대어 있지만 내용의 흐름으로 보았을 때 단락을 구분하는 것이 좋을 듯하다.

에서 정치적 속뜻은 보통 이해되고 전제될 뿐이다. 때때로 의회 토론에 대해 매체에서 나타나는 사후 비평은 그런 비평에 담긴 암묵적인 정치적 속뜻에 정확하게 초점을 맞추고 있다. 정치적 속뜻은 그것을 설명해 주며 왜 정치 [담화: 뒤친이] 참여자들이 그들이 하는 일들을 말하는지 설명해 준다. 먼저 일하는 정부와 일하는 야당과 같이 의회 토론에서 기본적인 정치적 관점을 자리매김하고 좀 더 일반적으로 의회에서 행사된 기관 권력과 정치 권력의 역할을 자리매김한다. 따라서 정치적 속뜻에 대한 분석을 통해 왜 진행되고 있는 정치 담화가 정치 진행을 위해 관련되는지를 보인다.

3. 방법

아래에 제시하는 저자의 분석에서 저자는 긍정적인 내집단과 부정적인 외집단 기술뿐만 아니라 의회 토론의 다른 전략과 같이 연구 문헌으로부터 알고 있는 점과 정치적 담화의 일반적인 속성들을 충족시키는 것으로서 아즈나르 연설의 특징 몇 가지를 선택할 것이다. 이런 선택과 간단한 특징들은 어떻게 아즈나르가 정치 담화에 가담하고 있는지 보여주며 연설의 잘 알려진 구조, 전략 그리고 좀 더 구체적으로 이라크와의 전쟁에 대한 토론의 구조, 전략을 보여 준다. 동시에 이런 사례들과 이들에 대한 (대체로 의미론적인) 분석은 정치적 쟁점, 즉 정치적 지도자가 논쟁의 여지가 있는 정책의 정당성을 관리하는가에 대한 통찰을 제공하여야 한다. 일반적인 차원에서 정치 담화의 이론에 의해 예측된 바, 그리고 좀 더 구체적으로 의회 토론의 이론에 의해 예측된 바 이외에도 이러한 정치 담화의 구조에 대한 명시적인 발견 절차가 없고 그에 따라 분석되어야 하는 조각들의 선택에 대한 절차도 없다.

이런 간략한 기본적인 분석 이외에도 이 분석에서는 자세하게 각각의 조각들이 담고 있는 정치적 속뜻, 즉 그 정도만큼 스페인 의회에서 이런 토론의 정치적 기능과 근본적인 이유를 설명해 주는 정치적 속뜻에 초점을 맞출 것이다. 저자는 이것이 아마도 의원들과 참관자들뿐만 아니라 대체로 인식 가능한 대중들이 그 토론을 이해하는 방식일 것이라 제안한다. 분명히 이 토론의 모든 정치적 속뜻에 대한 완전한 분석에는 수백 쪽에 이르는 자세한 기술이 필요하겠지만 여기서는 특징을 보이는 몇몇 사례들로 제한할 것이다.

4. 상황 자리매김하기

사설과 마찬가지로 의회에서 연설과 같은 담화의 많은 유형들은 상황 자리매김하기라고 부를 수 있는 시작하기 개념틀 범주를 중심으로 하는 특징을 보인다. 그런 범주는 담화의 주된 목적이 사회적 상황이나 정치적 상황을 평가하는 것일 때 혹은 특정의 조처를 추천할 때나 어떤 조처들을 합법화하거나 정당화하는 담화의 순서로 볼 때 적절하다. 따라서 만약 어떤 개인이 왜 특정의 (대개는 비판을 받는) 방식으로 행동하게 되었는가를 설명하거나 정당화하고자 한다면 그런 행위가 필연적이며 논리적이고 이해 가능하며 불가피한 어떤 상황 혹은 다른 수용 가능한 상황을 기술하는 것이 타당한 듯하다. 특정의 사례에서 사람들로 하여금 공격을 받았을 때 사람이나 국가로 하여금 자신들을 방어하도록 허용이 되는 규범에서 나온 규칙(그리고 국제법)이 일반적으로 존재한다. 그리고 미국의 정치가들, 학자들과 군인들은 그러한 배경에서 이라크와의 전쟁을 정당화하였다(그런 형태의 정당화에 대한 분석은 Borch and Wilson, 2003을 참고할 것. 또한 Nye, 2000; Dinstein, 2001; Rodlin, 2002; Chomsky, 2003; Christopher, 2003; Daalder and Lindsay, 2003; Falk, 2003; Newhouse, 2003; Gareau, 2004; Waltzer, 2004도 참고할 것).

따라서 만약 아즈나르가 인기가 거의 없는 자신의 이라크 정책을 방어하도록 요구한다면 그는 먼저 그런 정책을 이해 가능하며 합리적이고 정당하게 만들어주는 어떤 정치적 상황을 제시할 필요가 있다. 이는 실제로 중재를 시작하는 첫 번째 표현의 형태로 그가 하고 있는 것이다. 그곳에서 그는 그 상황을 위기로 규정한다.

(1) 수상(아즈나르 로페즈): 의장님, 존경하는 의원님들, 이 회기의 시작 부분에 저는 오늘 오후 하원에서 존경하는 의원님들께 국제 사회와 맞서고 있는 이라크로 인한 위기에 직면하고 있는 정부의 입장을 알려드리기 위해 여기에 왔습니다.

Mr. President of the Government(Aznar López): Mrs Speaker, Honourable Members, at the beginning of this session period, I this afternoon am appearing before this House in order to inform your Honourable Members about the position of the government facing the crisis with Iraq confronting the international community.[6]

정치가들과 의원들, 특히 정부에서는 어떤 위기가 있을 때 조치를

---

6) 이 장에 나오는 예문들에는 스페인어 원문이 있는데 영어로 저자가 뒤쳐 놓았기 때문에 그 원문은 생략하기로 한다.

취할 필요가 있기 때문에 이는 초기의 상황을 자리매김하는 납득할 만한 방법이다. 실제로 반대 당도 미국과 영국에 의해 위협받고 있는 무시무시한 전쟁 때문만이라면 현재의 상황을 위기로 기술하는 데 아무런 의심이 없을 것이다. 첫 번째 문장에서조차 아즈나르는 미국, 영국과 같이 [스페인이-뒤친이] 전쟁 계획을 갖고 있다는 그것을 언급하는 사람이 아니라 이라크를 비난한다는 점을 주목하기 바란다. 상황에 대한 그의 첫 번째 자리매김에 담긴 명백한 정치적 속뜻은 이라크가 그런 위기에 책임이 있으며 낱말 enfrenta(직면하다)의 선택은 우리가 이런 직면함에 따른 희생자라는 것이다. 두 번째로 그런 위기가 아즈나르의 정부만이 직면하고 있는 것으로 자리매김되지 않고 국제적인 전체 공동체에 영향을 미치는 위기로 자리매김된다. 그러한 공식과 그러한 공식에 담긴 (약한) 속뜻은 이런 직면함이 미국과 그 동맹국에 의해서만 규정될 뿐이고 국제 사회에서 규정되지 않는다는 주장에 반대할 수 있는 논증의 방법들 가운데 하나라는 것이다.

이런 (의미론적인) 함의에 더하여 이 연설에 담긴 다수의 정치적 속뜻이 더 있다. 처음부터 그리고 전체를 통하여 아즈나르는 이라크라는 문젯거리에 대하여 자신의 입장, 자신의 정당의 입장뿐만 아니라 반대당과 대중들의 입장을 정확하게 인식하고 있음을 보여준다. 현재의 의회 상황에서 연설의 내용이 그의 정책을 정당화하는 일반적인 전략에 효과적으로 이바지하게 할 뿐만 아니라 그에게는 선하고 책임감 있는 정당의 지도자와 수상으로서 인식되고 인정을 받으며 반대는 아무런 의미가 없다는 점이 중요하다. 따라서 이라크에서 정부의 정책에 대한 보고로부터 곧바로 시작하는 대신 아즈나르는 의회에 그의 출현을 기술하는 분명한 상황중심 지시표현7) 형식으로 된 진술로부터 시작한다.

그러한 수행문performatives8)은 어느 정도 격식적인 말하기 방식에 지나지 않지만 이 사례에서는 또한 특정의 정치적 속뜻이 있다. 아즈나르는 이라크를 대상으로 하는 정부의 정책에 대한 정보를 제공하지 않음으로써 야당뿐만 아니라 매체, 의회를 무시하는 다른 선민들로부터 비난을 받아왔다. 따라서 직접 의회에 나타나고 의회를 대상으로 보고한다는 점을 그의 연설의 바로 첫 번째 문장에서 명시적으로 표현함으로써 그는 정치적으로 (i) 의원으로서 자신의 일을 하고 있으며 (ii) 반대당과 국내의 의견을 듣고 있고 그렇기 때문에 그는 훌륭한 민주주의자이고 (iii) 그에 대한 이전의 비판이 적절하지 않거나 더 이상 적절하지 않으며, (iv) 비판을 공식화했던 야당인 사회민주당PSOE9)과 같은 사람들은 더 이상 의미가 없다는 점을 정치적으로 속뜻으로 깔고 있다. 이들과 있을 수 있는 다른 정치적 속뜻은 맥락에 따른 양극화와 인상 관리의 형태들 가운데 하나로 볼 수 있다. 즉 긍정적인 자기 제시와 부정적인 타자 제시, 정치적인 반격의 하나로 볼 수 있다.

동시에 아즈나르는 정치적으로 그의 정부가 **우리**의 일부라는 점을 속뜻으로 깔고 있다. 즉 국제 공동체의 내집단이며 모든 연쇄적인 정치적 속뜻, 즉 그의 정책들이 국제 사회와 동조하고 있으며 그에 따라 정당하다는 속뜻을 깔고 있다. 그리고 그 전쟁에 가담하기를 원하지 않는 반대당(그들은 2004년 3월 정권을 잡게 되었을 때 곧바로

---

7) 원문에 I this afternoon am appearing을 가리킨다.

8) 오스틴J. Austin의 화행이론에서 참과 거짓이 판별 가능한 진위진술문constative uttrance에 대립되는 문장의 유형으로 발화 그 자체가 행위수행의 의미를 지니고 있는 문장을 가리킨다. 일반적으로 논리학이나 철학에서 명제proposition 중심으로 문장의 진위를 따진다면 일상언어학파에서는 행위로서 발화에 초점을 맞추고 있다.

9) 스페인의 사회주의 민주당social democratic party으로 여러 차례 정권을 잡았다. 진보적인 정당으로 알려져 있다.

이라크에서 스페인 군대를 철수하도록 결정한다)은 국제 사회의 일원이 아니며 그에 따라 그 주장이 덜 정당화된다는 속뜻을 지닌다. 실제로 조지 W. 부시 대통령의 정치 논리를 따른다면 야당은 국제 사회와 함께 하지 않으며 그들(이를테면 미국, 영국과 다른 몇몇 나라)에게 맞설 때 적인 사담 후세인의 꾐에 넘어갈 수 있다고 추론할 것이다.

앞서 주장한 바대로 이런 속뜻을 분명하게 밝히는 일(≒형식화)은 엄격하지는 않지만 이 장의 목적과 관련이 있을 것이다. 좀 더 형식적인 설명으로 아즈나르와 의원들의 정확한 맥락 모형이 명시적이게 해줄 것이므로 이전의 정치 지식, 상황에 대한 표상과 이 담화 조각에 대한 의미론적 해석을 표상하는 정신 모형이 모두 납득할 만한 정치적 추론을 끌어내는 데 필요한 정보를 어떻게 제공하는지 보일 것이다.

이 시작 부분에 이어 그리고 (뉴스 기사의 처음 부분에 나오는 표제처럼) 상황과 상황이 전체적인 맥락에서 지니는 속뜻을 제시한 뒤 아즈나르는 위기 상황에 대한 세부내용들을 제공할 필요가 있다. 그리고 이 상황을 위기로 자리매김하게 하는 논증을 먼저 제공한 다음 이 위기에서 그의 정부가 지니고 있는 입장도 설명하여야 한다. 이는 그가 실제로 하고 있는 것이며 이제는 명시적으로 위기를 이라크의 탓으로 돌리고 있다.

(2) 이 위기는 이라크 쪽의 국제적인 의무와 국제연합의 안전보장이사회의 결정을 계속해서 이행하지 않은 결과입니다. 우리는 이라크 군대가 쿠웨이트를 침략하였을 때인 1990년에 나타난 문제의 새로운 국면인지 알아보기 위해 생각해 볼 필요가 거의 없습니다. (소음)
This crisis is the consequence of the repeated non-compliance on the part of Iraq with its international obligations and the resolution of the

*Security Council of the United Nations. We hardly have to think to
see that this is a new episode of the problem that emerged in 1990 when
the Iraq regime invaded Kuwait.* (Noise)

여기서 아즈나르가 위기의 원인으로 이라크를 비난하는 일보다 많
은 일을 하고 있음을 주목하기 바란다. 무엇보다도 그는 다음의 일을
말하고 실행하며 함축한다.

(a) 이라크의 불이행을 반복되는이라는 말로 꾸밈으로써 그는 의미론적으
　　로 불이행의 심각성을 강조하고 그에 따라 위기의 심각성도 강조한다.
　　결국 이라크를 비난하고 전쟁을 정당화하는 근거를 더 제시한다. 그러
　　한 수사적인 강조는 (불이행과 같은) 부정적인 행위가 의도적이거나
　　예외가 아니라면 그리고 처음으로 일어나지 않고 반복되는 성질이 그
　　것을 의도적이게 하며 범죄자를 좀 더 죄가 있도록 만들어준다는 규범
　　적인 추론이나 법리적인 추론을 전제로 한다.

(b) 국제적인 의무와 국제연합의 안전보장이사회를 언급함으로써 그는
　　이라크가 세계 최고의 권위와 공식적인 이전의 결정에 도전하고 있음
　　을 강조한다. 여기서도 이라크에 대한 공식적인 범죄를 강조할 뿐만
　　아니라 의무를 이행하지 않는다면 이라크를 비난하고 그것에 대해 조
　　처를 취하는 일을 정당화한다.

(c) 두 번째 문장에서 아즈나르는 (먼저) 쿠웨이트에 대한 침략 때문에
　　이라크의(사담 후세인의) 공격이 분명하였던 걸프 전을 언급한다. 현
　　재의 상황을 그 침략의 계속이라고 부름으로써 아즈나르는 정치적으
　　로 적어도 두 가지 다른 일을 함축한다. 지금은 이라크가 다른 나라를
　　침략하지 않았다는 사실에도 불구하고 국제적인 위기를 유발한 죄가

있으며 두 번째로 1990년과 같은 방식으로 이라크에 대한 국제적인 (무장) 조처가 정당하다는 것이다. 이런 함의가 이해되지만 전쟁에 대한 정당화가 이제 거부되고 있다는 것은 다른 의원들의 항의(의회 속 기록에서 이 부분은 rumores, 즉 소음으로 기술됨)에서 분명하다.

동시에 이라크에 의해 유발된 위기로 이 상황을 더 자리매김한 것은 위기의 심각성뿐만 아니라 세계의 가장 높은 권위에 대한 도전으로서 그리고 결정적으로 이미 쿠웨이트에 대한 이라크의 침략으로 시작된 국제연합에 대한 지속적이고 되풀이되는 도전으로 인해 정당한 국제적인 조처에 대한 도전으로서 이라크의 유죄를 강조한다. 그는 그러한 권위(안전보장이사회와 국제연합)에 정치적으로 동조하는 형태를 띠면서 그렇게 하고 있다.

다른 말로 한다면 이 상황에 대한 애초의 자리매김은 아즈나르가 신중하게 그의 정책에 어긋나지 않도록 분명하게 표현하는 것이었다. 즉 그의 연설은 국제적인 위기에 대한 기술을 제공할 뿐만 아니라 사건에 대한 정신 모형에서 전달하고 표현하는 그런 방식으로 그것을 공식화한다는 것이다. 그의 연설은 이런 설득의 과정에서 선호되는 연설이다. 동시에 이런 자리매김이 지니고 있는 함의들은 그의 정책을 정치적으로 정당화하기 위해 그만큼의 논증을 제공한다. 위기로 현재의 상황을 규정하기, 불이행과 그에 따라 국제적인 결정의 파기로 이라크를 비난하기, 이라크를 향하여 이런 도전을 공격의 연속으로 규정하기, 걸프 전쟁에서 그러한 것처럼 이라크에 무력 중재로 맞서는 일의 정당성이 그것이다. 실제로 세계에는 다른 많은 독재자들이 있기 때문에 사담 후세인이 이라크의 백성들을 억압한다는 사실이 그에 대항하여 전쟁하기 위한 국제적인 정당화는 아니다. 또한 국제법의 파기라는 죄를 그에게서 발견하거나 이전의 (정당한) 전쟁을 야기한 처지와 현재의 처지를 같은 것으로 자리매김하는 논증이나 증거를 늘어놓은 것이 불가피하다. 여기서 아즈나르가 연설에서 신중하게 이런 정당화 전략을 따르고 있음을 보게 된다. 비록 이런 함의들이 그의 정책에 대한 지엽적인 정당화이지만 이들은 동시에 그 범위에서 국제적이며 미국과 영국의 외교 정책에서 정당화와 겹친다.

그러나 아즈나르는 국제적으로 부시Bush와 블레어Blair와 동조할 뿐만 아니라 의회에서는 화가 난 야당에 맞서 그리고 스페인에서는 대중들의 거의 만장일치에 가까운 비난에 맞서 그러한 정책을 방어하여야 한다. 이는 의회 야당의 입장, 대중들의 의견과의 관계, 즉 맥락에 따른 속뜻에 비추어 그의 연설에서 정치적 추론을 끌어내야 함을 뜻한다. 다른 말로 한다면 아즈나르는 이라크나 그의 정부 정책에 대해서 말할 뿐만 아니라 의회와 나라 안에서 그의 권력을 관리해야 할 필요가 있다. 그는 정의로운 사람과 자신을 연결하고 전쟁에 반대하는 사람들을 사담 후세인, 적을 지원하는 사람으로 연결하는 양극화를 통해 암묵적으로 그렇게 하고 있다. 여기서도 그의 전개 전략은 긍정적인 자기 제시와 부정적인 타자 제시라는 이념적인 전략의 일부이다. 그렇게 함으로써 그는 자신의 정책을 정당화할 뿐만 아니라 전쟁에 반대하는 사람들, 특히 스페인 사회주의당PSOE과 같은 정치적 반대당을 비합법화한다. 위에서 주장한 것처럼 그런 정치적 속뜻은 정치학에 관련되는 일반 지식과, 이를테면 스페인에서 현재의 정치적 상황에 대한 좀 더 맥락 중심의 이해의 결합으로부터 추론된다. 이 사례에서 일련의 정치적 추론은 다음과 같을 것이다.

• 나는 법률을 따른다고 가정하는 것을 하고 있다.

- (따라서) 나는 수상으로서 내 일을 하고 있다.
- (따라서) 우리 민주주의의 법률을 따른다.
- (따라서) 나는 민주주의자다
- (따라서) 나는 훌륭한 정치가이다.
- (따라서) 나나 정부를 비판할 아무런 이유가 (이제는) 없다.
- (따라서) 반대당의 (혹은 다른 사람들의) 비판은 근거가 없다.
- (따라서) 반대당은 그 일을 제대로 하고 있지 않다.
- (따라서) 반대당은 좋지 않다.

경험적으로 그러한 추론은 유능한 정치 참여자들이 아즈나르의 연설을 실제로 이런 방식으로 이해할 때 정당화된다. 그런 이해는 그의 연설에 반응하는 방식에서 분명해진다.

5. 긍정적인 자기 제시

아즈나르에 대해서 보아왔듯이 화자들은 자신들을 긍정적인 용어로 묘사하기를 선호한다. 이런 경향은 자신을 긍정적인 관점에서 제시하는 사회인지적 전략과 상호작용 전략으로 잘 알려진 전략에 딸려 있다. 적어도 부정적인 인상에서 벗어나고자 하며 일반적으로 말해 대화 참여자들에게 자신의 인상을 관리하고자 한다. 좋은 인상을 주는 일이 이를테면 더 많은 청중들에게 미치는 더 중대한 영향뿐만 아니라 전문가로서 손상이나 정치적 손상이 자신에 대한 잘못된 제시의 결과일 수 있는 가능성 때문에 일상적인 삶에서 이뤄지는 비공식적인 대화보다 좀 더 중요한 대부분의 공개 담화에서도 이런 점은 마찬가지이다. 이런 점은 특별히 반대 정치가들 그리고 매체와, 대체로 말해, 간접적으로 대중들이 비판적으로 주의를 기울여 듣고 있으며, 무례함이 다음 선거에서 투표로 대가를 치르는 정치에서 특히 중요하다. 따라서 이라크에 대한 그의 입장에 대하여 매체로부터 그리고 다른 정당뿐만 아니라 절대 다수의 대중으로부터 받은 대단히 파괴적인 비판을 고려할 때 아즈나르도 광범위하고 다양하게 긍정적인 자기 제시에 골몰할 것임을 예측할 수 있다. 아마도 최근의 스페인 역사에서 정부의 정책에 대한 반대가 그렇게 널리 퍼진 화제는 거의 없을 것이다. 다른 말로 한다면 아즈나르에게는 손을 봐야 할 다소 심각한 이미지가 있을 것이다. 다음에 첫 번째 사례가 있는데 그의 연설 바로 첫머리이다.

저의 발표는 이전에 정부에서 존경하는 의원님들께 이용 가능하게 하였던 정보를 계속 이어가고 있습니다. 좀 더 구체적으로 정부에서는 외무부의 발표를 통해 다섯 차례에 걸쳐 이라크에서 상황에 대한 정보를 제공하였습니다. 다섯 차례에 걸쳐. 마지막에 있었던 발표는 지난 금요일에 해당 위원회를 대상으로 하였습니다. 저는 여기에 두 번 나왔는데 정부의 입장을 설명하기 위해서입니다. 정부는 또한 이 사건에 대하여 공식화된 다양한 질문에 답하기 위해 서면으로 응답하였습니다. 오늘의 발표가 있고 난 뒤 저와 외무부 장관이나 국방부 장관이 다른 발표를 할 것인데 이런 위기 상황의 전개에서 요구하는 바와 일어나는 일에 따라 하원의 조정에 맞출 것입니다.

My presentation continues the information previously made available by the Government to the honourable Members. More specifically, the Government provided information on five occasions about the situation in Iraq by means of the presentation of the Minister of Foreign Affairs, on five occasions, the last time being last Friday for the corresponding committee. I myself have appeared here twice to account for the position of the Government. The Government has also responded in writing to various questions that had been formulated about this affair. After today's presentation, there will be others by me and the ministers of Forign Affairs or of Defense, depending on the events and corresponding to what the development of this crisis requires, in accordance with the regulations of this House.

왜 의회에 반복해서 출현한 것에 대하여 그가 자세하게 말하려고 할까? 다소 분명한 답은 야당, 매체와 다른 사람들의 (예측된) 비판과 관련하여 적합성의 측면이다. 토니 블레어와 달리 아즈나르는 이라크에 대한 자신의 정책을 설명하거나 정당화하려고 하지 않았다. 그에 따라 그는 전쟁에 대한 대중의 공개적인 반대에 직면하여 오만함을 보였다. 그가 오만하지 않고 민주적이며 사람들에게 귀 기울이고 (그가 명시적으로 말했듯이) 의회의 규칙을 따르고 있음을 보이기 위해 그는 민주주의 규칙을 반복해서 이행하고 있음을 강조한다. 그가 민주주의 자이고 다른 때 같았으면 의회의 요청을 존중하였을 것이라고 명시적으로 말할 필요가 없다. 그러나 이 단락은 알 만한 청중을 향하여 그런 정치적 의미를 함축하고 있다. 아즈나르는 연설 곳곳에서 그가 (혹은 그의 정당이) 민주주의 기본 규칙뿐만 아니라 좀 더 보편적인 사회 규범과 가치를 잘 이행하고 있음을 보여준다는 점을 강조하면서 그가 말하고 있는 것에서 있을 수 있는 정치적 함의를 신중하게 재고있다. 그리고 그 반대로 부정적으로 해석될 수 있는 그의 정책과 낱말 표현의 요소들을 여러 가지 방식으로 정당화하거나 덜 강조하는데 이는 나쁜 인상에서 벗어나거나 그것을 기피하기 위해서이다.

그의 연설 전체에 걸쳐 아즈나르는 다른 형태의 긍정적 자기 제시에 몰두하고 있다. 다른 몇 가지 사례를 살펴보기로 한다.

(4) 존경하는 의원님들, 우리 정부는 평화를 바라며 그것을 실현하기 위해 능동적으로 일하고 있습니다.

The government, Honourable Members, wishes peace and is actively working to realize it.

(5) 스페인은 언제나 중동의 갈등에 건설적인 태도를 유지해왔습니다.

Spain has always maintained an constructive attitude in Middle East conflict.

(6) 의장님, 존경하는 의원님들, 저는 오늘 오후 이 의회에서 다루고 있는 문제가 우리의 감정, 신념 그리고 당연히 이성에 중대하게 영향을 미친다는 사실을 잘 알고 있습니다. 저는 이 회기 동안 표현될 수 있는 모든 입장을 매우 존중합니다. ⋯ (소음) (⋯) 어느 누구도 감정에 대한 독점권이 없듯이 어느 누구도 이성에 대한 독점권이 없습니다. 저는 우리가 다루는 것이 어려운 결정이며 우리 자신을 발견하게 되는 이런 상황에 어느 누구도 놓여 있지 않기를 바란다는 점을 이해합니다.

Mrs Speaker, Honourable Members, I am well aware of the fact that what we are dealing with this afternoon in this House profoundly affects our feelings, convictions and of course our intelligence. I have the greatest respect for all the positions that might be expressed in this session. ⋯ (Noise) (⋯) No one has a monopoly on intelligence, as no one also has

a monopoly on emotions, I understand that what we dealing with are
difficult decisions and that no one would like to be in the situation in
which we find ourselves.

이들은 서로 다른 이런 세 가지 유형의 자기 제시들인데 사례4처럼 화자가 자신의 집단이나 조직(여기서는 정부)에 대해서 말할 때, 화자가 자신의 나라에 대해서 말할 때(사례5), 그리고 마지막 사례이면서 가장 중요한 사례에서 그러한 것처럼 화자가 자신에 대해서 말할 때 그러하다. 자화자찬의 처음 두 유형은 전형적으로 정치적인 반면 마지막 유형은 개인적이며 화자의 훌륭한 인품을 강조하고자 한다. 이 모든 사례에서 자찬의 이런 형태들은 반대쪽이 아즈나르 연설의 정치적 맥락을 자리매김하는 바에 따라 의도적으로 그들의 비판을 야기하고, 실제적이거나 있을 수 있는 반대쪽의 비판에 반응한다. 사례5는 가장 명백한 사례인데 아즈나르와 그의 정부가 전쟁 도발자로 널리 비난을 받아왔기 때문이다. 따라서 그는 그와 그의 정부가 (당연히) 평화를 애호한다는 점을 강조할 필요가 있다. 전쟁과 공격조차 정당화하기 위해 널리 사용되는 자명하고 잘 알려진 표현topos이 그것인데 긍정적인 자기 제시와 부정적인 타자 제시라는 전체 전략의 일부이다. **우리는** 평화롭고 단지 우리를 지킬 뿐인 반면 **그들은** 공격적이고 전쟁광이라는 식이다.

그러나 이 부분과 다른 많은 단락들에서 아즈나르가 이 평화가 안전과 함께하는 평화이어야 한다는 점을 언제나 덧붙인다는 것을 보게 될 것이다. 두 번째 사례는 좀 더 보편적이며 이라크에 맞서 미국과 연대함으로써 스페인이 아랍 국가들과의 신용을 잃을 수도 있다는 실제적인 비판이나 있을 수 있는 비판에 대응한다. 세 번째 형태의 자기 제시는 (복잡한) 부인의 첫 번째 부분으로 기술될 수 있는데 명백한 공감의 형태로서 그가 전쟁에 맞서는 모든 사람들의, 즉 스페인 대중의 대다수와 그의 편을 제외한 모든 정당들의 감정과 의견, 이성을 무시하는 무자비한 정치가가 아님을 보여주려고 한다. 이런 감정과 믿음을 무시하는 것은 개인적으로 감정과 배려심이 부족하다는 결론을 인정할 뿐만 아니라 아마도 좀 더 본질적으로 전쟁을 반대하는 사람들의 의견을 고려하는 민주주의자가 아니라는 결론을 인정하게 될 것이다. 실제로 존중은 일상적인 상호작용뿐만 아니라 정치에서 중요한 가치들 가운데 하나이다.10) 그가 이런 특성들을, 특히 그의 전쟁 찬성 정책이 스페인에 사는 대다수의 사람들의 의견을 무시한다는 다른 정치가들, 매체, 대중들 사이에 여러 겹의 비판에 맞닥뜨려서 강조한다는 점은 중요하다. 사례의 마지막 부분인 (6)에서 연설에서 중요한 부분을 평등에 대해 잘 알려진 표현으로 이어가는데 그 효과를 강조하기 위해 반복되는 부정과 동어반복이라는 형태로 명시하고 있다. 이 조각은 또한 표준적인 부인 표현(의 부분)으로 해석된다. 말하자면 분명하게 고백이지만(제가 잘못될 수 있지만 그러나 …) 정치적 맥락을 고려할 때 그 해석은 아즈나르가 좋은 감정이 반대쪽에서 유일한 측면이라는 점을 받아들이지 않는다는 것이 틀림없다. 그러나 이어지는 나머지 부분뿐만 아니라 전체 연설에서 아즈나르는 그럼에도 불구하고 이해라는 감정을 무시하고 그의 정책에 대해 책임감 있는 (그리고

10) 정치인들은 종종 이런 연설(대통령의 시정 연설, 국회 연설 등)에서 공인으로서 자기의 역할과 기능에 따라 신뢰도와 신용도를 지닌 인물로 자신을 부각할 뿐만 아니라 개인적 차원에서 민주주의자이며, 도덕적인 인물로 자신을 내세워야 하는 긴장감을 보여준다. 페어클럽(2003/2012: 406)에서는 토니 블레어의 연설에서 정체성이 도덕적인 인물로서, 정치적으로 개화된 인물로서, 인간적인 인물로서, 민주적인 인물로서, 현실적인 인물로서 자신을 제시한다고 분석하고 있다.

그에 따라 감정적이지 않은) 지지를 요청한다. 따라서 그의 긍정적인 전개 전략은 긴 부인 표현의 첫 부분으로 해석될 수 있다. 실제로 제안한 것처럼 그의 정책에 대한 정당화의 기능을 가지고 있는 긍정적 자기 제시의 다른 전개 전략에서 아즈나르는 사담 후세인에 대한 확고하고 단호한 반응은 이런 방식만이 스페인에 최선의 이익을 충족시켜 주기 때문에 책임감 있는 정책이라는 점을 아즈나르가 덧붙인 셈이다.

(7) 우리나라의 영구한 이익을 염려하는 스페인 정부가 취해야 할 [그 입장은] …

[The position] . . . that ought to be taken by a Spanish Government that is concerned about the permanent interests of our country.

(8) 저는 반대당의 당수였을 때 제가 요구하는 것을 하고 있는 것이라고 진심으로 믿습니다. 그리고 정부의 수반으로 선출되었을 때 저 자신에게 약속하였습니다. 제가 생각하는 것이 가장 이성적이고 제가 생각하는 것이 스페인과 스페인 사람들을 위한 최선이라고.

I sincerely believe that what I am doing what I demanded when I was head of the opposition, and to what I committed myself when I was elected president of the Government, what I think is most reasonable and what I think is best for Spain and the Spaniards.

의장의 감사 인사에 앞에 있었던 그의 연설에서 최종 발언이었던 이런 사례들에서 그는 흥미롭게도 그의 정부에 대한 찬사와 같은 다양한 형태의 긍정적인 자기 제시와 개인적인 공약, 이성적임과 진실함을 결합한다는 점을 주목하기 바란다. 물론 정치적으로 가장 적절한 것은 그의 정부 정책이 나라를 위해 훌륭하다는 주장이다. 그러나 개인적으로 그리고 상호작용의 면에서 그가 신용이 있고 정직하다는 점이 좀 더 중요하다.

이들 몇 가지 사례에 대한 분석은 정치 연설에서 긍정적인 자기 제시라는 잘 알려진 전략과 그 기능의 또 다른 사례에 그치지 않는다. 저자가 제시하는 핵심은 그리고 이 장에 대한 이론적인 설명은 다음과 같다. 앞서 제시한 긍정적인 자기 제시의 다양한 유형과 얼개에 대한 비격식적 분석을 통해 의미론적 분석에서 간단하게 기술될 수 없는 한꾸러미의 정치적 속뜻을 강조하였다. 그렇지만 좀 더 전국적인 수준에서 현재 스페인과 세계의 정치적 상황에 대해 맥락으로부터 나온 상세한 지식과 지엽적인 수준에서 연설이 이뤄지는 동안 의회에서의 소통 상황과 정치적 상황을 전제로 하였다는 것이다. 이 발표를 이해하는 수준과 방법들은 많이 있는데 정치적으로 관련이 있는 방법은 아즈나르의 정치적 관심사가 무엇인가, 왜 정치적 진행에서 볼 때 그의 연설에서 각각의 전개 전략이 특정의 기능을 갖고 있는가 하는 점이다. 비록 이들이 적절하고 식견이 있는 참여자들 모두에게 이해된다고 하더라도 이런 기능들은 거의 분명하지 않으며 정치 연설의 각 지점에서 참여자들이 끌어내는 정치적 속뜻에 묻혀 있다.

6. 부정적인 타자 제시

정치 담화와 이념에 기반한 다른 연설에서 긍정적인 자기 제시는 내집단-외집단 양극화라는 잘 알려진 사회적 심리-논리에 따라 일반적으로 부정적인 타자 제시 혹은 비난derogation과 결합되어 있다. 따라서 부시와 블레어, 그리고 그들을 지지하는 사람들의 연설에서 보았듯이 전쟁을 정당화하거나 합법화하려고 의도한 연설에서 당연히 적에 대한 비난은 본질적이다. 비록 (이라크에 맞서는) 동맹으로서, 특히 쿠웨이트의 점령 뒤에 첫 번째로 고려되고 지지를 받고 있지만, 정치와 매체 둘 다에서 사담 후세인은 일반적으로 서구에서 선호하는 악한으로 묘사된다(Martín Rojo, 1995). 따라서 9월 11일의 공격이 있은 뒤 불량 국가와 국제적인 폭력주의자에 대한 부시와 동맹자들의 관심에 이어, 오사마 빈 라덴이 그 공격 뒤에 잡히지 않았을 때 사담 후세인은 곧바로 제일의 악한이 되었다는 점이 놀랍지 않다. 물론 이것과 이라크에 맞서는 전쟁에 대하여 이와 관련된 배경들과 합리화는 영국과 스페인과 같은 미국 동맹국의 담화에서도 역할을 한다. 그리고 아즈나르의 연설에서도 사담 후세인에 대한 광범위한 비난을 기대할 수 있다. 게다가 후세인이 이라크의 백성들을 무자비하게 억압한 독재자임이 틀림없을 뿐만 아니라 더 이상 동의할 수 없는 좌파 반대자들에 의해서 거의 도전을 받지 않기 때문에 이런 주장들은 강력하다. 따라서 후세인에 대한 비난은 인본주의자의 관점, 좌파의 관점과 완벽하게 들어맞으며 그에 따라 전략적으로 훌륭한 책략이다. 만약 후세인을 상대로 하는 전쟁이 온전하게 정당하지 않다면 그 주장이 순수하게 인본주의적일 때 다른 것은 몰라도 전쟁의 정당성에 대하여 최소한의 훌륭한 논증이다. 그러나 알다시피 그런 주장은 다른 많은 나라와 독재자들에게도 적용될 것이기 때문에 사담 후세인이 독재자였다거나 인권을 깨뜨렸기 때문이 아니라 국제적으로 합법적인 관례를 깨뜨리지 않기 위해 대량 파괴 무기의 위협을 전쟁을 위한 공식적인 동기로 내세워야 했다.

따라서 다음과 같은 단락에 적인 사담 후세인의 부정적인 인격을 아즈나르가 강조한다는 점은 놀랍지 않다.

(9) 사담의 정부는 폭력 정권인데 이웃 국가와 자국민을 상대로 하는 전쟁에서 대량 파괴 무기의 사용을 망설이지 않았습니다.

Sadam's is a regime of terror, which has not hesitated to use weapons of mass destruction in the wars that it waged against its neighbours and against his own people.

이 단락과 다른 단락에 대한 분석은 일반적인 측면에서 정치적 수사학에 대한 이전의 연구와 구체적으로는 사담 후세인에 대한 분석 연구와 어긋나지 않는다. 그리고 이 분석에 얽매여 있지는 않을 것이다. 그에 따라 부정적인 집단과 개인의 특징에 관련되는 많은 형태들 가운데 과장의 일반적인 형태, 극단적인 사례의 형식화와 특정 어휘 항목의 묶음(예컨대 폭력, 대량 파괴 무기)을 발견한다. 이 장에서 핵심은 정치적 수사와 정당화에 대한 보통의 기술에 그치지 않고 현재의 정치적 상황과 정치적 진행에서 그러한 전략들의 맥락에 따른 기능을 어느 정도 탐구하는 것이다. 사담 후세인이 매우 나쁜 녀석이라는 점을 강조하고 이제 그것을 되풀이하는 것이 왜 정치적으로 관련되고 중요한가를 말이다. 결국 이것에 대해 대체로 공개적인 의견이나 반대 이견이 없으므로 여기서 논쟁을 위한 어떤 특별한 사항이나 설득을 위한 특별한 점이 없는 셈이다. 따라서 사담 후세인에 대해 아즈나르가 하고 있는 현재의 비난에 담긴 정치적 속뜻은 무엇인가? 이들의 몇 가지를 밝혀보기로 한다.

- 만약 사회주의 야당(거의 대부분이 스페인 사회노동당: PSOE)이 사담 후세인에 대항하는 전쟁에 가기를 원하지 않는다면 그들은 실제로 사담 후세인에게 이익이 되도록 행동하는 셈이다. 그가 지독한 독재자임을 우리가 알고 있기 때문에 야당은 그럼에도 불구하고 그를 지지하고 심지어 이라크 사람들의 이익에도 반한다. 이는 (사회주의) 반대 당의 사회적 가치와 인본주의와도 분명히 어긋난다. 따라서 사담 후세인에 맞서는 전쟁을 지지하지 않음으로써 우리의 정책을 지지하지 않음으로써 사회주의 반대당은 자신들의 원칙을 배신하고 그에 따라 믿을 수 없다.
- 다른 한편으로 아즈나르는 (그는 세계와 그 백성들에 대해서 위험하기 때문에) 사담 후세인과 같은 그러한 공포스러운 독재자와 싸우기를 원하는 어떤 연합을 지지하고자 하기 때문에 그렇다면 그는 책임감 있는 수상으로서 자신의 임무를 다하고 있다.
- 쿠웨이트 침략, 국제연합 결정의 파기, 대량 파괴 무기에 대한 변명, 폭력 조직과의 연결과 같은, 미국에서 강조하는 것처럼 사담 후세인의 그러한 특징을 기술하고 강조함으로써 아즈나르는 그의 정부, 정당과 힘 있는 동맹 사이의 연대를 보여준다. 그 자체로 그것이 합법적인 정책으로 보일 수 있지만 또한 보수적인 동료 정치인으로서 아즈나르와 부시 사이의 정치적 가족 유사성을 보여준다. 같은 이유로 사담 후세인에 의한 인권의 심각한 유린은 덜 강조된다. 이는 반대쪽의 입장이 훨씬 더 전형적일 것이다.
- 우리 모두를 위해서 사담 후세인과의 연계를 통해 폭력주의자들에 의해 대량 파괴 무기가 사용될 수 있을 가능성의 위험을 강조함으로써 아즈나르는 책임 있는 지도자로서 정당한 관심을 보였으며 동시에 반대쪽은 분명히 그런 관심을 갖고 있지 않으며 그에 따라 그들의 사회적 책임을 경시하고 있음을 정치적으로 함의한다.

물론 여러 다른 속뜻들을 명확하게 밝힐 수 있으나, 핵심은 사담 후세인에 대해 아즈나르가 말한 것은 독재자에 대한 그의 개인적인 의견 혹은 실제적인 의견과 아무런 관련이 없고 오히려 전체적으로 그런 폭군에 맞서는 전쟁의 정당화 전략과 관련이 있다는 점이다. 독재자에 대한 그런 부정적인 타자 제시를 하는 정치적 속뜻은 여기서도 자신의 입장과 정책을 그리고 그에 따라 그의 정당과 정부를 긍정적으로 제시하는 방법이며 동시에 반대쪽의 입장과 정책을 비난하는 것이다. 사담 후세인에 의한 인권의 무자비한 침해들을 부정하는 자세한 기술은 그러한 정치적 기능을 충족시키지 못할 것이다. 이는 미국의 중심 주장과 모순될 것이며 (공포스러운 독재자들의 제거를 허용하지 않는) 국제 규약에 맞선다. 그리고 반대쪽의 태도와 너무나 잘 들어맞을 것이다. 실제로 사담 후세인이 이란에 맞서는 동맹이었을 때 독가스와 다른 무기를 통해 미국의 그에 대한 이전 지원과 관련된 거북스러운 문제를 물어 볼 수 있다.11) 다른 말로 한다면 정치

---

11) 사이드E. Said의 『오리엔탈리즘』(박홍규 역, 2007)에서도 매섭게 비판하고 있듯이 서양인들이 서양을 제외한 다른 세계에 대한 시각은 상당히 틀어져 있다. 이는 정치적 지도자에 대해서도 그러한데 사담 후세인에 대한 비판도 이와 다르지 않다. 이런 시각이 서구적인 시각을 통해서 우리나라에 소개되고, 그에 따라 우리나라에서도 사담 후세인에 대한 시각이 올바르지 않은 면도 있다. 아래의 자료는 그와 관련된 개괄적인 소개이긴 하지만 왜 그가 미국과 서구 사회에 부정적인 이미지를 지닐 수밖에 없는지, 그리고 본문에 소개된 것과 같은 인식을 아즈나르나 블레어, 부시가 강요하다시피 하는지 이해하는 실마리로 삼을 수 있을 듯하다.

"1979년부터 2003년까지 이라크를 통치했던 사담 후세인(1937~2006년)은 오늘날 이웃나라인 쿠웨이트를 무력으로 불법 점령한 침략자, 제 나라 국민을 독가스로 살해한 잔인한 독재자로 기억된다. 하지만 이러한 이미지는 미국 등 서방측에 의해 과장 유포된 것일 뿐, 그의 실제 행적과는 사뭇 차이가 있다. 통치 방식이 강압적이긴 했으나, 그는 자국의 석유산업을 국유화해 이라크를 아랍 최초의 복지국가로 만들어낸 민족주의자였다. 또한 이란의 혁명 위협으로부터 아랍을 지켜낸 데 이어(이란이라크전쟁), 아랍 국가들의 경제·군사 협력을 통해 석유자원에 대한 통제권을 되찾고 아랍의 자립경제와 자주국방을 실현하려 했던 아랍주의자였다."(https://www.pressian.com/pages/articles/2021110412183667275)

담화에서 부정적인 타자 제시는 나쁜 녀석에 대한 기술로 그치지 않고 담화에서 강조될 필요가 있는 것으로 정치적으로 관련되는 나쁜 일이 무엇인가에 대한 선택과 강조에 있다. 정치적 속뜻에 대한 분석은 그런 암묵적인 전략의 근거를 분명하게 해준다.

7. 평화와 안전, 폭력주의

이 토론에서 아즈나르의 선전 문구*slogan*는 *paz y seguridad*, 즉 평화와 안전인데 이 구호는 다음의 사례에처럼 여러 가지 형태로 되풀이된다.

(10) 먼저 정부는 평화를 복원하고 안전을 보장하기 위해 일하고 있습니다. 그것은 안전하게 평화에 도달하기 위해서입니다.

First, the government is working to restore peace and to guarantee security. It is in the interest of the Government to arrive at peace with security.

(11) 저는 여러분들이 짧은 시간에 이라크의 무장해제에 대한 확고하고 단호한 태도가 해야 하는 가장 믿을 만한 일이라는 점에 동의해 주기를 바랍니다. 그리고 국제 사회의 평화와 안전의 열망에 대한 가장 논리적이고 지적인 소망이며 이는 또한 우리나라의 소망이기도 합니다.

I wish you could agree with me that a firm and resolute[12] attitude to disarm Iraq in the short term is the most responsible thing to do,

---

12) 영어 원문에 reolute로 되어 있으나 오타인 듯하다. 여기서는 resolute로 해석한다.

the most logical and intelligent and wish for the peace and security aspirations of the international community, which are also those of our country.

이항 표현의 첫 번째 부분[평화: 뒤친이]은 주요 가치와 긴밀히 연결되고 야당이 정확하게 말해서 평화주의가 아니고 단지 이 전쟁을 반대할 뿐일지라도 이들 다수와 공유된다. 그것은 공격이 불가능한 가치이며 목적이고 원칙이다. 그러나 이 선전 문구를 흥미롭게 만드는 것은 두 번째 개념과의 결합에 있다. 입국이민 문제에서 그리고 미국과 유럽에서 비슷한 선전 문구와 긴밀히 연결되는 그의 보수적인 정부가 갖고 있는 특징과의 결합이다. 폭력주의와 관련이 없는 영역에서조차 안전은 9·11 이후 정책의 핵심어가 되었다. 많은 나라들에서 시민들은 사회가 점점 안전하지 않다고 믿도록 조종13)되었고 그들의 시민권에 대한 가혹한 박탈을 지지하도록 동원되었다. 폭력주의자의 공격은 정치와 매체에서 지속되는 공포를 뒷받침하도록 선택적으로 (그리고 기꺼이) 초점이 맞추어졌다. 많은 시민들이 훨씬 적은 임금과 훨씬 적은 자유의 제한이 결합되어 유발될 수 있는 다른 불가피한 원인으로 죽는다는 점은 그러한 호전적인 이념과 정책에서는 당연히 문제가 아니다. 따라서 만약 선전 문구를 실제로 의도한 대로 읽는다면 **평화를 원하지만 안전입니다**Peace, but security인데 이는 잘 알려진 부인 표현의 형태로 공공연한 양보Apparent Concession로서 첫 번째 부분은 긍정적인 자기 제시라는 전략을 충족시키는 부분이다(우리는 평화를 원합니다, 우리는 평화롭습니다). 인종차별주의자의 부인 표현(우리는 인종차별주

---

13) 조종에 대해서는 9장에서 자세하게 논의되고 있다.

의자가 아닙니다)에 대응하는 표현으로 비교할 만하다. 본질적인 두 번째 부분은 그렇다면 담화의 본질적인 조건과 중요한 목적이 되는데 국가의 안전 상태에 관련되는 잘 알려진 담화의 전체 전략과 어긋나지 않는다. 폭력주의가 '왜 부시와 그의 정당, 미 국방부 예산, 시민권의 박탈, 그리고 특히 전쟁과 안전에 관련되는 사업에 기여하는가'에 대한 더 이상의 분석이 필요하지 않다. 그러한 분석은 다른 저자들에 의해 반복적으로 제공될 것이다.

부인 표현에 대한 일반적인 의미 분석과 정치적 분석에 더하여 여기서 관련되는 부분은 그와 같은 선전 문구의 정치적 속뜻이다. 왜 그것이 여기서 아즈나르에게 도움이 되고, 어떻게 도움이 되는가 하는 문제 말이다. 여기서도 맥락에 따른 기본적인 전략은 한편으로 대중에 대한 긍정적이고 정치적인 자기 제시의 하나이며 다른 한편으로 반대쪽에 대한 비난의 하나임을 저자는 목격한다. 같은 방식으로 법률과 질서는 범죄와 싸우기 위한 선전 문구이며 보수적인 가치를 실행하고 강조한다. 평화와 안전은 불안하다고 느끼는 사람들과 안전에 대한 기본적인 욕구를 주로 충족시켜 줄 강한 정부를 필요로 하는 사람들의 공포심에 호소하는 데 이바지한다. 아즈나르와 부시, 블레어는 (자신들밖에 없을 테지만) 대부분의 시민들이 나날의 삶에서 이라크나 중동에서 무엇이 일어나는지 혹은 대량 파괴 무기에 대하여 그리고 심지어 세계 어느 곳에서 평화가 없을 때조차 실제로 걱정하지 않는다는 점을 알고 있다. 따라서 강력한 정책과 전쟁을 정당화하기 위해 (불)안전에 대한 느낌과 같이 많은 사람들에게 문제가 되는 흐릿하고 일반적인 개념들을 사용하는 것이 중요하다. 따라서 (10)에서 그 선전 문구는 아즈나르와 그의 정부가 평화와 안전을 원한다는 데 그치는 것이 아니라 그것(*trabajando*: 일)을 확립하려는 시도에 능동적으로 참여하고 있다는 것이다. 동시에 당연한 결과로 만약 반대쪽이 평화를 원하기만 한다면 그들은 사람들이 가장 원하는 것, 즉 안전을 제공할 수 없다는 정치적 속뜻이 있다. 따라서 아즈나르는 암묵적으로 좌파인 야당을 단순한 평화주의자로 깎아내릴 수 있다.

이런 속뜻은 또한 아즈나르가 간접적으로 그리고 때로 이라크와 사담 후세인을 국제적인 폭력주의와 연결하고 국제적인 폭력주의를 ETA의 지엽적인 폭력주의와 연결할 때 지엽적으로, 즉 스페인에서 지엽적인 정치 맥락에 관련되는 기능을 한다. 그러한 맥락에서 평화는 다소 덜 적절한 용어이지만 안전은 당연히 적절한 용어이다. 다른 말로 한다면 ETA와 맞서는 싸움에서 보수적인 정부의 긍정적인 역할을 강조하는 방법으로서 선전 문구는 그의 연설에서 다른 여러 단락들에서 보여주듯이 정치적인 기능을 하는 셈이다.

(12) 그런 폭력주의가 오늘날 만들어내는 새로운 위협을 고려하면서, 특히 폭력주의가 대량 파괴의 수단에 접근하였을 때, 이 정부는 이런 국제적인 위기 상황에서 능동적인 역할을 수행하고자 하였습니다.

this government has been willing to fulfill an active role in this international crisis, thinking of the new menace that terrorism constitutes today, especially when it has access to means of mass destruction.

(13) … 정부에서는 상당한 위험이 있으며 대량 파괴 무기의 확산과 폭력주의 사이의 의미 있는 연결이 있음을 이해합니다. 저는 그러한 위험을 명확하게 밝히는 일이 유쾌하지 않음을 잘 알고 있지만 또한 환상을 말하고 있지 않음도 알고 있습니다. 며칠 전 런던에서 그리고 불행하게도 바르셀로나에서 있을 수 있는 가장 막심한 손실과 파괴를 불

러오는 공격이 준비되어 있으며 그리고 수천 명은 아닐지라도 수백 명을 죽일 수 있는 물질을 공유하는 폭력 집단이 있음을 보았습니다. 9·11 이후 책임 있는 지도자라면 자신의 양심과 자신의 나라에서 직면하고 있는 이런 실체를 무시할 수 없습니다.

··· the government understands that there is a very grave risk and a meaning link between the proliferation of weapons of massive destruction and terrorism. I know well that it is not pleasant to specify such risks, but I also know that we are not speaking of some fantasy. We have seen, some days ago in London, and unfortunately in Barcelona, that there are terrorist groups that prepared to attack, causing the most damage and destruction possible, and that share substances that are able to kill hundreds if not thousands of people. After the 11th of September, no responsible leader is able to ignore this reality when facing his own conscience and the country.

(14) 폭력주의에 맞서는 싸움은 스페인 외교 정책의 목적으로서 의회의 지원을 받고 있습니다. 우리는 폭력주의와 맞서 싸워왔으며 양자 [외교: 뒤친이] 관계와 모든 국제적인 공개토론에서 대량 파괴 무기의 확산에 맞서 싸워왔습니다.

The fight against terrorism is the main objective, supported by the parliamentary forces, the Spanish foreign policy. We have driven by the fight against terrorism and the proliferation of weapons of mass destruction in our bilateral relations and in all the international forum.

(15) 스페인은 모든 힘을 다해 이런 정책들을 밀어붙였고 이런 간격들에

대한 싸움이 국제 사회의 의제가 국제 사회의 기본적인 목적이 되도록 지위를 끌어올렸다는 사실을 환영합니다. 우리는 이것이 ETA와의 싸움에서 우리를 도와줄 것이라는 점을 알고 있으며 이미 그렇게 되고 있습니다. 그리고 폭력주의로 인해 두드러진 다른 나라들과 협력을 제공하는 것이 스페인의 각별한 의무임을 믿습니다. 저는 이런 새로운 위협에 직면하여 수동적인 태도는 우리의 가장 큰 위험임을 믿습니다.

Spain has pushed these policies forward with all its might and we welcome the fact that the fight against these gaps has escalated positions on the international community's agenda to become a basic objective of the international community. We know that this will help us — it is already doing so — in our fight against ETA terrorism and we believe that it is Spain's specific duty to offer its cooperation to other countries highlighted by terrorism. I believe that passivity in the face of these new threats is our greatest danger.

이런 사례들은 더 이상의 정치적 분석이나 맥락에 따른 분석이 거의 필요하지 않다. 국제적인 폭력은 부시, 아즈나르와 다른 지도자들의 안전 정책을 위한 중심 논거가 되어 왔으며, 특히 대량 파괴 무기와 연관될 때 그러하다. 그러나 비록 그것만으로 그들이 참전하기 위한 충분한 정당화이기는 하지만 아즈나르는 지엽적으로 그 이상을 할 필요가 있었다. 그래서 그는 ETA라는 지역 폭력주의와 연결함으로써 이 투쟁의 지역적인 관련성을 되풀이해서 주장한다. 대중들뿐만 아니라 사회주의 반대당도 ETA의 암살에 대한 투쟁 목표를 공유하기 때문에 아즈나르는 지역적으로도 국제적 투쟁이 관련될 것이라는 점을 주장함으로써 전략적으로 이 논거를 인종차별주의에 대한 광범위한 국제적 투쟁을 주장하기 위해 사용하고 있다. 국제적인 폭력주의와 이라크는 ETA의 행위와 아무런 관련이 없다는 점은 당연히 그런 논거에 부적절하다. 단순히 폭력이라는 공통 개념이 있을 뿐이다. 이는 잘 알려진 이종 혼합amalgamation이라는 전개 전략이다. 또 다른 정치적 속뜻은 일관되지 못한 반대쪽에 대한 비난이다. 말하자면 당신들이 ETA의 폭력주의에 반대한다면 국제적인 폭력주의와 적극적으로 싸워야 한다는 것이다. (15)의 끝 문장에서 이런 속뜻을 누군가에게 좀 더 분명하게 하고 있다. 위험은 조처를 취하지 않는 데 있다고 말이다. 흥미롭지만 일반적인 것으로 잘 알려진 떠넘기기conversion라는 전개 전략인데 아즈나르에게 중심 문제는 폭력주의가 아니라 평화주의이다. 끝으로 폭력주의의 위협이라는 화제는 그에 따라 아무런 더 이상의 증거가 필요하지 않는 일반적인 논거가 되었다는 점을 주목하기 바란다. 즉 어떤 논증에서도 사용될 수 있는 널리 쓰이는 개념 표현topos인데 안전성을 드높이기 위한 모든 것들, 예컨대 방어 비용의 증가, 참전과 인권의 박탈에 관련되는 일 등의 논거로 쓰일 수 있다.

끝으로 국제적인 폭력주의가 일 년 뒤에 2004년 3월 11일 마드리드에서 190명의 죽음을 유발한 열차 대량 학살에서 그러했던 것처럼 정곡을 찌를 때 아즈나르가 원하던 증거를 확보한 것처럼 보인다. 말하자면 국제적 폭력주의가 또한 지역에서도 관련된다는 것이다. 그러나 반어적이게도 국제적인 폭력주의와 ETA 폭력주의를 근거 없이 이종 혼합하면서 여기서도 앞에서 언급한 것과 같은 지역을 기반으로 하는 근거를 바탕으로 먼저 아즈나르는 공격이 ETA에 의해 저질러졌다는 것을 매체와 대중들이 믿게 하고 싶었다. 이 공격이 그의 공격적인 반—ETA 정책을 옹호하고 그에게 표를 던질 것이라는 추론을 바탕으로 하고 있다. 그러나 대중들과 매체는 총선 2일 전에 그런 공공연한 조종에 분노하였고 그를 자리에서 물러나게 하였다. 그러나 대중의 반응과는 별개로 2003년 2월 5일 아즈나르의 연설에서 정치적 속뜻에 대해 배울 수 있는 점은 중요하다. 말하자면 국제적인 정책을 지엽적인 정책으로 지지하는 것이 언제나 중요하며 표를 얻고 정치적 반대 당의 합법성을 부인하는 전략이라는 점을 배우게 된다. 따라서 ETA와의 연결, 국가 안전에 대한 초점, 시민들의 안전 감각 등을 확고하게 한다. 실제로 이는 이라크에 대한 전쟁을 정당화하기 위해 미국에서 부시가 따랐던 전략과 근본적으로 같다.

8. 다른 전략들

아즈나르의 정치적 수사에 관련되는 이런 사례들로 긍정적인 자기 제시와 부정적인 타자 제시와 같이 정치적 담화와 정당화의 일반적인 속성들을 목격하였을 뿐만 아니라 정치적 속뜻의 관점에서 그런 담화에 대해 맥락을 고려한 해석의 기저에 있는 몇 가지 원리들을 목격하였다. 아즈나르의 연설에서 다른 전국적인 전략과 지엽적인 전략은 이와 비슷한 방식으로 기능을 하고 있는데 좀 더 간단하게 요약할 수 있다.

8.1. 국제주의internationalism

아즈나르는 반복해서 국제연합과 국제 사회를 언급하는데 무엇보다도 전 세계, 즉 부시, 블레어와 협력자들의 세계가 사담 후세인 없이

더 안전한 세계에 이로움을 주기 위해서 전쟁과 전쟁에 대한 지원을
정당화하기 위해서이다. 그리고 두 번째로 이라크에 맞서는 전쟁이
정확하게 국제연합이나 안전보장이사회의 지원을 받지 못하고 있음
을 숨기기 위해서이다.

(16) 이 최근의 위기가 시작된 이래 정부는 언제나 국제 사회의 정당성,
    국가 이익의 방어, 국제적인 의무에 대하여 이런 순서로 일관된 입장
    을 유지하여 왔습니다.

    *Since the beginning of this last crisis, the Government has always
    maintained a coherent position with respect to international legality, the
    defense of the interests of the nation, and its international duties, in
    this order,*

이 사례에서 정치적 속뜻은 반대쪽의 목적이 국제적인 정당성에
어긋나지만 그의 정책은 정당할 뿐만 아니라 정부는 국가의 이익을
우선적으로 생각하고 그에 따라 국제적인 조처가 실제로 스페인 시민
들의 이익에 있다는 것을 아즈나르가 강조함으로써 매우 분명해진다.
실제로 여기서와 다른 곳곳에서 아즈나르는 실제로 반대쪽이 국제
사회의 의견 일치 바깥에 있음을 강조한다. 이는 아즈나르가 부시와
자신의 전쟁에 관련되는 정책이 국제적으로 비난을 받고 있음을 알고
있을 때에 쓰는 떠넘기기(Conversion)라는 전개 전략이다. 그에 따라 국제연
합에 대한 그의 지원은 단순히 정치적으로 입에 발린 말일 뿐이다.
동시에 국가의 이익에 대한 강조는 또한 심지어 자신의 당 안에서도
있을 수 있는 비판, 즉 우익에 대해서는 국제주의가 국가주의와 맞지
않을 수 있으며 좌익에 대해서는 국가의 이익과 맞지 않을 수 있다는

비판에 대한 균형 잡기이다.

8.2. 숫자 놀음^{number game}

잘 알려진 논증의 방식은 입국이민에 맞서는 수사학으로부터 독자들이 알고 있는 숫자 놀음이다. 아즈나르의 연설에서 숫자 놀음은 여러 가지 기능이 있는데 정확성과 객관성, 그에 따른 신용도를 시사하는 것과 같은 기능이 있다. 특히 국제적인 결정에 대한 사담 후세인의 불이행에 대한 진실을 강조하는 기능이 있다. 숫자 놀음은 또한 강조와 과장의 수사적인 전개 전략이기도 하다.

> (17) 이라크는 신경가스 VX를 보고하지 않았습니다. 생산하였지만 표명하지는 않았습니다. (소음) 이라크는 이란과의 전쟁이 끝난 뒤 보관하고 있던 화학 작용제 1,000톤의 행방을 밝히지 않았습니다. 이라크는 화학 물질이 실린 발사체 6,500기를 해명하지 않았고, 탄저균 8,500톤의 파괴를 증명하지 않았습니다. 150킬로미터 사거리의 미사일 생산을 멈추지 않았을 뿐만 아니라 한 달 전에 이 나라에서 밀수입한 화학 작용제를 탑재한 380기의 미사일 엔진의 행방을 밝히지 않았습니다.
>
> *It [Iraq] has not accounted for the nerve gas VX, produced and not declared (Noise); it has not explained the destination of 1,000 tons of chemical agents that were kept after the war with Iran; it has not accounted for 6,500 chemically loaded projectiles; it has not demonstrated the destruction of 8,500 litres of anthrax; it has not stopped the production of missiles with a range of more than 150 kilometers; it has*

not revealed the destination of 380 engines for missiles with chemical agents that a month ago were smuggled into the country.

여기서는 분명히 정확한 수치가 중요하지 않다. 두 주 뒤 이라크의 점령에서 이들 가운데 어느 것도 발견되지 않았다는 사실은 이런 수치들이 대체로 무해한 화학물질들에 관련되거나 공론空論임을 보여준다. 숫자 놀음의 정치적 요점과 정치적 속뜻은 객관성과 신용도에 관련되는 수사학에 있다. 말하자면 아즈나르는 자신이 정통하며 그가 자신이 맡은 일을 다하고 있었음을 보여준다. 이 사례에서 반대쪽은 그에 반대하는 사례가 없으며 평화주의 정책을 뒷받침하도록 숫자를 이용할 수 없다. 동시에 아즈나르는 당연히 이런 사실들을 사담 후세인의 나쁜 인간성에 대한 증거로 사용하고 이는 또 그 전쟁에 대한 지지의 정당화에서 하나의 논거이다. 따라서 숫자 놀음은 사실성facticity이라고 부를 수 있는 전략에서 좀 더 일반적인 전략의 사례이다. 이 전략은 논증과 정당화에서 어떤 역할뿐만 아니라 정치적 상호작용의 맥락에서 진실과 정확성을 나타내고 그에 따라 유능함과 신용도를 나타낸다. [숫자 놀음을 통해서 제시하는: 뒤친이] 그러한 사실들은 별로 중요하지 않다. 단지 정치적 요점은 신용할 만함을 보이는 것이다. 이런 점은 매체 담화에서도 마찬가지이다.

9. 의견 일치

잘 알려진 정치적 전개 전략 가운데 하나는 의견 일치 전략이다. 이는 정책들이 당파적이지 않고 국가의 이익에 있음을 물어보거나 확인하는 전략으로 그에 따라 야당에게서 지지를 받아낼 가능성이 높다. 그에 따라 아즈나르는 이 전략을 국제연합의 결의안 1441조가 만장일치로 결정된 점의 적합성을 강조하기 위해 이용한다. 이 결의안은 이제 이라크에 대한 조처와 관련된 지지 요청에 영향을 미친다. 그러나 스페인과 다른 곳에서 입국이민 정책에서도 그러한 것처럼 외부로부터의 위협은 일반적으로 국가적인 의견 일치의 요청으로 충족된다. 여기서도 이런 일어나는데 아즈나르가 폭력주의에 대항하는 싸움에서 국가적인 통일을 요청할 때 그러하다. 이 전개 전략이 지니는 정치적 속뜻은 반대쪽과 정부의 정책에 대한 지지를 하지 않는 사람들이 실제로는 국가의 이익과 정치적 상식에 반하는 행위를 하고 있음을 뜻한다는 것이다. 따라서 반대쪽을 불신임한다는 것이다. 이 전개 전략의 좀 더 강력한 형태는 필연성^{necessity}이라는 전개 전략이다. 국제적인 의무를 존중하는 것 이외는 다른 방법이 없다는 것이다. 이는 논증의 전략들 가운데 잘 알려져 있고 효과적인 방법으로서 정당화를 위한 타당한 형식일 뿐만 아니라 그에 따라 아즈나르가 국제적인 의무를 심각하게 고려하고 있으며 그에 따라 존경받을 만한 정치가라는 것이다. 반면에 평화주의 야당은 그렇게 하지 않고 있다고 말하는 셈이다. 이와 비슷한 기능을 지니고 있는 다른 전개 전략들이 그의 연설에는 많이 있지만 앞에서 제시한 사례들은 전쟁 담화의 본질과 이라크 위기에서 아즈나르에 의해 정당화되는 본질을 보여주는 사례로서 충분할 뿐만 아니라 정치적 속뜻이라는 개념의 관련성을 보여주는 사례로서 충분할 것이다.

10. 마무리

비록 이 장은 이라크에 대한 아즈나르의 연설에서 사용된 모든 전략과 구조, 전개 방식을 다루는 일이 가능하지는 않지만 이런 연설들의 중요한 속성들 몇 가지를 처음으로 희미하게 감지하게 되었다. 긍정적인 자기 제시와 부정적인 타자 제시와 같은 다수의 전개 방식과 전략뿐만 아니라 통계/수치, 의견 일치, 국제주의, 권위, 현재의 정책과 조처를 정당하기 위한 비교와 구체적인 사례들의 사용과 같은 다수의 낯익은 수사적 전략들과 논증 책략들이 정치적 담화와 이념적 담화에서 상당히 고전적이라는 점이 놀랍지 않다.

그러나 이론적으로 좀 더 흥미로운 것은 일반적인 정치 지식과 현재의 정치 상황에 대한 모형의 결합으로부터 나온 추론에 근거를 둔 정치적 속뜻이라는 개념이다. 스페인의 경우 이는 참여자들이 자신들의 구체적인 사례에 대한 정신 모형에 표상된 것으로서 스페인의 현재 정치 상황에 대한 지식을 공유하여야 할 뿐만 아니라 배경, 참여자들, 목적 등을 포함하여 아즈나르의 연설 바로 그것을 통제하는 맥락 모형들을 공유하여야 함을 의미한다. 이런 속뜻들은 연설의 배후담화 subtext이며 그가 청중들에게 자신을 이해하고자 하는 방식이다. 이런 정치적 속뜻들은 정치적 진행에서 연설의 정치적 **기능**을 자리매김하는 것으로, 특히 수상과 정치 지도자로서 아즈나르의 역할뿐만 아니라 정부의 정당과 국제 정책의 정당성에 초점을 맞추고 있다. 동시에 그런 속뜻들은 공개적인 국면에서 반대쪽을 비난하고 공격하는 기능을 한다. 정치적 진행에서 연설의 정치적 기능에 대한 연구에 이바지할 수 있는 것은 연설에 대한 이런 **정치적** 분석이다.

제9장 담화와 조종

1. 들머리

비판적 담화 분석CDA에서 담화를 통한 권력 남용을 함의하기 때문에 특별한 주의를 필요로 하는 핵심 개념들이 몇 있다. 조종은 이런 개념들 가운데 하나이다. 그럼에도 이 개념은 인상주의적인 방식으로 사용되고 있고 조종에 관련되는 구조와 절차들에 대한 체계적인 이론이 없다. 이 장에서 저자는 조종에 관련되는 이런 몇 가지 속성들을 살펴본다. 그리고 담화와 인지, 사회를 명시적으로 연결하는 삼각형의 얼개 안에서 그런 속성들을 살펴볼 것이다(van Dijk, 2001). 어떤 담화 분석적 접근은 대부분의 조종이, 우리가 이 개념을 이해하는 것처럼, 담화를 통해서 나타나기 때문에 정당화된다. 두 번째로 조종되는 대상들이 사람들이고 이는 전형적으로 그들의 마음에 대한 조종을 통해서 일어나기 때문에 인지적 설명은 조종의 과정을 밝힐 수 있다. 세 번째로 조종은 대화 상호작용의 형식이다. 그리고 권력과 권력 남용을 함의하기 때문에 사회적 접근도 중요하다.

저자는 여러 차례 이런 접근이 이런 접근법 가운데 한두 개의 접근 법으로 귀결될 수 없다는 점을 주장하여 왔다(van Dijk, 1998; 2001을 참고할 것). 비록 사회적 접근과 상호작용적 접근, 담화적 접근이 핵심 이지만 저자는 인지적 차원도 중요하다는 점을 보이고자 한다. 조종 은 언제나 정신적 조종의 형태와 관련되기 때문이다.

이 장에서 저자는 사람의 손으로 어떤 것을 조처하는 것으로서 조 종의 어원적 의미로부터 어느 정도 직접적으로 도출되는 다른 용법들 을 가운데 물리학이나 컴퓨터 실증학문, 의학이나 치료법에서 사용되 는 조종의 형식을 다루지 않는다. 오히려 조종의 상징적 형태나 소통의 형태를 정치가나 매체를 조종하는 유권자나 독자와 같이 담화를 통한 영향력의 일종으로서 상호작용의 형태로 다룬다.[1]

2. 개념적 분석

몇몇 자료에 대한 분석과 좀 더 이론적인 설명을 시작하기에 앞서

---

[1] manipulation은 어원이 손(man-)을 이용하는 행위나 활동을 가리키는데 (비행기) 조종, (기계) 조작 등으로 구체적 행위를 나타낼 수 있다. 그런데 이 낱말이 추상적으로 쓰일 때는 (사람 등을 자신의 의도에 맞게) '부리다'는 뜻의 조종으로 쓰일 수도 있고, 통계자료 나 다른 근거 자료를 자신의 뜻에 맞게 잘못 활용하다는 뜻으로 '조작하다'의 뜻일 수 있다. 이 장에서 주로 사용되는 manipulation은 이런 부정적인 뜻으로 쓰인다. 긍정적인 말맛을 지니게 하려면 상대방의 뜻과 이해관계를 고려하여 accommodation조정하다 혹은 tune조율하다라는 낱말을 쓸 수 있을 듯하다.

여기서 연구하고자 하는 조종의 유형에 대하여 좀 더 분명하게 해둘 필요가 있다. 주장했던 것처럼 여기서 의도한 조종은 소통 관례와 상호작용 관례인데 조종 주체가 다른 사람의 의지에 맞서거나 그들의 최선의 이익에 맞서 사람들에 대한 통제를 행사한다. 일상적인 용법에서 조종이라는 개념은 부정적으로 연상된다. 즉 조종은 나쁜데 그와 같은 관례들이 사회 규범을 어기기 때문이다.

따라서 이 장의 나머지 부분에서 조종이 전형적인 평가자의 범주, 즉 비판적 분석의 범주이며 반드시 어떤 참여자의 범주일 필요가 없다는 점을 염두에 두어야 한다. 소수의 언어 사용자만이 자신들의 담화에서 조종을 염두에 둔다고 말할 수 있다. 이는 인종차별주의자의 담화에도 마찬가지인데 이는 구성원 범주들을 명확하게 밝히는 민족지학적 방법ethnomethodology과 대화 분석CA: Converstation Analysis의 몇몇 잘 알려진 형태가 좀 더 비판적인 접근에서 언제나 유용한 방법이 아님을 보여준다.[2] 실제로 이는 성차별주의자나 인종차별주의자의 담화 실천 관례에 대한 (비판적인) 연구를 불가능하게 한다.

조종은 권력이 개입할 뿐만 아니라 구체적으로 권력 남용, 즉 권세가 개입한다. 좀 더 구체적으로 조종은 담화라는 수단을 통해 불법적인 영향력을 행사함을 함의한다. 조종의 주체는 다른 사람으로 하여금 조종 주체와 이해 관계에 있거나 조종되는 사람들의 최선에 어긋나는 일들을 하게 하거나 믿게 한다(담화와 입법에 대한 많은 연구들 가운데 Chouliaraki, 2005; Martín Rojo and van Dijk, 1997을 참고할 것).

---

2) 왜 비판적 담화 분석을 해야 하는가? 그리고 그것이 온당한 근거는 무엇인가에 대해서는 반 데이크(2014/2020), 허선익(2019나)에서 민족지방법론에서 시작하여 비판적 담화 분석(이 글의 저자의 입장에서는 비판적 담화 연구)에 이르는 과정에 대한 역사적 고찰을 통하여 제시하고 있다.

조종의 좀 더 폭넓은 의미론적 의미는 그러한 불법적인 영향력이 그림, 사진이나 영화, 다른 매체와 함께 행사될 수 있다(van Leeuwen, 2005).[3] 소통을 통한 현재의 조종에서 많은 형태들 이를테면 대중 매체에 의한 조종은 광고에서 전형적인 것처럼 다중양식이다(Day, 1999; Messaris, 1997).

부정적인 연상이 없다면 조종은 (합법적인) 설득의 형태가 될 수 있다(이를테면 Dillard and Pfaum, 2002; O'Keefe, 2002 참고할 것). 이런 사례에서 본질적인 차이는 다음과 같다. 즉, 설득에서 대화 참여자들은 좋아하는 대로 믿거나 행동하는 데 자유롭다. 여기서는 설득하는 주체의 논증을 받아들이는지 여부에 달려 있다. 반면에 조종에서는 수용자들은 일반적으로 좀 더 수동적인 역할을 맡는다. 그들은 조종의 희생자인 셈이다. 조종을 위한 담화의 이런 부정적인 결과는 일반적으로 수용자들이 조종 주체에 의해 옹호되는 행위나 믿음의 온전한 결과를 볼 수 없거나 실제 의도를 이해할 수 없을 때 발생한다. 특히 수용자들이 조종에 저항하기 위해 이용될 수 있는 특정 지식이 부족할 때 그럴 수 있다(Wodak, 1987). 잘 알려진 사례는 입국이민과 입국이민자에 대한 정부의 담화와/나 매체 담화인데 보통의 시민들이 정부의 정책이 아니라 입국이민자들에 실업과 같은 열악한 경제 상태를 비난하도록 한다.

분명히 (불법적인) 조종과 (합법적인) 조종 사이의 경계는 흐릿하고 맥락에 매여 있다. 몇몇 수신자들은 다른 사람들을 조종할 수 없는 어떤 메시지에 의해 조종당할 수 있다. 또한 같은 수신자는 다른 상황

---

3) 밴 리우벤은 비판적 담화 분석을 이 책의 저자와 함께 네덜란드 암스테르담 대학에서 비판적 담화 분석을 함께 한 연구 모둠의 한 사람으로서 언어를 포함한 기호 특히 시각적 장치들의 잠재적 의미를 분석하는 데 몰두하였다(허선익, 2019나: 71).

에서 그리고 마음의 상태 등에서 어느 정도 조종 가능하다. 상업적인 설득이나 정치적인 설득 혹은 종교적인 설득의 많은 형태들이 형식에 따라 윤리적으로 합법적일 수 있지만 사람들은 여전히 그것에 의해 조종당했다고 느낄 수 있거나 비판적인 분석가들이 그런 소통이 사람을 조종하고 있다고 판단할 수 있다. 임시로 저자는 본질적인 기준이 사람들이 자각하고 있는 의지와 이익에 반하여 행동을 하도록 하게 하는 것이며 조종은 조종 주체에게는 최선이라고 가정할 것이다.

담화를 통한 조정에 대한 다음의 이론적인 설명에서 저자는 사회적 접근과 인지적 접근, 담화적 접근이란 세 지점의 균형을 잡는 방법을 쓰면서 지난 십 년 동안 주장하여 왔던 학제적인 전체 얼개를 따를 것이다(van Dijk, 1998; 2001). 말하자면 조종은, 특히 집단과 사회적 행위 주체들 사이의 권력 남용과 상호작용이 개입되어 있기 때문에 사회적 현상이며, 조종이 언제나 참여자들의 마음에 대한 조종을 함의하고 있기 때문에 인지적이고, 조종이 담화와 시각적 메시지를 통해서 행사되기 때문에 담화—의미론적 현상이다. 앞에서 주장하였듯이 이들 접근 가운데 어느 하나도 다른 하나에 귀속될 수 없으며, 이들 셋 모두는 조종의 서로 다른 차원 사이를 명시적으로 연결하는 통합된 이론을 필요로 한다.

3. 조종과 사회

조종을 위한 담화를 이해하고 분석하기 위해서는 조종의 사회적 환경을 먼저 검토하는 일이 중요하다. 여기서는 이미 조종의 특징 가운데 하나를 가정하였는데 설득에서 두드러지듯이 권력과 권세가 개입한다. 이런 권력 차원의 분석에는 다른 사회적 행위 주체나 집단이 다른 집단에 행사하는 통제력의 유형에 대한 설명이 관련되어 있다(Clegg, 1975; Luke, 1989; Wartenberg, 1990; 이 책의 2장을 참고할 것). 또한 그런 통제가 무엇보다 마음의 통제, 즉 수신자들의 믿음에 대한 통제이며 간접적으로 그와 같이 조종된 믿음에 근거를 둔 수신자들의 행위에 대한 통제라는 점을 가정하였다.

그러나 다른 사람에 대한 그와 같은 통제력을 행사하기 위해 사회적 행위 주체들은 무엇보다 먼저 그들이 다른 사람에 영향을 미칠 수 있도록 사회적 기준과 개인적인 기준을 충족하여야 한다. 이 장에서 저자는 분석의 한계를 사회적 기준에 두었고 인간적인 특성이나 지능 학습 등과 같은 심리적 요인들에 미치는 영향을 무시하기로 하였다. 다른 말로 한다면 저자는 여기서 '무엇이 인성을 조종할 수 있는가'라거나 사람들이 다른 사람들을 조종하는 특정의 사사로운 방식에 관심을 두지 않는다.

따라서 조종을 통한 통제의 사회적 조건은 적어도 분석의 거시적 차원에서는 집단 구성원 자격, 기관에서 지위, 직업, 물질적 자원이나 상징적 자원과 집단의 권력과 그 구성원들을 자리매김하는 다른 요소들에 기대어 밝힐 필요가 있다. 부모들은 아이들을 조종할 수 있는데 가정 안에서 권위와 권력을 지닌 입장 때문이다. 교수는 학생들을 조종할 수 있는데 기관에서 지위나 직업 때문에 그리고 지식 때문이다. 마찬가지로 정치가들은 유권자들을 조종할 수 있으며 기자들은 매체 담화의 수신자들을 조종하거나 종교적 지도자들은 추종자들을 조종할 수 있다. 이는 아이들이 부모들을 조종할 수 없다거나 학생이 교사들을 조종할 수 없음을 의미하지 않는다. 이는 권력의 지위 때문이 아니라 반항이나 반대의 형태로서, 특히 개인적인 특성에 근거하고 있다.

따라서 여기서 살펴보고 있는 사회적 조종의 유형은 사회적 권세와 담화를 포함하여 일상적인 관례에서 그런 권세의 재생산의 관점에서 자리매김된다. 이런 의미에서 사회의 개별 행위 주체들의 조종에서보다 집단과 그 구성원들 사이의 조종에 더 많은 관심을 갖고 있다.

권력 남용으로서 권세에 대해 한 걸음 더 나아간 분석에서는 희소성을 보이는 사회적 자원에 대한 통제력이나 특별한 접근을 필요로 한다. 이런 자원들 가운데 하나는 공개적인 담화와 대중 매체에 대한 우선적인 접속 권한인데 이는 정치가, 기자, 학자, 작가, 교사 등과 같은 상징적인 선민 구성원들에 공유되는 자원들이다(3장 참고할 것). 분명히 담화를 통해 많은 다른 사람들을 조종할 수 있기 위해 개인은 의회 토론, 뉴스, 기고문opinion article, 교과서, 실증학문 논문, 소설, TV 볼거리, 광고와 누리그물 등과 같은 공개적인 담화의 어떤 형태에 접속할 필요가 있다. 그리고 그런 접근과 통제가 결국 집단의 권력에 달려 있을 뿐만 아니라 그것을 구성하기 때문에 공개적인 담화는 동시에 그런 권력의 사회적 재생산을 위한 수단이다. 예컨대 정치가는 공개적인 담화를 통해 정치 권력을 행사할 수도 있고 동시에 그런 공개적인 담화를 통해 그들의 정치 권력을 확고하게 하고 재생산할 수 있다. 이는 기자와 교수들과 그들의 기관, 즉 매체와 대학 등에서도 마찬가지이다.

조종은 주도적인 집단의 권력 재생산을 향해 맞춰진 것으로 담화를 통한 사회적 관례 가운데 하나이다. 그런 주도적인 집단은 많은 (다른) 방식으로도 그렇게 할 수 있는데 이를테면 정보와 교육, 지침과 수신자들의 행위와 믿음에 (간접적으로) 영향을 미치려는 목적을 지닌 다른 사회적 관례를 제공하면서 이를테면 설득을 통해 그렇게 할 수 있다.[4]

이런 사회적 관례들 가운데 몇몇 이를테면 기자나 교사가 그들의 독자들을 위해 정보를 제공할 때 이들은 당연히 매우 합법적일 수 있음을 알고 있다. 이는 앞서 언급한 조종의 부정적인 속성에 대응하여 조종이 일반적인 사회 규칙이나 규범들을 어기고 있기 때문에 비합법적인 사회적 관례로 밝혀질 수 있음을 의미한다. 여기서는 한쪽의 이익에 있거나 수신자들의 최선의 이익에 맞서는 모든 형태의 상호작용과 소통이나 다른 사회적 관례들을 비합법적이라고 자리매김한다.

여기서는 정의와 민주적인 사회의 사회적 기초, 법률적 기초와 철학적 기초를 간단히 언급하기로 하고 소통과 담화, 상호작용의 윤리적 원칙을 언급하기로 한다(이를테면 Habermas, 1984[5])를 참고할 것). 이런 원칙들에 대한 발전된 논의 그리고 그에 따라 조종이 비합법적인 이유에 대한 설명은 이 논문의 범위를 벗어난다. 여기서는 조종이 비합법적인 이유를 조종당하는 사람들의 인권과 사회적 권리를 해치기 때문이라고 보지만 여기서 어기는 정확한 규범이나 가치를 명확하게 밝히기는 쉽지 않다.

수신자들이 언제나 적절한 절차에 따라 화자의 목적이나 의도에 대한 정보를 제공받아야 하는 규범을 내세울 수 있다. 그러나 이는 너무나 엄격한 기준인데 소통과 상호작용의 많은 형태에서 그런 의도와 목적들이 명료화되지 않고 담화와 상호작용에 관련되는 일반적인

---

4) 조종을 비판하는 이유는 여기에 있을 듯하다. 앞서 3장 1절에서 조종의 목적은 동의의 제조라는 교묘한 방법으로 대중들을 설득하는 데 있다. 상징적인 선민들은 제도화된 교육이나 매체를 통해서 힘들이지 않고 보수적인 이념을 전파하고 대중들은 자기도 모르는 사이에 보수적인 세계관에 동조하고, 그런 매체를 이용함으로써 보수적인 이념을 재생산하는 데 이바지한다. 그리고 진보적인 이념과 단체에 분노하게 된다.

5) 이 책은 장춘익 역(2006), 『의사소통 행위이론』1·2(나남출판사)로 국내에 소개되었다.

규칙에 바탕으로 두고 수신자(혹은 분석가들)에 의해 맥락에 따라 화자들에 딸려 있기 때문이다. 실제로 상호작용이나 소통의 (거의) 모든 형태들이 화자에게 최선인 경향이 있다고 말하면서 사회적 이기주의 원칙을 상정할 수 있다. 이는 주장하는 것처럼 정당화라는 기준이 다른 용어로 형식화되어야 함을 의미한다. 말하자면 조종은 수신자들의 권리를 해치기 때문에 비합법적이라는 것이다. 이는 소통의 모든 형태들이 수신자들에게 최선의 이익이어야 하는 규범을 함의하지 않는다. 소통이나 화행의 많은 유형들이 비난이나 요청, 명령 등의 사례에서 그러한 것처럼 그렇지 않다.

그러한 규범과 원칙들에 대한 좀 더 화용론적인 접근은 그라이스(Grice, 1975)에 의해 형식화된 대화 규범이다. 이 대화 규범은 대화가 진실하고, 적합하며 비교적 완결되는 데 기여가 필요하다는 것이다. 그러나 실제 담화에서 그런 규범들은 종종 적용하기 어렵다. 사람들은 거짓말을 하는데 그렇게 하는 것이 언제나 잘못이지는 않다. 사람들은 모든 갈래에 대하여 오직 반만 이야기하며 때로 정당하고 이성적이지만 때로 부적절한 대화가 일상적인 상호작용에서 가장 일반적인 형태 가운데 하나이다.[6]

다른 말로 한다면 비록 대화 규범이 조종을 목적으로 하는 담화에 대한 기준 가운데 하나일 수는 있지만 조종이 대화 규범이나 대화의 다른 규범이나 규칙을 어겼기 때문에 (유일한) 잘못인 것은 아니다. 따라서 여기서는 더 이상의 분석 없이 <u>조종이 민주적인 사회에서 비</u>

---

6) 입말을 전사해 보면 알겠지만 그리고 실제로 자신의 말하기를 되짚어보면 드러나는 바이지만, 입말에는 군말, 채움말 등이 많다. 그리고 상황중심 지시표현 등의 의미가 고정되어 있지 않아서 대화 상황이나 맥락을 고려해야만 의미를 알 수 있는 표현들이 많음을 지적하고 있다.

합법적인 것은 조종이 불평등을 재생산하거나 재생산할 수 있기 때문이라는 것을 받아들이기로 한다. 즉 조종은 권력이 있는 집단과 화자들의 최상의 이익에 있으며 권력을 덜 가지고 있는 집단과 화자들의 이익을 해친다. 이는 이런 자리매김이 조종 주체의 의도에 기반을 두지 않으며 또한 수신자들이 조종에 대한 어느 정도 의식하는 자각에 근거를 두지도 않고 사회적 결과의 관점에서 자리매김됨을 뜻한다(Etzioni-Halevy, 1989도 참고할 것).

그렇다면 각각의 소통에 대하여 그러한 각각의 이익이 조종을 목적으로 하는 담화에 의해 어떻게 관리되는지 밝혀낼 필요가 있다. 예컨대 만약 대중 매체가 불완전하거나 혹은 만약 독자들이 어떤 선거에서 후보자들에 대하여 적절한 절차에 따라 알 수 있는 권리를 갖고 있다고 가정할 때 선거 기간에 독자들의 투표에 영향을 미치도록 특정의 정치가에 대하여 편향된 정보를 제공한다면 어떤 조종 사례를 보게 될 것이다. 적절한 정보는 이 사례에서 균형 잡히고, 비교적 완결되어 있으며 편향되지 않고 적합한 정보 등으로 구체화될 수 있다. 이는 어떤 신문이 자신의 후보자를 지지하거나 옹호하지 않음을 뜻하지 않는다. 논증이나 사실 등으로 그렇게 해야 한다는 말이다. 즉 조종 예컨대 사실에 대한 거짓말이나 사실의 왜곡 등을 통해서가 아니라 충분한 정보와 설득을 통해서 그렇게 해야 한다. 기자들의 전문 직업 윤리 강령에서 규정하고 있듯이 이런 모든 규범에 따른 원칙들은 소통과 상호작용의 합법적인 형태로 간주되는 것 가운데 구체적으로 실행되는 일부분이다. 그러나 이들 각각은 매우 흐릿하고 더 자세한 분석을 필요로 한다. 여기서 앞서 주장하였듯이 여기서 관련된 논점들은 담화 윤리에 속하며 그에 따라 비판적 담화 분석의 토대 가운데 일부이다.

조종의 사회적 속성에 대한 이런 비격식적인 분석은 또한 만약 조종이 권세나 권력 남용의 어떤 형태라면 개인적인 상호작용에 대한 개인적 차원이 아니라 **사회 집단**이나 **기관, 조직**의 관점에서 규정되어야 함을 보여준다. 이는 규정된 대로 화자나 필자가 집단적으로 어떤 주도 세력의 구성원으로서 역할에 따라 다른 사람들을 조정할 때 조종에 대해 언급하는 것이 이해될 수 있을 뿐임을 의미한다. 현대의 정보 사회에서 이는, 한편으로 특히 정치, 교육, 학문, 관련뿐만 아니라 사업체에서 상징적 선민의 경우에 그러하며, 다른 한편으로 다양한 형태의 고객(유권자, 독자, 학생, 손님, 일반 대중 등)에 대해서 그러하다. 따라서 사회적 차원에서 말한다면 조종은 지배를 받는 집단의 최선의 이익에 맞서며 사회적 불평등을 (재)생산하는 선민 권력의 재생산을 위한 담화 형태이다.

　분명히 이런 형식화는 집단의 권력 조직의 권력, 기관의 권력과 같이 전통적으로 거시적 차원의 범주를 따르고 있다. 특히 담화 분석과 관련이 있는 것은 물론 상호작용이라는 좀 더 지엽적으로 맞춰진 사회 구조의 미시적 차원이다. 조종은 근본적으로 사회적 관례와 상호작용의 어떤 형태이고 그에 따라 이 장의 뒷부분에서 담화를 통한 조종을 논의할 때 조정에 관련되는 지엽적인 사회적 관례와 상호작용에 더 많이 주의를 기울일 것이다.

4. 조종과 인지

사람을 조종하는 일은 사람들의 마음을 조종할 필요가 있다. 말하자
면 지식과 의견, 이념과 같은 사람들의 믿음을 조종하는데 이는 결국
그들의 행위를 통제한다. 그러나 여기서는 알려주기, 가르치기, 설득
하기와 같은 담화의 기반을 둔 정신적 영향력의 다양한 형태들이 있
으며 이들은 사람들의 지식과 의견을 형성하거나 바꾼다는 점을 보아
왔다. 이는 사회적 관점, 즉 담화 맥락의 관점에서 앞에서 보았던 것처
럼 조종이 정신 관리의 다른 형태들과 구별될 필요가 있음을 뜻한다.
합법적인 정신 통제와 비합법적인 통제를 구별할 수 있기 위해 먼저
담화가 어떻게 정신에 영향을 미칠 수 있는지 분명하게 해 둘 필요가
있다.

정신은 엄청나게 복잡하기 때문에 담화가 마음에 영향을 미칠 수
있는 방법은 효과적인 전략의 적용을 통해 실시간으로 관리될 수 있는
복잡한 처리가 필연적으로 관련되어 있다. 이 장의 목적에 맞춰 그러한
설명은 인지적 분석을 위한 몇 개의 기본적인 원리와 범주들로 간소화
될 것이다. 이해가 어떻게 다양한 맥락을 통한 조종과 덩잇글을 통한
조종에 의해 영향을 받을 수 있는가를 보여주는 인지적 (실험) 연구는
방대하다. 그러나 이들을 검토하는 것은 이 장의 범위를 넘어선다(담화
처리에 대한 일반적인 설명에 대해서는 Britton and Graesser, 1996; Kintsch,
1998[7]); van Dijk and Kintsch, 1983; Van Oostendorp and Goldman, 1999를

---

7) 이 책은 김지홍·문선모 뒤침(2010), 『이해』 1·2나남 명저번역총서)로 국내에 소개되었다.
한편 이 책의 저자는 킨취와 함께 학자로서 출발 초기부터 인지 이론에 관심을 가졌고,
그런 점들이 담화의 처리에 인지적인 측면을 고려하는 여러 학문에 걸친 관점을 취하고
있다.

참고할 것).

4.1. 단기 기억 기반의 담화 이해 조작하기

무엇보다도 일반적으로 담화 그리고 구체적으로 조종을 목적으로 하는 담화는 단기 기억STM에서 기본적으로 명제 의미나 행위의 관점에서 (낱말, 절, 문장, 발화와 비언어적 신호의) 이해로 이어지는 정보 처리가 개입한다. 그러한 처리는 실시간으로 이뤄지며, 목적 지향적이고 담화 구조에 관련되는 다양한 수준에서 작동하고 가상으로 작동한다는 점에서 전략적이다. 말하자면 빠르고 효율적인 짐작과 간단한 방법이 복잡한 분석을 대신해서 만들어진다.

조종의 형태 가운데 하나는 부분적으로 자동화되어 있지만 이런 담화 이해 전략의 일부에 대한 통제로 이뤄진다. 예컨대 덩잇글의 일부를 눈에 띄는 곳(이를테면 상단)에 인쇄함으로써 그리고 크고 굵은 글씨체로 인쇄함으로써 표제나 제목, 홍보 문구처럼 이런 도안이 좀 더 주의를 끌 것이고 그에 따라 가외의 시간이나 기억 자원을 써서 처리될 것이다. 그에 따라 좀 더 세세하게 처리되는 데 기여하고 좀 더 잘 표상되고 회상되는 데 기여할 것이다. 표제와 제목도 의미론적 거시 구조나 주제의 표현을 위한 관례적인 덩잇글 범주로 기능한다. 이들은 지엽적인 의미 구조를 구성하는데 그런 주제들은 더 잘 표상되고 회상된다. 여기서 초점은 담화에서 특정 자질들은 시각적인 표현과 마찬가지로 구체적으로 단기 기억에서 전략적인 이해의 관리에 영향을 미치기 때문에 독자들은 다른 정보 조각들보다 더 많은 주의를 기울인다는 데 있다.

물론 이런 일들은 조종뿐만 아니라 뉴스 보도, 교과서와 다른 여러 갈래들과 같이 합법적인 형태로 나타난다. 이는 인지적인 관점에서 조종이 특별한 것이 아님을 의미한다. 담화 처리의 매우 일반적인 속성들을 활용하기 때문이다. 따라서 조종에 대한 사회적 분석에서 그러한 것처럼 담화의 처리에 미치는 합법적인 영향력과 비합법적인 영향력 사이를 구분하기 위해 다른 기준이 필요하다. 그런 사례에서 예컨대 표제가 어떤 담화에서 가장 중요한 정보를 표현하기보다는 부적절한 세부내용을 강조할 때와 마찬가지로 조종은 정보B보다 정보A에 대한 주의력을 많이 끌어들임으로써 결과로 나오는 이해는 부분적이거나 치우쳐 있다는 사실에 있을 것이다. 그에 따라 정보에 대한 하향식 영향력을 통해 세부내용의 이해를 방해한다.[8] 앞에서 그러한 것처럼 이런 사례에서 추가되어야 하는 또 다른 사회적 조건은 그러한 부분적이거나 불완전한 이해가 권력을 가진 집단이나 기관에 최선의 이익이 있고 지배를 받는 집단의 최선에 맞선다는 점이다. 분명히 이는 인지적 조건이나 덩잇글에 따른 조건이 아니라 규범을 따르는 사회적 조건과 맥락적 조건이다. 말하자면 충분하게 정보가 제공되어야 하는 수신자들의 권리에 관련된다. 여기서 인지적 분석은 그들의 마음을 통제함으로써 사람들이 어떻게 조종되는가를 밝힐 뿐이지 이것이 왜 잘못인지 밝혀낼 수 없다. 글말 관례에서 일반적인 배치, 색채의 사용, 사진, 그림이나 입말 담화에서 몸짓, 얼굴 표정이나 다른 비언어적 행위에서 그러한 것처럼 비슷한 처리과정들이 비언

---

8) 정보의 처리는 일반적으로 두 방향으로 이뤄진다고 알려져 있다. 하향식 처리와 상향식 처리가 그것이다. 여기서 하향식 처리는 어떤 정보 단위의 거시 명제가 거기에 딸려 있는 다른 정보의 처리에 영향을 미친다. 그에 비해 상향식 처리는 거시 명제가 제일 뒤에 형성되는 처리 방식이다. 여기서 언급하고 있는 신문의 경우 표제나 사진이 글의 거시 명제 형성에 막대한 영향을 미치고 이렇게 형성된 거시 명제가 그와 관련된 명제의 처리에 영향을 미친다는 설명을 하고 있다.

어적 표현의 많은 형태에 작동한다.

단기 기억에서 담화 처리에는 음운, 음성, 형태, 통사와 어휘 연산과 같은 서로 다른 형태의 분석이 관여하므로 이 모두는 효율적인 이해를 위해 맞추어져 있고 단기 기억에서 각각의 연산과 이들의 어떤 연산들도 다양한 수단에 의해 영향을 받는다. 예컨대 다른 많은 조건들 가운데 좀 더 변별적이고 느린 발음, 덜 복잡한 통사 구조와 기본적인 어휘 항목의 사용, 수신자가 잘 알고 있는 어떤 화제에 대하여 더 분명한 주제는 일반적으로 이해에 유리하다.

이는 또한 화자가 이해를 방해하고자 한다면 그들은 그 반대로 하는 경향, 즉 더 빠르고 덜 구별되게 말하고 좀 더 복잡한 문장과 좀 더 어려운 낱말을 써서 말하고 수신자들에게 덜 친숙한 화제에 대하여 혼란스러운 주제를 말하는 경향이 있을 것이다. 예컨대 고객의 더 나은 이해에 주로 맞춰지지 않은 법률 담화나 의료 담화에서 그러할 것이다. 그에 따라 이해가 의도적으로 손상되었을 때 조종을 목적으로 하는 형태일 것이라고 가정할 수 있다.[9]

다른 말로 한다면, 만약 주도적인 집단이나 기관이 자신들의 이익과 들어맞는 정보의 이해를 촉진하고 싶다면 그리고 그들에게 최선의 이익에 있지 않은 정보에 대한 이해를 방해하고 싶다면(그리고 수신자들에게는 그 반대임) 그들은 일반적으로 담화 이해에서 단기 기억에 기반을 둔 이런 형태의 조종에 관여할 수 있다. 이 책에서는 인지적 차원, 사회적 차원, 담화적 차원과 윤리적 차원에서 담화 이해 과정을

---

9) 지금은 의사로서의 권위를 세우려는 경향은 많이 없어지고 있다. 그렇지만 아직도 다수의 법률 용어들은 일상어와 거리가 멀고, 한자어 식견을 가진 사람도 언뜻 이해되지 않는 일본식 한자어들이 수두룩하다. 이는 여기서 지적하고 있듯이 이해를 의도적으로 어렵게 하려는 의도가 있다고 해석할 수 있다.

방해하거나 왜곡하게 하는 비합법적인 사례를 보였다. 살인과 살의 없는 살인의 구분에서 그러한 것처럼 윤리적 차원도 이해에 대한 그런 통제가 의도적인지 여부에 따라 다른 (인지적) 기준이 관련될 수 있다. 이는 작가나 필자의 맥락 모형에는 이해를 방해하거나 왜곡시키는 분명한 계획이 있음을 뜻한다.

4.2. 구체사례 기억에 바탕을 둔 조종

단기 기억에 기반을 둔 조종은 실시간으로 일어나고 특정 담화에 대한 이해의 전략적 처리에 영향을 미친다. 그러나 대부분의 조종은 좀 더 안정된 결과에 맞추어져 있고 그에 따라 앞으로 잠깐 보게 되는 것처럼 장기 기억LTM: long-term memory, 즉 지식, 태도와 이념에 초점을 맞추고 있다.10) 그러나 장기 기억을 이루고 있는 부분도 생애 이력과 경험을 자리매김하는 개인적인 기억들이며(Neisser and Fivush, 1994) 전통적으로 구체사례 기억과 연관되어 있는 표상이다(Tulving, 1983). 말하자면 사람들의 일상 경험 가운데 소통에 대한 사람들의 기억은 구체적 사례 기억, 즉 고유한 개념틀 구조를 지니고 있는 특정의 정신 모형에 저장되어 있다. 어떤 이야기를 말한다는 것은 어떤 경험에 대해 지니고 있는 개인적이고 주관적인 정신 모형을 분명하게 드러냄을 뜻한다. 그리고 어떤 뉴스 보도나 어떤 이야기에 대한 이해에는 수신자에 의해 그러한 (주관적인) 정신 모형의 구성을 필요로 한다.

---

10) 인지의 문제는 기억의 문제와 밀접한 연관이 있기 때문에 7장 2절의 각주에 제시한 것처럼 기억 이론의 대전환과 김지홍(2012)을 참고하기 바란다. 한동안 언어 산출과 이해에는 단기 기억보다 지속적인 처리를 가능하게 하는 작업 기억을 상정하였으나 오랜 기간의 저술과 같은 산출, 서로 얽힌 텍스트에 대한 이해와 같은 장기적인 언어 처리에는 장기 작업 기억을 상정하고 있다.

구체사례 기억에서 상황에 매인 담화의 이해는 따라서 경험에 대한 좀 더 완결된 모형과 관련이 있다. 이해는 단순히 의미를 낱말, 문장이나 담화와 관련짓는 것에 그치지 않고 듣거나 읽은 어떤 사건과 연관된 개인적인 의견과 감정들을 포함하여 구체사례 기억에서 정신 모형을 구성하는 일이다. 사람들의 미래 기억의 토대뿐만 아니라 경험에 기반을 둔 지식과 태도, 이념의 습득과 같은 앞으로의 학습을 위한 토대인 것은 이러한 정신 모형이다.

정신 모형은 고유하며, 임시적이고 개인적이라는 점을 유의하기 바란다. 즉 그것은 특정의 상황에서 이 특정의 담화에 대한 나의 개인적인 해석이다. 물론 그런 개인적인 모형들에도 일반적이고 사회적으로 공유된 지식이나 믿음의 구체화가 수반되기 때문에 다른 사람들을 이해할 수 있고 무엇보다도 소통과 상호작용이 가능할 수 있다. 그러나 정신 모형은 대체로 고유하고 개인적이다. 사회적으로 공유된 문화 지식을 나타내기 위해 사용되는 (정신, 인지) 모형에 대한 다른 개념들이 있지만(이를테면 Shore, 1996 참고할 것), 저자가 여기서 언급하고자 하는 모형의 유형이 아니다.

정신 모형은 (대하여 있는 담화가 무엇인지를 표상함으로써) 담화 그 자체에 대한 우리의 이해를 자리매김할 뿐만 아니라 전체 소통에 대한 이해를 규정한다. 그러한 이해는 맥락 모형에 표상되어 있다. 동시에 이 맥락 모형은 화자에게는 말하기 위한 계획에 따라 역동적으로 변하면서 작동한다(van Dijk, 1999).

말하기와 이해에서 정신 모형의 기본적인 역할을 고려할 때 조종은 구체적인 사례 기억에서 정신 모형의 형성과 활성화 및 이용을 목적으로 할 것이라 예측할 수 있다. 만약 조종 주체가 수신자들로 하여금 그들이 보는 만큼 이해하기를 꾀한다면 수신자들이 조종 주체가 형성하기 원하는 정신 모형을 형성하는 것이 중요하다. 그에 따라 그들의 해석의 자유를 제한하거나 적어도 조종 주체의 최상의 이익에 반하여 담화를 이해하게 될 가능성을 제한한다.

선호되는 모형의 활성화나 형성을 위해 이렇게 맞추어진 담화 전략 몇 가지를 뒤에 살펴볼 것이다. 좀 더 일반적으로 그 전략은 자신들의 이익(이를테면 우리들의 선행에 대한 세부내용)에 들어맞는 모형의 속성들을 담화를 통해 강조하고 이익에 어긋나는 속성들(이를테면 우리의 나쁜 행동에 대한 세부내용)을 담화를 통해 약화하는 것이다. 희생자에 대한 비난은 주도적인 집단이나 기관이 수신자들의 정신 모형에 담화를 통해 영향을 미치고자 하는 조종의 형태 가운데 하나이다. 예컨대 자신들의 이익의 범위 안에서 행위의 책임을 다시 [그들에게] 돌려버리는 일이 그것이다. 선호되는 모형의 형성이나 다시 활성화하는 데 이바지할 수 있는 어떤 담화 전략은 조종을 위한 담화 사용에도 이용될 수 있다. 단기 기억 처리에서 그러한 것처럼 그런 모형 형성과 활성화는 자동화되는 경향이 있으며 정신 모형에 대한 미묘한 통제는 종종 언어 사용자들에 의해 인지되지 않고 그에 따라 조종에 기여한다.

4.3. 사회적 인지 조종하기

어떤 사건이나 행위, 담화에 대하여, 특히 2001년 9월 11일에 세계무역센터에 대한 공격과 같은 기념할 만한 일에 대해서, 혹은 2004년 3월 11일에 스페인 통근 열차에 대한 폭탄 공격과 같은 일에 대해서, 수신자들이 어떻게 이해할 것인가를 담화를 통해 조종하는 일은 때로 매우 중요하다. 특히 후자에 대해서는 마리아 아즈나르가 이끄는 스페인의 보수적인 정부는 그 공격이 이슬람의 폭력선동주의자들 대신에 ETA[11])에 의해 행해졌다고 믿도록 언론과 시민들을 조종하려 하였다. 다른 말로 한다면 그의 공식 발표와 내무 장관 에스베이스Acebes를 통해 아즈나르는 공격의 주체 선택에서 선호되는 주체를 강조함으로써 사건의 모형 구조, 즉 정부의 반-ETA 정책에 들어맞는 모형에 영향을 미치고자 하였다. 이번에는 공격의 책임이 ETA가 아니라 알카이다Al-Qaida임이 곧 밝혀졌기 때문에 다가오는 선거에서 유권자들은 조종당했음을 느끼고 아즈나르에 투표하였으며[12] 국민당Partido Popular 정부는 물러났다.

이들과 이와 비슷한 사건뿐만 아니라 이들을 설명하고 기술하며 함께 하는 많은 담화들이 훨씬 뒤에도 잘 회상되도록 구체사례 기억에서 특별한 자리를 차지하는 정신 모형을 유발하지만 조종에서 가장 영향력이 있는 형태는 특정의 선호되는 정신 모형의 생성에 초점을 맞추는 것이 아니라 지식과 태도, 이념과 같은 좀 더 일반적이고 추상적인 믿음에 초점을 맞춘다. 따라서 만약 어떤 정당이 유권자들에게 인기를 얻고자 한다면 일반적으로 그와 같은 정당에 대한 유권자들의 태도를 긍정적으로 바꾸고자 할 것이다. 일반적이고 사회적으로 공유되는 태도는 개별 언어 사용자들의 (의견과) 특정의 정신 모형보다 훨씬 더 안정적이기 때문이다. 따라서 정부에서 입국이민을 제한하고자 한다면 입국이민에 대한 (선민들을 포함하여) 시민들의 태도를 형성하거나 수정하고자 노력할 것이다(van Dijk, 1993a; Wodak and van Dijk,

---

11) 스페인으로부터 바스크의 분리 독립을 주장하는 무장 단체로 알려져 있음.

12) 스페인 국민들이 이 사건 이후에 아즈나르에게 투표를 했다는 점이 이 글에서 나타난 맥락으로 보나 기차 테러 사건 이후의 선거에서 패하였다는 사실(미국의 이라크 침공을 공식적으로 지지하고 나서 총선에 실패한 첫 정부로 스페인을 꼽은 당시의 신문기사)로 보나 맞지 않은 듯하다. 본문 447쪽에도 "그들이(조종의 주체인 아즈나르를 비롯한 일당) 공직에서 물러나도록 투표하였다."라고 하였다.

2000). 이 사례에서 그들은 입국이민자들이 국내로 들어올 때마다 여러 형태의 설득 시도에 관여할 필요가 없다. 따라서 설득은 중요한 사회적 쟁점에 대하여 좀 더 일반적이고 사회적으로 공유된 태도나 이념과 같은 표상의 형성이나 수정에 초점을 맞춘다. 예컨대 정부에서는 입국이민이라는 쟁점에 대하여 불어나는 입국이민을 늘어나는 범죄(에 대한 공포)와 연관지음으로써 그렇게 할 수 있다. 이는 다른 유럽의 지도자들과 마찬가지로 아즈나르 수상이 지난 십 년 동안에 했던 바이다.

조종에 대한 인지적 처리에서 장기 기억은 정신 모형으로서 주관적으로 해석한 개인적인 경험을 저장할 뿐만 아니라 때로는 사회적 표상이라 부르는 좀 더 안정되고 영구적이며 일반적이고 사회적으로 공유된 믿음을 저장한다고 가정한다는 점을 알고 있다(Augoustinos and Walker, 1995; Moscovici, 2001). 사람들의 사회문화적 지식은 이런 믿음의 핵심을 이루며 같은 문화권의 다른 구성원들과 유의미하게 행동하고 상호작용하며 소통하도록 해준다. 같은 사회 집단의 다른 구성원들과 공유된 많은 사회적 태도와 이념들에서도 이런 점은 마찬가지이다. 그런 사회적 집단에는 한편으로 평화주의자, 사회주의자, 남녀평등주의자feminist들이 있으며 다른 한편으로 열광적인 남성 군국주의자chauvinists 집단이 있다(van Dijk, 1999). 이런 사회적 표상은 비록 바뀔 수 있고 하룻밤 사이에 일반적으로 변하지는 않지만 우리의 생애를 통해 점진적으로 습득된다. 이들은 또한 집단 구성원들의 개인적인 정신 모형을 형성하고 활성화하는 데 영향을 미친다. 예컨대 어떤 평화주의자는 미국 주도의 이라크 공격과 같은 사건이나 그들에 대한 뉴스 보도를 군국주의자와는 다른 방식으로 해석할 것이다. 그에 따라 어떤 사건이나 일련의 사건들에 대한 서로 다른 모형을 형성할 것이다.

여기서는 한편으로 정신 모형이 개인의 이력과 경험, 개인에 대한 의견을 구현하지만 다른 한편으로 사회적으로 공유된 믿음의 구체적인 사례를 중심으로 한다고 가정하였다. 따라서 대부분의 담화와 상호작용은 모든 담화 산출과 이해의 고유성과, 같은 덩잇글에 대한 이해의 유사성 둘 다를 설명하는 방식으로 개인적인 믿음과 사회적 믿음을 결합하는 정신 모형에 기대어 산출되고 이해된다. 정신 모형에서 사회적 표상의 형성에 대한 일반적인 제약과 그에 따른 담화 산출과 이해에 대한 제약에도 불구하고 같은 사회 집단, 계층이나 기관에 있는 어떤 두 명의 구성원들도 같은 소통 상황에조차 있지 않으며 똑같은 담화를 산출하거나 같은 방식으로 어떤 담화를 해석하지 않을 것이다. 다른 말로 한다면 사건이나 소통 상황(맥락 모형)에 대한 정신 모형은 담화와 소통에서 사회적이고 공유되며 일반적인 측면과 개인적이고 독특하며 구체적인 측면 사이의 필수적인 접합면이다.

조종이 독특하고 개인적인 정신 모형의 변화나 형성에 구체적으로 영향을 미칠 수 있지만 조종을 위한 담화의 일반적인 목적은 집단에 대한 사람들의 공유된 사회적 표상의 통제에 있다. 이런 사회적 믿음은 결국 사람들이 많은 상황에서 그리고 비교적 오랜 기간에 걸쳐 행동하고 말하는 것을 통제하기 때문이다. 이를테면 폭력주의에 한번 사람들의 태도가 영향을 받으면 이런 태도에 따라 사람들이 행동하도록 하기 위해 예컨대 반폭력주의 정책에 찬성하도록 투표하도록 하기 위해 조종을 위한 시도가 더 이상 혹은 거의 필요하지 않는다(Chomsky, 2003[13]); Sidel, 2004).

---

13) 이 책은 황의방 역(2005), 『패권인가, 생존인가』(까치)로 국내에 소개되었는데 '국제 테러

담화와 상호작용을 위해 사회적 표상의 중요성을 고려한다면 조종이 일반적으로 사회적 인지에 초점을 맞추고 그에 따라 개인과 개인들의 독특한 개인적 모형보다는 사람들로 이뤄진 집단에 초점을 맞추게 될 것이라는 점은 놀랍지 않다. 조종이 사회적 차원과 인지적 차원 둘 다에 관련되어 있는 담화적 관례라는 점은 이런 의미에서이다. 따라서 여기서는 사회적으로 공유된 믿음에 전형적으로 영향을 미치는 담화 전략들에 특별히 관심을 기울일 것이다.

　　이런 전략들 가운데 하나는 일반화이다. 이는 사람들의 정신 모형에 영향을 미치도록 만들어진 구체적인 특정의 사례가 좀 더 일반적인 지식이나 태도, 심지어 근본적인 이념으로 일반화된다. 최근에 가장 두드러진 사례는 9·11 폭격이 있은 뒤 폭력주의에 대한 세계의 여론과 미국의 조종인데 이 사건에 대해 시민들에 유지했던 매우 감정적이고 지나치게 독선적인 정신 모형이 폭력주의와 그와 관련된 화제에 대하여 좀 더 일반적이고 공유된 공포, 태도와 이념으로 일반화되었다. 이는 또한 대중을 대상으로 하는 조종의 진짜 사례인데 그런 태도가 극적으로 군비를 인상하고, 군사 개입을 합법화하며 시민들의 권리와 자유에 대하여 가혹한 제약을 가하는 (애국자법과 같은) 법안을 제정하도록 조종되었을 때 결과로 나타난 사회적 표상이 시민들에게 최선의 이익을 주지 않기 때문이다. 이런 사례에서 조종은 권력의 남용인데 시민들이 그러한 조처가 그들을 지켜준다고 믿도록 조종당하기 때문이다(미국에서 9/11 폭격이 있은 뒤 공공의 의견 조종과 관련된 많은 책들 가운데 Ahmed, 2005; Chomsky, 2003; Greenberg, 2002;

리즘', '테러와의 전쟁', '종속적 우방국' 등으로 이름 붙여진 미국의 외교 전략과 전술을 구체적 사례 속에서 살피며, 악의 축, 정의의 전쟁, 고결한 이상, 이타주의, 인도주의 등 미국이 자국을 위해 혹은 다른 나라에 대해 사용했던 언어 전략을 분석하고 있다.

Halliday, 2002; Palmer, 2003; Sidel, 2004; Žižek, 2002를 참고할 것).

미국 정부에 의해서 이뤄진 국내의 조종과 국제적인 조종이라는 이런 악명 높은 사례는 부분적으로 대중 매체에 의해 지원을 받고 수행되었다. 그리고 조종에 관련되는 인지적 기제 몇 가지를 보여주었다. 무엇보다도 먼저 예컨대 우리(선함, 무죄)와 그들(악함, 유죄) 사이의 강한 양극화에 기대어 사람들의 정신 모형에 강한 충격을 지닌 매우 감정적인 사건이 기술한 것처럼 이런 정신 모형들에 영향을 미치기 위해 사용되었다. 두 번째로 반복되는 메시지와 관련되는 사건들의 발굴(이를테면 다른 폭력선동주의자들의 공격)을 통해 선호되는 그러한 모형이 폭력주의자들의 공격에 대하여 좀 더 복잡하고 미묘한 정신 모형 혹은 반폭력주의자의 이념으로 일반화될 수 있다. 이런 사례에서 중요한 것은 조종의 과정에 대한 통제에 있는 사람들의 (실제적인) 이익과 혜택은 감추어지거나 흐릿해지고 부인되는 반면 예컨대 안전과 안녕의 감정이 높아짐이라는 용어로 우리 모두를 위한 혹은 나라를 위한 등의 터무니없는 혜택이 강조된다는 점이다. 반폭력주의적 조처와 군사적 개입을 통하여 무기와 안전 장비를 생산하는 군수 산업과 회사가 이윤을 보지만 좀 더 폭력주의가 더 자극을 받는다는 점 그리고 그에 따라 시민들의 안전은 더 위험해진다는 점은 그러한 조종이 목표로 하는 선호되는 태도의 일부가 분명히 아니다. 따라서 조종의 핵심적인 인지적 조건은 조종의 목표물(사람, 집단 등)이 어떤 조처나 정책들이 자신들에 이익 안에 있다고 믿도록 하는 것이지만 실제로는 정책이나 조처가 조종 주체와 그 패거리의 이익 안에 있다.

입국이민, 정치적 폭력과 반폭력주의 이념의 사례는 강한 의견과 태도, 이념이 관여하며 정부와 매체가 폭넓게 대중을 조종하는 교과서적인 사례이다. 반공산주의 이념이라는 적색 공포와, 냉전과 맥카

시즘이 휩쓸던 시기의 조종이 그러하듯이 이들도 조종을 당하기도 한다(Caute, 1978).

그러나 사회적 인지에 대한 조종은 모든 사회적 인지의 토대, 즉 일반적이고 사회적으로 공유된 지식이 관여한다. 실제로 조종의 시도에 대해 검색하고 맞서는 가장 좋은 방법 가운데 하나는 (이를테면 조종 주체의 현재의 관심사에 대한) 특정의 지식뿐만 아니라 (이를테면 높은 수준에서 국방 예산을 유지하기 위한 전략에 대한) 일반적인 지식을 이용하는 것이다. 따라서 관련되고 잠재적으로 비판적인 일반 지식이 습득되지 않거나 혹은 부분적이고 잘못 안내되었으며 한쪽으로 치우친 지식이 배포에서 허락된다는 점을 분명하게 하는 것이 주도적인 집단의 최상의 관심거리일 것이다.

후자의 전략에 관련되는 잘 알려진 사례는 미국과 그 동맹국은 2003년도에 이라크를 합법적으로 침공하였다는 주장이다. 대량 파괴 무기에 대한 지식, 뒤에 거짓으로 판명된 지식이 그러한 지식이다. 조종에 비판적으로 대항할 지식으로 이어질 수 있다는 정보 예컨대 전쟁의 실질적인 비용, 사망자들의 수, 부차적인 손해(이를테면 대량 폭격과 다른 군사적인 조처로 살해된 시민들)에 대한 정보 등은 일반적으로 감춰지고 제한되거나 혹은 덜 위험스럽게 만들어지고 그에 따라 담화에서 예컨대 완곡어법, 흐릿한 표현, 함축적인 표현 등으로 덜 강조될 것이다.

조종은 여러 가지 방식으로 사회적 표상의 내용뿐만 아니라 그 구조에 대하여 영향을 미칠 수 있다. 사회적 표상의 내적 구조에 대하여 아직껏 많이 알려져 있지는 않지만 참여자들과 그들의 특성 뿐만 아니라 그들이 (행하리라 생각하는) 전형적인 (상호) 작용에 대한 개념틀 범주라는 특성을 지니고 있을 가능성이 높다. 따라서 폭력주의자들의 공격에 대한 태도는 각본과 같은 구조라는 특징을 지니고 있을 텐데 폭력주의자들은 중심 행위주로서 그들의 전형적인 속성들(잔인하고 급진적이고, 근본적인 등)과 함께 무고한 시민들을 죽이기 위한 폭력 수단의 사용 등과 연관되어 있을 것이다.

그러한 태도는 다른 여러 담화들 가운데서 구체적인 뉴스 속의 이야기, 정부의 선포뿐만 아니라 영화에 의해 형성된 정신 모형으로부터 추상화되고 일반화되면서 점진적으로 습득된다. 이런 사례에서 군사적 개입이나 경찰의 행위와 같은 **우리**의 행태는 폭력주의자들의 공격이라는 점을 일반화시킬 수 있는 정신 모형을 생성하지 않도록 말과 글로 표현되어야 한다는 점이 중요하다. 말하자면 **우리**의 행태는 (무장) 항쟁이나 처벌이라는 합법적인 형태라는 것이다. 그리고 그 반대로 폭력주의자들의 공격은 그러한 정치적 폭력의 합법화가 정신 모형과 태도를 구성하지 않는 방식으로 표상되어야 한다. 이런 이유 때문에 국가 폭력이라는 개념은 논쟁거리이며 반체제 인사들에 의해 널리 사용된다. 비합법적인 폭력주의자의 행위와 정부와 군대의 합법적인 행위 사이의 구분은 희미해지고 있다(Gareau, 2004). 따라서 주류 매체들은 결과적으로 폭력주의라는 용어로 국가 폭력을 기술하기를 피하지만 2003년에 이라크에 대한 미국의 공격과 관련된 영국의 매체에서 그러한 것처럼 어떤 나라에 대한 외교 정책에 비판적일 때조차 그러하다.

끝으로 사회적 인지의 조종은 사건과 사람들을 평가하고 행위를 비난하거나 합법화하기 위해 사용되는 규범과 가치 바로 그것들에 영향을 미칠 수 있다. 예컨대 세계화된 의견의 조종에서 신자유주의적인 시장 이념을 옹호하는 사람들은 일반적으로 매우 긍정적인 가치인 자유를 우선 가치로 강조하고 채택하려고 노력할 것이지만 이런 사례에서 기업의 자유, 시장의 자유나 정부의 간섭으로부터 자유라고 피상적으로 해석된다. 폭력주의자들의 위협과 행위의 사례에서 반폭력주의 담화는 이를테면 시민들의 권리의 가치나 평등의 가치보다 안녕을 더 우위에 두면서 높이 받든다(Doherty and McClintock, 2002).

여기서 조정의 인지적 차원이 어떻게 단기 기억에서의 처리에 그리고 구체사례 기억에서 선호되는 정신 모형의 형성에 그리고 끝으로 그러면서 가장 근본적으로 지식, 태도, 이념, 규범, 가치와 같은 사회적 표상의 형성이나 변화에 영향을 미치는 전략적 이해 과정에 관여하는지 보았다. 주도적인 집단이나 기관에서 선호되는 사회적 표상을 받아들이는 사람들의 집단은 그렇기 때문에 다른 형태의 조정이 거의 필요하지 않다. 그들은 이런 조종된 사회적 인지를 자신의 것으로 수용하기 때문에 그것을 믿으며 어떻게든 그것에 맞추어 행동하는 경향이 있다. 따라서 여기서 보았듯이 선민들에 의해 이런 방식으로 조종된 인종차별주의나 외국인 혐오 이념은 입국이민자들에 대한 (피해자에 대한 비난과 같이) 차별의 영구적인 근거로 제공될 것이다. 이는 정부의 정책이나 다른 선민으로부터 비판적인 주의집중이 벗어나도록 조종하기 위한 매우 효과적인 전략인 셈이다.

5. 담화

여기서 자리매김되었듯이 조종은 넓은 의미에서 몸짓이나 얼굴 표정, 덩잇글 배치, 그림, 소리, 음악 등과 같은 비언어적인 특성을 포함하는 담화를 통해 일어난다. 사정이 그러하지만 담화 구조가 조종의 속성을 지니고 있지 않다는 점은 유의하기 바란다. 담화의 구조는 오직 특정의 담화 상황에서 그리고 이들이 참여자들의 맥락 모형에서 참여자들에 의해 해석되는 방식에서 그런 기능이나 효과를 지닐 뿐이다. 설명한 것처럼 조종은 권력 남용의 사회적 관례인데 주도적인 집단, 지배를 받는 집단이나 기관과 그들의 고객이 관련되어 있다. 이는 원칙적으로 같은 담화(혹은 담화 조각)가 어떤 상황에서는 조종의 속성을 띠지만 다른 상황에서는 그렇지 않을 수 있음을 뜻한다. 즉 조종의 속성을 띠는 담화의 의미(혹은 비판적인 의미)는 수신자들의 맥락 모형에 달려 있다. 여기에는 화자나 필자들의 모형과 그들에게 딸려 있는 목적과 의도가 포함된다. 조종의 속성을 띠는 담화는 일반적으로 정치, 관료 정치, 매체, 학술과 사업에서 주도적인 선민들에 의해 통제되는 공적인 소통에서 발생한다. 이는 참여자들과 그들의 역할, 관계, 전형적인 행위와 인지(지식과 목적)에 또 다른 맥락에 따른 제약이 널리 퍼져 있음을 의미한다. 다른 말로 한다면 **담화는 무엇보다도 먼저 참여자들의 맥락 모형에 의해 조종의 속성을 띠는 것으로 자리매김된다.** 여기서는 비판적 담화 분석가로서 무엇보다도 담화의 구조의 관점에서가 아니라 그 맥락 범주의 관점에서 담화가 조종의 속성을 띤다고 평가한다.

그럼에도 비록 담화 구조 그 자체가 조종의 속성을 띠지는 않는다고 하지만, 담화 구조의 몇몇은 화자나 필자의 이해 관계의 관점에서 볼 때 수신자들의 마음에 영향을 미치는 과정에서 다른 요소들보다 좀 더 효과적일 수 있다. 앞에서 주장한 것처럼 표제는 전형적으로 화제를 표현하기 위해 사용되고 어떤 덩잇글의 가장 중요한 정보를 알리기 위해 사용된다. 따라서 그 자체로 중요하지도 않을 수 있는 사건들에 (가외의) 비중을 부여하기 위해 사용될 수 있다. 그리고 그 반대로 시민들이나 고객들에게 매우 관련이 있는 일들의 상태나 사건에 대한 담화에서 주도적인 집단과 기관의 부정적인 특징을 강조하는 표제를 피할 수 있다. 정확하게 말해서 언론은 제1면에 두드러진 표제를 통해 그런 정보를 강조하기는커녕 인종차별주의에 대한 이야기를 절대로 출간하지 않는다(van Dijk, 1991).

긍정적인 자기 표현과 부정적인 타자 표현의 전체적인 전략은 화자와 필자들 자신의 이익을 옹호하고 반대편이나 타자에 관련되는 사실과 부정적인 상황을 비난하는 사건(입국이민자들, 폭력주의자들, 젊은이들)에 대한 편향적인 설명에서 매우 일반적이다. 이런 전략은 보통 다양한 담화 수준의 구조들에 적용될 수 있다.

- 상호작용 전체에 걸친 전략들
  - 긍정적인 자기 표현
  - 부정적인 타자 표현
- 우리의 선행과 그들의 악행 예컨대 비판과 방어를 함축하는 거시 수준의 발화
- 의미론적 거시 구조: 화제 선택
  - 우리/그들에 대한 긍정적/부정적 화제의 (덜) 강조
- 지엽적인 화행 수행과 거시적인 화행 수행의 유지로서 이를테면 비난을 증명하는 진술들
- 우리/그들의 긍정적/부정적 행위에 대한 지엽적인 의미 부여하기
  - 많은/적은 세부내용 제시하기
  - 일반적임/구체적임
  - 흐릿함/분명함
  - 명시적임/함축적임
  등

- 어휘: 우리에 대한 긍정적 낱말들, 그들에 대한 부정적인 낱말들
- 지엽적인 통사 구조
  ∘ 능동태 구문 대 수동태 구문, 명사화 구문으로 우리/그들의 긍정적/부정적 행위주체와 책임을 (덜) 강조
- 수사적인 특징들
  ∘ 긍정적/부정적 의미에 대한 과장 대 완곡어법
  ∘ 우리/그들의 긍정적/부정적 속성들을 강조하는 환유와 은유
- 표현들: 말소리와 시각 표현
  ∘ 긍정적/부정적 의미 강조하기(큰 소리 등과 크고 굵은 등)
  ∘ 긍정적/부정적 의미의 차례 정하기(처음, 맨끝과 위, 아래 등)

　담화의 다양한 수준에서 이런 전략과 전개는 놀랍지 않은데 담화를 통한 집단의 양극화를 보여주는 일반적인 이념 방진을 도구로 이용하기 때문이다(우리/그들의 선한 일/악한 일을 덜 강조하기)(van Dijk, 1998a; 2003a). 이런 이념 방진은 모든 이념적인 담화에서 발견된다. 여기서 논의된 것처럼 사회정치적 조종에는 권세(권력 남용)가 관여하기 때문에 그러한 조종도 이념의 속성을 띨 가능성이 높다. 따라서 뉴욕과 마드리드에서 있었던 9·11과 3·11의 폭력에 이어서 나타나는 담화에서 민족주의자, 반폭력주의자, 반이슬람주의자, 반아랍주의와 인종차별주의 이념이 충만하였으며 폭력주의자들의 악한 본성과 문명화된 국가의 민주주의 원칙과 자유를 강조하고 있었다. 따라서 부시와 그밖의 사람들이 이라크와의 전쟁을 수용하며 폭력주의자들과 (아프가니스탄으로 시작하는) 그 비호자들에 대한 세계적인 규모의 조처에 참여하고 시민들의 시민권을 심각하게 제한하는 법안을 채택하도록 정치가들과/이나 시민들을 조종하고자 한다면 그런 담화는 상당히 이념

적일 것이다. 즉 우리의 근본적인 가치(자유, 민주주의 등)를 강조하면서 그리고 타자에 딸린 다른 악마적 가치와 이를 대조하면서 그들은 이런 일을 한다. 쌍둥이 빌딩에 대한 공격으로 공포에 사로잡힌 시민들이 나라가 공격을 받고 있으며 오직 폭력주의에 대한 공격만이 파국을 막을 수 있다고 믿게 한다. 따라서 그런 주장을 믿지 않는 사람들은 비애국적이라고 비난을 받을 수 있다.

이런 담화들에 대한 좀 더 자세한 분석에서 이런 방식으로 그들이 근본적으로 이념적이며 사회정치적 조종은 언제나 이념과 이념적인 태도, 이념적인 담화 구조가 관련된다(9·11과 관련된 담화에 대한 이중의 논쟁에 대해서는 짐 마틴과 존 에드워즈Jim Martin and Jim Edwards가 편집한 『담화와 사회Discourse & Society』 15(3~4)를 참고할 것). 아즈나르 수상, 최근에는 토니 블레어 수상을 포함하여 다수의 서구 유럽의 지도자들이 유권자들로부터 지지를 끌어올리기 위해 입국이민을 제한하고자 한다면 그러한 조종을 염두에 둔 정책과 담화도 또한 민족주의자들의 감정, 우리/그들의 양극화 표현, 부정적인 가치와 특징, 행위들(체납, 불법적인 입국, 폭력 등)의 관점에서 타자에 대한 체계적인 부정적 표상이 관련되어 있는 이념의 속성을 띨 것이다.

비록 사회정치적 조종이 일반적으로 이념의 속성을 띠지만 그리고 조종을 염두에 둔 담화가 종종 분석의 모든 수준에서 이념적 양극화의 유형이라는 특징을 지니지만 담화 구조와 조종의 전략들은 간단하게 다른 이념적 담화의 속성으로 돌릴 수는 없다. 텔레비전이나 신문에서 설득력 있는 의회 토론이나 어떤 토론과 같이 조종의 성격을 띠지는 않지만 설득적인 사회정치적 담화가 있을 수 있다. 즉 조종을 목적으로 하는 담화의 사회적 맥락과 인지적 맥락에 대한 여기서의 분석을 전제로 할 때 (예를 들면) 조종 주체의 주도적인 위치, 수신자들의 관련 지식 부족과 조종 행위에 따른 있을 수 있는 결과가 주도 집단의 이익에 있고, 지배를 받는 집단의 이익에 맞서고 그에 따라 (비합법적인) 사회적 불평등에 이바지할 가능성 높은 조건과 같은, 앞에서 밝혀놓은 구체적인 제약들을 검토할 필요가 있다.

앞에서 주장하였듯이 조종에만 사용되는 담화 전략이 있을 법하지 않다. 언어는 특별히 지정되는 일이 거의 없다. 많은 다른 사람들에 의해 또한 서로 다른 이념을 통해 설득을 하고자 하는 사람들에 의해 많은 다른 상황에서 사용된다. 말하자면 같은 담화 구조가 설득, 정보, 교육과 다른 합법적인 소통의 형태뿐만 아니라 다양한 형태의 반대로 사용된다.

그러나 특정의 사회적 조건을 고려해 볼 때 조종에서 선호되며 두드러진 전략들이 많이 있다. 즉 조종을 위한 원형이 있다. 오류의 특정 유형이 사람들로 하여금 믿거나 무엇인가를 하도록 설득하기 위해 사용될 수 있다. 예컨대 교황이 어떤 행동을 믿거나 추천한다는 근거를 헌신적인 가톨릭 신자들에게 제공하거나 이슬람교도들에게 연설하면서 어떤 행동이 코란에서 추천하고 있음을 지적하는 권위에 의한 오류authority fallacy와 같이 저항하기 힘든 오류의 사례들이 있다.

따라서 여기서는 권력 남용의 형태로 조종을 받는 사람들을 피해자로 자리매김할 수 있고 이는 그들이 조종에서 벗어나거나 저항하기 혹은 검색할 수 있는 핵심적인 자원이 부족한 것으로 어떻게든 그들을 규정할 필요가 있다는 맥락에 따른 기준을 끌어들인다. 근본적으로 여기에는 다음 사항이 관련될 수 있다.

(a) 관련되는 지식이 불완전하거나 부족으로 인해 잘못되거나 불완전하며 한쪽으로 치우친 주장에 맞서 어떤 반론도 형성할 수 없음

(b) 부인되거나 무시될 수 없는 기본적인 규범과 이념과 가치

(c) 사람을 무력하게 만드는 강한 감정이나 정신적 외상trauma

(d) 선민이나 집단, 기관의 담화, 논증 등을 사람들이 받아들이는 경향으로 끌어들이는 사회적 지위, 직업, 지위 등

이들은 소통의 사회적 상황, 인지적 상황이나 정서적 상황에 관련되는 전형적인 조건들이다. 그리고 참여자들의 맥락 모형, 즉 참여자들의 상호작용과 담화를 통제하는 맥락 모형의 부분들이다. 예컨대 조종을 목적으로 하는 담화의 참여자들이 어떤 화자에 두려움을 느낀다면 이는 그들의 맥락 모형에 표상될 것이다. 이는 참여자들의 상대적인 지위와 그들과 화자 사이의 권력 관계에서도 마찬가지이다. 그와 반대로 조종이 성공적이기 위해서는 화자들이 수신자들의 정신 모형을 지닐 필요가 있으며 그들의 (부족한) 지식, 그들의 이념과 감정, 이전의 경험 등에 대한 정신 모형을 지닐 필요가 있다.

분명히 모든 수신자들이 조종의 대상으로서 이상적인 속성을 지니고 있을 필요는 없다. 큰 집단이나 다수가 그런 속성들을 지니고 있으면 충분할 것이다. 따라서 대부분의 실생활 상황에서 조종이 통하지 않는 비판적이거나 냉소적이고, 회의적이며, 의심이 많거나 의견을 달리 하는 사람들이 있다. 그러나 이런 사람들이 소통의 주류 매체를 지배하지 않거나 선민 기관과 조직을 지배하지 않는다면 조종 주체의 입장에서 볼 때 반대 담화의 문제는 덜 심각하다.

여기서도 최근 대부분의 전형적인 담화 사례는 이라크에 맞서는 미국 주도의 전쟁이었는데, 주류 언론의 다수가 정부와 의회의 지원을 받았고, 비판적인 목소리는, 특히 미국에서 효과적으로 주변화되었다[≒무시되었다: 뒤친이].

의견을 달리하는 그러한 목소리들이 좀 더 힘을 가지는 순간(예컨대 주류 매체가 그들을 지원할 때) 그리고 좀 더 널리 퍼지는 순간 베트남에 맞서는 전쟁 기간 중에 그러했던 바와 같이 조종 기능은 덜 효율적이며 결국 무용지물이 될 수 있다. 시민들이 조종 담화에 맞서는 논증과 반대 정보를 충분히 가지기 때문이다. 실제로 마드리드에서 폭력선동주의자의 폭탄 공격이 있은 뒤에 그러했던 것처럼 시민들은 너무나 많이 분노하고 그 결과 조종 주체에 대해 반격할 정도였다. 즉 그들이 공직에서 물러나도록 투표하였다.

이런 맥락 제약을 가정할 때 여기서는 그런 제약들을 구체적으로 전제로 하는 그런 담화 구조에 초점을 맞출 수 있다.

(a) 화자(들)나 그들의 자원에 대한 도덕적 우위나 지위, 권위, 권력의 강조. 그리고 관련되는 지점에서 수신자들의 열등한 지위와 지식의 부족 등의 강조

(b) 조종 주체가 수신자들에게 지식뿐만 아니라 그러한 믿음을 좀 더 수용할 수 있도록 하는 주장, 증거 등으로 받아들이기를 원하는 (새로운) 믿음에 대한 초점 맞추기

(c) 불신임을 보이는 선택적인(의견을 달리하는 등) 자원과 믿음

(d) 수신자들의 관련되는 이념과 태도, 감정에 대한 호소

요약하자면 그리고 상당히 비형식적인 용어로 말한다면 조종 담화의 전체적인 전략은 담화를 통해 수신자들을 조종에 더욱 무력하게 그리고 덜 저항하게 만드는 인지적 특징과 사회적 특징들에 초점을 맞춘다는 것이다. 그리고 이들 특징들은 그런 믿음을 받아들이는 사람들을 쉽게 속아 넘어가고 자발적인 피해자로 만들며 다른 방식이었

다면 하지 않은 일들을 하게 한다. 지배권과 불평등의 어떤 조건이 역할을 하는 지점도 여기이다.

앞서 밝혔듯이 조종 담화의 이런 일반적인 전략들은 대체로 의미론적인 듯하다. 즉 담화의 내용 조종에 초점을 맞추고 있다. 그러나 이념의 성취에서 그러한 것처럼 이런 선호되는 의미들은 일상적인 방식으로 강조되거나 덜 강조될 수 있다. 즉 의미의 (탈-)주제화, 특정의 화행, 혹은 다소 정확하거나 특정의 지엽적인 의미, 명시적이거나 암묵적인 정보의 조종, 어휘화, 은유와 다른 수사적 표현뿐만 아니라 특정의 표현과 (억양, 높낮이, 속도, 덩잇글 배치, 글자의 유형, 사진 등) 실현으로 그렇게 될 수 있다. 따라서 화자의 힘 있는 지위는 의회나 국민을 대상으로 하는 대통령의 공식적인 담화가 그러한 것처럼 공식적인 배경, 옷차림새, 어조, 어휘 선택 등으로 강조될 수 있다. 자원들의 신뢰성도 권위적인 출처를 언급하거나, 예컨대 이라크에서 대량 파괴 무기의 실재를 보여주기와 같이 사진을 이용하기 등으로 더 높아질 수 있다. 사람들의 감정은 올라가고 특별히 선택된 낱말, 극적인 수사 (과장 등), 사진 등으로 호소력을 얻는다. 반대자와 의심이 많은 사람들은 앞에서 언급한 일상적인 우리/그들의 양극화 표현으로 믿지 않을 수 있다. 이런 모든 담화 특징들은 조종이 어떻게 형식화되는지 그리고 어떻게 담화에서 이들이 기능을 하며 어떻게 문맥에 맞는 기능과 효과를 성취하는지 보기 위해 좀 더 자세하게 분석될 필요가 있다.

6. 사례: 이라크에 맞서는 전쟁에 대한 토니 블레어의 합법화

이런 속성들에 대한 이론화를 계속하는 대신 잘 알려진 조종 담화를 들여다보기로 한다. 그 담화에서는 참전하며 이라크를 침략하기로 한 미국의 대통령 조지 부시^{George Bush}의 결정에 동조하여 영국의 수상 토니 블레어^{Tony Blair}가 2003년 3월에 그의 정부가 내린 결정을 정당화한다. 이는 언론뿐만 아니라 서로 다른 학문들로부터 학술적인 분석가들로부터 많은 주목을 받았다. 2005년 5월에 치러지는 다음의 대선까지 토니 블레어는 잘못된 결정에 대하여 영국 시민들을 오도하였다는 비난을 오랜 기간 받고 있었기 때문에 이 사례는 중요하다.

이 토론에서 다음의 시작 부분을 살펴보기로 한다.

〈예문1〉

1 우선 저는 하원 토론에서 이 문제를 논의하고 판단하는 것이 맞다고 말씀드립니
2 다. 그것이 민주주의이며 우리의 권리이지만 다른 사람들은 헛되이 싸웁니다.
3 한 번 더 저는 저의 견해와 맞서는 상대방을 경시하지 않는다고 말씀드립니다.
4 이는 실로 어려운 선택이지만 엄연한 결정입니다. 지금 영국 군대를 물리고
5 되돌아오게 하느냐 아니면 우리들이 결정한 경로를 확고하게 유지하느냐 하는
6 결정입니다. 저는 그 경로를 굳건하게 유지해야 한다고 강하게 믿습니다. 가장
7 흔하게 제기되는 질문은 '왜 그것이 중요하지?'가 아니라 '그것이 왜 그 정도로
8 중요하지?'입니다. 우리가, 가장 심각한 시험대에 있는 정부가 여기에 있습니다.
9 그들의 대다수는 위험을 무릅쓰고 있으며 그 문제를 두고 첫 번째 내각이 사퇴하
10 였고, 중심 정당들이 안으로 나누어졌으며 모든 것에 동의하는 사람들이
11
12 [동료 의원들: 중심 정당들?]
13
14 아, 예. 자유 민주당과 연합당인데 이전과 마찬가지로 기회주의와 오류 상
15 태로
16
17 [끼어듦]

1 At the outset, I say that it is right that the House debate this issue and pass
2 judgment. That is the democracy that is our right, but that others struggle for
3 in vain. Again, I say that I do not disrespect the views in opposition to mine.
4 This is a tough choice indeed, but it is also a stark one: to stand British troops
5 down now and turn back, or to hold firm to the course that we have set. I
6 believe passionately that we must hold firm to that course. The question most
7 often posed is not "Why does it matter?" but "Why does it matter so much?"
8 Here we are, the Government, with their most serious test, their majority at risk,
9 the first Cabinet resignation over an issue of policy, the main parties internally
10 divided, people who agree on everything else:
11
12 [Hon. Members: "The main parties?"]
13
14 Ah, yes, of course. The Liberal Democrats – unified, as ever, in opportunism and
15 error.
16
17 [Interruption.]

　　토니 블레어는 연설을 잘 알려진 독자의 환심사기capatio benevoentiae로
시작하는데 이는 동시에 민주주의자적인 신임, 즉 하원과 다른 의견
을 존중할 참전 여부에 대한 선택의 어려움도 인식하고 있음을 강조
함으로써 긍정적인 자기 제시라는 전략 전체에 걸쳐 특별한 전개 전
략이다. 여기서 조종 효과는 비록 뒤에 다음 문장에서 참전이 이전
연도에 결정되었음이 분명하게 되지만 영국의 의회가 (여전히) 이에
대한 결정을 할 수 있는 권리를 지니고 있다는 제안에 있다. 다음
문장에서 블레어는 또한 그/우리/그들은 확고하게 유지해야 하는데 이
는 또한 긍정적인 자기 제시라는 전개 전략이다. 그리고 그가 끝으로
그의 강한 믿음을 언급하였을 때 이성에 바탕을 둔 논증에 더하여
블레어는 또한 감정적인 (그에 따라 공격 받기 쉬운) 측면을 제시하는데

따라서 그의 믿음 강도를 강조하고 있음을 알게 된다.

그는 그 문제가 너무나 심각하여 이라크와의 전쟁에 반대하는 여론과 투표에 따라 그의 정당 안에서도 처음으로 그의 정부 대다수가 위험을 무릅쓰고 있다는 점을 인정하기도 한다. 두 번째로 그는 **우리**(민주주의)와 **그들**(독재) 사이의 잘 알려진 양극화된 대립을 구성하고 그에 따라 전쟁에 반대하는 사람들은 사담 후세인을 지지하는 것으로 비난받을 수 있다는 점을 정치적으로 함축한다. 이런 방식으로 반대쪽을 침묵하게 하려고 하는 셈이다. 따라서 참전은 민주주의를 지키는 방법인데 이는 조종에서 매우 일반적이고 암묵적인 오류 논증이다. 말하자면 수신자들을 적과 연관짓고 그에 따라 반역자가 될 수도 있다는 것이다.14) 이런 전개 방법은 다른 이념적 전개 전략에 의해 유지된다. 여기서는 물러날 수 없는 영국 군대를 그가 언급할 때 나오는 국가주의가 있다. 이는 또한 영국 군대를 지원하지 않는 것은 불충이고 또한 영국과 민주주의 등에 대한 위협이라는 점을 정치적으로 함의한다. 끝으로 주요 정당만을 언급한 것에 대한 하원으로부터의 항의가 있은 뒤 그는 반대당인 자유 민주당을 조롱하고 기회주의적이라고 부름으로써 그들을 불신하고 있다.

이런 몇 줄 안 되는 조각에서 조종의 모든 측면들이 분명하게 나타남을 볼 수 있다.

(a) 이념적 양극화(우리/민주주의 대 그들/독재; 군국주의; 군대 후원)
(b) 도덕적 우위에 의한 긍정적 자기 제시(토론 허용하기, 다른 의견 존중

---

14) 저자가 지적하지는 않았지만, 여러 가지 논리적 오류 가운데 흑백본증의 오류가 제일 눈에 뜬다.

하기, 민주주의를 위해 싸움, 확고하게 유지하기 등)

(c) 반대에도 불구하고 그의 능력을 강조하기

(d) 반대당인 자유 민주당을 기회주의적이라고 불신하기

(e) 논증에 감정 담기(강한 믿음).

요약하자면 참전에 반대하는 사람들은 암묵적으로(한 번 자유 민주당과 같이 명시적으로 밝힘) 덜 애국적이고 독재에 저항하려고 하지 않음 등을 비난하고 있다.

블레어의 연설에서 다음 부분을 고려해 보기로 하자.

〈예문2〉

1　이 나라와 의회는 서로를 반영하고 있습니다. 이것은 토론이며 시간이
2　흘러감에 따라 고통스럽지 않지만 심각하지 않지 않습니다. 그 문제가
3　왜 그렇게 중요하지요? 이 문제의 결과가 이제 이라크 정권의 운명보다
4　그리고 사담에 의해 그렇게 오랫동안 짐승처럼 취급을 받아왔던 이라
5　크 사람들의 미래보다 더 한 것을 결정할 것이기 때문에 그런 문제들이
6　중요합니다. 그것은 영국과 세계가 21세기의 핵심적인 안전 위협, 국제
7　연합의 발전에 대한 위협, 유럽과 미국과의 관계에 대한 위협, 유럽 연
8　합 안에서의 관계에 대항하는 방법을 결정할 것입니다. 그리고 미국이
9　세계의 나머지 국가에 개입하는 방법을 결정할 것입니다. 따라서 더할
10　나위 없이 중요합니다. 그것은 다음 세계를 위한 국제 정책의 유형을
11　결정할 것입니다.

1　The country and the Parliament reflect each other. This is a debate that, as time
2　has gone on, has become less bitter but no less grave. So why does it matter
3　so much? Because the outcome of this issue will now determine more than the
4　fate of the Iraqi regime and more than the future of the Iraqi people who have
5　been brutalized by Saddam for so long, important though those issues are. It
6　will determine the way in which Britain and the world confront the central

```
 7   security threat of the 21st century, the development of the United Nations, the
 8   relationship between Europe and the United States, the relations within the
 9   European Union and the way in which the United States engages with the rest
10   of the world. So it could hardly be more important. It will determine the pattern
11   of international politics for the next generation.
```

이 조각에서 조종은 좀 더 분명하다. 먼저 블레어는 그의 관대함과 민주주의자로서 신임(의회와 나라 안에서 반대쪽을 인식하고 있음)[받고 있음: 뒤친이]을 강조함으로써 긍정적인 자기 제시를 이어간다. 두 번째로 그는 수사적으로 (이중 부정 심각하지 않지 않습니다를 써서) 그 문제의 심각함을 끌어올렸다. 세 번째로 이념 양극화 전략을 계속하고 있다(우리/민주주의 대 그들/독재). 네 번째로 그들이 악마임을 증강하기 위해 그는 과장법(짐승처럼 취급받음)을 이용하고 있다. 끝으로 중요한 것으로 그는 우리와 그들 사이의 이념적 대립을 우리, 미국, 유럽이라는 내집단과 나머지 세계의 대립으로 확장하고 있다. 요약하자면 대량파괴 무기와 폭력 집단에 대한 지원을 핑계로 사용하면서 (다른 무엇보다도) 중동에서 핵심 (유전) 국가에 대한 미국의 통제력을 얻는 것이 이제 평화로운 전세계의 위협에 대한 방어로 제시되고 있다. 영국의 우리에서 나머지 자유로운 세계로 내집단을 확장할 뿐만 아니라(이는 이념의 세계화라고 부를 수 있는 전개 전략임), 미래 세대를 위하여와 같이 시간의 확장과 같은 표현으로 상황의 심각성을 강조하기 위해 과장이라는 여러 가지 전개 전략을 목격할 수도 있다.

그에 따라 조종을 위한 담화는 본질적이고 기본적인 문젯거리에 초점을 맞추고 있음을 알게 된다. 선과 악의 국제적인 투쟁, 국가적 연대와 국제적 연대, 국제적 갈등으로서 상황의 심각성, 강력하고 (확고하며) 도덕적으로 우위에 있는 지도자로 긍정적인 자기 표상과 기회주의자로서 부정적인 (이를테면 반대당인) 타자 제시가 있다.

그의 나머지 연설에서 여기서는 분석하지 않지만 블레어는 다음의 조종 전개 전략에 몰두하고 있다.

(a) 이라크와 전쟁 직후의 역사에서 대량 파괴 무기WMD: weapons of massive destruction라는 문제와 사담 후세인의 악한 의도와 잘못된 국제연합 무기 사찰 등

(b) 대량 파괴 무기, 탄저균 등에 대한 기술

(c) 사담 후세인의 신용도에 대한 의심을 반복해서 표현

(d) 긍정적인 자기 제시의 반복으로 이성적임을 근거로 협상의 의지에 대한 세부 내용(다시 한 번 그것을 비이성적인 제안이라고 묘사하는 것에는 어느 누구에게든 도전합니다.)

다른 말로 한다면 이 부분은 근본적으로 앞부분에는 빠졌던 내용인데 참전에 대한 정당화로서 안전보장이사회의 1441조 결의안에까지 거슬러 올라가는 역사적 사실에 대한 자세한 설명이다.

비록 이 한 가지 사례가 분명히 조종을 위한 담화의 모든 관련되는 전략들을 다 제시하지는 않는지만 자신의 권력과 도덕적 우위를 강조하기, 반대쪽을 불신하기, 사실들에 대한 세부내용 제공하기, 우리와 그들 사이의 양극화, 부정적인 타자 제시, 이념적 지지(민주주의, 국가주의), 감정적 호소 등이 있다.

의원들은 어리석은 백성이 아니며 여전히 정당화와 조종을 위한 블레어의 전개 전략 다수를 완벽하게 이해하였을 것이라는 데 의심의 여지가 없다. 이는 만약 그들이 힘없는 피해자라면 그리고 중대한 정치적 불평등이 없다면 앞에서 언급한 바와 같이 조종의 형태가 아

니라 정치적 설득의 형태를 띨 것임을 뜻한다.

　그럼에도 불구하고 의회와 반대쪽이 정부보다 덜 강력한 지점에 중대한 문제점이 있다. 즉 그들에게는 결정적인 정보, 예컨대 이라크에 대한 침략의 정당성을 받아들일 수 있기 위해 비서로부터 받을 수 있는 대량 파괴 무기에 대한 정보가 부족하다. 두 번째로 하원의 다수당인 노동당은 영국 국민의 다수가 그러한 것처럼 당원의 다수가 이라크에 대한 침략을 반대할 때에도 노동당 정부에게 위험에 처하지 않게 하면서 블레어의 제안을 거의 거절할 수 없다. 소수의 노동당 정치가들이 공개적으로 당 지도부에 도전하고 그에 따라 일자리를 잃을지도 모르는 위험을 기꺼이 무릅쓰고 있음을 저자는 알고 있다. 세 번째로 그러한 거부는 미국에 대한 도전을 의미하며 미국과 영국 사이의 우호 관계를 손상하게 함을 의미한다. 네 번째로 하원의 어느 누구도 해외의 영국군과의 연대감이 부족함을 보일 때 이를 변명해줄 사람은 없다. 끝으로 이 제안을 지지하지 않음은 실제로 사담 후세인을 옹호하는 것으로 (설명되어 왔고) 설명될 수 있다. 이는, 독재와의 투쟁에 명시적으로 가담하였던 특히 좌익의 사람들에게는, 이중 은폐나 진퇴양난의 상황으로 이들은 조종을 목적으로 하는 주장에 동의하기 어렵다.

　이런 구체적인 사례에서 이 연설에 관련되는 몇 가지 맥락 속성들이 조종과 정당한 설득을 구별하는 데 유용하다. 실생활에서 정신의 통제와 관련되는 두 유형이 겹치기는 하지만 말이다. 즉 의회에서 사용된 많은 전략들이 온전하게 정당한 정치 수사학에 적용될 수 있다. 그러나 국가적인 비상사태와 국제적인 위기상황으로 규정되는 이런 사례에서 영국의 의회와 같은 강력한 의회가 폭군이나 폭력에 맞서는 것으로 규정된 전쟁에 미국과 함께하는 수상의 정책을 받아들이도록 조종될 수 있다. 맥락(화자는 노동당의 영수이자 의원, 수신자들은 의원들과 영국인 등)과 담화에서 블레어는 극소수의 의원들만이 거절할 수 있는 방식으로 그 상황을 자리매김하는데 이는 그들이 조종을 당하고 있으며 아마도 그가 거짓말을 하고 있음을 알고 있을 때조차 그러하다.

요약하자면 의원들은 여러 가지 면에서 정치적 상황의 피해자이며 미국과 스페인에서 그러한 것처럼 권력을 가진 사람들에 의해 조종될 수 있다. 전쟁을 합리화하는 블레어의 연설에서 제시되는 근거들을 받아들임으로써 특정의 믿음, 즉 국제적인 안전에 대한 믿음을 받아들이도록 조종될 뿐만 아니라 제안을 받아들이는 구체적인 행위를 하도록 그리고 그에 따라 이라크에 군대를 보내도록 조종된다.

7. 마무리

이 장에서는 담화에서 나타나는 조종을 설명하기 위한 학제적인 접근을 하였다. 그런 담화를 다른 형태의 영향력과 구별하기 위하여 먼저 조종을 권력 남용이나 권세의 형태로 **사회적으로** 그것을 자리매김하였다. 두 번째로 조종의 정신 통제 차원이 정확하게 무엇인지 밝힘으로써 조종의 **인지적** 차원에 초점을 맞추었다. 끝으로 긍정적인 자기 제시와 부정적인 타자 제시라는, 이념적 갈등을 표현하는 일상적인 양극화 구조에 초점을 맞춤으로써 조종의 다양한 **담화** 차원을 분석하였다. 여기서는 더 나아가서 조종이 권력과 도덕적 우월성, 화자(들)의 신용도를 드높여주며 반대자들을 불신하고 다른 한편으로 타자, 즉 적들을 비난하는 데 관여함을 보였다. 또한 감정에 호소하고 사람들의 믿음과 이성에 반박할 수 없는 증거를 끌어들이는 데도 관여함을 보였다. 앞으로의 연구는 조종의 담화적 양상, 인지적 양상과 사회적 양상에 대하 좀 더 자세한 내용들을 제공할 필요가 있다.

제10장 의회 담화에서 맥락화

: 아즈나르, 이라크와 거짓말의 화용론

1. 맥락의 적합성

담화 연구에서 새로운 발전 가운데 하나는 맥락의 분석에 대한 관심이 불어났다는 점이다. 이런 발전은 대부분의 인문학과 사회학에서 담화 분석에 대한 학제적인 접근이 늘어난 배경에 비추어 보아야 한다. 담화 그 자체의 언어적 구조를 검토하는 것만으로는 더 이상 충분하지 않다. 그리고 대화의 자율적인 상호작용 구조에 한정하지 않고 담화와 담화의 인지적 **환경**, 사회적 **환경**, 정치적 **환경**, 문화적 **환경**과 역사적 **환경**을 넘어서 보아야 한다.

- 언어학에서 그리고 체계 언어학에서 맥락을 분석하기 위해 여러 가지 제안이 있었다(Ghadessy, 1999; Leckie-Tarry. 1995; 이런 접근에 대한

비판적 분석은 van Dijk(2008a)도 참고할 것).

• 대화 분석CA: conversation analysis 그 자체는 상호작용에서 대화의 기관 맥락과 조직 맥락을 연구하기 위해 1990년대 이후 그 범위를 확장하였다(Boden, and Zimmerman, 1991; Drew and Heritage, 1992; Sarangi and Roberts, 1999).

• 인류학적 언어학anthropological linguistics에는 분명히 대화의 문화적 측면에 관심을 보이는 분야가 있고 그에 따라 얼굴을 맞댄 상호작용의 상황에 관련된 측면에 관심을 보였다(Duranti, 1997; 2001; 또한 Duranti and Goodwin, 1992도 참고하기 바람).

• 상호작용에 관한 사회언어학, 특히 존 검퍼즈(John Gumperz, 1982a, 1982b, 1992)의 획기적인 연구로 담화에서 미묘한 맥락화 실마리에 특별한 관심을 기울였다(Auer and Di Luzio, 1992).

• 비판적 담화 연구CDS: Critical Disourse Studies는 자명하게 담화의 사회적 맥락 안에서 담화 연구인데 권력, 권세, 사회적 불평등의 관계에 특별한 관심을 가지고 있다(Faiclough, 1995a; Wodak and Meyer, 2001; Wodak and Chilton, 2005).

• 이런 점은 좀 더 구체적으로 남녀평등주의자 담화 연구에서도 마찬가지인데 성 주도권과 담화에서 이의 재생산에 대한 비판적 연구에 관심을 가졌다(Lazar, 2005).

• 담화 연구에서 좀 더 형식적인 접근으로 예컨대 인공 지능과 그 관련 분야에서 자동 언어 산출과 이해가 소통의 맥락에 대한 모형화 없이는 불가능하다는 점이 인식되고 있다(이를테면 Akman et. al., 2001).

• 사회심리학에서 상황과 구체적 사례에 대한 이른 시기의 연구에서는 맥락에 대한 좀 더 자세한 연구를 사례로 다루고 있다(Argyle, Furnham and Graham, 1981; Forgas, 1979; 1985; Scherer and Giles, 1979).

요약하자면 1990년대 이후 담화 연구의 다양한 분야와 인문학과 사회학 일반에서 맥락 분석의 적합성에 대해 다양하지만 일정한 주의를 기울여 왔다. 그러나 담화 연구에서 그와 같은 확장의 적합성에 대한 폭넓은 일치가 있는 듯하지만 맥락이라는 개념이 정확하게 무엇을 의미하는지 혹은 의미하여야 하는가에 대한 일치는 거의 없다. 일반적으로 말해서 그리고 흐릿하게 말해서 맥락은 담화에 대한 설명을 위한 환경으로 간주되고 있다. 그러나 문제는 어떻게 자리매김할 것인가, 즉 모든 것의 이론에 관련될 위험을 무릅쓰지 않고 그와 같은 환경의 범위를 어떻게 정할 것인가 하는 점이다. 따라서 의회 토론에서 맥락은 스페인 의회의 환경, 즉 참석하고 있는 의원들과 맥락 범주에 있는 다른 분명한 후보들로 제한될 수 있다. 그러나 국내의 현재 상황이나 현재의 국제 상황 혹은 스페인의 외교 정책 등과 같은 맥락은 어떠한가? 대부분의 그와 같은 환경은 그러한 담화 연구에 적합할 수 있지만 문제는 실제로 의회에 있는 화자들 자신에 적합한지 여부이다. 따라서 보통 맥락은 환경 가운데 적합한 측면들로 한정된다. 그러나 이는 질문을 하게 만드는데 그런 경우에 무엇이 적절하고 무엇이 적절하지 않은지 자리매김하여야 하고 결국 순환되는 정의로 끝날 수 있다.

좀 더 구체적으로 이를테면 대화 분석에서는 (적절한) 맥락으로 인정하는 데 지나치게 인색한 경향을 보이면서 어떻게든 그와 같은 맥락의 측면들이 대화에서 절차에 따라 결과로 나타날 때에만 맥락으로 인정한다(Schegaloff, 1987; 1991; 1992). 이는 매우 심각하게 맥락의 영향을 대화에만 국한하는 듯하다. 그렇지만 그때에도 담화에서 명시적으로 표현되지 않지만 참여자들에게 분명한 기능이나 의미의 할당에 미치는 것은 맥락의 영향일 수 있기 때문에 해결책이 아니다. 즉 그러한 자리매김은 오직 관찰 가능한 증거만을 인정하고 탐구(실험, 사후 설명, 내성, 참여자의 반응 기록 등)에서 나온 다른 증거나 방법들을 인정하지 않기 때문에 경험주의적이고 행동주의적이다. 여전히 적합성이라는 알기 어려운 개념에 대한 하나의 (피상적인) 최소한의 기준을 제공할 뿐이다.

비판적 담화 연구CDS: Critical Discourse Studies에서는 맥락으로부터 나온 증거의 용인이 분명히 좀 더 자유롭고 어떤 수준에서든 담화의 맥락 기술이나 설명을 필요로 하는 듯한 어떤 속성 예컨대 화자와 청자 사이의 주도권 관계나 조직에서의 역할 혹은 화자나 저자들의 지위라는 관점에서 맥락으로 인정될 수 있다. 그러나 그러한 설명은 담화에 영향을 미치는 (예컨대 주도권의) 사회적 구조의 관점에서 적절한 맥락에 대한 분석에 아무런 제약이 없다는 비판에는 아주 열려 있다.

2. 맥락에 대한 새로운 이론을 위하여

저자도 1990년대 이래 맥락 모형1)을 제안한 것에는 다양한 학문에서 이뤄진 담화 연구라는 이러한 일반적인 배경이 있으며 조사연구의 다양한 방향을 통합하는, 맥락에 관한 일반적이고 학제적인 이론의 전개를 고려하였다. 저자가 제시한 맥락 모형은 경험에 대한 특별한 종류의 정신 모형에 기댄 새로운 **맥락 이론**이다(van Dijk, 1999; 2001; 2004; 2005; 2008a; 2008b). 이 새로운 이론은 또한 담화와 맥락에 대한

---

1) 저자의 책 가운데 2000년도 이전에 출간된 책은 그의 누리집(www.discourses.org)에서 무료로 내려받기 할 수 있다. 그가 출간한 책은 반 데이크(2014/2020: 28) 각주 28)을 참고하기 바란다.

저자의 이전에 책(van Dijk, 1977)에서 맥락에 대한 좀 더 형식적인 접근의 명백한 한계를 전제로 하고 있다.

그 제안의 배후에 있는 기본적인 생각은 맥락이 객관적인 사회적 상황의 어떤 부류가 아니라는 점이다. 이는 언어학과 담화 연구, 다른 학문에서 맥락에 대한 주도적이고 비형식적인 관점이다. 오히려 담화에 적합한 맥락은 경우에 따라 **주관적**이라는 특징을 지녀야 한다. 즉 **소통 상황의 적합성 측면에 대하여 참여자들이 내리는 자리매김**이라는 특징을 지녀야 한다는 것이다.

엄밀한 의미에서 그런 생각은 새롭지 않고, 특히 사회심리학과 사회과학의 여러 연구에서, 명확하게 규정되지는 않고 그렇게 상세하지도 않다(Brown and Fraser, 1979; Duranti and Goodwin, 1992). 사회학의 역사에서 그 상황에 대한 그 자리매김이라는 개념은 유명하다(Thomas, 1966). 그러나 좀 더 주관적인 자리매김은 진지하게 고려되지 않았는데 언어 사용과 담화, 소통에 대한 이런 다양한 접근법에 관련되는 사회적 관점과 어긋나는 것처럼 보였기 때문이다. 실제로 주관적인 접근은 일반적으로 개인주의로 거부되고 그에 따라 미시사회학적 접근(상호작용)뿐만 아니라 거시사회학적 접근(체계)에서 양립 가능하지 않다.

게다가 참여자에 의한 그 상황에 대한 자리매김이라는 개념 바로 그것이 또한 인지적 측면을 지니고 있다는 사실이 담화에 대하여 사회적으로 방향을 잡은 대부분의 접근법에서 그런 주관적인 접근법을 더욱 의심하게 하였다(van Dijk, 2006: 담화 연구의 특별한 문제). 그럼에도 한편으로 사회적 상황과 사회 구조 사이에, 다른 한편으로 개별 담화 사이에 필수적인 이론적이고 경험적인 연결이나 접합면을 제공하는 것은 정확하게 말해서 바로 이 인지적 측면이다. 말하자면 **맥락은 참여**

자에게 관련되어 있을 때 적합한 것으로 보일 수 있다. 이는 더 높은 수준의 상호작용이나 집단 혹은 사회 구조에 대한 일반화와 추상화 없이 개별 참여자들에게 보여질 때 보일 수 있다.

맥락에 대한 그러한 자리매김은 상호작용을 하고 있는 참여자들에게 적합하고 그에 따라 다른 참여자들에 적합하고 그에 따라 다른 참여자들과 상호작용 그 자체의 영향력 아래에서 구성된다. 그러나 여전히 그러한 자리매김은 개별 참여자들에 대한 자리매김에 머물러 있다. 실제로 어떤 상호작용의 참여자들뿐만 아니라 글말 소통에서 필자와 독자들은 소통 상황에 대하여 같은 자리매김을 하지 않을 수 있으며 흔히 그러하듯이 실제 소통에서 갈등을 보이기도 한다.

요약하자면 비록 소통 상황에 대한 주관적인 자리매김으로서 맥락에 대해 저자가 내세운 개념의 배후에 있는 몇 가지 생각들이 연구 문헌에 발견될 수 있지만 그러한 자리매김의 영향력과 정확한 본질에 대하여 어떤 체계적인 이론이 명확하게 제시되지 않았다.

2.1. 정신 모형으로서 맥락

현재 인지 과학의 매우 일반적인 관점에서, 그리고 좀 더 구체적으로 인지 모형 이론의 얼개 안에서(Johnson-Larid, 1983; van Dijk and Kintsch, 1983), 저자는 참여자들의 기억 표상, 즉 정신 모형이라는 특별한 유형에 기대어 맥락이라는 개념을 규명하도록 제안하였다(van Dijk, 1999; 2008a; 2008b). 사람들의 모든 개인적 경험과 마찬가지로 이런 정신 모형들은 개인(자전적) 기억에 저장되고 언어 사용자들의 구체사례 기억에 저장된다(Meisser and Fivush, 1994; Tulving, 1983). 따라서 자신들이 참여하는 소통 경험하기, 그것에 대한 자각하기는 여기서 맥락 모형 혹은 간단하게 어떤 맥락이라고 부르는 것이다. 정신 모형이라는 이 개념은 여기서 일반적으로 주관적이고 상황에 대한 자리매김이며 불완전하거나 편향되어 있으며 편견이 있을 수 있다는 등의 맥락에 기인한다. 즉 맥락은 참여자와 관련된 구성개념이다. 이런 의미에서 저자의 제안은 사회심리학에서 구성주의자들의 접근과 일관되지만(Edwards and Potter, 1992) 이와 같은 접근과는 달리 그런 구성개념이 형식화되는 방식은 **담화나 상호작용과 같은 다른 유형의 대상으로 환원됨**이 없이 어떤 인지적 표상에 기대고 있다.

따라서 참여자들의 주관적이고 구체적인 사례 모형(경험)인 맥락은 상호작용이 일어나는 동안 역동적으로 구성된다(그리고 경신된다). 맥락에 대한 좀 더 비형식적인 연구와 경험으로부터 알고 있는 것처럼 그런 맥락 모형은 담화에 영향을 미치며, 담화에 영향을 받는다. 담화는 참여자들에 의해 상황에 대한 자리매김에 막대한 영향을 미치는 셈이다. 즉 한편으로 담화와 담화의 이해나 산출 사이에 계속적이고 역동적인 상호작용이 있으며 다른 한편으로 배경, 참여자, 진행되는 행위뿐만 아니라 참여자들의 지식과 목적과 같은 담화의 다른 측면, 환경적 측면을 구성하고 해석하며 보는 방식과 담화 사이에도 그런 상호작용이 있다.

담화 산출의 심리학적 관점에서 보면 이는 맥락 모형이 이런 산출 과정을 통제함을 의미하며 그에 따라 말해진 것, 특히 말하는 방식은 현재의 생황에서 **적절하거나 충분하다**는 것을 보장한다. 이는 (가변적인) 음성 구조, 통사 구조, 어휘 선택과 상황에 따라 다양할 수 있는 다른 담화 구조에 대한 통제 이상을 의미할 것이다.

이런 종류의 통제에 대한 정확한 인지 처리 모형은 이 장의 범위를 넘어선다(van Dijk, 2008a를 참고할 것). 이런 종류의 이론적 접근은 담화 처리에 대한 현재의 연구와 완벽하게 들어맞으며(van Dijk and Kintsch, 1983[2]; van Oostendorp and Goldman, 1999). 이런 접근에서 놓치고 있는 중요한 연결, 즉 담화 처리에서 기본적인 맥락 의존성을 보완하고 있다는 것 정도만 언급하기로 한다. 그러한 맥락 의존성은 일반적으로 무시되거나 인지심리학에서 예컨대 실제 소통 맥락의 불완전한 모의임이 분명한 실험실의 실험에서 독립 변수(실험 참여자들의 성별, 나이 등)들의 통제에 기대어 특별한 방식으로 다뤄진다.

　그런 이론이 지니고 있는 많은 매력적인 측면들 가운데 하나는 여기서 제안한 맥락 모형의 화용적 유형이 담화에서 의미와 지시표현의 산출과 이해의 근거로서 이전에 제안한 의미 (상황) 모형과 매우 잘 결합한다는 점이다(Johnson-Laird, 1983; van Dijk and Kintsch, 1983; van Oostendorp and Goldman, 1999). 말하자면 담화에 대한 화용적 이해와 의미 이해는 구체사례 기억에 있는 정신 모형, 즉 한편으로 참여자들이 그들이 읽거나 대화한 상황을 주관적으로 이해하는 방법들에 근거를 두고 있으며 다른 한편으로 지금 소통하고 있는 상황에 근거를 두고 있다. 이 두 종류의 표상은 분명히 서로 관련되어 있으며 화용론과 의미론 사이의 경계를 자리매김한다.

　당연히 맥락 모형은 모형의 다른 종류로서 (의미) 모형과 같이 참여자들이 지시하거나 대하여 쓰고/말하거나 읽고/들은 사건들을 구성한다.

　또한 1초의 몇 분의 1 동안에 충분히, 즉 실제적이고 실시간으로 기능을 하기 위해 맥락 모형들에는 소통 상황을 표상하는 가능 범주로서 수백 가지는 아니더라도 수십 가지의 가능 범주가 있을 수 있다.

---

2) 이 책과 함께 van Dijk(1980)은 저자가 인지적 관점에서 담화에 접근할 수 있는 굳건한 토대를 제공하는 연구로 꼽을 수 있다.

그런 경우에 대개 그러하듯이 기본 범주들의 가지는 아마도 일곱 개 남짓일 것이다(Miller, 1956). 만약 각각의 중심 범주에 일곱 개의 하위 범주들이 있다면 일곱에 곱셈을 할 수 있겠지만 말이다. 예컨대 만약 중심 범주 참여자들이 있다면 다음과 같은 하위범주들이 있을 수 있다. 소통에서 역할(화자, 수신자, 엿듣는 이 등), 사회적 정체성(성별, 인종, 계급 등), 사회적 역할(아버지, 친구 등), 참여자들 사이의 관계(경쟁자 등) 등이 있다.

물론 경험적 연구들은 어떤 범주들이 보편적일 때(언제나 화자의 역할이 있으며 언제나 화자들은 수신자들이 지식을 공유하고 있다는 점을 가정한다)에도 예상되는 문화적 변이를 가정하면서 각각의 문화에서 어떤 적절한 범주들을 설정할 필요가 있다. 이런 방식으로 같은 맥락 모형의 일반적인 개념틀은 전략적으로 그리고 그에 따라 매우 빠르게 구성되고 어떤 담화에 대한 사회적 상황의 이해가 일어나는 동안 역동적으로 조정된다.

2.2. 미시적 맥락과 거시적 맥락3)

맥락에 대한 대부분의 연구들은 상호작용에서 직접적이고 얼굴을 맞댄 상황, 즉 미시적 맥락에 초점을 맞춘다. 그럼에도 언어 사용자들이 일종의 거시적 맥락을 구성한다고 가정할 근거들이 있다(van Dijk, 2006). 그에 따라 수업을 할 때 한 사람의 교사로서 저자는 출석한

---

3) 거시적인 맥락에 대한 분석은 텍스트의 산출과 해석에서 미시적인 맥락에 대한 분석과 상보적이어야 한다. 미시적 분석이 제대로 자리를 잡기 위해서 거시적인 맥락을 참고하여 야 하며, 거시적 분석은 미시적 분석의 결과를 사회적 실천 관행과 관련지을 수 있기 때문이다. 그렇게 해야 담화에 대한 사회인지적 접근도 가능하게 된다.

학생들과 일반적인 가르침의 맥락 특징을 자각할 뿐만 아니라 사회학에서 거시적 설명과 미시적 설명 사이의 일상의 (문제적인) 구분에 조응하여 저자는 또한 교수의 일원이면서 기관, 즉 대학의 한 구성원으로 자신을 표상할 수 있다. 그리고 그에 따라 거시적으로 표상될 수 있는 어떤 것을 지엽적으로 수행하는 자신을 표상할 수 있다. 말하자면 대학이 학생들을 가르치는 것으로, 즉 거시적 개념으로서 가르침을 수행하는 셈이다.

그러한 거시적 맥락은 상호작용의 수준에서 저자의 실제적인 (미시적인) 가르침이 이뤄지는 동안 항구적인 자각일 필요는 없지만(Knorr-Cetina and Cicourel, 1981). 저자가 하고 있는 것에 대해 때로 전체적인 상관관계functionality 혹은 의식sense이 구성되거나 활성화될 필요가 있고 때때로 분명하게 될 것이다. 실제로 사람들에게는 분석가로서의 수준이나 범주가 아니라 참여자 범주로서 사회에서 미시적 수준과 거시적 수준을 연결하는 세련된 방법들이 있다.

화용적인 거시 구조와 미시 구조, 의미의 거시 구조와 미시 구조에서 그러한 것처럼(van Dijk, 1980), 거시 맥락도 미시 맥락과 같은 구조를 지니고 있다. 스페인에서 대학이 학생들에게 이런저런 것을 가르치거나 스페인 의회가 이라크에서 군사적인 조처를 위해 표결을 할 때에 표상되는 것처럼 배경, 참여자들, 행위나 목표 등이 있지만 오직 다른 수준에서 시나 국가, 집단이나 조직, 집단 행동이나 반복 행위, 전체적인 목적 등이 있다.

그러나 일반적인 처리 제약 때문에 거시 맥락은 상당한 분량의 범주와 전제된 지식으로 이뤄질 수 없다는 점은 주목하기 바란다. 말하자면 거시 맥락은 오직 사회 구조의 지금 관련되는 측면의 부분적인 구성일 뿐이다. 그리고 대부분 그런 지식은 장기 작업 기억의 어떤 종류로서 배경에 남아 있을 것이다.

3. 지식

맥락에 대한 전통적인 개념뿐만 아니라 맥락 모형으로 자리매김된 맥락에 대한 사회인지적 접근에서 적합하도록 구성된 속성으로서 사회적 상황에 관련되는 일반적인 속성들은, 특히 배경(시간, 공간), 참여자들과 그들의 다양한 정체성, 역할이나 관계, 진행되는 행위와 참여자들의 목적이다.

그러나 맥락의 본질적인 범주로서 흔히 잊고 있는 것은 참여자들에 대한 지식, 특히 각자의 지식에 대한 공동 지식이다(van Dijk, 2005). 그럼에도 불구하고 분명히 그러한 인식론적 구성요소는 화자나 필자들이 수신자들에 대하여 (가정하고 있는) 지식에 자신들의 담화를 어떻게든 맞추어야 하는 매우 복잡한 과제를 관리할 수 있는가를 설명하고 기술하기 위해 필요하다. 문장마다, 그리고 낱말마다 그들이 사용하는 낱말을 수신자들이 안다는 점뿐만 아니라 대하여 쓰거나 말하고 있는 사건에 대하여 수신자들이 이미 알고 있는 것이 무엇인가를 알아둘 필요가 있다. 따라서 만약 수신자들이 약간의 사실(명제 등)을 안다고 가정한다면 기억에서 쉽게 접속이 가능할(추론 가능할) 때 그러한 사실을 전제로 해야 한다. 혹은 일반적으로 구체적인 사건인 그러한 사실이 이전에 알고 있을 때조차도 잊고 있다면 상기되어야 한다.

자신들이 지니고 있는 맥락 모형이 수신자들이 지니고 있는 지식의 유형을 계속해서 파악하고 있을 때 낱말이나 문장의 산출에서 언어 사용자들은 몇 초(의 몇) 안에 이런 일을 할 수 있을 뿐이다. 이는 화자들이 수신자들이 알고 있는 수천 가지의 사실들에 대하여 가정해야 한다는 점을 뜻하지 않는다. 어떤 사실들은 매우 제한된 크기의 맥락 모형 안에서 완전히 불가능할 수도 있다.

그보다는 화자들은 어떤 지식을 수신자들이 지니고 있는지 셈하기 위해 다루기 쉬운 전략(van Dijk and Kintsch, 1983)을 사용한다. 예컨대 같은 사회 집단이나 공동체의 구성원들 사이의 소통을 위해 가장 쉬운 전략은 다른 구성원들이 자신이 지니고 있는 사회 문화적 지식과 같은 지식을 지니고 있다고 가정하는 것이다. 친구들, 가족들 혹은 알고 있는 사람들 사이의 개인적인 소통을 위해 공유된 그러한 지식은 집단이나 공동체에서 사회 문화적으로 공유된 지식이 아니라 이전의 상호작용에서 공유되었던 그런 종류의 지식이고 그에 따라 이전의 맥락 모형에 저장되어 있다. 이런 사례에서 화자들은 오직 이전의 맥락 모형을 활성화할 필요가 있을 뿐이며 어떤 명제들이 이전에 소통되었는지 점검할 필요가 있다. 의심하고 있다면 이전의 정보를 수신자들에게 떠올려 주거나 되풀이하게 될 것이다. 서로 다른 문화권 출신, 즉 서로 다른 지적 공동체 출신의 사람들 사이의 지식 관리에는 비록 여기서도 보편적인 인간의 지식이 전제될 수 있지만 더 많은 어려움들이 있다.

맥락 모형에서 지식 장치(K-device4)는 공유되거나 새로운 지식의 활성화, 표현, 전제, 회상하기와 같은 유형의 전략으로 이뤄져 있다. 맥락 모형에서 매 순간 공개적인 사건이나 사적인 사건에 대한 맥락 모형이나 사회문화적 지식에 저장된 것으로 화자의 어떤 정보가 수신자에

---

4) 담화의 지식의 문제를 폭넓게 다루고 있는 반 데이크(2014/2020)에서도 지식 장치는 분명하게 자리매김되지 않았다. 여러 차례 지식 장치가 자주 언급되었지만 맥락 모형과 지식 장치가 관련이 있고, 공동의 배경 혹은 공동의 지식을 관리하는 이론적 개념이다.

의해 공유될 가능성이 높은가 여부를 전략적으로 셈하고 그에 따라 무엇이 전제되거나 되풀이되어야 하는지 혹은 새롭게 내세워야 하는지를 셈한다.

지식에 대한 저자의 접근은 의미론적이고 논리적이기보다는 화용론적이고 담화적이다. 즉 세계와 믿음 사이의 관계를 바탕으로 한 추상적이고 의미론적인 자리매김을 하는 인식론과는 달리 저자는 정당화된 진실한 믿음으로 자리매김하지 않는다[5](수많은 책들 가운데 Bernecker and Dretske, 2000의 읽을거리를 참고할 것). 사람이 지니고 있는 지식의 본질적인 조건은 세계나 상황에서 어떤 사태의 상태와 추상적으로 대응하는지(지시하는지 등) 여부에 있지 않고 **그러한 믿음이 어떤 공동체, 즉 지식 공동체의 구성원들에 의해 공유되는지 여부에 있다.**[6] 말하자면 관찰자나 화자로서 같은 것을 우리가 알고 있을 때 어떤 사람들이 그것을 안다고 말할 수 있을 뿐이다. 다른 말로 한다면 X가 p를 안다고 말하는 것은 화자도 p를 알고 있음을 전제로 한다. 이는 개인적인(상호작용) 지식뿐만 아니라 사회문화적으로 공유되는 지식의 경우에도 마찬가지이다. 사회문화적으로 공유되는 지식에서는 어떤 공동체의 구성원 각자가 그리고 누구든 어떤 믿음을 공유한다는 점을 전제로 한다.

게다가 의견이나 실제로 (단순한) 믿음이라고 부르는 공유되는 믿음과 달리 지식은 어떤 공동체의 지식 기준에 따라 증명되어 왔거나 증명될 수 있는 공유되는 믿음이다.[7] 여기에는 일상적인 상식(관찰,

---

5) 이는 오랫동안 서양에서 지식을 자리매김하는 기본적인 틀이다. 저자는 화용론의 입장, 즉 화자가 청자가 처한 맥락에서 지식을 자리매김한다는 의미로 이렇게 말하고 있는 것이다.

6) 한편 반 데이크(2014/2020: 43)에서는 "사회적 지식은 인식론적 공동체 안에서 공유되며 신뢰성에 대학과 역사, 문화라는 가변적인 (인식론적) 변수에 의해 정당화된 믿음"으로 자리매김하였다.

추론이나 믿을 만한 원천)이라는 기준이 있을 수 있는데 사회 운동이나 실증학문, 대중 매체와 같은 전문화된 공동체의 기준이 있을 수 있다. 분명하게 이런 기준들은 역사적으로 바뀌어 왔고 문화적으로 다양하기 때문에 지식은 당연히 그러한 것처럼 상대적이다. 그러나 인식 공동체의 기준에 따라 증명되거나 수용되어온 믿음이 지식 공동체 안에서 지식으로 간주되기 때문에 그 공동체의 바깥에서 (혹은 그 공동체의 다음 단계에서) 그런 믿음을 단순한 믿음이나 의견 혹은 미신으로 볼 수 있을 때조차 이 상대성도 당연히 그러한 것처럼 상대적이라는 점을 유의하기 바란다. 중세에 사람들은 자신들의 관점에서 지구가 평평하다고 알았으며 그에 따라 공개적인 담화에서 그것이 전제되었다고 말할 수 있다. 또한 오늘날 우리가 알고 있다고 주장하는 모든 것이 우리의 지식이며 다른 곳이나 미래에는 다르게 자리매김될 수 있다는 점이 당연하다. 그런 상대주의는 걱정할 바가 아닌데 모든 실제적인 목적이 이 (상대적인) 지식에 기대어 혹은 지식을 토대로 우리가 행동하고 말하기 때문이며 사회문화적으로 다른 이들과 공유하는 것은 이런 지식이기 때문이다.

4. 거짓말[lying]

거짓말은 상호작용과 소통에서 지식에 대한 부당한 조종과 관련되는 언어 행위이다. 이는 고전적인 의미에서 발화 행위가 아닌데 적합성

---

7) 그렇기 때문에 반 데이크(2014/2020)에서는 증거대기를 지식의 공유에서 중요하게 생각하고 이를 강조하고 있다.

조건을 충족시키지 않기 때문이다. 적절하게 거짓말하기 위해 충족되어야 하는 아무런 체계적인 조건이 없다는 말이다.

오히려 거짓말은 적절한 주장에 관련되는 특정의 화용적 조건에 대한 위반으로 자리매김되어야 한다. 동시에 좀 더 일반적으로 말해서 모든 인간의 상호작용에서 토대인 진실함이라는 일반적인 윤리적 규범을 어기는 것으로 자리매김되어야 한다. 그러나 어떤 상황에서는 진실을 말하는 것이 다른 규범이나 가치(이를테면 공손성 규범, 자율적인 결정권이나. 체면 유지, 법적인 비밀 등)를 어긴다면 거짓말이 윤리적으로 허용될 수 있다는 점을 유의하기 바란다. 예컨대 심문에서 적에게 하는 거짓말은 윤리적으로 올바르다고 간주할 수 있다. 분명히 이런 상황들 각각은 고유한 자리매김이 필요하고 그에 따라 고유한 맥락 모형이 필요하다.

이런 의미에서 거짓말은 수신자나 다른 이들의 이익을 해친다면 일반적으로 정당하지 않다. 사회적 정당성과 정치적 정당성이라는 넓은 의미에서 만약 거짓말쟁이(어떤 사람이나 기관)가 주도권을 확립하거나 확고하게 할 수 있다면 그리고 그에 따라 예컨대 소통과 공개적인 담화라는 수단에 대한 통제를 통해 자신들의 권력을 남용하며 지식에 대한 대중의 접속을 통제한다면 더욱 정당하지 않다(이를테면 Barnes, 1994; Lewis and Saarni, 1993; Wortham and Locher, 1999를 참고할 것).

거짓말이 철학적 (윤리적) 관점, 의미론적 관점, 화용론적 관점, 심리적 관점, 사회학적 관점, 정치적 관점과 문화적 관점으로 다룰 수 있을 정도로 복잡한 현상임을 알고 있다. 비록 뒤에 정당성이라는 좀 더 기본적인 기준을 포함하게 되겠지만 저자는 이 논문의 제한된 얼개 안에서 맥락에 기반한 화용론적 관점에서 다룰 것이다. 그런 관점에서 거짓말은 화자는 p가 사실이 아님을 알고 있지만 수신자가 p가 사실임을 믿게 하려는 목적을 지니고 있는 맥락 모형에 의해 통제되는 소통 행위이다. 다른 말로 한다면 만약 거짓이 성공한다면 화자와 청자는 언급되는 사건에 대하여 서로 다른 정신 모형을 지니게 된다.

적절한 주장이 화자가 선언하는 바를 알고 있다고 가정한다면 거짓은 적절한 주장이 아니다. 그러나 수신자들은 이 조건이 충족되었는지 모를 수 있고 그 거짓을 적절한 주장으로 해석하고 그에 따라 자신들의 지식을 바꿀 수 있다. 거짓이 무엇인지 기술하기 위해 화자와 수신자, 그들의 지식과 목적을 표상할 수 있는 맥락 모형이 필요하게 된다.

거짓은 사기, 자기 기만, 누군가를 오도하기, 실수, 오류, 사사로운 담소, 허구 등과 같이 이전의 지식에 관련되는 조건을 어기는 소통 행위의 더 큰 부류 가운데 하나이다. 이들에 대해서 여기서는 더 이상 분석하지 않는다.

따라서 핵심적인 (윤리적인) 차이는 거짓말을 하는 화자들은 자신이 선언하는 바가 거짓임을 알고 있지만 다른 소통 행위(오류, 자기 기만)들은 그것을 모를 수도 있고 자각하지 못할 수도 있다는 데 있다.

예컨대 화자가 주장하는 바를 믿기는 하지만 확신하지는 않을 때와 같이 중간에 드는 사례들은 많은데 이는 맥락 모형에서 지식 구성요소들이 단계를 이루고 있음을 암시한다. 이는 거짓의 뻔뻔함에 다소간의 차이를 만든다. 이와 비슷하게 화자의 관점에서 참된 주장이 될 수 있는 것이 화자가 고의로 거짓을 주장한다고 수신자가 믿을 때 수신자에게는 거짓이 될 수 있다.

이런 모든 조건들은 맥락 모형에 기대어 쉽게 규명될 수 있다는 점에 주목하기 바란다. 맥락 모형에서는 개별 참여자들이 자신들의 지식을 상세히 설명할 수 있을 뿐만 아니라 지식에 대한 믿음, 다른 참여자들의 의도와 목적을 자세히 밝힐 수 있다.

5. 의회 담화

모든 담화 갈래에서 그러하듯이 의회 담화는 그 맥락 속성에 의해
대체로 자리매김된다(van Dijk, 2000; 2004. Bayley, 2004; Steiner, 2004에
있는 다른 연구도 참고할 것).

　의회 담화의 특징을 드러내는 언어 구조나 담화 구조의 여러 유형
들이 있지만 의회 토론에서 전달되는 연설과 같이 이들은 독특하지
않다. 오히려 의회 토론은 의장에 의해 화자들과 말할 차례가 통제,
말할 차례에서 시간 할당, 격식적인 어휘, 다듬어진 문장과 논증의
일반적인 구조, 토론에서 설득의 특성과 같이 상호작용과 말투의 여
러 특징들을 다른 격식적인 갈래들과 공유하고 있다. 예컨대 영국의
하원에서 혹은 스페인 의회에서 Sus señorías(신사 숙녀 여러분)처럼 연
설의 격식(존경하는 동료 의원)에서 그러한 것처럼 이들 가운데 오직
몇몇만이 매우 전형적이고 독특할 수 있다. 마찬가지로 내용도 공공
의 문제, 국내 문제 등과 관련이 있는 주제의 측면에서 제약될 수
있다. 예컨대 입국이민과 같이 이들도 뉴스 보도나 신문의 사설, 일상
의 대화에서 주제가 될 수 있다. 그리고 격식적인 문법 양식도 격식적
인 모임 이를테면 회사의 이사 회의의 문법 양식과 비슷할 것이다.
개별적으로 이 범주들 가운데 어느 것도 의회 담화에 한정되어 있지
않으며 이들의 결합은 의회 담화에서 (원)형일 수 있다는 점을 주목하
기 바란다.

　그러나 갈래로서 의회 토론에 한정되어 있는 것은 배경(의회), 참여

자들(의원들, 야당 등), 목적(정책 등)과 정치 지식, 참여자들의 이념과 같이 눈에 잘 드러나는 맥락 범주들이다. 다른 말로 한다면 의회에서 이야기되는 내용과 심지어 말투는 다른 유형의 소통과 공유되지만 그러한 구조의 기능은 화자들/의원들이 정치를 하며, 법을 만들고 유권자들을 대표하며 나라를 통치하는 등 특정의 정치적 상황과 관련하여 인식되어야 한다. 이 장의 나머지 부분에서 저자는 좀 더 자세하게 그런 범주를 검토할 것이며 그 결과를 구체적인 의회 토론에 대한 연구에 적용할 것이다.

그에 따라 문제는 의회 토론에서 화자들이 특정의 소통 상황에 대하여 적절하게 말하기 위해서 알아야 할 필요가 있는 것이 무엇인가 하는 것이다. 두 번째로 그런 (전제된) 지식이 그들의 담화에 어떻게 영향을 미치는가 하는 것이다. 참여자들의 지식에 접속할 다른 방법들이 많지 않기 때문에 후자의 질문은 그렇지 않다면 순수 이론적인 공론에 지나지 않을 질문에 대한 경험적인 점검으로서 중요할 뿐만 아니라 발견 절차의 일부분으로서 중요하다. 담화에 대한 행동주의적 개념에 얽매이지 않기 위해 적합성에 대한 일반적인 기준이나 맥락 요소들에 대한 인지의 결과에 대한 일반적인 기준이 직접적으로 관찰 가능한 담화의 특징에 얽매일 필요가 없다는 점을 주목하기 바란다. 지식은 일반적으로 어떤 공동체에서 공유되고 당연히 전제되는 사실에 근거한 믿음으로 자리매김된다. 이는 상호작용에서도 그런 지식은 규명되거나 혹은 표현되거나 드러나는 일은 거의 없다. 따라서 의회 토론에서 모든 참여자들은 자신들이 의원임을 알고 있으며 그런 정체성은 확인되고 드러내 보이며 명확하게 되어야 하는 매우 특별한 상황이 아니라면 그에 따라 거의 말할 필요가 없다. 이와 비슷하게 의회 토론의 목적은 수신자들을 설득하는 것일 수 있지만 여기서 그런 목적들을 거의 분명하게 하지 않는다. 그에 따라 소통 상황의 모든 속성들은 아닐지라도 참여자들은 자신들의 맥락 모형에서 주관적으로 표상된 바대로 많은 것들을 전제로 한다. 그러나 분석가들은 대화의 속성들을 설명할 수 있도록 간접적인 표현이나 표명으로부터 추론할 수 있을 뿐이다.

6. 의회 토론의 조각에 대한 맥락 분석

이 장의 나머지 부분에서 저자는 스페인 의회에서 이라크 전쟁에 대하여 2003년 3월 12일에 있었던 토론의 조각에 대한 부분적인 분석을 통해 맥락의 범주를 살펴본다. 이 토론에서 호세마리아 아즈나르José María Aznar는 미국의 이라크 개입을 지원하기로 한 그의 결정을 옹호하며 현재 스페인의 수상인 호세 루이스 로드리게스 사파테로José Luís Rodríguez Zapatero가 이끄는 야당인 스페인 사회노동당PSOE에 반대한다. 이 토론으로부터 아즈나르와 사파테로가 서로에 대해서 직접 맞서는 부분을 저자가 선택하였다(이 조각의 전체 덩잇글은 부록을 볼 것).[8]

이 분석이 의회의 상호작용에 관련되는 조각들의 모든 속성들에 대한 방대한 설명을 필요로 하는 담화 분석과는 다르다. 오히려 여기서는 두 참여자들이 지니고 있는 억지스러운 맥락 모형에 비추어야만 이해 가능한 그런 요소들에 초점을 맞춘다. 저자는 이를 **맥락에 따른 분석**contextual analysis이라고 부르겠다. 맥락 모형도 복잡하기 때문에 이들은 부분적으로만 분석될 수 있다. 그렇기 때문에 저자는 앞에서 강조한

---

8) 여기서는 영어원문만을 입력하기로 하였기 때문에 스페인어 원문은 싣지 않는다. 저자는 스페인어 원문으로 인용을 하고 있기 때문에 뒤친이가 영어원문의 해당 부분 줄 수를 입력해 놓았다. 영어 원문에서 줄수는 한글 번역에서 줄수와 대체로 일치한다.

내용에 초점을 맞출 것이다. 즉 그런 토론에서 지식의 관리, 특히 몇몇 참여자들과 외부의 관찰자들이나 분석가들이 거짓말이라고 부르는 내용에 초점을 맞출 것이다(또한 van Dijk, 2003도 참고할 것).

또한 여기서는 스페인 의회의 공식적인 의회기록에서 이용가능하도록 만들어진 글말 전사본만을 가지고 있으며 일반적이고 좀 더 자세한 입말 상호작용 전사본이 아니라는 점도 강조해야 할 듯하다.

6.1. 연설과 제시의 형식

지식의 본질적인 측면을 다루기에 앞서 간단하게 맥락 모형의 다른 측면들과 담화에 대한 맥락 모형의 통제를 다루어야겠다. 이 토론에 사용된 연설과 이 조각에서 형식은 참여자들이 누구에게 말하고 있는지 알고 있다고 전제한다. 따라서 사파테로에게 의장이 발언권을 주었을 때 그를 성과 이름으로 그를 언급하였을 뿐만 아니라 의원diputado 으로서의 역할과 함께 존칭don으로 부른다. 요청은 2인칭 대명사 형태로 직접적이지 않으며 3인칭 대명사로 간접적이다. 이는 말하기를 요청하거나 허락하는 형태 좀 더 정확하게 말하면 다음 화자를 소개하는 형식이 되게 한다. 그러나 발언권을 배분할 공식적인 권한을 의장이 지니고 있기 때문에 이렇게 다음 화자를 소개하는 방식은 동시에 사파테로로 향해 있다. 즉 그에게 발언권을 갖도록 안내한다. 의회 기록에서는 의장의 지위를 (여성 의장presidenta)과 같이 기술하지만 토론 그 자체의 일부는 아니고 전사에 딸린 속성이다. 이는 모든 화자들의 신분에 대해서도 마찬가지이다.

끝으로 다음 화자에 대한 소개의 일부로 의장은 기관 맥락의 연설 행위의 유형(어떤 질의)을 언급할 뿐만 아니라 그 번호도 언급한다.

많은 다른 유형의 상호작용에서 이는 비정상적일 수 있는데 화자들은 다음 화자가 말하고자 하는 것이나 행동하고자 하는 것을 거의 알 수 없기 때문이다. 따라서 이는 기관 맥락의 조건을 전제로 하고 있는데 이 사례에서 수상인 아즈나르의 개입이 있고 난 뒤에 나타나는 것처럼 다음 화자의 조처가 앞서 발표되었고 그들의 개입 혹은 적어도 개입하는 시작 부분이 규정에 따라 질문의 형식을 띠어야 한다는 점을 전제로 한다. 이런 모든 것은 분명히 상당할 정도의 맥락 지식을 이미 전제로 한다. 즉 화자들의 순서, 직능(의장과 수상), 발화 행위의 본질, 발화 행위의 조건, 화자들 사이의 공식적인 관계뿐만 아니라 다루는 일의 공식성, 님과 같은 존칭의 규정에 대한 지식을 전제로 한다. 의장의 직능은 오직 의회기록에만 기술되지만 표현되지 않거나 사파테로에 의해 다음 차례가 있을 때까지 알려지지 않는다. 이런 역할은 다음 화자를 소개하고 요청하는 행위에 내재되어 있다. 이 사례에서 이런 맥락 특징의 중요성(참여자들의 역할)은 명확히 공식화되어 있지 않고 오직 실행될 뿐이다. 사파테로가 다음에 말할 수 있다는 점은 그가 의원이라는 것을 비슷하게 전제로 하지만 이 사례에서 어떤 역할은 의장에 의해서 명시적으로 기술되어 있다.

다음 말할 차례에서 비슷한 형태의 상호작용을 발견할 수 있는데 아즈나르가 이름이 불려지지 않고 오직 정부의 수반Señor presidente del Gobierno으로만 기술된다. 이 조각의 뒷부분에 나오는 소개에서 사파테로는 그의 이름으로만 소개되고 존칭don이나 의원diputado으로 기술하지 않는다.

사파테로가 발언권을 얻었을 때 그는 의회의 의장을 공손한 어투로 말하자면 그의 직능에 따라 언급하였을 뿐만 아니라 판에 박힌 발화 행위(매우 고맙습니다Muchas garcias)와 함께 그 다음 차례에 말하도록 요청받았음을 인정한다. 동시에 그의 실제 수신자, 즉 아즈나르는 이름만

부르면서 언급할 뿐이며 그의 직능이나 또 다른 존칭 없이 최소한의
공손한 형태의 호칭인 …씨[señor]로 부른다.

6.2. 정치적 역할과 정치적 관계

이 토론의 처음 몇 번의 말할 차례에서 간단한 상호작용이 한편으로
의회의 상호작용 규칙에 대한 일반적인 지식을 전제로 하고 있으며
그리고 세 명의 참여자들이 지니고 있는 구체적인 맥락 모형을 전제
로 하고 있음을 보았다. 즉 각자들은 이 말할 차례 교환에서 정해진
역할을 할 수 있다. 의회 의장이 다음 화자들을 소개하고 말할 차례를
배당하며 아즈나르와 사파테로는 적절하게 서로에게 응대한다.

다른 격식적인 만남에서와 매우 비슷한 이러한 다소 일반적인 경로
에 더하여 맥락 모형은 특정의 정치적 **역할**과 참여자들 사이의 **관계**를
구체화할 필요가 있다. 그에 따라 아즈나르가 먼저 말할 수 있고 그
다음에 사파테로가 말할 수 있는데 아즈나르에 이어 그는 야당의 대
표로서 먼저 말한다. 이는 5~7(영어원문 105~107)행에 있는 사파테로
의 질문을 해석하는 데 중요하다. **이는 질문이기도 하지만 정치적 반대의
형식을 의도하고 그렇게 해석되기 때문이다.** 이는 또한 예로만 반응할 뿐
인 아즈나르에 대한 반응으로 볼 수 있는데 그는 질문에서 전제로
하는 명제들을 별도로 재공식화하고 그에 따라 그 명제들에 암묵적으
로 동의하지 않는다. 말하자면 그것을 군사 개입으로 규정하지 않고
사담 후세인의 군대를 무장해제하는 것으로, 즉 긍정적인 용어로 재
규정하는 셈이다. 정치적으로 말해서 이는 정부의 정책을 긍정적인
조치라고 옹호함으로써 야당의 암묵적인 비판을 거부함을 함의한다.
말하자면 정치적 상호작용에 가담할 수 있도록 하기 위해 참여자들은

기관에서 역할과 관계에 따라 자신들과 서로를 표상하여야 하고 각자의 토론에 대한 기여는 이 얼개 안에서 해석되어야 한다. 말 그대로 정보의 요청이나 의견의 표현으로 (다른 맥락에서) 해석될 수 있는 어떤 질문은 의회에서 정치적 반대의 형태로 의도되고 청취되며 응답을 받는다. 같은 얼개 안에서 야당의 대표는 수상의 간단한 응답에 만족하지 않을 것이며 20행(영어원문 120행)부터 실제로 그러한 것처럼 다음 말할 차례에서 그 답변에 이의를 제기할 것이라고 예상된다. 그런 정치적 추론은 참여자들이 그러한 정치적 추론이 만들어질 수 있는 맥락 모형을 지니고 있을 때에만 가능하다(van Dijk, 2005).

6.3. 앎과 거짓말

아즈나르를 향한 질문과 반대 의견을 자세하게 하는 다음 말할 차례에서(20~39) 사파테로는 아즈나르가 이라크 개입과 관련된 실제 입장과 결정을 숨기고 있으며 매번 믿음직하지 않다고 비난한다. 여기서 일반적인 상호작용의 관점에서 수신자를 향한 주장이 수신자가 (질문에) 응답하지 않고 실제로 원하는 것을 말하지 않음을 암시한다면 수신자는 비난을 받을 수 있다. 특히 일반적인 규범이나 규칙에서 사람들이 정직하고 진실을 말하도록 요구할 때에는 더욱 그러하다.

이는 일상적인 대화(그러나 당연히 덜 격식적인 양식으로 형식화됨)에서 비슷한 발언권 교체에 대한 분석일 것이다. 그러나 이러한 특별한 정치적 상황에서 야당의 대표에 의해 공식화된 간접적인 비난과 정부의 수반을 향하고 있는 비난은, 반대의 기본적인 형태이다. 만약 수상이 거짓말로 인해 비난을 받는다면, 이는 국가에 대해 거짓말을 하는 것이며, 특히 군사적 개입에 대해서 그러한데, 이러한 일은 민주주의 국가의 본질적인 규범을 어기는 일이다. 다른 말로 한다면 거짓말을 하고 있는 아즈나르에 대한 간접적인 비난에 의해 사파테로는 신임을 받지 못하는 수상으로서 정치적 부적 행위, 국가와 국민을 잘못 이끌고 있는 것으로 그를 비난한다. 이런 정치적 함의들은 사파테로가 말한 것으로부터 추론 가능하지 않으며 상호작용의 의미로부터도 그렇지 않다. 오히려 수상과 야당의 대표 사이의 상호작용으로서 발언권 교체를 해석하는 참여자들의 맥락 모형의 내용으로부터 추론 가능하다(van Dijk, 2005).

이런 개입의 양식은 일반적인 의미에서 만남의 격식성을 보여주며 구체적으로 의회에서 상호작용의 격식성을 보여준다는 점을 주목하기 바란다. 격식을 보여주는 어휘 항목(**진짜 입장**auténticas posiciones: real position: 영어원문 117행 등)9)과는 별도로 사파테로는 공손한 완곡어법에 기대고 있다. 아즈나르가 거짓말쟁임을 말하는 많은 방법들 대신 그는 아즈나르가 **매일매일 덜 미더운**cada día memos creíble: less credible every day(영어원문 118행)이라고 말하는데 수상에 관련되는 체면을 유지하고 공손과 존경을 표현하는 일상적으로 결합된 기능을 하는 완곡어법의 일종이다. 여기서도 그렇게 말하는 방식은 사파테로의 맥락 표현 표상(상황과 의회 회기, 야당의 대표로서 자신의 역할, 수상의 수신자로서의 역할 등)을 전제로 한다.

그의 중재 발언 나머지 부분에서 야당의 대표에서 기대할 수 있는 바대로 사파테로는 아즈나르와 그의 정부에 대한 비난을 계속한다. 이런 비난에서 전체적인 전략은 국제연합 전문가들의 발견 사실(혹은

---

9) 이렇게 부분 인용된 것은 영어원문에는 스페인어 해당 부분만 언급되어 있지만, 저자가 영어로 번역한 부분을 찾아서 같이 실어두기로 한다. 스페인어 번역기의 번역과 저자의 번역이 다르기 때문이다. 이런 점은 스페인어가 부분 인용된 곳은 사정이 비슷하다.

발견 사실의 **부족**)과 사찰을 위한 더 많은 시간을 허용하지 않고 곧장 군사적으로 개입하고자 하는 부시와 아즈나르의 결정 사이의 모순을 보여주는 데 있다. 동시에 사파테로는 상호작용(대량 파괴 무기와 폭력 주의와의 연결)을 위해 제시된 근거들이 실제로 거짓임을 강조한다. 32~33행에서 아즈나르 정부가 했던 일 말하자면 이는 사찰관들에게 더 많은 시간을 주지 않기로 한 결정의 신호에 기대어 공식화된다. 즉 구절 **당신은 서명하였습니다. … 정부를 통해서**usted ha firmado … usted acaba a través de su gobierno(영어원문 125~127)은 사파테로가 아즈나를 어떤 개인이나 정치가가 아니라 정부의 수반으로 언급하고 자리매김하고 있음을 보여준다. 여기서 (국제연합과 이라크에서 일어나고 있는 일에) 대하여 언급하고 있는 상황에 대한 (의미) 모형이 어떻게 현재의 상황에 대한 참여자들 각각의 자리매김을 표상하는 맥락과 결합되는지 보게 된다. 아즈나르와 사파테로는 현재의 (의회) 배경, 참여자들의 역할에 대한 자리매김을 공유하지만 사파테로가 아즈나를 비난하자마자 상황에 대한 자리매김은 더 이상 같지 않다. 사파테로는 아즈나를 거짓말쟁이이며 국가를 속이는 일로 비난하고 있고 분명히 아즈나를 자신에 대한 다른 자리매김을 할 것이다.

27줄[10] 아래에 있는 사파테로의 수사적 질문은 그에 따르면 아즈나르가 이라크에서 현지 조사를 한 전문가들보다 더 많이 알 수 없음을 함의한다. 전문가들이 일한 시간을 강조함으로써(몇 년에 걸친 탐사) 전문 지식을 수사적으로 강조하고 있다. 아즈나르는 전문가보다 많이 알기가 가능하지 않기 때문에 암묵적인 결론은 그가 비밀스러운 정보를 갖고 있거나 그와 부시, 블레어가 핑계pretext[11]를 만들면서 이라크

---

10) 원문에는 35줄 아래로 되어 있지만, 27줄 이하가 맞으며 영어 원문은 127줄 이하이다.

개입에 대하여 세계를 현혹시킨다는 것이다. 야당은 미국과 영국에서 어느 곳에서나 같은 전략에 관련되어 있다. 말하자면 이라크의 상황에 대한 그들의 지도자들의 거짓이 뒤에 밝혀질 내용에 초점을 맞추고 있다(Allman, 2004; Boyle, 2004; Fossà and Barenghi, 2003; O'Shaughnessy, 2004; Stothard, 2003).

여기서 맥락에 적합한 것은 비난뿐만(그리고 공식화) 아니라 지식의 관리이다. 여기서 문제의 본질과 토론의 핵심에 이르렀는데 스페인과 다른 곳에서 모두 전쟁에 대한 다른 공식적인 근거, 즉 (부시와 블레어와 그들의 조언자가 내세우는) 진위가 의심스러운 대량 파괴 무기와 이라크 군대와 폭력주의자들 사이의 연결에 이의가 있거나 의문을 제기하는 반대 진영이 꾸려졌다.

이 구체적인 토론에서 이는 사파테로가 개입을 위한 공식적 근거의 진실성에 대하여 야당의 의심을 표현하고 있음을 뜻한다. 그에 따라 그는 거짓말하고 있는 아즈나르를 간접적으로 비난할 뿐만 아니라 정치적으로 나라를 잘못 이끌고 있다고 비난하고 그에 따라 나쁜 정부의 나쁜 지도자임을 비난한다. 이는 야당의 대표로서 그의 임무이기 때문이다. 그들의 맥락 모형에 따르면 이 회기에 참여하고 있는 모두에게 이는 정상적이고 정당한 행위인 셈이다.

이 토론에서 이뤄진 상호작용의 상당 부분이 (공동의) 지식과 거짓이라는 문제와 연관되어 있음을 주목하기 바란다. 진짜authéntica와 믿을 만함creibles이라는 어휘 항목에 의해 표현된 개념들의 부정은 아즈나르

---

11) 위도슨(Henry G. Widdowson, 2004/2018)에서 뒤친이 설명에 따르면 이는 text가 산출되기 이전의 test로 해석하고 그에 따라 숨겨진 의도라고 풀어놓았다. 위도슨(2004/2018)을 저자가 읽어본 적이 없는 듯하고(참고문헌에 없음), 맥락에 따라 구실을 만들거나 핑계를 대는 일을 이렇게 표현할 수도 있을 듯하기 때문에 영어 사전의 뜻을 좇아 구실을 만들다도 해석한다.

에 대한 사파테로의 맥락 모형에 관련되는 표현을 이미 제공해 준다. 말하자면 거짓이 무엇이라고 말할 뿐만 아니라 화자인 아즈나르가 믿을 수 없게 되어 간다. 즉 적어도 실수를 하거나 아마도 거짓을 하고 있다는 뜻이다. 두 번째로 이 의견은 그의 중개 연설(23행 이하: 영어원문 120행 이하)[12]에서 다음 명제에 논증적으로 뒷받침되기 때문에 국제연합의 전문가를 인용하면서 수사적으로 전문 지식을 강조하는 권위를 바탕으로 하는 전형적인 전개 전략move이라는 특징을 지닌다(철저한 보고informe exhaustivo; exhaustive report, 최고의 권력기관maxima autoridad: utmost authority, 매우 분명한 진술afirmaciones muy claras: very clear statement 등).

이와 비슷하게 수사적 의문문(35행 이하: 영어원문에는 128행 이하) 어째서 당신은 블릭스 씨보다 더 많이 알까요?Por qué sabe Usted más que el señor Blix? why do you know more than Mr. Blix?도 아즈나르의 지식에 초점을 맞추고 도전을 한다. 이는 아즈나르가 이라크에 있었던 전문가보다 더 많이 알 수 없다는 점을 전제로 한다. 그리고 그에 따라 아즈나르가 거짓말을 하거나 그가 폭로하고 싶어하지 않는 은밀한 지식을 갖고 있음을 함축한다. 어떤 경우이든 아즈나르는 국가를 잘못 이끌고 있으며 그에 따라 나쁜 수상이다. 동시에 의회의 공개 토론에서 그러한 지식은 분명히 아즈나르가 전문가들보다 더 많이 알 수 없으며 그에 따라 거짓말을 하거나 자신을 속이는 것임을 모든 혹은 대부분의 의원들이 안다는 것을 사파테로가 안다고 전제한다. 따라서 화용론적으로 사파테로는 아즈나르를 거짓말을 한다(혹은 조종당하고 있다)고 비난하는데 이는 이미 심각하지만 좀 더 중요한 점은 비난에 담긴 정치적 함의,

---

12) '23행 이하'로 되어 있지만 20행 이하인 듯하다. 아래 수사적 의문문 부분도 35행이 아니라 27행(영어원문은 128행)이다.

즉 아즈나르가 무능하거나 혹은 부시와 블레어에 의해 조종당하고 있다는 점 혹은 나라를 잘못 이끌고 있다는 점이다. 그러한 추론은 참여자들이 아즈나르를 의원으로, 사파테로를 야당의 대표로 그리고 (보수적인) 부시 대통령과 은밀히 결탁한 역시 보수적인 정부의 수반으로서 아즈나르 등으로 맥락 모형을 구성할 때에만 의회에서 혹은 공개적인 국면에서 공유될 수 있다. 이 의회 토론에서 무엇이 진행되고 있는지 이해하고자 한다면 적어도 참여자들이 지니고 있는 이러한 맥락 모형들을 모의하여야 한다. 그것은 그들이 무엇을 말하고 어떻게 말하는지를 통제하는 소통 상황에 대한 참여자들의 자리매김이다.

또한 우리는 소통에 관련되는 그러한 자리매김으로 사파테로는 비록 간접적으로 그렇게 하지만 정당하게 아즈나르를 거짓말을 한다고 비난할 수 있다. 또한, 중재 연설 나머지 부분에서 그는 이를테면 47줄(아마도 40줄이고 영어원문은 140줄 이하)에서 증거의 부족과 주장의 허위성을 언급하면서 아즈나르, 부시와 블레어의 주장에 대한 진실성에 이의를 제기한다. 이는 사파테로가 유럽의 문화에서 지식의 기준, 즉 경험적 증거를 분명하게 하는데 이는 다시 이중의 역할을 한다. 즉 의원으로서 아즈나르의 적법성을 부정하고 동시에 국가 전체에 영향을 미치는 어떤 정책에 대한 적법한 증거를 요구함으로써 자신의 입지를 정당화한다.

다음 전개(44줄 이하: 영어원문 144줄 이하)에서 사파테로는 그의 의심이 단지 그의 의심일 뿐이지만 일반적이라는 점을 강조한다. 말하자면 그는 개인의 의견과 맥락 모형으로부터 일반적으로 공유되는 믿음 그에 따라 지식으로 나아간다. 그에 따라 여기서도 그가 정당하며 아즈나르가 잘못이라는 점을 강조한다. 이는 정치적 양극화로 야당의 지도자의 행위와 의견에 따르고 있다. 대중의 의견과 스페인 사람들의 의견을 언급함으로써 증거대기[evidentiality][13](Chafe and Nichols, 1986)라는 이러한 전개 전략은 그의 판단을 뒷받침할 뿐만 아니라 사람들의 그에 대한 지지를 강조하고 그에 따라 정치적으로 자기 자신을 정당화한다. 이런 쌓이고 쌓인 증거에 근거해서 아즈나르의 입장을 지지할 수 없다는 결론을 내리면서 사파테로는 끝으로 그리고 수사적으로 아즈나르에게 이라크 전쟁을 반대하는 표를 던지도록 요구한다.

사파테로는 아즈나르가 이라크와의 전쟁에 개입할 불가피성에 대한 증거가 부족하다는 데 초점을 맞추었기 때문에 아즈나르도 반응하면서 개입할 필연성을 입증할 것이라고 예상할 수 있다(74줄 이하: 영어 원문 174줄 이하). 그의 담화를 선전 문구와 전단 표제를 보여주는 수준이라고 깎아내림으로써 사파테로의 적법성을 부정하고 난 뒤 그는 곧바로 증거의 문제에 초점을 맞추고 아무것도 필요하지 않다고 선언한다. 대신에 국제연합 결의안 1441의 적합성을 주장하고 있다. 상호작용에서 증명의 부담을 회피하기 위하여 아즈나르는 사담 후세인이 증거를 제공해야 한다고 강조함으로써 화제를 바꾼다. 그리고 일단 독재자로서 사담 후세인에 초점을 맞추고는 사파테로는 그로부터 어떤 것도 요구하지 않았을 것이라고 강조함으로써 아즈나르는 악한으로 간주되는 어떤 사람과 그의 반대쪽을 관련시키고 그에 따라 공모나 연상을 암시함으로써 사파테로의 정당성을 부정한다. 사담 후세인에 대해서 이야기할 때 아즈나르는 독재자에 대한 일상적이고 이념적인 기반을 가진 정신 모형과 태도를 활성하고 그에 따라 현재

---

13) evidentiality는 반 데이크(2014/2020)에서 공을 들인 개념이며 이와 관련되는 방대한 참고 문헌이 있다고 하였는데 비판적 담화 분석에서 흔하게 등장하는 용어는 아니다. 반 데이크(2014/2020: 421)에 따르면 증거대기는 화자가 한 선언에 대하여 감각 지각, 소문이나 추론과 같은 지식의 원천이 말하는 사람에게 있음을 지시하는 언어적 표현이라고 하였다.

의 맥락에 따른 자리매김과 사파테로에 대한 비난으로부터 멀리 벗어
난다. 그 다음에 사담 후세인으로부터 증거를 요구하지 않은 사파테
로에 대한 맞고발을 통해 그는 다시 이 토론에서 정치적으로 관련을
맺도록 초점을 되돌려 놓는다. 즉 야당(과 대중의 여론)에 맞서 자신을
변호하며 그들을 적과 공모하고 있다고 비난한다.

　토론으로부터 그와 같은 추론을 끌어낼 수 있기 위해서 여기서는
참여자들이 맥락 모형을 구성하고 지속적으로 경신하고 있다고 가정
하여야 한다. 이런 맥락 모형들은 한편으로 일반적인 사회문화적 지
식과 정치적 지식뿐만 아니라 특정의 사건에 대한 구체적인 지식이
중요한 역할을 하여야 하며 정치적 정체성(PSOE, PP),14) 정치적 역할
(의원, 야당의 대표), 정치적 관계(정치적 적수), 참여자들의 정치적 목적
(적법성 부정)에 대한 표상이 중요한 역할을 하여야 한다. 그런 다음에
야 참여자들이 실제로 (정치적으로) 무엇을 하는지, 특히 그것을 어떻
게 할 수 있는지 이해할 수 있다. 그러한 접근이 없다면, 즉 순전히
상호작용의 관점으로는 질문과 답변, 비난과 방어 등에 대한 피상적
인 설명으로 제약을 받을 것이다. 토론이 의회에서 일어난다고 인정
한다고 하더라도 격식적인 양식만을, 그리고 아마도 기관에서 이뤄지
는 특정의 발언권 할당과 배분 규칙을 설명할 수 있을 뿐이다. 그러나
만약 참여자들의 맥락 모형에 자리잡고 있는 주관적이고 개인적일
뿐만 아니라 집단적으로 정치적 상황을 구성하지 않는다면 이 토론의
정치적 핵심은 분석되지 않거나 분석이 덜 이뤄질 것이다.

---

14) 스페인은 다당제로 여러 정당들이 있지만 총선에서 비례대표제를 두고 있어서 거의 양당,
　즉 스페인 사회 노동당PSOE: Partido Soicalista Obrero Español, 인민당PP: Partido Popular(혹은 국민당)이
　스페인의 정당을 대표한다고 볼 수 있다. 당명에서 어느 정도 알 수 있다. PSOE는 좌파
　진보정당이며, PP는 보수 정당인데 현재 스페인의 여당은 PSOE이다.

7. 마무리

담화에 대한 연구는 담화에 대한 자동적인 분석에 국한되어서는 안되며 맥락 이론을 발전시켜 나가야 한다. 이 장에서는 그런 맥락이 객관적인 사회적 상황이나 그와 관련되는 속성들에 기대어 형식화되어는 안 되고 오히려 정신 모형, 즉 맥락에 기대어야 한다는 점을 가정하였다. 그런 모형은 소통 상황에 대한 주관적인 자리매김을 표상하고 참여자들이 상호작용에 기여하는 바를 통제한다.

배경과 참여자들(그리고 그들의 정체성, 역할, 관계 등)과 같은 사회적 상황에 관련되는 일반적인 범주에 더하여 맥락 모형은 또한 목표, 참여자들의 지식과 같은 상황에 관련되는 인지적 측면이 중요한 역할을 한다. 특히 참여자들의 지식은 담화에서 어떤 정보가 암묵적으로 표현되는지 어떤 정보가 명시적으로 표현되고 회상되거나 전제되는지 관리하는 데 핵심이다. 맥락 모형에서 지식 장치K-device는 상호작용에서 전략적으로 지식을 통제하는 바로 그런 일을 한다.

그런 전략들은 또한 허위에 대한 관리를 위해서도 중요하다. 성공적으로 거짓말을 하기 위해서 화자들은 수신자들이 무엇을 아는지 혹은 무엇을 모르는지 알아야 한다. 그리고 그 반대로 화자들이 선언하는 것이 잘못임을 수신자들이 알았을 때 그들은 화자가 거짓말을 한다고 비난할 수 있다. 말하자면 거짓은 명제의 진리에 기대어 그렇게 많은 의미론적 설명을 필요로 하지 않는다. 오히려 어떻게 지식이 맥락 모형에 의해 관리되고 있는가에 기댄 화용론적 접근이 필요하다.

정치 토론에서 거짓에 대한 그러한 관리는 참여자들의 정당성을 위해 중요하다. 저자는 그에 따라 이라크에서 전쟁의 전조에 대한 스페인 의회의 토론 가운데 하나를 분석하였다. 수상인 아즈나르는 야당의 대표인 사파테로에 맞서 진을 쳤다. 이는 미국, 영국과 다른 곳에서도 그러한데 여기서도 핵심은 사담 후세인의 대량 파괴 무기 소유 추정과 국제적인 폭력주의와 연계에 대한 심각한 의문들 가운데 참전하기 위한 실제 근거에 두고 아즈나르가 거짓말을 하는지 여부에 있다. 이 분석에서는 담화와 상호작용에 관련되는 일반적인 구조와 전략들에 더하여 연설과 제시의 형식, 화자의 차례와 발언권 할당과 같은 기관에서 상호작용에 대한 제약의 설명에서 맥락에 대한 접근을 하고 있다. 좀 더 구체적으로 맥락 모형에서 거짓말하기의 전략과 거짓말에 대한 비난 그리고 그러한 비난에 맞서 자신에 대한 옹호하기를 통제하는 지식 구성요소를 중요한 특징으로 하고 있음을 보였다. 더 나아가 일반적인 맥락에 관련되는 용어로 그런 토론이 이런 방식으로 분석될 수 있을 뿐만 아니라 좀 더 구체적으로 정치적 상호작용의 형식으로 분석될 수 있음을 보였다.

부록

이라크에서 전쟁에 대한 2003년 3월 12일 스페인 의회의 토론 조각

99 번역

100

101   의장: 의원 조세 루이스 로드리게스 사파테로에 의해 공식화된

102 질의 번호 17

103

104   로드리게스 사파테로: 매우 고맙습니다, 의장님. 아즈나르 씨 당신

105 은 이라크에서 군사적 개입이 필요하다고 생각합니까?

106

107   의장: 매우 고맙습니다, 로드리게스 사파테로 씨. 수상 말씀해 주

108 세요.

109

110   수상 (아즈나르 로페즈): 저는 사담 후세인 군대의 무장 해제가

111 필요하다고 믿습니다.

112

113

114   의장: 매우 고맙습니다, 수상.

115

116   로드리게스 사파테로: 아즈나르 씨. 답하지 않고 실제 입장과 당신

117 이 취한 실제 결정을 말하지 않았기 때문에 언제나 덜 미덥습니다.

118 국제연합 안전보장이사회의 지난 모임에서 우리는 철저하고 아마

119 도 존경할 만한 블릭스[Blix]와 바라데이[Baradei] 보고서를 보았습니다. 이

120 들은 이 모든 토론에서 절대적인 권위를 갖고 있는 조사관들이며

121 매우 분명한 진술을 해준 사람들입니다. 저는 더 중요한 질문을 다

122 음과 같이 표현해야 한다고 생각합니다. 얼마나 오랫동안 우리가

123 이라크의 무장해제를 검정해야 할까요? 그들은 있는 그대로 이야

124 기합니다. 몇 년도 몇 주도, 몇 달도 아니라고. 그리고 당신은 며칠

125 도 허용하지 않는다는 결의안에 서명하였습니다. 그리고 방금 말씀

126 하셨지요. 외무장관을 통해 정부에서는 45일을 받아들이기 어렵다

127 고 그것에 반대한다고. 그러나 당신이 어떻게 블릭스 씨보다 더 많

128 이 알고 있죠? 왜 블릭스 씨의 권한을 당신이 지니고 있다고 말하
129 는 거지요? 그는 몇 년 몇 개월 동안 그[사담 후세인]가 한 것, 달성
130 해야 하는 것을 국제연합의 위임을 받아서 연구하여 왔고 찾고 있
131 었습니다. (소음)

132

133   의장: 만차 씨.

134

135   로드리게스 사파테로: 주목해 주십시오. 아즈나르 씨 국제 정의와
136 정당성을 지키는 일은 필요합니다. 그리고 이런 시도에서 우리 모
137 두는 바로 지금 당신은 아무런 증거가 없음을 목격하고 있습니다.
138 어떤 증거도 제공하지 않았으며 몇몇은 거짓이었습니다. 전문가
139 들 혹은 조사관들은 그들이 제가 방금 언급한 것을 말해 주었습니
140 다. 말하자면 그들은 어떤 국제 폭력주의가 어느 누구도, 알 카에
141 다 혹은 평판이 나쁜 이슬람의 폭력주의와 연결되어 있음을 증명
142 하지 않았습니다. 물론 아무런 이유가 없을 때 우리가 보아 왔던
143 외교 술수는 좀 더 많은 증거와 논거를 제공하는 것이 아니라 제
144 안을 하면서 좀 더 많은 증거에서 돈으로 바뀌었었습니다. 그것이
145 왜 실제로 어느 누구도, 정부도, 안정보장이사회도, 공개적인 여
146 론도, 스페인 시민 가운데 어느 누구도 당신의 증거들을 방어하지
147 않은 이유입니다. 아즈나르 씨, 심사숙고하기 위해 조금 쉬어야
148 합니다. 당신은 이 나라를 국제 법에 따라 그리고 국제연합의 권
149 위에 따라 지킬 수 없는 상황으로 몰고 가서는 안 됩니다. 사무
150 총장의 모습으로 거기서 당신과 약속한 사람은 대사 대우도 아니
151 었습니다. 당신의 입장을 포기하십시오. 안전보장이사회에서 투
152 표가 있을 예정이라면 다음 날 투표하십시오. 부시가 제시한 증거
153 들에 찬성하지 말고 블릭스가 제시한 합리적인 증거에 투표하십
154 시오. 더 가까이 있는 유럽과 함께 투표하십시오. 국제 법에 맞게
155 투표하십시오. …를 위해서가 아니라 평화의 시간을 위해 투표하
156 십시오. (박수)

157

158   의장: 매우 고맙습니다, 로드리게스 사파테로 씨. 수상 말씀해 주
159 세요.

160

161　　수상 (아즈나르 로페즈): 우리는 존경하는 의원님들이 다시 플래
162　카드를 내걸 것임을 이미 알고 있습니다. 그렇지만 이들을 여기서
163　보여줄 필요는 없습니다. 저는 플래카드를 내걸지 않고 15일이나
164　지났다는 걸 알고 있습니다. 그것은 틀림없이 참을 수 없을 것입니
165　다. 저는 결의안 1441이 어느 누구에게도 증거를 제출하라고 강요
166　하지 않는다는 점을 존경하는 의원 여러분들이 이해하도록 여러분
167　들에게 말하고 싶습니다. 그러나 사담 후세인은 여러분들이 아떤
168　것도 수행도록 요구하지 않은 유일한 사람입니다. 단 한 가지만 있
169　습니다. 그는 국제연합의 결의안에서 12년 동안 무장해제의 증거
170　를 제출할 의무가 있는 유일한 사람입니다, 로드리게스 사파테로
171　씨. 사담 후세인은 당신이 심각한 결과를 말했을 때 어떤 심각한
172　결과로 경고하지 않은 유일한 사람입니다. 당신은 정부에 대해 심
173　각한 결과를 당신과 일치를 보이지 않는 모든 사람들에게 예언하
174　였습니다. 우리가 거리를 유지하는 것과 관련하여 만약 그가 이를
175　존중하지 않는다면 심각한 결과를 감수해야 할 사람들에 의해 비
176　록 그가 국제 사회에서 경고를 받은 유일한 사람이기는 하지만 말
177　입니다. 그리고 그는 무장해제하였다는 점을 증명하지 않았고 당
178　신의 전체 연설에서 당신의 연기와 플래카드에서 고의로 잊고 있
179　는 유일한 사람입니다. 존경하는 의원 여러분 그것을 의무적으로
180　해야 하는 유일한 사람입니다. (박수) 그는 12년 동안 그렇게 하도
181　록 요청을 받았습니다. 존경하는 의원 여러분 그리고 12년 동안 준
182　수하는 데 실패하였습니다. 그리고 국제연합의 결의안은 여러분들
183　에게 제가 말하고자 하는 내용을 정확하게 말하고 있습니다. 그리
184　고 조사관들은 만약 협력이 있었다면 그들은 그 일을 빨리 끝냈을
185　것이라고 말합니다. 그래서 무엇이 문제입니까? 왜 거기에 대량 파
186　괴 무기가 있습니까? 그들이 대량 파괴 무기의 제거를 원하지 않
187　기 때문입니다. 존경하는 의원님들 우리에게 여러분들은 물어보는
188　것은 우리가 아무것도 하지 않았다거나 압력을 줄였다는 것입니
189　다. 이는 사담 후세인을 포함하여 대량 파괴 무기를 가지고자 하는
190　모든 독자들에게는 최선의 메시지입니다. 그리고 존경하는 의원
191　여러분 우리가 하고자 하지 않는 것입니다. 그리고 그것은 합법성
192　을 존중하고 국제연합 안전보장이사회를 존중함을 뜻합니다. 분명
193　히 그런 일이 일어나지 않는다면 존경하는 의원 여러분 이라크 백

194 성들에게 심각한 결과가 있을 것입니다. 왜냐하면 그들은 폭군의
195 통치 아래 살고 있기 때문입니다. 그리고 그 독재자로부터 계속해
196 서 공격을 받게 될 쿠르드 사람들에게 심각한 결과가 있을 것입니
197 다. 그로 인해 세계의 안전에 악화시키는 결과를 가져올 것입니다.
198 법이 존중되지 않은 세상보다 더 불확실한 세계는 없을 것입니다.
199 그러나 우리는 그렇게 되지 않도록 노력할 것입니다. 만약 그렇게
200 된다면 존경하는 의원 여러분 그것은 당신들의 연기 때문이 아닐
201 것입니다. 대단히 고맙습니다, 의장님.
202 (긴 박수)

99 Translation
100
101 Mrs. PRESIDENT: Question number 17 formulated by Member of
102 Parliament Don Jose Luis Rodriguez Zapatero.
103
104 Mr. RODRÍGUEZ ZAPATERO: Thank you very much Mrs.
105 President. Mr. Aznar, do you think that a military intervention in Iraq
106 is necessary?
107 Mrs. PRESIDENT: Thank you very much, Mr. Rodríguez Zapatero.
108 Mr. President of the Government.
109
110 Mr. PRESIDENT OF THE GOVERNMENT (Aznar Lopez):
111 I believe that the disarmament of the regime of Sadam Husein is
112 necessary.
113
114 Mrs. PRESIDENT: Thank you very much, Mr. President.
115
116 Mr. RODRÍGUEZ ZAPATERO: Mr. Aznar, by virtue of not
117 responding and not telling us the real position and the real decisions that
118 you have taken, you are less credible every day. In the last meeting of
119 the Security Council of the United Nations we have seen an exhaustive
120 and presumably respectable report of the gentlemen Blix and Baradei,
121 the inspectors who have the utmost authority in all this debate and who

122   made very clear statements. I believe that the more important question
123   should be phrased as follows: how long do we need to verify the
124   disarmament of Iraq? They said literally: neither years, nor weeks,
125   months. And you have signed a resolution that hardly gives days, and
126   you have just said, through your Government, by your minister of
127   Foreign Affairs, that 45 days is unacceptable and that you are against
128   that. But, why do you know more than Mr. Blix? Why do you claim
129   to have the authority of Mr. Blix, who for years and months has been
130   working and looking for what he[Saddam Hussein] does and what he
131   must fulfil, by mandate of the United Nations. (Noises)
132
133   Mrs. PRESIDENT: Mr. Mancha.
134
135   Mr. RODRÍGUEZ ZAPATERO: Look, Mr. Aznar, it is necessary to
136   defend international justice and legality, and in this trial we are all
137   witnessing at the moment, you really have no case: you have not
138   presented any proof and some have been false. The experts or the
139   inspectors have siad what they said, and what I have just referred to,
140   namely that they have not demonstrated any link with international
141   terrorism, none, neither with Al Qaeda nor with ill-named Islamic
142   terrorism. So, of course, when there exist no reasons, the diplomacy we
143   have seen has changed from more proofs to more dollars, not by giving
144   more reasons and arguments but by making offers. That's why
145   practically nobody still defends your these, neither those of your
146   Government, nor in Security Council, nor in public opinion, nor among
147   the Spanish citizens. Mr. Aznar, you must have a little while for
148   reflection and not take this country into a situation that is indefensible
149   according to international law and according to the authority of the
150   United Nations, which not even the ambassador respect who you have
151   appointed there in the person of its Secretary General. Abandon you
152   position. Mr. Aznar. Vote the next day, if there will be any vote at all
153   in the Council, in favour of the reasonable theses presented by Blix and
154   not for those of Bush; vote with Europe, which is nearer, vote with

155 international legality, vote for the time for peace and not for ⋯
156 (Applause.)
157
158 Mrs. PRESIDENT: Thank you very much, Mr. Rodríguez Zapatero.
159 Mr. President of the Government.
160
161 Mr. PRESIDENT OF THE GOVERNMENT (Aznar Lopez):
162 We knew already that Your Honour would again come with your
163 placards, but you need not show these already here: I understand that
164 it has been 15 days without going behind a placard and that must be
165 quite unbearable, Sir. I want to tell you, so that the Honourable
166 Member understands, that Resolution 1441 does not force anyone to
167 present proof but Saddam Hussein, who is the only one whom you do
168 not demand to fulfil anything, the only one. The only one who the
169 resolutions of the United Nations oblige to present proof of
170 disarmament, for 12 years, Mr. Rodríguez Zapatero, is Saddam
171 Hussein, who is the only one whom you, when you speak of serious
172 consequences, do not warn of any serious consequences. You predict
173 serious consequences for the Government, for all those who are not in
174 agreement with you, although he is only one who has been warned by
175 the international community, with respect to which we keep our
176 distance, and by whom he will be submitted to serious consequences
177 if he does not respect it and does not prove that he has disarmed, and
178 he is the only one you systemically forget in all speeches, all your
179 performances and all your placards, Honourable Member, he is the
180 only one who is obliged to do it, the only one. (Applause.) He has
181 been asked to do so for 12 years, Honourable Member, and for 12
182 years he has been failing to comply, and the resolutions of the Unites
183 Nations say exactly what I am saying to you, and the inspectors say
184 that if there were cooperation they could finish the job quickly. So,
185 what is the problem? Why are there weapons of mass destruction?
186 Because they do not want to get rid of the weapons of mass
187 destruction. What you ask from us, Honourable Member, is that we

188 don't do anything or that we alleviate the pressure, which is the best
189 message for all the dictators who want to have weapons of mass
190 destruction, including Saddam Hussein, and that, Honourable Member,
191 is not what we are going to do. And that means respecting legality and
192 means respecting the Security Council of the United Nations.
193 Undoubtedly, if that does not happen, there will be serious
194 consequences, Honourable Member, for the Iraqi people, because they
195 will living under a tyranny, and for the Kurdish people, who will also
196 continue being attacked by that dictator, thereby aggravating the
197 consequences for the security of the world. There will be no world
198 more uncertain than a world in which the law is not respected, but
199 we are going to try that will not be the case. If we manage to do that,
200 Honourable Member, it will not be because of your performance.
201 Thank you very much, Mrs. President.
202   (Prolonged applause.)

참고문헌

Abercrombie, N., Hill, S. and Turner, B. S. (1980) *The Dominant Ideology Thesis* (London: George Allen and Unwin).

Adelswärd, V., Aronsson, K., Jansson, L. and Linell, P. (1987) 'The unequal distribution of interactional space: Dominante and control in courtroom interaction'. *Text*, 7: 313–46.

Agger, B. (1992a) *Cultural Studies as Critical Theory* (London: Falmer Press).

Agger, B. (1992b) 'The discourse of domination', in *The Frankfurt School to Postmodernism* (Evanston, IL: Northwestern University Press).

Ahmed, N. M. (2005) *The War on Truth: 9/11: Disinformation and the Anatomy of Terrorism* (New York: Olive Branch Press).

Akman, V., Bouquet, P., Thomason, R. and Young, R. A. (eds.) (2001) *Modeling and Using Context: Proceedings of the Third International and Interdisciplinary Conference, CONTEXT 2001, Dundee, UK, 27–30 July 2001* (Berlin: Springer-Verlag).

Albert, E. M. (1972) 'Culture Patterning of Speech Behavior in Burundi', in J. J. Gumperz and D. Hymes (eds.), *Directions in Sociolinguistics: The Ethnography of Communication* (New York: Holt, Rhinehart & Winston), pp. 72–105.

Alexander, J. C., Giesen, B., Munch, R. and Smelser, N. J. (eds.) (1987) *The Micro–Macro Link* (Berkeley, CA: University of California Press).

Allman, T. D. (2004) *Rogue State: America and the World under George W. Bush* (New York: Thunder's Mouth Press).

Allport, G. W. (1954) *The Nature of Prejudice* (Garden City, NY: Doubleday, Anchor).

Altheide, D. (1985) *Media Power* (Beverly Hills, CA: Sage).

Anderson, D. A., Milner, J. W. and Galician, M. L. (1988) 'How Editors View Legal Issues and the Rehnquist Court'. *Journalism Quarterly*, 65: 294–8.

Antaki, C. (1988) 'Structures of Belief and Justification', in C. Antaki (ed.), *The Psychology of Ordinary Explanations of Social Behaviour* (London: Academic Press) pp. 60–73.

Apple, M. W. (1979) *Ideology and Curriculum* (London: Routledge & Kegan Paul).

Argyle, M., Furnham, A. and Graham, J. A. (1981) *Social Situations* (Cambridge, Cambridge University Press.

Arkin, R. M. (1981) 'Self-Presentation Styles', in J. T. Tedeschi (ed.), *Impression Management: Theory and Social Psychological Research* (New York: Academic Press), pp. 311–33.

Aronowitz, S. (1988) *Science as Power: Discourse and Ideology in Modern Society* (Minneapolis: University of Minnesota Press).

Atkinson, J. M. (1984) *Our Masters' Voices: The Language and Body Language of Politics* (London: Methuen).

Atkinson, J. M. and Drew, P. (1979) *Order in Court: The Organisation of Verbal Interaction in Judicial Settings* (London: Methuen).

Atkinson, J. M. and Heritage, J. (eds.) (1984) *Structures of Social Action: Studies in Conversational Analysis* (Cambridge: Cambridge University Press).

Atkinson, P., Davies, B. and Delamont, S. (eds.) (1995) *Discourse and Reproduction: Essays in Honor of Basil Bernstein* (Cresskill, NJ: Hampton Press).

Atlas, J. D. (2000) *Logic, Meaning and Conversation: Semantical Underdeterminacy, Implicature, and the Semantics/Pragmatics Interface* (New York: Oxford University Press).

Atwood, L. E., Bullion, S. J. and Murphy, S. M. (1982) *International Perspectives on News* (Carbondale: Southern Illinois University Press).

Auer, P. and di Luzio, A. (eds.) (1992) *The Contextualization of Language* (Amsterdam: John Benjamins).

Aufderheide, P. (1992) *Beyond PC: Toward a Politics of Understanding* (Saint Paul, MN: Graywolf Press).

Augoustinos, M. and Walker, I. (1995) *Social Cognition: An Integrated Introduction* (London: Sage).

Bachem, R. (1979) *Einführung in die Analyse politischer Texte. (Introduction to the Analysis of Political Discourse)* (Munich: Oldenbourg Verlag).

Bagdikian, B. H. (1983) *The Media Monopoly* (Boston: Beacon Press).

Barker, A. J. (1978) *The African Link: British Attitudes to the Negro in the Era of the Atlantic Slave Trade, 1550–1807* (London: Frank Cass).

Barker, M. (1981) *The New Racism* (London: Junction Books).

Barnes, J. A. (1994) *A Pack of Lies: Towards a Sociology of Lying* (New York: Cambridge University Press).

Barrett, M., Corrigan, P., Kuhn, A. and Wolff, J. (eds.) (1979) *Ideology and Cultural Production* (London: Croom Helm).

Bauman, R. and Scherzer, J. (eds.) (1974) *Explorations in the Ethnography of Speaking* (Cambridge: Cambridge University Press).

Bavelas, J. B., Rogers, L. E. and Millar, F. E. (1985) 'Interpersonal Conflict', in T. A. van Dijk (ed.), *Handbook of Discourse Analysis. Vol. 4: Discourse Analysis in Society* (pp. 9–26) (London: Academic Press).

Bayley, P. (ed.) (2004) *Cross-cultural Perspectives on Parliamentary Discourse* (Amsterdam Philadelphia: John Benjamins).

Becker, J., Hedebro, G. and Paldán (eds.) (1986) *Communication and Domination: Essays to Honor Herbert I. Schiller* (Norwood, NJ: Ablex).

Ben-Tovim, G., Gabriel, J., Law, I. and Stredder, K. (1986) *The Local Politics of Race* (London: Macmillan).

Berger, C. R. (1985) 'Social power and interpersonal communication', in M. L. Knapp and G. R. Miller (eds.), *Handbook of Interpersonal Communication* (Beverly Hills, CA: Sage), pp. 439–96).

Bergsdorf, W. (1983) *Herrschaft und Sprache: Studie zur politischen Termnologie der Bundesrepublik Deutschland* (Pfullingen: Neske Verlag).

Bergvall, V. L. and Remlinger, K. A. (1996) 'Reproduction, resistance and gender in educational discourse: the role of critical discourse analysis'. *Discourse and Society*, 7(4): 453–79.

Berman, P. (1992) *Debating PC: The Controversy over Political Correctness on College Campuses* (New York: Bantam-Dell).

Bernecker, S. and Dretske, F. I. (eds.) (2000) *Knowledge: Readings in Contemporary Epistemology* (Oxford: Oxford University Press).

Bernstein, B. (1971–1975) *Class, Codes, Control* (3 vols) (London: Routledge & Kegan Paul).

Bernstein, B. (1975) *Class, Codes and Control. Vol. 3: Towards a Theory of Educational Transmissions* (London: Routledge and Kegan Paul).

Bernstein, B. (1990) *The Structuring of Pedagogic Discourse* (London: Routledge & Kegan Paul).

Billig, M. (1988) 'The Notion of "Prejudice": Some Rhetorical and Ideological Aspects'. *Text*, 8: 91–110.

Billig, M. (1991a) 'Consistency and Group Ideology: towards a Rhetorical Approach to the Study of Justice', in R. Vermunt and H. Steensma (eds), *Social Justice in Human Relations* (Plenum Press: New York), pp. 169–94.

Billig, M. (1991b) *Ideology and Opinions: Studies in Rhetorical Psychology* (London, Sage).

Birnbaum, N. (1971) *Toward a Critical Sociology* (New York: Oxford University Press).

Blair, R., Roberts, K. H. and McKechnie, P. (1985) 'Vertical and network communication in organizations', in R. D. McPhee and P. K. Tompkins (eds.), *Organizational Communication: Traditional Themes and New Directions* (Beverly Hills, CA: Sage), pp. 55–77.

Blondin, D. (1990) *L'apprentissage du racisme dans les manuels scolaires* (Montreal, Quebec: Editions Agence d'Arc).

Boden, D. (1994) *The Business of Talk: Organizations in Action* (Cambridge: Polity).

Boden, D. and Zimmerman, D. H. (eds) (1991) *Talk and Social Strucutre: Studies in Ethnomethodolgy and Conversation Analysis* (Berkeley: University of California Press).

Borch, F. L. and Wilson, P. S. (2003) *International Law and the War on Terror* (Newport, R. I.: Naval War College).

Boskin, J. (1980) 'Denials: The Media View of Dark Skins and the City', in B. Rubin (ed.), *Small Voices and Great Trumpets: Minorities and the Media* (New York: Praeger), pp. 141–7.

Bourdieu, P. (1977) *Outline of a Theory of Practice* (Cambridge: Cambridge University Press).

Bourdieu, P. (1984) *Home Academicus* (Paris: Minuit).

Bourdieu, P. (1989) *La noblesse d'état. Grandes écoles et esprit de corps* (Paris: Minuit).

Bourdieu, P. and Passeron, J.-C. (1977) *Reproduction in Education, Society and Culture* (Beverly Hills, CA: Sage).

Bourdieu, P., Passeron, J. C. and Saint-Martin, M. (1994) *Academic Discourse: Linguistic Misunderstanding and Professorial Power* (Cambridge: Polity).

Boyd-Barrett, O. and Braham, P. (eds.) (1987) *Media, Knowledge and Power* (London: Croom Helm).

Boyle, F. A. (2004) *Destroying World Order: US Imperialism in the Middle East Before and After September 11* (Atlantic, GA: Clarity Press).

Bradac, J. J. and Mulac, A. (1984) 'A Molecular view of Powerful and Powerless Speech Styles'. *Communication Monographs*, 51: 307–19.

Bradac, J. J. and Street, R. (1986) 'Powerful and Powerless Styles Revisited: A Theoretical Analysis'. Paper presented at the annual meeting of the Speech Communication Association, Chicago.

Bradac, J. J., Hemphill, M. R. and Tardy, C. H. (1981) 'Language Style on Trial: Effects of 'Powerful' and 'Powerless' Speech upon Judgments of Victims and Villains'. *Western Journal of Speech Communication*, 45: 327–41.

Brewer, M. B. (1988) 'A Dual Process Model of Impression Formation', in T. K. Srull and R. S. Wyer (eds.) *Advances in Social Cognition*, Vol. 1 (Hillsdale, NJ: Lawrence Erlbaum).

Britton, B. K. and Graesser, A. C. (eds.) (1996) *Models of Understanding Text* (Mahwah, NJ: Erlbaum).

Brooke, M. E. and Ng, S. H. (1986) 'Language and Social Influence in Small Conversational Groups'. *Journal of Language and Social Psychology*, 5: 201–10.

Brown, J. D., Bybee, C. R., Wearden, S. T. and Murdock, D. (1982) 'Invisible Power: News Sources and the Limits of Diversity'. Paper presented at the annual meeting of the Association for Education in Journalism, Athens, OH.

Brown, L. B. (1973) *Ideology* (Harmondsworth: Penguin).

Brown, P. and Fraser, C. (1979) 'Speech as a Marker of Situation', in K. R. Scherer and H. Giles (eds.), *Social Markers in Speech* (Cambridge: Cambridge University Press), pp. 33–62.

Brown, P. and Levinson, S. C. (1978) 'Universals in Language Use: Politeness Phenomena', in E. N. Goody (ed.), *Questions and Politeness* (Cambridge: Cambridge University Press), pp. 56–289.

Brown, P. and Levinson, S. C. (1987) *Politeness: Some Universals in Language Use* (Cambridge: Cambridge University Press).

Brown, R. (1995) *Prejudice: Its Social Psychology*, Dates, J. L. and Barlow, W. (eds.) (1990) *Split Image: African Americans in the Mass Media* (Washington, DC: Howard University Press) (Oxford: Blackwell).

Brown, R. and Ford, M. (1972) 'Address in American English', in S. Moscovici (ed.), *The Psychosociology of Language* (Chicago: Markham), pp. 243–62.

Brown, R. and Gilman, A. (1960) 'The Pronouns of Power and Solidarity', in T. A. Sebeok (ed.), *Style in Language* (Cambridge: MIT Press), pp. 253–77.

Bruhn Jensen, K. (1986) *Making Sense of the News* (Aarhus, Denmark: Aarhus University Press).

Burton, F. and Carlen, P. (1979) *Official Discourse: On Discourse Analysis, Government Publications, Ideology and the State* (London: Routledge & Kegan Paul).

Caldas-Coulthard, C. R. and Coulthard, M. (eds.) (1996) *Texts and Practices: Readings in Critical Discourse Analysis* (London: Routledge & Kegan Paul).

Calhoun, C. (1995) *Critical Social Theory* (Oxford: Blackwell).

Cameron, D. (ed.) (1990) *The Feminist Critique of Language: A Reader* (London: Routledge and Kegan Paul).

Cameron, D. (1992) *Feminism and Linguistic Theory*. Second edn (London: Macmillan).

Candlin, C., Burton, J. and Coleman, H. (1980) Dentist–patient Communication: A Report to the General Dental Council (Lancaster, England: University of Lancaster, Department of Linguistics and Modern English Language).

Carbó, T. (1992) 'Towards an Interpretation of Interruptions in Mexican Parliamentary Discourse'. *Discourse and Society*, 3(1): 25–45.

Carbó, T. (1995) 'El discurso parlamentario mexicano entre 1920 y 1950: Un estudio de caso en metodologia de analisis de discurso'. (Mexican parliamentary discourse between 1920 and 1950: A Case Study in the Methodology of Discourse Analysis) (2 vols) (Mexico, CIESAS and Colegio de Mexico).

Caute, D. (1978) *The Great Fear: The Anti-Communist Purge under Truman and Eisenhower* (London: Secker and Warburg).

Centre for Contemporary Cultural Studies (1978) *On Ideology* (London: Hutchinson).

Chafe, W. and Nichols, J. (eds) (1986) *Evidentiality: The Linguistic Coding of Epistemology* (Norwood, NJ: Ablex).

Chaffee, S. H. (ed.) (1975) *Political Communication* (Beverly Hills, CA: Sage).

Charrow, V. R. (1982) Language in the Bureaucracy. In R. J. Di Pietro (ed.), *Linguistics and the Professions* (Norwood, NJ: Ablex), pp. 173–88.

Chibnall, S. (1977) *Law and Order News: An Analysis of Crime Reporting in the British Press* (London: Tavistock).

Chilton, P. A. (ed.) (1985) *Language and the Nuclear Arms Debate: Nukespeak Today* (London and Dover, NH: Frances Printer).

Chilton, P. A. (1988) *Orwellian Language and the Media* (London: Pluto Press).

Chilton, P. A. (1996) *Security Metaphors: Cold War Discourse from Containment to Common House* (Bern: Lang).

Chilton, P. A. (2004) *Political Discourse Analysis* (London: Routledge).

Chilton, P. and Lakoff, G. (1995) 'Foreign Policy by Metaphor', in C. Schäffner and A. L. Wenden (eds.), *Language and Peace* (Aldershot: Dartmouth), pp. 37–59.

Chilton, P. and Schäffner, C. (1997) 'Discourse and Politics', in T. A. van Dijk (ed.), *Discourse Studies: A Multidisciplinary Introduction, vol. 2: Discourse as Social Interaction* (London, Sage), pp. 206–30.

Chilton, P. A. and Schäffner, C. (eds) (2002) *Politics as Text: Analytic Approaches to Political Discourse* (Amsterdam: John Benjamins).

Chomsky, N. (2003) *Hegemony or Survival: America's Quest for Global Dominance* (New York: Metropolitan Books).

Chouliaraki, L. (2005) 'The Soft Power of War: Legitimacy and Community in Iraq War Discourses', special issue of *Journal of Language and Politics*, 4(1).

Christopher, P. (2003) *The Ethics of War and Peace. An Introduction to Legal and Moral Issues* (Upper Saddle River, N J: Pearson/Prentice Hall).

Cicourel, Aaron V. (1973) *Cognitive Sociology* (Harmondsworth: Penguin).

Clark, H. H. (1996) *Using Language* (Cambridge, Cambridge University Press).

Clegg, S. (1975) *Power, Rule and Domination: A Critical and Empirical Understanding of Power in Sociological Theory and Organizational Life* (London: Routledge & Kegan Paul).

Clegg, S. R. (1989) *Frameworks of Power* (London: Sage).

Cody, M. J. and McLaughlin, M. L. (1988) 'Accounts on Trial: Oral Arguments in Traffic Court', in C. Antaki (ed.) *Analysing Everyday Explanation: A Casebook of Methods* (London: Sage), pp. 113–26.

Cohen, S. and Young, J. (eds.) (1981) *The Manufacture of News: Deviance, Social Problems and the Mass Media* (London: Constable).

Coleman, H. (ed.) (1984) 'Language and Work 1: Law, Industry, Education'. *International Journal of the Sociology of Language*, 49 (special issue).

Coleman, H. (1985a) 'Talking Shop: An Overview of Language and Work'. *International Journal of the Sociology of Language*, 51: 105–29.

Coleman, H. (ed.) (1985b) 'Language and Work 2: The Health Professions'. *International Journal of the Sociology of Language*, 51 (special issue).

Coleman, H. and Burton, J. (1985) 'Aspects of Control in the Dentist–Patient Relationship'. *International Journal of the Sociology of Language*, 51: 75–104.

Collins, R., Curran, J., Garnham, N., Scannell, P., Schlesinger, P. and Sparks, C. (eds.) (1986) *Media, Culture and Society* (London: Sage).

Converse, P. E. (1964) 'The Nature of Belief Systems in Mass Publics'. *International Yearbook of Political Behavior Research*, 5: 206–62.

Cook-Gumperz, J. (1973) *Social Control and Socialization* (London: Routledge & Kegan Paul).

Coulthard, R. M. (ed.) (1994) *Advances in Written Text Analysis* (London: Routledge & Kegan Paul).

Crigler, A. N. (ed.) (1996) *The Psychology of Political Communication* (Ann Arbor, MI: The University of Michigan Press).

Culley, J. D. and Bennett, R. (1976) 'Selling Women, Selling Blacks'. *Journal of Communication*, 26: 160–74.

Daalder, I. H. and Lindsay, J. M. (2003) *America Unbound: The Bush Revolution in Foreign Policy* (Washington, DC : Brookings Institution).

Dahl, R. A. (1957) 'The Concept of Power'. *Behavioural Science*, 2: 201–15.

Dahl, R. A. (1961) *Who Governs? Democracy and Power in an American City* (New Haven, CT: Yale University Press).

Danet, B. (1980) 'Language in the Legal Process'. *Law and Society Review*, 14: 445–65.

Danet, B. (ed.) (1984) 'Legal Discourse'. *Text*, 4(1/3) (special issue).

Dates, J. L. and Barlow, W. (eds) (1990) *Split Image: African Americans in the Mass Media* (Washington, DC: Howard University Press).

Davis, H. and Walton, P. (eds.) (1983) *Language, Image, Media* (Oxford: Blackwell).

Davis, K. (1988) *Power under the Microscope. Toward a Grounded Theory of Gender Relations in Medical Encounters* (Dordrecht: Foris).

Day, N. (1999) *Advertising: Information or Manipulation?* (Springfield, NJ: Enslow).

Debnam, G. (1984) *The Analysis of Power* (London: Macmillan).

Derian, J. D. and Shapiro, M. J. (1989) *International Intertextual Relations* (Lexington, MA: D. C. Heath).

Di Pietro, R. J. (1982) *Linguistics and the Professions* (Norwood, NJ: Ablex).

Diamond, J. (1996) *Status and Power in Verbal Interaction: A Study of Discourse in a Close-knit Social Network* (Amsterdam: Benjamin).

Dillard, J. P. and Pfau, M. (2002) *The Persuasion Handbook: Developments in Theory and Practice* (Thousand Oaks, CA: Sage).

Dines, G. and Humez, J. M. M. (eds.) (1995) *Gender, Race and Class in Media. A Text-Reader* (London, CA: Sage).

Dinstein, Y. (2001) *War, Aggression and Self-Defense* (Cambridge, UK and New York: Cambridge University Press).

Dittmar, N. and von Stutterheim, C. (1985) 'On the Discourse of Immigrant Workers', in T. A. van Dijk (ed.), *Handbook of Discourse Analysis: Vol. 4. Discourse Analysis in Society* (London: Academic Press), pp. 125–52.

Doherty, F. and McClintock, M. (2002) *A Year of Loss: Reexamining Civil Liberties since September 11* (New York: Lawyers Committee for Human Rights).

Domhoff, G. W. (1978) *The Powers that Be: Processes of Ruling Class Domination in America* (New York: Random House).

Domhoff, G. W. (1983) *Who Rules American Now? A View from the 1980s* (Englewood Cliffs, NJ: Prentice Hall).

Domhoff, G. W. and Ballard, H. B. (eds.) (1968) *C. Wright Mills and the Power Elite* (Boston: Beacon Press).

Donald, J. and Hall, S. (eds.) (1986) *Politics and Ideology* (Milton Keynes: Open University Press).

Dorfman, A. and Mattelart, A. (1972) *Para leer el Pato Donald. Comunicación de Masa y Colonialismo. (How to Read Donald Duck. Mass Communication and Colonialism)* (Mexico: Siglo XXI).

Dovidio, J. F. and Gaertner, S. L. (eds.) (1986) *Prejudice, Discrimination and Racism* (New York: Academic Press).

Downing, J. (1980) *The Media Machine* (London: Pluto).

Downing, J. (1984) *Radical Media: The Political Experience of Alternative Communication* (Boston: South End Press).

Drew, P. and Heritage, J. (eds.) (1992) *Talk at Work: Interaction in Institutional Settings* (Cambridge: Cambridge University Press).

D'Souza, D. (1995) *The End of Racism: Principles for Multiracial Society* (New York: Free Press).

Duin, A. H., Roen, D. H. and Graves, M. F. (1988) 'Excellence or Malpractice: The Effects of Headlines on Readers' Recall and Biases'. National Reading Conference (1987, St Petersburg, Florida). *National Reading Conference Yearbook*, 37: 245–50.

Duranti, A. (1997) *Linguistic Anthropology* (Cambridge, UK and New York, NY: USA: Cambridge University Press).

Duranti, A. (ed.) (2001) *Linguistic Anthropology: A Reader* (Malden, MA: Blackwell).

Duranti, A. and C. Goodwin (eds.) (1992) *Rethinking Context: Language as an Interactive Phenomenon* (Cambridge: Cambridge University Press).

Duszak, A. (ed.) (1997) *Culture and Styles of Academic Discourse* (Berlin: Mouton de Gruyter).

Dyer, G. (1982) *Advertising as Communication* (London: Methuen).

Eagly, A. H. and Chaiken, S. (1993) *The Psychology of Attitudes* (Orlando, Harcourt Brace Jovanovich).

Eakins, B. W. and Eakins, B. W. and Eakins, R. G. (1978) *Sex Differences in Human Communication* (Boston: Houghton Mifflin).

Ebel, M. and Fiala, P. (1983) *Sous le consensus, la xénophobie* (Lausanne: Institut de Science Politique).

Edelman, M. (1964) *The Symbolic Uses of Politics* (Urbana: University of Illinois Press).

Edelman, M. (1974) 'The Political Language of the Helping Professions'. *Politics and Society*, 4: 295–310.

Edwards, D. and Potter, J. (1992) *Discursive Psychology* (London: Sage Publications).

Ehlich, K. (ed.) (1989) *Sprache im Faschismus (Language under Fascism)* (Frankfurt: Suhrkamp).

Ehlich, K. (ed.) (1995) *The Discourse of Business Negotiation* (Berlin: Mouton de Gruyter).

Erickson, B., Lind, A. A., Johnson, B. C. and O'Barr, W. M. (1978) 'Speech Style and Impression Formation in a Court Setting: The Effects of "powerful" and "powerless" speech'. *Journal of Experimental Social Psychology*, 14: 266–79.

Erickson, F. and Shultz, J. (1982) *The Counselor as Gatekeeper: Social Interaction in Interviews* (New York: Academic Press).

Ervin-Tripp, S. and Strage, A. (1985) 'Parent–Child Discourse', in T. A. van Dijk (ed.), *Handbook of Discourse Analysis: Vol. 3. Discourse and Dialogue* (London: Academic Press), pp. 67–78.

Ervin-Tripp, S., O'Connor, M. C. and Rosenberg, J. (1984) Language and Power in the Family', in C. Kramarae, M. Schulz and W. M. D'Elan (eds.), *Language and Power* (Beverly Hills, CA: Sage), pp. 116–25.

Essed, P. J. M. (1984) *Alledaags Racisme [Everyday Racism]* (Amsterdam: Sara; English version published by Claremont, CA: Hunter House).

Essed, P. J. M. (1987) *Academic Racism: Common Sense in the Social Sciences* (University of Amsterdam: Centre for Race and Ethnic Studies, CRES Publications), no. 5.

Essed, P. J. M. (1991) *Understanding Everyday Racism: An Interdisciplinary Theory* (Newbury Park, CA: Sage).

Etzioni-Halevy, E. (1989) *Fragile Democracy: The Use and Abuse of Power in Western Societies* (New Brunswick, NJ: Transaction).

Fairclough, N. (1995) *Critical Discourse Analysis: The Critical Study of Language* (London: Longman).

Fairclough, N. L. (1992a) *Discourse and Social Change* (Cambridge: Polity Press).

Fairclough, N. L. (ed.) (1992b) *Critical Language Awareness* (London: Longman).

Fairclough, N. L. (1995a) *Critical Discourse Analysis: The Critical Study of Language* (Harlow, UK: Longman).

Fairclough, N. L. (1995b) *Media Discourse* (London: Edward Arnold).

Fairclough, N. L. and Wodak, R. (1997) 'Critical Discourse Analysis', in T. A. van Dijk (ed.), *Discourse Studies: A Multidisciplinary Introduction, Vol. 2. Discourse as Social Interaction* (London: Sage), pp. 258–84.

Falbo, T. and Peplau, L. A. (1980) 'Power strategies in intimate relationships'. *Journal of Personality and Social Psychology*, 38: 618–28.

Falk, R. A. (2003) *The Great Terror War* (New York: Olive Branch Press).

Fascell, D. B. (ed.) (1979) *International News: Freedom under Attack* (Beverly Hills, CA: Sage).

Fay, B. (1987) *Critical Social Science* (Cambridge: Polity).

Fedler, F. (1973) 'The Media and Minority Groups: A Study of Adequacy of Access'. *Journalism Quarterly*, 50(1): 109–17.

Fernandez, J. P. (1981) *Racism and Sexism in Corporate Life* (Lexington, MA: Lexington Books).

Ferree, M. M. and Hall, E. J. (1996) 'Rethinking Stratification from a Feminist Perspective: Gender, Race and Class in Mainstream Textbooks'. *American Sociological Review*, 61(6): 929–50.

Ferro, M. (1981) *Comment on raconte l'Histoire aux enfants à travers le monde entier* (Paris: Payot).

Fetzer, A. (2004) *Recontextualizing Context* (Amsterdam: Benjamins).

Fielding, G. and Evered, C. (1980) 'The Influence of Patients' Speech upon Doctors: The Diagnostic Interview', in R. N. St. Clair and H. Giles (eds.), *The Social and Psychological Contexts of Language* (Hillsdale, NJ: Lawrence Erlbaum), pp. 51–72.

Fisher, S. (1995) *Nursing Wounds. Nurse Practitioners, Doctors, Women Patients and the Negotiation of Meaning* (New Brunswick, NJ: Rutgers University Press).

Fisher, S. and Todd, A. D. (1983) *The Social Organization of Doctor–Patient Communication* (Washington, DC: Center for Applied Linguistics).

Fisher, S. and Todd, A. D. (eds.) (1986) *Discourse and Institutional Authority. Medicine, Education and Law* (Norwood, NJ: Ablex).

Fishman, M. (1980) *Manufacturing the News* (Austin: University of Texas Press).

Fishman, P. (1983) 'Interaction: The Work Women Do", in B. Thorne, C. Kramarae and N. Henley (eds.), *Language, Gender, and Society* (New York: Pergamon Press), pp. 89–101.

Fiske, S. T. and Taylor, S. E. (1991) *Social Cognition*, 2nd edn (New York: Mcgraw-Hill)

Fiske, S. T., Lau, R. R. and Smith, R. A. (1990) 'On the Varieties and Utilities of Political Expertise'. *Social Cognition*, 8(1): 31–48.

Forgas, J. P. (1979) *Social Episodes: The Study of Interaction Routines* (London and New York: Published in cooperation with the European Association of Experimental Social Psychology by Academic Press).

Forgas, J. P. (ed.) 91985) *Language and Social Situations* (New York: Springer).

Fossà, G. and Barenghi, R. (2003) *The Bush Show: Verità e bugie della guerra infinita* (San Lazzaro di Savena (Bologna): Nuovi mondi media).

Fowler, R. (1985) 'Power', in T. A. van Dijk (ed.), *Handbook of Discourse Analysis: Vol. 4. Discourse Analysis in Society* (London: Academic Press), pp. 61–82.

Fowler, R. (1991) *Language in the News. Discourse and Ideology in the Press* (London: Routledge & Kegan Paul).

Fowler, R., Hodge, B., Kress, G. and Trew, T. (1979) *Language and Control* (London: Routledge and Kegan Paul).

Fox, C. J. and Miller, H. T. (1995) *Postmodern Public Administration. Toward Discourse* (London, CA: Sage).

Fox, D. R. and Prilleltensky, I. (1997) *Critical Psychology: An Introduction* (London: Sage).

Freeman, S. H. and Heller, M. S. (1987) 'Medical Discourse'. *Text*, 7 (special issue).

Fussell, S. R. and Krauss, R. M. (1992) 'Coordination of Knowledge in Communication: Effects of Speakers' Assumptions about What Others Know'. *Journal of Personality and Social Psychology*, 62(3): 378–91.

Galbraith, J. K. (1985) *The Anatomy of Power* (London: Corgi).

Galtung, J. and Ruge, M. H. (1965) 'The Structure of Foreign News'. *Journal of Peace Research*, 2: 64–91.

Gamble, A. (1986) ' The Political Economy of Freedom', in R. Levitas (ed.), *The Ideology of the New Right* (Cambridge, MA: Polity), pp. 25–54.

Gamson, W. A. (1992) *Talking Politics* (Cambridge: Cambridge University Press).

Gans, H. (1979) *Deciding What's News* (New York: Pantheon Books).

Giles, H. and Powesland, P. F. (1975) *Speech Style and Social Evaluation* (London: Academic Press).

Gareau, F. H. (2004) *State Terrorism and the United States: From Counterinsurgency to the War on Terrorism* (Atlanta, GA: Clarity Press).

Garnham, A. (1987) *Mental Models as Representations of Discourse and Text* (Chichester: Ellis Horwood).

Gazdar, G. (1979) *Pragmatics: Implicature, Presupposition and Logical Form* (New York: Academic Press).

Ghadessy, M. (ed.) (1999) *Text and Context in Functional Linguistics* (Amsterdam Philadelphia: John Benjamins).

Giles, H. and Powlesland, P. F. (1975) *Speech Style and Social Evaluation* (London: European Association of Experimental Social Psychology by Academic Press).

Giles, H. and Smith, P. M. (1979) 'Accommodation Theory: Optimal Levels of Convergence', in H. Giles and R. N. St Clair (eds.), Language and Social Psychology (Oxford: Basil Blackwell), pp. 45–65.

Giroux, H. (1981) *Ideology, Culture and the Process of Schooling* (London: Falmer Press).

Glasgow University Media Group (1976) *Bad News* (London: Routledge & Kegan Paul).

Glasgow University Media Group (1980) *More Bad News* (London: Routledge).

Glasgow University Media Group (1982) *Really Bad News* (London: Writers and Readers).

Glasgow University Media Group (1985) *War and Peace News* (Milton Keynes and Philadelphia: Open University Press).

Glasgow University Media Group (1993) Getting the Message', in J. Eldridge (ed.), *News, Truth and Power* (London: Routledge & Kegan Paul).

Glasser, T. L. and Salmon, C. T. (eds.) (1995) *Public Opinion and the Communication of Consent* (New York: Guilford Press).

Gleason, Y. B. and Geif, E. B. (1986) 'Men's Speech to Young Children', in B. Thome, C. Kramarae and N. Henley (eds.), *Language, Gender and Society* (Rowley, MA: Newbury House), pp. 140–50.

Goffman, E. (1959) *The Presentation of Self in Everyday Life* (Garden City, NY: Doubleday).

Goffman, E. (1967) *Interaction Ritual: Essays on Face-to-Face Behavior* (Garden City, NY: Doubleday).

Goffman, E. (1979) *Gender Advertisements* (New York: Harper & Row).

Golding, P. and Murdock, G. (1979) 'Ideology and the Mass Media: The Question of Determination', in M. Barrett, P. Corrigan, A. Kuhn and J. Wolff (eds.), *Ideology and Cultural Production* (London: Croom Helm), pp. 198–224.

Graber, D. A. (1980) *Crime News and the Public* (New York: Praeger).

Graber, Doris A. (1984) *Processing the News* (New York: Longman).

Graesser, A. C. and Bower, G. H. (eds.) (1990) *Inferences and Text Comprehension: The Psychology of Learning and Motivation*, Vol. 25 (New York: Academic Press).

Gramsci, A. (1971) *Prison Notebooks* (New York: International Publishers).

Granberg, D. (1993) 'Political Perception', in S. Iyengar and W. J. McGuire (eds.), *Explorations in Political Psychology: Duke Studies in Political Psychology* (Durham NC, Duke University Press), pp. 70–112.

Greenberg, B. S. (ed.) (2002) *Communication and Terrorism: Public and Media Responses to 9/11* (Cresskill, NJ: Hampton Press).

Greenberg, B. S. and Mazingo, S. L. (1976) 'Racial Issues in Mass Media Institutions', in P. A. Katz (ed.), *Towards the Elimination of Racism* (New York: Pergamon), pp. 309–40.

Greenberg, J., Kirkland, S. and Pyszczynski, T. (1987) 'Some Theoretical Notions and Preliminary Research Concerning Derogatory Labels', in G. Smitherman-Donaldson & T. A. van Dijk (eds.), *Discourse and Communication* (Detroit, MI: Wayne State University Press).

Grice, H. (1975) 'Logic and Conversation', in P. Cole and J. Morgan (eds.) *Syntax and Semantics, Vol. 3: Speech Acts* (New York: Academic Press), pp. 68–134.

Grice, H. P. (1989) *Studies in the Way of Words* (Cambridge, Mass: Harvard University Press).

Guespin, L. (ed.) (1976) Typologie du discours politique [Typology of political discourse], *Languages*, 41.

Gumperz, J. J. (1982a) *Discourse Strategies* (Cambridge: Cambridge University Press).

Gumperz, J. (ed.) (1982b) *Language and Social Identity* (Cambridge: Cambridge University Press).

Gumperz, J. J. (1992) 'Contextualization and Understanding', in A. Duranti and C. Goodwin (eds.), *Rethinking Context: Language as an Interactive Phenomenon* (Cambridge: Cambridge University Press), pp. 229–52.

Habermas, J. (1984) *The Theory of Communicative Action* (Boston, MA: Beacon Press).

Hall, S., Critcher, C., Jefferson, T., Clarke, J. and Roberts, B. (1978) *Policing the Crisis: Mugging, the State and Law and Order* (London: Methuen).

Hall, S., Hobson, D., Lowe, A. and Willis, P. (eds.) (1980) *Culture, Media, Language* (London: Hutchinson).

Halliday, F. (2002) *Two Hours that Shook the World: September 11, 2001: Causes and Consequences* (London: Saqi).

Halloran, J. D., Elliott, P. & Murdock, G. (1970) *Demonstrations and Communication: A Case Study* (Harmondsworth: Penguin).

Hamilton, D. (ed.) (1981) *Cognitive Processes in Stereotyping and Intergroup Behavior* (Hillsdale, NJ: Lawrence Erlbaum).

Hargreaves, A. G. and Leaman, J. (eds.) (1995) *Racism, Ethnicity and Politics in Contemporary Europe* (Aldershot, UK: Elgar).

Hariman, R. (ed.) (1990) *Popular Trials: Rhetoric, Mass Media and the Law* (Tuscaloosa, AL: University of Alabama Press).

Harris, S. (1984) 'Questions as a Mode of Control in Magistrates' Court'. *International Journal of the Sociology of Language*, 49: 5–27.

Hart, R. P. (1984) *Verbal Style and the Presidency* (Orlando, FL: Academic Press).

Hartmann, P. and Husband, C. (1974) *Racism and the Mass Media* (London: Davis-Poynter).

Helmreich, W. B. (1984) *The Things They Say Behind your Back. Stereotypes and the Myths Behind Them* (New Brunswick, NJ: Transaction Books).

Herman, E. S. and Chomsky, N. (1988) *Manufacturing Consent: The Political Economy of the Mass Media* (New York: Pantheon).

Hermann, M. G. (ed.) (1986) *Political Psychology* (San Francisco, Jossey-Bass).

Holly, W. (1990) *Politikersprache: Inszenierungen and Rollenkonflikte im informellen Sprachhandeln eines Bundestagsabgeordneten [Politician's Language: Dramatization and Role Conflicts in the Informal Speech Acts of a Bundestag Delegate]* (Berlin: Mouton de Gruyter).

Houston, M. and Kramarae, C. (eds.) (1991) *Women Speaking from Silence. Discourse and Society*, 2(4), special issue.

Hudson, K. (1978) *The Language of Modern Politics* (London: Methuen).

Hujanen, T. (ed.) (1984) 'The Role of Information in the Realization of the Human Rights of Migrant Workers', report of international conference, Tampere (Finland) (University of Tampere: Dept of Journalism and Mass Communication).

Hurwitz, J. and Peffley, M. (eds.) (1998) *Perception and Prejudice: Race and Politics in the United States* (New Haven, CT: Yale University Press).

Hymes, D. (ed.) (1972) *Reinventing Anthropology* (New York: Vintage Books).

Ibañez, T. and Iñiguez, L. (eds.) (1997) *Critical Social Psychology* (London: Sage).

Irvine, J. T. (1974) 'Strategies of Status Manipulation in the Wolof Greeting', in R. Bauman and J. Sherzer (eds.), *Explorations in the Ethnography of Speaking* (Cambridge: Cambridge University Press, pp. 167–91.

Iyengar, S. and McGuire, W. J. (1993) *Explorations in Political Psychology* (Durham: Duke University Press).

Jäger, S. (1992) *Brandsätze. Rassismus im Alltag [Inflammatory Sentences/Firebombs. Racism in Everyday Life]* (Duisburg, Germany: DISS).

Jäger, S. and Link, J. (1993) *Die vierte Gewalt: Rassismus and die Medien [The Fourth Power. Racism and the Media]* (Duisburg, Germany: DISS).

Jaworski, A. (1983) 'Sexism in Textbooks'. *British Journal of Language Teaching*, 21(2): 109–13.

Jaynes, G. D. and Williams, R. M. (eds.) (1989) *A Common Destiny: Blacks and American Society* (Washington, DC: National Academy Press).

Jenkins, R. (1986). *Racism and Recruitment: Managers, Organisations and Equal Opportunity in the Labour Market* (Cambridge: Cambridge University Press).

Johnson, K. A. (1987) *Media Images of Boston's Black Community*. William Monroe Trotter Institute, Research Report (Boston, MA: University of Massachusetts).

Johnson-Laird, P. N. (1983) *Mental Models* (Cambridge: Cambridge University Press).

Judd, C. M. and J. W. Downing. (1990) 'Political Expertise and the Development of Attitude Consistency'. *Social Cognition*, 8(1): 104–24.

Just, M. R., A. N. Crigler and W. R. Neuman. (1996) 'Cognitive and Affective Dimensions of Political Communication', in A. N. Crigler (ed.), *The Psychology of Political Communication* (Ann Arbor, MI: The University of Michigan Press), pp. 133–48.

Kalin, R. and Rayko, D. (1980) 'The Social Significance of Speech in the Job Interview', in R. N. St Clair and H. Giles (eds.), *The Social and Psychological Contexts of Language* (Hillsdale, NJ: Lawrence Erlbaum), pp. 39–50.

Katz, P. A. and Taylor, D. A. (eds.) (1988) *Eliminating Racism: Profiles in Controversy* (New York: Plenum Press).

Kelly, J. W. (1985) 'Storytelling in High Tech Organizations: A Medium for Sharing Culture'. Paper presented at the annual meeting of the Western Speech Communication Association, Fresno, CA.

Kennedy, S. (1959) *Jim Crow guide to the USA* (London: Lawrence and Wishart).

King, J. and Stott, M. (eds.) (1977) *Is this your life? Images of women in the media* (London: Virago).

Kinloch, G. C. (1981) *Ideology and Contemporary Sociological Theory* (Englewood Cliffs, NJ: Prentice-Hall).

Klein, G. (1986) *Reading into Racism* (London: Routledge & Kegan Paul).

Kinder, D. R. and L. M. Sanders. (1990) 'Mimicking Political Debate with Survey

Questions: The Case of White Opinion on Affirmative-Action for Blacks'. *Social Cognition*, 8(1): 73–103.

King, J. and Stott, M. (eds) (1977) *Is this Your life? Images of Women in the Media* (London: Virago).

Kintsch, W. (1998) *Comprehension: A Paradigm for Cognition* (Cambridge: Cambridge University Press).

Klapper, J. T. (1960) *The Effects of Mass Communication* (New York: Free Press).

Klaus, G. (1971) *Sprache der Politik [Language of Politics]* (Berlin: VEB Deutscher Verlag der Wissenschaften).

Klein, G. (1985) *Reading into Racism: Bias in Children's Literature and Learning Materials* (London: Routledge & Kegan Paul).

Klein, W. and Dittmar, N. (1979) *Developing Grammars: The Acquisition of German by Foreign Workers* (Heidelberg and New York: Springer-Verlag).

Knorr-Cetina, K. and Cicourel, A. V. (eds.) (1981) *Advances in Social Theory and Methodology: Towards an Integration of Micro- and Macrosociologies* (London: Routledge & Kegan Paul).

Kochman, T. (1981) *Black and White Styles in Conflict* (Chicago: University of Chicago Press).

Kotthoff, H. and Wodak, R. (eds.) (1997) *Communicating Gender in Context* (Amsterdam: John Benjamins).

Kramarae, C. (1980) *Voices and Words of Women and Men* (Oxford and New York: Pergamon).

Kramarae, C. (1983) *Women and Men Speaking* (Rowley, MA: Newbury House).

Kramarae, C., Schulz, M. and O'Barr, W. M. (1984) 'Towards an Understanding of Language and Power', in C. Kramarae, M. Schulz and W. M. O'Barr (eds.), *Language and Power* (Beverly Hills, CA: Sage).

Kramarae, C., Thorne, B. and Henley, N. (1983) 'Sex Similarities and Differences in Language, Speech and Nonverbal Communication: An Annotated Bibliography', in B. Thorne, C. Kramarae and N. Henley (eds.), *Language, Gender and Society* (Rowley, MA: Newbury House), pp. 151–331.

Kraus, S. (ed.) (1990) *Mass Communication and Political Information Processing* (Hillsdale NJ: Lawrence Erlbaum).

Kraus, S. and R. M. Perloff (eds.) (1985) *Mass Media and Political Thought* (Beverly Hills CA, Sage).

Kress, G. (1985) 'Ideological Structures in Discourse', in T. A. van Dijk (ed.), *Handbook of Discourse Analysis*, Vol. 4: *Discourse Analysis in Society* (London: Academie Press), pp. 27–42.

Kress, G. and Hodge, B. (1979) *Language and Ideology* (London: Routledge & Kegan Paul).

Krosnick, J. A. and M. A. Milburn. (1990) 'Psychological Determinants of Political Opinionation'. *Social Cognition* 8: 49–72.

Kuklinski, J. H., Luskin, R. C. and Bolland, J. (1991) 'Where is the Schema: Going Beyond the S-Word in Political Psychology?'. *American Political Science Review*, 85(4): 134–56.

Labov, W. (1972) 'Rules for Ritual Insults', in D. Sudnow (ed.), *Studies in Social Interaction* (New York: Free Press), pp. 120–69.

Lakoff, R. T. (1990) *Talking Power. The Politics of Language* (New York: Basic Books).

Lau, R. R. and Sears, D. O. (eds.) (1986) *Political Cognition* (Hillsdale, NJ: Erlbaum).

Lau, R. R., Smith, R. A. and Fiske, S. T. (1991) 'Political Beliefs, Policy Interpretations and Political Persuasion'. *Journal of Politics*, 53(3): 644–75.

Lauren, P. G. (1988) *Power and Prejudice. The Politics and Diplomacy of Racial Discrimination* (Boulder, CO: Westview Press).

Lavandera, B. R., Garcia Negroni, M. M., Lopez OcOn, M., Luis, C. R., Menendez, S. M., Pardo, M. L., Raiter, A. G. and Zoppi-Fontana, M. (1986) 'Analisis sociolingüístico del discurso politico'. *Cuadernos del Institute de Lingüística*, 1(1) (Buenos Aires: Instituto de Linguistica, Universidad de Buenos Aires).

Lavandera, B. R., Garcia Negroni, M. M., Lopez OcOn, M., Luis, C. R., Menendez, S. M., Pardo, M. L., Raiter, A. G. and Zoppi-Fontana, M. (1987) 'Analisis sociolingüístico del discurso politico (II)'. *Cuadernos del Institute de Lingüística* (Buenos Aires: Instituto de Linguistica, Universidad de Buenos Aires).

Lazar, M. (ed.) (2005) *Feminist Critical Discourse Analysis: Gender, Power and Ideology in Discourse* (Houndsmills, UK: Palgrave Macmillan).

Leckie-Tarry, H. (1995) *Language and Context. A Functional Linguistic Theory of Register.* Edited by David Birch (London: Pinter).

Leet-Pellegrini, H. (1980) 'Conversational Dominance as a Function of Gender and Expertise', in H. Giles, W. P. Robinson and P. Smith (eds.), *Language: Social Psychological Perspectives* (Oxford: Pergamon Press), pp. 97–104.

Leimdorfer, F. (1992) *Discours academique et colonisation. Themes de recherche sur l'Algerie pendant la periode coloniale [Academic Discourse and Colonization: Research on Algeria during the Colonial Period]* (Paris: Publisud).

Lein, L. and Brenneis, D. (1978) 'Children's Disputes in Three Speech Communities'. *Language in Society*, 7: 299–323.

Levinson, S. C. (2000) *Presumptive Meanings: The Theory of Generalized Conversational Implicature* (Cambridge, MA: MIT Press).

Lewis, M. and Saarni, C. (eds.) (1993) *Lying and Deception in Everyday Life* (New York, NY: Guilford Press).

Liebes, T. and Katz, E. (1990) *The Export of Meaning: Cross-cultural Readings of 'Dallas'* (New York: Oxford University Press).

Lind, E. A. and O'Barr, W. M. (1979) 'The Social Significance of Speech in the Courtroom', in H. Giles and R. N. St Clair (eds.), *Language and Social Psychology* (Oxford: Basil Blackwell), pp. 66–87.

Lindegren-Lerman, C. (1983) 'Dominant Discourse: The Institutional Voice and the Control of Topic', in H. Davis and P. Walton (eds.), *Language, Image, Media* (Oxford: Basil Blackwell), pp. 75–103.

Linell, P. and Jonsson, L. (1991) 'Suspect Stories: Perspective-setting in an Asymmetrical Situation', in I. Markova and K. Foppa (eds.), *Asymmetries in Dialogue: The Dynamics of Dialogue* (Savage, MD: Barnes and Noble Books/Bowman and Littlefield Publishers/ Harvester Wheatsheaf), pp. 75–100.

Lodge, M. and K. M. McGraw (eds.) (1995) *Political Judgement: Structure and Process* (Ann Arbor MI: University of Michigan Press).

Lorimer, R. (1984) 'Defining the Curriculum: The Role of the Publisher'. Paper presented at the annual meeting of the American Educational Research Association, New Orleans.

Luke, T. W. (1989) *Screens of Power: Ideology, Domination, and Resistance in Informational Society* (Urbana: University of Illinois Press).

Lukes, S. (1974) *Power: A Radical View* (London: Macmillan).

Lukes, S. (ed.) (1986) *Power* (Oxford: Blackwell).

Mankekar, D. R. (1978) *One-Way Flow: Neo-Colonialism via News Media* (New Delhi: Clarion).

Manning, D. J. (ed.) (1980) *The Form of Ideology* (London: George, Allen & Unwin).

Manstead, T. and McCullogh, C. (1981) 'Sex Role Stereotyping in British Television Ads'. *British Journal of Social Psychology*, 20: 171–80.

Marable, M. (1985) *Black American Politics* (London: Verso).

Martin Rojo, L. (1994) 'Jargon of Delinquents and the Study of Conversational Dynamics'. *Journal of Pragmatics*, 21(3): 243–89.

Martín Rojo, L. (1995) 'Division and Rejection: From the Personification of the Gulf Conflict to the Demonisation of Saddam Hussein'. *Discourse & Society* 6(1): 49–79.

Martin Rojo, L. and T. A. van Dijk. (1997) '"There was a problem and it was solved!" Legitimating the Expulsion of "Illegal" Immigrants in Spanish Parliamentary Discourse'. *Discourse and Society*, 8(4): 523–66.

Martindale, C. (1986) *The White Press and Black America* (New York: Greenwood Press).

Mattelart, A. (1979) *The Multinational Corporations and the Control of Culture: The Ideological Apparatus of Imperialism* (Atlantic Highlands, NJ: Harvester).

Maynard, D. W. (1985) 'The analysis of plea bargaining discourse', in T. A. van Dijk (ed.), *Handbook of Discourse Analysis: VoL 4. Discourse Analysis in Society* (London: Academic Press), pp. 153–79.

Mazingo, S. (1988) 'Minorities and Social Control in the Newsroom: Thirty Years after Breed', in G. Smitherman-Donaldson and T. A. van Dijk (eds.), *Discourse and Discrimination* (Detroit, MI: Wayne State University Press), pp. 93–130.

McHoul, A. W. (1986) 'Writing, Sexism and Schooling: A Discourse-Analytic Investigation of Some Recent Documents on Sexism and Education in Queensland', in S. Fisher and A. D. Todd (eds.), *Discourse and Institutional Authority: Medicine, Education and Law* (Norwood, NJ: Ablex), pp. 187–202.

McLaughlin, M. L. (1984) *Conversation: How Talk is Organized* (Beverly Hills, CA: Sage).

McPhee, R. D. and Tompkins, P. K. (eds.) (1985) *Organizational Communication: Traditional Themes and New Directions* (Beverly Hills, CA: Sage).

Mead, R. (1985) 'Courtroom Discourse'. English Language Research, Discourse Analysis Monographs, 9 (University of Birmingham).

Mehan, H. (1979) *Learning Lessons* (Cambridge, MA: Harvard University Press).

Mehan, H. (1986) 'The Role of Language and the Language of Role in Institutional Decision Making', in S. Fisher and A. D. Todd (eds.), *Discourse and Institutional Authority: Medicine, Education and Law* (Norwood, NJ: Ablex), pp. 140–63.

Mercer, N. (1995) *The Guided Construction of Knowledge. Talk Amongst Teachers and Learners* (Clevedon: Multilingual Matters).

Merelman, R. M. (1986) 'Revitalizing Political Socialization', in M. G. Hermann (ed.), *Political Psychology* (San Francisco, Jossey-Bass), pp. 279–319.

Merten, K. (1986) *Das Bild der Ausländer in der deutschen Presse* (Frankfurt: Gagyeli Verlag).

Messaris, P. (1997) *Visual Persuasion: The Role of Images in Advertising* (Thousand Oaks, CA: Sage).

Mey, J. (1985) *Whose Language: A Study in Linguistic Pragmatics* (Amsterdam: Benjamins).

Milburn, M. A. (1987) 'Ideological Self-Schemata and Schematically Induced Attitude Consistency'. *Journal of Experimental Social Psychology*, 23(5): 383–98.

Miles, R. (1989) *Racism* (London: Routledge).

Milliband, R. (1983) *Class Power and State Power* (London: Verso).

Mills, C. W. (1956) *The Power Elite* (New York: Oxford University Press).

Miller, G. A. (1956) 'The Magical Number Seven, Plus or Minus Two: Some Limits on our Capacity for Processing Information'. *Psychological Review*, 63: 81–97.

Milner, D. (1983) *Children and Race: Ten Years On* (London: Ward Lock Educational).

Minority Participation in the Media (1983) Hearings before the Subcommittee on Telecommunications, Consumer Protection and Finance, of the Committee on Energy and Commerce, House of Representatives, 98th Congress, 19 and 23 September, 1983.

Mishler, E. G. (1984) *The Discourse of Medicine: Dialectics in Medical Interviews* (Norwood, NJ: Ablex).

Morrow, D. G. (1994) 'Spatial Models Created from Text', in H. van Oostendorp and R. A. Zwaan (eds.), *Naturalistic Text Comprehension* (Norwood, NJ: Ablex), pp. 57–78.

Moscovici, S. (2001) *Social Representations: Explorations in Social Psychology* (New York: New York University Press).

Mueller, C. ('1973) *The Politics of Communication: A Study of the Political Sociology of Language, Socialization and Legitimation* (New York: Oxford University Press).

Mumby, D. K. (1988) *Communication and Power in Organizations: Discourse, Ideology and Domination* (Norwood, NJ: Ablex).

Mumby, D. K. (ed.) (1993) *Narrative and Social Control: Critical Perspectives* (Newbury Park, CA: Sage).

Mumby, D. K. and Clair, R. P. (1997) 'Organizational Discourse', in T. A. van Dijk (ed.), *Discourse as Social Interaction: Discourse Studies. A Multidisciplinary Introduction*, vol. 1 (London: Sage), pp. 181–205.

Murray, N. (1986) 'Anti-Racists and Other Demons – The Press and Ideology in Thatcher's Britain'. *Race and Class*, 27: 1–19.

Natal, M., Entin, E. and Jaffe, J. (1979) 'Vocal Interruptions in Dyadic Communication as a Function of Speech and Social Anxiety'. *Journal of Personality and Social Psychology*, 37: 865–78.

Neisser, U. and Fivush, R. (eds.) (1994) *The Remembering Self: Construction and Accuracy in the Self-Narrative* (Cambridge: Cambridge University Press).

Nesler, M. S., Aguinis, H., Quigley, B. M. and Tedeschi, J. T. (1993) 'The Effect of Credibility on Perceived Power'. *Journal of Applied Social Psychology*, 23(17): 1407–25.

Newhouse, J. (2003) *Imperial America. The Bush Assault on the World Order* (New York: Knopf).

Ng, S. H. and Bradac, J. J. (1993) *Power in Language* (Newbury Park: Sage).

Nimmo, D. D. and Sanders, K. R. (eds.) (1981) *Handbook of Political Communication* (Beverly Hills, CA: Sage).

Nye, J. S. (2000) *Understanding International Conflicts. An Introduction to Theory and History* (New York: Longman).

O'Keefe, D. J. (2002) *Persuasion: Theory and Research* (Thousand Oaks, CA: Sage).

Oakhill, J. and A. Garnham, A. (eds.) (1996) *Mental Models in Cognitive Science. Essays in Honour of Phil Johnson-Laird* (Hove, UK: Psychology Press).

O'Barr, W. M. (1982) *Linguistic Evidence: Language, Power and Strategy in the Courtroom* (New York: Academic Press).

O'Barr, W. M., Conley, J. M. and Lind, A. (1978) 'The Power of Language: Presentational Style in the Courtroom'. *Duke Law Journal*, 14: 266–79.

Omi, M. and Winant, H. (1994) *Racial Formation in the United States. From the 1960s to the 1990s* (London: Routledge).

O'Shaughnessy, N. J. (2004) *Politics and Propaganda: Weapons of Mass Seduction* (Ann Arbor: University of Michigan Press).

Osler, A. (1994) 'Still Hidden from History: The Representation of Women in Recently Published History Textbooks'. *Oxford Review of Education*, 20(2): 219–35.

Owsley, H. H. and Scotton, C. M. (1984) The Conversational Expression of Power by Television Interviewers'. *Journal of Social Psychology*, 123: 696–735.

Packard, V. (1957) *The Hidden Persuaders* (New York: Pocket Books).

Palmer, M. T. (1989) 'Controlling conversations: turns, topics, & interpersonal control'. *Communication Monographs*, 56(1): 1–18.

Palmer, N. (ed.) (2003) *Terrorism, War and the Press* (Teddington, Middlesex: Hollis).

Pardo, M. L. (1996) 'Derecho y lingüística: Como se juzga con palabras' [Law and Linguistics: How to Judge with Words] (Buenos Aires: Nueva Visión).

Parkinson, M. G., Geisler, D. and Pelias, M. H. (1983) 'The Effects of Verbal Skills on Trial Success'. *Journal of the American Forensic Association*, 20: 16–22.

Pasierbsky, F. (1983) *Krieg und Frieden in der Sprache [War and Peace in Language]* (Frankfurt: Fischer).

Pêcheux, M. (1969) *Analyse automatique du discours* (Paris: Dunod).

Pêcheux, M. (1975) 'Analyse du discours. Langue et ideologies'. *Langages*, 37.

Pêcheux, M. (1982) *Language, Semantics and Ideology* (New York: St Martin's Press).

Percy, L. and Rossiter, J. R. (1980) *Advertising Strategy: A Communication Theory Approach* (New York: Praeger).

Pettigrew, A. M. (1972) 'Information Control as a Power Resource'. *Sociology*, 6: 187–204.

Pettigrew, A. M. (1973) *The Politics of Organizational Decision Making* (London: Tavistock).

Petty, R. E. and Cacioppo, J. T. (1981) *Attitudes and Persuasion: Classic and Contemporary Approaches* (Dubuque, IA: Wm. C. Brown).

Pfeffer, J. (1981) *Power in Organizations* (Marshfield, MA: Pitman).

Phizacklea, A. and Miles, R. (1979) 'Working Class Racist Beliefs in the Inner City', in R. Miles and A. Phizacklea (eds.), *Racism and Political Action in Britain* (London: Routledge & Kegan Paul), pp. 93–123.

Powell, L. W. (1989) 'Analyzing Misinformation: Perceptions of Congressional Candidates Ideologies'. *American Journal of Political Science*, 33: 272–93.

Preiswerk, R. (1980) *The Slant of the Pen: Racism in Children's Books* (Geneva: Programme to Combat Racism, World Council of Churches).

Radtke, I. (ed.) (1981) *Die Sprache des Rechts und der Verwaltung. Vol. 2. Deutsche Akademie für Sprache und Dichtung, Die öffentliche Sprachgebrauch* [The Language of the Law and the Administration. Vol. 2. German Academy of Language and Literature, Official Language Use]. (Stuttgart: Klett-Cotta).

Ragan, S. L. (1983) 'Alignment and Conversational Coherence', in R. T. Craig and K. Tracy (eds.), *Conversational Coherence* (Beverly Hills, CA: Sage), pp. 157–71.

Rasmussen, D. M. (ed.) (1996) *The Handbook of Critical Theory* (Oxford: Blackwell).

Reeves, F. (1983) *British Racial Discourse. A Study of British Political Discourse about Race and Race-Related Matters* (Cambridge: Cambridge University Press).

Richstad, J. and Anderson, M. H. (eds.) (1981) Crisis in international news. New York: Columbia University Press.

Riley, P. (1983) 'A Structurationist Account of Political Culture'. *Administrative Science Quarterly*, 28: 414–37.

Robinson, J. P. and Levy, M. R. (1986) *The Main Source. Learning from Television News* (Beverly Hills, CA: Sage).

Rodin, D. (2002) *War and Self-Defense* (Oxford: Clarendon Press and New York: Oxford University Press).

Roloff, M. E. and Berger, C. R. (eds.) (1982) *Social Cognition and Communication* (Beverly Hills, CA: Sage).

Roloff, M. E. and Miller, G. R. (eds.) (1980) *Persuasion: New Directions in Theory and Research* (Beverly Hills, CA: Sage).

Roseman, I., Abelson, R. P. and Ewing, M. F. (1986) 'Emotion and Political Cognition: Emotional Appeals in Political Communication', in R. R. Lau and D. O. Sears (eds.), *Political Cognition* (Hillsdale NJ, Lawrence Erlbaum), pp. 279–94.

Rosenblum, M. (1981) *Coups and Earthquakes: Reporting the World to America* (New York: Harper Row).

Sabsay, S. and Platt, M. (1985) *Social Setting, Stigma and Communicative Competence* (Amsterdam: John Benjamins).

Sacks, H., Schegloff, E. A. and Jefferson, G. A. (1974) 'A Simplest Systematics for the Organization of Turn Taking for Conversation'. *Language*, 50: 696–735.

Said, E. W. (1979) *Orientalism* (New York: Random House (Vintage)).

Said, E. W. (1981) *Covering Islam: How the Media and the Experts Determine How We See the Rest of the World* (New York: Pantheon).

Sarangi, S. and Roberts, C. (eds.) (1999) *Talk, Work and Institutional Order: Discourse in Medical, Mediation and Management Settings* (Berlin New York: Mouton de Gruyter).

Saville-Troike, M. (1982) *The Ethnography of Communication* (Oxford: Basil Blackwell).

Schatzman, L. and Strauss, A. (1972) 'Social Class and Modes of Communication', in S. Moscovici (ed.), *The Psychosociology of Language* (Chicago: Markham), pp. 206–21.

Schegloff, E. A. (1987) 'Between Macro and Micro: Contexts and Other Connections', in J. Alexander, R. M. B. Giesen and N. Smelser (eds.), *The Micro-Macro Link* (Berkeley: University of California Press), pp. 207–34.

Schegloff, E. A. (1991) Reflections on Talk and Social Structure', in: Boden, D., D. H. Zimmerman (eds.), *Talk and Social Structure: Studies in Ethnomethodology and Conversation Analysis* (Cambridge: Polity Press), pp 44–71.

Schegloff, E. A. (1992) 'In Another Context', in Alessandro, Duranti and Charles Goodwin (eds.), *Rethinking Context: Language as an Interactive Phenomenon* (Cambridge, UK: Cambridge University Press). pp. 191–227.

Scherer, K. R. and Giles, H. (1979) *Social Markers in Speech* (Cambridge: Cambridge University Press).

Schiller, H. L. (1973) *The Mind Managers* (Boston: Beacon Press).

Schlenker, B. R. (1980) *Impression Management: The Self-concept, Social Identity and Interpersonal Relations* (Monterey, CA: Brooks/Cole).

Schramm, W. and Atwood, E. (1981) *Circulation of News in the Third World: A Study of Asia* (Hong Kong: Chinese University Press).

Scott, M. and Lyman, S. (1968) 'Accounts'. *American Sociological Review*, 33: 46–62.

Seibold, D. R., Cantrill, J. G. and Meyers, R. A. (1985) Communication and Interpersonal Influence', in M. L. Knapp and G. R. Miller (eds.), *Handbook of Interpersonal Communication* (Beverly Hills, CA: Sage), pp. 551–611.

Seidel, G. (1985) Political discourse analysis', in T. A. van Dijk (ed.), *Handbook of*

Discourse Analysis: Vol. 4. Discourse Analysis in Society (London: Academic Press), pp. 43–60.

Seidel, G. (1987a) 'The White Discursive Order: The British New Rights's Discourse on Cultural Racism, with Particular Reference to the Salisbury Review', in I. Zavala, T. A. van Dijk and M. Diaz-Diocaretz (eds.), *Literature, Discourse, Psychiatry* (Amsterdam: John Benjamins), pp. 39–66.

Seidel, G. (1987b) 'The British New Right's "Enemy within": The Anti-Racists', in G. Smitherman-Donaldson and T. A. van Dijk (eds.), Discourse and Discrimination (Detroit: Wayne State University Press).

Seidel, G. (ed.) (1988) *The Nature of the Right. A Feminist Analysis of Order Patterns* (Amsterdam: John Benjamins), pp. 131–43.

Seliktar, O. (1986) 'Identifying a Society's Belief Systems', in M. G. Hermann (ed.), *Political Psychology* (San Francisco: Jossey-Bass), pp. 320–54.

Shapiro, M. (ed.) (1984) *Language and Politics* (Oxford: Basil Blackwell).

Shohat, E. and Stam, R. (1994) *Unthinking Eurocentrism. Multiculturalism and the Media* (London: Routledge & Kegan Paul).

Shore, B. (1996) *Culture in Mind: Cognition, Culture and the Problem of Meaning* (New York: Oxford University Press).

Shuy, R. W. (1986) 'Some Linguistic Contributions to a Criminal Court Case', in S. Fisher & A. D. Todd (eds.), *Discourse and Institutional Authority: Medicine, Education and Law* (Norwood, NJ: Ablex), pp. 234–49.

Shuy, R. W. (1992) *Language Crimes. The Use and Abuse of Language Evidence in the Court Room* (Oxford: Blackwell).

Sidel, M. (2004) *More Secure, Less Free? Antiterrorism Policy and Civil Liberties after September 11* (Ann Arbor: University of Michigan Press).

Sierra, M. T. (1992) Discurso, cultura y poder. El ejercio de la autoridad en los pueblos hfiethiifis del Valle del Mezquital. [Discourse, Culture and Power. The Exercise of Authority in the Hfialtfui (Otomli) Villages of the Mezquital Valley]. Gobierno del Estado de Hidalgo: Centro de Investigaciones y Estudios Superiores en Antropologia Social.

Sinclair, J. McH. and Brazil, D. (1982) *Teacher Talk* (Oxford: Oxford University Press).

Singh, R. (ed.) (1996) *Towards a Critical Sociolinguistics* (Amsterdam: John Benjamins).

Slobin, D. I., Miller, S. H. and Porter, L. W. (1972) 'Forms of Address and Social Relations in a Business Organization', in S. Moscovici (ed.), *The Psychosociology of Language* (Chicago: Markham), pp. 263–72.

Smith, D. E. (1991) 'Writing Women's Experience into Social Science'. *Feminism and Psychology*, 1(1): 155–69.

Smitherman-Donaldson, G. and van Dijk, T. A. (eds.) (1988) *Discourse and Discrimination* (Detroit: Wayne State University Press).

Sniderman, P. M., Tetlock, P. E. and Carmines, E. G. (eds.) (1993) *Prejudice, Politics, and the American Dilemma* (Stanford, CA: Stanford University Press).

Snow, C. and Ferguson, C. (eds.) (1977) *Talking to Children* (New York: Cambridge University Press).

Solomos, J. (1989) *Race and Racism in Contemporary Britain* (London: Macmillan).

Solomos, J. (1993) *Race and Racism in Britain* (New York: St. Martin's Press).

Solomos, J. and Back, L. (1995) *Race, Politics and Social Change* (London: Routledge).

Spender, D. (1980) *Man-made Language* (London: Routledge & Kegan Paul).

Sperber, D. and D. Wilson (1986) *Relevance: Communication and Cognition* (Cambridge, MA: Harvard University Press).

Steiner, J. (2004) *Deliberative Politics in Action. Analysing Parliamentary Discourse* (New York: Cambridge University Press).

Stoll, E. A. (1983) A Naturalistic Study of Talk in the Classroom. Unpublished doctoral dissertation, University of Utah.

Stothard, P. (2003) *Thirty Days: Tony Blair and the Test of History* (New York: HarperCollins).

Strong, P. M. (1979) *The Ceremonial Order of Me Clinic: Parents, Doctors and Medical Bureaucracies* (London: Routledge & Kegan Paul).

Sykes, M. (1985) 'Discrimination in discourse', in T. A. van Dijk (ed.), *Handbook of Discourse Analysis: Vol. 4. Discourse Analysis in Society* (London: Academic Press), pp. 83–101

Sykes, M. (1987) 'From "rights" to "needs": Official Discourse and the "welfarisation" of race', in G. Smitherson-Donaldson and T. A. van Dijk (eds), *Discourse and Discrimination* (Detroit, MI: Wayne State University Press), pp. 176–205.

Taguieff, P.-A. (1988) *La force du préjugé. Essai sur le racisme et ses doubles* (Paris: Éditions de la Découverte).

Tajfel, H. (1981) *Human Groups and Social Categories* (Cambridge: Cambridge University Press).

Tannen, D. (1994a) *Gender and Discourse* (New York: Oxford University Press).

Tannen, D. (1994b) *Talking from 9 to 5: How Women's and Men's Conversational Styles Affect Who Gets Heard, Who Gets Credit, and What Gets Done at Work* (New York: Morrow).

Tedeschi, J. T. (ed.) (1981) *Impression Management: Theory and Social Psychological Research* (New York: Academic Press).

Tedeschi, J. T. and Reiss, M. (1981) 'Identities, the Phenomenal Self, and Laboratory Research', in J. T. Tedeschi (ed.), *Impression Management. Theory and Social Psychological Research* (New York: Academic Press), pp. 3–22.

Ter Wal, J. (1997) 'The Reproduction of Ethnic Prejudice and Racism through Policy and News Discourse: The Italian Case (1988–92)' (Florence: PhD, European Institute).

Tetlock, P. E. (1993) 'Cognitive Structural Analysis of Political Rhetoric: Methodological and Theoretical Issues', in S. Iyengar and W. J. McGuire (eds.), *Explorations in Political Psychology*. Duke Studies in Political Psychology (Durham NC, Duke University Press), pp. 380–405.

Tetlock, P. E. (1981) 'Personality and Isolationism: Content Analysis of Senatorial Speeches'. *Journal of Personality and Social Psychology*, 41: 737–43.

Tetlock, P. E. (1983) 'Cognitive Style and Political Ideology'. *Journal of Personality and Social Psychology*, 45(1): 118–26.

Tetlock, P. E. (1984) 'Cognitive Style and Political Belief Systems in the British House of Commons'. *Journal of Personality and Social Psychology*, 46: 365–75.

Tetlock, P. E. (1985a) 'Integrative Complexity of Policy Reasoning', in S. Kraus and R. Perloff (eds.), *Mass Media and Political Thought* (Beverly Hills CA, Sage).

Tetlock, P. E. (1985b) 'Toward an Intuitive Politician Model of Attribution Processes', in B. R. Schlenker (ed.), *The Self and Social Life* (New York, McGraw-Hill).

Therborn, G. (1980) *The Ideology of Power and the Power of Ideology* (London: Verso).

Thomas, J. (1993) *Doing Critical Ethnography* (Newbury Park: Sage).

Thomas, W. I. (1966 [1928]) 'Situational Analysis: The Behavior Pattern and the Situation', in M. Janovitz (ed.), *W. I. Thomas on Social Organization and Social Personality* (Chicago: Chicago University Press).

Thorne, B. and Henley, N. (eds.) (1975) *Language and Sex: Difference and Dominance* (Rowley, MA: Newbury House).

Thorne, B., Kramarae, C. and Henley, N. (eds.) (1983) *Language, Gender and Society* (Rowley, MA: Newbury House).

Tolmach Lakoff, R. (1981) 'Persuasive Discourse and Ordinary Conversation: With Examples from Sdvertising', in D. Tannen (ed.), *Analyzing Discourse: Text and Talk* (Washington, DC: Georgetown University Press), pp. 25–42.

Treichler, P., Frankel, R. M., Kramarae, C., Zoppi, C. and Beckman, H. B. (1984) 'Problems and Problems: Power Relationships in a Medical Interview', in C. Kramarae, M. Schultz and W. M. O'Barr (eds.), *Language and Power* (Beverly Hills, CA: Sage), pp. 43–61.

Troyna, B. (1981) *Public Awareness and the Media: A Study of Reporting on Race* (London: The Commission for Racial Equality).

Trömel-Plötz, S. (ed.) (1984) *Gewalt durch Sprache: Die Vergewaltigung von Frauen in Gesprächen* (Frankfurt: Fischer).

Tuchman, G. (1978) *Making News* (New York: Free Press).

Tuchman, G., Daniels, A. K. and Benet, J. (eds.) (1978) *Hearth and Home: Images of Women in the Mass Media* (New York: Oxford University Press).

Tulving, E. (1983) *Elements of Episodic Memory* (Oxford: Oxford University Press).

Turkel, G. (1996) *Law and Society. Critical Approaches* (Boston, MA: Allyn and Bacon).

Turow, J. (1983) 'Learning to Portray Institutional Power: The Socialization of Creators of Mass Media Organization', in R. D. McPhee and P. K. Tompkins (eds.), *Organizational Communication: Traditional Themes and New Directions* (Beverly Hills, CA: Sage), pp. 211–34.

UNESCO. (1977) *Ethnicity and the Media* (Paris: UNESCO).

UNESCO. (1980) *Many Voices, One World*. Report by the International Commission for the Study of Communication Problems (chaired by Sean MacBride) (Paris: UNESCO and London: Kogan Page).

van Dijk, T. A. (1977) *Text and Context* (London: Longman).

van Dijk, T. A. (1980) *Macrostructures: An Interdisciplinary Study of Global Structures in Discourse, Interaction and Cognition* (Hillsdale, NJ : Lawrence Erlbaum).

van Dijk, T. A. (1981) *Studies in the Pragmatics of Discourse* (The Hague and Berlin: Mouton/de Gruyter).

van Dijk, T. A. (1983) *Minderheden in de media* [*Minorities in the media*] (Amsterdam: Socialistische Uitgeverij Amsterdam).

van Dijk, T. A. (1984a) *Prejudice in Discourse. An Analysis of Ethnic Prejudice in Cognition and Conversation* (Amsterdam: Benjamins).

van Dijk, T. A. (1984b) 'Structures of International News. A Case Study of the World's Press'. Unpublished manuscript (University of Amsterdam, Department of General Literary Studies, Section of Discourse Studies).

van Dijk, T. A. (1985c) 'Cognitive Situation Models in Discourse Processing: The Expression of Ethnic Situation Models in Prejudiced Stories', in J. P. Forgas (ed.), *Language and Social Situations* (New York: Springer), pp. 61–79.

van Dijk, T. A. (1987a) *Communicating Racism: Ethnic Prejudice in Thought and Talk* (Beverly Hilas, CA: Sage).

van Dijk, T. A. (1987b) 'Elite Discourse and Racism', in I. Zavala, T. A. van Dijk and M. Diaz-Diocaretz (eds.), *Approaches to Discourse, Poetics and Psychiatry* (Amsterdam: John Benjamins), pp. 81–122.

van Dijk, T. A. (1987c) 'Episodic Models in Discourse Processing', in R. Horowitz and S. J. Samuels (eds.), *Comprehending Oral and Written Language* (San Diego CA, Academic Press), pp. 161–96.

van Dijk, T. A. (1987d) *Schoolvoorbeelden van racism* [*Textbook examples of racism*] (Amsterdam: Socialistische Uitgeverij Amsterdam).

van Dijk, T. A. (1987e) 'How "they" Hit the Headlines: Ethnic Minorities in the Press', in G. Smitherman-Donaldson and T. A. van Dijk (eds.), *Discourse and Discrimination* (Detroit: Wayne State University Press), pp. 221–62.

van Dijk, T. A. (1988a) *News Analysis. Case Studies of International and National News in the Press* (Hillsdale, NJ: Lawrence Erlbaum).

van Dijk, T. A. (1988b) *News as Discourse* (Hillsdale, NJ: Lawrence Erlbaum).

van Dijk, T. A. (1988c) 'The Tamil Panic in the Press', in T. A. van Dijk, *News Analysis* (Hillsdale, NJ: Lawrence Erlbaum, pp. 215–54.

van Dijk, T. A. (1989) 'Structures of Discourse and Structures of Power', in J. A. Anderson (ed.), *Communication Yearbook 12* (Newbury Park, CA: Sage), pp. 18–59.

van Dijk, T. A. (1990) 'Social Cognition and Discourse', in H. Giles and R. P. Robinson (eds.), *Handbook of Social Psychology and Language* (Chichester: Wiley), pp. 163–83.

van Dijk, T. A. (1991) *Racism and the Press* (London: Routledge).

van Dijk, T. A. (1993a) *Elite Discourse and Racism* (Newbury Park, CA: Sage).

van Dijk, T. A. (1993b) 'Discourse and Cognition in Society', in D. Crowley and D. Mitchell (eds.), *Communication Theory Today* (Oxford: Pergamon), pp. 104–26.

van Dijk, T. A. (1993c) 'Principles of Critical Discourse Analysis'. *Discourse and Society*, 4(2): 249–83.

van Dijk, T. A. (1996) 'Discourse, Power and Access', in C. R. Caldas-Coulthard and M. Coulthard (eds.), *Texts and Practices: Readings in Critical Discourse Analysis* (London: Routledge), pp. 84–104.

van Dijk, T. A. (1997a) 'Cognitive Context Models and Discourse', in M. Stamenow (ed.), *Language Structure, Discourse and the Access to Consciousness* (Amsterdam, John Benjamins), pp. 189–226.

van Dijk, T. A. (1997b) 'What is Political Discourse Analysis?', in J. Blommaert and C. Bulcaen (eds.), *Political Linguistics* (Amsterdam: John Benjamins), pp. 11–52.

van Dijk, T. A. (1998) *Ideology: A Multidisciplinary Approach* (London: Sage).

van Dijk, T. A. (1999) ' Towards a Theory of Context and Experience Models in Discourse Processing', in H. van Oostendorp and S. Goldman (eds.), *The Construction of Mental Models during Reading* (Hillsdale, NJ: Lawrence Erlbaum), pp. 123–48.

van Dijk, T. A. (2000) 'Parliamentary Debates', in: R. Wodak and T. A. van Dijk (eds.), *Racism at the Top. Parliamentary Discourses on Ethnic Issues in Six European States* (Klagenfurt, Austria: Drava Verlag), pp. 45–78.

van Dijk, T. A. (2001) 'Multidisciplinary CDA: A Plea for Diversity', in Ruth Wodak and Michael Meyer (eds.), *Methods of Critical Discourse Analysis* (London: Sage), pp. 95–120.

van Dijk, T. A. (2002) 'Political discourse and political cognition', in: Paul A. Chilton and Christina Schäffner (eds.), *Politics as Text and Talk: Analytical Approaches to Political Discourse* (Amsterdam: John Benjamins), pp. 204–36.

van Dijk, T. A. (2003a) Ideología y discurso (Barcelona: Ariel).

van Dijk, T. A. (2003b) 'Knowledge in Parliamentary Debates'. *Journal of Language and Politics*, 2(1): 93–129.

van Dijk, T. A. (2004) 'Text and Context of Parliamentary Debates', in Paul Bayley (ed.), *Cross-Cultural Perspectives on Parliamentary Discourse* (Amsterdam: John Benjamins), 339–72.

van Dijk, T. A. (2005) 'Contextual Knowledge Management in Discourse Production. A CDA Perspective', in Ruth Wodak and Paul Chilton (eds.), *A New Agenda in (Critical) Discourse Analysis* (Amsterdam: John Benjamins), pp. 71–100.

van Dijk, T. A. (2008a) *Discourse and Context: A Sociocognitive Approach* (Cambridge: Cambridge University Press).

van Dijk, T. A. (2008b) *Society and Discourse: How Contexts Influence Text and Talk* (Cambridge: Cambridge University Press).

van Dijk, T. A. (ed.) (1985a) *Handbook of Discourse Analysis* (4 vols.) (London: Academic Press).

van Dijk, T. A. (ed.) (1985b) *Discourse and Communication. New Approaches to the Analysis of Mass Media Discourse and Communication* (Berlin: de Gruyter).

van Dijk, T. A. (ed.) (1997) *Discourse Studies: A Multidisciplinary Introduction* (London: Sage).

van Dijk, T. A. (ed.) (2006) 'Discourse, Interaction and Cognition'. Special issue of *Discourse Studies,* 8(1).

van Dijk, T. A. and Kintsch, W. (1983) *Strategies of Discourse Comprehension* (New York: Academic Press).

van Leeuwen, T. (2005) *Introducing Social Semiotics* (London: Routledge).

van Oostendorp and Goldman, S. R. (eds.) (1999) *The Construction of Mental Representations during Reading* (Mahwah, NJ: Lawrence Erlbaum).

van Oostendorp, H. and Zwaan, R. A. (eds.) (1994) *Naturalistic Text Comprehension* (Norwood NJ, Ablex).

van Zoonen, L. (1994) *Feminist Media Studies* (London: Sage).

Walker, A. G. (1982) 'Patterns and Implications of Co-speech in a Legal Setting', in R. J. Di Pietro (ed.), *Linguistics and the Professions* (Norwood, NJ: Ablex), pp. 110–12.

Walker, A. G. (1986) 'The Verbatim Record: The Myth and the Reality', in S. Fisher and A. D. Todd (eds.), *Discourse and Institutional Authority: Medicine, Education and Law* (Norwood, NJ: Lawrence Erlbaum), pp. 205–22.

Waltzer, M. (2004) *Arguing about War* (New Haven, CT: Yale University Press).

Wartenberg, T. E. (1990) *The Forms of Power: From Domination to Transformation* (Philadelphia, PA: Temple University Press).

Weaver, C. A., Mannes, S. and Fletcher, C. R. (eds.) (1995) *Discourse Comprehension: Essays in Honor of Walter Kintsch* (Hillsdale, NJ: Lawrence Erlbaum).

Wellman, D. T. (1993) *Portraits of White Racism* (Cambridge, UK: Cambridge University Press).

Werner, F. (1983) *Gesprächsverhalten von Männern and Frauen* (Frankfurt: Lang).

West, C. (1984) *Routine Complications: Troubles with Talk between Doctors and Patients* (Bloomington: Indiana University Press).

West, C. and Zimmerman, D. H. (1983) 'Small Insults: A Study of Interruptions in Cross-Sex Conversations between Unacquainted Persons', in B. Thorne, C. Kramarae and N. Henley (eds.), *Language, Gender and Society* (Rowley, MA: Newbury House), pp. 102–17.

West, C. and Zimmerman, D. H. (1985) 'Gender, Language and Discourse', in T. A van Dijk (ed.), *Handbook of Discourse Analysis: Vol. 4. Discourse Analysis in Society* (London: Academic Press), pp. 103–14.

Wetherell, M. and Potter, J. (1992) *Mapping the Language of Racism: Discourse and the Legitimation of Exploitation* (New York: Columbia University Press).

White, D. M. (1976) *The Concept of Power* (Morristown, NJ: General Learning Press).

Wilkinson, L. C. (ed.) (1982) *Communicating in the Classroom* (New York: Academic Press).

Williams, J. (ed.) (1995) *PC Wars: Politics and Theory in the Academy* (New York: Routledge and Kegan Paul).

Willis, P. (1977) *Learning to Labour: How Working Class Kids Get Working Class Jobs* (London: Saxon House).

Wilson, C. C. and Gutiérrez, F. (1985) *Minorities and the Media* (Beverly Hills, CA, and London: Sage).

Wilson, J.. (1990) *Politically Speaking* (Oxford, Blackwell).

Wodak, R. (1984) 'Determination of Guilt: Discourses in the Courtroom', in C. Kramarae, M. Schulz and W. M. O'Barr (eds.), *Language and Power* (Beverly Hills, CA: Sage), pp. 89–100.

Wodak, R. (1985) 'The Interaction between Judge and Defendant', in T. A. van Dijk (ed.) *Handbook of Discourse Analysis, Vol. 4, Discourse Analysis in Society* (London: Academic Press), pp. 181–91.

Wodak, R. (1987) '"And Where Is the Lebanon?" A Socio-Psycholinguistic Investigation of Comprehension and Intelligibility of News', *Text* 7(4): 377–410.

Wodak, R. (1996) *Disorders of Discourse* (London: Longman. London: Sage).

Wodak, R. (1997) Gender and Discourse: Judge and Defendant', in T. A. van Dijk (ed.), *Handbook of Discourse Analysis. Vol. 4. Discourse Analysis in Society* (pp. (London: Academic Press), pp. 181–91.

Wodak, R. (ed.) (1989) *Language, Power and Ideology. Studies in Political Discourse* (Amsterdam: John Benjamins).

Wodak, R. and Chilton, P. (eds.) (2005) *A New Agenda in (Critical) Discourse Analysis* (Amsterdam: John Benjamins).

Wodak, R. and Meyer, M. (eds.) (2001) *Methods of Critical Discourse Analysis* (London: Sage).

Wodak, R., Nowak, P., Pelikan, J., Gruber, H., de Cillia, R. and Mitten, R. (1990) 'Wir sind alle unschuldige Täter', Diskurshistorische Studien zum Nachkriegsantisemitismus ['We are All Innocent Perpetrators'. Discourse Historic Studies in Postwar Antisemitism] (Frankfurt/Main: Suhrkamp).

Wodak, R. and Van Dijk, T. A. (eds.) (2000) *Racism at the Top: Parliamentary Discourses on Ethnic Issues in Six European States* (Klagenfurt, Austria: Drava Verlag).

Wortham, S. and Locher, M. (1999) 'Embedded Metapragmatics and Lying Politicians'. *Language and Communication*, 19(2): 109–25.

Wrong, D. H. (1979) *Power: Its Forms, Bases and Uses* (Oxford: Basil Blackwell).

Wyer, R. S. J. and V. C. Ottati (1993) 'Political Information Processing', in S. Iyengar and W. J. McGuire (eds.), *Explorations in Political Psychology. Duke Studies in Political Psychology* (Durham, NC: Duke University Press), pp. 264–95.

Wyer, R. S., Budesheim, T. L., Shavitt, S., Riggle, E. D., and Kuklinski, J. H. (1991) Image, Issues and Ideology: The Processing of Information about Political Candidates'. *Journal of Personality and Social Psychology*, 61(4): 533–45.

Young, M. (ed.) (1971) *Knowledge and Control: New Directions for the Sociology of Education* (London: Collier-Macmillan).

Zaller, J. R. (1990) 'Political Awareness, Elite Opinion Leadership and the Mass Survey Response'. *Social Cognition*, 8(1): 125–53.

Zanna, M. P. and Olson, J. M. (eds.) (1994) *The Psychology of Prejudice: The Ontario Symposium. Vol. 7* (Hillsdale, NJ: Lawrence Erlbaum).

Zimmerman, H. D. (1969) *Die politische Rede: Der Sprachgebrauch Bonner Politiker* [*Political Speech: Language Use of Bonn's Politicians*] (Stuttgart: Kohlhammer).

Žižek, S. (2002) *Welcome to the Desert of the Real! Five Essays on 11 September and Related Dates* (London: Verso).

더 읽을거리

1장에서 이뤄진 논의는 권력, 주도권, 담화, 인지와 사회에 대한 광범위한 학술적 참고문헌의 배경을 바탕으로 하고 있다. 이 참고문헌의 다수는 이어지는 장들에서 언급된다. 그러나 이 책에서 다룬 중심 영역과 주제에 대해 별도의 참고문헌을 지니고자 하는 사람들을 위해 여기서는 더 읽을거리에 대한 일반적인 제안의 일부를 제시한다. 있을 수 있는 방대한 참고문헌의 범위를 정하기 위해 오직 영어로 된 책만 인용한다.

Discourse and conversation analysis

Blommaert, J. (2005) *Discourse: A Critical Introduction* (Cambridge: Cambridge University Press).

Brown, G. and Yule, G. (1983) *Discourse Analysis* (Cambridge: Cambridge University Press).

Georgakopoulou, A. and Goutsos, D. (1997) *Discourse Analysis: An Introduction* (Edinburgh: Edinburgh University Press).

Jaworski, A. and Coupland, N. (1999) *The Discourse Reader* (London: Routledge).

Johnstone, B. (2002) *Discourse Analysis* (Oxford: Blackwell).

Renkema, J. (2004) *Introduction to Discourse Studies* (Amsterdam Philadelphia: John Benjamins).

Schiffrin, D. (1993) *Approaches to Discourse* (Oxford: Blackwell).

Schiffrin, D., Tannen, D. and Hamilton, H. E. (eds.) (2001) *The Handbook of Discourse Analysis* (Malden, MA: Blackwell).

Stubbs, M. (1983) *Discourse Analysis: The Sociolinguistic Analysis of Natural Language* (Chicago: University of Chicago Press and Oxford: Blackwell).

Ten Have, P. (2007) *Doing Conversation Analysis: A Practical Guide*, 2nd edn (London: Sage).

van Dijk, T. A. (ed.) (1985) *Handbook of Discourse Analysis*, 4 vols (London: Academic Press).

van Dijk, T. A. (ed.) (1997a) *Discourse as Structure and Process: Discourse Studies: A Multidisciplinary Introduction, Vol. 1* (Thousand Oaks, CA: Sage Publications).

van Dijk, T. A. (ed.) (1997b) *Discourse as Social Interaction: Discourse Studies: A Multidisciplinary Introduction, Vol. 2* (Thousand Oaks, CA: Sage Publications)

van Dijk, T. A. (ed.) (2007) *Discourse Studies*, 5 vols. Sage Benchmark series (New Delhi: Sage).

Wooffitt, R. (2005) *Conversation Analysis and Discourse Analysis. A Comparative and Critical Introduction* (London: Sage).

Critical Discourse Studies

Bloor, M. and Bloor, T. (2007) *The Practice of Critical Discourse Analysis: An Introduction* (London: Hodder Arnold).

Caldas-Coulthard, C. R. and Coulthard, M. (eds.) (1995) *Texts and Practices: Readings in Critical Discourse Analysis* (London: Routledge).

Chilton, P. (2004) *Analysing Political Discourse* (London: Routledge).

de Beaugrande, R. (1997) *New Foundations for a Science of Text and Discourse: Cognition, Communication, and the Freedom of Access to Knowledge and Society* (Norwood, NJ: Ablex Publishing).

Fairclough, N. (1989) *Language and Power* (London: Longman).

Fairclough, N. (1995) *Critical Discourse Analysis: The Critical Study of Language* (London: Longman).

Fowler, R. (1991) *Language in the News: Discourse and Ideology in the British Press* (London: Routledge).

Fowler, R., Hodge, B., Kress, G. and Trew, T. (1979) *Language and Control* (London: Routledge & Kegan Paul).

Lazar, M. (ed.) (2005) *Feminist Critical Discourse Analysis: Gender, Power and Ideology in Discourse* (Basingstoke: Palgrave Macmillan).

Lemke, J. L. (1995) *Textual Politics: Discourse and Social Dynamics* (London: Taylor & Francis).

Toolan, M. J. (ed.) (2002) *Critical Discourse Analysis: Critical Concepts in Linguistics* (New York: Routledge).

van Dijk, T. A. (1993) *Elite Discourse and Racism* (Newbury Park, CA: Sage).

van Leeuwen, T. (2005) *Introduction to Social Semiotics* (London: Routledge).

Weiss, G. and Wodak, R. (eds.) (2003) *Critical Discourse Analysis: Theory and Interdisciplinarity* (Basingstoke: Palgrave Macmillan).

Wodak, R. (1989) *Language, Power and Ideology: Studies in Political Discourse* (Amsterdam: Benjamins).

Wodak, R. (ed.) (1997) *Gender and Discourse* (London: Sage).

Wodak, R. and Meyer, M. (eds.) (2001) *Methods of Critical Discourse Analysis* (London: Sage).

Young, L. and Harrison, C. (eds.) (2004) *Systemic Functional Linguistics and Critical Discourse Analysis: Studies in Social Change* (London: Continuum).

Power (only books published after 2000)

Bakker, I. and Gill, S. (2003) *Power, Production, and Social Reproduction: Human In/security in the Global Political Economy* (Basingstoke: Palgrave Macmillan).

Barnett, M. N. and Duvall, R. (2004) *Power in Global Governance* (New York: Cambridge University Press).

Chowdhry, G. and Nair, S. (2002) *Power, Postcolonialism, and International Relations: Reading Race, Gender, and Class* (London and New York: Routledge).

Clough, P. and Mitchell, J. P. (eds.) (2001) *Powers of Good and Evil: Moralities, Commodities and Popular Belief* (New York: Berghahn Books).

Dye, T. R. and Harrison, B. C. (2005) *Power and Society* (Belmont, CA: Thomson/Wadsworth).

Egan, D. and Chorbajian, L. (eds.) (2005) *Power: A Critical Reader* (Upper Saddle River, NJ: Pearson Prentice Hall).

Foucault, M. (2000) *Power* (New York: New Press). Distributed by W.W. Norton.

Goverde, H. (2000) *Power in Contemporary Politics: Theories, Practices, Globalizations* (London Thousand Oaks, CA: Sage.

Grillo, E. (ed.) (2005) *Power without Domination: Dialogism and the Empowering Property of Communication* (Amsterdam and Philadelphia: John Benjamins).

Haugaard, M. (ed.) (2002) *Power: A Reader* (Manchester, UK and New York: Manchester University Press). Distributed exclusively in the USA by Palgrave.

Lentner, H. H. (ed.) (2000) *Power in Contemporary Politics: Theories, Practices, Globalizations* (London: Sage).

Lukes, S. (2004) *Power: A Radical View* (Houndmills, UK and New York: Palgrave Macmillan).

Nye, J. S. (2004) *Power in the Global Information Age: From Realism to Globalization* (London and New York: Routledge).

Øterud, Ø. and Engelstad, F. (2004) *Power and Democracy: Critical Interventions* (Aldershot, UK and Burlington, VT: Ashgate).

Russell, B. (2004) *Power: A New Social Analysis* (London and New York: Routledge).

Scott, J. (2001) *Power* (Malden, MA: Blackwell).

Suri, J. (2003) *Power and Protest: Global Revolution and the Rise of Detente* (Cambridge, MA: Harvard University Press).

Westwood, S. (2002) *Power and the Social* (London and New York: Routledge).

Legitimacy

Barker, R. S. (1990) *Political Legitimacy and the State* (Oxford: Clarendon Press and New York: Oxford University Press).

Beetham, D. (1991) *The Legitimation of Power* (Basingstoke: Macmillan).

Clark, I. (2005) *Legitimacy in International Society* (Oxford: Oxford University Press).

Coicaud, J. M. and Curtis, D. A. (ed.) (2002) Legitimacy and Politics: A Contribution to the Study of Political Right and Political Responsibility (Cambridge, UK and New York: Cambridge University Press).

Coicaud, J. M. and Heiskanen, V. (eds.) (2001) *The Legitimacy of International Organizations* (Tokyo and New York: United Nations University Press).

Connolly, W. E. (ed.) (1984) *Legitimacy and the State* (Oxford: Blackwell).

Franck, T. M. (1990) *The Power of Legitimacy among Nations* (New York: Oxford University Press).

Freedman, J. O. (1978) *Crisis and Legitimacy: The Administrative Process and American Government* (Cambridge, UK and New York: Cambridge University Press).

Habermas, J. (1975) *Legitimation Crisis* (Boston, MA: Beacon Press).

Jost, J. T. and Major, B. (eds.) (2001) *The Psychology of Legitimacy: Emerging Perspectives on Ideology, Justice, and Intergroup Relations* (Cambridge and New York: Cambridge University Press).

Mueller, C. (1973) *The Politics of Communication:. A Study in the Political Sociology of Language, Socialization, and Legitimation* (New York: Oxford University Press).

Raz, J. (ed.) (1990) *Authority* (New York: New York University Press).

Schmitt, C. and Seitzer, J. (ed.) (2004) *Legality and Legitimacy* (Durham, NC: Duke University Press).

Simmons, A. J. (2001) *Justification and Legitimacy: Essays on Rights and Obligations* (Cambridge New York: Cambridge University Press).

Sniderman, P. M. (1996) *The Clash of Rights: Liberty, Equality, and Legitimacy in Pluralist Democracy* (New Haven, CN: Yale University Press).

Discourse and power

Aronowitz, S. (1988) *Science as Power: Discourse and Ideology in Modern Society* (Houndmills, Basingstoke: Macmillan).

Barsamian, D. (1992) *Stenographers to Power: Media and Propaganda: Interviews with Noam Chomsky et al.* (Monroe, Maine: Common Courage Press).

Blackledge, A. (2005) *Discourse and Power in a Multilingual World* (Amsterdam Philadelphia: John Benjamins).

Bourdieu, P., Passeron, J. C. and De Saint Martin, M. (1994) *Academic Discourse: Linguistic Misunderstanding and Professorial Power* (Stanford, CA: Stanford University Press).

Corson, D. (1995) *Discourse and Power in Educational Organizations* (Cresskill, NJ: Hampton Press).

Daudi, P. (1986) *Power in the Organisation: The Discourse of Power in Managerial Praxis* (Oxford, UK and New York: Blackwell).

Diamond, J. (1996) *Status and Power in Verbal Interaction: A Study of Discourse in a Close-Knit Social Network* (Amsterdam and Philadelphia: John Benjamins).

Fairclough, N. (1989) *Language and Power* (Harlow: Longman).

Fisher, S. and Todd, A. D. (eds.) (1988) *Gender and Discourse: The Power of Talk* (Norwood, NJ: Ablex).

Fraser, N. (1989) *Unruly Practices: Power, Discourse, and Gender in Contemporary Social Theory* (Minneapolis: University of Minnesota Press).

Kedar, L. (ed.) (1987) *Power through Discourse* (Norwood, NJ: Ablex).

Mumby, D. K. (1988) *Communication and Power in Organizations: Discourse, Ideology, and Domination* (Norwood, NJ: Ablex).

Pujolar, J. (2001) *Gender, Heteroglossia, and Power: A Sociolinguistic Study of Youth Culture* (Berlin and New York: Mouton de Gruyter).

Smith, D. E. (1990) *The Conceptual Practices of Power: A Feminist Sociology of Knowledge* (Boston, MA: Northeastern University Press).

Thornborrow, J. (2002) *Power Talk: Language ad Interaction in Institutional Discourse* (London: Longman).

Wodak, R. (1989) *Language, Power, and Ideology: Studies in Political Discourse* (Amsterdam and Philadelphia: J. Benjamins).

Young, L. (2006) *The Power of Language: How Discourse Influences Society* (London Oakville, CT: Equinox).

Discourse and cognition

Britton, B. K. and Black, J. B. (eds.) (1985) *Understanding Expository Text: A Theoretical and Practical Handbook for Analyzing Explanatory Text* (Hillsdale, NJ: Lawrence Erlbaum Associates).

Edwards, D. (1997) *Discourse and Cognition* (London: Sage).

Flower, L. (1989) *Planning in Writing: The Cognition of a Constructive Process* (Berkeley, CA: University of California Press; Pittsburgh, PA: Carnegie Mellon University).

Garnham, A. (1987) *Mental Models as Representations of Discourse and Text* (Chichester and New York: E. Horwood Halsted Press).

Gernsbacher, M. A. and Givon, T. (eds.) (1995) *Coherence in Spontaneous Text* (Amsterdam, The Netherlands: John Benjamins).

Goldman, S. R., Van den Broek, P. W. and Graesser, A. C. (eds.) (1999) *Narrative Comprehension, Causality, and Coherence. Essays in Honor of Tom Trabasso* (Mahwah, NJ: Lawrence Erlbaum Associates).

Graesser, A. C., Gernsbacher, M. A. and Goldman, S. R. (eds.) (2003) *Handbook of Discourse Processes* (Mahwah, NJ: Lawrence Erlbaum).

Herman, D. (ed.) (2003) *Narrative Theory and the Cognitive Sciences* (Stanford, CA: CSLI).

Johnson-Laird, P. N. (1983) *Mental Models: Towards a Cognitive Science of Language, Inference and Consciousness* (Cambridge and New York: Cambridge University Press).

Kasher, A. (ed.) (1989) *Cognitive Aspects of Language Use* (Elsevier Science).

Kintsch, W. (1998) *Comprehension: A Paradigm for Cognition* (New York: Cambridge University Press).

Koenig, J. P. (ed.) (1998) *Discourse and Cognition: Bridging the Gap* (Stanford, CA: CSLI).

Liebert, W. A., Redeker, G. and Waugh, L. R. (eds.) (1997) *Discourse and Perspective in Cognitive Linguistics* (Amsterdam and Philadelphia: John Benjamins).

Malrieu, J. P. (1999) *Evaluative Semantics: Cognition, Language, and Ideology* (London and New York: Routledge).

Molder, H. and Potter, J. (eds.) (2005) *Conversation and Cognition* (Cambridge, UK and New York: Cambridge University Press).

Oakhill, J. and Garnham, A. (eds.) (1992) *Discourse Representation and Text Processing* (Hove: Psychology Press).

Semino, E. and Culpeper, J. (eds.) (2002) *Cognitive Stylistics: Language and Cognition in Text Analysis* (Amsterdam and Philadelphia: John Benjamins).

Singer, M. (1990) Psychology of Language: *An Introduction to Sentence and Discourse Processes* (Hillsdale, NJ: Lawrence Erlbaum).

van Dijk, T. A. and Kintsch, W. (1983) *Strategies of Discourse Comprehension* (New York and London: Academic Press).

van Oostendorp, H. and Goldman, S. R. (eds.) (1999) *The Construction of Mental Representations during Reading* (Mahwah, NJ: Lawrence Erlbaum).

van Oostendorp, H. and Zwaan, R. A. (eds.) (1994) *Naturalistic Text Comprehension* (Norwood, NJ: Ablex).

Weaver, C. A., Mannes, S. and Fletcher, C. R. (eds.) (1995) *Discourse Comprehension: Essays in Honor of Walter Kintsch* (Hillsdale, NJ: Lawrence Erlbaum).

[이름]

뒤친이 참고문헌

김수업(2002), 『국어교육의 길』, 나라말.

김지홍(2015), 『언어 산출과정에 대한 학제적인 접근』, 경진출판.

나익주(2017), 『조지 레이코프』, 커뮤니케이션북스.

서울대학교 교육연구소(2011), 『교육학용어사전』, 하우동설.

이성범(2013), 『소통의 화용론』, 한국문화사.

최시한(2015), 『스토리텔링, 어떻게 할 것인가』, 문학과지성사.

허선익(2008), 「읽기와 어휘 지도에서 어휘사슬 활용 방안」, 『배달말교육』 29, 131~163쪽.

허선익(2013), 『국어교육을 위한 말하기의 기본개념』, 경진출판.

허선익(2014), 「Positioning of Discourse in Korean Education」, 『국어교육학연구』 49(4), 59~85쪽.

허선익(2019가), 『국어교육을 위한 현장 조사연구 방법론』, 휴머니스트.

허선익(2019나), 『비판적 담화 분석과 국어교육』, 경진출판.

Arendt, H.(1958), 이진우 역(2019), 『인간의 조건』, 한길사.

Clark, H.(1996), 김지홍 뒤침(2009), 『언어사용 밑바닥에 깔린 원리』, 경진출판.

Fairclough, N.(1992), 김지홍 뒤침(2017), 『담화와 사회변화』, 경진출판.

Fairclough, N.(2001), 김지홍 뒤침(2011), 『언어와 권력』, 경진출판.

Fairclough, N.(2003), 김지홍 뒤침(2012), 『담화 분석 방법』, 경진출판.

Gramsci, A.(1971), 이상훈 역(1999), 『옥중 수고』 1·2, 거름.

Grave & Kaplan(1996), 허선익 뒤침(2008), 『쓰기 이론과 실천사례』, 박이정.

Habermas, W.(1984), 장춘익 역(2006), 『의사소통 행위 이론』 1·2, 나남.

Lakoff and Johnson(1980), 노양진·나익주 옮김(1995), 『삶으로서의 은유』,
서광사.

McCarthy, M.(1998), 김지홍 뒤침(2010), 『입말, 그리고 담화 중심의 언어교
육』, 경진출판.

Pinker, S.(2014), 김명남 옮김(2014), 『우리 본성의 선한 천사』, 사이언스북스.

Said, E.(1978), 박홍규 역(2007), 『오리엔탈리즘』, 교보문고.

van Dijk(2014), 허선익 뒤침(2020), 『담화와 지식』, 경진출판.

Widdowson, H. G.(2004), 김지홍 뒤침(2018), 『텍스트, 상황 맥락, 숨겨진
의도』, 경진출판.

Brown, P. and Levinson, S., "Universals in language usage: Politeness phenomena",
In E. Goody (Ed.), *Questions and Politeness: Strategies in Social Interaction*,
Cambridge University Press.

Conly, M., O'Barr and Lind(1978), "The Power of Language: Presentational
Style in the Courtroom", *Duke Law Journal 1978*.

Hoey(1991), *Patterns of Lexis in Text*, Oxford University Press.

van Dijk(1980), *Macrostructures*, Lawrence Erlbaum Associates, Publishers.

van Dijk(1998), *Ideology: A Multidisciplinary Approach*, Sage Publications Ltd.

van Dijk(2008), *Discourse and Context*, Cambridge University Press.

van Dijk(2008), *Society and Discourse*, Cambridge University Press.

반 데이크(Teun A. van Dijk, 1943~)

• 네덜란드의 암스테르담 자유대학에서 학부를 졸업하고, 암스테르담 대학에서 문학석사(1968), 박사학위(1972)를 받음.

• 2004년까지 암스테르담 대학의 교수로 있었으며 그 뒤 2014년에 물러날 때까지 바르셀로나(Barcelona) 대학, 팜퓨 파브라(Pampeu Fabra) 대학의 방문 교수를 지냄.

이 책은 그가 지은 여러 권의 책 가운데 2008년도의 저서이다. 그의 저서 중 비교적 최근에 영어로 출간된 책은 다음과 같다.

• 2014년 *Discourse and Knowledge*(Cambridge University Press); 허선익 뒤침, 『담화와 지식』, 경진출판

• 2008년 *Discourse and Context: A sociocognitive approach*(Cambridge University Press)

• 2008년 *Discourse and Power*(Palgrave-MacMillan)

• 2005년 *Discourse and racism in Spain and Latin America*(Benjamins)

• 2003년 *Ideology and discourse: A Multidisciplinary Introduction*(on Website)

• 1998년 *Ideology*(Sage)

뒤친이 허선익

경남 합천에서 태어나 경상대학교 사범대학 국어교육과를 졸업하고 그곳 대학원에서 국어교육학을 전공하였다(교육학박사). 1990년 경상남도 거창의 웅양중학교를 시작으로 하여 현장에서 지금까지 30여 년 동안 국어교육을 실천해 오고 있다. 그 동안 20여 편에 이르는 현장 국어교육 연구 논문과 함께 지은 책으로 『국어교육을 위한 말하기의 기본 개념』(경진출판, 2013), 『비판적 담화분석과 국어교육』(세종도서 우수학술도서, 경진출판, 2019), 『국어교육을 위한 현장 조사 연구 방법론』(휴머니스트, 2019) 등이 있으며, 뒤친 책으로 『쓰기 이론과 실천사례』(2008, 박이정), 『읽기교육과 현장조사 연구』(2014, 글로벌콘텐츠), 『듣기교육과 현장조사 연구』(2014, 글로벌콘텐츠), 『담화와 지식』(2020, 경진출판) 등이 있다.

거시언어학 13: 담화·텍스트·화용 연구

담화와 권력
Discourse and Power (First edition)

©경진출판, 2022

1판 1쇄 발행_2022년 08월 20일
1판 1쇄 발행_2022년 08월 30일

지은이__반 데이크(Teun A. van Dijk)
뒤친이__허선익
펴낸이__양정섭

펴낸곳__경진출판
　　　　등록__제2010-000004호
　　　　이메일__mykyungjin@daum.net
　　　　블로그(홈페이지)__mykyungjin.tistory.com
　　　　사업장주소__서울특별시 금천구 시흥대로 57길(시흥동) 영광빌딩 203호
　　　　전화__070-7550-7776　팩스__02-806-7282

값 38,000원
ISBN 979-11-92542-01-0 93370